亦師亦友亦敵

亦師亦友亦敵

民族主義與近代中日關係

王柯　著

香港中文大學出版社

《亦師亦友亦敵：民族主義與近代中日關係》
王柯 著

© 香港中文大學 2015, 2019

本書原名為《民族主義與近代中日關係》，
《亦師亦友亦敵》為增訂版。

國際統一書號 (ISBN)：978-988-237-110-1 (精裝)
　　　　　　　　　　　978-988-237-108-8 (平裝)

出版：香港中文大學出版社
　　　香港新界沙田・香港中文大學
　　　傳真：+852 2603 7355
　　　電郵：cup@cuhk.edu.hk
　　　網址：cup.cuhk.edu.hk

Mentorship, Friends, and Foes:
Nationalism and Modern Sino-Japanese Relations (in Chinese)
　　By Wang Ke

© The Chinese University of Hong Kong 2015, 2019

The original title of this book is *Nationalism and Modern Sino-Japanese Relations* (in Chinese).
Mentorship, Friends, and Foes (in Chinese) is a revised edition.
All Rights Reserved.

ISBN: 978-988-237-110-1 (hardcover)
　　　978-988-237-108-8 (paperback)

Published by The Chinese University of Hong Kong Press
　　　The Chinese University of Hong Kong
　　　Sha Tin, N.T., Hong Kong
　　　Fax: +852 2603 7355
　　　Email: cup@cuhk.edu.hk
　　　Website: cup.cuhk.edu.hk

Printed in Hong Kong

謹以此書
獻給我的兩位恩師

王扶漢先生
山內昌之先生

目　錄

第一部　以日本為師

第一章　並非只是為了「革命」
—— 清末東瀛「遊學」與近代國家之夢

第二章　「民族」，一個來自日本的誤會
—— 民族國家思想進入中國的歷史考察

增訂版序

　　本書為拙著《民族主義與近代中日關係——「民族國家」、「邊疆」與歷史認識》（香港：中文大學出版社，2015年12月）的增訂版，新增五章，分別為第三章〈近代中日兩國的民族西來說——單一民族國家與悠久輝煌的民族史〉、第五章〈「中華民族論」與「日本民族論」——單一民族國家思想中的血緣民族論〉、第七章〈民族主義與一黨獨裁——留日政治家的日本觀與十月革命的認識〉、第九章〈「邊緣人」的歷史與歷史書寫——兩個「民族國家」夾縫中的日本華僑華人〉、第十二章〈從「圖蘭民族」說到「回教圈」——在「單一民族國家」之外發現共同體〉。

　　由於日本侵華戰爭給中國人民帶來了巨大的災難，加之歷代政權為了渡過各種危機而不時利用民族主義，使許多中國人至今視日本為「中華民族」不共戴天的仇敵。但是必須承認的是，從宏觀來看，對於近代中國來說，日本事實上扮演了亦師、亦友、亦敵的三重角色；而在造成兩國激烈衝突之根源和成為具體表現形式的民族主義的層次上，則更能夠讓人感受到這種複雜的關係。

　　民族主義就是一種以民族、或企圖以民族為中心建立政治秩序的思想或主張。這一性質在近代中國表現得尤為明顯，1924年孫中山在其《三民主義》「民族主義」第一講中開門見山地談到：在中國，「民族主義就是國族主義」。[1] 也就是說，近代中國的民族主義就是為

了建設一個「中華民族國家」而被發明出來的。但值得注意的是，由於鼓吹天下主義的儒家思想在歷史上一直是中國的主流意識形態和統治正當性的思想根據，民族主義原本最無可能在近代中國站住腳跟，然而事實卻是民族主義戰勝了天下主義，主導了中國的近代歷史，這無疑是中國思想史上一個巨大的拐點。然而，之所以選擇了民族主義並開始出現「中華民族」=「國族」的思想，比起當時中國的內部狀況所起的推動作用來，更主要的原因則是從天時、地利、人和三個方面都具備了充分的條件，足以讓中國人以推崇單一民族國家形式的日本為師。

所謂「天時」就是日本明治維新的成功，並且以此為基礎在十九世紀末和二十世紀初的兩次戰爭中取得了巨大的勝利，而1898年清政府的百日維新卻以失敗告終；所謂「地利」就是日本與中國一海之隔，且由於日本使用漢字，兩國之間的信息傳遞和相互交通都較歐美各國便利；所謂「人和」就是在上述天時和地利的基礎上，大量留學生和思想家聚集到日本，認真總結近代日本成功的秘訣和積極探索近代中國發展的道路。而在近代日本的這個場域中，中國的思想家們看到和學到的就是如何建構一個單一民族國家的民族主義，其最具體的成果就是「中華民族」=「國族」思想的誕生。

近代的「民族」概念，是在十九世紀末由日本傳入中國的。[2] 梁啟超在其《新民說》中曾經講述了這樣一個故事：當年在北京見到日本駐清國公使矢野文雄(號龍溪)，他引黃遵憲《日本國志》所記來議論日本，結果被對方斥為「無異於據明史以言今日中國之時局」，因為「黃書成於明治十四年，我國自維新以來，每十年間之進步，雖前此百年不如也，然則二十年之書，非明史之類如何？」梁啟超當時對此頗不以為然，然而1898年流亡到日本後，「東遊以來，證以所見，良信。⋯⋯夫同在東亞之地，同為黃族之民，而何一進一不進，霄壤若此。」[3] 近代日本的飛速進步從精神和思想上給梁啟超帶來了巨大的震撼，促使他去探求近代日本之所以實現了高速發展的秘密，

而在這裏被他發現的就是民族主義。1901年9月，梁啟超在其〈中國史敘論〉中提出了「中國民族」的概念，一般認為，也是梁啟超1902年在〈論中國學術思想變遷之大勢〉中首次提出了「中華民族」的概念：「齊，海國也。上古時代，我中華民族之有海思想者，厥惟齊。故於其間產出兩種觀念焉，一曰國家觀；二曰世界觀。國家觀衍為法家，世界觀衍為陰陽家。」[4] 有學者進一步指出：「從上下文來看，它指的就是漢族。」[5] 這一判斷無疑是正確的。

事實上，以漢字形式出現的「中華民族」的性質是非常清楚的：一個居住在中原、中土、中國這一地域上（「中」），具有農業文明的傳統（「華」），具有來自於同一個父系祖先的共同血統血緣關係（「族」）的人類集團（「民」）。地緣（中）、文化（華）和血統血緣（族）三元素作為中華民族的結合原理，這一點是無法改變的，這是由它所使用的漢字的意義所決定的。換言之，由於使用了表意的漢字來表示，「中華民族」從它誕生的那一天起就只能是「漢族」的另一個代名詞。因此，即使日後「中華民族」被擴大解釋為包括少數民族集團的所有國民，也無法讓少數民族消除自己受到歧視的印象，而追究其根本原因，首先是使用漢字的漢人自身受到了「中華民族」一詞所直接傳遞出來的地域、文化、尤其是血統血緣符號的影響，而無法消除「漢族才是正統國民」的思想。近代中國盛行的漢奸論，就是其明證。[6]

必須看到的是，以地域、文化與血統血緣三元素為其結合原理的「中華民族」，與近代國際社會所理解的「民族」的性質有著明顯的不同。斯大林在1912年底至1913年初提出了他著名的民族定義：「民族是人們在歷史上形成的一個具有共同語言、共同地域、共同經濟生活以及表現於共同文化上的共同心理素質的穩定的共同體。」[7] 近代西方的人類學界和歷史學界也對「民族」的內涵進行了大量探討，筆者恩師山內昌之先生總結出「民族」具有客觀的標準和主觀的標準：從客觀上來說，民族就是一個具有共同名稱和共通文化，

具有一個可以用來說明共通起源的神話，即共通歷史記憶的人類集團；而從主觀上來說，民族就是在一定的領域中具有共同連帶意識的集團。[8] 在他們的思想中，血統和血緣都沒有成為將人們結合為「民族」共同體的必要條件。換言之，強調血統、血緣是一個不可缺少的元素，是近代中國的「中華民族論」的一個重要特點。所以從實質上來說，中華民族論就是一種血統論的民族論，或者說，就是一個種族論。

　　與文化、使用語言、經濟方式、生活地域等元素相比，血統血緣的元素不僅無法被人為改變，且其外部特徵又是可視的。「中華民族」之所以被賦予如此具體而明顯的表徵，就是因為它是近代中國的民族主義思想家們為了讓人們更容易認清同類和區別他者而發明的。但是值得注意的是，在這種為了區別他者而發明出來的的近代中國民族主義思想家的中華民族話語中，民族是與國家連在一起的。例如，陶成章在其著作《中國民族權力消長史》中寫道：「中國民族者，一名漢族，其自曰中華人，又曰中國人。」[9] 章太炎在其〈中華民國解〉中強調：「建漢名以族，而邦國之意斯在。建華名以為國，而種族之義亦在。此中華民國之所以諡。」[10] 就是說，只有「漢族」才是「中華」，才是「中國人」。「中國為中國人之中國，我同胞皆須自認自己的漢種，中國人之中國」，種族論的中華民族論話語的目標非常清楚，就是通過主張證明作為一個種族的漢人才是中國國家的主人，達到「驅除韃虜，恢復中華」、「不許異種人沾染我中國絲毫權利」的目的。[11]

　　為了達成這個目標，章太炎強調民族必須具有血統血緣的元素，甚至否定了從文化的角度認識「中華」的傳統，而把血統說成是共同文化的基礎：「縱今華有文化之義，豈得曰凡有文化者，盡為中國人乎。」「文化相同，自同一血統而起。」[12] 孫中山更是大力強調血緣血統在人們結合為一個民族集團問題上的重要作用，他認為：「可結合成一個民族」的「自然力」有五種，而在其中「最大的力是『血

統』」。孫中山的這個判斷是以他對國家性質的解釋為基礎的：「一個團體由於王道自然力結合而成的是民族，由於霸道人為力結合而成的便是國家。」[13] 也就是説，孫中山設計了這樣一套理論邏輯：人類只是在具有了共同的血統血緣關係的基礎上才會自然產生愛心，所以只有在以血統血緣關係為根據而形成的「民族」的團體內，才能出現王道政治。因此，只有按照民族的單位來組織國家，這個國家才能夠出現王道政治。

很明顯，孫中山對共同血統血緣關係的強調，其根本的目的並不在於剖析民族的性質，他是要通過説明清王朝政府不可能對不同種族的「漢」族產生仁愛之心，證明清王朝沒有統治「中國」的正當性，而打倒清王朝為目標的民族革命才是正當的。這種血統血緣關係決定是否出現王道政治、因而是否具備統治正當性的主張，就是近代中國建構「國族」主義的理論根據：「歷史者何？敘人種之發達與其競爭也，捨人種則無歷史。何以故？歷史生於人群。而人之所以能群，必其於內焉有所結，於外焉有所排，是即種界之所由起也。故始焉自結其家族以排他家族，繼焉自結其鄉族以排他鄉族，繼焉自結其部族以排他部族，終焉自結其國族以排他國族。」[14] 梁啟超早在1902年的《新史學》中提出的這段論述，是近代中國民族主義思想家中最早直接提出「國族」的論述之一。從孫中山對血統與「王道自然力」之間關係的解釋即可以看出，其後各種關於「國族」的論述，事實上都沒有能夠徹底脫離當年梁啟超留下的血緣民族論的軌跡。[15]

二十世紀初的近代中國思想家們之所以能夠注意到共同的血統血緣關係在強調統治正當性上的作用，最終形成「中華民族」＝「國族」的主張，無疑是受到了近代日本的單一民族國家思想的啟發。日本建設近代國家的方法，就是形塑一個國民在地理、文化、血緣上高度重合的共同體，其中最受到重視的就是共同的血統血緣關係。以國體論的興起為標誌，在清國留學生開始來到日本之前的十九世紀末期，以血緣民族論為基礎的單一民族國家思想已經成為日本思

想界的主流。例如，曾經留學德國六年（1884–1890）、後官至東京帝國大學文科大學校長的井上哲次郎，1898 年就在其《敕語衍義》增訂版中寫到：「日本民族為具有同一古代傳說系譜，建國以來就居住在同一國土上，具有同一的語言、習慣、風俗、歷史，從未被其他民族所征服過的，盤踞於蜻蜓洲首尾的一大血族。」[16] 關於近代日本的思想家把「日本民族」視為「血族」的例子，在本書增訂部分多有提及。

孫中山就曾多次表露出對日本單一民族國家思想的推崇：「我們東方有個島國，可以說是東方的英國，這個國家就是日本。日本國也是一個民族造成的，他們的民族，叫做『大和』民族。自開國到現在，沒有受過外力的吞併，雖然以元朝蒙古的強盛，還沒有征服過他……」[17] 他甚至主張，自己關於「國族」須以「宗族」為基礎形成的思想也是受到了日本的啟發：「從前日本用藩閥諸侯的關係，聯絡成了大和民族。當時日本要用藩閥諸侯那些關係的原因，和我主張聯成中國民族，要用宗族的關係也是一樣。」[18] 中華民族要由宗族為基礎而形成，我們知道，蔣介石甚至在抗日戰爭時期發表的《中國之命運》一書中也沿用了孫中山的這一血緣民族論的主張。梁啟超、陶成章、劉師培等許多身處於二十世紀初的日本這一誕生近代中國民族主義之場域中的民族主義思想家們，對日本單一民族國家思想所發出的由衷讚許之例，更是不勝枚舉。近代日本的單一民族國家思想建立在血緣民族論的基礎之上，他們的這些讚許都是在清楚地認識到了這種性質之後才發出的。關於這一點，本書增訂章節部分有更加詳細的分析。

應該指出的是，雖然「中華民族」就是「日本民族」、中國的「國族」思想就是日本單一民族國家思想的翻版，但是這種對血統血緣論民族主義的嚮往和學習，最初卻完全是出於為反清活動尋找正當性、煽動漢人的民眾產生反清情緒的目的。所以由近代中國的民族主義思想家們自願進行的對日本民族主義的學習及其在中國的實踐，還具有著以日本為友的性質。事實上，近代中國的民族革命大

本營——同盟會從它建立的那一天起,就得到了很多日本人的幫助和支持。關於這一點,可以從孫中山何以直到他生命晚期的1924年11月仍然要親自到日本,向日本社會大聲呼喚「大亞洲主義」,並在此時再次見到日本黑龍會的精神領袖頭山滿一事得到印證。本書增訂部分也談到了這些事實。

　　然而,當孫中山等人將他們發動反清活動的正當性與「民族」連在一起時,就使他們的活動產生了與發生在中國歷史上的「革命」所不同的性質。那麼他們如何能夠讓人們承認其「民族革命」的正當性呢?關於這一點,孫中山其實已經有所總結,這就是通過幫助漢人發現統治著他們的其實是不同的種族,明白自己因與統治者種族不同而處於「極危險的地步」,而同情、理解和支持「民族革命」:「我們今天要恢復民族的地位,便先要恢復民族的精神,我們想要恢復民族的精神,要有兩個條件:第一個條件,是要我們知道現在是處於極危險的地位。第二個條件,是我們既然知道了處於很危險的地位,便要善用中國固有的團體,像家族團體和宗族團體,大家聯合起來,成一個大國族團體,結成了國族團體,有了四萬萬人的大力量,共同去奮鬥,無論我們民族是處於甚麼地位,都可以恢復起來。」[19]

　　孫中山等民族主義思想家們通過「滿清」對「中華民族」、「漢族」的欺壓,強調「極危險的地位」:「中華民族,世界之至大者也,亦世界之至優者也。中華土地,世界之至廣者也,亦世界之至富者也。然而以此至大至優之民族,……在滿清之世,集會有禁,文字成獄,偶語棄市,是人民之集會自由,出版自由,思想自由,皆已削奪淨盡,至二百六十餘年之久,種族不至滅絕,亦云幸矣。」[20]「照進化論中的天然公例說,適者生存,不適者滅亡;優者勝,劣者敗。我們的民族到底是優者呢?或是劣者呢?是適者呢?或是不適者呢?」[21]

　　發表於1901年的〈亡國篇〉中,已經出現了「漢族」一詞:「皇皇種族,乃使之永遠沉淪,其非人心哉!……夫駐防云者,則豈不以防我漢族哉!」[22]值得注意的是,這篇據推測是由秦力山執筆的文

章，已經將「亡國」與「種族」的沉淪連在一起。孫中山曾經就民族主義的功能發問：「何以外國亡國，民族主義不至於亡。為甚麼中國經過了兩度亡國，民族思想就滅亡了呢？」[23] 由此可以知道，近代中國的民族主義此後之所以能夠向漢族社會迅速滲透，並且保持了旺盛的生命力，應該與近代中國的民族主義思想家從「亡國」和「滅種」兩個層次上強化被害者意識有關。

1905年，汪精衛指出：「以一王室僕一王室謂之易姓，以一國家踏一國家謂之亡國，以一種族克一種族謂之滅種。彼滿洲者對於明朝，則為易姓，而對於中國，對於我民族，則實為亡國滅種之寇仇，……彼其利用儒術，摭拾一二尊君親上之語，欲以摧陷廓清華夷之大防，以斬我民族死心歸化，罔敢有越志。」[24] 也就是説，亡種就是不能在文化上保持民族的獨立性，因此喪失了（區別於統治者的）民族意識。滅種是比亡國令漢人更加難以接受的事情，章太炎在其〈中華民國解〉中即稱：文化的同化一般指作為被統治者的民族集團向統治民族集團同化，而漢向滿的同化，因為主導權不在漢，故無異於一種「以寇之道，而據我寢宮入我床笫」的強姦行為。[25] 由章太炎的思想可以看出，近代中國民族主義之所以能夠讓漢人的民眾所接受，是與通過對歷史文明的比較，製造出文明水平高的「漢族」遭到了文明程度低的野蠻民族集團侵害的話語，從而強化了漢人的被害者意識所分不開的。「支那之亡也，以四千年神明之冑，亡於彼游牧水草之民，既為世界歷史中所僅見」，[26] 民族的敵視中包含著文化上的歧視，也是近代中國民族主義的一個重要特點。

孫中山更是直言，失去了民族意識就是亡種，並主張漢人滅種的原因在於中國實行了天下主義：「究竟世界主義是好是不好呢？如果這個主義是好的，為甚麼中國一經亡國，民族主義就要消滅呢？世界主義，就是中國二千多年以前所講的天下主義……（滿清入關）拿十萬人怎麼能夠征服數萬萬人呢？因為那時候，中國大多數人很提倡世界主義，不講民族主義，無論甚麼人來做中國皇帝，都是歡

迎的。」[27] 把「亡國」轉化為「滅種」的問題進行解讀，無疑加倍強化了漢人的被害者意識，因而使得他們更願意認同和接受民族主義。這一點可以從近代以來中國社會遇到國內或國際政治問題時，都會被人轉換到民族主義的視野中進行解讀的習慣上得到證實。

　　人類之所以產生被害者意識，就是因為從本質上來説，被害者意識是一個把失敗的責任推給他者、從而把自己的行為進行正當化的論理。因此，建立在被害者心理基礎上的民族主義也具有強烈的號召力和堅強的生命力，這也是近代以來民族主義之所以能夠成為中國各個政權的正當性資源的重要原因。但是孫中山注意到，被害者意識固然能夠促使漢人理解和接受民族主義的思想，然而要將它轉化成一種主動的、積極的行動，卻是要以「敵人」的具體存在為前提的：「恢復民族主義的方法有兩種：頭一種是要令四萬萬人皆知我們現在所處的地位。我們現在所處的地位是生死關頭，在這個生死關頭須要避禍求福，避死求生。要怎麼能夠避禍求福、避死求生呢？……古人説：『無敵國外患者國恒亡』，又説：『多難可以興邦』，這兩句話完全是心理作用。譬如就頭一句話説，所謂無敵國外患，是自己心理上覺得沒有外患，自以為很安全，是世界中最強大的國家，外人不敢來侵犯，可以不必講國防，所以一遇有外患，便至亡國。……我們要恢復民族主義，就要自己心理中知道現在中國是多難的境地，是不得了的時代，那末已經失去了的民族主義，才可以圖恢復。」[28] 哪怕是一個假想敵，鼓舞民族主義情緒一定需要一個敵人，要想取得效果，這個敵人必須更加逼真。在這一點上，孫中山無疑是受到了中國傳統文化的啟發。[29] 只有在敵人大兵壓境之時，人們才會開始確認敵我之間的共同體領域和邊界，只有處於恐懼和精神緊張中，感覺到只有背水一戰的人們，才會進入一種亢奮忘我、從而容易被誘導的狀態。

　　當「民族革命」成功之後，由於已經深得漢人的民心，民族主義又變成了近代中國歷代政權主張其統治正當性的最主要工具。然而

為了繼續製造危機狀態，就需要找到能夠替代「滿清」成為中國民族主義、實為「漢族民族主義」所必須的假想敵。這時，除了國內追求獨立的其他民族集團之外，國際社會中的「各國」「列強」就成為了目標。這種思想脈絡在孫中山的《三民主義》一書中表現得尤為清晰：「中國退化到現在地位的原因，是由於失去了民族精神，所以我們民族被別種民族征服，統治了兩百多年。從前做滿洲人的奴隸，現在做各國人的奴隸。現在做各國人的奴隸，所受的痛苦，比從前還要更甚。」[30]「（中國）弄到今日是世界上最貧弱的國家，處國際中最低下的地位。『人為刀俎，我為魚肉』，我們的地位在此時最為危險。如果再不留心提倡民族主義，結合四萬萬人成一個堅固的民族，中國便有亡國滅種之憂！」[31]

在孫中山的筆下，幾乎所有近代化程度高的國家都成為中國近代民族主義的假想敵，而日本也赫然名列其中：「最近可以亡中國的是日本。……日本近在東鄰，他們的陸海軍隨時可以長驅直入。日本或者因為時機未至，暫不動手，如果要動手，便天天可以亡中國。從日本動員之日起，開到中國攻擊之日止，最多不過十天；所以中國假若和日本絕交，日本在十天以內，便可以亡中國。再由日本更望太平洋東岸，最強的是美國。……再從美國更向東望，位於歐洲大陸與大西洋之間的便是英倫三島。……再來望到歐洲大陸，現在最強的是法國。」[32] 儘管相近相接當年可以成為中國以日本為師的地利，但是由於中國是在向同樣提倡民族主義的近代日本學習近代民族主義，所以這種地理條件也會讓中日兩國變為敵對的關係。在中國近代民族主義的道路上，日本注定會由中國近代民族主義之師、之友衍變為中國近代民族主義之敵，孫中山當年也許已經意識到這個結局。

因為近代中國以近代日本為榜樣學習民族主義，所以就決定了近代日本對於中國來說只能是亦師、亦友、亦敵的關係。此次對拙著進行增訂並重新組織，就是為了從多個角度和層面進一步深入探

討分析這個問題。增訂版在結構上仍是三個部分。第一部「以日本為師」包括從第一章至第五章,探討近代中國在以日本為師的過程中,為甚麼最終選擇了以近代日本的血緣民族論和單一民族國家形式建設中國近代國家的問題。第二部「『民族國家』的迷惘」包括從第六章至第九章,討論近代中國所發生的一系列問題與從日本所學習到的血緣民族論和單一民族國家思想之間的關係。第三部「日本民族主義視野下的中國民族主義與民族問題」包括從第十章至第十四章,探討作為發明了單一民族國家思想的近代日本在自身民族主義目的的驅動下,是如何利用不顧多民族共同體的傳統但卻追求單一民族國家形式的民族主義,給近代中國帶來的問題,如何通過煽動被害者心理和發明新的共同體思想而衝破日本單一民族國家思想的束縛,為其侵略中國進行正當化等問題。所增寫的五章中,第九章〈「邊緣人」的歷史與歷史書寫——兩個「民族國家」夾縫中的日本華僑華人〉曾發表於暨南大學華僑華人研究院《海外華人研究》第1期(2017年12月,第43–62頁),第七章〈民族主義與一黨獨裁——留日政治家的日本觀與十月革命的認識〉之一部分曾發表於香港中文大學中國文化研究所《二十一世紀》總第163期(2017年10月,第58–72頁),第十二章〈從「圖蘭民族」說到「回教圈」——在「單一民族國家」之外發現共同體〉之一部分曾分別發表於《二十一世紀》總第154期(2016年4月,第61–78頁)和中華民國國史館《國史研究通訊》第10期(2016年6月,第52–63頁)。

在此向香港中文大學出版社深深致謝,是甘琦社長對學術研究一如既往的熱忱和對筆者的信賴,才有此次增訂版出版的機會;再次感謝敏聰編輯,因為他對我的每一本書以如此精美的面孔問世,都極為認真地付出了巨大的努力。

2018年12月15日
於六甲山下受災後修復完工一週後的陋舍

註　釋

1　孫中山:《三民主義》,「民族主義」第一講,《孫中山全集》,第9卷(北京:中華書局),第185頁。

2　王柯:〈「民族」,一個來自日本的誤會〉,《二十一世紀》,總第77期(2004年6月),第73–83頁。增訂版刊載於《民族學與社會學通訊》,第70期(中國社會學會民族社會學專業委員會、北京大學社會學人類學研究所,2010),第1–12頁。

3　梁啟超:《新民說》,載張枬、王忍之編:《辛亥革命前十年間時論選集》,第1卷上(北京:三聯書店,1960),第144–145頁。

4　梁啟超:〈論中國學術思想變遷之大勢〉,載吳松、盧雲昆、王文光、段炳昌點校:《飲冰室文集點校》,第1集(昆明:雲南教育出版社,2001),第228頁。原文發表於1902年3–12月,《新民》,第3、5、7、9、12、16、18、21、22各期。

5　黃興濤:《重塑中華——近代中國「中華民族」觀念研究》(北京:北京師範大學出版社,2017),第66頁。

6　王柯:〈「漢奸」考〉,岩波書店《思想》,第981期(2006年1月),第28–47頁。

7　〈馬克思主義和民族問題〉,《斯大林全集》,第2卷,第294頁。該文原發表於1913年《啟蒙》雜誌第3–5期,名為〈民族問題和社會民主黨〉。

8　山內昌之:「民族」,《政治學事典》(東京:弘文堂,2000),第1062–1063頁。

9　陶成章:《中國民族權力消長史》,載湯志鈞編:《陶成章集》(中華書局,1986),第134頁。

10　章太炎:〈中華民國解〉,《民報》,第15期(1907年7月),載張枬、王忍之編:《辛亥革命前十年間時論選集》,第2卷下(北京:三聯書店,1963),第737頁。

11　鄒容:《革命軍》,第六章〈革命獨立之大義〉(1903),載張枬、王忍之編:《辛亥革命前十年間時論選集》,第1卷下(北京:三聯書店,1960),第675頁。

12　章太炎:〈中華民國解〉。

13　孫中山:《三民主義》,「民族主義」第一講,第186–187頁。

14　梁啟超:《新史學》,載《飲冰室文集點校》,第3集,第1634頁。

15　例如楊瑞松就曾指出,1903年鄒容《革命軍》第四章〈革命必剖清人種〉

中的國族論述，就是「原封不動地抄自於梁啟超的」。楊瑞松：〈打造共同體的新仇舊恨：鄒容國族論述中的「他者建構」〉，《國立政治大學歷史學報》(2012年5月)，第49–50頁；鄒容原文見張枬、王忍之編：《辛亥革命前十年間時論選集》，第1卷下，第668頁。

16 井上哲次郎：《敕語衍義》增訂版(東京：敬業社，1898)，第165–166頁，此處參照了小熊英二：《單一民族神話の起源 ——「日本人」の自畫像の系譜》，第52頁。

17 孫中山：《三民主義》，「民族主義」第一講，第189頁。

18 孫中山：《三民主義》，「民族主義」第五講，第240頁。

19 孫中山：《三民主義》，「民族主義」第六講，第242頁。

20 孫中山：《民權初步》，「社會建設」序(1917年2月1日)，《國父全書》(台北：國防研究院，1960)，第118頁。

21 孫中山：《三民主義》，「民族主義」第三講，第217–218頁。

22 秦力山：〈亡國篇〉，《國民報》，第4期(1901年8月10日)，載張枬、王忍之編：《辛亥革命前十年間時論選集》，第1卷上，第91頁。另見彭國興、劉晴波編：《秦力山集》(中華書局，1987)。

23 同上註，第215頁。

24 汪精衛：〈民族的國民〉(1905年10月)，載張枬、王忍之編：《辛亥革命前十年間時論選集》，第2卷上(北京：三聯書店，1963)，第94頁。

25 章太炎：〈中華民國解〉。

26 秦力山：〈中國滅亡論〉，《國民報》，第2、3、4期(1901年6月10日、7月10日、8月10日)，載張枬、王忍之編：《辛亥革命前十年間時論選集》，第1卷上，第89頁。

27 孫中山：《三民主義》，「民族主義」第三講，第216頁。

28 孫中山：《三民主義》，「民族主義」第五講，第231–232頁。

29 原文出自《孟子》〈告子〉下：「孟子曰：『故天將降大任於是人也，必先苦其心志，勞其筋骨，餓其體膚，空乏其身，行拂亂其所為，所以動心忍性，曾益其所不能。人恒過，然後能改；困於心，衡於慮，而後作；徵於色，發於聲，而後喻。入則無法家拂士，出則無敵國外患者，國恒亡。然後知生於憂患而死於安樂也。』」

30 孫中山：《三民主義》，「民族主義」第五講，第232頁。

31 孫中山：《三民主義》，「民族主義」第一講，第188–189頁。

32 孫中山：《三民主義》，「民族主義」第五講，第233–234頁。

初版前言

　　人們常説，英國發動的鴉片戰爭打開了中國閉關自守的大門，俄國十月革命給中國送來了馬克思主義。然而，這些事件顯然回答不了近代中國為甚麼會選擇一條建設民族國家道路的問題。事實上，中國建設近代民族國家的最重要特點，就是選擇了「中華民族」思想為標誌的單一民族國家模式。近代以前一直追求由多民族所構成之「天下」的中國，為甚麼會在「近代」選擇一條與傳統「天下」思想截然相反的、按照「民族」的範圍確定國家疆界的道路？要想回答這個問題，就不能不承認是因為中國接受了自稱為「單一民族國家」的日本的近代國家思想之強烈影響所致。這是一個顯而易見的問題，本來早該為學界所發現和重視，然而遺憾的是，我們卻一直未能看到闡述這一問題，尤其是從思想史的角度，系統梳理日本單一民族國家思想和「中華民族」國家思想之間關係的著作問世。[1]之所以會出現這種情況，除了日本侵華戰爭極大地傷害了中國人的「民族」自尊心、使中國人不願（或許還有「不敢」的成分）承認中國學習了日本建設近代國家的經驗之外，當然也有日本歷史文字材料難以解讀、之前日本公佈歷史材料也不是十分積極的原因，更有一點需要指出的是——許多中國思想史學者也具有崇拜西方、蔑視東方的心理。其實，這種心理與他們其中許多人曾經在歐美學習過的西方「經驗」有關：在高談闊論西方思想之偉大的同時，也讓人們更加看重他們

的西方「經驗」。而不得不指出的是，在這些無意或有意忽視日本因素的現象背後，可能還隱藏著一些學者本身不具備閱讀日語資料能力的問題。殊不知，日本的歷史檔案已經大量公開。

　　眾所周知，在活躍於二十世紀之初中國社會轉型期的中國革命家、思想家和近代國家制度的設計者中，我們實在難以找出幾位具有在西方學習或者與西方思想家、政治家，抑或是在野的、具有社會影響力的人物有過直接接觸的經驗，但是具有此類日本經驗的人物卻比比皆是，而且他們的思想和行為中也具有鮮明的日本經驗烙印。顯然，只有西方經驗的背景、只認西方思想價值的中國近代思想史研究，無法科學地、合理地解釋中國近代的思想進程，甚至不能看出中國建設近代國家思想的本質。筆者一直主張，要想真正理解中國的「近代」，必須具有兩個不可或缺的視點：其一為中國進入近代國家時期之前，最後一個王朝的最高統治階層是一個非漢民族集團；另一是中國清末民初的許多革命家、思想家以及中國近代國家制度的設計者，大多具有流亡和留學日本的親身體驗，因而在日本（而並非在其他國家）接受了建設近代國家的思想。以上兩個視點，事實上又被「民族主義」的思想所連貫：清朝政府實行了「民族」歧視的政策，革命家對於清王朝這種「民族」歧視的反感和反抗，最終演變為「驅除韃虜，恢復中華」的「民族」的「革命」；而這個以建立「民族國家」為目標的「民族革命」的理論和正當性根據，正是借鑒於鼓吹單一民族國家思想的近代日本。中國建設「民族國家」行動也著實得到了許多日本人的幫助，以孫中山為首、接受了日本的「民族」和「民族國家」思想影響的革命家們，在實際的生活層面也與許多日本人發生過非常密切的關係。然而，幫助中國進行「民族革命」的絕大多數日本人事實上正是出於日本的民族主義動機，近代日本更是時刻沒有忘記日本自己的「民族國家」利益。因此，中日兩國的近代交往，不可避免地要成為一段中日兩國的民族主義和民族國家利益相衝撞、相廝殺的歷史。

關於第一個視點，筆者已經在拙著《中國，從天下到民族國家》[2]中多有分析，本書則主要聚焦於第二個視點。關於日本以單一民族國家思想為標誌的民族主義對中國民族主義的強烈影響，筆者主要關注以下三個層面：一，關注日本的民族思想和民族主義與中國近代民族主義思想之間的關聯；二，關注受到日本強烈影響的中國近代民族主義思想與近代中國建設民族國家的制度設計之間的關聯；三，關注受到日本強烈影響的近代中國建設民族國家的制度設計與近代中國民族問題之間的關聯，以及近代日本的民族主義者與這一問題的關係。在這裏需要提請讀者注意的是，筆者認為以上中國民族主義的三個層次彼此相互關聯，或稱缺一不可，或稱牽一動三。這可能是筆者與其他研究民族主義學者之間在研究手法上的最大的不同，也是本書的重要思想特點。

從以上思想出發，本書設定了探討近代中國之所以接受民族及民族國家思想一事與近代日本之間的關係、探討近代中國的民族問題和邊疆問題的發生與近代日本之間的關係、探討中日兩國的歷史認識與各自民族主義形成及發展之間的關係等三個主題。以上主題同時構成了本書的三個部分，即第一部「師乎、友乎、敵乎？——中國近代民族國家思想與日本」、第二部「『邊疆』的崛起——中國二十世紀前期的邊疆民族問題與日本」，及第三部「來自邊緣的挑戰——從文化主義到民族主義之歷史觀變遷」（與本增訂版之分部有所不同—編按）。

本書第一部「師乎、友乎、敵乎？——中國近代民族國家思想與日本」的最大目的就是要證明：二十世紀中國建設近代國家思想的實質就是建設單一民族國家（「中華民族」話語的誕生最具有代表性意義），而建設單一民族國家的思想就是通過日本接受的，建設單一民族國家的手法也是模仿日本的。中國雖然從十九世紀末期就開始了向日本學習建設近代國家的進程，但最初只是在政體的領域，因為

在大清國的時代，多民族國家的中國本來無法選擇單一民族國家的國體。而二十世紀單一民族國家思想在中國的實踐，不僅是造成漢人民族主義思想不斷強化、邊疆和民族問題愈演愈烈的主要根源，也使日本對於中國來說，同時具有師、友、敵的性質。

第一部由三章構成，分別為：第一章〈並非只是為了「革命」——清末東瀛「遊學」與近代國家之夢〉，由〈清国ムスリム公使の日中外交〉（清國穆斯林公使的對日外交，上、下）大幅度充實而成，該文原發表於日本藤原書店《環》第33、34期(2008)。第二章〈「民族」，一個來自日本的誤會——民族國家思想進入中國的歷史考察〉，由〈「民族」、一個来自日本的誤会〉大幅度充實而成，該文原發表於香港中文大學《二十一世紀》總第77期(2003)，中國社會學民族學專門委員會、北京大學社會學人類學研究所《民族學與社會學通訊》第70期(2010)全文轉載。第三章〈民權、政權與國權——辛亥革命與黑龍會〉，原發表於《二十一世紀》總第127期(2011)。

第一章〈並非只是為了「革命」——清末東瀛「遊學」與近代國家之夢〉，以近代中國人的日本留學過程為背景，主要利用日本外務省公開的外交文書等原始資料，研究日本政府對待中國人留學日本一事的態度、清朝政府對待留學日本政策的性質及衍變過程、清國駐日公使的具體活動言論中所表現出來的思想等，從而驗證清朝政府在其建設近代國家的思想中對學習日本近代化思想和方法的定位。

「民族」最初是由nation而並非由ethnic group而來，已經足以說明漢字的「民族」一詞誕生於具有強烈的單一民族國家思想、認為「民族」即「國民」的日本。第二章〈「民族」，一個來自日本的誤會——民族國家思想進入中國的歷史考察〉，從文獻和歷史事件兩個方面，首先探討日本的「民族」國家思想對中國近代思想家和革命家之影響，進而梳理「民族」詞彙在日本生成的歷史，尤其是日本國粹主義熱衷於「民族」一詞與其「單一民族國家」思想之間的關聯，指出中國革命家之所以推崇按照日本模式在中國「複製」民族國家、進行近代

中國民族國家制度設計的政治目的和思想原因。

第三章(增訂版第四章)〈民權、政權與國權 —— 辛亥革命與黑龍會〉,利用當時日本外務省檔案、政府文書、陸軍省檔案等原始資料,以及黑龍會當年的出版物,通過還原辛亥革命時期以孫中山為首的、接受了日本的「民族」和「民族國家」思想影響的革命家們與日本右翼組織「黑龍會」之間的關係,解讀日本「大陸浪人」之所以支持革命活動,甚至直接加入辛亥革命行動的動機,以及因此給中國近代國家建設所帶來的深刻影響。

本書第二部「『邊疆』的崛起 —— 中國二十世紀前期的邊疆民族問題與日本」的目的在於證明:中國借鑒了日本的單一民族國家形式進行近代國家建設的最直接後果,就是誘發了國內的民族問題,而且正是由於借鑒日本的單一民族國家形式,也給日本侵略勢力滲透中國邊疆地區製造機會。長期以來,中國的學者們一直孤立地看待中國近代的民族主義和中國近代以來的民族問題。事實上,中國近代以來的民族問題與中國的民族主義二者之間有著非常重要、非常直接和非常緊密的關係。然而這一點,無論是在思想史或者是民族研究的領域,過去都沒有人注意,更沒有人去梳理近代民族問題的發生與近代民族國家建設思想之間、近代民族國家建設思想和日本侵略中國邊疆之間的思想的聯繫。

第二部將時代背景下限延長到抗日戰爭時期,主要通過發現和考察近代日本針對中國邊疆地區、邊疆民族集團和伊斯蘭教界的一系列滲透和侵略行為,分析其給中國近代「邊疆」意識和「邊疆危機感」之形成所帶來的直接影響,以及在這些影響之下中國近代的「民族國家」思想所發生的異化現象。通過第二部各章可以看出,日本侵略勢力主要是對滲透和侵略中國北方的邊疆地區和民族集團具有濃厚興趣,這是因為該地區直接關係到日俄(日蘇)兩國在中國爭奪勢力範圍的問題。第二部還想說明,中國近代的邊疆與民族問題之發生,不僅是在侵略與被侵略的層面與日本有關,而且在思想的層

面上也與中國的「近代」國家建設導入了日本的單一民族國家模式有
關：單一民族國家思維下的「中華民族」思想，向各個邊疆民族集團
展示出「漢族＝國家」的圖像，致使邊境民族集團離心離德，從而為
近代向日本中國邊疆地區、邊疆民族集團進行滲透和侵略創造了思
想環境和各種有利條件。

第二部由四章構成。第四章〈「吾國」與「吾教」──「民族國家」
話語與中國穆斯林的近代國家想像〉，係在〈「祖國」的發現與民族、
宗教、傳統文化的再認識──穆斯林的五四與新文化運動〉基礎上大
幅度充實而成，該文原收入台灣國立政治大學文學院《五四運動八十
週年學術研討會論文集》(1999)。第五章〈從「勤王大清」到「滿蒙獨
立」──川島浪速的「滿蒙獨立運動」〉，為未發表論文。第六章〈宗教
共同體的邊界與民族國家的疆界──「回教工作」與侵略戰爭〉，原文
〈日本侵華戰爭與「回教工作」〉曾發表於《歷史研究》2009年第5期。
第七章〈二重的中國──1930年代的新疆問題與近代國家的「邊疆」意
識〉，係在〈二重の中国── 一九三〇年代中国人の辺疆認識の構造〉(二
重的中國──1930年代中國人邊疆意識的構造)的基礎上大幅度充實
而成，該文原發表於日本岩波書店《思想》總第853期(1995)。

第四章(增訂版第六章)〈「吾國」與「吾教」──「民族國家」話語
與中國穆斯林的近代國家想像〉，在利用當時日本政府文書、外務省
檔案、陸軍省檔案等原始資料，追蹤「大清國出使日本國大臣」楊樞
的在日外交活動足跡，並從中解讀他的國家意識和近代國家思想的
基礎上，考察由作為中國穆斯林的楊樞在任中所扶持的中國留日穆
斯林學生群體關於民族、國家和宗教的思想，分析他們在日本接觸
到近代國家思想之後，在傳統宗教認同上以及在感受到日本的民族
國家思想對革命派的影響之後，在民族和國家認同上產生的雙重困
惑，以及他們為甚麼最終打出反對「狹隘民族主義」的旗號而反對「回
族」稱號的原因，由此反證中國的近代國家建設方式，其實就是借用
了日本的單一民族國家形式，然而這一形式對於事實上由多民族、

多文化構成的「中國」，卻並不合適。

　　第五章（增訂版第十章）〈從「勤王大清」到「滿蒙獨立」——川島浪速的「滿蒙獨立運動」〉，利用當年日本外務省檔案和陸軍省檔案等原始資料，還原大陸浪人川島浪速（即川島芳子之養父）製造「滿蒙獨立運動」的過程，考證清帝退位前後、內蒙古東部地區蒙古王公參與川島浪速所推動的「勤王」活動之過程與真實目的，考察近代日本帝國主義為甚麼會在中國社會發生轉型時期首先染指「滿蒙」，解讀川島浪速等人所推動的「滿蒙獨立運動」的本質和欺騙性，以及東部蒙古人所參加的所謂「滿蒙獨立運動」最後在國際政治的背景下成為日本反袁世凱工具的過程，從中尋找當年日本侵略勢力之所以對中國北部民族邊疆地區產生領土野心的原因。

　　第六章（增訂版第十一章）〈宗教共同體的邊界與民族國家的疆界——「回教工作」與侵略戰爭〉，利用當年日本政府文書、外務省檔案、陸軍省檔案等原始資料，通過發現日本關心中國「回教」（伊斯蘭教）的起點和起因，考察活躍在中國「回教」界的日本人的身份背景和活動特點，揭示日本軍部和外務省共同設計的、對中國「回教工作」的內容和過程，尤其注意關注「回教工作」對中國「回教徒」軍閥的定位和中國各地駐屯日軍特務機關與中國「回教」團體之間的實際聯繫，在此基礎上分析日本侵略勢力在中日兩國戰爭的背景下，構建跨越近代國家疆界的「回教圈」的目的。

　　第七章（增訂版第八章）〈二重的中國——1930年代的新疆問題與近代國家的「邊疆」意識〉，以二十世紀三十年代新疆內部和外部形勢為背景，通過分析當時中國政府關於新疆政治所做出的一系列舉措和中國知識界就新疆問題所發表的一系列言論，探討近代中國有關邊疆思想和「邊疆危機」的發生機制、構造性原理和性質，並從地政學的角度考察第一次東突厥斯坦獨立運動之後，日本對包括新疆在內的中國邊疆地區的滲透對強化中國國民近代國家「邊疆」意識的作用，進而從這些圍繞著「邊疆」所發生的具體行動和思想中，發現

在近代民族國家條件下，中國國民在關於國家構造的認識上所發生的變化及其意義。

　　本書第三部「來自邊緣的挑戰——從文化主義到民族主義之歷史觀變遷」，考察近代中日兩國相互認識變遷的歷史過程與近代民族主義形成之間的關係，具體説來就是考察兩國的歷史關係如何在民族主義的視野中得到整理、綜合和內化。雖然今天更多地表現在對戰爭的評價上，事實上中日之間在歷史認識上的分歧都是以各自的民族主義為根據的，而其核心和實質還是一個爭奪中國和日本、究竟哪個國家才是東亞地區中心的問題。這個問題當然不是在二十世紀末、中國進入經濟高度發展時期以後才出現的。中日兩國近代民族主義的誕生，都與先後選擇了建設民族國家的道路有關。而日本近代民族主義之誕生，又與明治維新以前中國一直處於東亞地區的中心而日本長期處於邊緣的歷史事實之間，有著緊密的關係。當年日本精英階層中的民族主義思想，正是從對這一狀況的不滿和反抗中誕生的。由於日本民族主義的這一起點，就使得近代中日兩國之間的民族主義思想一直在強烈意識到對方存在的狀態中成長和膨脹，二者之間其實具有一種特殊的「共生」關係。

　　第三部由三章構成，第八章〈從「中華」思想到「中華思想」説——一個日本關於中國國民性話語的歷史〉，和第九章〈在歷史與歷史學論述之間——二十世紀日本的「中華思想」説〉，均為未發表論文。帶有綜合分析近代中日兩國關係與民族主義之間關係的性質的終章〈近代中日關係與民族主義〉，係在〈日本は「先んじた」のか——近代日本と中国のナショナリズム〉（日本先行了一步嗎？——近代中日兩國的民族主義）的基礎上大幅度充實加工而成，該文原發表於日本岩波書店《世界》總第605期（1995）。

　　第八章（增訂版第十三章）〈從「中華」思想到「中華思想」説——一個日本關於中國國民性話語的歷史〉，通過整理近代日本發明的、關於中國國民性的話語——「中華思想」説的誕生及其沿革史，即

從朱子學對「中華」的憧憬，到江戶時代兵學為了說明只有日本才是真正的「中華」而付出的努力，再到國學逐漸勃興並成為國家的主流意識形態後，日本開始逐漸放棄對「中華」的崇拜，最後再到二十世紀初期日本民族主義者發明「中華思想」說的歷史，考察「中華思想」說的誕生與日本帝國主義勢力為侵略中國製造合法性根據之間的關係，從而剖析說明至今流傳不衰的日本「中華思想」說的性質。

第九章（增訂版第十四章）〈在歷史與歷史學論述之間──二十世紀日本的「中華思想」說〉與第八章為姊妹篇，利用報刊評論、論文、著作以及戰爭時期日本軍部的資料，針對日本學界從日本侵略戰爭時期以來使用「中華思想」所進行的各種論述，整理全部二十世紀日本學界中「中華思想」說敘述的歷史過程，在此基礎上剖析日本「中華思想」說的思想構造和論述邏輯，並進而考察日本學界中的「中華思想」說與日本國民形成中國觀之間的互動關係。日本學界關於「中華思想」的歷史學論述，從來就沒有遠離中日兩國之間的現實政治關係。尤其是進入1970年代以後，隨著中日兩國之間政治關係的變化，越來越多日本學者開始使用「中華思想」說，其中關於中國在東亞歷史上的定位，尤其值得注意。

終章〈近代中日關係與民族主義〉在以上各部各章的基礎上，按照歷史書序，整理和分析近代以來中日兩國關係的發展、變化與民族主義之間的關係。本章首先選取甲午戰爭、留學日本高潮和抗日戰爭三個歷史場景中的中日兩國民族主義發生共振的事例，考察和分析日本社會和日本政治對中國社會精英的民族主義意識之形成與發展的刺激；之後考察和分析在戰後東亞地區國際秩序重組的過程中，中日兩國之間關係逐漸惡化與中日兩國社會中民族主義勢力再次抬頭的背景下，一度被侵略和被邊緣化的意識如何造就了中日兩國的民族主義悲情記憶的原因，力圖從兩國民族主義的社會心理中發現造成中日兩國相互對抗、中日兩國國民相互印象惡化的根本原因和結構性規律。

　　本書在研究方法上的一個特點，就是將一個思想史的問題放在一個具體的歷史過程中，或者是與歷史的過程緊密地結合在一起進行探討。筆者一直認為，如果不是將一個人物、一個事件放在具體的歷史過程中進行探討，無論如何是看不出一個人物進行某種選擇的真正原因、一個事件發展之所以然的。如果不能做到這一點，那是很難真正找到出現某種思想、思潮根源的。無須遮掩，之所以強調這種研究方法，就是出於對今日中國思想史研究中流行先「想像」、再「發現」、最後談「高見」之方式的不安。

　　歷史能夠原諒，但是歷史不能忘記。如果真的想要強調歷史的重要意義，就要開誠布公地公開歷史資料，不去偽造歷史。為了尊重歷史事實，本書使用了當年日本政府和外務省檔案、陸軍省檔案等大量的日文原始資料。實際上，這些材料基本上都可以通過日本亞洲歷史資料中心網頁，或直接在日本外交史料館中看到。如果理解近代中日關係對於研究中國近代思想史之價值，那就一定能夠明白：日本的亞洲歷史資料中心就是一個寶庫，只要你願意付出努力，就一定可以找到任何先行研究都沒有使用過的資料，從中發現新的歷史事實並進一步得出獨到的結論。筆者真誠希望所有真正想要研究近代中日關係的人們，都能夠實際投身於其中，體嘗「新發現」的無窮樂趣。

　　發掘新的、有價值的歷史資料，原本就是歷史研究的第一步。然而不能不指出的是，其實有很多的研究者不願意在這方面付出努力。更為令人不齒的是，有人竟然絲毫不提先行研究在資料發掘上的功勞，而以將他人的先行研究成果進行改寫的方法，進行學術剽竊。令人擔心的是，這種情況現在越來越多，而這種人卻依然能夠作為「學者」在學術界中得到承認，殊不知這種愛護「學者」的方法，正是在斷送學術自身。切望本書讀者們能與筆者一道以此為誡，不要越過這道人格和道德的紅線。

　　這本書是第二次與香港中文大學出版社進行合作，我深深感謝甘琦社長的錯愛，感謝敏磊、茂松及出版社諸位好友對筆者的信賴，感謝兩位學術審查人對拙著的指導和評價，更感謝敏聰編輯為拙著最後問世在一個炎夏中所付出的無數艱辛努力。

　　本書初稿完成於陽春三月。對於筆者來說，三月是一個值得紀念的月份。在曾經的三月的日子裏，我想起了為人生中兩位恩師所最為尊敬的太史公的遭遇。因此，謹以這本小書獻給我的兩位、其思想已經遠遠超越了近代國家國界的恩師。

王柯

2015年炎夏

於六甲山中陋室「不他里」

註　釋

1　我們可以看到有〔美〕柯博文（Parks. M. Coble）著，馬俊亞譯：《走向「最後關頭」：中國民族國家構建中的日本因素（1931–1937）》（北京：社會科學文獻出版社，2004）一書，然該書原名為 *Facing Japan: Chinese Politics and Japanese Imperialism, 1931–1937*，書中也沒有實際涉及到構建民族國家問題的內容。

2　王柯：《中國，從天下到民族國家》（台北：政大出版社，2014）。

第一部

以日本為師

第一章

並非只是為了「革命」
清末東瀛「遊學」與近代國家之夢

　　辛亥革命結束了兩千多年的王朝專制並建立起共和體制，推進了中國近代國家建設的進程。眾所周知，這場革命運動與清末到日本留學的清國「遊學生」（「留學」為日語借詞，但為了敘述方便，以下稱「清末中國留日學生」或「中國留日學生」）的活躍有著直接而密切的關係。毫無疑問，清末中國留日學生界，最後成為了中國革命最重要的母體。

　　1905年發生在東京的兩件事情，最能夠清楚地說明清末中國留日學生群體與清末革命運動之間的這一關係。第一件事是8月20日成立於東京的中國同盟會，實際上從7月30日在黑龍會主幹內田良平家中召開籌備會議那一天起，它的大部分骨幹就是中國留日學生；[1] 另一件事是中國留日學生針對日本政府11月2日以第19號文部省令發佈的〈清國留學生取締規程〉發動了大規模的抗議活動（以下稱「〈取締規程〉反對運動」），而眾多的同盟會會員在這場運動中發揮了領導作用。因為〈取締規程〉反對運動與同盟會之間的這種關係，使中國留日學生與清朝政府、日本政府以及中國革命運動三者同時發生了密集的交集。於是，這場反對運動就被視為辛亥革命發展過程中不可或缺的一個場面。[2]

也因為這些與「革命」之間的關係，使許多人很容易地將清末中國人的日本留學想像為一部「革命」三部曲：眾多的中國青年為了尋求「革命」的真理，而選擇到日本留學；因此反「革命」的清朝政府對留學日本設置各種障礙，對留日學生時時處處進行刁難；而日本政府出於其反中國「革命」的本質，自始至終與反「革命」的清王朝沆瀣一氣，對中國留日學生不斷進行各種迫害。但是，如果稍微冷靜考慮以下因素，就會明白這個「革命」想像根本不可能成為事實：第一，清國國內的青年何以得知並且相信在一個當權政府是反中國「革命」的日本，可以尋找到中國「革命」的真理？第二，反「革命」的清朝政府為何沒有釜底抽薪，即直接採用禁止國內青年渡日留學的手段，去防止接觸革命勢力？第三，如果受到了兩個反「革命」政府的合力夾擊，中國留日學生中的「革命」思想，又如何能夠發展成為一種勢力？第四，反「革命」的清國政府為甚麼還會重用歸國的「中國留日學生」，讓這些人有了日後發動「革命」的可趁之機？

很顯然，無論是清朝政府還是日本政府，並沒有認為「留學日本」與「革命」之間存在著必然的聯繫。說到底，中國的建設近代國家之路最後與「革命」走到一起，不過是一種結果而已，儘管這個結果有著它的必然性，但卻決非是出於最初的設計。包括「留學日本」與「革命」之間的關係在內，都有一個衍變的過程。因此，為了把握中國在近代國家建設進程中的特點，還是要尊重歷史事實，在超越「革命」的高度上，全方位地看待留學與清王朝、日本政府，甚至是與「革命」之間的關係。

第一節　矢野文雄的打算與中國人大規模留日的開始

首先必須指出的是，清末中國人的日本留學，是在清朝政府和日本政府的共同推動下成立的。中國近代的日本留學，可以上溯到

裕庚　　　　　　東京高等師範校長嘉納治五郎　　　　　西園寺公望

1896年。這一年，清朝政府向清國駐日公使館派遣了13名留學生，由時任清國駐日公使裕庚（正式官銜名為「大清國出使日本國大臣」）通過日本政府將他們安排進由嘉納治五郎任校長的東京高等師範學校學習（因為生活不習慣，其中六名先後退學，為此清朝政府又補送了兩名）。有日本學者分析道，清朝政府之所以開始派遣學生前來日本學習，是因為日本在甲午戰爭中取得了勝利：「大量購買軍艦並派遣艦隊兩次巡航日本，第一次在長崎清國水兵挑起暴行，第二次在橫濱港口的旗艦上邀請我國貴族院眾議院議員出席懇親會，藉此向我國示威。然而與世界各國的預料相反，我國在甲午戰爭中取得了勝利。於是中國人開始考慮，日本人為甚麼能夠戰勝我國？」[3]

　　但無論是1896年清朝政府第一次派遣，還是1899年第二次派遣，事實上都得到日本政府大力支持。1895年9月13日，新任駐日公使裕庚到任。[4] 按照過去一貫說法，清國政府最初開始留日的過程為：裕庚按照總理各國事務衙門的指示籌備在使館內恢復設立東文學堂，就地延請東文教習，然與當時日本政府外務大臣兼（主管教育的）文部大臣西園寺公望協商時，「對方建議在使館內閉門授課，不如將學生送至日本學校學習。西園寺氏認為，在館內學習，每日不過數小時，其餘仍說華語，難以有成」，總理衙門在接到裕庚轉來

陸奧宗光　　　　　　　　矢野文雄　　　　　　　　西德次郎

的報告後接納了西園寺的建議，於是才有了1896年的第一次派遣。[5]

　　然而根據日本外交史料館之史料可以看到的，卻是裕庚於1896年5月致信當時的日本外務大臣陸奧宗光提出送本國留學生十人入日本學校學習「東文東語」一事，因為西園寺公望直到5月30日才接替陸奧宗光，開始兼任外務大臣：

> 拜啟陳者本大臣，現由敝國招集學生擬送入貴國學校學習東文東語，其人數大約在十名內外，相應函請貴大臣查照轉致貴文部大臣為感，專此奉布，順頌時祉　大日本外務大臣伯爵陸奧宗光閣下　裕庚謹具　中四月十一日　第二十八號。[6]

　　日本外務省文化事業部在1928年時所做的《日本及各國的支那留學生》報告中，還再次敘述了這個開始派遣「清國留學生」的過程：

> 支那開始向我國派遣留學生始於明治29年，即日清戰爭之後不久，當時的清國特命全權公使裕庚照會外務大臣陸奧宗光伯為學習日本文和研究日語的目的派遣約十名之事，同年六月他們辦理了入國手續，被收進神田區三崎町嘉納學校。[7]

　　日本人稱留日開始當初的數年為「量少質良的時期」。[8]毫無疑問，早期到日本留學的中國學生「少而精」，因為他們大多都是經過

嚴格的選拔，或者具有明確的目的才到日本留學的。清朝末年之所以能夠出現留學日本的現象，從留日學生個人角度來看，也許會是出於各自不同的考慮，但從整體上來看，其中最主要的理由無疑還是由於清朝政府的推動。而清朝政府之所以開始推動中國青年到日本留學，在客觀上又是和當時日本政府的態度分不開的。

　　1899年的第二次派遣，直接始於日本駐清國外交公使的建議。1898年（明治31年）5月7日，時任日本駐清國公使矢野文雄「到總理事務衙門，就福建省內鐵道事達成協議之後」，主動向總署的各位大臣提出：

> 隨賠款接近付清，威海撤軍在即，日本政府深望日清兩國之間愈加輯睦，欲對清政府表示友情。今聞清政府設立文武專科、變通武備等急需人才，然造就人才之道在於教育學生。如清政府有意向日本派遣學生，日本政府當接受多名學生進行教育，為之提供費用。望能體諒此番好意給予回答。[9]

　　矢野文雄言及之「賠款」與「威海撤軍」，來自《馬關條約》及其附件〈另約〉的規定：1898年6月底為向日本進行第四次賠款的期限。[10]甲午戰爭之後，各列強國趁清朝政府由於無法償還《馬關條約》所規定的對日戰爭賠款，只好以關稅、厘金、鹽課作為抵押以高折扣重利息向外國銀行大舉借貸之機，壓迫清政府同意他們在中國劃分勢力範圍，日本政府當然不會放過這個時機，他們尤其關注「台灣總督府南進政策第一站」的福建，為了「奠定台灣總督府對福建侵略、控管的『便利性』與『優勢』」地位，光緒24年（1898）4月「要求清廷不得將福建利權讓與他國，即〈福建省不割讓宣言〉。」[11] 4月22日，矢野文雄照會總理衙門要求清政府聲明不將福建割讓或租給其他國家；屈服於日本的威逼，清朝政府24日發出覆照：「無論何國，中國斷不讓與或租給也。」然而得到清政府以上承諾的日本變本加厲，矢野5月7日又向清政府提出倘若日後決定出讓在福建省修築鐵路權

利，則只能讓於日本；若尋求外國幫助修築鐵路，則只應向日本尋求幫助。[12] 矢野文雄所談的「福建鐵路事件」，就是指這件事情。

在如此的背景下，矢野文雄發出留學日本之邀請，當然是有懷柔清朝政府之成分：「如果提出這個邀請，它比筆頭舌尖上的友情更為實際。據我觀察，今日的清朝政府必然對此事感到高興。」然而這件事也並非易事：「清政府中有希望向日本派遣學生的開進派與並不希望派遣的守舊派，屬於前派的大臣中如李鴻章等勿論非常樂意。雖然現在難以估計守舊派官宦會如何考慮，但如本使進行說服則逐漸可以期待他們送來更多的學生。」矢野文雄之所以對促進清國學生留學日本如此在意，當然還有其更深遠的國家主義的考慮。這在他5月14日寫給日本政府外務大臣的信中表達得非常清晰：

> 此次邀請之效果，不僅在於此事本身之成功，而在於使受到我國感化的新人才散佈於老帝國內，由此開始將我勢力扶植於東亞大陸之長計。在武的方面，使後者可以模仿日本之兵制，因此在軍用器械上仰仗於我，士官與其他人物的聘用上也只有求助於日本。毋庸置疑，如此以來清國的軍事都將日本化；至於[培養]理科學生，其器械職工等，由此只有向日本尋求，如此以來，清國工商業界就會自動與日本建立密切關係，他們就會自然成為我工商業向清國擴張的階梯；至於法律文學方面的學生等，他們會專按日本的制度規劃清國的未來。如事至此，我國在大陸之勢力將無可計量。清國官民對我國的信賴程度，因此也將數十倍於今日。由於這些學生與日本的關係，將來清國政府會主動不斷向我國送來學生，因此在不知不覺中我國的勢力就會在東亞大陸得到增強。[13]

在不知不覺中掌握了對方的命脈，卻又讓對方不斷感謝自己，矢野文雄的計劃的確具有很大的蒙蔽性。他在口頭提出建議的第二天(5月8日)，又再次給總理事務衙門寫信催促清朝政府早下決心：

中堂、王爺、大人台啟，逕啟者，茲因賠款完清，威海撤兵在
即，我國政府擬向貴國倍敦友誼而昭同洲之誼，聞貴國政府前
設專科，又將武備參酌情形變通舊制，籍悉需才孔亟，但造就
之端自訓迪始，貴國倘擬派學生我國自應支其經費教其多
士，此意本大臣奉政府命傳達貴王大臣矣，即希見覆為望，耑
此　順頌時祉。[14]

矢野文雄的建議好像蒙蔽了清朝政府。5月13日，李鴻章、榮
祿、翁同龢、敬信、崇禮、許應騤、廖壽恒、張蔭恒等清王朝重臣
聯名回信給矢野：

逕覆者，昨准函稱，茲聞前設專科，又將武備參酌情形變通舊
制，但造就之端自訓迪始，倘擬選派學生，我國自應支其經
費，教其多士等語。查中日同洲，最敦友誼，藉此需才之日，
允宜訓迪多方。來函所稱，詢屬推誠相待，厚愛鄰交，情誼拳
拳，殊深感荷，現在本衙門，甫開東文館，規模粗立，一切尚
待講求，統俟酌定辦法，再行函告相應，先行函謝，貴大臣即
希轉達貴國政府可也。此覆，順頌時祉。此意本大臣奉政府命
傳達貴王大臣矣，即希見覆為望，耑此　順頌時祉。[15]

事實上，矢野文雄在向清朝政府主動發出以上邀請時，尚未得
到日本政府的同意，他是在接到上述回信後第二天才開始向外務大
臣進行說明的。毫無疑問，他已經認定這個「扶植日本將來勢力」的
「前頭大業」（「前頭」似為「前途」之誤）一定能夠得到日本政府的同
意，因此主動向清朝政府提出接受名額為200名，又向日本外務大
臣發出長信說明自己的想法，並提出日本政府按照一人一年300元
提供一切費用：「對於二百名學生，一年不過六萬元上下，以如此僅
小費用為前頭大業資本之一部分，其得其失無需更論。」[16]
　　從支持日本侵略大陸的角度來看，矢野文雄的設想的確具有戰
略眼光。然而，從日本外務大臣西德次郎於6月3日起草給矢野公使

的回電草稿中，可以看出他對於矢野的提議非常不滿：

> 閣下當面向清國政府提出帝國政府接受大量清國留學生的教育
> 並負擔一切經費事，頗感意外。……

> 對於帝國政府來說，如果為了清國留學生之教育費六萬元之
> 巨，第一，不僅沒有拿出這筆費用的地方，而且這件事自身我
> 就認為有必要加以考慮。清國富家縉紳子弟在帝國接受專門教
> 育或許有益，而缺乏報效之心甚至連學費也無法支付的貧家子
> 弟，帝國政府即使按您之意資助其學業，是否能夠得到良好結
> 果卻是值得懷疑。不僅如此，近來清國自身也主動提起派遣留
> 學生之舉，浙江巡撫已經為兵學研究及文學研究申請派遣前來
> 四名留學生，而湖廣總督也於最近說明打算申請派遣多名學生
> 一事。因此我十分懷疑有無甚至支付經費接受他們的留學生的
> 必要。[17]

　　面對兩人的對立，加上清朝政府對矢野的提議表示出興趣(不久
就提出了在同文館選拔20名優秀學生留日，並直接詢問經費處理方
法)，7月23日，日本駐清國臨時代理公使林權助提出一個折衷的方
法：學生送到「官立學校」由政府出面免除學費，而日本負責照顧在
留日學生的「衣食等雜費」，[18] 然而這項提議的結果不得而知。比起
甲午戰爭之後清朝的對日巨額賠款，60,000元的確只是九牛一毛而
已。但即使如此，日本政府也不願付出。而且應該更加引起注意的
是，西德次郎在此還提出了以是「富家縉紳子弟」還是「貧家子弟」為
標準，判斷日本是否應該接受留學的問題。很顯然，日本政府當時
想到的只是通過接受清國人留學，培植一個親日的中國社會精英層
而已。而西德次郎之所以表現吝嗇還有一個背景，就是他已經看到
即使日本不拿經費，清朝政府中具有建設近代國家思想的官僚們也
在熱衷於向日本派遣留學生，以便向日本學習建設近代國家的經驗。

第二節　近代國家建設視野中的日本「遊學」

原來，日本在1897年底已經開始與張之洞接觸，談論向日本派遣留學生之事：「湖廣總督張之洞，認為實地視察我國文武教育實為國要，選派左記五名交予留洋中的桂奇之（本名梧本奇次郎）及參謀本部員宇都宮大尉等二名帶回，已於上月11日從漢口出發」，「更申請派遣留學生。又神尾陸軍大佐客年12月來漢之際就教育之事，與握川大尉等三名過去兩天中一直與張總督進行內議。」[19]

但是，第二批清朝政府留學生的派遣還是要等到清朝政府下了最後決定，才能成行。並不知曉日本政府外務省態度變化的光緒皇帝，於1898年9月7日（光緒24年7月22日）在派遣黃遵憲為裕庚後任清國駐日公使而給日本的國書中，同時照會日本：「現在貴國駐京使臣矢野文雄到華以來，凡遇兩國交涉之事，無不准情辦理，歸於公平，以徵鄰好。曩覆貽書總理各國事務衙門，備述貴國政府關念中國需才孔亟，願中國選派學生前赴貴國學堂，肄習各種學問，尤佩大皇帝休戚相關之意，曷勝感謝。朕已諭令總理各國事務王、大臣與貴國駐京使臣商訂章程，認真選派，以副大皇帝盛意。」[20] 光緒國書的內容，進一步說明了清朝政府對派遣優秀青年赴日留學的高度重視。

光緒皇帝之所以如此積極，固然與他在變法期間受到康有為《日本變政考》的影響有關，但是他的這種態度，事實上也是清朝政府中具有革新意識勢力的共識，所以清國人的日本留學在變法維新運動失敗以後也沒有受到衝擊。1899年1月14日，由湖廣總督張之洞和兩江總督劉坤一各自選派20名、共計40名的清國學生從上海登上日本商船薩摩號向日本神戶出發，其中33名為「軍事修業」、4名為「法學修業」、2名為「師範學校」、1名（即張之洞之孫張厚琨）「計劃進入學習院」學習。[21] 值得注意的是，1896年清朝政府第一次向日本派遣留學生，原本只是出於學習「東文東語」的目的，而第二批清朝政

府派遣的留學生，不僅是在人數上超過了第一批派遣，而且在學習的專業上也可以看出具有同前一次派遣完全不同的目的。從這個意義上，1899年的第二次派遣，才是清末中國人「留學」日本的開始。

　　而從派遣這些留學生的費用支出問題上，也可以看出清朝政府對這次派遣的重視。此次留學生的費用分別由派遣的地方政府負擔，在他們尚未出發前的12日，劉坤一已經派遣南洋公學總辦何嗣焜，按每個學生每月25元，將墨西哥銀圓1,800元送到日本駐上海總領事館，再由上海總領事館通過日本的「正金銀行」兌換為支票合日元1,712元16錢。17日，日本駐上海總領事代理小田切萬壽之助又通知日本收到張之洞送來的3,000元。[22] 這幾天中，日本駐上海總領事館、漢口領事館、日本政府外務省、日本陸軍參謀本部之間關於留學生行程等也進行了頻繁的電文聯繫，從中可以看出日本政府以及日本軍方都很重視此事。

　　張之洞是清朝政府中熱衷於向日本派遣留學生的代表，而張之洞的熱情完全出自於向日本學習建設近代國家經驗的目的。張之洞素來看重「出洋」留學，尤其是看中通過留學向日本學習。早在1898年，張之洞就在他撰寫的《勸學篇》一書中提出：「出洋一年，勝於讀西書五年」，「入外國學堂一年，勝於中國學堂三年。」張之洞的《勸學篇》的最大特徵，就是從建設近代國家的意義上指出「出洋」留學的價值。正是為了強調這一特徵，他又舉日本為這方面的成功範例而大加讚賞：「日本，小國耳，何興之暴也？伊藤、山縣、榎木、陸奧諸人，皆二十年前出洋之學生也。憤其國為西方所脅，率其徒百餘人分詣德、

小田切萬壽之助（前排左一）助三菱財團購買莫里循書庫，即今東洋文庫

法、英諸國，或學政治、工商，或學水、陸兵法，學成而歸，用為
將相。政事一變，雄視東方。」但是值得注意的是，相比當年日本的
留學來，張之洞並不十分鼓勵國人完全走當年日本人走過的老路去
到歐美留學，而是鼓勵國人去到由這些留學歐美的日本人歸國後建
設起來的日本留學。這說明，張之洞決不是盲目地崇拜日本，而是
對「出洋」「遊學」有著獨自的思量：

> 至遊學之國，西洋不如東洋，一、路近省費，可多遣；一、去
> 華近，易考察；一、東文近於中文，易通曉；一、西學甚繁，
> 凡西學不切要者東人已刪節而酌改之，中、東情勢風俗相近，
> 易仿行，事半功倍，無過於此。若自欲求精、求備，再赴西洋
> 有何不可？[23]

　　第1、2、3條基本為客觀原因，而大費筆墨的最後一條估計才
是張之洞最想強調的：中日兩國歷史形成的國情相近，日本的經驗
已經篩選出西學中能夠借來為清朝建設近代國家所用的部分。

秋瑾留學的實踐女子大學：舍監坂寄美都
子、松原晴子（前排），與兩名清國留學生

張之洞關於留學日本的思想
在他長期主張的變法思想中具有
重要的位置。這一點清楚地表現
在1901年「清末新政」開始時由他
主筆、並與劉坤一聯名提出的〈江
楚會奏變法三摺〉中。有中國學者
明確指出，「〈江楚會奏變法三摺〉
27條變法措施中，有21條可以從
張之洞的《勸學篇》和其他關於變
法的兩摺兩電中找到相同或相近的
表述，而且大都不只出現一次。
據此我們認為，〈江楚會奏變法三
摺〉是張之洞長期變法思想主張

的一個總結，應該是沒有問題的。還應進一步說明的是，〈三摺〉與
《勸學篇》等文獻中反映的張之洞變法思想主張之間，不僅僅是條文
的類似，更重要的是其基本精神的相通。」「〈三摺〉同樣強調了學習
日本便捷有利，『日本諸事雖仿西法，然多有參酌本國情形，斟酌改
易者，亦有熟察近日利病刪減變通者，與中國採用尤為相宜』（〈遵
旨籌議變法擬採用西法十一條摺〉，《張之洞全集》，第2冊，第1431
頁）。因此，在採用西法的許多措施上都主張直接仿效日本。」[24]

　　應該指出的是，清朝政府中有著通過學習和借鑒日本經驗建設
近代國家這種想法的，絕不僅僅只有張之洞一人。前文已經述及，
康有為正是因為具有這種思想才在戊戌變法中提出了「日本改制
考」，而進入二十世紀以後由清朝政府開始的「新政」，更是具有借
鑒、借重日本經驗的性質。1902年修訂法律大臣沈家本和伍廷芳在
〈奏請變通現行律例內重法數端摺〉中即提出：「近日日本明治維新，
亦以改律為基礎。新律未頒，即將磔罪、梟首、籍沒、墨刑先後廢
止，卒至民風丕變，國勢駸駸日盛，今且為亞東之強國矣。中日兩
國政教同，文字同，風俗習尚同，借鑒而觀正可無庸疑慮也。伏惟
我皇太后、皇上深念時艱，勤求上理，特詔考訂法律，期於通行中
外。」[25] 由此可以看出，重視日本的原因在於，他們認為「政教同，
文字同，風俗習尚同」的日本足以成為提供中國建設近代國家的模
式。換言之，從明治維新以後的日本借鑒在東亞地區成功建設近代
國家的經驗，就是清朝政府之所以支持留學日本的根本原因，而清
朝政府也由此開啟了近代中國以日本為榜樣建設近代國家的進程。

　　1905年日本政府所發佈的〈清國留學生取締規程〉，無疑在一定
程度上影響到1899年之後蒸蒸日上的日本留學浪潮。〈清國留學生
取締規程〉的正式名稱應為〈關於接受清國人入學公私立學校的規
程〉，其實它直接針對的對象是接受清國留日學生的學校，而並非留
學生本人；其15條內容中也大多是對學校當局發出的、關於清國學
生教育的行政管理和具體操作手續的規定，當然因為這一性質，其

魯迅（左一）回國時的送別會　　　　　　　　　　留學日本時期的魯迅

中也不免有直接涉及留學生個人的內容，例如第1條（留學生入學須提交清國公使館的介紹信）、第2條（轉學退學時須得到清國公使館的同意）、第9條（留學生須居住於學校宿舍或受學校監督管理的校外寄宿之處）和第10條（不得招收曾在他校因品行不端被勒令退學的清國人）。這些內容引起了清國留日學生的強烈不滿，他們於12月4日起開始集體罷課（「同盟休校」），而同盟會機關報《民報》的編輯長陳天華為抗議日本報刊由此詆毀中國人的國民性（民族性）而在東京大森海岸投海自盡，之後秋瑾等許多同盟會員帶頭實行「集團歸國」以示對日本政府的抗議，據說當時共有2,000名以上的清國留日學生為此離開了日本。[26]

　　也有人注意到〈取締規程〉反對運動之所以發生，有留日學生自身因語言水準而造成對「取締」一詞的誤讀（原意是管理、約束，並非一定具有中文中「取消」或「禁止」之類的意思），以及很多人其實沒有直接看過〈取締規程〉而誤聽誤信等原因。[27] 然而不能不注意到的是，即使如此，也有許多留日學生反對放棄學業回國，其中包括魯迅等人；其次是清國留日學生人數實際上並沒有因此而大為減少，[28] 也許是很多當時參加了「集體歸國行動」的人之後不久又返回日本。之所以出現這些現象，更重要的原因估計還是看出了日本發佈〈取締規程〉的目的，其實不在歧視清國留日學生個人。

近來也有學者注意到事件發生背後有清朝政府的存在。[29] 事實上，日本文部省公佈的〈取締規程〉，就是以1903年由張之洞主持制訂，並通過日本文部省發給各所日本接收清國留學生學校的〈約束遊學生章程〉為藍本的。尤其受到留學生強烈譴責的〈取締規程〉第1、2條，根本就沒有超出〈約束遊學生章程〉的原則範圍。[30] 許多文章已經提到，清朝政府出於打擊革命派的目的，才要求日本政府對留學生的活動也給予「約束」。所以〈取締規程〉的公佈，與其說是日本政府改變了對留學生政策，不如說是清朝與日本兩國政府之間外交活動的結果，[31] 因為培養年輕的中國社會精英對日本的仇恨，絕非日本政府接受清國「遊學生」的本願。

第三節　從「永停遊學」到「鼓勵遊學」

然而，曾經鼓勵留學日本的清朝政府為甚麼會通過外交途徑大動干戈，要求對留學生實施「約束」呢？從日本外務省的檔案中可以發現，此次事件的始作俑者實為自1901年7月至1903年10月4日在任的第十任清國駐日公使（正式官銜名「大清國出使日本國大臣」）蔡鈞，因為他向清朝政府挑明了中國留日學生接受「康梁」影響、甚至醉心「革命」的問題。

1902年2月25日，駐上海總領事館事務代理岩崎三雄向日本外務省報告，駐南京分館主任天野恭太郎獲悉，蔡鈞曾於2月6日（農曆正月初一）就在日留學生問題，專門發給清朝政府外務部一封密信。儘管蔡鈞在信中述及「投鼠忌器」，萬不可使日方得知此信，但3月中，日本政府就通過駐上海總領事和駐天津總領事分別拿到了蔡鈞密信原文。兩位總領事提出的原文稍有出入，因為伊集院彥吉天津總領事提出的較為詳細，此處節錄如下：

自康梁毒炎銷息以來，其匍逃潛匿日邦，為所包庇者，指不勝
屈。類皆竊其餘唾，巧肆簧鼓，借合群之誼，而自由之說益
橫，醉民主之風，而革命之風愈肆。各省聰俊子弟來茲肄業，
熟聞邪說，沾染日邦惡習，遂入歧途，竟有流蕩忘返之勢。
……朝廷歲費鉅資，分遣生徒，寄學異國，原冀培植人材，
周知外事增益新能，以為他日干城制選，詎料學業未成而根本
已失，宗旨一變，則心術全乖。加以日邦民德久衰，風俗淫
亂，政府腐壞，天皇徒擁虛名於上，庇我逆臣，袒我匪徒，且
暗中引誘學生以作亂之謀，以便從而取利，故於匪黨之倡言革
命者反多方以獎勵之。將來學生卒業回華，散佈各省，倚為心
膂，假以事權，其中或亦有良知未喪之徒，能為國家效力，然
莠多良寡，煽惑已深，則何難揚彼頹波，徼幸死灰重熾。……
(日本) 窮乏已極，常冀我多派學生，籍其膏火，聯助學校經
費，而外則以同文之說，欲使文明輸入中國，若真心相助者。
……日本之號稱維新者有名無實。其政府多樹黨援，各分門
戶，不顧公義，每歎所聞不符所見。又不料康梁以匍逃之藪，
為邪說之叢，敗壞人心，一至於此。……若各省更能永停添派
遊學，俾卒業者有去無來，則根株悉拔，流毒有時而盡。[32]

　　可以看出，蔡鈞在密信中不僅提出「永停」「遊學」(留學)，並且
因此將日本政府列入攻擊之列。由此可知，如何處理留學生問題實
際上已經直接關係到當時日清兩國之間的關係。從日本外務省檔案
中可知，日本政府對蔡鈞密信的內容非常重視。據神奈川縣警察本
部長黑岩知新於4月18日向警視總監的報告，神奈川縣警察為此專
門派出一位名叫長谷川的警部，調查了梁啟超主辦的《新民叢報》(原
名《清議報》)的情況，並就蔡鈞密信之事徵求梁啟超及孫中山 (原件
為孫逸仙) 的看法。報告中說，根據孫中山的解釋，蔡鈞原是由戊
戌政變的幫兇榮祿推薦而出任駐日公使，任所在日本而實為「露國崇
拜者」(親俄派)。蔡鈞眼見留學生來日後，感受日本的進步發達逐

甲號

峴莊制軍閣下密啓者近接蔡和甫星使來函詳言
各省派赴日本留學生徒因康梁餘孽逃潛匿
者尚多不免惑於邪說誤入迷途恐為將來之患現在
密圖解散若各省更能暫停添派游學俾卒業者
有去無來則流毒有時而盡等語查一日本步武泰西學校
稱盛中國與之同洲同文取法較易近年各省遣派生徒
前往肄業原期相觀而善蔚為通材以副朝廷樂育
振興之意若如蔡星使所論情形是使聰穎子弟轉為
異說所蒙非徒無益而又有害實與本義大相刺謬不
得不為杜漸防微之計以免貽患將來用特照錄原函
寄塵台覽嗣後如能停派游學固可漸為解散倘以學
業所關未便因噎廢食則宜慎選根底深厚志趣
端正之流俾往就學庶不致更滋流弊方今屢奉

日方所截獲駐日公使蔡鈞暢言「永停遊學」之密信

漸趨向改革，本已深感危機，不久前又發生了公使館員（榮祿之子銓霖亦在內）在赤坂狎妓酗酒豪遊時被留學生發現並當場受到指責的事件，為向榮祿交待，故出此技。[33]

當時也有人認為蔡鈞本人並不反對留學日本，此舉純屬擔心「本國政府如果將來派遣留學生時不加以嚴格精選，派遣的人沒有堅強的意志，將必然為本國貽留大患」。然而，蔡鈞的密信毫無疑問成為了清朝政府中反對派遣留學生勢力的「奇貨」，他們將之秘密發送於各省，雖然張之洞、劉坤一等人不予理會，但是更多省份則對派遣留學生之事表現出「一時躊躇」。[34] 而當時駐漢口的日本領事山崎桂在當地官場得到的印象卻是：「蔡公使提出的約束留學生一事態度失當，因此名聲甚壞。彼等竊望更換蔡公使，甚至已經做好了一旦出現更換同公使的跡象即續派留學生的打算。」[35] 這說明，在張之洞和劉坤一等洋務派領袖影響大的地區，留日問題並沒有受到很大的影響。

1903年（明治36年）6月，日本駐上海總領事小田切萬壽之助於向外務大臣小村壽太郎報告，《蘇報》稱蔡鈞在1903年又向當時的湖廣總督代理端方發出「東京留學生組織義勇隊，人數達二百餘人，名為對抗俄國，實為圖謀革命。現在已經奔赴內地，望令各州縣嚴密查拿」的密電，而以蔡鈞的說法為根據，有御史公然提出：「東京留學生已盡化為革命黨矣」。[36] 清朝政府制訂〈約束遊學生章程〉的想法正是在此背景下出籠的。6月27日，張之洞就此到日本駐清國公使館，在與日本駐清國公使內田康哉進行協商，然而內田因為擔心日本留學生回國後因此被歧視而使日本失去培養的意義，提出同時要制定〈鼓勵遊學畢業生章程〉。[37] 張之洞在聽取了內田的建議之後，迅速制定了〈約束遊學生章程〉和〈鼓勵遊學畢業生章程〉兩個章程。由此可知，當時清朝政府不僅沒有接受蔡鈞「永停遊學」的建議，反而採取了更加「鼓勵遊學」的措施。能夠成為此政策最好註腳的是，就在兩個章程發表之前的6月15日，清政府已經決定撤換蔡鈞的駐日清國公使一職。[38]

光緒30年6月26日，清政府通過楊樞送交給日本外務省的〈約束遊學生章程〉

清朝政府通過楊樞送交給日本外務省的〈鼓勵遊學畢業生章程〉

　　蔡鈞本人的失勢，很可能與其後台榮祿於當年4月11日去世有關，但是蔡鈞所提出的「永停遊學」與張之洞的「鼓勵遊學」二者可謂天壤之差，這足以說明當時清朝政府的為政者們並不僅僅是停留在「革命」與「反革命」的層次上認識留學日本的意義。

　　接替蔡鈞成為新任「大清國出使日本國大臣」(以下簡稱「清國駐日公使」)的，是一位頗受張之洞器重的洋務派官僚楊樞。楊樞，字星垣，出生於1844年，這一年恰好60歲。[39] 楊樞是一位頗具特色並且具有長期對日外交經驗的外交官，[40] 清朝政府之所以任命楊樞在這樣一個重要的時期接任清國駐日公使一職，當然是看中了他的「洋務」經歷，尤其是與日本政府成功打交道的經驗。[41] 二十世紀之初，清國駐日本公使一職之所以受到清朝政府如此重視，說明清國政府已經認識到，在東亞國際局勢激烈動盪的時期，與日本的外交關係將會變得愈加重要。而對日外交工作中一個很重要的內容，就是通過這個視窗借鑒日本建設近代國家的經驗，借重日本為中國培養建設近代國家所需要的人才。楊樞在走馬上任公使之前，又於9月8日被任命為「兼日本遊學生總監督」。[42] 而值得注意的是，前任蔡鈞在任時的日本遊學生總監督另為汪大燮。

　　楊樞於1903年10月15日來到東京正式上任。[43] 他上任後對留學生問題的處理，也能夠體現出清朝政府對留學日本的支持。劉功君在〈楊樞與清末留日教育初探〉一文中利用其發掘到的史料談到：先生抵任伊始，延見學生，「諄諄開導，誠意益於顏面，學生莫不感激而退，迥非前任蔡氏(蔡鈞)一味壓制不假辭色之比。」[44] 楊樞於11月16日向日本外務省送交了張之洞主持制定的〈約束遊學生章程〉(下稱〈約束章程〉)、〈鼓勵遊學畢業生章程〉(下稱〈鼓勵章程〉)及〈自行酌辦立案章程〉各200份，呈請轉送政府各部門及各所招收留學生的學校校長。由此可知，楊樞之所以被選任為駐日公使並在留日學生問題上被委以重任，至少其理由之一，就是因為考慮到他能夠具體貫徹落實張之洞關於日本留學的思想。但是日本政府以〈自行酌

辦立案章程〉非經與日本駐清國公使內田康哉協商制訂，以及〈約束章程〉第10條的內容不妥為由而加以拒絕，以致楊樞不得不於翌年8月6日再次行文外務省，在說明第10條以屢教不改之人為對象、並非隨意驅送學生歸國之意之後，要求轉送並公佈〈約束章程〉和〈鼓勵章程〉。[45] 日本政府文部省最終於明治37年 (1904) 10月1日在《官報》的「學事」欄上，以中文形式發表了清朝政府制定的〈約束章程〉和〈鼓勵章程〉的原文。

與〈約束章程〉稍加對比即可以明白，一年之後日本文部省發佈的〈清國留學生取締規程〉的主要內容，尤其是成為留學生猛烈攻擊對象的第1條 (入學轉學須經清國公使介紹)、第7條 (招收留學生的學校須經文部大臣認定並報告清國政府)，實際上就是〈約束章程〉的第1、2條；第9條 (留學生須在學校宿舍或處於學校監督之下的民居寄宿) 不僅沒有超出〈約束章程〉的原則範圍，甚至沒有超過楊樞之前的「日本遊學生總監督」汪大燮針對留學生所做出的《訓示》的範圍。[46] 然而值得引起注意的是：清朝政府制定的〈約束章程〉、〈鼓勵章程〉經日本政府發表後，卻幾乎沒有看到留學生進行反對。

留學生的反應說明，他們從清朝政府公佈〈約束章程〉中體諒到清朝政府促進留日學生集中精力學習的苦心。而清朝政府之所以能夠取得這個效果，就是因為同時公佈了〈鼓勵章程〉。〈鼓勵章程〉保證了留日學生在畢業歸國後會可以得到很高的社會地位，包括授予翰林、進士、舉人的功名等，例如「在文部省直轄高等各學堂既程度相等之各項實業學堂三年畢業得有優等文憑者給以舉人出身身份」、「在大學堂專學某一科或數科畢業後得有選科及變通選科畢業文憑者給以進士出身身份錄用」、「在日本國家大學堂既程度相當之官設學堂得有學士文憑者給以翰林出身」、「在日本國家大學院五年畢業得有博士文憑者除給以翰林出身並予以翰林升階」、「遊學生原有翰林進士舉人拔貢出身者各視所學程度給以相當官職」等。[47] 〈鼓勵遊學畢業生章程〉中的確不乏注重「遊學」日本國立大學的內容，但這一

規定的確給予留學日本的中國讀書人極大的安慰，因為這給失落之中的中國社會精英們指出了一條新出路，使他們在1905年廢除科舉一事上受到沉重打擊之後，可以從這裏再次感受到自身的社會價值。

第四節　公使楊樞的對日外交活動與留學觀

值得注意的是，清朝政府並沒有針對留學其他國家制定類似的章程。〈鼓勵章程〉的公佈，既能夠說明清朝政府對留學日本的重視，也說明中國留日學生中具有大量的社會精英。因此，以張之洞為首的清朝政府部分官僚，即使在意識到中國留日學生有可能受革命派的影響成為清朝敵對勢力的情況下，仍然積極推動日本留學。楊樞是因為在「洋務」上的出色表現得到張之洞賞識而被張引薦入政界的，[48] 所以楊樞在駐日公使任上處理留學生問題的態度，也應該是受到張之洞的影響。

〈取締規程〉反對運動雖然發生在楊樞駐日公使任上，但是從日本外交史料館資料中能夠發現的楊樞與事件直接有關的資料僅有兩點。一點為12月2日向日本外務省轉達留學生要求的信函，另一點為12月20日以「出使日本國大臣兼遊學生總監督」名義向留學生發佈的佈告。佈告全文如下：

> 學生知悉。日本文部省所頒命令，實為整頓學校，並非取締學生。乃諸生先以第九第十兩條有所不便，稟請文部允與取消，嗣又請將第十五條全部取消。本大臣故順於情，數往日本外務省既文部省商議辦理。據覆全部取消萬難辦到，詞義堅決，覆經本大臣竭力與商，其第九第十兩條允與通融，已由文部省另頒註解，除譯成漢文排版印送外，為此勸告諸生，本大臣交涉力量已盡於此，恐諸生即以全力相持決不有濟。諸生留學異

國，原為考求實學，歸饗我國，深願我全體學生勿內自戕，為
環球所取笑。務望各歸各校，迅即上課，安心向學。項接各省
督撫來電，囑勸諸生各保前途，毋貽後悔，並望互相誡勉，其
各自愛，毋曠學業，本大臣有厚望也。[49]

　　楊樞對事件的態度非常明確：他希望留學生們在個人前途與國
家利益兩個層次上冷靜考慮「留學」之意義，清楚地表達希望留日學
生們以國家大局為重，「考求實學、歸饗我國」的思想。這也是楊樞
一貫的思想：「1903年12月，日俄關係緊張，留日學生憤慨時局，屢
次回國襄助東三省事宜，楊樞勉勵他們努力學習，日後報效祖國，
指出：『我國創設學堂伊始，誠不可以不以愛國效忠訓迪諸生。』」[50]

　　〈取締規程〉反對運動之後的1906年，留學日本的清國留學生之
所以沒有明顯減少，也與楊樞的努力有著極大的關係。例如專門為
接受中國留日學生而開設的法政大學法政速成科，1904年5月開校
時的第一期（日語稱「第一班」）的入學學生為94人，當年10月入學
的第二期為273人，1905年5月入學的第三期的201名學生到1906年
6月畢業時雖然只剩下66人，但是在1905年11月、即〈取締規程〉反
對運動當時入學的第四期卻有388人，而到了1906年10月入學的第
五期更達到843人。[51] 中國留日學生的增加，既有受到日俄戰爭中
日本勝利之影響的成分，也與清朝廢除科舉有著一定的關係，但不
論是對國家未來或是個人前途抱有關心的人來說，留學日本都不失
為一條通過學習近代社會科學知識而立身處世的捷徑。法政大學的
校史資料證明，法政大學法政速成科正是在當時的法政大學總長梅
謙次郎與楊樞的共同努力下誕生的。

　　法政大學法政速成科是以在盡可能最短的時間內，培養出掌握
近代法學、政治學、經濟學的清朝急需的人材為宗旨而設置的。從
設置課程上可知，其教育內容均為近代社會科學知識。從1904年5
月第一期入學到1908年4月第五期畢業，包括補習科共有1,215名留
學生畢業於此，其中包括汪精衛、戴季陶等人。[52] 雖然法政大學設

法政大學

置速成科有其學校自身財政上的理由，[53] 但從楊樞的角度來看，卻難以看到他在積極促成設置速成科一事上抱有任何個人的目的。法政速成科的成長，也與楊樞的精心呵護有相當大的關係。公使在任期間，楊樞出席了歷屆幾乎所有的開學和畢業典禮，且次次致辭既感謝法政大學為中國培養人材，又勉勵留學生努力學習。[54] 從楊樞在歷屆典禮上的致辭中，可以看出他對留學日本意義的認識：

「今中國時事多艱，需材孔亟」，「特設法政速成科，以期望中國早事維新，……但願中國人材愈眾。」（開學典禮致辭）[55]

「立國之基，在於政法。奧稽古昔，我國之政法，非不燦然大備，乃行之數千百年，歷久弊生。倘使閉關自守，即墨守成法，或不至相形見拙。乃海禁既馳，萬國交通，各國群出其新智識，以與我相周還。不憤不啟，不悱不發，自古然也。近者國家振興學務，修訂法律，蓋亦有鑒於此。於是有志之士，連袂東來，研究日本維新以來之政策，及近世富強之效果」，「但願（畢業歸國）諸生，出其所學，轉授同胞，以開民智，……以期實行，富強或有望乎。」（第一班畢業典禮致辭）[56]

「今中國朝野上下，莫不曰立憲，莫不曰改良立法，此諸生之
所知也。顧欲為立憲之預備而改良法政，必先儲養法政人才。
欲儲養法政人才，必使人人具有法律政治思想，而後能固立憲
之基礎。……使者為諸生賀，更為中國前途賀。」（第二班畢業
典禮致辭）[57]

由上可知，楊樞之所以對法政速成科傾注心血，原因在於他明
白留學日本是為中國培養人才的一條重要途徑，尤其感到培養近代
法律、政治方面的人才，對中國建設近代國家具有重要的意義。值
得注意的是，與1905年底在處理〈取締規程〉反對運動問題時針對學
生所發的佈告相同，在楊樞向法政速成科所做的各種講話中，歷來
只提「我國」、「中國」，一次也沒有使用過「大清國」和「朝廷」之類的
話語。楊樞對留學日本意義的認識，應該沒有局限在挽救清王朝衰
亡的層次。而在楊樞離任之後，第五班的畢業典禮不僅沒有請到繼
任的清國駐日公使胡惟德，法政速成科自身也隨之壽終正寢。[58] 從
法政速成科的存在時間與楊樞的駐日清國公使在任時間基本一致這
一點來看，法政速成科之所以在第五期學生畢業以後壽終，應該與
楊樞退下駐日公使一職不無關係。當然，「速成留學」的致命傷還是
由學歷賤賣所帶來的教育品質低下的問題。出於以上反省，1907年
清朝政府與日本文部省協商制定了「五校特約」，即指定東京高等師
範（筑波大學前身）、東京高等工業學校（東京工業大學前身）、山口
高校（山口大學前身）、千葉醫學專門學校（千葉大學醫學部前身）、
第一高等學校（東京大學教養學部前身）等五校，從1908年開始連續
15年接受清國國費留學生入學的協議。[59] 但從時間上來看，這一協
商也應該是開始於楊樞擔任公使的時期。

「乃海禁既馳，萬國交通，各國群出其新智識，以與我相周還。
不憤不啟，不悱不發，自古然也。」[60] 楊樞在法政速成科第一班畢
業典禮上的致辭，説明他如此熱衷於推動清國的青年留學日本的原
因，説到底還是來自於建設近代強大國家的使命感，這種強烈的使

小村壽太郎　　　　　　　　楊樞　　　　　　　　梅謙次郎

命感應該來自於他對「弱國無外交」的直接體認。作為駐日公使，楊樞在東京的工作內容首先當然是與日本政府進行各種溝通和調整。而從日本的外交文書上來看，當時日本的外交當局通過清國駐日公使館進行溝通的工作之一，就是要求清國政府按期支付有關義和團事件的賠償金（庚子賠款），如果發現清國政府支付晚了，就立即通過清國駐日公使館進行催促。[61] 楊樞的另外一件重要工作，就是在日俄戰爭期間和戰後與日本政府進行各種溝通聯繫。

　　在楊樞接到清國駐日公使任命之際，日俄關係已經到了戰爭一觸即發的境地，他到任東京不久就爆發了日俄戰爭。為了對付可能發生的各種事件，清朝政府因此向各省發出備戰動員令。[62] 但對於這場戰爭，清朝政府宣佈保持中立。然而由於戰場主要是在中國的東北地區，事實上處於夾縫之間的清朝政府陷入非常尷尬的境地，例如部分俄國軍隊曾經換上清朝軍隊服裝偷襲日軍，使不明真相的日本軍隊反以為清朝軍隊扮作俄軍參加對日軍的攻擊，而向清國政府提出抗議。[63] 同樣的錯誤判斷，俄國軍隊一方也發生過。[64] 兩個帝國主義之間的戰爭，不僅任意踐踏了中國的主權，也讓東北地區無數的居民為了逃避戰火而流離失所，隨著大量難民的發生，「哀鴻遍地，凍餒堪憐」。在每天凍死二三百人的情況下，1904年11月，清朝政府為了進行救濟，「從南北清地方」徵集糧食和衣物運往奉天以發放給難民們。但是因為要途經戰鬥地域，清國政府只有通過日

俄兩國駐北京公使與兩國軍隊交涉，俄軍方面很快就有了回信，但是日軍卻遲遲不作回答。最後，這件事也就只好委託給清國駐日公使楊樞，以便直接與日本的外務大臣進行交涉。[65]

日俄戰爭結束以後，從1905年11月7日到1906年11月17日，一共召開了22次關於在中國東北地區的「日本權益」的「日清交涉會議」。[66] 楊樞雖然沒有直接出席這些會議，但是自然要在幕後進行各種活動，這也耗費了楊樞的大量精力。例如，日俄戰爭中旅順口被日本佔領，戰時留下大量財產出外避難的旅順商人們要求重返故地，並提出對戰爭被害進行賠償的問題。在日本的外交史料館和防衛研究所中，就保存著許多由楊樞通過日本外務省向日本陸軍省提交的申請「渡航許可證」(通行證) 以及要求進行戰爭賠償的文書。[67] 另外，向日本政府控訴日本佔領軍的掠奪行為等並要求進行處理，也成了楊樞的工作內容之一。[68]

可以想像，以上這些與戰爭勝利者打交道的屈辱經歷，也會成為楊樞甚至清朝政府推動留學的動力，這一點也可以從楊樞時代「日本遊學生總監督」改由公使親自兼任一事中看出。1899年9月，清朝開始派遣留學生「總監督」，第一任為工部主事夏偕復，[69] 其後任先後為王宗炎和汪大燮。關於「日本遊學生總監督」的工作內容，按照清朝的「欽命全權大臣便宜行事總理外務部事務和碩慶親王」在汪大燮到任時提交給日本松井公使的照會，可以總結為：「對於所有的遊學生」，「經理督飭，切實講求，以端趨向，而宏造就」。[70] 但是直到楊樞之前，來到日本管理清國留學生的「日本遊學生總監督」，都由在公使之外的官員專任。楊樞於1903年10月15日到任後，清朝政府開始著手完善一直沒有建立起來的清國留學生監督體制，王兆敏被任命為副總監督，之後中國國內各個送出大量留日學生的省份派來管理各省來日留學生的「監督」們也相繼到任。到1906年，東京共有浙江、南洋、雲南、四川、山東、陝西、河南、湖北、湖南和直隸各省，以及清朝政府練兵處的留學生「監督」，共11人。[71]

第五節　作為清王朝建設近代國家榜樣的日本

毫無疑問，清朝政府通過公使館完善對清國留日學生監督體制，除了督促學生專心學習之外還有一個目的，就是為了防止留日學生思想轉向，開始反對清朝政府、尤其是傾向革命。[72] 1898年「戊戌變法」失敗以後，康有為、梁啟超等亡命日本，策劃「勤王」，尤其是梁啟超長期滯留日本，在橫濱相繼辦起《清議報》和《新民叢報》，1907年又在東京成立了「政聞社」，持續不斷地針對清朝政治進行發言。進入二十世紀以後，清朝政府開始實施「新政」，從內容上來看，「新政」基本上繼承了戊戌變法時期所提出的各種政策，但是清朝政府卻沒有因此停止對康有為和梁啟超的追究。讓清朝政府尤其感到危懼的，是以東京為根據地、以孫中山為首的革命派活動，而革命派的主張也對中國留日學生更有吸引力。康有為和梁啟超流亡到日本以後，孫中山立即與他們進行接觸，嘗試兩派合作的可能性，雖然遭到康有為的拒絕，但在康有為訪問加拿大期間，孫中山與梁啟超甚至就兩派的聯合問題進行了協商。

實際上，日本政府也一直嚴密地監視康有為和孫中山等人在日的行動，[73] 例如在1900年的外務省紀錄中，既有像「根據向值得信賴的人私下打聽到的資訊，他們與國內當地的同志反覆秘密策劃，正在企圖建立一支以救出當今清國皇帝為目的的革命軍」[74] 這樣有關康有為一派行動的秘密報告，也有支援孫中山（孫逸仙）的宮崎寅藏（宮崎滔天）等日本人力促康有為與孫中山兩派聯手的情報。[75] 1902年8月，日本外務大臣接到日本駐上海總領事小田切萬壽之助的報告，稱「廣西巡撫王之春」接受了西太后對康有為進行暗殺的秘密指令，秘密訪問小田切進行商議，並希望小田切能夠為其介紹日本刺客。[76] 可以肯定，清朝政府清楚地認識到，要想監視並牽制滯留日本的康有為和梁啟超以及革命黨的活動，必須得到日本政府的協助。不僅是康有為和孫中山，梁啟超、章炳麟、張繼、劉光漢

等，日本政府進行監視的人物範圍也在不斷擴大。楊樞到任駐日公使後，這種情況依然繼續，按照清國政府的要求，甚至發生過日本政府驅逐孫中山之事。[77]

上述各種活動説明，清朝政府之所以重視與日本的關係，就是因為它一直將與日本的外交關係看作是內政問題的延長，但這一認識是建立在建設近代國家的思想之上，而不是衝著鎮壓「革命」而來的。清朝政府如果以「根株悉拔」革命黨勢力為重，「永停遊學」的確不失為一個有效的選項；然而很清楚，清朝政府並沒有因為革命派將日本作為據點而放棄促進留學日本的努力。也就是説，在「鼓勵遊學」和「永停遊學」二者之間，清朝最終還是選擇了前者，因為前者關係到如何建設近代國家這一更加緊要的問題。

從日本外務省外交史料館、防衛省防衛研究所以及國立公文書館所藏的文書史料中可以看出，楊樞在作為公使時期駐日清國公使館外交活動的主要內容，除了處理在日華僑問題，以及上述關於康有為、梁啟超還有孫中山等革命派的問題之外，可以歸納為：一，有關清國人留學生問題；二，有關清國人官僚視察日本問題；三，有關清國招聘日本人顧問的問題等三項。有人説：清朝末期的「新政」，實際上就是清朝最高統治者「以日本為師」、自上而下開展的一場「學習日本的改革運動」，[78] 這種説法絕不為過。面對通過明治維新實現了近代化的日本，清朝政府具有強烈的、以日本為師學習近代化的強烈願望。其中最受矚目當為日本的政治、軍事、法律和教育體制，而其重要的學習方法就是派遣青年到日本留學、派遣官僚到日本視察和招聘日本人顧問三者。

日俄戰爭以後，清朝政府除了通過沖商會及高田慎藏、三井八郎、三井次郎、大倉喜六郎等日本貿易商向日本購買各種武器外，[79] 還不斷派遣高級官員和高級軍官到日本進行視察學習。陸軍省機關、[80] 各種軍官學校和兵營、[81] 大炮製造工廠[82] 等都是他們必到之地，學習的內容不僅包括軍事技術，其他如部隊指揮系統、軍官培

載澤　　　　　　　　　　唐在禮

養方法、部隊生活管理等都是他們考察的對象，可以說當時在清朝政府中出現了一個全面學習日本軍事的高潮。因為要建設「新軍」，而所有的裝備都要「在外國進行調查並不得不進行模仿」，因此楊樞在日本不僅要就「製造大炮及步槍的種類」等進行詢問，甚至還要處理向日方詢問是否可以「按照圖像說明軍服價格，並可否寄送到北洋」這樣的瑣事。[83]

　　1905年9月，即日俄戰爭結束後不久，清朝即派遣五大臣出洋考察國外政治制度，日本當然也在其中。日本外務省分析此舉為：「分赴東西洋各國，考察一切政治，以發現優秀部分並加以擷取」。[84]但是因為24日出發之際，在正陽門車站遭到革命志士吳樾的自殺式暗殺攻擊，視察團不得不推遲行期。而日本政府也因為接到有留學日本經驗者參加了此次暗殺行動的情報，所以曾經一度擔心這件事會影響日清關係。但是日方的擔心顯然沒有必要，清朝在當年12月再次派出視察團，前往日本的依然是以皇族重臣鎮國公載澤為首、由30人組成的龐大視察團。日方對皇族載澤的視察極為重視，除了安排他與天皇的「御對面」、「御會食」，即由天皇親自接見並親自舉行宴會以外，還安排天皇使用的離宮「芝離宮」作為載澤的住宿地，並配備皇宮警衛隊進行警戒保衛，甚至明令各地在視察團進行視察時，要由以東京府知事和東京市市長為首的各地行政首長親自迎送等，可見處處給予視察團以極其隆重的待遇。[85]

　　日本陸軍的軍官被清朝軍隊僱作顧問、並得到清國軍隊最高層信任的事例也屢見不鮮。例如，1904年3月袁世凱僱用了日本陸軍技術審查部的炮兵大尉津田時若，7月間津田回日本時，袁世凱居然親自向他贈送了400兩銀子和四匹綢緞。[86] 在貴陽的「武備學堂」擔任教習的日本陸軍炮兵中尉金子新太郎，在向參謀總長山縣有朋的報告書中談到，1904年9月袁世凱等人設立陸軍學校，將各地的武備學堂改為陸軍小學校，「我勸他以繼續再次招聘日本教官為上策」，而袁世凱也就聽從了他的勸說，答應將繼續僱用日本人為教官。從這裏可以察覺到，日本陸軍本身也積極希望能夠參與清國建設新軍一事的心情。[87] 日俄戰爭之後，由於日本獲勝，好像也是順理成章，各地軍校僱用的軍事教官中增加了日軍軍官的比例，[88] 而向各軍校介紹人材和穿針引線，自然成為公使館的工作之一。

　　前文已經述及，1899年初湖廣總督張之洞和兩江總督劉坤一曾經選拔了40名留學生送往日本，其中33名就是為了到日本進行「軍事修業」。[89] 自此以後，來到日本進入軍事學校留學的清國學生年年增加，其中不僅包括官費留學生，還有許多私費留學生。例如，1903年3月由清國公使出面介紹了20名清國學生到日本軍隊及軍事學校學習軍事，其中官費學生僅為五人。據日本陸軍省的資料，其中廣東省來的官費學生許崇智當時僅僅17歲，而私費留學生中最大年齡者已達27歲。[90]

　　軍事學校之所以能夠如此吸引中國留日學生，原因在於當時許多人都將投筆從戎、進入日本軍校、體驗日本軍隊生活之後回國從軍，看作是出人頭地的最好途徑。對於留學生來說，這在當時並不是一種臆想。例如，唐在禮是第一批由清國政府選派來學習軍事的留學生，他在1900年9月進入日本近衛師團野戰炮兵聯隊，12月進入日本陸軍士官學校，第二年再回到炮兵聯隊時成了少尉，1903年又到日本陸軍炮兵工程學校，到了1904年1月他就被清國政府召回國內，[91] 僅僅23歲就被任命為「近畿教練處總辦副參贊」。也就是

說，僅僅在日本軍隊和軍校留學三年半，就被直接提拔到北洋軍的
重要職務上。眾所周知，之後唐在禮又被袁世凱看中，因此一直活
躍在清末中國的政治中心。清朝政府破格重用留日軍校生，這種現
象到了日俄戰爭之後更是有增無減，清朝政府為了學習日本的軍事
技術，甚至還會派已經在國內軍校學習過的學生再來日本陸軍士官
學校學習。[92]

日本政府和軍部對接收清國留學生進入日本軍事學校進行學習一
事也很積極。例如1904年9月，日本陸軍省為了能夠在10月接收「為
了接受軍事教育」而入學的清國留學生，向日本政府申請增加向民間
租賃房屋的數量，以作為留學生宿舍使用。為此，日本政府決定「從
國庫剩餘經費中支出」。[93] 清國政府對於日本政府能夠積極接收留學
生進入軍事學校學習之事也是感恩戴德，為此清國公使 (應為楊樞) 曾
專門致信感謝：「貴國為敝國造就人才，本大臣及汪總監督為此深深
敬佩，並望貴大臣能將我等之感謝傳達於貴國陸軍大臣」。[94]

結　語

毋庸置疑，清末中國留日學生界之後成為了中國革命最重要的
母體。但是如果將清末中國人的日本留學一事完全與「革命」連繫在
一起，那無疑是在歪曲清末中國人的日本留學之意義，因為它首先
是一個由清朝政府開始、希望通過向日本學習在中國建設近代國家
的行動。清末中國人的日本留學開始於1896年，又在1906年大幅
度增加，這兩個時間點本身就已經很有說服力：甲午戰爭和日俄戰
爭的痛苦經驗，反覆警示中國人放下身段，不僅認真反思自身，還
要認真向日本學習如何迅速建設近代國家的經驗。而我們可以注意
到，在這兩個時間點上，都是清朝政府在對留學日本一事起主導作
用的。近代中國人的日本留學高潮說明，當時的中國人是發自內心

地希望通過學習日本的經驗，盡快掌握建設近代國家的手段。而一些先行研究也曾經指出，近代中國以日本為榜樣建設近代國家的進程，最初是由清朝政府所開啟的。

我們必須承認這樣一個事實：清末中國人的日本留學，自始至終是得到清朝政府的支持並由清朝政府主導的。清朝政府不僅沒有阻礙清國學生留學日本，沒有為清國留日學生的學習設置障礙，而且鼓勵清國青年到日本留學，並積極創造各種條件幫助他們安心學習。於是，我們看到張之洞主導下的〈鼓勵遊學畢業生章程〉，看到楊樞為留學生廣開管道傾注心血的努力。雖然清朝政府制定的〈約束遊學生章程〉中也有管束留學生的成分，但是如果不使用「革命」的有色眼鏡，就可以看出清朝政府這樣做的苦心，何嘗不是為了引導留學生們在學業上用功？反言之，即使清朝政府是在壓制「革命」，也不應對其輕易妄言置評，因為對任何一個政權來說，壓制企圖革自己命的反對派，難道不是天經地義的事情？何況我們看到的是，為了把中國盡早建設成一個近代國家，培養出建設近代國家所急需的人才，不能不說清朝政府在對待留學日本和留日學生的問題上，已經表現出很大的寬容。同樣，在看待清末中國人的日本留學的問題上，也無須批評日本政府沒有積極支援「革命」。因為對於任何一個國家來說，支援他國的反體制勢力都是一件不道德的事情。

當年清朝政府之所以如此支持中國人留學日本，是因為看到日本建設近代國家的經驗對同處於東亞的中國同樣具有普遍的意義。在以日本為榜樣建設中國近代國家思想的主導下，為了獲得具有瞭解日本經驗的建設近代國家的人才，清朝政府在自己困難的時期中也不惜重金向日本派遣官費留學生，即使在革命勢力大量滲透到留學生群體之後，仍然對日本留學和清國日本留學生保持寬容態度，而對留學日本的歸國畢業生也是積極提拔使用。清朝政府對待日本留學的這些態度和政策所造成的直接結果之一，就是使大量中國社會精英走上留學日本的道路，科舉制度廢除前後，這一特徵表現得

更為明顯。清朝政府對留學日本的期待所造成的另一直接結果是，留學生所學專業高度集中於軍事和政治、法律領域。這一點也應該與大量的中國社會精英留學有關，尚未完全擺脫中國傳統儒家倫理和政治思想影響的社會精英們，還在嚮往著從古至今受到歷代精英推崇的「修齊治平」的人生。

　　清朝政府之所以會想到並開始向日本大舉派遣清國留學生，也與日本政府的支持有關。而日本如此作的目的，在於通過接受清國青年前來留學以扶植中國國內的親日勢力。由於這一目的，日本政府實際上同樣熱衷於接受中國的社會精英。但是甲午戰爭的勝利讓成為暴發戶的日本難以放棄蔑視中國的思想，不僅政府表現吝嗇，接受了大量中國社會精英的軍事學校和軍隊中的青年軍官更是表現狂妄。而到了日俄戰爭以後，日本國內民族主義思潮迅速膨脹，加之中國留學生人數的劇增，日本國民對待留學生的態度發生徹底變化，對留學生的歧視情緒瀰漫了整個日本社會。精英意識越強，人的自尊心就越強，日本社會中這種對中國人的民族主義歧視，當然會讓清國留日學生的精英意識受到嚴重挫傷，它的結果就是讓中國的社會精英們必然產生反日民族主義思想。關於此點，還會在以後的章節中詳細論及。

註　釋

1　　蔣永敬、陶英惠：《孫文、蔡元培：中國歷代思想家》（二十）（台灣：商務印書館，1999），第76–77頁。

2　　「學界比較流行的觀點是：規則的出籠，是日本和清政府相互勾結的產物，旨在破壞中國留日學生的革命活動。留日學生的強烈抗議，是辛亥革命時期一場頗有影響的反帝愛國運動，且帶有反封建的性質，同時還表現出高度的民族自尊與愛國情操。」李喜所、李來容：〈清末留日學生取締規則事件再解讀〉，《近代史研究》，2009年第6期，第20頁，據《中國留學生會館》，http://www.baike.com/wiki/%E4%B8%AD%

E5%9B%BD%E7%95%99%E5%AD%A6%E7%94%9F%E4%BC%9A%E
9%A6%86?prd=so_1_doc。

3   さねとうけいしゅう：《中國留學生史談》(東京：第一書房，1981)，第
     2–3、8–20頁。

4   中國第一歷史檔案館、福建師範大學歷史系編：《清季中外使領年表》
     (北京：中華書局，1985)，第29頁。

5   舒習龍：〈晚清中日文化交往視域中的皖人與日本〉，《史林》(上海社會
     科學院歷史研究所)，2008年第3期，第49頁。

6   〈分割1〉，JACAR (アジア歷史資料センター)，B12081623200，《在本
     邦清國留學生關係雜纂 / 陸海軍外之部》(B-3-10-5-3_2)，外務省外交
     史料館藏。

7   文化事業部：〈日本及諸外國ニ於ケル支那留學生〉，昭和3年11月，
     《1·留學生事務關係者會議》(昭和二年至昭和五年)；支那留學生關係
     者會議　昭和四年三月十一日，〈分割2〉，JACAR，B05015557200，
     《支那留學生關係者招待會關係雜件》，第一卷 (B-H-05-05-00-05-00-00-
     01)，外務省外交史料館藏。

8   《中國留學生史談》，第22–48頁。

9   〈機密第四拾壹號信、清國留學生ノ教育引受ノ義ニ關シ啟文往復寫相
     添申進ノ件〉，《1·留學生派遣ニ關スル在清矢野公使具申並ニ回訓
     附在英公使ヘ全件通報》，JACAR，B12081617000，《在本邦清國留學
     生關係雜纂 / 陸軍學生之部》，第一卷 (B-3-10-5-3_1_001)，外務省外
     交史料館藏。

10   「中國為保證認真實行約內所訂各款，聽允日本軍隊暫佔守山東省威海
     衛。又於中國將本約所定第一、第二兩次賠款交清，通商行船亦經批准
     互換之後，中國政府與日本政府確定周全妥善辦法，將通商口岸關稅作
     為剩款並息之抵押，日本可允撤回軍隊。倘中國不即確定抵押辦法則未
     經交清末次賠款之前，日本仍不撤回軍隊。」《馬關條約》，第8款。

11   鄭政誠：〈日治時期台灣總督府對福建鐵路的規劃與佈局(1898–1912)〉，
     《史匯》(國立中央大學歷史研究所)，2006年第10期，第2、4頁。

12   中國社會科學院近代史研究所：《日本侵華七十年史》(北京：中國社會
     科學出版社，1992)，第62–63頁。然該書記載矢野5月17日始向清朝
     政府提出鐵路利權要求一事，在時間上與矢野本人的記錄不同。見〈機
     密第四拾壹號信、清國留學生ノ教育引受ノ義ニ關シ啟文往復寫相添
     申進ノ件〉。

13　〈機密第四拾壹號信、清國留學生ノ教育引受ノ義ニ關シ啟文往復寫相
　　添申進ノ件〉。

14　〈乾號寫〉,〈機密第四拾壹號信、清國留學生ノ教育引受ノ義ニ關シ啟
　　文往復寫相添申進ノ件〉。

15　〈坤號寫〉,〈機密第四拾壹號信、清國留學生ノ教育引受ノ義ニ關シ啟
　　文往復寫相添申進ノ件〉。

16　〈機密第四拾壹號信、清國留學生ノ教育引受ノ義ニ關シ啟文往復寫相
　　添申進ノ件〉。

17　〈在清矢野公使宛〉,《1．留學生派遣ニ關スル在清矢野公使具申並ニ
　　回訓　附在英公使へ全件通報》。

18　〈清國中央政府派遣ノ留學生教育引受ニ付キ費用負擔ニ關シ具申之
　　件〉,《1．留學生派遣ニ關スル在清矢野公使具申並ニ回訓　附在英公
　　使へ全件通報》。

19　〈三十一年三月十七日接文、機密第四號　接文之九九號〉,《1．留學生
　　派遣ニ關スル在清矢野公使具申並ニ回訓　附在英公使へ全件通報》。

20　茅海建:〈戊戌變法期間光緒帝對外觀念的調適〉(之一),《歷史研
　　究》,2002年第6期。本章引用自中國社會科學院近代史研究所:《近
　　代中國研究網》,http://jds.cass.cn/Item/6511.aspx。

21　〈電信譯文〉三十二年一月十二日。注意該件分類歸檔號與《1．留學生
　　派遣ニ關スル在清矢野公使具申並ニ回訓　附在英公使へ全件通報》,
　　JACAR,B12081617000,《在本邦清國留學生關係雜纂/陸軍學生之
　　部》,第一卷(B-3-10-5-3_1_001)(外務省外交史料館藏)相同,但是在
　　JACAR找不到此件,本章利用檔案原本。

22　〈公信第一二號,受第七四三號,湖北江蘇派遣學生出發期日及江蘇學
　　生姓名人員並ニ學資金送附之件〉;〈公信第一六號,受第八八六號,
　　湖北派遣學生學費用送付ノ件〉。注意這兩份文件分類歸檔號與《1．留
　　學生派遣ニ關スル在清矢野公使具申並ニ回訓　附在英公使へ全件通
　　報》相同,但是在JACAR找不到此件,本章利用檔案原本。

23　張之洞:《勸學篇．外篇．遊學第二》。

24　李細珠:〈張之洞與《江楚會奏變法三摺》〉,《歷史研究》,2002年第2
　　期,第50–52頁。

25　〈修訂法律大臣奏請變通現行律例內重法數端摺〉,上海商務印書館編
　　譯所編:《大清新法令》點校本,第1卷(北京:商務印書館,2010),
　　第288頁。

26 金沖及、胡繩武：《辛亥革命史稿》，第2卷，《中國同盟會》（上海：上海人民出版社，1985），第59頁。

27 李喜所、李來容：〈清末留日學生取締規則事件再解讀〉，第24–26頁。

28 據中國留學生會館（原為清國留學生會館）統計，1905年為7,285人，1906年為7,283人。http://www.baike.com/wiki/%E4%B8%AD%E5%9B%BD%E7%95%99%E5%AD%A6%E7%94%9F%E4%BC%9A%E9%A6%86?prd=so_1_doc。

29 鄭匡民：〈一椿一藏在「取締規則」背後的政治交易〉，鄭大年、鄒小站：《中國近代史上的民族主義》（北京：社會科學文獻出版社，2007），第374–392頁。

30 以上《在本邦清國留學生關係雜纂》，〈取締規則制度並二同規則二對シ學生紛擾ノ件〉，外務省記錄3門10類5項3-7號，JACAR，B12081631700，《在本邦清國留學生關係雜纂 / 取締規則制定並同規則二對シ學生紛擾之件》（B-3-10-5-3_7）。

31 鄭匡民：〈一椿一藏在「取締規則」背後的政治交易〉，第374–392頁。

32 《機密第十三號、清國留學生本邦派遣見合方蔡公使ヨリ勸告シ來リタリトノ風説二關スル件》，〈在本邦蔡公使本邦ヘ留學生派遣見合セ方本國外務部ヘ上申ノ件〉，JACAR，B12081626200，《在本邦清國留學生關係雜纂 / 雜之部》，第一卷（B-3-10-5-3_6_001），外務省外交史料館藏。

33 《清國學生本邦留學二關スル密書之義二付長谷川警部》，〈在本邦蔡公使本邦ヘ留學生派遣見合セ方本國外務部ヘ上申ノ件〉。

34 《蔡公使密書二就テ》，〈在本邦蔡公使本邦ヘ留學生派遣見合セ方本國外務部ヘ上申ノ件〉。

35 〈在東京清國留學生二關スル件〉，〈在本邦蔡公使本邦ヘ留學生派遣見合セ方本國外務部ヘ上申ノ件〉。

36 〈留學生增派二關スル件〉，〈在本邦蔡公使本邦ヘ留學生派遣見合セ方本國外務部ヘ上申ノ件〉。該電報只註明6月，但未註明具體日期。

37 〈在本邦清國留學生取締規規則並二學位授與二關スル獎勵規則制定之件〉，JACAR，B12081631700，《在本邦清國留學生關係雜纂 / 取締規則制定並同規則二對シ學生紛擾之件》。

38 中國第一歷史檔案館藏：《清代官員履歷檔案全編》，第6卷（上海：華東師範大學出版社，1996），第591頁。

39 清朝政府一共任命過17位駐日公使，楊樞是其中的第14位。但是由於第一任的許鈐身，第六任的李興銳，第十一任的黃遵憲並沒有到任，

第四任與第七任同為一人（黎庶昌），所以實際上楊樞為第十一任、第十位駐日公使。

40　楊樞是一位穆斯林（即伊斯蘭教徒，參白壽彝主編：《回族人物志［近代］》［寧夏人民出版社，1997］，第224–227頁）。關於楊樞出任清國駐日公使並受到清朝政府、尤其是張之洞賞識一事，從中國伊斯蘭教的角度來看具有甚麼意義，筆者已經於其他文中提及（王柯：〈清國穆斯林公使的中日外交〉［上、下］，分別為王柯〈中日關係的過去、現在和未來〉［連載2、3］，刊載於《環》［藤原書店］，2008年總第33期，第254–263頁；總第34期，第240–251頁）。

41　請參考本書第三章。

42　〈駐日清國公使留學生總監督兼任の件〉，《陸軍省－大日記》-M36-2-7，防衛省防衛研究所藏，JACAR，C07060298400，明治36年，《陸軍省大日記》，庶日號，二。

43　《在本邦各國公使館員任免雜件》（支那之部），日本（外務省外交史料館）外務省記錄六門一類八項二至九號，明治11年11月から大正2年，第一卷（截至2013年8月10日，六門尚未於JACAR中公開，該資料為作者查閱原檔所得）。

44　參劉功君：〈楊樞與清末留日教育初探〉，《樂山師範學院學報》，2007年第8期。原文引用於《大公報》，1903年11月11日，第501號《紀星垣使》，本章利用網絡版：http://mall.cnki.net/magazine/Article/LSSZ200708024.htm。

45　《在本邦清國留學生關係雜纂》，〈取締規則制度並二同規則二對シ學生紛擾ノ件〉。

46　〈警視廳　清國留學生總監督汪大燮訓示の件〉，《陸軍省－密大日記》-M36-2-4，防衛省防衛研究所藏，JACAR，C03022786400，《陸軍省－密大日記》，明治36年。

47　〈鼓勵遊學畢業生章程〉，〈奏定遊學生各章程〉，《在本邦清國留學生關係雜纂》，〈取締規則制度並二同規則二對シ學生紛擾ノ件〉。

48　《回族人物志（近代）》，第224–227頁。

49　《在本邦清國留學生關係雜纂》。

50　〈楊樞與清末留日教育初探〉。原文引用於《大公報》，1903年12月18日，第538號《時事要聞，駐日星使來電》，本章利用網絡版：http://mall.cnki.net/magazine/Article/LSSZ200708024.htm。

51　〈第二表　法政速成科班別・開班（開講）卒業一覽〉，法政大學大學史

資料委員會編：《法政大學史料集》，第11集（1988），封三。

52　同上註，第144頁。

53　永井道雄、原芳男、田中宏：《アジア留學生と日本》（東京：日本放送
　　出版協會，1973），第84頁。

54　《法政大學史料集》，第11集，第20、34、49、61、75、85頁。

55　同上註，第20頁。

56　同上註，第34頁。

57　同上註，第49頁。

58　同上註，第63頁。

59　〈一般留學生分割3〉、外務省記錄H門東方文化事業5類學費補給、
　　諸補給，《在本邦一般留學生補給實施關係雜件》，第一卷，JACAR，
　　B05015422400，《在本邦一般留學生補給實施關係雜件》，第一卷（B-H-
　　05-01-00-01-00-00-01）。

60　《法政大學史料集》，第11集，第34頁。

61　〈義和團事變清國償金授受一件〉，第四卷，〈分割4〉，外務省記錄2門條
　　約2類講和條約、協定1項、帝國諸外國間，JACAR，B06150076300，
　　〈義和團事變清國償金授受一件〉，第四卷（B-2-2-1-2-00-004），外務省
　　外交史料館藏。

62　〈清國各省警備一件〉，外務省記錄5門軍事1類國防1項1般軍事軍備
　　及軍費，JACAR，B07090027100，〈清國各省警備一件〉（B-5-1-1-0-
　　17），外務省外交史料館藏。

63　〈清國服裝ノ露兵ニ對スル抗議〉，外務省記錄5門軍事2類戰爭2項
　　陸海空軍行動及戰鬥《日露戰役ノ際帝國軍隊ノ行動ニ對スル誣妄雜
　　件》，JACAR，B07090616400，《日露戰役ノ際帝國軍隊ノ行動ニ對ス
　　ル誣妄雜件》（B-5-2-2-0-24），外務省外交史料館藏。

64　〈帝國軍隊清人ト共ニ露軍攻擊ニ關スル件〉，外務省記錄5門軍事2類
　　戰爭2項陸海空軍行動及戰鬥，《日露戰役ノ際帝國軍隊ノ行動ニ對ス
　　ル誣妄雜件》，JACAR，B07090616900，《日露戰役ノ際帝國軍隊ノ行
　　動ニ對スル誣妄雜件》。

65　〈清國政府ヨリ米及綿ヲ奉天省ヘ送付ノ儀ニ付照會〉，外務省記錄5門
　　軍事2類戰爭1項開戰，《日露戰役ノ際第三國人引揚保護並交戰地ヘ
　　廻航及出向雜件／清國ノ部、雜》，JACAR，B07090561200，《日露戰
　　役ノ際第三國人引揚保護並交戰地ヘ廻航及出向雜件／清國ノ部，雜》
　　（B-5-2-1-0-18_3），外務省外交史料館藏。

66　〈滿洲に關する日清交涉會議錄第1號　明治38年11月17日、光緒31年10月21日開會〉，JACAR，C06041242800，〈滿洲に關する日清交涉會議錄中日全權大臣會議東三省事宜節錄　參謀本部副官管〉，防衛省防衛研究所藏；《滿洲に關する日清交涉會議錄第22號　明治38年12月22日、光緒31年11月26日開會》，JACAR，C06041244900，〈滿洲に關する日清交涉會議錄中日全權大臣會議東三省事宜節錄　參謀本部副官管〉，防衛省防衛研究所藏；《滿洲に關する日清交涉會議錄中日全權大臣會議東三省事宜節錄　參謀本部副官管》，JACAR，C06041242700，〈滿洲に關する日清交涉會議錄中日全權大臣會議東三省事宜節錄　參謀本部副官管〉，防衛省防衛研究所藏。

67　〈芝罘商人張德山潤喧張勵明徐亨廣ノ4名合資ニ關スル德和號財產調查ノタメ渡航願出其他ノ件並ニ紀鳳台財產ノ件〉，外務省記錄5門軍事2類戰爭1項開戰，《日露戰役ノ際第3國人引揚保護並交戰地ヘ廻航及出向雜件／清國ノ部、雜》，JACAR，B07090562000，《日露戰役ノ際第三國人引揚保護並交戰地ヘ廻航及出向雜件／清國ノ部》，雜（B-5-2-1-0-18_3），外務省外交史料館藏；《殘留財產調查ノ為關東州內ヘ外國人渡航及同取締規則制定並ニ殘留財產確認期限延長一件》，外務省記錄5門軍事2類戰爭13項敵國人及第三國人財產、諸外國人ノ部第二卷，〈分割3〉，JACAR，B07091095600，《殘留財產調查ノ為關東州內ヘ外國人渡航及同取締規則制定並二殘留財產確認期限延長一件／諸外國人ノ部》，第二卷（B-5-2-13-0-6_1_0_02），外務省外交史料館藏。

68　〈日露戰役後佔領地ニ於ケル帝國官憲ノ處置2關シ清國其他ヨリ苦情申出一件〉，外務省記錄5門軍事2類戰爭6項佔領及施政，〈分割1〉，JACAR，B07090737700，〈日露戰役後佔領地二於ケル帝國官憲ノ處置二關シ清國其他ヨリ苦情申出一件〉（B-5-2-6-0-13），外務省外交史料館藏。

69　〈在本邦清國學生監督者派遣の件〉，陸軍省－壹大日記-M32-9-15，防衛省防衛研究所藏，JACAR，C04013633600，明治32年。

70　〈清國留學生總監督著京の件〉，陸軍省－壹大日記-M36-1-9，防衛省防衛研究所藏，JACAR，C04013874900，明治36年1月。

71　〈清國留學生任總監督轉任に付事務引繼の件〉，陸軍省－壹大日記-M36-10-18，防衛省防衛研究所藏，JACAR，C04013923900，明治36年10月；《清國學生監督者の件》，陸軍省－壹大日記-M37-9-58，防衛省防衛研究所藏，JACAR，C04014003600，明治37年；呂順長：

　　　《浙江留日學生監督孫淦事跡》，http://www.ch.zju.edu.cn/rwxy/rbs/
lvshunchanglwj4liuxuesjdu.htm。

72　〈清國留學生總監督渡來の件〉，《陸軍省－壹大日記》-M36-1-9，防衛
　　　省防衛研究所藏，JACAR，C04013874100，明治36年1月。

73　《各國內政關係雜纂／支那ノ部／革命黨關係（亡命者ヲ含ム）第2卷》，
　　　明治34年5月16日至38年8月30日，外務省記錄1門政治6類諸外國
　　　內政1項亞細亞，JACAR，B03050064800，《各國內政關係雜纂／支那
　　　ノ部／革命黨關係（亡命者ヲ含ム）》，第二卷（B-1-6-1-048），外務省外
　　　交史料館藏。

74　「信憑スベキ者ヨリ內聞スル所に拠レバ彼レハ当地ニ於ケル同志ト陰カニ
　　　画策ヲ運テシ現清国皇帝ヲ救援スルノ目的ヲ以テ革命軍ヲ起サント企テ
　　　居ル。」《清國人庚有為ノ企謀ニ關スル內報之件》（原文做「庚」—筆
　　　者），外務省記錄1門政治6類諸外國內政1項亞細亞，《各國內政關係
　　　雜纂／支那ノ部／光緒二十四年政變、光緒帝及西太后ノ崩御、袁世
　　　凱ノ免官》，第三卷，明治33年5月23日至37年6月25日，JACAR，
　　　B03050092500，《各國內政關係雜纂／支那ノ部／光緒二十四年政變、
　　　光緒帝及西太后ノ崩御、袁世凱ノ免官》，第三卷（B-1-6-1-076），外務
　　　省外交史料館藏。

75　〈宮崎寅藏外一名逮捕ニ關スル報告〉，《各國內政關係雜纂／支那ノ部／
　　　光緒二十四年政變、光緒帝及西太后ノ崩御、袁世凱ノ免官》，第三卷。

76　〈王之春力康有為殺害ノ密旨ヲ受取リタル件〉，《各國內政關係雜纂／
　　　支那ノ部／光緒二十四年政變、光緒帝及西太后ノ崩御、袁世凱ノ免
　　　官》，第三卷。

77　《各國內政關係雜纂／支那ノ部／革命黨關係（亡命者ヲ含ム）》，第2
　　　卷，明治38年9月2日至41年4月4日，外務省記錄1門政治6類諸外
　　　國內政1項亞細亞，JACAR，B03050064800，《各國內政關係雜纂／支
　　　那ノ部／革命黨關係（亡命者ヲ含ム）》，第二卷（B-1-6-1-048），外務省
　　　外交史料館藏。

78　http://www.zgxcfx.com/bbs/dispbbs.asp?boardID=14&ID=3105&page=5。

79　〈清國直隸總督代　沖商會製作兵器購買之件〉，《陸軍省－密大日記》
　　　-M39-1-5，防衛省防衛研究所藏，JACAR，C03022838600，《密大日
　　　記》，明治39年。

80　〈清國遊歷官本省參觀の件〉，《陸軍省－壹大日記》-M39-3-34，防衛省
　　　防衛研究所藏，JACAR，C04014116100，明治39年。

81　〈清國副都銃學校其他參觀の件〉,《陸軍省－壹大日記》-M39-8-39,防
　　衛省防衛研究所藏,JACAR,C04014153100,明治39年;〈清國人兵
　　營學校等參觀の件〉,《陸軍省－壹大日記》-M39-11-42,防衛省防衛研
　　究所藏,JACAR,C04014179800,明治39年。

82　〈清國人兵營、工廠參觀の件〉,《陸軍省－壹大日記》-M39-8-39,防衛
　　省防衛研究所藏,JACAR,C04014155200,明治39年;〈上海機器製
　　造局委員工廠等參觀の件〉,《陸軍省－壹大日記》-M39-12-43,防衛省
　　防衛研究所藏,JACAR,C04014185400,明治39年。

83　〈西廣總督本邦ヨリ工兵用器具購入〉,外務省記錄5門軍事1類國防
　　5項兵器、彈藥、需品,《本邦ニ於ケル各國兵器需品其他調達關係
　　雜件／支那ノ部》,第一卷,JACAR,B07090283400,《本邦ニ於ケ
　　ル各國兵器需品其他調達關係雜件／支那ノ部》,第一卷(B-5-1-5-0-
　　17_2_0_01),外務省外交史料館藏。

84　〈政務調查員派遣ニ關シ報告ノ件〉,外務省記錄1門政治6類諸外國內
　　政1項亞細亞〈政務視察ノ為清國大官ヲ各國ニ派遣一件〉,明治37年
　　9月26日至38年10月5日,JACAR,B03050326000,〈政務視察ノ為
　　清國大官ヲ各國ニ派遣一件〉(B-1-6-1-244),外務省外交史料館藏。

85　〈清國鎮國公載澤殿下來航接待次第〉,外務省記錄1門政治6類諸外國
　　內政1項亞細亞,〈政務視察ノ為清國大官ヲ各國ニ派遣1件〉,明治38
　　年10月11日至12月31日,JACAR,B03050326100,《政務視察ノ為清
　　國大官ヲ各國ニ派遣一件》。

86　〈津田大尉海外旅券請求の件〉,《陸軍省－參大日記》-M37-3-88,防衛
　　省防衛研究所藏,JACAR,C07041744400,明治37年,《參大日記》,
　　3月;〈清國袁世凱より津田大尉へ贈與品の件〉,《陸軍省－參大日記》
　　-M37-7-92,防衛省防衛研究所藏,JACAR,C07041751500,明治37
　　年,《參大日記》,7月。

87　〈清國に於て陸軍學堂制度改正其他の件〉,《陸軍省－陸滿密大日記》
　　-M38-1-17,防衛省防衛研究所藏,JACAR,C03020284500,明治38
　　年,《滿密大日記　明治38年1月2月》。

88　〈清國より將校招聘の義照會の件〉,《陸軍省－壹大日記》-M39-8-39,
　　防衛省防衛研究所藏,JACAR,C04014156400,明治39年。

89　〈清國留學生に關する件〉,《陸軍省－壹大日記》-M32-1-7,防衛省防
　　衛研究所藏,JACAR,C04013568400,明治32年;〈清國留學生戶山
　　學校へ通學の件〉,《陸軍省－壹大日記》-M32-5-11,防衛省防衛研究

所藏，JACAR，C04013601200，明治32年。

90 〈清國陸軍學生入隊並入校の件〉，《陸軍省－壹大日記》-M36-3-11，防
    衛省防衛研究所藏，JACAR，C04013884200，明治36年3月。

91 〈清國陸軍學生唐在禮退隊の件〉，《陸軍省－壹大日記》-M37-1-50，防
    衛省防衛研究所藏，JACAR，C04013950200，明治37年。

92 〈清國陸軍學生士官學校へ入學の件〉，《陸軍省－壹大日記》-M39-7-
    38，防衛省防衛研究所藏，JACAR，C04014145000，明治39年。

93 〈清國學生監理委員長經理學校建物使用の件〉，《陸軍省－貳大日記》
    -M37-10-71，防衛省防衛研究所藏，JACAR，C06083969900，明治37
    年乾。

94 〈清國陸軍學生歸國の件〉，《陸軍省－壹大日記》-M36-3-11，防衛省防
    衛研究所藏，JACAR，C04013882900，明治36年3月。

第二章

「民族」，一個來自日本的誤會
民族國家思想進入中國的歷史考察

　　二十世紀初年，中國思想史上發生的最重大事件，莫過於民族主義的傳入。然而需要注意的是，當年熱衷於「民族主義」一說的，都是企圖推翻滿清統治的社會階層。因為要想推翻滿清統治，理論上首先要解決的當然是如何處理「國家」與「民族」之間關係的問題，這是民族主義進入中國的主要背景。如果脫離了中國近代民族主義思想的這一原點，不僅有誤解先哲們當年打造民族主義本意之嫌，更重要的是既看不清一百年來民族主義給中國帶來的利與弊，也無法正確回答民族主義在今天帶來的現實問題。

　　經過十年論戰，新生的中華民國給國家與民族之間的關係下了一個「五族共和」的官方結論。1912年元旦，孫中山先生在〈臨時大總統就職宣言〉中，宣佈「為國民告」之後第一句話就是：「國家之本，在於人民，合漢、滿、蒙、回、藏諸地為一國，如合漢、滿、蒙、回、藏為一人，是曰民族之統一」。[1] 〈臨時大總統就職宣言〉宣告中國進入了一個新的歷史時代，也為中國近代民族主義豎起了一座里程碑。因為成為中華民國臨時大總統的孫中山在這裏實現了一個民族主義思想上的跨越：當年「驅除韃虜」是要實現一個漢民族自己的中華國家，而「五族共和」則承認同一個中華國家內，可以存

在兩種「民族」——一個是類似漢、滿、蒙、回、藏等五族的「民族」；另一個是統一了漢、滿、蒙、回、藏等，與國家同方圓、包括了所有「國民」的「民族」。

想像的中華民族祖先：
1903年12月6日出版於東京的《黃帝魂》中的黃帝肖像

可是事實上，就是在當時，「五族共和」也不是每個民族主義思想家都能甘心的結論。沒有收入《孫中山全集》的民國元年元旦〈臨時大總統佈告全國同胞書〉告訴我們，即使在就任「中華民國軍政府大總統」之後，孫中山仍然認為自己還有另外一個身份——漢族領袖。「中華民國軍政府大總統孫，為佈告大漢同胞事：⋯⋯此必我黃帝烈聖在天之靈，佑助我同胞，故能成此興漢之奇功，蓋可以決滿廷之必無噍類矣。」「今特佈告我大漢同胞，共鑒前車，牢持來軫；再接再厲，全始全終。⋯⋯自能唾手燕云，復仇報國，直抵黃龍府，與同胞痛飲策勳，建共和國，使異族帖耳俯首。」[2] 透過孫中山悲壯歷史流露出的心聲，可以看出他對一個漢族國家的執著嚮往和追求。

既是國家元首，又是民族領袖，如果在一個「國家」與「民族」規模完全一致的「民族國家」國度裏，它也許是一種理想的統治形態。而在一個由多民族構成的政治共同體中，最高領袖如果具有這樣兩副政治的面孔，卻可能帶來民族間的不平等。可是孫中山對其漢族領袖身份的強烈意識，並沒有與時俱退，至少到1921年6月時，仍然可以看到他保留著同樣的思維：

> 漢人向來號稱是四萬萬，或者不止此數。用這樣多的民眾，還不能夠真正獨立，組織一個漢族的國家，這實在是我們漢族莫大的羞恥！這就是本黨的民族主義還沒有徹底的大成功！由此可知本黨還要在民族主義上做工夫！必要滿、蒙、回、藏，都

同化於我們漢族，成一個大民族主義的國家！[3]

這段話也能夠令人讀出更多的內容：孫中山對民族的認識、對民族主義的認識、對民族間關係的認識、對民族與國家關係的認識等等。說到底，孫中山多年追求民族主義的最終理想，就是在中國實現一個漢族的「民族國家」，所以他才會產生這種「中華國家的元首即是漢族領袖」的想法。

然而，中國為甚麼就應該是漢族的「民族國家」？想要知道孫中山產生這種想法的原因，只有回顧早年中國民族主義之誕生與日本之間的關係，搞清中國革命家當年在日本所接受的民族主義的性質和內容。

第一節 「民族主義」立國與「民族」建國主義

最早開始使用「民族主義」一詞的梁啟超先生，其實是從國際政治的角度注意到民族主義學說的。1901年，梁啟超在〈國家思想變遷異同論〉一文中指出：「民族主義者，世界最光明正大之主義也。不使他族侵我之自由，我亦毋侵他族之自由。」[4] 他根據德國政治學者伯倫知理的國家學說，將中世紀以後國際社會的時代特點概括為：十八世紀末至十九世紀開始進入民族主義和民族帝國主義的時代，到了十九世紀末至二十世紀更邁進到民族帝國主義和帝國主義的時代。通過以上概括，梁啟超覺察到民族主義思想對於建設近代國家的重要性，他形象地比喻道：「凡國而未經過民族主義之階段者，不得謂之為國；譬諸人然，民族主義者，自胚胎以至成童所比不可缺之材料也，由民族主義而變為民族帝國主義，則成人以後謀生建業所當有之事也。」[5]

梁啟超認為民族主義在中國「猶未胚胎」，所以中國要想抵抗已進入到民族帝國主義、帝國主義階段的歐美列強的侵略乃是以卵擊

石，此時應該做的只有加速培養「民族主義」：「知他人以帝國主義
來侵之可畏，而速養成我所固有之民族主義以抵制之，斯今日我國
民所當汲汲者也。」[6] 在這篇文章中，梁啟超指出國際政治的殘酷現
實：「兩平等者相遇，無所謂權力，道理即權力；兩不平等者相遇，
無所謂道理，權力即道理也。」[7] 從1901年的這些表述中都可以看
出，梁啟超之所以開始注意到民族主義的學說，首先是出於如何才
能夠使中國在弱肉強食的國際政治中得以生存的考慮。

　　梁啟超民族主義的視野裏，並非沒有國內的民族問題。1902年
4月，他在致康有為的信中說道：「今日民族主義最發達之時代，
非有此精神，決不能立國，弟子誓焦舌禿筆以倡之，決不能棄去者
也。而所以喚起民族精神者，勢不得不攻滿洲，日本以討幕為最
適宜之主義，中國以討滿為最適宜之主義，弟子所見，謂無以易此
也。」[8] 梁啟超清楚地表明了一種「以民族主義立國」的思想，值得注
意的是他將「討滿」與「討幕」相提並列，這就說明其民族主義的目標
是在中國推翻清王朝，而並非是從中國驅除其他民族集團。

　　但是在梁啟超之後，更多的思想家們是從國內政治的角度注意
到民族主義學說的。發表於1903年3月《浙江潮》第2期的〈民族主義
論〉，對民族主義曾經下過這樣一個註解：「合同種異異種，以建一
民族的國家，是曰民族主義。」[9] 由於他們民族主義的視線集中在國
內政治上，於是便發現了作為文化共同體的「民族」必然向政治共同
體的「國家」過渡的邏輯，民族主義更被具體為建立民族國家的「民
族建國主義」：

> 民族之所以由生，生於心理上道德與感情之集合。因道德與感
> 情之集合，而興起政治組織之傾向；因政治組織之傾向，而民
> 族建國主義乃星回日薄於大陸之上。[10]

> 今欲存支那者，不可不集合支那民族以自相提攜、自相固著，集
> 合皇漢民族以自相提攜、自相固著，不可不言民族建國主義。[11]

在中國國內政治的層次上區別「民族」，當然只有漢族或非漢民族；提倡「民族建國主義」，當然就是建設一個漢民族的民族國家。

開始流行於這一時期的復仇説、光復説、獨立説、黃帝子孫説等中國民族主義諸説，其實質都是「民族建國主義」。「民族建國主義」其實是主張以革命形式推翻清朝統治的革命家們的共同思想特徵，孫中山也在1906年説道：

> 民族主義，並非是遇著不同種族的人便要排斥他，而是不許那
> 不同族的人，來奪我民族的政權。因為我漢人有政權才是有
> 國，假如政權被不同族的人所把持，那就雖是有國，卻已經不
> 是我漢人的國了。[12]

對這段話，學者們有過許多的詮釋，但是將它當作孫中山反對狹隘民族主義的證據，卻是通過本末倒置的手法顛倒黑白，因為這句話的根本目的就是在於鼓吹建立「漢民族政權」與「漢人之國家」。以國家為手段、以民族為目的，這正是「民族建國主義」的實質。

然而可以想像，如果按照「民族建國主義」的構想，多民族國家的格局將不復存在，中國就要遭到分疆裂土的下場。在一片「民族建國主義」的聲浪之中，梁啟超在1903年公然對「漢人立國」提出質疑：

> 兩年以來，民族主義稍輸入於我祖國，於是排滿之念，勃鬱將
> 復活。雖然，今吾有三問題於此，曰：漢人果已有新立國之資
> 格乎？……曰：排滿者以其為滿人而排之乎，抑以其為惡政府
> 而排之乎？……曰：必離滿洲民族，然後可以建國乎，抑融滿
> 洲民族乃至蒙、苗、回、藏諸民族，而亦可以建國乎？[13]

梁啟超也知道民族特徵為同地、同血統、同面貌、同語言、同文字、同宗教、同風俗、同生計，然而他卻能順水推舟，從此得出如下結論：

由此言之，則吾中國言民族者，當於小民族主義之外，更提倡大
民族主義。小民族主義者何？漢族對於國內他族是也。大民族主
義者何？合國內本部屬部之諸族，以對於國外之諸族是也。[14]

也就是說，梁啟超不以按民族界線劃國家疆界為然，相反提出
了按國家疆界劃分民族——即大民族的民族主義。梁啟超民族主義
的實質，就是以民族為手段，國家才是目的。

對於這樣一個具有美好願望的思想最終沒有成為中國近代民族
主義主流的原因，我們卻不能簡單歸罪於當時人們更加嚮往過激的
民族主義。就像上述對「小民族主義」和「大民族主義」關係的闡述
一樣，梁啟超的民族主義理論自身由於主觀意願先行，忽視了「民
族」結合的原因，因而自然沒有很強的說服力。然而，余一則指出：
「根之於歷史，胎之於風俗，因之於地理，必有一種特別的固結不
可解之精神。蓋必族其同也，夫然後其國可以立，可以固，不然則
否。」[15] 余一觀察民族特徵的視點與梁啟超相近，然而兩者的結論迥
異：余一得出了民族既有內聚力也有排他性的結論，而梁啟超一邊
說民族具有獨自的血統、面貌、語言、文字、宗教、風俗，一邊又
提出與國家疆界扯平的大民族主義，所以即使被人視為「此其言有類
夢囈」，[16] 卻也是無可奈何的。

第二節　「民族」與「國民」

可以看出，無論是民族主義立國，還是民族建國主義，實際上
都在圍繞著「民族」二字大做文章。其原因在於他們都認為中國要想
強大，就必須走建設國民國家的道路，但是在他們所理解的國民國
家的理論框架中，「國民」與「民族」的之間具有相輔相成的關係。

國民國家（nation state）原本是一個與君主專制（absolute monarchy）
相對應的概念，國民國家理論的核心，是人民支配國家主權，即主

權在民；因此，國民國家的主體不是政府，而是「國民」，作為集合體的「國民」對國家有權利有義務，作為獨立人格的「國民」互相之間自由平等。對於「國民」概念，中國近代的許多思想家都有著相當正確的理解。例如，1901年6月出版的《國民報》第2期中，有〈說國民〉一文如此解釋國民：

> 何謂國民？天使吾為民而吾能盡其為民者也。何謂奴隸？天使吾為民而卒不成其為民者也。故奴隸無權利，而國民有權利；奴隸無責任，而國民有責任；奴隸甘壓制，而國民喜自由；奴隸尚尊卑，而國民言平等；奴隸好依傍，而國民尚獨立。[17]

近代以來世界各國之所以競相建設國民國家，就是因為可以通過這個過程，使民眾不僅具有「參預國政之權利」，而且知道「一國之事即一人之事，一人之事即一國之事」，[18] 從而增強國家意識，激起民眾的愛國熱情，因之達到增強國力的目的。所以，梁啟超云：「國家所最渴需者，為國民資格。」[19] 鼓吹革命者亦云：「夫立國於地球之上者，無國民則亡，有國民則強。」[20] 在當時的思想家中，「中國自開國以來，未嘗有國民」，[21] 則成為一種共識。

> 自法律論言，則國民者有國法上之人格者也。自其個人的方面觀之，則獨立自由，無所服從；自其對於國家的方面觀之，則以一部對於全部，而有權利義務，此國民之真諦也。[22]

根據汪精衛的這一說法，所謂「中國無國民」，既指中國民眾既沒有獨立人格上的自由和平等，更沒有對於國家之權利。梁啟超以此為近代民族主義發生之原因：

> (盧梭的)平權派之言曰：人權者出於天授者也，故人人皆有自主之權，人人皆平等；國家者，由人民之合意結契約而成立者也，故人民當有無限之權，而政府不可不順從民意，是即民族主義之原動力也。[23]

梁啟超顯然沒有解釋清楚「民意」與「民族」之間的互動關係，而提倡民族建國主義的革命家們卻能夠明確指出中國無「國民」的原因在於清朝的民族政權性質。例如汪精衛認為，在清朝統治了中國260年間的「貴族政治」體制下，「滿族漢族其權利義務之不相同」，「一公權之不平等，二私權之不平等。」[24]

民族建國主義者普遍認為不平等的產生與「民族」有關。因為民族不同，所以利益不同，故多民族國家的統治者做不到讓各個民族都享有平等權利：「政府者，所以為國民謀公益者也，所以拒他民族之妨我民族之權利者也。」[25]「一國之內而容二族，則捨奴隸以外，無以容其一，否則滅之，否則融之化之而已。」[26] 因此，被壓迫民族要取得平等的地位，就要有自己的民族國家。1905年，當時緊緊追隨孫中山左右的汪精衛就曾在《民報》第一期發表的〈民族的國民〉中大聲疾呼：「吾願我民族實行民族主義，以一民族為一國民。」[27]

汪精衛知道「民族」與「國民」的概念不同：「民族云者，人種學上之用語也，其定義甚繁，今舉所信者，曰：民族者同氣類之繼續的人類團體也。……國民云者，法學上之用語也。自事實論以言，則國民者構成國家之分子也。……民族者自族類的方面言，國民者自政治的方面言，二者非同物也。」[28] 然而，因為「民族」與「國民」不過是同一對象的兩個不同側面，從「非同物」之類似是而非的說法就可以看出，很多民族建國主義者實際上對「民族」與「國民」之間區別的理解都不甚了了，以至產生以下「民族」與「國家」不分的論調。

一曰中國亡在異族同國：

> 今之執我主權施行法律，以代表我國者，非黃帝之子孫也；奏章詔諭，所稱之列祖列宗，謳歌而揚頌之者，非吾民之祖先，與歷史無關係也。既非同族，則何從愛之？既無歷史之觀念，則何從而起之感情？是中國所以終亡也夫。[29]

一曰實行驅除異族的民族主義，就是實行民主主義：

今之政府為異族政府而實行專制政體，則驅除異族，民族主義
之目的也，顛覆專制，國民主義之目的也，民族主義之目的
達，則國民主義之目的亦必達，否則終無能達。[30]

總之，民族建國主義者常常將「國民」與「民族」合二為一。楊度
說：「國民云者，對外族而言之也。」[31] 余一更言：「蓋國民必自認其
建國之天職，自知國之為我有，始能於政治上關心其利害，而別接
同族以建國。不然則同國者同族可，異族可，我本與國無關係也，
知有我而已，則亦委棄之類也。」[32] 從這種甚至不惜以區別或委棄
「異族」的行為中可以看出，所謂的民族建國主義，不過是誤解「國
民」必須以「民族」甚至是「種族」為基礎，因而為了打造「國民」而提
倡的一種削足適履式的民族主義。[33]

提倡以民族主義立國的梁啟超，則不以驅除異族為建設國民的
唯一途徑，他說道：「誠以國家所最渴望者，為國民資格，而所以得
此國民資格者，各應於時勢而甚多其途也。」[34] 他認為一國之中的民
族是否不同，與是否實現民主政治兩者之間沒有必然的連繫，因此
質問「民族建國主義」：「排滿者以其為滿人而排之乎，抑以其為惡政
府而排之乎？」[35]

梁啟超反對只有建立漢族民族國家才能挽救中國的說法，他公
然提出：「自今以往，中國而亡則已，中國而不亡，則此後所以對於
世界者，勢不得不取帝國政略，合漢合滿合蒙合回合苗合藏組成一
大民族。」[36] 梁啟超在這裏所提起的「帝國」，是他依據德國政治學
者的國家學說提出之一種民族主義的高級形態，所以「合漢合滿合蒙
合回合苗合藏」的「大民族」，應該是他心目中「國民」的最理想形態。
梁啟超之所以能夠衝破民族特徵，「發現」一國之內可以存在著兩種
不同層次上的「民族」(尤其是與國家同方圓的「大民族」)，說明他也
相信必須在「民族」的基礎上打造「國民」。

可以說，民族建國主義更加注意民族的內涵，而民族主義興國
論更加注意民族的外延。儘管二者就民族的理解不同，然而可以看

到，其實雙方的民族主義理論在構造以及最終目標上有著驚人的相似之處：都主張以民族主義喚起國民，都主張以民族為基礎打造國民，而最終的目標都是要實現一個「民族」與「國民」一致的國家。這個國家，正是英語中的 nation state，它從「國民」的角度翻譯就是「國民國家」，從「民族」的角度翻譯就是「民族國家」。按照國民國家理論的思想框架，將「民族」與「國民」的概念連繫在一起，正是中國近代民族主義興起的重要標誌。

第三節　日制漢詞「民族」誕生的國際背景

一個不爭的事實是，二十世紀初年中國思想家們關於民族主義的文章，幾乎無一例外都誕生於日本。決不止一件偶然的 Made in Japan by Chinese（由中國人於日本製造）的現象，說明中國與近代「國民」概念發生連繫的近代民族主義的誕生，與日本的近代思想有著密切的關聯。

日語中的「民族」一詞來自於英語的 nation。在日本自由民權運動（1874–1890）早期的政治小說中，*Assemblee Nationale*（國民議會）就被譯為「民族會議」。[37] 然而有一項研究指出，除此以外，「在明治前半期中，幾乎看不到『民族』一詞出現」；「『日本人』一詞也首先意味著日本國政府統治下之『民』，『國民』一詞作為 nation 的譯文使用，也只是被當成一種應該形成的存在。用一句話來說就是：明治前期還沒有形成今天的日本人日常使用的『民族』的概念。」[38] 也就是說，日本人首先是從「國民」的角度開始接受英語中 nation 的概念，然後又從「民族」的角度對 nation 進行了再認識。

Nation 之所以既可以譯為民族，又可以譯為國民，是因為它從詞根上來看，就具有政治與文化的雙重內涵。然而，從個人與政治共同體關係的角度來看，近代以前的 nation，充其量不過是「國人」，

而不是「國民」。近代意義上的nation，最早產生於法國革命時期。路易十六(Louis XVI，1774–1792年在位)繼位後，為了克服嚴重的經濟困難，重建因連年戰爭而瀕臨破產的國家財政，打算向特權階層徵稅；在遭到抵制之後，1789年5月召開中斷了175年的三級會議。但是，會議中第三等級因提出改革稅制和廢除第一、二等級特權，而與第一、二等級發生對立，於是獨自宣佈成立「國民議會」(*Assemblee Nationale*，後改名為制憲議會)。由於路易十六企圖鎮壓制憲議會，7月14日巴黎市民們攻破獨裁象徵的巴士底獄，爆發了法國大革命。制憲議會於8月4日通過廢除封建特權的決議，8月26日提出《人權宣言》，並開始制定憲法，決定沒收教會財產、改革司法制度、剝奪僧侶特權、改正選舉制度。可以看出，在這個過程中出現在法語中的nation，首先指由信奉自由、平等、博愛理念的人們共同組織起來的政治共同體。1792年9月，由男子普通選舉產生的國民公會通過決議廢除王權、建立共和，成立了法蘭西第一共和國。可以說，法國大革命從各個角度都提供了一個國民國家的理想模型，然而法國建設近代國民國家的進程並非一帆風順。直到1871年巴黎公社失敗後保王黨和共和黨抗爭，1875年共和黨在議會中以一票之差獲勝後，制定了以三權分立和普選為中心內容的《第三共和國憲法》，才最終確立了民主政體，使法國成為一個近代國民國家。從法國建設近代國家的過程中可以看出，近代國家建設的基本動力首先是實現自由平等、主權在民。在這個問題上，英國、美國也具有同樣的特點，所以說，英、法、美三國建設近代國家的過程，實質上也是同時在建設近代的「國民」。在這個過程中，「國民」們感受到自己對於國家的權利和義務，正是因為如此，nation也就變成了由一個具有同樣價值觀的人們所組成的共同體。

但應該注意到的是，從客觀事實上界定這個共同體之範圍的，是各國的具象的主權範圍。美國作為一個由殖民者促成殖民地獨立而形成的國家，在地理上具有它特殊的一面；而處於西歐的英法

兩國卻是因為絕對王權體制的時代，打造了一個相對確定的主權範圍。正因為如此，世界上許多國家沒有選擇走英、法、美三國建設近代國民國家的路子，缺乏一個相對確定的主權範圍的德國，就是一個典型的例子。

　　由奧地利公國哈布斯堡家族長期控制的神聖羅馬帝國，內部民族結構複雜。由於1648年威斯特伐利亞條約承認了各個公國的主權，許多公國在自己的領域內開始追求中央集權化，對外則連橫合縱，因此德意志民族一直沒有形成一個自己的統一國家。經過與另一個德意志國家——奧地利公國之間的數次戰爭，德國東部地區的普魯士公國逐漸強大，到十八世紀時已經可以和奧地利公國分庭抗禮。弗里德里希・威廉二世(Frederick William II，1740–1786年在位)繼位後重視農業，解放農奴、鼓勵開墾、改良農業技術，同時保護出口工業、節約財政經費，和強化軍隊、改革司法、承認宗教信仰自由、推行義務教育，建設了一個強大的德意志絕對王權國家。

　　拿破崙上台後數次發動侵略戰爭，打敗了奧地利和普魯士。拿破崙的入侵，事實上推動了德國建設近代國家的進程，同時也強烈地刺激了德意志民族主義。哲學家費希特(Johann Gottlieb Fichte，1762–1814)，1807年在法軍佔領的柏林發表了著名的〈對德意志民族的演講〉("Addresses to the German Nation")。這篇演講又被譯為〈對德意志國民的演講〉，但是事實上當時並不存在一個統一的德意志國家。因此，無論從演講內容、還是從當時德國的現實來看，它只能說是一篇鼓舞German「民族」意志的文獻，這其實也反映出當時因為沒有德意志統一國家，甚至無法精確定義「nation」究竟應該是一個以政治為共同體基礎的「國民」、還是應該是一個以文化為共同體基礎的「民族」的尷尬。

　　拿破崙下台後的1814年9月，在英、俄、普、奧主導下確定下來的維也納體制(Vienna system)，雖然沒有帶來德意志的統一，卻刺激了普魯士成為德意志國家中心的決心，而讓這一決心得以變為

現實的因素，就是隨著工業革命而來的資本主義的發展。普魯士抓住時機，首倡德意志地區經濟的統一，1833年創立除了奧地利公國之外、其他德意志公國都參加的關稅同盟，決定取消同盟國之間關稅，並在與同盟國外的國家進行貿易時採用統一關稅。1862年普魯士威廉一世（William I，1861–1888在位）即位後，任命俾斯麥為首相。信奉小德意志主義、即主張擺脫奧地利以外的德意志各公國統一的俾斯麥停止議會，積極擴軍，1866年與奧地利開戰，勝利之後解散了維也納體制，其後建立的以奧地利主導的德意志聯邦，規定奧地利不再干預德國統一問題，並隨後成立了由萊茵河北岸22個邦組成、以普魯士主導的北方德意志聯盟。在1870年普法戰爭中取得勝利後、1871年1月普軍佔領巴黎之前，普魯士王威廉一世在凡爾賽舉行了皇帝戴冠儀式，成立由北方德意志聯盟和南方德意志各公國參加的德意志帝國，4月公佈了《德意志帝國憲法》，德意志民族因此實現了統一。

德意志帝國雖然採用了聯邦方式，立法機關由聯邦參議院和帝國議會組成，議會議員通過選舉產生並開始了政黨政治，但是因為帝國是以普魯士的軍事力量、貴族和大資本家之間的妥協為背景，官僚基本是貴族領主，君主立憲制不過是一種名義而已。因此，德意志民族雖然實現了統一，不過是它走向近代國家的第一步，而與主張天賦人權、主權在民、人人平等，強調國民對於國家的權利的國民國家之間，還有相當的距離。德國的這段歷史說明：並不是所有的「國民國家」，都能夠在追求「民族」統一和建設「民族國家」的過程中能夠自動實現的。

德國是一個先於「國民」建設「民族」的典型事例；換句話說，就是將建設近代國家的焦點更多地集中到建設「民族國家」的問題。德語中類似英語nation的詞彙叫 Volk。Volk在近代以前只是對軍士和社會下層民眾集團的一個蔑稱。與法國革命理念中提出的nation的內涵恰恰相反，在十八世紀末以後建設國民國家的過程中，Volk變

成了一個更與「民族」相近的、首先指以共同語言為基礎而歷史形成的、具有自我特徵的文化共同體的概念。而在英法美，不僅不存在民族和文化意義上的nation，法國在革命以前甚至不存在一個成為nation基礎的全國通用語言。

西歐與德國因為國情不同，而採取了不同的nation形成方式。一般說來，西歐重政治，德國重文化；西歐以地緣為單位，德國以血緣為媒介；因此德國的nation更接近「民族」，西歐的nation更接近「國民」。然而各個國家的nation的成立，都與近代國家（state）、市民或公民（citizen）、共同語（the common language）等概念的形成有著密切的關係，所以不論是在走從政治共同體到文化共同體道路的英法美，還是在從文化共同體到政治共同體道路的德國，nation或*Volk*最終都成了「具有共同民族性的國民」或「具有共同國民性的民族」，因此才有了nation既可以譯為民族、又可以譯為國民的問題。但是相比之下，德國建設近代國家的模式，實現nation更像是一種手段，而確定國家性質和範圍才是根本的目的。正是因為這一點，更加重視nation中「民族」因素的共同語言、宗教、文化和歷史起源等因素的德國模式，對於近代日本和中國來說就更加具有吸引力。

第四節　日本的國粹主義與近代中國的「民族」想像

日本人開始意識到nation的概念，與十九世紀下半期和西方列強社會的遭遇有關。「佩里來航」以來，為了對抗歐美列強的軍事威脅，日本人意識到打破封建的幕藩體制和身份制，將全國各個階層的人民結合成一個同質的、具有共同歸屬意識的nation的重要性——迅速建立一個與國家相關的nation，就是明治維新的實質。[39]

日語中原本沒有一個可以同時表達nation的政治共同體（即「國民」）和文化共同體（即「民族」）這樣一個雙重意義的詞彙。[40] 可是

福澤諭吉 德富蘇峰

nation在日語中被譯成「國民」與「民族」這樣兩個單詞並且普及開來，卻是和日本社會中的nation意識實際上分為兩個階段形成有關的。

第一個階段基本上與在國民國家構想、民眾政治參加等問題上和政府相對抗的自由民權運動 (1874) 同期。在這個時期，人們比較重視政治的側面，所以當時的nation意識實際上是「國民」。雖然明治政府追求德國模式建設國民國家，在服從國家的意義上強調「國民」；[41] 然而受到法國革命「天賦人權論」影響的自由民權運動，卻從自由、平等的意義上強調「國民」。福澤諭吉1874年〈勸學〉(学問のすすめ) 一文中指出：「日本只有政府，沒有國民」；「按照福澤諭吉的說法，明治國家別無其他，只是在追求作為『政府的玩偶』的『國民』。」[42] 1887年雜誌《國民之友》創刊，使「國民」一詞開始在日語中廣泛使用並且逐漸固定下來。創刊人德富蘇峰 (1863–1957) 曾明言，刊名來自名為Nation的美國雜誌，當時正是自由民權運動的退潮期，他從民主主義的角度，高度評價了明治初期以來的製造國民的運動。[43]

第二個階段，與反對表面化和形式化的歐化主義、主張維護發揚日本優秀傳統的國粹主義運動 (1888) 同期開始。在這個時期，因為國粹主義雜誌《日本人》和報紙《日本》的宣傳，廣大日本人開始從「民族文化」的角度再次發現nation。[44] 國粹主義認為國粹是一種源

志賀重昂   陸羯南   三宅雪嶺

於獨自歷史和文化傳統的事實存在，作為它的具體體現提出了「民族」的概念。國粹主義的實質，就是希望能夠通過「民族」概念，強調日本國民具有別於他國的共同的歷史和文化傳統、日本是一個以共同的歷史文化為基礎構建起來的政治共同體，達到強化日本國民愛國主義精神的目的。[45] 所以國粹主義一般又被稱為日本主義。

　　國粹主義的代表人物為志賀重昂（1863–1927）、陸羯南（1857–1907）、三宅雪嶺（1860–1945）等人。志賀重昂於1888年4月在《日本人》的發刊詞中直言國粹就是nationality（國民性、民族性），他在《日本人》第二期進而解釋道：「這裏所説的國粹，就是順應日本國土中萬物自然的感化及化學反應，因此受胎、出生、成長、發達，於大和民族中千古遺傳、醇化下來保存至今的東西。」[46] 陸羯南於1889年創辦報紙《日本》，也説道：「同為人類，但人類有白人黑人之別、黑人黃人之別。黃黑白之中還有各種國家的各種民族。各種民族和各種國家都有自己的特有的歷史、特有的性格、特有的利害、特有的風俗、特有的領土。」[47] 可以看出，由國粹主義者傳播開來的「民族」，其實就是作為政治共同體的「日本國民」之「民」，與作為文化、血緣共同體的「大和民族」之「族」的結合；他們之所以提起「民族」，就是為了從文化和血緣的側面更加強調日本nation的一體性。換言之，「民族」一詞之所以能夠在日本這樣一個民族成分單純的國家裏

產生並流行之，就是因為它可以強化日本國民中「一個國家就是一個民族」的思想。

正是通過國粹主義的階段，以「民族」一詞在日語中得到普及為標誌，日本社會才完成了「一個國家就是一個民族」的思想建構。值得注意的是，國粹主義雖然批判政府不顧日本實際而盲目歐化，但是在強調天皇萬世一系以及日本國家體制的優秀及永久性上與「國體論」一脈相承，在攻擊天賦人權論上與「國權論」並無二致。這種以國家為根本、將天皇製作為日本精神真髓的國粹主義，實際上是受到德國近代民族主義和國家主義的強烈影響。有日本學者認為，因為德國與日本同為君主立憲制，所以對於「國體論」和「國權論」來說，比起西歐的市民社會來德國的近代思想更具有吸引力。[48]

從中國近代民族主義思想家們都是在國民國家理論的思想框架上認識「民族」這一點上就可以知道，中文的「民族」一詞，就是在近代借自於「同文」之國的日本。

最近有學者指出，中文裏出現「民族」一詞的歷史，至少可以上溯到1837年中國境內第一份期刊《東西洋考每月統計傳》（1833–1837，英國傳教士麥都思和普魯士傳教士郭士立主編）9月號上、〈約書亞降迦南國〉中有「昔以色列民族如行陸路渡約耳但河」一文。[49]然而，無論從文章涉及對象的存在年代來看，還是從文章自身表達的意義來看，這裏的民族都沒有「國民」的內涵。也許是一種先驗論的設想：「民族」一詞當時之所以沒有普及，是否就是因為沒有與「國民」思想發生連繫有關？因為當時的中文即使沒有「民族」一詞，也能通過其他手法，表達該文透過「民族」所表達的概念。

又有人說，中文中具有「國民」意義的「民族」一詞，出現在戊戌變法失敗以後梁啟超亡命以及大量留學生登陸日本之前的1896年。根據是該年1月的《強學報》第2期，〈論回部諸國何以削弱〉中有：「夫國之易治者，莫如君權之獨擅也，莫如民族之順命也，而竟受制於英法之議院，有識者可以思矣。」[50]但是能夠覺察到這個「民族」作為一

個名詞有牽強之處，如果考慮當時奧斯曼帝國以及其他伊斯蘭教國家
的內部構造，更能感到它可能表達了「臣民」與「部族」兩個概念。即
使該文的確將「民族」當作一個名詞，也知道它運用得並不純熟，其
原因很可能在於它是一個日制漢詞，就像文中的「有識者」那樣。

　　1896年8月9日創刊的《時務報》中也陸續出現「民族」一詞。[51]
有人以它為「民族」由日本傳入中國的證明。[52] 然而論者們都沒有注
意到這樣一個事實：《時務報》中出現「民族」一詞的文章大多刊登於
從8月29、第3卷起開闢的專門登載日本報刊譯文的《東文報譯》
一欄中，而負責為該欄目尋找原稿並譯成中文的，一直是一位名叫
古城貞吉的「中東文兼精」的日本人。[53] 所以說《時務報》中的「民
族」，可能還算不上是中國製造。

　　毫無疑問，正是因為「同文」的緣故，使中國人在十九世紀末接
觸並開始接受日制漢詞「民族」。[54] 然而「民族」一詞開始普及並在中
文中固定下來，還是要等到與「國民」概念結合之時。從〈民族主義
之教育〉（此篇據日本高材世雄所論而增益之）一文中可以知道，中
國近代思想家們之所以能夠不覺彆扭地主動接收「民族」一詞，不僅
因為漢字相同，而且是因為與日本的近代民族主義思想產生了共鳴。

　　值得注意的是，中國近代思想家們
開始大舉登陸日本之日，正是日本國粹
主義流行之時，日後成為民族主義思想
家的一些人物，許多都與日本國粹主義
者有過實際的接觸。例如，1898年2月
3日，當時的眾議院議員犬養毅專程寫
信給陸羯南，託他帶自己照顧上一年8
月來到日本的孫中山：「持呈函之平山
周氏現與孫逸仙同寓一處。……弟刻下
臥病中，諸事不能兼顧，與神鞭君磋商
結果，務請吾兄代為照顧彼等一切。」[55]

《時務報》

古城貞吉　　　　　　　犬養毅　　　　　　　平山周

1898年10月17日，梁啟超流亡到日本，26、27日（農曆九月十二、十三日），時任日本外務大臣的大隈重信就委託志賀重昂代表他，連續兩天與梁啟超見面筆談。梁啟超當然也談到了如何通過日本「助我皇上復權」，[56] 但是可以想像，通過這些交往，中國思想家們對志賀重昂、陸羯南的國粹主義必定有所瞭解，此後也會注目他們的思想動向。

尤其是經歷了戊戌變法失敗的梁啟超，為了尋求救國的真理，一到日本就開始努力汲取各種新的社會科學知識：「肆日本之文，讀日本之書，疇昔所未見之籍，紛觸於目；疇昔所未窮之理，騰躍於腦，如幽室見日，枯腹得酒，沾沾自喜。」[57] 後來，他在《三十自述》中如此回憶自己初渡日本時的情景：「戊戌九月至日本，十月與橫濱商界諸同志，謀設清議報，自此居日本東京者一年，稍能讀東文，思想為之一變。」[58] 這裏提到的農曆九、十月間，正是他與日本國粹主義首領志賀重昂接觸的時期。

正是在日本社會通過國粹主義的階段，使「民族」一詞和由「一個民族」所構成的「一個國家」才是最優秀國家的思想得到普及的時期，中國近代思想家們來到日本，並且與日本國粹主義者有了直接的思想交流。這一點在解釋中國近代民族主義思想家們之所以追求一個民族一個國家，以及孫中山之所以要在中國實現一個漢族的「民族國家」的問題上，具有不可忽視的重要意義。

第五節　日本的單一民族國家神話與
中國民族國家思潮的興起

前文已經提及，因為德國與日本同為君主立憲制，所以對於「國體論」和「國權論」來說，比起西歐的市民社會來，德國的近代思想更具有吸引力。[59]

而更加注意德國等中東歐國家的近代思想，也是中國近代民族主義思想家們在日本時期留下的共同思想軌跡。例如，雨塵子1902年就曾說道：

> 十九世紀，實為民族國家發生最盛之時代。其民族不同者，則獨立為一國，如義大利之獨立，希臘、羅馬尼亞之獨立是也；民族同一也，則結合為一國，如德意志聯邦，義大利統一是也。[60]

雨塵子所說的「民族國家」就是nation state。中國近代的民族主義思想家們能夠在言及中東歐的國民國家形成時，將nation理解為「民族」，與日本國粹主義者和國體論積極推崇德國式的近代化有關。[61]

說到德國近代民族主義和國家主義思想對日本的影響，須提及兩位著名的國體論者：加藤弘之 (1836–1916)[62] 與穗積八束 (1860–1912)。[63] 加藤弘之還是強調國家形成必須以民族為基礎、植根於民族文化的鼻祖，他「在明治前期已經開始使用『族民』、『民種』、『種族』、『國民』等名稱來表達今天的『民族』才是國家形成主體的意思。認為明治國家也應該像德國和義大利的國家統一過程一樣，認為國家的形成必須植根於『民族』的傳統與文化，必須以獨自的『民族』的力量為前提的思想。」[64] 他按照達爾文進化論描述了一個民族的世界，認為民族的能力源於各民族對於自身民族特性的自覺和發展，認為只有具有政治能力的民族才可以建設自己的國家。

加藤弘之的思想給日後來到日本的中國民族主義思想家們以很大的刺激。例如1903年3月《大陸》第4期上的〈中國之改造〉一文中

加藤弘之　　　　　　　穗積八束

有「無組織機關之能力之民族則必不能組織國家，亦不能成國民之資格」一語，[65] 可以說與加藤弘之的民族思想如出一轍。加藤弘之主要是通過翻譯立足於國家主義的德國政治學家伯倫知理的文章，表現了自己的觀點。看梁啟超1900年所著〈國家思想變遷異同論〉，和1903年所著〈政治學大家伯倫知理之學說〉就可以知道，他基本上是參照加藤所譯。從〈政治學大家伯倫知理之學說〉中的「論國民與民族之差別關係」一節更可以知道，他在關於國民與民族之間關係的思想上，基本上是接受了加藤的觀點。

除了加藤弘之以外，留學德國五年回國、成為「明治法學界之重鎮」的穗積八束，名字也經常出現在梁啟超的著作中。[66] 1899年，梁啟超剛到日本就寫下了〈各國憲法異同論〉、〈立憲法議〉等文章，1902年〈答某君德國日本裁抑民權事〉的背景中出現的日本延期民法的主角，就是穗積八束。他在1904年〈中國法理學發達史論〉及〈論中國成文法編制之沿革得失〉、1905年〈開明專制論〉中數次提及穗積八束及其兄穗積陳重。[67] 甚至有人攻擊說，梁啟超的關於議會政治的論說「不外抄襲」「穗積原文」。[68] 近代日本尤其在法制史上受到了德國的影響。梁啟超在日本很重視的一個領域就是法制，然而近代日本在法制史上受到德國的影響尤深。其中一個重要原因，應該是加藤弘之、穗積八束等曾經留學德國的日本學者御用近代國家民族國

家學説對這種國體論思想進行了加工，使日本國民相信唯有單一民族國家才是最好的近代國家形式。無疑，這也是吸引梁啟超和大量留日中國青年的地方。

從1884年至1889年留學德國五年、回國成為「明治法學界之重鎮」的穗積八束，1891年即提出日本是一個「祖先教之國」的概念。到了1892年，穗積八束將「國體」與「民族」結合起來進行闡述，強調日本之所以實現了國家和社會的團結，是因為君主(天皇)萬世一系沒有變易；而能夠做到天皇萬世一系，就是因為天皇為「民族的宗家」，所有日本人為同一個祖先之後，同奉一個「祖先教」，同為一個「民族」。[69] 1897年，時任東京帝國大學法科大學校長的穗積八束出版了《國民教育愛國心》一書，提出「我日本民族的固有體制為血統團體。作為血統團體的民族自然敬愛其共同的始祖。」「既然一家要拜父母，那何況拜一家的祖先；既然拜一家的祖先，那何況對作為我民族同祖的天祖。皇位是天祖的皇位，天皇是現世的天祖，崇拜皇位就是崇拜天祖。」「對於由祖先教構成的血統團體的民族來説，家中的家長權、國中的主權是保護子孫的力量，現世的天皇代表千古皇位的天祖，向其民族行使天祖的慈愛。」「我國有幸得以保存了政教一致的千古的國粹，因而才有了社會進化的最為優惠的條件。」[70] 穗積八束認為，「愛國公同的精神」才是國家與憲法的基礎，而這種精神產生於「我們民族同族同血類」。[71] 到了1902年，穗積八束進而將民族、國民和國家三者合一，主張國家就是「具有一定的土地、一定的民族，以及具有最高主權進行統治的團體」。[72] 顯然，穗積八束的理論實質上就是以「民族」等同「國民」、代替「國民」的觀點雖然妨礙了日本民主主義的進步，然而依據德國學者的學説近代日本的民族概念成為一種血緣共同體的概念，並且通過國體論滲透到了國民之中，國粹主義、尤其是加藤弘之、穗積八束的思想使日本人更加相信了日本是「單一民族國家」的神話，其日本民族論奠定了國體論與單一民族國家思想之間關係的理論基礎，給日本後世留下了巨大的影響。

1928年，永井亨著《日本民族論》，其主要觀點幾乎就是穗積八束日本民族論的翻版：「日本的國體是以民族渾然一體的社會為基礎、以民族傳統心理為背景而形成，不僅表現出國家的基本形態，也表現出民族社會的基礎形態。換言之，日本國體是民族的姿也是民族的態，是民族的結晶也是民族的反映。民族結合的焦點，也是民族統一的象徵。日本國體與日本民族是一體不可分離的關係。國體是民族的產物也是民族的母胎。」[73] 如果說二者有一些不同之處，那就是穗積八束的日本民族論從近代政治學的角度對單一民族國家進行正當化，而永井亨的日本民族論則試圖利用科學的名義、從更多的側面對單一民族國家進一步正當化，包括強調共同文化心理與民族共同體之間的關係：「如果從歷史社會科學的角度對日本民族進行考察，可以從社會學的角度得出日本民族即國民的結論。而社會學與社會心理不可分離，對日本民族從心理的和文化的角度進行考察也可以得出日本民族即國民的結論。換言之，民族與國民既是歷史和社會的，又是文化和心理的。」[74] 事實上，作為國體論的源流之一，十九世紀末的日本國粹主義強調的正是日本的文化特徵。但是不能不承認的是，國體論中雖然沒有人公開否定構成民族共同體的共同文化心理因素，但是人們更加注重的是民族的血緣關係。

經過國體論的加工，日本人相信了日本是「單一民族國家」的神話。[75] 1907年，加藤弘之著《吾國體與基督教》，再提出「族父統治」的概念，即「帝室」為「日本民族的大父」，「吾等臣民」為「族子」。值得注意的是，他在關於族父統治的描述當中，提到日本民族來源的構成問題：「只有日本帝國之我國，兩千五百年以上一直是族父佔據帝位，與建國之初沒有一點改變。日本人民之中雖然也有來自外國的歸化者或被征服者，但是只是少數，而大多數則本來都是由日本民族蔓衍而來。所以，日本的君民關係其實就是父與子的關係。」[76] 也就是說，加藤弘之注意到，如果通過血緣關係將大日本帝國描述為一個以天皇皇室為本家的單一民族國家，必然要回答日本民族的

所有成員是否同祖同源的問題。經過這些具有留學德國經驗的日本
國體論學者的加工，由近代國家(nation)這一政治共同體概念而來的
近代日本的民族概念，實質上成為了一種血緣共同體的概念。這種
血緣民族論又作為國體論思想一部分，逐漸滲透到國民的思想中。[77]
而從二十世紀初誕生在東京的中國人社會中的黃帝說、漢種說等等
民族主義思想中，我們都可以清楚地看到這種「同祖同族」的血緣民
族論的影子。

　　無論是中國民族建國主義者們設想「一個民族為一個國家」所以
主張排斥異族，還是梁啟超等民族主義建國者設想「一個國家為一個
民族」而提倡同化異族，實質上都是在尋找和追求一個「單一民族國
家」。「顧國民云者，以國家為民族之範圍。」[78]「蓋民族的國家其特質
有二：一曰平等。……二曰自由。」[79]他們在總體的理論上，原本希
望通過「民族主義」喚起「國民」，以「民族」為基礎打造「國民國家」，
但在具體的實踐上，卻將最終目的變為尋找和打造「民族」和「民族國
家」。發生這種倒錯的原因，就在於二十世紀初年，日制漢詞「民族」
給「同文」之國的人們造成了一種印象：打造「民族」就是打造「國民」，
就是構建近代的「國民國家」。關於這一點，孫中山日後的《三民主義》
〈民族主義〉篇仍可以被看作是最好的註解：「哪遜(nation)這一個字
有兩種解釋：一是民族，一是國家。……一個團體，由於王道自然
力結合而成的就是民族，由於霸道人為結合而成的便是國家。」

　　事實上，在近代日本的國體論學者中，也有人對比進入近代以
後日本的發展，將中國的落後原因歸結於中國沒有建設成一個「民族
國家」上：「我們日本民族即日本國民，是從六十年前的明治維新時
期才開始具有清醒的一國的民族和獨立的一國國民的意識，因為正是
明治維新使日本民族社會具備了國民國家形態。」[80]但是，「將支那與
日本的民族社會進行比較的話可以看到，從時代上來看，支那的社會
組織在很久前就已經很發達，而日本雖然是一個小國但在很久已經就
在民族的結合和統一上很發達。所以支那在革命以後的今天仍然無

法形成民族國家，而日本在維新以後很快就形成了民族國家。」[81] 但是值得注意的是，在國體論者的心目中，所謂的民族國家不是nation state，事實上就是一個「民族」與「種族」高度重合的「單一民族國家」：「世界各個文明國家中，幾乎沒有一個像日本民族這樣種族一致、像民族社會這樣自然形成的例子。」[82]「國民國家以民族社會為基礎而形成，因此使民族與國民一致。這種情況可以稱為民族國家。」[83]

日本明治維新的成果，無疑給登陸日本的中國近代思想家們以極大的刺激。從他們甚至沒有理解日本是在強調nation為「國民」之後才強調nation是「民族」的過程，便憑藉對日本的一知半解囫圇吞棗般吸收「民族」的理論來看，當年他們似乎的確相信了日本是「在民族渾然一體的社會基礎上建設了國民自主的國家」。[84] 來到日本的中國近代思想家們其實只有救中國的熱情，而沒有深入瞭解日本的欲望。包括梁啟超在內，儘管他有其超人的地方，看出如果想要國家不遭到分裂的下場就應該走先國家、後民族的道路，可是因為他也拘泥於「民族國家」，沒有看到之所以「日本民族、國民能夠發揮國體精神建設了一個新國家、新日本」[85] 是因為日本的單一民族國家思想建立在天皇制基礎上，與「最高族長」的天皇「成為民族結合和統一的核心有關」。[86] 通過血緣民族論的加工，「萬世一系」天皇制下的日本被解釋成為一種「政教合體」或「祭政合一」的國家，「宗教與愛國心不可分離，這是日本在政治上成為國家的靈魂」。[87] 而這個能夠成為加工出單一民族國家思想材料的「萬世一系」統治者系統，以及如天皇那樣讓人感到神秘和權威的「現人神」，在近代中國都是無法被發明出來的。

結　語

近代中國的民族概念來自近代日本。這裏需要特別強調的是，誕生於日本的漢字「民族」一詞原來是由nation、而非ethnic group而

來的。換言之，「民族」的實質意義是「國民」而非民族集團（或稱「族群」）。這一事實已經足以說明，誕生在近代日本的「民族」原本就是一個單一民族國家思想的話語。或者說，民族的概念就是出於對單一民族國家進行正當性而被創造出來的。因此，近代中國自近代日本引進「民族」一詞，實質上就是同時引進單一民族國家思想。最初借鑒了民族主義一詞的梁啟超也許沒有意識到這個問題，但是主張「驅除韃虜、恢復中華」的中國民族革命家們卻顯然注意到這一點。

中國近代民族主義最鮮明的表徵符號就是「中華民族」。與西方從政治共同體的層面上建設nation的近代國家思想不同，為達到「驅除韃虜、恢復中華」的目標而誕生的「中華民族」思想，實質上就是一種以血緣民族論為理論根據建構「單一民族國家」的思想。近代中國之所以出現這種「中華民族」的思想，就是因為近代中國的思想家和民族革命家們在東京直接接觸到近代日本的民族主義思想，以為近代國民國家就是民族國家。尤其是具有反滿思想的人們發現，日本以血緣民族論為根據建構「單一民族國家」的思想不僅可以用以動員中國的漢人投身於他們所領導的反滿的「民族革命」，而且可以用以向外部證明他們發動「民族革命」的正當性，因此全面、主動、積極地接受了近代日本關於單一民族國家的思想，並據此構擬了中華民族國家。難以數計的中國近代的政治家，都是通過首先強調民族的意義、甚至是單一民族國家思想來構築他的國家理論。前者如孫中山的「三民主義」以民族主義為第一主義，後者如蔣介石之《中國之命運》主張中國只有一個民族，即中華民族；據說，連袁世凱都計劃實行強制性的民族同化。[88] 自從民族主義傳入中國以來，中國國家層次上的民族主義目標，實際上都變成了如何打造一個單一民族國家的問題。

然而在中國追求「單一民族國家」，無異於削足適履、作繭自縛。因為中國一直存在著眾多的民族集團，即使結束了清王朝統治的中國可以做到「驅除韃虜」，那它是不是也準備不要這些民族集團

所生活的廣袤的土地呢？當具有鮮明的主權概念的近代國家形式被確定之後，領土問題就更顯突出。當年，孫中山從追求漢人一個民族一個國家的「中華民族」說，到不得不贊同「五族共和」，再到將中華民族解釋為包括中國所有民族集團、致使一個「國家」中實際存在兩種性質不同的「民族」的故事，就是單一民族國家思想實際上並不適合於中國的真實寫照。

以日本國粹主義和國體論為背景而誕生的「民族」思想被引進中國，實是一個歷史的誤會。它所帶來的問題，不僅僅在於它是作為nation的翻譯而來、因此可能成為其他民族集團要求獨立的理由，更在於「民族」讓nation帶上了血緣的屬性而導致民族之間無法調和，以及由於近代日本在「單一民族國家」的背景上解釋nation文化屬性的行為，給近代中國社會留下了「相同的國民必須具有相同的文化」的思想烙印。在三者之間的錯綜關係中，近代中國產生了嚴重的民族歧視和民族對立。例如，「漢族」被中華民族說所鼓舞起來的國家主人公意識，在後「驅除韃虜、恢復中華」的時代依然是歧視其他民族集團的主要原因。也就是說，原本是為了統合近代國家的國民而借用的概念，因為不適合中國國情，反而成了阻礙統合的元素。讓我們也來做這樣一種設想：如果當初不是借用日制漢詞的「民族」概念，而接受法國革命的nation概念——即一種政治共同體的概念以及以這種政治共同體為基礎形成的文化共同體概念，而另外以其他的術語表示類似漢族、滿族、蒙古族、回族和藏族那樣的以血緣為基礎的共同體概念，是不是更加有利於實現各個民族集團之間的平等與和諧共處？

二十世紀以後，世界沒有向一個民族一個國家的方向發展，多民族國家反倒逐漸成為世界上的普遍現象。作為對國家主義歷史的反省，日本在戰後甚至忌諱使用「日本民族」一詞。[89] 當日本再次走進國際社會面對世界各國多為多民族社會現實的時候，日本的學者們愈加發現日制漢詞「民族」的弊病：「在先人們將這個詞 [nation—

筆者]譯為『民族』時，就播下了今天令我們煩惱的意義混亂的種子。」其主要因為「民族」可以被賦予多重的意義：「作為民族學或文化人類學術語的民族，與在歷史學和政治學的場合講述的民族，或者現實世界中發生種種問題的民族，互相之間出現相當大的脫節。同樣一個『民族』的用語，其概念明顯不一。」[90] 也就是説，人類學者使用的「民族」是一種重視文化的概念，而在歷史學及政治學的領域內，「民族」變成一種政治單位。這種語義上的分歧，尤其令民族學者和人類學者感到苦惱，因為作為學者敘述對象的「民族」，可能並不都是「只想成為『主權國家的國民』就認為應該得到實現的一種人類集團」。[91] 這時，他們不得不反過來再用ethnic group、ethnicity、ethnic minority等英語詞彙，解釋或代替日制漢詞的「民族」。日本學界對「民族」概念和「民族國家」思想的反省，是不是也可以成為中國學界的殷鑒呢？

註　釋

1　國防研究院：《國父全書》(台北：國防研究院，1970，4版)，第396頁。

2　同上註，第446–447頁。

3　孫中山：〈三民主義之具體辦法〉(民國十年六月在廣州中國國民黨特設辦事處演講)，《國父全書》，第889頁。

4　梁啟超：〈國家思想變遷異同論〉，《飲冰室合集》，第3冊，文集之6(上海：中華書局，1936)，第20頁；原文發表於1901年10月《清議報》，第94、95冊。

5　同上註，第22頁。

6　同上註。

7　同上註，第20頁。

8　梁啟超：〈光緒二十八年四月與夫子大人書〉，引自丁文江、趙豐田編：《梁啟超年譜長編》(上海：上海人民出版社，2008)，第189頁；又見丁文江編：《梁任公先生年譜長邊初稿》(上) (上海：世界書局，1958年7月)，157頁。

9　余一：〈民族主義論〉，《浙江潮》(浙江同鄉會)，第1期(1903年2月)，

第3頁。

10 作者不詳：〈民族主義之教育〉，《遊學譯編》，第10期（1903年9月），第2頁。該文註明「此篇據日本高材世雄所論而增益之」，遊學譯編總社編。

11 〈民族主義之教育〉，第2頁。

12 孫中山：〈三民主義與中國民族之前途〉（民國前六年十月十七日祝民報紀元節在東京演講），《國父全書》，第479頁。

13 梁啟超：〈政治學大家伯倫知理之學說〉，吳松、盧雲昆、王文光、段炳昌點校：《飲冰室文集點校》，第1集（昆明：雲南教育出版社，2001），第453–454頁；原文發表於1903年5月25日《新民》，第32號。

14 〈政治學大家伯倫知理之學説〉，第454頁。

15 〈民族主義論〉，第4頁。

16 汪精衛：〈民族的國民〉（一），張枏、王忍之編：《辛亥革命前十年間時論選集》，第2卷上冊（北京：三聯書店，1963），第100頁；原載《民報》，第1期（1905年10月）。

17 作者不詳：〈說國民〉，張枏、王忍之編：《辛亥革命前十年間時論選集》，第1卷上冊（北京：三聯書店，1960），第72頁；原載《國民報》，第2期（1901年6月10日）。

18 〈説國民〉，第73頁。

19 〈政治學大家伯倫知理之學説〉，453頁。

20 作者不詳：〈論中國之前途及國民應盡之責任〉，《湖北學生界》（湖北同鄉會），第3期（1903年3月），第6頁。

21 〈説國民〉，第76頁。

22 〈民族的國民〉（一），第83頁。

23 〈國家思想變遷異同論〉，第19頁。

24 汪精衛：〈民族的國民〉（二），《辛亥革命前十年間時論選集》，第2卷上冊，第102–103頁；原載《民報》，第2期（1905年11月）。

25 楊度：〈遊學譯編敍〉，《遊學譯編》（遊學譯編總社編），第1期（1902年11月），第10頁。

26 〈民族主義論〉，第5頁。

27 〈民族的國民〉（一），第100頁。

28 同上註，第83頁。

29 雨塵子：〈近世歐人之三大主義〉，《辛亥革命前十年間時論選集》，第1卷上冊，第348頁；原載《新民叢報》，第28期（1903年3月）。

30 〈民族的國民〉（一），第97頁。

31 〈遊學譯編敍〉，第6頁。

32 余一：〈民族主義論〉（續第1期），《浙江潮》，第2期（1903年3月），第12頁。

33 「民族建國者，以種族為立國之根據地。以種族為立國之根據地者，則但與本民族相提攜，而不能與異民族相提攜，與本民族相固著，而不能與異民族相固著。」〈民族主義之教育〉，第2頁。該文註明：「此篇據日本高材世雄所論而增益之」。

34 〈政治學大家伯倫知理之學說〉，第453頁。

35 同上註。

36 同上註，第454頁。

37 安田浩：〈近代日本における「民族」觀念の形成：國民、臣民、民族〉，《思想と現代》，1992年第31號，第62頁。

38 同上註，第65頁。

39 尹健次：《民族幻想の蹉跌》（東京：岩波書店，1994），第22頁。

40 內堀基光：〈民族の意味論〉，岩波講座《文化人類學》，第5卷，《民族の生成と論理》，第5頁。

41 谷川稔：《國民國家とナショナリズム》（東京：山川出版社，1999），第6–7頁。

42 山內昌之：〈ネーションとは何か〉，岩波講座《現代社會學》，第5卷，《民族、國家‧エスニシティ》，第12頁。

43 《民族幻想の蹉跌》，第36頁。

44 〈近代日本における「民族」觀念の形成〉， 第66頁；《民族幻想の蹉跌》，第39頁。

45 「世界的理想と國民的觀念」，1890年；轉引自〈近代日本における「民族」觀念の形成，第66頁。

46 志賀重昂：〈「日本人」の抱懷する處の旨義を告白す〉，《日本人》，第2號（1888年4月）。

47 「世界的理想と國民的觀念」。

48 《國民國家とナショナリズム》，第6–7頁。

49 方維規：〈論近代思想史上的「民族」、「Nation」與「中國」〉，《二十一世紀》（香港中文大學中國文化研究所），總第70期（2002年4月）。

50 韓錦春、李毅夫：〈漢文「民族」一詞的出現及其初期使用情況〉，《民族研究》，1984年第2期，第39頁。

51 《時務報》，第11卷，〈土耳其論〉（1896年10月22日）；第14卷，〈俄將

論中國財政〉（1896年12月15日）。

52　〈漢文「民族」一詞的出現及其初期使用情況〉，第39頁。

53　沈國威、內田慶市等：《歐化國家を目指せ：情報發信基地としての19
　　世紀日本：日本新聞の中國語譯を通してみた近代日中語彙交流》（松
　　下國際財團研究助成：《研究成果報告書》，1998），第3–4頁；黃克
　　武：〈新語戰爭：清末嚴復譯語與和制漢語的競賽〉，《惟適之安：嚴復
　　與近代中國的文化轉型》（台北：聯經出版事業，2010），第114頁。

54　〈漢文「民族」一詞的出現及其初期使用情況〉，第39頁；彭英明：〈關
　　於我國民族概念歷史的初步考察：兼談對斯大林民族定義的辯證理
　　解〉，《民族研究》，1985年第2期。

55　李吉奎：《孫中山與日本》（廣州：廣東人民出版社，1996），第34頁。

56　《梁啟超年譜長編》，第272頁。

57　梁啟超：〈論學日本文之益〉，《飲冰室合集》，第1冊，文集之4（上
　　海：中華書局，1936）。

58　梁啟超：《三十自述》，《飲冰室合集》，第4冊，文集之1（上海：中華
　　書局，1936），第18頁。

59　《國民國家とナショナリズム》，第6–7頁。

60　〈近世歐人之三大主義〉，第347頁。

61　日本至今有人認為將nation state譯為「國民國家」是一種錯誤，只能翻
　　譯為「民族國家」。「如果某個集團希望作為民族出現，必須先行實現
　　國家的統一。」關曠野：《民族とは何か》（東京：講談社，2001），第
　　15、213頁。

62　加藤弘之（1884年起任東京大學，當時稱「帝國大學」的第一任總理、
　　總長）1860年起自學德語、研究歐洲政治，早年相信「天賦人權」致力
　　於平等思想啟蒙教育，但1882年接受了達爾文進化論的影響後，轉而
　　否定「天賦人權」，攻擊民權論，贊成國權論，鼓吹國體思想。

63　穗積八束，憲法學者，1883年東京大學畢業翌年留學德國，1889年回
　　國即被任命為東京大學教授，後兼勑選貴族院議員和皇宮顧問官；主
　　張天皇具有絕對主權，國體為主權的根本，政體為主權的形式，堅持
　　君主國體立憲政體的日本國家論，天皇為民族家長的家族國家論。

64　〈ネーションとは何か〉，第11頁；《民族幻想の蹉跌》，第42頁。

65　〈中國之改造〉，《大陸》，第4期（1903年3月）。

66　張灝：《梁啟超與中國思想的過渡（1890–1907）》（南京：江蘇人民出版
　　社，1993），第102頁。

67　分見梁啟超：《飲冰室合集》，第4、5、6冊，文集之11、15、16（上海：中華書局，1936）。

68　梁啟超：〈答某報第四號對於新民叢報之駁論〉，《飲冰室合集》，第6冊，文集之18（上海：中華書局，1936），第60頁。

69　「家制と國體」，1892年；轉引自〈近代日本における「民族」觀念の形成〉，第67頁。

70　穗積八束：《國民教育愛國心》（東京：有斐閣，1897），第1、26、76、93頁。

71　「憲法の精神」，1900年；轉引自〈近代日本における「民族」觀念の形成〉，第69頁。

72　「我憲法の特質」，1902年；轉引自〈近代日本における「民族」觀念の形成〉，第69頁。

73　永井亨：《日本民族論》（東京：日本評論社，1928），第195–196頁。

74　同上註，第187頁。

75　小熊英二：《單一民族神話の起源》（新潮社，1995），第50–58頁。

76　加藤弘之：《吾國體と基督教》（東京：金港堂，1907），第41、44頁；另見小熊英二：《單一民族神話の起源》，第66頁。

77　《民族幻想の蹉跌》，第43–44頁。

78　〈民族主義之教育〉，第1頁。

79　〈民族的國民〉，第83–84頁。

80　永井亨：《日本民族論》，第1頁。

81　同上註，第88頁。

82　同上註，第123頁。

83　同上註，第10頁。

84　同上註，第198頁。

85　同上註，第202頁。

86　同上註，第178頁。

87　藤崎俊茂：《國史の意義》（東京：章華社，1936），第13頁。

88　王德勝：〈北洋軍閥對蒙政策幾個問題的初析〉，《內蒙古近代史論叢》，第3輯（1987），第65頁。

89　《民族幻想の蹉跌》，第19頁。

90　〈民族の意味論〉，第3頁。

91　〈ネーションとは何か〉，第9頁。

第三章

近代中日兩國的民族西來説
單一民族國家與悠久輝煌的民族史

　　梁啟超在其《新民説》中曾經講述了這樣一個故事，以表達近代日本的飛速進步從精神和思想上給他帶來的震動：當年在北京見日本大使天野龍溪時，他曾引黃遵憲《日本國志》中所記的日本與對方進行議論，結果對方斥其「無異於據明史以言今日中國之時局」，因為「黃書成於明治十四年，我國自維新以來，每十年間之進步，雖前此百年不如也，然則二十年之書，非明史之類如何？」梁啟超當時對對方所言頗不以為然，然而之後他流亡日本，「東遊以來，證以所見，良信。……夫同在東亞之地，同為黃族之民，而何一進一不進，霄壤若此。」[1] 這種思想震動，促使他去尋求促使近代日本實現了飛速發展的秘密。眾所周知，在日本被他發現的就是民族主義。而梁啟超的民族主義論述也包括了「民族西來説」的問題。

　　在近代中國民族主義興起的時代，中國思想界中興起了一陣「民族西來説」，即認為漢人種來源於西方的思潮。雖然「西來説」起源於歐洲學者更早期的研究，之後其科學性又遭到了許多中國學者和日本學者的質疑和否定，但不論其內容是否可信，必須注意的是，漢人種起源於西方、「漢族」是由西方遷移而來的民族集團的説法曾

經在中國思想界風靡一時，卻是一個不能否定的歷史事實，1901年梁啟超提到西來說，孫中山甚至在1924年發表《三民主義》時仍然對西來說深信不疑。因此在對中國近代思想興起過程進行考察時，學界無法迴避這個現象，並應該思考出現這一現象的原因和意義。歐洲學者的西來說是通過近代日本的介紹傳給中國的思想界。關於這一點，葉修成的〈黃帝百年研究綜述〉曾在梳理黃帝研究之脈絡的框架中述及，孫江的〈拉克伯里「中國文明西來說」在東亞的傳布與文本之比較〉又做出更加詳細的分析和整理，並注意到具有反滿民族主義思想的清末知識人對西來說的態度，其實是按照自身的主觀意識對其內容進行取捨和詮釋的。[2]而石川禎浩在更早一些時候指出，通過近代日本接受西來說的現象，應該納入辛亥革命時期中國種族主義興起的思想脈絡中進行理解。[3]

　　在理解中國近代民族主義性質的問題上，搞清其與近代日本之間的思想聯繫，無疑具有極其重要的意義。因為近代中國的民族主義是在大量中國的政治精英和思想家留學或流亡日本的歷史背景上發生的，而近代中國的民族主義的性質也是與近代日本以血緣民族論為基礎的單一民族國家思想一脈相承的。正是通過對日本近代民族主義的觀察和理解，這些精英們發現了可以利用反滿民族革命、建立漢民族國家的口號，來證明他們推翻舊政權、建立新政權的正當性，因此不顧中國多民族國家的歷史傳統，開始囫圇吞棗式地模仿近代日本，開始學習、宣揚和追求以血緣民族論為基礎的單一民族國家形式。那麼，近代中國的民族主義思想家們為甚麼又會接受由歐洲學者所提出的西來說呢？或者說，近代中國的民族主義思想家們之所以接受西來說，是不是也與追求以血緣民族論為基礎的單一民族國家思想有關呢？如果是，那他們是通過一條甚麼樣的民族主義的思想脈絡以吸收西來說的呢？而在這條為吸收西來說而建構起來的民族主義思想脈絡中，近代日本的民族主義思想發揮了甚麼樣的作用呢？這是本章希望探討的問題。

第一節　從巴比倫到「崑崙」

　　近代中國的民族主義思想家們的西來說話語，常常是與形容滿洲民族的「東胡」連在一起的：「漢種人民，由西方入中國，……」[4]「東北諸胡種，何以二千年迭篡中夏，以其長於獵牧之地，常與天氣及野獸戰，僅得生存。鼓起性好戰狠鬥，又慣游牧。逐水草而居。故不喜土著而好侵略。而中國民族之性質適與其反也。」[5] 這一個現象說明，西來說中出現的歷史的方位，是引起他們注意的一個基本原因，因為這個歷史的方位恰好可以被用來有力地證明漢與滿從來源上就是截然相反的。值得注意的是，一個起於西方，一個起於東方，在西來說話語中的這兩個歷史方位同時還代表了不同的文明程度：「蓋世界人種之開化，皆始於帕米爾高原，故漢族初興，亦大抵由西方遷入。」[6]「夫滿洲種族，是曰東胡，西方謂之通古斯種，固與匈奴殊類。隨意匈奴研言之，彼既遠去華夏，永滯不毛，言語政教，飲食居處，一切自異於域內，猶得謂之同種也耶？」[7]「夷裔之稱，歷歷可記，循名責實，豈無徵。蓋炎黃之裔，厥惟漢族，九州而外，皆屬遐荒。高山深林東胡所宅，毛衣肉食，射獵為生，辮髮胡裝，迭雄邊塞，是為通古斯族。」[8] 由此可以看出，中國近代民族主義思想家們青睞西來說的原因，就是因為它不僅可以被用來從根本上徹底區分漢與滿兩個民族集團，同時還可以用來說明當時中國的政治狀況是一個文明水平低於漢人的民族集團統治著漢人。

　　近代中國思想家中最早提到西來說的，大約是梁啟超。1901年9月，梁發表〈中國史敘論〉一文，首次提出「中國民族」的概念。在該文第五節「人種」中，梁啟超寫道：「其二漢種，即我輩現時遍布於國中，所謂文明之冑，黃帝子孫是也。黃帝起於崑崙之墟，即自帕米爾高原，東行而入於中國，棲於黃河沿岸，次第繁殖於四方，赫赫有聲於世界。所謂亞細亞之文明者，皆我種人自播之而自獲之者也。」[9] 1902年梁啟超再次寫道：「中國種族不一，而其學術思想，

則皆自黃帝子孫來也。黃族起於西北，戰黃河流域之蠻族而勝之，寖昌寖熾，遂遍大陸。」[10] 當年的梁啟超顯然是一個積極的西來說贊成者。他在1905年3月的〈歷史上中國民族之觀察〉中繼續談到：「我中國主族，即所謂炎、黃遺胄者，其果為中國原始之住民，抑由他方移殖而來？若由移殖，其最初祖國在何地？此事至今未有定論。吾則頗祖西來之說，即以之為假定前提，本論考證，不復及此。」[11]

《湖北學生界》

　　梁啟超不僅是提到西來說的第一人，而且也是在西來說的話語中以「崑崙」為漢民族集團及民族始祖黃帝發祥地的第一人。從二十世紀初由中國留日學生發刊於東京的各種雜誌中可以看出，近代中國的民族主義思想家們在談到民族來源時提到「崑崙」者甚多。例如，1903年1月創刊的《湖北學生界》在2月的第2期、「地理」欄刊登〈黃河〉一文，其中談到：「中亞細亞之高原曰帕米爾者，為世界人類發生地。黃河與揚子江，皆導源中亞細亞之東部。吾族初祖之東漸勢力，何以必循黃河而下，洪荒之初，舟楫未興，一水之隔，一谷之限，輒礙進步。……黃河則循中崑崙山山脈之東麓，曲折以入本部。」[12] 1903年4月創刊的《江蘇》在8月的第5期刊登了〈國民新靈魂〉一文：「吾中國國民之魂，果安在乎？吾登崑崙山巔，溯黃河之流域，求吾神聖祖宗黃帝之遺烈，風後力牧之餘勛。」[13] 1903年9月的《浙江潮》第7期又有顧雲的〈四政客論〉：「東海之上，崑崙之下，有古來之大國一焉。其開花時期，與迦勒底、巴比倫、埃及、腓尼基、希臘諸國相先後。」[14] 1904年發表於《中國白話報》第5期的白話道人（林懈）《國民意見書》的〈序論〉更以白話文形式談到：「原來我們中國漢種從前是住在西方帕米爾地方，崑崙山下。大家住在一塊，因起個混名，叫做『巴枯遜』民族。後來黃帝帶了許多子孫移居

中國，這些民族還是叫做『巴枯遜』。再過了千餘年，大家説話的口音慢慢變了，這『巴』字就變做了『百』字，『枯遜』兩字，説快些就變做『姓』了，雖然字體不同，其實聲音卻也相似的。我們祖宗因恐我這漢族共那些異種混雜了，到後來不免認賊作父，所以口口聲聲呼著：巴枯遜啊！巴枯遜啊！後來説話太快了，把『巴枯遜』三字，變做『百姓』兩字，又天天呼著：百姓啊！百姓啊！」[15]

　　但是值得注意的是，雖然自梁啟超以來以上各例中都可以看出，在中國近代民族主義思想家的話語中「崑崙」是一個代表漢民族集團發祥地的符號，但是被當做民族集團名稱的「巴枯遜」(或稱巴枯、巴克)一語卻是古代巴比倫的語言。[16]劉師培在《古政原論》和《古政原始論》多篇文章中也多次提到：「溯漢族所從來，則中土儒書咸謂其始於盤古，而西書所記載復有巴枯民族之稱，巴枯盤古一音轉耳。」[17]由此可以看出，中國近代民族主義思想家的西來説話語中的「崑崙」和帕米爾的符號，是以拉克伯里的西來説中漢民族集團發祥於巴比倫或屬於巴比倫南部地區的迦勒底(Chaldeans)的觀點衍化而來的。劉師培的描述可以證明這一點：「神州民族，興於迦克底亞。……泰帝泰古者即迦克底之轉音也。厥後踰越崑崙經過大夏自西徂東，以卜宅神州沃壤，晳種人民稱為巴枯遜族，巴枯遜者，盤古之轉音，亦即百姓之轉音也。」[18]直到1908年，在東京的山西省籍留學生中仍然有人相信這一説法：「就如中國在黃帝以前，本是巴克族，住在西亞地方。後因我的族長黃帝率領大家到崑崙，又沿黃河東來，擇華山為中央，居在左右，所以中國又叫中華。南征苗蠻，北逐獯鬻，大刀闊斧，廢了多少經營，才定了中原。」[19]

　　因為拉克伯里在描述漢民族的東遷過程時提到了「崑崙」，所以出現在中國近代民族主義思想家筆下的「崑崙」，無疑是一個民族西來説的概念符號。但是需要指出的是，在拉克伯里的研究中，漢文明的發源地不是崑崙而是巴比倫，崑崙不過是漢民族集團在由黃帝率領下，由巴比倫東遷中原途中的一個落腳點。白河次郎和國府種

張繼　　　　　　　　　　拉克伯里　　　　　　　　　夏德

德所著《支那文明史》一書是近代日本最早介紹拉克伯里西來説的著
作，其中按照拉克伯里西來説解釋了漢民族集團的來源：「支那太
古的民族為由迦勒底、巴比倫地方遷移而來的。」但是我們在中國
近代民族主義思想家的西來説敘述中，看到的卻常常是只有「崑崙」
而沒有巴比倫。例如，1918年春天時在東京的張繼[20]應日本東洋史
學者西山榮久所請，為其所譯 Friedrich Hirth（夏德）的 *The Ancient
History of China* 日文版《支那古代史》作序，他寫道：「吾家漢族，發
自天山，昆侖之西，沿黃河而東來住。證諸古籍、口碑，推為當然。
……吾友吳子敬恒曰，欲知漢族之起源，重訂古史者，當發掘黃河
上流、秦隴一帶，可得上古之遺跡，已分析證明之，云誠然哉。」[21]

　　必須指出的是，張繼〈序〉中關於崑崙的闡述，卻是針對該書所
提到的中國古代文明來自於巴比倫文明的觀點所做出的：「由於黃
帝時期文化出現了如此巨大的進步，因此有學者認為此實屬巴比倫
文明傳入的結果，於是出現搞清其傳入路線的嘗試。」[22]筆者之所以
以張繼事為例，是因為夏德原書中其實根本就沒有出現過「崑崙」二
字。張繼二十世紀初留學日本，並積極投身於反滿民族革命運動。
當他十數年後再次遇到西來説時，居然不是按照該書的思想去思考
漢文明或漢民族集團之發祥與巴比倫之間的關係，而是提出了該書
並未涉及的「崑崙」並強調這裏是漢民族集團的發祥地。這個事例可

以證明，當年近代民族主義思想家們之所以推崇西來說，與西來說中存在崑崙的符號一事之間有著一定的關係。

我們發現，中國的近代民族主義思想家們在使用「崑崙」這一符號時表現出一個共同的特點，那就是必然參雜著中國的古代神話元素。早在1903年12月或翌年1月的《攘書》中，劉師培就談到：「漢族初興，肇基於西土，而崑崙峨峨，實為巴科民族所發跡。吾觀《山海經》一書，知古代神聖所居大抵在崑崙附近。如軒轅之國地近窮山，軒轅之台地濱沃野。而後稷祝融，皆由西方遷入。證以路史遺文，則無外無熱之陵，即系崑崙之故。近者亞歐錯壤，載籍東來，謂華夏舊名起於花國。吾謂花國之稱即大夏一音之轉；而諸夏之名當由大夏轉，被由諸夏轉諸華，致支那、震旦之稱皆由此起，而要之介西方所傳入也。故顓頊黃炎之裔散處西陲，而穆滿西遊直稅駕崑崙之麓，披圖按跡，往事非誣。而後儒以諸夏之名始於大禹，不亦舛與噫。漢土民人，數典忘祖，制盤古創世之說，以溯漢族之起源，而外域所流傳，或概以蒙古之名，或錫以契丹之號，遺書莫考，舊籍誰稽？西望崑崙，知漢民憒懷故土之思其湮滅也久矣。」[23]從劉師培等人反覆援引中國古代神話中關於崑崙的記載一事可以看出，中國近代的民族主義思想家們其實希望通過崑崙符號，將西來說與中國古代神話嫁接在一起，從而把西來說打扮成一個中國人自己的歷史記憶。

其實從梁啟超開始，近代中國的民族主義思想家們就已經開始嘗試利用中國古代神話傳說來對西來說進行本土化闡釋。這種通過崑崙的符號化將西來說與中國古代神話傳說串聯在一起的目的，顯然是為了從中國古代文化中為西來說尋找根據。換言之，思想家們之所以更加注意拉克伯里的西來說，正是因為其中出現了關於崑崙的記載，而崑崙的符號化又非常有利於他們利用中國遠古神話傳說對西來說進行中國化，以便讓自己也讓他人能夠更容易接受漢民族起源於西方一說。其目的，自然就是為了便利與「東胡」的滿人進行

徹底的切割。關於這一點，陶成章在其《中國民族權力消長史》中說得很直白：「拉克百里氏之說，既確定中國祖先由迦勒底遷入，證以種種之事實，表明其學問之非誤。著者甫就其說中所有，更推闡之於我國古籍，又多牽合。然使竟以拉克百里氏之說為斷定，又不能不啟讀者之懷疑心。用是特再收集本國古籍中足以為我國遷徙之實證者……」[24]

　　但是，通過將中國古代神話傳說中的崑崙進行符號化，而從中國傳統文化中為拉克伯里的漢民族集團西來說尋找根據，顯然不是一件易事。因為在拉克伯里的西來說中，崑崙只是漢民族集團東遷途中的一個經過點，而在中國古代神話傳說中，崑崙也不是民族的發祥地。既然如此，為甚麼中國近代的民族主義思想家們還要如此執著於在西來說的話語中將崑崙改造為漢民族的發祥地呢？其原因，應該在於拉克伯里的漢民族集團西來說對崑崙的定義。原來，在拉克伯里的西來說中，作為地理名稱的「崑崙」地方是與作為一個政治共同體的「花之國」的國家聯在一起的：「Nakhunte 即近世所稱 Nai Hwang ti 應該就為黃帝，他是移居到支那的『百姓』即 Bak 民族的最初的酋長。他率領他的民人來到支那土耳其斯坦，然後沿著喀什噶爾 (Kashigar) 即塔里木 (Tarym) 河纆而進入崑崙 (Kuenln) 即『花之國』(Flowery land) 進了東方。崑崙即花之國，意為表示該地富饒，成為後世的支那邦土之名。」[25] 可以看出，由於在拉克伯里西來說中崑崙為「花之國」，因此如果將崑崙認定為漢民族的發祥地，就能夠將漢民族的起源與「中華」國家的起源聯在一起，「崑崙＝花之國」的二者同體關係就可以被轉化為「漢民族＝中華」國家的二者同體關係。也就是說，近代的民族主義思想家們之所以躲過巴比倫去強調崑崙為漢民族的發祥地，就是為了借其中具有「崑崙」符號的拉克伯里西來說來證明發動反滿民族主義、建立漢民族的中華民族國家的正當性。

　　陶成章非常崇拜拉克伯里的西來說，他談到：「拉克伯里氏者，

法蘭西考古學之大家也。……要之，其説既嶄新驚辟，而其證據則
又鑿鑿可憑，若盡目為無稽之言，不得也。其論著中最堪玩索、供
研究者有三也。(一) 巴克之與百姓；(二) 花國之與中華；(三) 迦勒
底之文化，與中國太古文化之比較是也。」[26]「拉克伯里之説，以為
百即巴克之轉音，姓即族之義。以中國民族之自稱百姓，因知中國
民族之祖先為巴克民族。」[27]「拉克伯里之説，以中原民族之先祖，
導源於迦勒底，而發跡於崑崙之下，崑崙即花國，巴克民族，道經
花國，艷羨其美麗，既立國東方，自號曰中華，所以示媲美花國之
意，故華、花通用，且亦僅系一音之轉……」[28]「〈穆天子傳〉所稱天
子昇崑崙之丘，以觀黃帝之宮，黃帝於崑崙有宮，則黃帝未入中原
之先，當在崑崙附近暫駐，蓋可知也。」[29] 可見，陶成章之所以對拉
克伯里西來説高度讚揚，與拉克伯里西來説中關於花國與「中華」之
間關係的解讀不無關係。

　　出於建構發動反滿民族革命正當性的需要，近代中國的民族主
義思想家們想要極力證明的一個問題，就是只有漢人才能夠代表「中
華」的問題。所以他們反覆強調：「我中國自稱其國普通語曰中華，
夏者大也，華者美也，華夏云者，猶言美大邦也。又曰中華，或曰
中國。」[30]「是故華云、夏云、漢云，隨舉一名，互攝三義。建漢名
以為族，而邦國之義斯在；建華名以為國，而種族之義亦在。」[31]
民族主義思想家們的這一努力，也反映出由於統治中國近270年之
久的清王朝統治者的民族身份，在清末時期一般中國人的意識中，
「漢」與「中國」、「中華」之間是不能被完全劃上等號的。相比於更帶
有民族共同體意味的「漢」來，「中國」和「中華」無疑具有更加強烈
的政治共同體和地域共同體的意味，所以與統治正當性之間的關係
也就更為重要。於是，劉師培注意到了西來説，想到了如果將西來
説與中國古代神話的元素進行嫁接，就可以對「漢」與「中華」之間關
係進行再解讀的方法：「吾因此溯漢族所從來，則中土儒書咸謂其始
於盤古，而西書所記載復有巴枯民族之稱。巴枯，盤古一音轉耳。

蓋世界人種之開化皆始於帕米爾高原，故漢族初興亦大抵由西方遷
入。《路史‧天皇紀》云：被跡無外無熱之嶺，說者以無外即崑崙。
而列子穆傳所言皆切慕西方之美，楚辭一篇至以崑崙為本土想像，
驗之舊籍，歷歷可稽。又西籍所言，華夏之稱始於花國（大抵謂崑崙
山下有熊大之邦曰花國。漢族東遷時心醉其隆，子孫遂以為名。花
與華同，遂稱為華）。又謂中土文明本於迦耳底亞，語雖荒渺，理適
相符。」[32] 因此可以看出，對崑崙的符號化和再加工，完全是建立在
一種將民族與國家二者合一，也就是一種單一民族國家的思想構造
之上的。

近代中國民族主義思想家們將拉克伯里的西來說與中國古代神
話嫁接在一起的努力，影響到清代的英國外交官和熱衷於研究中國
神話的漢學家愛德華‧西奧多‧查爾莫斯‧維爾納（Edward Theodore
Chalmers Werner，1864–1954），他甚至「認為支那民族也有自己的關
於西方起源的傳說」。[33] 但如以上所分析的那樣，事實上中國近代的
民族主義思想家們並沒有完全遵循拉克伯里的西來說。例如關於漢
民族集團的發祥地，他們雖然沒有明確否定拉克伯里的巴比倫說，
但是卻更加強調在中國古代神話中所出現的崑崙。近代中國民族主
義思想家們在對待西來說上的這一特徵告訴我們：他們之所以青睞
拉克伯里的西來說，其目的就是為了通過一個西方學者的學說，證
明「漢」從文化起源上就與「滿」根本不同，證明「中華」這個符號從遠
古時代就只屬於「漢」。也就是說，他們之所以將西方學者的漢民族
集團西來說與中國古代神話的元素進行嫁接，完全是出於強調發動
反滿民族革命具有正當性的目的，儘管這需要進行許多的加工，包
括對「崑崙」形象的再處理。於是，原本不過是一個作為古代地理名
稱的「崑崙」，被改造成一個表現單一民族國家思想的符號，而納入
了中國近代民族主義的話語體系。

第二節　從文明西來到民族西來

近代中國的民族主義思想家們之所以對拉克伯里的學說情有獨鍾，也可能因為在所有西來說中，它是最早地被系統地介紹到日本來的。然而，近代中國的思想家們能夠從拉克伯里的西來說中發現近代民族主義的思想資源，卻是拉克伯里以及介紹拉克伯里西來說的日本學者們所始料未及的。因此，包括對「崑崙」這一符號的再發現在內，中國民族主義思想家對西來說的認識，其實比起拉克伯里之西來說，甚至比起介紹拉克伯里西來說的日本人的觀點來，無論是在內容還是構造上都產生了很大的差異，而這是由中國近代民族主義以血緣民族論為基礎、追求單一民族國家的性質所決定的。

與中國近代民族主義思想家們聚焦於民族西來不同，拉克伯里的西來說是從文明西來談起，其目的也只是為了搞清中國文明與西亞文明之間的關係。因此，最初介紹拉克伯里西來說的白河次郎、國府種德的著作即名為《支那文明史》；而之後張繼作序、西山榮久翻譯的夏德《支那古代史》中提及拉克伯里西來說的一節，也是以說明文明傳播為重點，故名為「黃帝時代外國文明傳入說」。白河次朗等在著作中直言：「太古之時東亞和西亞的民族文明之間具有一定的關係，這才是拉克伯里想要說明的最大目的。」[34] 之後的日本歷史學者也持同樣的觀點：「最努力地想要證明支那文明西方起源說的為法國漢學家特里安·拉克伯里（Terrien de Lacouperie）。」[35] 他們的這一觀點都是根據對拉克伯里的巨著 *Early History of Chinese Civilization*（1880，共八冊）而得出的。

出於搞清中國文明與西亞文明之間關係這一目的，拉克伯里西來說的最精彩之

白河次郎《支那文明史》

處和落筆最多之處，都是對兩地文化因素相近之現象的描述以及對
其原因的推論。《支那文明史》分析道：「其中具有最確實根據為支那
的文字是由西亞細亞所傳來一說」，因為倉頡所發明的最初的文字也
是楔形文字，且「西南亞細亞楔形文字的最文明的描寫形象相同」。[36]
拉克伯里西來說關於倉頡的說明，也是對兩地文字相近現象之原因
作出的進一步推理：即倉頡實為巴比倫人Dunkit，譯為卡爾吉雅語
時變為Dungi，作為漢字之由來的巴枯民族文字就是由他教授的。[37]
「支那文字有迦底亞文字的特徵」，[38]「文字的造字法相同」，[39]「支那
文明的輸入者『巴庫』民族學到了原來居住在Susana一帶的Ur民族
在Dungi王的時代、或Sirpulla Lagash的Gudea法王的時代[Dungi與
Gudea即指倉頡—筆者]由巴比倫傳來的文字的技術，其後又將這個
技術與其他許多迦底亞文明的元素一起傳到了東方。」[40]

　　除了文字之外，拉克伯里還從中國的古代文明中發現了大量「從
迦底亞學來的學術」，如曆法上的月份、節氣、五行、干支、星期、
四季等，天文學上的星宿、方位及代表四個方位的顏色等，宗教意
識上的神秘數字、吉凶意識及卜筮術等，以及度量衡、音樂十二律
等。拉克伯里還發現了許多「技術上的類似」：「摩擦生火、以磚代
石、挖掘運河、築堤防洪、利用河水灌溉」，「金屬的鑄造及使用」，
「為了觀察天文建築的高台」等。之所以出現以上現象，按照他的解
釋原因是「移居者來到新國家時帶來的農業生活方式」，「將當時只有
在波斯灣以北和東北的地區才有的小麥種植技術帶到了東方」。在政
治生活的領域中，拉克伯里也發現了一些類似的元素，如「方形的
祭壇」、「廣泛使用印章」、兩頭馬以上牽引的馬車、君主的特殊紋章
等等。[41]尤其值得注意的是，拉克伯里還對《易》進行了大量分析推
理，甚至得出「『易』的發音為迦底亞語」、「八卦的形象來自於迦底
亞的楔形文字」[42]的結論。

　　除了白河次郎等著《支那文明史》、西山榮久翻譯的夏德《支那
古代史》以外，其他的日本學者在提到拉克伯里的西來說時，同樣

都注意到其重視文明傳播的特點：「他在其著名的《支那文明西方起源論》(*Western Origin of the Early Chinese Civilization*) 中從各個角度將支那文明與迦勒底 (Chaldea) 文明進行了比較。」例如比較天文曆法（十二個月、閏月、十二時、十二干支、四季、二十四節氣）、人名、占卜、度量衡、象形文字及造字法、方位、四方四海的意識，以及將自然觀念反映於官制（如天官等）、祭祀對象、以磚建築、使用印璽、戰陣用馬車，著力於治水、麥作文化等上的反應等，得出兩文明為同一文明的結論。而史書上所言「百姓」即由西方遷徙到黃河上游的人數不多的支那民族，原義為巴庫 (Bak) 種族，而率巴庫種族遷徙至此的酋長，即史書上所言之有熊氏黃帝，原與敘利亞古文獻中所見的那坤忒 (Nakhunte) 王為同一人。

按照拉克伯里西來說，所謂巴庫 (Bak) 民族[43]為原居住於迦勒底山脈以西、裏海東南、埃蘭 (Elam，又譯以攔、厄藍或伊勒姆)，是亞洲西南部的古老君主制城邦國家，在今天伊朗的西南部、波斯灣北部、底格里斯河東部，現為伊朗的胡齊斯坦及伊拉姆省的蘇西阿納 (Susiana，現稱 Susa)，而巴庫這一種族名稱來自於現在還多有存在的地名巴庫地 (Bakhdi)、巴庫坦 (Bakhthan) 或巴庫麥斯納吉 (Bakhmesnagi) 等。而其酋長那坤忒即蘇西阿納王的稱號，史記中《五帝紀》的《黃帝紀》所記涿鹿之戰實來自於庫都爾－那坤忒王 (Kudur-Nakhunte) 征伐巴比倫故事，「涿鹿之河」即為底格里斯河，而其他中國古代人名很多都可以復原為迦勒底語。[44]

且不論其推論方法是否正確，拉克伯里的西來說毫無疑問是因發現東西方文化因素之近似而起，並以證明中國文明是否與巴比倫文明屬於同一文明為目的的。所以，在拉克伯里的西來說中，由民族領袖黃帝率領東遷的民族集團的故事，雖然能夠增加文明西來說的可信度，但這個民族集團畢竟只是作為一個文明傳播的載體而登場的；換言之，原本並不存在為了證明漢民族來源的西來說。即使拉克伯里的文明西來說中的確具有黃帝西來、漢民族西來的內容，

它們也是為了證明漢文明西來說而登場、以三位一體的形式出現的。當年已有許多日本學者注意到這一點，並且指出這並非只是拉克伯里的西來說，而是所有歐洲學者的西來說都具有的特點：「大多泰西學者所論，都是從西方尋找支那民族支那文明的起源。例如，珀底諉 (Pauthier) 與列諾爾曼 (Lenormant) 等，比較支那文字與楔形文字，得出支那文明與巴比倫文明為共同起源的結論 (F. Lenomant: *A Manual of the Ancient History of the East*)，再如查爾瑪斯 (John Chalmers) 主要通過比較語言，力圖證明支那民族是由興都庫什山脈之南遷徙而來 (Chalmers: *The Origin of the Chinese*)。」[45] 當然，其中也的確有不分民族起源與文化起源之人，以至於有日本學者指出：「以上泰西學者之中，大多將支那民族的起源與支那文化的起源混為一談。以其文化的某一部分與西方文化類似為理由，馬上就認為應該向西方尋找支那民族的原住地，忘記了古來文化的移動未必一定要以民族的移動為必要條件，也不一定需要有直接接觸的問題。」[46] 也就是說，要想說明文化的移動和文明的傳播，並不一定要編造民族移動的故事，介紹相仿的中國文明西來說的日本學者似乎更加清楚這一點。出於這樣的判斷，「在十九世紀末的學界中引起了很大轟動」的拉克伯里的文明西來說又被日本學者稱為「文化移植說」。[47]

事實上，拉克伯里的西來說也並不一定能夠完全代表歐洲學界所有關於中國文明西來說的歷史和觀點。夏德《支那古代史》一書原書在1908年由哥倫比亞大學出版部出版，該書第一章〈神話及即傳說的時代〉中專設第五節「黃帝時代外國文明傳入說」，對部分歐洲學者所提出的中國文明西來說進行了整理：「黃帝即使在統一帝國以後，也沒有建造一個帝都，而是仍然過著不定居的生活，在其領域內各處移動。對於司馬遷《史記》中的這一記載，沙畹 (Édouard Émmannuel Chavannes，1865–1918) 推論這是在暗示古代中國人的生活方式為游牧方式。黃帝制定了人民進行祭祀和宗教儀式，改進了神農氏的農耕法，教會人民播種穀物和種植樹木，並且注意到動

物、天文、海波、岩石、金屬、玉石。總之，中國文明基礎的發明大多來自於黃帝。」[48]「由於黃帝時期文化出現了如此巨大的進步，因此有學者認為此實屬巴比倫文明傳入的結果，於是出現搞清其傳入路線的嘗試。」[49]夏德書中提及了de Guignes的研究：「Joseph de Guignes以支那人為埃及的殖民，支那的道德宗教文字的淵源都在埃及。」[50]另外，該書還提及德國旅行家、地理學家費迪南·馮·李希霍芬男爵（Ferdinand von Richthofen，1833–1905，「絲綢之路」一詞的發明人）的觀點，即以新疆南部的和田綠洲地帶為中國人的發祥地，並指出該觀點很可能是受到匈牙利籍英國探險家馬爾克·奧萊爾·斯坦因（Marc Aurel Stein，1862–1943）的中亞－新疆探險的影響。[51]

　　但是夏德也認為，*Western Origin of the Early Chinese Civilization*一書的作者拉克伯里（Terrien de Lacouperie）教授才是中國文化西來說的代表人物。拉克伯里在該巨著中，從語言轉換的觀點出發，認為「百姓」一詞原來的意思不是人民，而是「Pak種族的名稱」，而Pak在西亞地名中多次出現，故「被稱為Pak的種族，原來居住於巴比倫王國，其後又移居到東方」，「因此他提出：黃帝原來並不是中國土著的統治者，而是Pak種族的酋長，即黃帝率領其人民由巴比倫遷移到了中國的西北部」。他以有熊氏的「熊」的發音為Nak，黃帝的名字應為Nak-Huang-ti，「故黃帝與同時代的Elamite chief god即巴比倫王國大王Kudur Nakhunte為同一人」。[52]批評以上說法荒唐無稽的夏德本人，實際上也在一定程度上受到了拉克伯里西來說的影響。他在書中這樣寫道：「我並不敢妄言完全否定中國人來自於西方人種之說」，「根據古代的記述，中國民族最古的發祥地，也就是中國文明的搖籃之地的中國西北部，即甘肅陝西二省」。[53]

　　日本學者後藤末雄《支那文化與支那學的起源——支那思想的法蘭西西漸》一書對拉克伯里之前歐洲學者提出的中國文明西來說進行了詳盡的梳理，這一時期的西來說的特點是將中國文明的起源與埃及文明聯繫在一起。按照他的說法，德國耶穌會神父阿塔納斯·

珂雪（Athanase Kircher，1602–1680）1654年在羅馬出版的書中首次
提出中國文化西來的問題，之後他又在1667年與阿姆斯特丹出版的
《中國圖說》（*La Chine illustra'a*）一書中，闢出一章專門討論漢字與
古埃及楔形文字二者之相似及其原因。按照他的說法，當年諾亞的
一個兒子Cham（含）率領子孫由埃及來到中國，並且把埃及文字的
知識傳給了中國。1716年，法國科學院院士尤特（Pierre-Daniel Huet）
在《古代商業與航海史》（*Histoire du Commerce et de la Navigation des
Anciens*）中提出埃及人遷徙到印度，而埃及文化則經過印度傳到中國
的觀點，中國因此受到埃及文化的影響，所以文字和語言都有近似
之處。[54]尤特關於中國文明受到了埃及文明影響的說法，引起了法
國科學院院士、物理和天文學家Jean-Jacques d'Ortous sieur de Mairan
的共鳴。他在1732年寫給當時在北京的法國耶穌會會員的信中闡述
了自己的觀點：除文字上的相似以外，在文化上中國與埃及的相似
之處還有對學問的尊重（尤其是崇尚天文和占星術），提倡輪迴說，
崇尚和平，尊敬父親、國王和老人，職業上的世襲制，保守和不願
意承認接受過外來文化影響，都以自己為世界上最古老的國家為榮
的心理等；另外，兩國人之間在臉部器官上的特點也很相似，應該
是古埃及第十二王朝法老辛努塞爾特一世（Senusret I）曾經侵入中
國，並在當地建立了殖民地所致。[55]法國著名漢學家德勁（Joseph de
Guignes，1721–1800）在看到腓尼基字母之後，感到它與中國古代文
字極為相似，於是想起了Huet曾經提出的漢民族埃及起源說，認定
中國古代的帝王必定是埃及古代的國王，並於1758年11月14日在金
石文藝院發表演講，再次提出「中國人來自於埃及的殖民者」。他主
要從語言學的角度入手，提出不僅漢字和古埃及的楔形文字相似，
而且從手、家、門、目、齒、父、敵、破、君等詞彙的發音演變中
亦可看出古埃及語或希伯來語痕跡的觀點。1759年，他又發表〈中
國人為埃及移民說〉一文，將其主要論點公佈於眾。[56]

　　但是必須指出的是，儘管中國民族主義思想家們對拉克伯里西

來說表現出極大的興趣，但是較為詳盡地提及拉克伯里對巴比倫文明和中國文明要素所進行之比較的，卻只有陶成章一人。與眾不同，陶成章在其1904年出版的《中國民族權力消長史》第二節「中國民族遷徙考二：遷徙說上」（第231–237頁）中，較為全面地介紹了拉克伯里的西來說，並闢「（甲）巴克族之與百姓」和「（乙）花國與中華」之後，專闢「（丙）迦勒底文化與中國太古文化之比較」三小節，對拉克伯里所提及的文明相近之處一一進行了演繹和分析。但除了陶成章之外，近代中國的民族主義思想家們對西來說的興趣不是文明西來說，而集中在漢民族集團西來說與隨之而來的黃帝西來說上。需要指出的是，與此恰恰相反，除了白河次郎、國府種德的《支那文明史》之外，在其他介紹拉克伯里西來說的日本學者的著作中，筆者再未見到提及「崑崙」之例。

　　日本學者對西來說的介紹同樣將重點放在文明的要素上，也就是說把西來說看做文明西來說而進行介紹的。更加值得注意的是，介紹歐洲學界關於中國文明西來說的日本學者，實際上都對西來說的內容表示懷疑，甚至進行直接否定。在這一點上，《支那文明史》也並不例外。該書第三章〈支那民族西來之說〉開篇即談到：「按照德禮安多·拉克伯里在其著作《支那古代文明在西方的淵源》中的說法，支那太古的民族是由卡爾吉亞、巴比倫遷徙來的。該說未必全都是確定的事實，但是其研究方法嶄新，其論點中也有很多值得參照的，在支那太古史研究上無疑提供了重要的視點。至今為止，關於支那文明的源頭在哪裏，在何種狀況下開始出現在黃河流域的問題，尚無人進行適當的解釋。因此我們相信，向讀者介紹拉克伯里的學說，並非無用之勞。當然，這裏並沒有完全斷言支那太古的文明就一定真的與西亞細亞各民族的文明有關，同樣也沒有斷言二者之間就一定具有相承或相互影響的關係。」[57]《支那文明史》表示這一觀點其實並不奇怪，因為白河次郎本人對中國文化具有很深的造詣。[58] 奇怪的是，為甚麼通過《支那文明史》接受了西來說的中國近

代的民族主義思想家們，卻沒有看到白河次郎等人的這一觀點？

今天所能看到提及西來説的二十世紀初的日本著作並不多，日後提到中國民族來源的日本學者中的很多人，也對西來説表示了疑問：「支那文化的開拓者無疑是漢民族。有人認為他們是在遠古時代從西方遷居到支那的，首先是在黃河流域繁殖，之後漸漸向南方擴大，最後造成今天這樣的狀態。他們遷徙的時代不是這一兩天，據説是在約五千年前。如果漢族是遷居而來，接下來的自然就是他們的故鄉在哪裏的問題。關於這個問題也有各種説法。德意志的地理學者李希霍芬男爵以中亞細亞為世界文化的發源地，認為漢族當然也是以這一帶為最初的棲息地，其故鄉就是今天天山南路的和闐（古時的于闐）。這是西來説中最為保守的説法，其他還有埃及説或印度説，還有學者主張是從美洲大陸移居而來的，更有以人類古代文明的一個發源地美索不達米亞為漢族故鄉的説法。但是這些觀點已經超越了歷史學的範圍，要肯定漢族的故鄉其實是一個極為困難的難題。首先，如果説漢族從西方遷徙而來的説法值得信任，這裏就出現另一個問題：為甚麼漢族選擇遷徙到了黃河流域，而不是從氣候和地理上來説都比黃河流域要好的南方的揚子江流域呢？」[59]「過去西洋的支那學學者中有『支那人為埃及、巴比倫或者中亞方面遷徙而來』之説，但此説畢竟是難以令人相信的。」[60]

事實上，包括夏德的著作在內，有很多歐洲學者在拉克伯里西來説出現當時或之後，也對其西來説提出了質疑。但是作為給夏德著作日文版（1929年出版）作序的張繼，卻仍然在序中為西來説再做肯定之詞：「吾家漢族，發自天山，崑崙之西，沿黃河而東來住。證諸古籍、口碑，推為當然。」作為當年在東京號召反滿民族革命的思想家群體的一分子，張繼仍然堅持1903年前後近代中國民族主義思想家們的西來説觀點。十數年後，張繼再談西來説、再談崑崙的符號的事例，説明了兩個問題：第一，即使近代中國的民族主義思想家最初是通過日本的介紹而接觸到歐洲學者的西來説思想，但是

他們與日本學者對西來説的評價卻並不盡一致；第二，拉克伯里等歐洲學者雖然同時涉及到漢文化的起源和漢民族集團的起源兩個層面的問題，但是他們都是首先著眼於語言、文字和風俗、習慣等文化要素上的相似，進而考慮文化是否曾經由西向東傳播的問題，而把人的移動只是作為一種文化傳播的載體。但與這些歐洲學者關注中國文明起源的出發點不同，近代中國民族主義思想家們對西來説的熱衷卻主要限於後一點，即漢民族集團的起源上，以及其中與崑崙、黃帝和中華的關係問題。換言之，近代中國的民族主義革命家背離了拉克伯里西來説的思想內容，使西來説變成了一種由崑崙、黃帝、漢族、中華等符號編織起來的，宣揚以血緣民族論為基礎的單一民族國家思想的話語。

　　那麼是不是可以説，近代中國民族主義思想家們的這種作為一種以血緣民族論為基礎的單一民族國家思想話語的西來説之形成，並沒有受到日本近代民族主義思想的影響呢？其實不然。儘管許多日本學者對中國文明西來説不以為然，但是必須看到的是，在日本近代民族主義興起的時代，日本也曾經出現過民族西來説思潮事實。反對中國文明西來説的日本學者們都沒有注意到，日本民族西來説的敘述脈絡，其實同樣使用了一套宣揚以血緣民族論為基礎的單一民族國家思想的話語體系，而當年這個話語體系又曾經強烈地影響了近代中國的民族主義思想家們。

第三節　近代日本的民族西來説與建國神話

　　哪裏是日本人的原鄉？日本人來自何處？這是一個日本人一直關心的問題。所以，近代以來，「對日本人種論的研究非常多元，分別來自於形質人類學、考古學、文獻史學、神話學、語言學、文化人類學、民俗學等等領域」。[61] 但是關於日本人的起源問題至今未有

定論，其原因也是因為科學的論述常常不符合政治的需要，而在政治的需要之下被建構起來的論述，卻往往又趕不上不斷變幻著的政治局勢。

　　近代日本也有過民族西來說，而且同樣是由歐洲學者最早提起的。1690年9月，出身於德國北部的博物學家恩格爾伯特‧坎派爾（Engelbert Kaempfer, 1651–1716）作為荷蘭東印度公司商館的醫生來到日本長崎，在執行鎖國體制的日本幕府政府為了對外交流唯一窗口而填海造成的人工島——出島上生活了兩年。在此期間，他曾兩次訪問江戶（東京）並且見到幕府將軍德川綱吉。[62] 坎派爾在回國以後，以德文著《今日日本》（Heutiges Japan），去世後其未及發表的手稿由愛爾蘭籍英國醫生和博物學家漢斯‧斯隆（Hans Sloane）爵士購得，後捐給了大英博物館，被翻譯為英文《日本誌》（The History of Japan），於1727年在倫敦首次出版。[63] 在該書中，坎派爾否定許多歐洲地理學家關於日本人為中國人分支的說法，並且根據對日語形態的分析，「提出日本民族直接來自於巴比倫民族這一令人深思的說法」。[64] 但他的想法明顯是受到了聖經舊約的影響，《創世記》第十一章記載耶和華在看到大洪水時代後，人類合力建設巴比倫城和巴別塔之後，決定將人類分散到世界各地，變亂人類語言。坎派爾認為可以從日語中看到巴比倫語言的痕跡，所以推測「高天原就是巴比倫」（「高天原」為日本建國神話中諸神居住之境，日語發音為「阿瑪噶他噶諾哈拉」）。在離開巴比倫之後，人類的一部分從裏海的東北方沿著烏拉爾河而上，之後轉向東方，來到蒙古高原北邊的阿穆爾河即黑龍江上游，再沿河來到亞洲大陸的東邊，進入當時還沒有被人注意到的朝鮮半島，再造船經過對馬島、壹岐島來到了日本。[65]

　　坎派爾的日本人來自於巴比倫的說法，影響到其後來到日本的歐美學者。在比坎派爾大約晚130年的1823年，德國博物學家菲利普‧西博爾德（Philipp Franz Balthasar von Siebold，1796–1866）也作為荷蘭東印度公司商館的醫生來到日本。西博爾德對「日本民族」的

坎派爾　　　　　　　　　　菲利普・西博爾德

起源頗有興趣，他根據日本人的體型、頭部特徵、語言特徵、宗教信仰、風俗習慣，並參考了日本神話傳說，「認為日本人的搖籃在蝦夷、樺太或者朝鮮的可能性極大」，[66] 並提出了日本最初的原住民不是今天的日本人而是阿伊努人，今天的日本民族乃是由「原住民與渡海而來的征服民族」混合而成，「現代日本民族是亞洲多種民族的混合」的觀點。[67]「（西博爾德）所提出的日本人屬韃靼民族系說，可以說是在某種程度上繼承了坎派爾的日本人中來自於巴比倫的說法。但是擺脫了聖經的束縛，因此更加接近科學的研究。」由於西博爾德使用了較為科學的研究方法，所以被視為「此後日本人類學界中所提出的日鮮同族論以及日本人種泛阿伊努說的先驅」。[68]

　　之後來到日本的歐美學者，可以說都受到了西博爾德的影響，都主張日本人是渡海而來的外來者、後來者。1877 年來日本東京的帝國大學擔任教授的原哈佛大學生物學助教愛德華・莫斯（Edward Sylvester Morse，1838–1925，美國動物學家）根據神武天皇東征的神話，推測日本人是由南方渡海而來，趕走了之前居住在這裏的阿伊努人而定居在日本列島的。但是他因為在自己的考古發掘中看到有被人為砍斷的人骨和其他動物骨頭埋在一起，便據此提出在阿伊努人之前的石器時代時，居住在日本的是一個有食人的生活習慣的人種集團。[69] 西博爾德之次子阿力山大・西博爾德（Alexander George

Gustav von Siebold，1846–1911，人稱「小西博爾德」) 1859年隨父初次來日，在其父死後，於1869年再次來到日本成為奧地利駐日公使館的書記官。小西博爾德同時熱衷於考古學和人類學研究，他根據對考古所得石器的研究，否定了莫斯關於日本最早居民為食人族而並非阿伊努人的說法，進一步確認阿伊努人就是日本島上最早的居民。明治九年 (1876) 由德國南部來到東京醫學校擔任教師的波爾茲 (Erwin Balz，1849–1913)，在日本一共度過了26年。他從體質學的角度提出日本人與阿伊努人沒有任何血緣關係，而應該是通過朝鮮半島來到日本的、與蒙古人相同人種的後代。大陸對日本的大規模移民活動共有兩次，一次是中國人和朝鮮人為主，另一次則是與阿卡德人 (Akkad，古代處於美索不達米亞南部的巴比倫王國北部，今伊拉克) 有關的人種。後者來自於對語言形態的分析：「因為日語屬於烏拉爾‧阿爾泰語，所以大約是在由阿卡德人所代表的古代烏拉爾‧阿爾泰文化存在的時代，其中有一部分人由其相同的種族中分裂出來，移居到東方。」[70]

　　大約為蘇格蘭人的馬格萊奧德 (McLeod，生卒年不詳) 根據其在日本國內旅行時所作的觀察，於1877年出版了 *Epitome of the Ancient History of Japan*（《日本古代史簡要》) 一書，其中也討論了日本民族的起源。據介紹，他的觀點是日本人由已經消失的以色列十支族而來：「馬格萊奧德的觀點，雖說是來自於他在日本各地旅行時對各種日本人所做的觀察，但是其根本還是歐洲人的以聖經故事為中心的歷史思考。在這一點上，他不僅繼承了西班牙傳教士坎派爾的觀點，在某些部分甚至可以說是有過之而無不及。但是值得注意的是，瑪格萊奧德的觀點絕不是一個不值一提的巷議街談，不僅在歐洲社會，而且在日本也曾經被看作是一種可信的觀點。」[71]

　　其實，在二十世紀初期日本人中主張「日猶同祖說」的也不乏其人。法政大學教授佐伯好朗早在1908年時就提出了日猶同祖說，提出日本的秦氏一族即來自猶太人。[72] 但是系統論述日猶同祖說的無

疑當屬小谷部全一郎（1868–1941）於1929年1月出版的《日本及日本國民之起原》一書。按照他的說法，該書的目的是為了證明「我大日本的基礎民族為希伯來神族的正系，而猶太人為旁系」。[73]

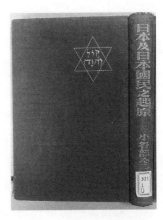

小谷部全一郎著作封面上
表示日猶同祖的符號

小谷部認為日本民族從來源上分為兩個部分：「我們日本民族中無疑流著不同的血液。大致分為佔多數的土著的先住民族，和人數不多的智力優秀的有組織力的種族。前者俗稱土籠，後者即我天孫人種。」關於天孫民族，小谷部認為是發祥於西亞地區的「希伯來民族的一部分」。他們「帶著傳國神寶逃向東方，王國分裂為南北朝，這件事大約發生在公元前975年左右。……預言者以利亞帶走的神寶，即三種神器中的兩種。」[74]日本建國神話中的三種神器，即天照大神帶來的「八咫鏡」、「草薙劍」、「八阪瓊曲玉」，由天皇代代相傳至今。當時，「寡不敵眾的以利亞帶著嘎多和瑪納塞的同志沿著陸路乘軍車向東方進軍，其時應在約公元前896年，是今年昭和三年的2,823年之前，皇朝神武天皇即位的236年之前。其東遷的路徑為：以西亞的聖地、約旦河畔的嘎多和瑪納塞族的領地為起點，經過波斯、阿富汗斯坦進入西藏，在這裏再分為兩部分，一部分繼續東進，從今天的浦鹽斯德到尼古拉斯克形成聚落，再經由北朝鮮最後到達極東地區的海島，之後就留在這裏。另一部分則南進暹羅，在此作短暫停留後，逐漸借助航海之力經過南支那到達琉球，再繼續東進到遠東的九州。」[75]

小谷部也認為日本建國神話中的「高天原」就在西亞地方：「按照猶太經典[即聖經舊約一筆者]，耶和華開闢天地創造萬物，最後又製造了一對男女生活在伊甸園。但看到隨著物質文明的發展世界充滿了罪惡，於是帶來一場大洪水進行徹底清洗，只留下了行為端

正的諾亞一族即希伯來族。……洪水
退後，選民諾亞在西亞即今天的阿美尼
亞、阿美（日語『天』的發音為阿瑪）的他
噶瑪州中建設了一個乾淨的國家，此地
稱為哈喇或哈朗。而我國的祖先發祥之
地也正是高天原、即『他噶瑪』的『哈喇』
[合成為「他噶瑪噶哈喇」—筆者]。」[76]
通過各種比較推論，他得出的結論是：
希伯來族祭神的形式（祭壇、神輿、7月
17日燔祭謝恩祭、祭祀儀式等等）與日
本神社夏祭一致，「我們日本的夏祭起

作為天皇皇位象徵的三神器

源於西亞『他噶瑪』的『哈喇』地方的諾亞感謝上帝的謝恩祭」。[77]

　　小谷部還通過「神祇及祭祀的比較研究」（第八章）、「軍事及歷
史事項的比較研究」（第九章）、「風俗習慣的比較研究」（第十章），
得出了「構成現在日本民族主要部分的天孫民族來源於西亞，是得
到上帝信賴的希伯來選民的直系後裔」的結論：「可以看出，純粹的
日本風俗在各個細節上都與上古的希伯來人風格一致，因此可以肯
定地說那裏才是日本及天孫民族的發祥地，這是一目了然、不再需
要更多語言來證明的。」[78]他公言：「筆者根據多年研究，憑藉大量
證據，主張我們日本的基礎民族，不是愚蠢的南蠻或北狄等丑族，
而是具有英邁天資、卓越才能的希伯來選民的正宗後裔。而集各種
宗教之精粹的唯神之道、即神道，自開天闢地以來即傳給我日本民
族，隨著祖先諾亞以來代代相傳的祭神故事也同時得以傳承下來，
由我民族嚴守至今，實是值得驕傲。」[79]

　　值得注意的是，小谷部全一郎《日本及日本國民之起原》一書所
闡述的日猶同祖論具有一個很鮮明的特點，就是把日本民族西來既
與聖經舊約、又與日本建國神話嫁接起來。他之所以願意將日本民
族西來說與聖經舊約嫁接在一起，原因在於他是一位神學生，因此

小谷部全一郎與北海道阿伊努族酋長

不僅熟知聖經故事，同時還有建立一種日本基督徒認同的強烈意識。小谷部全一郎少年時曾經流浪到北海道的阿依努人地區並得到照顧，為了報答阿依努人，他下定決心偷渡到美國學習，最終在美國耶魯大學拿到博士學位，之後又取得了牧師資格。回國後他一邊佈道，一邊進行慈善活動，為阿依努人建立學校，進行要求改善阿依努人待遇的政治活動，據說還被譽為「阿依努種族的救世主」。[80]

出於對阿依努民族的理解和感情，小谷部與其他主流的國體論學者不同，在書中將阿依努民族集團也描繪成與日本主體民族同樣起源於西亞、日後完全同化為日本民族的集團：「土籠」又被稱為蜘蛛[發音為庫茅]、土蜘蛛、庫茲、蝦夷[日語發音為「愛比斯」]等名稱，而西亞有與庫茲發音相近的庫西地區：「我相信我國的庫西民族的起源地即《聖經》上所記西亞的庫西。」[81]而聖經《創世記》第十章上又有被稱為愛布斯必拓[日語中「人」發音為「必拓」]的集團，原來生活在西亞的康那地區，之後以色列人侵入此地建設了耶路撒冷，逃離的愛布斯人於公元前1427年前後渡海來到了日本。[82]「我國的先住民族，即祖先同一的愛布斯或稱為出雲民族的誅所人。」[83]「神武天皇東征時，庫西的漁夫為之帶路」，[84]「我們天孫民族帶著婦人子女越過萬里波濤，遷徙到本土，與當地土著婦女相配。……於是稱為土蜘蛛的蝦夷民族不是被消滅，而是被一視同仁沐浴皇化至今生活在本洲。」「之前來到本洲的埃索人和愛比斯人因為無力反抗後來的優秀民族最後歸順，大家混血成為了日本民族。」[85]

小谷部之所以要將日本民族西來說與日本建國神話嫁接在一起，同樣並非偶然的現象。當時國史學和國體論佔據著日本學界和

社會的主流地位，很少有人能夠意識到只有離開了以《古事記》和《日本書紀》為根據的日本建國神話的敘述脈絡，才能夠科學地討論日本民族的來源。近代日本的歷史研究當時稱為國史學，而國史學最初是以國體論為主幹建立起來的。日本國體論的特點是強調日本是一個政教合體國家，強調祖先崇拜和神祇崇拜兩種思想使日本實質上同時具有神制國家和族制國家的性質。所謂族制國家來自於對祖先的崇拜，但是與人類學理解的祖先崇拜不同，國史學所強調的祖先崇拜的對象不是一個個大家族的「先祖」，而是一個由作為族長的現天皇所代表的日本民族的祖先。而小谷部全一郎在書中也強調，在關於宗教與「國體」之間關係的認識上，猶太民族與日本民族非常相似，例如猶太民族秘密結社之規約的一個內容就是：「我們的國體就是我們祖先的宗教，除此以外我們不承認任何政體。」[86]

　　近代日本國體論的基礎即敘述日本和日本民族來源的「建國神話」，內容大致如下：神代之前並無日本列島和日本人，諸神住在高天原，「神代」第七世即最後一代的伊奘諾與伊奘冉二神兄妹結婚生產出日本列島及諸神，其子之一為天照大神，另一子素戔男尊因惹父怒被流放至人間而開始營造葦原中國，但因高天原諸神認為葦原中國應由天照大神子孫統治，故天照大神之孫瓊瓊杵尊降臨人間（「天孫降臨」），而瓊瓊杵尊之孫即日本的第一代天皇——神武天皇。

　　小谷部全一郎還曾提出在歐亞大陸上建立起一大帝國的成吉思汗實為十二世紀日本平安時代著名武將源義經的觀點，出版了《原來成吉思汗是義經》一書，並為此在1919年時以日本陸軍翻譯官名義在滿洲（即中國東北地區，以下同）和內蒙古東部地區進行調查。因為這個荒誕不經的說法為日本侵略大陸提供了免罪符，日後他還被授予旭日勛章。[87]雖然日猶同祖說出籠較早，但是顯然小谷部全一郎1929年在《日本及日本國民之起原》中提出的日本人與猶太人同祖的觀點，對日本軍部甚至一部分外交官產生了直接的影響：「皇天一視同仁，……我們怎能對曾備受歐洲各國國民迫害、幾千萬猶太民

族同胞遭到屠殺而只是袖手旁觀無所事事？……堂堂神州之民必須敞開胸襟，向與我們同樣無罪卻遭到排斥的猶太民族表示同情，引導他們走向光明，協力實現建立神國、四海同胞、乾坤一家的希伯來的理想也即我日本的使命。」[88] 當時日本的衫原千畝駐立陶宛代理領事大量簽發出去到滿洲國、即中國東北地區的簽證，拯救了大量猶太人免遭納粹德國的屠殺。而為了接受這些猶太人，當時的滿洲鐵路總裁松崗洋右甚至計劃發出拯救猶太人的專列火車。[89] 小谷部全一郎的思想可以說明，建立在國體論思想基礎上的日本民族西來說，同樣是一種以血緣民族論為基礎的單一民族國家思想的話語。只不過與將國體論的範圍限定於日本國土之內的敘述不同，日本民族西來說的話語，其實還具備了從血緣民族論的角度為日本民族國家向日本國土以外膨脹和進行侵略，提供正當性根據的功能。

除了日猶同祖論外，日本人中還有主張日本民族發源於巴比倫者，其中較早的應該是佐佐木安五郎（號照山，1872–1934）。佐佐木於1910年出版了《二千九百年前西域探險日誌》（上）一書，其中提到了日本人的起源：「倉頡即為唐古特人種，有人認為與造成印度及巴比倫文明開花的 Akkadia 人種有一定的關係，而我則認為唐古特與 Akkadia 實際上即為同一人種。唐古特寫為漢字為丹穴，該人種最早時住處為穴居。……Ak 的日語應為 Aka 即丹，kadia 的日語應為 kadula 即洞穴，由此可以看出 Akkadia 與日本人之間應該存在某種關係。因此，被看作是世界文明的大本家的 Akkadia 人種，與其說是接近歐羅巴人種，還不如說是與日本人為同族同源。因此不只是一些名詞的相同，他們之間的語言有相同之處一點都不奇怪。來到日本後 Akkadula 的 du 變為促音，被稱為阿卡庫拉 Akkulla，即地名赤倉是也。該地名出現的有青森越後兩地，這裏過去就有關於天狗（Tiangu）的傳說。傳說越後的赤倉地方還曾經出現過巨人，他居住於山中，曾為鄉下人教授一種奇怪的文字。據說此文字類似西藏文字，曾為吾友武田保寧親眼所見。我曾經發表文章論 Tiangu 即唐古

特tanggute人種。也就是説，在伊豆與伊東所見的天狗宅證文，就是這些阿迦勒底亞Akkadia人種即阿卡庫拉Akkulla族留下的痕跡。阿卡庫拉Akkulla即阿迦勒底亞Akkadia，即唐古特tanggute。因為唐古特tanggute又被寫為倉頡，所以倉頡與日本人為同族。」[90]「與印度和巴比倫文明有關的阿迦勒底亞人種與日本人種為同族。因此，日語與梵語中有一致之處一點兒也不奇怪。」[91]

　　佐佐木通過發現地名和人名的日語發音與古代西亞及中亞語言的發音、古代漢語的發音之間的關係，推論出日本人與漢人同樣是由巴比倫遷徙來的民族集團。事實上，佐佐木的著作是以討論中國文明西來説為中心的，其觀點基本上是沿用拉克伯里西來説，所以文明西來説的內容佔據了該書絕大部分，其書中既談到「神農與黃帝皆為巴比倫人」，[92] 又斷言「支那民族是由支那的西北方向遷徙到支那的，這一點今天已經不需要再提。所以支那的西北方向即西域等地是支那民族的故鄉」，[93] 更談到巴比倫或中亞細亞文明對「東洋古代的文明」的影響。[94] 該書的觀點與近代中國民族主義思想家們的西來説非常相近，其特徵也是結合中國古代神話傳説的元素對西來説進行敷衍和推論。當然也「推論」許多新的內容，如「黃帝即亞布拉罕（Abraham）」，[95]「文王與耶穌一樣為猶太人」。[96]「現今支那人種有殷族和周族，而其中周族無疑佔多數。殷族無疑與今天被稱為纏頭的回民同類，而周族實為漢人種的祖先。他們最初發祥於帕米爾高原附近，一度西遷之後再沿裏海海岸逐漸東遷到那林斯基一帶，再從葉爾羌來到于闐。」[97] 文王即於此時出生於于闐。[98] 所以，「今天支那的地名，多是來自於中亞細亞土耳其斯坦，都是葱嶺以東葉爾羌至哈密之間的地名。因為每個民族在遷徙之後，都會懷念舊住地名並以此命名新住地。」[99] 所謂二千九百年前的「西域探險」，實指出現在《穆天子傳》中的「周穆王西巡」的故事。按照佐佐木的説法，當時世界上已經成立國家的，西有猶太，東有支那。穆王西巡不是為求見仙女西王母，而是由於盛姬之死而決心改革政治，所以到先祖

佐佐木安五郎與內蒙古
土爾扈特札薩克郡王帕勒塔

故土尋找更加先進的文明形態：「變慕舊為求新，……政策上的目的才是最根本的目的。」[100]

　　佐佐木的著作雖然出版於1910年，但是該書其實是由此前寫就或發表的文章合集而成的。因此，他的這些思想難免不與當時身在日本的近代中國民主主義思想家們的西來說思想之間交織。能夠支持這一推論的，還有佐佐木安五郎自身與當時中國政治之間的緊密關係。出身於山口縣阿川村的佐佐木在熊本九州學院學完中文之後不久，即作為翻譯從軍參加了甲午戰爭。戰後他先在「滿洲」工作，後到台灣在同為山口縣出身的第一任台灣總督乃木希典手下為官，因與第二任總督兒玉源太郎意見不合而辭職，此後一度成為民間的《台灣民報》的主筆。他是製造「滿蒙獨立運動」的川島浪速的妹夫。1901年，他到大陸蒙古地區進行考察，名義上是為了探查地下資源，事實上卻是因為他「為了實現亞洲人的大同團結的理想，最初就抱有政治上的野心」。[101] 據說他從1902、1903年起就得到喀喇沁王貢桑諾爾布的信任，貢桑諾爾布遇事多向他徵求意見。由於與蒙古王公之間的密切關係，佐佐木得到了對內蒙古東部的權益感興趣的日本政治家和軍部的賞識和支持。[102] 佐佐木後於1908年當選為日本國會眾議院議員（前後當選四次），據說他在內蒙古問題上甚至能夠對日本的國家政策產生影響，因此又有人戲稱之為「蒙古王」或「蒙古版的『阿拉伯的勞倫斯』」。[103] 而我們從中日戰爭期間部分日本學者提出的「圖蘭民族說」[104] 中，也能看到佐佐木安五郎關於蒙古人與日本民族之間關係的思想的蹤影。

第四節　文明史與民族史

　　按照八切止夫編著，日本巴比倫學會、蘇美爾學會共著的《天皇阿拉伯渡來說》一書的說法，日本人的西方起源說，在日本近代史上曾經出現過數次。在明治 (1868–1912) 年間，就有木村鷹太郎通過與古希臘文化的對比，認為其家鄉愛媛縣宇和島的祭祀、方言和古代民謠神話來自於古希臘。[105] 他還羅列出日語和希臘語的相同點，主張日本人的祖先為進入阿拉伯的希臘人。[106] 大正 (1912–1925) 年間後，原田敬吾組織「蘇美爾學會」，接受坎派爾「高天原即為巴比倫」的觀點，提出「天孫人種即蘇美爾人後裔」說：「人類發源於後被看做人類發生原點的西亞的阿美尼亞高原、橫穿今日伊朗和伊拉克進入波斯灣的幼發拉底河和底格里斯河兩河之間肥沃的蘇美爾地區。這裏後被稱為巴比倫，也即聖經舊約中的阿丹與夏娃生活的伊甸園。日本天孫民族的祖先，也是從這裏即阿拉伯的蘇美爾地區遷移過來的。」[107] 有人贊同原田的觀點，因為他是根據語言文字的相近來認定日本人為蘇美爾人後裔的：(1) 蘇美爾的楔形文字與日本人使用的漢字出於同樣的蘇偉模式；(2) 蘇美爾文字的構造與日本的假名的構造相同；(3) 蘇美爾的語言和日語二者同為黏著語。此外，在楔形文字的黏土版上，還發現了日本皇室的菊花紋章等。[108]

　　到了昭和年間，三島敦雄等人以「巴比倫學會」名義發表「天孫人種研究」結果，再次提出「阿拉伯才是日本人祖先之地」之說。值得注意的是，三島敦雄是日本山祇神社的「總本社」、著名的大山祇神社 (又稱三島神社) 的神主。他認為在古代發音中，皇為 Sume、天皇為 Sumer，都是來自於巴比倫的蘇美爾語中的 Sumer (蘇美爾) 一詞，「天皇」的古語發音用蘇美爾語進行解讀就是「自天上降臨的神」之意。所以，古代日本的在天皇帶領下自天而降 (實為渡海而來) 的民族，就是蘇美爾的王族及其民眾。也就是說，神道學者的三島敦雄當然也是站在國體論的立場上提出日本人來自蘇美爾的西來說的。

八切止夫

但是，國體論的思想基礎是日本國土與成為日本民族祖先的日本皇室同時誕生，故而日本國家、日本民族與萬世一系的天皇三者之間具有不可分割、三位一體的關係，而這同時也是建設單一民族國家的正當性根據。所以，堅持國體論的人們大多認為，主張日本民族和天皇西來説的日猶同族論，以及包括巴比倫説、蘇美爾説、希臘人説等在內的阿拉伯起源説等民族西來説，都是不可接受的。因此，「古代日本人阿拉伯血緣説」等從最初就被看做「怪談」而遭到無視。但是到了1940年，正在準備紀念皇紀2,600年的政府和軍部突然對三島的説法發生了興趣，三島所著《天孫人種六千年史研究》被列入陸軍大學、陸軍士官學校的課外讀本。八切止夫認為其原因在於他們注意到三島指出的這樣一個問題：比起皇紀2,600年來，「埃及文明也只是紀元前3000年發生在尼羅河的文明，而蘇美爾文明按希臘式計算為發生在紀元前5500年、按希伯來式計算為發生在紀元前4000年的文明。」[109] 也就是説，日本軍部意識到：如果通過西來説將日本文明説成是起源於人類最早和最優秀的文明，可以為日本軍國主義的對外擴張提供正當性根據。

尼羅河中下游和兩河流域是人類最早的文明發祥地。「由於人類無法生活在密林或沙漠之中，於是通過開發草地進行畜牧業和農耕業為生。在草地上農業一旦發達起來，人類的文化就能夠得到長足的進步，於是在沙漠中的大河邊緣地帶就發生了埃及和美索不達米亞的文明……」[110] 由此可以看出，日本主張西來説者的關心，其實就在於如何才能將「日本民族」包裝為一個具有世界最為悠久和偉大文明的民族上。如原田敬吾之所以提倡「日本人為蘇美爾人後裔」説，就是因為「蘇美爾文化是最偉大的文化，發明了天文學、數學、大陰曆，一年12月、一天24時、一小時60分、一分60秒，按七行

星定星期、定度量衡，以楔形文字於紀元前2750年制定了世界最早的成文法《蘇美爾家族法》，於紀元前2120年制定了世界最古老的大法典《漢謨拉比法典》（巴比倫法）。」[111]

而小谷部全一郎的說法更加直白：「有人以為我國的原始時代是伊奘諾與伊奘冉二尊的時代。殊不知，二尊降臨的時代在鄰國的支那，已是文化達到高潮的殷或周代，⋯⋯神武天皇的時代，被想像為使用石器陶器的時代。⋯⋯但我們大日本的歷史其實並非像世人所想像的那麼短淺，而是在紀元前2348年的諾亞大洪水後就在西亞的高天原、即『他噶瑪』噶『哈喇』建設了神都的繁榮的民族。」[112] 顯然，小谷部全一郎的目的不在於否認日本建國神話的內容，而是要讓人們相信日本民族具有更為悠久的歷史和文明：「我們天孫民族，在有史以前已經建立了一大文明，數次迎來黃金時代，又遇到黑暗時代，有時遠征帝國取得奇勝，有時遭到侵略幾近亡國。幾經沉浮，不以物質文明、而以不朽的精神文明為基礎而建國，並以此為國風而傳於後世。」[113] 從小谷部全一郎以下的這段話中，更可以看出他的「日猶同祖說」完全是以美化日本民族為主要目的的：「近來有學者主張日本民族來自南洋。即使確實有一些行跡，但是對世界第一優秀的日本民族的研究，為甚麼不是同同樣冠絕他人的優秀民族進行對比，而以自己為南洋的土蕃來自行污穢？」[114]「筆者論述我日本人的祖先為被視為人類模範的上帝選民的希伯來民族，而部分學者則以我國的祖先為南洋的蠻族。究竟孰是孰非？在此專門求教大方。」[115] 應該注意的是，這種以民族西來為榮的思想，同樣反映在中國近代民族主義思想家的西來說中。劉師培甚至說道：「吾嘗謂漢族初興，本與歐洲同族。及生息漸蕃，不得不籌殖民之策。一移西北為高加索之民，一移東南為支那本部之民，此中西舊籍事跡所由多符與。」[116]

日本近代由日本人自己所提出的各種西來說的共同特點，就是把西來說放在國體論的脈絡中進行敘述。他們看到，只有導入日本

民族和天皇西來說，才能夠從文明史的角度證明日本民族屬於世界上的優秀民族行列。因此，鼓吹日本西來說者認為，日本民族西來說不僅沒有否定三位一體，而且恰恰是符合了日本傳統的「八紘一宇」精神。「八紘一宇」來自《日本書紀》卷三中的〈神武天皇即位前紀己未年三月丁卯下令〉：「上則答乾靈授國之德，下則弘皇孫養正之心。然後兼六合以開都，掩八紘而為宇，不亦可乎」一文。[117] 按照《日本書紀》的記述，1940年是神武天皇即位2600週年。該年7月成立的第二次近衞文麿內閣提出以發揚「八紘一宇的開國精神」為「皇國國是」，提出了建設「大東亞新秩序」的「基本國策大綱」。也就是說，「八紘一宇的開國精神」在對外擴張的歷史背景下被重新解讀，而西來說的價值也因此得到重新認識。因為其內容不僅能夠被用來證明日本民族是一個優秀民族，而且可以被用來將日本軍隊在大陸地區的侵略擴張解釋為返回民族故鄉的步伐。這種宣揚西來說的著作，戰後都突然消失得無影無蹤。按照八切止夫在《天皇阿拉伯渡來說》中的解釋，那是因為日本軍部不願讓這些荒誕無稽的說法留下痕跡，故而「像秦始皇一樣進行了焚書」。[118]

　　事實上，出現在日本建國神話中的「神代」之後的第一位天皇：神武天皇，只是在近代以後才開始被用來作為日本國家象徵的：「神武天皇被強烈意識到，是在江戶時代中期國學研究興起，本居宣長和平田篤胤等人開始重建日本歷史之後。注重名分學的水戶學又助長了這股風潮，藤田東湖和會澤安等人為了奠定『皇道』的基礎而尋求歷代天皇的事跡。他們提倡恢復歷史上以天皇為中心的政治體系，而德川幕府由此逐漸失去權威。……明治維新因為是借助這股風潮取得了成功，所以在提倡王政復古的同時，作為皇室始祖的神武天皇也自然而然地開始更多地提及。……明治五年時制定了神武紀元，神武天皇的即位日被命名為紀元節。……就這樣，神武天皇在明治年間成為了歷史上無以類比的重要存在。」[119] 也就是說，近代以後聲稱日本國體特徵為政教合體，日本是一個神制國家和族制國

家，日本國家、日本民族與萬世一系的天皇三位一體，因此日本是
一個極為純粹的單一民族國家的國體論，是以神武天皇的再發現和
再定位為前提而形成的。而在日本的各種西來説中，「神武東征」中
的神武天皇正是以率民族東遷的民族領袖形象出現的。

　　有趣的是，巴比倫、楔形文字、祭祀方式、民族領袖、民族共
同祖先、東遷，是近代中日兩國的西來説都具有的符號。更加值得
注意的是，這些符號在中日兩國的西來説中還表現了同樣的思想：
自己的民族文化來源於人類社會最古老的文明，自己的民族集團來
源於人類最早的共同體，具有一段可歌可泣的民族東遷故事，具有
一位神格化的民族共同祖先和民族國家共同體的統治者。由此可以
看出，不僅是以「中華民族論」為代表的中國近代民族主義思想受到
以「日本民族論」為代表的日本近代民族主義思想的全面影響，近代
中國的民族西來説在構造上也同樣受到日本民族西來説的影響。

　　近代中國民族主義思想家對黃帝的再發現，無疑也是受到了近
代日本的影響，他們意識到為構建一個單一民族國家，近代日本對
神武天皇進行再定義的意義。劉師培毫不避諱這一點，他在〈黃帝紀
年論〉中談到：「日本立國，以神武天皇紀年，所以溯立國之始也。
中國帝王，雖屢易姓，與日本萬世不易之君統不同；然由古迄今，
凡漢族之主中國者，孰非黃帝之苗裔乎？古中國之有黃帝，猶日本
之有神武天皇也。取法日本，擇善而從，其善二。中國政體，達於
專制極點，皆由於以天下為君主私有也。今紀年用黃帝，則君主年
號，徒屬空文，當王者貴之説，將不擊而自破矣，其善三。」[120] 也
就是説，雖然中國屢屢改朝換代，但是只要像神武天皇之於日本那
樣，也找到一個同時具有代表漢人血統的民族共同體始祖和「中國 =
中華」法統的政治共同體領袖，就能夠打破也被清王朝鼓吹的「誰得
天下，誰就具有統治正當性」的天命説。

　　革命家們的黃帝話語就是在尋找一個中國的神武天皇的動機驅
使下形成的。但是在中國的歷史文獻中，黃帝從來沒有被作為一個

月岡芳年《大日本名將鑒》中的神武天皇

血統的民族祖先，而是被作為中國歷史上早期政治共同體的創始者或文明的創造者，從所謂「法統」的層面被描述的。[121] 從中國古典文獻的記載中可以看到，只有一些有成為最高統治者之野心的人才會強調自己繼承了黃帝血統。例如王莽、[122] 曹操[123] 甚至出自鮮卑的北魏皇室，亦借「黃帝之後」的名義來強調其統治中國的正當性。[124] 顯然，嚮往黃帝血統只是想當「天子」者的事情，而與天下百姓無關。繼承了黃帝二十五子之説的司馬遷亦言，不是任何人都可以成為黃帝子孫的：「天命難言，非聖人莫能見。舜、禹、契、後稷皆黃帝子孫也。黃帝策天命而治天下，德澤深後世，故其子孫皆復立為天子，是天之報有德也。人不知，以為閒從布衣匹夫起耳。夫布衣匹夫安能無故而起王天下乎？其有天命然。」[125]

今人在《國語‧周語下》中找到以下一段論述，以此為根據斷定中國人在很早以前就已經形成了自己為炎黃子孫的思想：「有夏雖衰，杞、鄫猶在；申、呂雖衰，齊、許猶在。唯有嘉功，以命姓受祀，迄於天下，及其失之也，必有慆淫之心間之。故亡其氏姓，踣斃不振；絕後無主，湮替隸圉。夫亡者豈緊無寵？皆黃、炎之後也。」[126] 但是很清楚，這裏的「黃、炎之後」僅僅限於失去政權的王族之後，而不是天下的民眾。從這裏可以再次證實，中國的傳統文化中本來並沒有血統民族論的成分。相反，我們倒是可以通過這一事實，看到近代中國民族主義思想家的黃帝話語被完全籠罩在近代血統民族論思想的影響之中。

拉克伯里在其西來説中，不僅提到黃帝 (Nakhunte) 為巴比倫出

身，同時提到神農 (Sargon、Shen-nung) 也同樣出身於巴比倫。[127]
由此也可以看出，拉克伯里西來說中的黃帝西來說，原本也同樣並
沒有血緣民族論的成分。因為按照常識來說，一個民族共同體不可
能具有兩個同時代的始祖。事實上，如果將炎黃同時當作民族的始
祖，這樣也會給按照近代日本所構擬的那樣，以一個人物 (神武天
皇) 同時為民族始祖和政治共同體領袖的模式來建設一個單一民族
國家帶來困難。事實上，除了陶成章在對拉克伯里西來說的介紹中
對神農有所涉及之外，[128] 在其他近代中國的民族主義思想家關於西
來說的描述中，似乎都是盡量只提黃帝而避開提及另一個「民族始
祖」——炎帝神農。例如，劉師培曾經在《攘書》中五次使用了「炎黃」
或「黃炎」一詞：「炎黃有靈，吾知其不享此土矣。」[129]「蓋炎黃之裔，
厥惟漢族，九州而外，皆屬遐荒。」[130] 但是他在更加清楚地提出樹立
民族始祖之必要性的 1903 年的〈黃帝紀年論〉中，卻一次也沒有提及
「炎帝」。也就是說，如果要想完全模仿近代日本對神武天皇形象的
再發現，就無法為一個中華民族同時製造兩個祖先。於是，致力於
虛構一個同時具有漢族血統中華民族始祖和黃帝形象的劉師培，也
只能在〈黃帝紀年論〉中避開了「炎黃子孫」的說法。

　　中華民族究竟是黃帝子孫還是炎黃子孫？這其實是一個在民族
主義思想家內部也沒有找到統一答案的問題。在發動革命時期，孫
中山只有一次使用「炎黃」一詞：「諸君身為漢人，對此賣國賣民、
罪惡滔天的滿虜，難道眼巴巴地看著他們把祖宗遺留下來的土地，
送歸外國的版圖？把四萬萬的炎黃裔胄，淪為他人的奴隸不成？」[131]
當時在革命派中，也不是所有人都會將「炎帝」列為漢民族的始祖。
例如，光緒 34 年 (1908)，中國同盟會陝西分會組織五個省的代表於
重陽節祭掃黃帝陵，在由郭希仁和張贊元起草的這篇同盟會〈祭黃帝
陵文〉的祭文中，炎帝與被視為漢民族始祖黃帝之間完全是一種敵對
的關係：

> 維黃帝紀元四千六百零五年九月重陽日；玄曾孫某某等謹以香
> 花清酒牲肴之儀，敬獻於我皇祖軒轅黃帝之墓前而泣告曰：惟
> 我皇祖，承天禦世，鍾齊孕靈。乃聖乃神，允文允武。舉修六
> 府，章明百物。翦蚩尤於涿鹿，戰炎帝於阪泉，揮斥八埏，疆
> 理萬國。用是奠基中夏，綏服九州，聲教章敷，訖於四海。

這篇同盟會祭文中所談到的炎黃對敵、黃帝殺炎帝的情況，並非自己憑空捏造，它來自於大量中國古典文獻的記載。[132] 顯然，隱喻著中國多民族共存傳統思想的「炎黃子孫」一說，與以追求單一民族國家為目的的血緣型民族主義二者之間，在思想邏輯上有著無法調和的矛盾。

這個問題其實還反映出一個近代中國民族主義思想家在學習日本的單一民族國家思想時，沒有考慮到、也可能是不願意考慮的問題。這就是，近代日本發明和鼓吹血緣民族論所要達到的效果是與他們在日本學習血緣民族論的目的完全不同的。雖然都是一種建設單一民族國家的思維，但是與近代中國通過血緣關係發現和排除「異種」不同，近代日本則是為了證明既成國家共同體內的所有成員之間都具有血緣關係，將即使本來具有不同文化和身體特徵的人們也都說成是來自一個共同的遠古祖先血統的「日本民族」的成員。這一點也反映在日本的民族西來說中，例如小谷部全一郎在其日猶同族論中強調阿伊努人與日本人同樣出身於西亞，並且在長期的歷史過程中二者已經混血同化為一個日本民族集團。這種變相異為相同的血緣民族論，不僅違背近代中國接受民族主義的初衷，也與近代中國接受民族西來說的動機背道而馳。

在近代中國的民族主義思想家的西來說中，帕米爾與崑崙幾乎就是同義詞。從這裏可以看出，他們對「崑崙」的執著，雖然是建立在貧乏的地理學知識之上，但是其中卻隱藏著一種「民族」之成長與「地勢」有關的意識。1901年9月梁啟超就在其〈中國史敘論〉中闢出

〈地勢〉一節：「蓋中國全部山嶺之脈絡，為一國主幹者，實崑崙山也。使我國在亞洲之中劃然自成一大國者，其大界線有二，而皆發自帕米爾高原。」[133] 值得注意的是，這一居高臨下的地勢常常是與剝奪其他民族集團的生存權利連在一起的。1903年在日本發刊的《浙江潮》第1期所刊載余一〈論民族主義論〉中談到：「黃河流域，以往潛力，其地勢則易於統一也；而漢族自西方來，其間本土之蠻族，必錯綜繁殖……」[134] 但是這些「蠻族」卻可能是比漢族更早居住在這裏的先住民或原住民：「中國數千年前，苗、僮、僚、僥者，神州大陸之主人翁也，而黃帝率支那民族，沿黃河而南下，旌旗所指，無敵不摧，遂一舉而驅之於深山幽谷之內。」[135] 但是這種赤裸裸的民族歧視，卻使原本為了用來證明建設漢民族國家正當性的西來說，成為授予他人用來攻擊漢民族國家正當性的口實。因為它指證西來的漢人其實與當年的滿清入關一樣，西來的漢人也是一個外來的侵略者集團，其對中原的征服過程同樣伴隨著殘酷的民族屠殺。

　　也許當初並沒有意識到這一點會成為問題，部分民族主義思想家們在其西來說的話語中甚至對漢人在歷史上對當地原住民的屠殺津津樂道。如白話道人 (林懈)《國民意見書》〈說種界〉中有：「我們漢種起先得國，就是用著各種殘忍慘毒的手段，把蚩尤、苗子趕逐乾淨，飲酒作樂中華的主人翁，相傳到今，差不多也有四千多年了。」劉師培亦云：「漢族未入中國之前居支那本部者，北有玁狁 (土耳其族)，南有苗民。」[136] 按照西來說的解釋，帶領漢人侵略中原、並在侵略戰爭中對當地原住民進行民族屠殺的自然就是作為民族始祖的黃帝。所以，1908年時留學日本的山西籍留學生稱頌黃帝：「如史稱中國自軒轅氏率其族姓東來，闢地黃河流域，殺三苗者，五十有二戰，實是諸之時代也。」[137] 這種赤裸裸的民族歧視和侵略意識，甚至貫穿了整個辛亥革命時期。1911年3月創刊於福州的雜誌《民心》在4月的第2期上有〈攘夷篇〉：「嗟我黃帝始祖，自帕米爾高原，迤邐東下，至黃帝南驅苗民，北逐獯鬻，建一帝國於中央。一次靖生，

貽傳子孫,故戰國時冠帶之國也,秦燕趙三國,皆能攘胡開疆。」[138]

事實上,近代中國民族主義思想家們的黃帝話語,本身就是以民族歧視和民族仇恨為其思想基礎的。鄒容在其《革命軍》中即反覆強調民族主義由「排斥」異種而來:「吾同胞今日之所謂朝廷,所謂政府,所謂皇帝者,非即吾疇,昔之所謂曰夷、曰蠻、曰戎、曰狄、曰匈奴、曰韃靼,其部落,居於山海關之外,本與我黃帝神明之子孫不同種族者乎。其土則污穢壤,其人則羶種,其心則獸心,其俗則毳[cuì]俗,其文字不與我同,其語言不與我同,其衣服不與我同。」[139]「中國華夏蠻夷戎狄,是非我皇漢民族嫡親同胞區分任重之大經乎。幸而滿洲人與我不通婚姻,我猶是清清白白黃帝之子孫也。」[140]

這種不加任何掩飾的赤裸裸的民族歧視,和對原住民進行民族大屠殺而津津樂道的言論,不免引起一些人、甚至是漢人對「民族革命」的正當性的懷疑。如1907年7月的《新世紀》刊文:「然試問此四萬萬方里之土地果誰屬?漢人之鼻祖,據今言民族主義者,推為軒轅。即以軒轅論,彼來自亞洲之西北,南方之大部,盡屬苗疆。若講民族主義,在己已先立被擯之例。或有強其詞曰,吾得之已數千年,斬荊伐棘之勞苦,千爭百戰之心血,得有今日也。是明言以強權得之。」[141]與此幾乎同時的《天義報》第3期亦刊載〈保滿與排滿〉一文提出疑問:「夫以漢人視滿,則滿人為異族;以苗民視漢人,則漢人又為異族。使實行民族主義,在彼滿人,固當驅除,即我漢人,亦當返居帕米爾西境,以返中國於苗民,豈得謂中土統治權,當為漢人所獨握。」[142]章太炎1908年6月在〈排滿平議〉中對這種批評做了以下概括:「今之非排滿者,稍異憲黨,蓋謂支那民族自西方來,略苗人之地而有之,漢人視滿人為當排,反顧苗人,則己亦在當排之數。是故復仇者,私言也,非公理也。且漢人以侵略之怨,而殺侵略者之子孫,被殺者之子孫又殺漢人,則是復仇終無已也。今以強權凌轢吾民者,非獨滿人,雖漢人為滿洲官吏者,其暴橫復與滿人無異,徒戮滿人,可乎?」[143]

　　總之，由於當年在西來說的脈絡中不加掩飾地誇耀由西方進入中原的漢民族集團對先住民的大屠殺，使原本用來說明反滿排滿民族革命的正當性的西來說，卻成了否定民族革命正當性的口實。具有激烈民族革命思想的章太炎當然不能容忍這種對民族革命正當性的批評，他一反過去民族主義思想家關於西來說的說法，主張漢族才是最早來到這片土地上的居民：「今以歷史成證言之：苗族之來，先於漢族，非有符驗可尋也；漢族之來，先於苗族，則猶有可質成者。」[144] 值得注意的是章太炎所採用的論法，他並不是強調漢族為原住民，而是通過借中國古代神話傳說的元素指中原地區過去並不適合人類居住，因此漢族到這裏為移民，苗族之所以能到這裏亦為移民：「漢族自西方來，非有歷史成證，徒以考索比擬而得之。獨《山海經》言身毒為軒轅所居，又異今說。非若滿洲之侵漢土，其記載俱在也。大地初就，陂陀四潰，淫水浸其邊幅，是故人類所宅，獨在中央高原。漢族自波密羅（此《大唐西域記》所譯，字今則作帕米爾。——原註），其理不誣。若是則苗人必不與魚鱉同生，其始亦當自西方高原來。二者理證即相等，抑未知先據此土者為苗人耶，為漢人耶？」[145] 章太炎顯然希望通過移民說拭去西來說為漢族所帶來的侵略者形象：因為人類不可能生活在洪水滔天中，否則就是與魚鱉同類。章太炎的辯解之荒唐和粗魯，說明在極端的民族主義者看來，沒有比民族主義更為重要的思想：「誠欲普度眾生，令一切得平等自由者，言無政府主義不如言無生主義也。轉而向下，為中國應急之方，言無政府主義不如言民族主義也。」[146]

　　顯然，即使像章太炎這種荒唐的對西來說的粉飾，也沒有成為所有民族主義思想家的共識。直到1924年，孫中山仍然在其《三民主義》的「民族主義」第三講中堅定地支持「西來說」，並且毫無忌諱地指出比由西方遷徙而來、號稱「百姓」的民族集團更早居住於「中國」的是「苗子民族」，這些「苗子民族」之後都遭到了「百姓民族」的「消滅或同化」：「講到中國民族的來源，有人說百姓民族是由西方

來的,過蔥嶺到天山,經新疆以至於黃河流域。照中國文化的發祥地說,這種議論,似乎是很有理由的。如果中國文化不是外來,乃由本國發生的,則照天然的原則來說,中國文化應該發源於珠江流域,不應該發源於黃河流域。因為珠江流域氣候溫和,物產豐富,人民很容易謀生,是應該發生文明的。但是考究歷史,堯、舜、禹、湯、文、武時候,都不是生在珠江流域,都是生在西北,珠江流域在漢朝還是蠻夷,所以中國文化是由西北方來的,是由外國來的。中國人說人民是百姓,外國人說西方古時有一種百姓民族,後來移到中國,把中國原來的苗子民族或消滅或同化,才成中國今日的民族。」[147] 更有甚者,孫中山緊接著以上描述之後進一步說道:「照進化論中的天然公例說,適者生存,不適者滅亡;優者勝,劣者敗。」這段話儘管是針對「我們的民族到底是優者呢,或是劣者呢;是適者呢,或是不適者呢」的設問而發,但顯然是建立在對「百姓民族」趕走「苗子民族」而成為「中國民族」一事為榮的單一民族國家思想脈絡之上。[148]

結 語

關於漢民族的起源其實有很多種說法。出身於台灣、執教於日本的吳主惠曾經將其歸類為「西原說」和「邊疆說」。西原說即漢人原鄉在中國的西方,西原說又分為巴比倫說、埃及說、中亞土庫曼的阿什哈巴德Askabad附近的Anau地方說。[149] 邊疆說包括新疆南部(于闐)說、甘肅說、蒙古說、東南亞說和印度說。[150] 吳的分類未免生硬,但很可能是依據了戰前日本學者對學界對中國民族來源說的整理:「關於該民族的起源,有巴比羅尼亞說或稱為舊西來說,有埃及說、印度說、印度支那說、中亞說、新疆說、甘肅說、土耳其說、蒙古說、新來說、土著說等等。」[151] 其實在近代中國的民族主義

思想家們開始青睞西來說時，已經有多位日本學者對漢民族的起源
（其中包括歐洲學者的西來說）進行過梳理。但是，為甚麼具有留學
日本背景的近代中國思想家們不是對其他漢民族起源說，而是對西
來說、尤其是拉克伯里的西來說情有獨鍾呢？這就是因為他們看到
存在於拉克伯里西來說中的崑崙、黃帝、民族（支那民族）和中華等
符號，可以成為他們通過血緣民族論來論證在中國實行「漢族」單一
民族國家正當性的資源。反言之，正是因為具備了崑崙、黃帝、民
族、中華等可以被改造為宣揚血緣民族論和建立漢族單一民族國家
正當性的符號，拉克伯里的西來說才進入了中國近代民族主義思想
家們的視線。而他們之所以能夠具有這種民族主義的視線，當然是
以在日本接受了以血緣民族論為基礎的單一民族國家思想為前提的。

　　近代中日兩國的民族主義都是從整合國家、統合國民的目的出
發的。關於日本民族主義的血緣民族論性質，當年的日本學者已經
直截了當地指出：「在我國，大家相信被統治的國土和統治者，是來
自同一父母具有同一血統。這種想法非常特殊，在其他民族的神話
中是幾乎難以看到的。」[152] 本書第五章還會更加具體地進行分析到，
「中華民族」的思想實際上就是從以血緣民族論為基礎的「日本民族
論」衍生而來的，一種以近代日本為榜樣在中國追求「一大血族國家」
的血緣型民族主義思想；而通過西來說在中日兩國的衍變過程更可
以看出，近代中國的民族主義思想家們不僅在思想方法上模仿日本
民族論而發明中華民族論，同時還在製造近代民族主義的符號上受
到了近代日本的啟迪：學會了利用古代神話的因素製造近代民族主
義的神話，學會了通過西來說製造民族的悠久文明史，學會了在血
統上製造民族共同體的始祖和在法統上製造政治共同體的創始人這
樣一個同時具備兩種性質的領袖人物。

　　但不可否認的是，雖然近代中國的民族思想家們同樣是以血緣
民族論為根據而強調單一民族國家的正當性，但是卻與近代日本的
血緣民族論有著完全相反的思維邏輯和出發點。近代日本將血緣民

族論視為凝聚國民的工具，因此積極強調世代居住和生活在日本這塊土地上的、進入了日本國家共同體的所有人民之間都具有「血緣」的關係，將即使具有不同民族特徵的人（主要是阿伊努人），也説成是「日本民族」集團的成員。也就是説，近代日本的血緣論民族主義在統合國民的手法上是淡化不同集團、包括民族之間的不同特徵，這在西來説的話語中表現得尤其突出。然而，中國近代的血緣論民族主義則是從追求為了打破現在的國家共同體形式出發，通過對血緣關係的再發現去努力發現、區分和排除所謂文明程度低於漢人的「異種」而開始的。表現在近代中國的民族主義思想家們的西來説話語中，就是把滿人形容為「東胡」，而且絲毫不以屠殺其他民族集團為恥。換言之，他們的西來説明顯就是一套鼓勵民族歧視、煽動民族仇恨的話語。

正是由於這種不同，中日兩國的西來説雖然都在努力證明本民族發源於人類最早的共同體和具有悠久輝煌的歷史文明，但是中國的西來説卻獨具通過強調歷史與當代之間的巨大反差、把今日的「漢族」裝扮成一個受害者的性質：「中國古書説竄三苗於三危，漢人把他們驅逐到雲南貴州的邊境，現在幾乎要滅種，不能生存。説到這些三苗，也是中國當日原有的土民。我們中國民族的將來情形，恐怕也要像三苗一樣了。」[153] 顯然，近代中國的民族主義者鍾情西來説的一個重要原因，就是希望通過渲染這種巨大的反差來激起漢人強烈的民族主義情緒，使他們以為「驅除韃虜，恢復中華」就是一種天經地義。正如劉師培在寫作反覆提到西來説的《攘書》時所點明的那樣：「攘字即為攘夷之攘，今攘書之意取此。」[154] 正是由於這種與近代日本的血緣論民族主義，發現他者、渲染受害者心理、鼓勵民族歧視的中國（其實是漢族）的血緣論民族主義不僅日後動輒成為為政者用以轉移民眾視線、掩蓋社會矛盾的工具，也讓漢族民眾一直難以擺脱單一民族國家想像的束縛，難以而與歧視少數民族的思想做徹底的訣別。

註 釋

1　梁啟超：《新民説》，載張枬、王忍之編：《辛亥革命前十年間時論選
　　集》，第1卷上 (北京：三聯書店，1960)，第144–145頁。

2　孫江：〈拉克伯里「中國文明西來説」在東亞的傳布與文本之比較〉，
　　《歷史研究》，第1期 (2010)，第116–137頁；葉修成：〈黃帝百年研究
　　綜述〉，天津市國學研究會站群，http://www.tjgxyjh.com/system/2010/
　　02/11/010042204.shtml。該網頁註明刊登於《新亞論叢》2007年卷，但
　　似乎有誤，《新亞論叢》網頁上沒有看到該文。參見《新亞論叢》第9期
　　(2007)，http://www.newasiajournal.org/journal/09/index.htm。

3　石川禎浩：〈辛亥革命時期的種族主義與中國人類學的興起〉，載中國
　　史學會編：《辛亥革命與20世紀的中國》(北京：中央文獻出版社，
　　2002)，第998–1020頁。

4　劉師培：〈古代階級制度論〉，《古政原論》(1905)，《劉申叔先生遺書》
　　(二) (華世出版社，1975)，第775頁。

5　梁啟超：〈中國史敘論〉，載吳松、盧雲昆、王文光、段炳昌點校：《飲
　　冰室文集點校》，第3集 (昆明：雲南教育出版社，2001)，第1623頁。

6　劉師培：〈亞東民族述略及漢族之起源〉，《中國民族志》，《劉申叔先生
　　遺書》(二)，第721頁。

7　章太炎：〈駁康有為論革命書〉(1903年5月)，《辛亥革命前十年間時論
　　選集》，第1卷上，第194–195頁。

8　劉師培：〈夷種篇〉，《攘書》，第754頁。另外兩處分別如下：「大抵秦
　　漢之世，華夷之分在長城；魏晉以來，華夷之分在大河；女直以降，
　　華夷之分在江淮。使神州之民仍偷息苟生，與夷族相雜處，吾恐百年
　　之後，必凌滅至於無文，而蔑不夷矣，千年以降，將生理殄絕反之太
　　古之初而蔑不獸矣，漢唐區宇黃炎子孫悁言顧之潸然出涕矣。」(劉師
　　培：〈變夏篇〉，《攘書》，第761頁)「蓋草昧之初，婚姻制度未備，故
　　貴為帝王，猶守同族婚姻之俗，觀炎黃異德兄弟婚媾 (見賈誼新書及國
　　語)，堯女釐降不避近屬，則同父而不同母者皆可通婚 (此為文明漸進
　　之制。觀日本帝女稱內親王於兄弟結婚，而福澤諭吉力破同姓不婚之
　　説，則此為東方之舊俗也)。」(〈溯姓篇〉，《攘書》，第757–758頁。)

9　梁啟超：〈中國史敘論〉，第1623頁。原文發表與1901年9月3日、13
　　日《清議報》，第90、91冊。1902年，梁啟超在〈論中國學術思想變遷
　　之大勢〉中提出了「中華民族」的概念。

10　梁啟超：〈論中國學術思想變遷之大勢〉，載吳松、盧雲昆、王文光、
　　段炳昌點校：《飲冰室文集點校》，第1集（昆明：雲南教育出版社，
　　2001），第217頁。據點校本，原文發表於1902年3–12月《新民》第3、
　　5、7、9、12、16、18、21、22各期，參見點校本第251頁。

11　梁啟超：《歷史上中國民族之觀察》，《飲冰室文集點校》，第1集，第
　　1678頁。原文發表於1905年3月20日《新民》第65期。

12　〈黃河〉，《湖北學生界》第2期（東京：湖北學生界社，1903），第74
　　頁。中國國民黨中央委員會黨史史料編纂文員會藏本（台北：中央文物
　　供應社，1968）。

13　壯遊：〈國民新靈魂〉，原載《江蘇》，第5期（1903年8月），《辛亥革命
　　前十年間時論選集》，第1卷下，第572頁。《江蘇》於1903年4月在東
　　京創刊。

14　顧雲：〈四政客論〉，《浙江潮》，第7期（1903年9月），《辛亥革命前十
　　年間時論選集》第1卷下，第503頁。

15　白話道人（林懈）：《國民意見書》，《中國白話報》，第5期（1904年2
　　月），《辛亥革命前十年間時論選集》，第1卷下，第892–893頁。

16　陶成章：《中國民族權力消長史》（原著於1904年，由東京並木印刷所
　　印刷），《陶成章集》（北京：中華書局，1986），第231–232頁。

17　劉師培：〈亞東民族述略及漢族之起源〉，第721頁。

18　劉師培：〈國土原始論第一〉，《古政原始論》（1905），《劉申叔先生遺
　　書》（二），第793頁。

19　晉仍：〈練鄉兵説〉，《晉乘》，第2號（東京：晉乘出版社，1908），第
　　13頁。

20　按照陳三井先生的整理，當時張繼可能正在擔任「護法軍政府駐日代
　　表」。見陳三井：〈張繼與勤工儉學〉，《近史所集刊》，第15期上（1987
　　年6月），第171–191頁。

21　張繼：〈夏德支那古代史序〉，載ヒルト博士著，西山榮久補譯：《支那
　　古代史》（東京：丙午出版社，1929），第7頁。

22　同上註，第17頁。

23　劉師培：〈華夏篇〉，《攘書》（1903），《劉申叔先生遺書》（二），第753
　　頁。

24　陶成章：《中國民族權力消長史》，第247頁。

25　白河次郎、國府種德：《支那文明史》（東京：博文館，1900），第32頁。

26　陶成章：《中國民族權力消長史》，第237頁。

27　同上註。

28　同上註，第241頁。

29　同上註，第249頁。

30　同上註，第241頁。

31　太炎 (章太炎)：〈中華民國解〉，原載《民報》，第15期 (1907年7月)，載張枬、王忍之編：《辛亥革命前十年間時論選集》，第3卷 (北京：三聯書店，1977)，第735頁。

32　劉師培：《中國民族志》(1905)，《劉申叔先生遺書》(一) (華世出版社，1975)，第721頁。

33　橋本增吉：《東洋史講座第一期，自太古至後漢末》(東京：國史講習會，1928)，第70頁。E. T. C. Werner, *Myths and Legends of China* (New York: George G. Harrap & Co. Ltd.), 1922.

34　白河次郎、國府種德：《支那文明史》，第28–29頁。

35　橋本增吉：《東洋史講座第一期，自太古至後漢末》，第57–59頁。

36　白河次郎、國府種德：《支那文明史》，第34頁。

37　同上註。

38　同上註，第44頁。

39　同上註，第45頁。

40　同上註，第43頁。

41　同上註，第37–43頁。

42　同上註，第46–48頁。

43　橋本增吉：《東洋史講座第一期，自太古至後漢末》，第57–59頁。

44　同上註，第59頁。

45　同上註，第56頁。

46　同上註，第74–75頁。

47　鳥山喜一：《支那・支那人》(東京：岩波書店，1942)，第7–8頁。

48　ヒルト：《支那古代史》，第16–17頁。

49　同上註，第17頁。

50　橋本增吉：《東洋史講座第一期，自太古至後漢末》，第56頁。

51　ヒルト：《支那古代史》，第23–24頁。

52　同上註，第18–23頁。

53　同上註，第2–3頁。

54　後藤末雄：《支那文化と支那學の起源 —— 支那思想のフランス西漸》(東京：第一書房，1933)，第581–583頁。

55　同上註，第584–586頁。

56　同上註，第581–583頁；石田干之助：《歐人の支那研究》（東京：日本
　　圖書株式會社，1932，增訂版），第226–227頁。

57　白河次郎、國府種德：《支那文明史》，第28–29頁。

58　白河次郎（白河鯉洋，1874–1919），福岡出生，帝國大學畢業，明治
　　大正時期著名新聞人，先後任《神戶新聞》、《九州日報》的主筆，明治
　　三十六年（1903）成為南京高等學堂總教習，回國後任大阪《關西日報》
　　主筆，大正六年（1918）當選眾議院（國民黨），大正八年12月25日去
　　世，時年45歲，著有《孔子》、《諸葛亮》等書籍。

59　西村為之助：《東洋史精義》（京都：文獻書院，1924），第10–11頁。

60　和田清：《東亞史論叢》（東京：生活社，1942），第6–7頁。

61　工藤雅樹：《研究史，日本人種論》（吉川弘文館，1979），第3頁。

62　ヨーゼフ・クライナー編：《ケンペルのみた日本》（東京：日本放送出
　　版協會，1996），第20、103頁。

63　同上註，第196–198頁。

64　工藤雅樹：《研究史，日本人種論》，第40頁。

65　同上註，第42頁。

66　同上註，第46頁。

67　小熊英二：《單一民族神話の起源 ——〈日本人〉の自畫像の系譜》（東
　　京：新曜社，1995），第22頁。

68　工藤雅樹：《研究史，日本人種論》，第48頁。

69　同上註，第52–53頁。

70　同上註，第69頁。

71　同上註，第79頁。

72　長山靖生：《人はなぜ歷史を偽造するのか》（東京：新潮社，1998），第
　　64頁。

73　小谷部全一郎：〈緒言〉，《日本及日本國民之起原》（東京：厚生閣，
　　1929），第7頁。

74　同上註，第342–343頁。

75　同上註，第349頁。

76　同上註，第329頁。

77　同上註，第330–331頁。

78　同上註，第336頁。

79　同上註，第193頁。

80	長山靖生：《人はなぜ歷史を僞造するのか》，第45頁。

81	小谷部全一郎：《日本及日本國民之起原》，第32頁。

82	同上註，第49頁。

83	同上註，第50頁。

84	同上註，第33頁。

85	同上註，第39、49頁。

86	同上註，〈緒言〉，第7頁。

87	長山靖生：《人はなぜ歷史を僞造するのか》，第45–46頁；小谷部全一
	郎：〈緒言〉，第5頁。

88	小谷部全一郎：《日本及日本國民之起原》，第392頁。

89	長山靖生：《人はなぜ歷史を僞造するのか》，第65頁。

90	佐佐木安五郎：《二千九百年前西域探險日誌》（上）（東京：日高有倫
	堂，1910），第24–25頁。該書實際上沒有出版下冊。

91	同上註，第28頁。

92	同上註，第152頁。

93	同上註，第54頁。

94	同上註，第152–179、222–513頁。

95	同上註，第184頁。

96	同上註，第60頁。

97	同上註，第72頁。

98	同上註，第75頁。

99	同上註，第47頁。

100	同上註，第84頁。

101	長山靖生：《妄想のエキス——予言・僞史・奇想科學を生み出す人び
	と》（東京：洋泉社，1999），第119頁。

102	對內蒙古東部的權益感興趣的是土倉庄三郎（1840–1917，明治時期
	的林業家，奈良縣吉野地區的山林大地主，自由民權運動的重要支持
	人，《日本立憲政黨新聞》的最大出資者，曾經贊助板垣退助出洋考察
	的費用。他資助了佐佐木安五郎在內蒙古的活動，並多次通過佐佐木
	與蒙古方面進行聯繫。土倉家是當時日本駐清國公使內田康哉夫人的
	娘家，所以佐佐木應該是通過內田與土倉庄三郎建立了關係。著名的
	大陸浪人川島浪速與肅親王之間關係密切，肅親王之妹即貢桑諾爾布
	的福晉，這也給做為川島妹夫的佐佐木進出喀喇沁王府提供了便利：
	「建立一個如此複雜的關係網，能夠將這些人聯繫到一起的中心題目，

絕對不單單只是為了一個富豪的權益，無疑還有其他更為遠大的目標。」他以其一臉關公鬍子得到了「蒙古王」的綽號。明治三十六年，他曾通過在內蒙古方面得到的情報進行判斷，通過駐北京武官建議日本軍部注意蒙古馬在未來的日俄戰爭中將會具有重要的軍事價值，得到了日本陸軍的讚賞。當年夏天，他受到了喀喇沁王福晉（肅親王之妹）的接見，當面委託他介紹一位合適的日本女性前來王府做家庭教師，「對於身在北京公使館的公使和武官來說，這真是一件大喜事，無異於空谷足音。因為如果真能夠找到一位穩健可靠的女性，能夠自由出入喀喇沁王府，因此不僅能夠得以以喀喇沁王府為中心察覺俄國在內蒙古一帶的活動，而且可以將這裏作為一個通信聯絡點進行種種活動。」眾所周知，選出來的女性即為川島浪速的同鄉、當時在上海的某個女校任教的河原操子：「公使館通過許多人對其進行了各個方面的考察，結果是才學容貌品格皆優，且胸懷遠大志向和報國之心，自願遠赴萬里之外朔北。」佐佐木安五郎的另外一個成就，是「在大正初年勸誘被稱為蒙古公中最有革新和做一番大事之心的土爾扈特王（帕勒塔），到日本留學，並介紹大隈重信等朝野之有志之士與其建立聯繫」。葛生能久：《東亞先覺志士記傳》（中）（東京：黑龍會出版部，1935），第355–357頁。

103 長山靖生：《妄想のエキス》，第119–120頁；長山靖生：《偽史冒險世界：カルト本の百年》，第119–121頁。

104 所謂「圖蘭民族」，實即包含烏拉爾‧阿爾泰語系各民族的一個民族群。其中阿爾泰語系包括突厥語族各民族、蒙古語族各民族、通古斯語族各民族，以及日本人和朝鮮人。烏拉爾語系包括芬蘭–烏戈語族和薩莫耶德語族各民族，芬蘭–烏戈語族主要有匈牙利人、芬蘭人、愛沙尼亞人等，薩莫耶德語族主要為居住在西伯利亞地區的薩莫耶德人。關於戰時日本的圖蘭民族說，請參照本書第十二章，在此不贅。

105 長山靖生：《妄想のエキス》，第186–187頁。

106 八切止夫編：《天皇アラブ渡來說》（バビロニヤ學會、スメル學會共著，原名《天孫民族六千年史の研究》）（東京：日本シェル出版，1974），第17頁。

107 同上註，第17、19頁。

108 〈「日本人シュメール起源說」の謎〉，http://inri.client.jp/hexagon/floorA3F_hb/a3fhb301.html。

109 八切止夫編：《天皇アラブ渡來說》，第17–21頁。

110　和田清：《東亞史論叢》(東京：生活社，1942)，第5頁。

111　八切止夫編：《天皇アラブ渡來說》，第17、19–20頁。

112　小谷部全一郎：《日本及日本國民之起原》，第1–2頁。

113　同上註，第6頁。

114　同上註，第10頁。

115　同上註，第14頁。

116　劉師培：《中國民族志》(1905)，《劉申叔先生遺書》(一)，第721頁。

117　教學鍊成所編：《國史資料集》，第1卷(東京：龍吟社，1937)，第7頁。

118　八切止夫編：《天皇アラブ渡來說》，第22–23頁。

119　植村清二：《神武天皇》(東京：至文堂，1957)，第2–3頁。

120　劉師培：〈黃帝紀年說〉，《黃帝魂》，黃帝紀元四千六百十四年十一月
　　　一日(1903年11月)，第1–2頁；劉師培：〈黃帝紀年論〉，1903年農曆
　　　閏五月十七日，載張枬、王忍之編：《辛亥革命前十年間時論選集》，
　　　第1卷下，第721–722頁。

121　這種描述甚至可以追溯到《周易》：「神農氏沒，黃帝、堯、舜氏作，
　　　通其變，使民不倦，神而化之，使民宜之。易窮則變，變則通，通則
　　　久。是以自天祐之，吉无不利，黃帝、堯、舜垂衣裳而天下治，蓋取
　　　諸乾坤。」(《周易·繫詞下》)

122　「自黃帝至於濟南伯王，而祖世氏姓有五矣。黃帝二十五子，分賜厥姓
　　　十有二氏……予伏念皇初祖考黃帝，皇始祖考虞帝，以宗祀於明堂，
　　　宜序於祖宗之親廟。其立祖廟五，親廟四，後夫人皆配食。郊祀黃帝
　　　以配天，黃後以配地。以新都侯東弟為大禖，歲時以祀。家之所尚，
　　　種祀天下。姚、媯、陳、田、王氏凡五姓者，皆黃、虞苗裔，予之同
　　　族也。」(《漢書·王莽傳·中》)

123　「太祖一名吉利，小字阿瞞。王沈魏書曰：其先出於黃帝。」(西晉陳壽
　　　《三國志·魏書一·武帝紀》)

124　「後魏初為土德，言繼黃帝之後也，故數用五，服尚黃，犧牲用白。」
　　　而其根據，則是：「黃帝有子二十五人，或內列諸華，或外分荒服。」
　　　(《太平御覽》《皇王部·二十六·後魏諸帝》)

125　司馬遷：《史記·三代世表》。

126　鍾宗憲：〈「黃帝」形象與「黃帝學說」的窺測──兼以反思《黃帝四經》
　　　的若干問題〉，載李學勤、林慶彰等：《新出土文獻與先秦思想重構》
　　　(出土思想文物與文獻研究叢書，第25集)(台灣：台灣書房，2007)，
　　　第426頁。

127 白河次郎、國府種德：《支那文明史》，第36、61頁。

128 陶成章：《中國民族權力消長史》，第231–232頁。

129 劉師培：〈夷種篇〉，《攘書》，第754頁。

130 同上註。另外兩處見註8。

131 孫中山：〈滿清不倒中國勢必再亡〉，民國前四年（1908）在檳榔嶼小蘭亭俱樂部的演說，國父全集，中山學術資料庫，http://sunology.culture.tw/cgi-bin/gs32/s1gsweb.cgi?o=dcorpus&s=id=%22SP0000000588%22.&searchmode=basic。

132 「軒轅之時，神農氏世衰。……炎帝欲侵陵諸侯，諸侯咸歸軒轅。軒轅乃修德振兵，治五氣，藝五種，撫萬民，度四方，教熊羆貔貅貙虎，以與炎帝戰於阪泉之野。三戰然後得其志。……而諸侯咸尊軒轅為天子，代神農氏，是為黃帝。」（《史記‧五帝本紀》）

133 梁啟超：〈中國史敘論〉，第1622頁。

134 余一：〈論民族主義論〉，載張枬、王忍之編：《辛亥革命前十年間時論選集》，第1卷下，第491頁。

135 〈論中國之前途及國民應盡之責任〉，《湖北學生界》，第3期（1903年3月），載張枬、王忍之編：《辛亥革命前十年間時論選集》，第1卷，第465頁。

136 劉師培：《中國民族志》，第721頁。

137 景耀月：〈論國民主義〉，《國報》第一號（東京：國報社，1908），第21頁。

138 張枬、王忍之編：《辛亥革命前十年間時論選集》，第3卷，第823頁。

139 〈革命之原因〉，《黃帝魂》（東京，1903；中央文物供應社，1968），第141–142頁。

140 〈革命必剖清人種〉，《黃帝魂》，第149–150頁。

141 褚民誼：〈申論民族、民權、社會主義之異同：再答來書論《新世紀》發刊之趣意〉，《新世紀》，第6期（1907年7月27日），載張枬、王忍之編：《辛亥革命前十年間時論選集》，第2卷下（北京：三聯書店，1963），第1005頁。《新世紀》1907年發刊於巴黎。

142 志達：〈保滿與排滿〉，《天義報》，第3期（1907年7月10日），載張枬、王忍之編：《辛亥革命前十年間時論選集》，第2卷下，第916頁。

143 太炎：〈排滿平議〉，原載《民報》，第21期（1908年6月），載張枬、王忍之編：《辛亥革命前十年間時論選集》，第3卷，第45頁。

144 同上註，第47頁。

145 同上註，第45頁。

146 同上註。

147 《三民主義》，第三講（1924年2月10日），《孫中山全集》，第9卷（北京：中華書局，1986），第217頁。

148 同上註，第217–218頁。

149 吳主惠：《漢民族の研究》（東京：マルジュ社，1989），第35–41頁。

150 同上註，第42–49頁。

151 野口保市郎：〈大東亞共榮圈の民族〉，載前原光雄、野口保市郎、小林元：《大東亞共榮圈の民族》（東京：六盟社，1942），第53頁。

152 松村武雄：《民族性與神話》（東京：培風館，1934），第370頁。

153 孫中山：《三民主義》，「民族主義」第三講，《孫中山全集》，第9卷，第217–218頁。

154 劉師培：〈攘書目錄〉，《攘書》，《劉申叔先生遺書》（二），第751頁。

第四章

民權、政權與國權
辛亥革命與黑龍會

　　中國是一個多民族國家，然而中國的「近代」卻選擇了一條建設民族國家的道路。因此，建設近代民族國家的實踐，使中國面對許多必須從理論上加以闡釋、並且具有重大現實意義的實質性問題，其中之一就是如何解釋「民族」與「國民」之間關係的問題。因為在近代民族國家思想的影響下，中國人首先意識到的民族是「漢」與「滿」，而不是在內涵上可以與「國民」部分一致起來的「中華民族」。中國之所以選擇走民族國家的道路，首先是與十九世紀中期以來、中國所面對的國際局勢有關。在帝國主義列強的侵略面前，為了保衛自己的主權和領土，就不能不說明國家疆界所在。然而，按照「民族」的範圍確定國家疆界的想法，毫無疑問是受到自稱為單一民族國家的日本的影響。[1]

　　就像孫中山先生的「中山」來自於日本人的姓氏(這對日本研究中日關係的人來說就像一個常識問題，而在中國許多學者卻對此茫然不知)這件事所揭示出的事實那樣，以孫中山為首、接受了日本的「民族」和「民族國家」思想影響的革命家們，在實際的生活層面也與許多日本人發生過非常密切的關係。眾所周知，有許多日本人大力支持他們的革命活動，甚至直接加入辛亥革命的行列，為革命的勝

利做出不可磨滅的功績。但是，這些日本人的活動背景上，有沒有日本「民族國家」思想的痕跡？革命家們之所以選擇走建設民族國家道路，與這些日本人支持中國革命之間有無關係？反言之，這些日本人之所以理解和支持中國革命，與革命家們選擇中國走民族國家道路之間，究竟有無關係？如果以上可以得到肯定的回答，那麼這些日本人為甚麼會支援革命家們選擇民族國家的道路，他們在革命家選擇民族國家道路的問題上，究竟扮演了甚麼角色？搞清楚這些問題就可以明白，究竟是一些甚麼樣性質的人士、出於甚麼樣的目的支援了一百年前發生的那場中國革命；這對於幫助我們加深理解辛亥革命的性質以及中國近代歷史的進程，應該具有一定的意義。

第一節　大陸浪人組織「黑龍會」與「革命的搖籃」

　　1916年6月，日本最具有代表性的大陸浪人團體「黑龍會」最高首領、代表（有時又稱「主幹」）內田良平以其個人名義，秘密地向日本政府提交了一篇手寫的〈對支私案〉，有這樣一段畫龍點睛之語：

> 將支那本部置於共和政體下，以國民黨或國民黨系中有德有力者為執政；再分割滿蒙及西藏三地委託於宣統帝進行統治，同時將其變成日、英、俄的保護國並在一定程度上對英、俄兩國的保護權進行限制；從而使〔日本〕帝國居於實際掌握全部統轄權的地位，此即本私案之梗概。[2]

　　〈對支私案〉的主題，與內田良平、或者是他以黑龍會名義在1913年以後就日本的中國政策所提交給日本政府的報告或發表於各種場合的言論異曲同工，其中尤以〈對支問題解決鄙見〉最為有名，因為他在文中提出的中日〈國防協約私案〉，事實上成為日後〈二十一條〉的藍本。[3] 然而，〈對支私案〉在說法上卻有讓人耳目一新之處：

如果説要國民黨或國民黨系掌握政權，就要以形成一大親日潮流為要。如果舊約法時代約佔當選議員總數七成的國民黨一流人物有可以被看做是親日派的理由，欲於將來進一步扶持親日勢力，最妙的［做法——筆者］就是讓該黨中有德有力的黃興等成為新政府的首腦人物。如果滿蒙及西藏的處分方案得到實現，這樣［中國］就可以減少領土被分割之虞，還不會傷害到英、俄兩國的利益，帝國的勢力也因此得以擴充，並且毫無疑問能夠在指導民國方面得到方便和增添威力。同時對於民國來説，不僅可以因此一舉得以有效轉用全部的前朝優待費，同時民國政府也才可以名副其實得到實現完全統一之利益，何況這也能讓革命的目的之一、即興漢滅滿的宣言得到真正的實現。我堅信自己的這一私案實為鐵定的最合適的對支政策，因此希望諸公能夠在斟酌之後快刀亂麻一斷了之。[4]

在主張分裂中國的事情上，內田良平之所以敢於説得如此肯定、具體，其原因應該是與他以及日本黑龍會勢力長期以來，一直與以孫中山、黃興為首的中國革命派之間保持著密切的聯繫有關。孫中山1897年8月第二次來日，9月中下旬結識了宮崎滔天和平山周等日本大陸浪人。所謂浪人，原指離開了自己所屬藩、到處流浪的武士階層。到了幕府時代末期，浪人出於改變自身地位的目的，積極參加各種政治活動，此時一部分出身平民的人也開始自稱浪人。而這部分浪人之中，此後將自己政治活動的舞台主要定位於大陸（主要為中國和朝鮮半島）的人，就成為了所謂「大陸浪人」（又稱「支那浪人」）。下文還將述及，大陸浪人力圖通過自己的活動，用自己的政治理想影響日本的外交政策，但其中許多人具有日本國家主義的思想，支持日本對外擴張。

9月27日，孫中山通過平山周的介紹，與同大陸浪人有著密切聯繫的政治家犬養毅見面。平山周又經過犬養毅的介紹，從眾議院議員平岡浩太郎處為孫中山拿到在日的生活費用。[5] 平岡是日本大

孫中山和宮崎滔天、內田良平

陸浪人的重要母體、福岡的玄洋社的第一任社長，與頭山滿、箱田
六輔被稱為「玄洋社三傑」，日後為了支援玄洋社的對外活動而開始
經營礦山，並進軍政界。內田良平即是平岡的侄子（日本有成年之後
依然可以成為他人養子並改姓的習慣）。此次孫中山在日本生活了一
年有餘，期間中國國內戊戌變法失敗，日本大陸浪人參加了救助戊
戌變法領袖的活動，宮崎滔天和平山周分別陪同康有為和梁啟超由
香港來到了日本。他們也曾極力促成保皇黨與革命黨聯合，但是遭
到康有為的拒絕。孫中山此次在日本期間，結識了許多對中國政治
問題感興趣的日本政界和財界人士，包括玄洋社的精神領袖頭山滿
以及內田良平等日本「大陸浪人」的頭目。[6]

　　因甲午戰爭之後俄、法、德「三國干涉還遼」，這讓具有國權主
義思想的日本大陸浪人極端仇視俄國。內田良平等人於1895年《馬
關條約》簽訂以後紛紛渡俄，以符拉迪沃斯托克（海參崴）為據點，
通過開設柔道道場、利用日本妓女接觸俄國軍官等方法，觀察俄國
實力、盜取俄軍情報和分析俄國對清國政策動向，並配合日本軍參
謀本部所派出的、偽裝成京都西本願寺符拉迪沃斯托克別院僧侶在
此活動的諜報人員花田仲之助中佐，[7]以及參謀本部第一部長田村怡

與造等，直接偵察俄國駐軍情況。[8] 內田良平1898年從俄國回到日本後即提出「對俄必戰論」，鼓吹日本應該率先對俄發動戰爭。正是在這年秋天，內田良平經宮崎滔天介紹，認識了孫中山。孫中山希望內田良平支援他在中國發動革命，內田良平告訴孫中山，「支那革命」的先決條件應是日俄開戰，不然俄國就會趁亂掠奪中國領土。孫中山告訴他，「支那革命」倘若成功，恢復被俄國所侵佔失地當為易事，何況還有「日支提攜」掣肘俄國。於是內田良平告孫中山，如若中國革命在先，他即停止對俄計劃，首先支援孫中山的行動。[9]

1900年孫中山發動「惠州起義」時，的確得到了宮崎滔天、平山周以及內田良平等日本人的積極援助。然而，按照內田良平等人日後的解釋，當年他們之所以能夠開始投身於中國的革命，「最重要的一點就是孫逸仙等人的革命思想以滅滿興漢為標誌。漢民族的革命成功了，成為失敗者的滿洲民族只能將自己的衰殘命運託付給北方的故鄉滿洲，自然就要依賴俄國，這時我國就可以與革命成功的新支那互相提攜以對付俄國的南下政策，從而席捲滿洲與西伯利亞，將這些地區置於我們的勢力範圍之中，因此確定東亞大勢，將我皇德遍照大陸之地。這種做法可以在拯救東亞危局的同時擴張我國國勢。我們東方志士正是能夠從這種大的視野出發，所以才開始參加籌畫支那革命。愛國與義俠的兩種精神的結合，讓我們的心臟開始在清國南部躍動。」[10] 也就是說，日本大陸浪人之所以支持孫中山的革命，是在將東北地區最終納入日本帝國主義勢力範圍的目的驅使下開始的。而讓他們能夠看到這種可能性的，就是革命派所提出的「滅滿興漢」的政治主張。

惠州起義失敗以後，內田良平再次埋頭於其挑動發起日俄戰爭的活動中。1901年2月，他發起成立了日本的大陸浪人組織黑龍會，其宗旨為：出於東亞的大局和帝國的天職，為了防止西力東漸和經綸東亞，目前最為緊急的就是與俄國開戰並將其趕出東亞，在此基礎上將滿洲、蒙古、西伯利亞變為一團，從而打下經營大陸的

黑龍會的靈魂人物頭山滿（左）與內田良平

基礎。之所以取名「黑龍會」，因為他們的目標是要建設一個以流淌在滿洲和西伯利亞之間的黑龍江為中心的「經營大陸的大業」。內田良平被推為黑龍會的主幹，本部就設在當時位於東京市芝區西久保巴町的內田良平的家中。黑龍會的主要成員多為玄洋社出身，初建時的第一批會員中，除了內田良平外，深得孫中山信賴的平山周和深得黃興信賴的末永節也在其中。內田良平此後一直是黑龍會的最高首領，頭山滿後受到邀請就任黑龍會顧問，對黑龍會的決策產生影響，但是從嚴格的意義上來說，他並不是黑龍會的正式成員。[11]

　　1905年7月，孫中山由法國再次來到日本東京，其時日本在日俄戰爭中節節取勝。在宮崎滔天等人的介紹下，孫中山與留日清國學生中具有「革命」思想的黃興、宋教仁等人先後取得聯繫，決定合併興中會（孫中山、胡漢民、汪精衛）、光復會（陶成章、

余五六年以前來遊日本嗣有所感更赴歐美各國觀其
風土察其人情頗有心得嘗閱內外報紙閱諸子為邦家
遊學日本大有功效將來致身圖於文明非諸子其誰與
歸是留學諸子之責亦不亦大乎余本不才無識然睠懷故
國關心前途若有隱憂敢不讓於諸子惟余之際過現時
不得回國諒子所知切望諸子務以勉勵勤學為事
令我清國得蹄文明增進幸福是後可免列強干涉以保
獨立體而至余將舒其素志縱令若何險阻艱難毫不介
意願諸子專心力學瞻觀世局留意時務使我國有所進
步諸子其勉旃乎哉

1905年，孫中山在東京給留學生的談話

章炳麟、蔡元培、秋瑾)與華興會(黃興、宋教仁、陳天華),於7月
30日召開了中國革命同盟會(後為避免日本政府反對,改名為中國
同盟會)籌備會議。值得注意的是,這次籌備會議的會址就是黑龍會
領袖內田良平赤坂區檜町的住處。[12] 參加會議的除了以留學生為主
的70名在日中國人之外,還有宮崎滔天、內田良平和末永節三位日
本人。前已述及,內田和末永就是黑龍會的成員。更加值得注意的
是,就在這次會議上確定了同盟會的名稱、宗旨,以及「驅除韃虜,
恢復中華,創立民國,平均地權」的入會誓詞,並由孫中山帶領出席
會議者宣誓入會。據說當天因為來人太多,內田良平家日式房屋的
地面都被踩塌。[13] 8月20日中國革命同盟會成立後,頭山滿、犬養
毅、平岡浩太郎、內田良平、宮崎滔天等人又成立「有鄰會」,從財
力等方面支持同盟會。[14] 因為以上種種關係,黑龍會稱這一時期為
「支那革命黨的搖籃時期」,其言外之意不言而喻:這種具有民族革
命思想的中國革命,就是在日本由他們這些所謂「東亞先覺志士」所
哺育的。

華興會幹部在東京(前左一黃興,左四宋教仁;
後左一章士釗,左三程家檉,左四劉揆一)

第二節　大陸浪人之「大陸經營」與辛亥革命

　　武昌起義發生後，宮崎滔天、平山周、末永節、萱野長知、北一輝（原名北輝次郎，當時電文中多使用喜多輝次郎的名字，日語中喜多輝次郎與北輝次郎讀音相同）等與黑龍會有著緊密關係的大陸浪人紛紛趕往中國，通過他們與革命黨核心領導人物之間的關係，參與了辛亥革命的各種活動。宮崎滔天跟著陳其美（當時孫中山尚未回到國內），末永節、萱野長知跟著黃興，北一輝跟著宋教仁，而在日本國內與這些進入革命領導中樞的日本大陸浪人進行聯繫的，主要就是黑龍會首領內田良平，這從宮崎、萱野和北一輝在給日本國內發報時，總是將內田良平放在收電人首位一事中就可以看出。內田良平利用他與日本國內各界的關係，應孫中山、黃興、宋教仁、陳其美等人的要求，積極籌措軍火和資金，有力地支援了革命軍。例如，內田良平11月25日就向到達上海、投入陳其美陣營不久的宮崎滔天發電報，告知他可以用非常低的價錢購買到外套15,000套、絨毯4,000張，詢問這些物資對革命軍是否可以派上用場。[15]

　　內田良平支持辛亥革命最大的一件事，就是促成了三井物產株式會社借款。1911年12月12日上午10時50分，內田良平給上海的北一輝發電：「昨夜原口[16]電報所談之事，實為費盡苦心方成之事，

北一輝、宋教仁和陳其美

北一輝　　　　　　　　萱野長知　　　　　　　　杉山茂丸

時機不可放逸。」而在當天下午6時，宋教仁和陳其美即回電委託內田良平為宋教仁、陳其美、伍廷芳和李平書的代理人，辦理以「年利七分」從三井物產株式會社借款30萬元事宜，包括締結契約和接受現金。[17] 1912年1月25日下午，內田給北一輝發電報告知：可以借至30萬到50萬，但年利為「八分五厘」，手續費10%，不需擔保或以革命軍軍票擔保，債務人為孫中山、黃興和宋教仁。宋教仁當夜10時回電，對內田為30萬借款成功付出巨大辛勞表示深深感謝，並告知將有人送去15,000元，「雖然很少，但請作為外交及其他活動費收下。」[18] 與此同時，內田良平還接下了為革命軍輸送武器的工作。1912年1月25日下午，北一輝給內田發報，請他幫助檢查利用三井物產借款通過三井、高田和大倉等日本商社購進的武器，而內田良平則立即找來日本軍人幫助，一起前去檢查武器的質量。[19]

　　1912年元旦，中華民國臨時政府成立後，孫中山立即聘請多位日本人為政府顧問，包括聘請內田良平為外交顧問，這也是對內田多年來支持中國革命功勞的肯定。當時，以孫中山為首的革命黨人，非常希望日本政府能夠率先承認剛剛成立的中華民國政府，1月下旬即開始計劃派遣宋教仁到日本進行活動，而他們找到日本方面的主要聯絡人，又是內田良平。但是，由於當時中華民國臨時政府內派別林立，宋教仁在日本的活動如果取得一定成果，就可以增強他的威信，否則反會授人攻擊口實，危及到宋教仁在臨時政府中的

地位。與日本大陸浪人有著密切關係、被他們視為「親日派」[20]的實力人物宋教仁被排除出權力中樞之外，其實也是日本大陸浪人最不願意看到的結局。於是，北一輝和內田良平等人為了能讓宋教仁不虛此行，進行了一系列緊鑼密鼓的活動。[21] 1月29日，日本的國會議員、記者、律師等百多人在上野精養軒聚會，要求日本政府在其他國家之前迅速承認「支那共和政府」。[22] 2月3日，北一輝再向內田良平以及有日本政界黑幕之稱的浪人領袖人物杉山茂丸[23]等人發電，說明對於宋教仁之行，「孫逸仙的確也請求了犬養君給予幫助，然該君一直採取攻擊〔日本—筆者〕政府的態度，故孫氏也沒有抱太多期待。」[24] 其言外之意，不外乎這次最主要還是要靠內田良平。

2月6日，北一輝再次以長電向內田良平等人強調宋教仁此次訪日之意義：宋教仁作為全權代表前往日本，可以一舉奠定中華民國臨時政府中「親日派」的扎實地位；為了日本的利益，有必要將此次功勞記在宋教仁身上。因為各國為了爭取在華利益，所以現在不分南北，競相向各方提供援助、供給軍隊及武器。而日本軍人和浪人在武昌起義時竟然貪污25萬元，此事招致武昌到處貼出禁止日本人入內的標語；在進攻南京時，日本的商社甚至賣出已經成為廢鐵無法使用的武器，以致社會輿論和臨時政府中的親美派再次拿出甲午戰爭時期的「日本觀」，攻擊親日派和日本本國。所以日本政府如果能夠充分通過此次機會表明支援革命政府的態度，既能夠挽回日本的形象，也能夠幫助親日派在新政權內站穩腳跟、強化地位。[25] 但是，杉山茂丸2月7日提出了宋教仁來日三條件，即必須具有臨時政府賦予、與日本政府進行交涉的全權代表資格，不以日本政府之外任何人為交涉對象，不要求虛榮繁華的外交禮節。[26] 其言外之意，不外乎是既要宋教仁具有代表新政權做出最後決斷之便宜行事之權，以便日本政府在談判時可以真正得到他們想要的東西，同時又不承認宋教仁具有代表中國政府的正式外交使節身份，以不得罪清朝政府。

然而，2月12日清帝遜位。隨著形勢驟變，2月13日內田良平

對支私案

余新ニ満洲各地ヲ歴游シ並ニ河北江南ノ
情報ヲ綜合シ益々年来ノ所信ヲ貫徹
スルノ要アルヲ認メタリ、余ハ到ル處支那官民
ヲシテ劃切ニ日本國民ノ真意ヲ會得セシ
テ努力シタリシヤ帰来勿々ニ袁世凱没後ノ
支那ニ對スル私案ノ一端ヲ記述シ敢テ諸公
萬一ノ参照ニ供スル所アラムトス

大正五年六月

内田良平

對支私案

道東ハ俗敢シテ鈞ヲ軽シトセリ一髪ヲ重シトス然
カモ支那ノ國民ハ見ラズシテ怪レトサルヤ然カモ支
邦ノ國民ハ見ラズシテ怪ヲ作シテ天ニ六月ノ霜降ル然カモ支
兵ヲ頷シ童話識ヲ作シテ天ニ六月ノ霜降ル然カモ支
那ノ國民ハ見ラズシテ怪マサルヤ是ニ於テ政体屢次裏レ
八方割據豪家、兒夢ヲ擅ニナラスシテ一旅客易ニ
景山ノ草木ヲ動セリ。
遠法滅法、世ヲ釋迦出ツヘクシテ出テス、現ニ支那ノ今
曰、此勢ハ究ヲ一幅百醜圖ト撰フ所ナシ、推背圖說ニ
ヤ遂ニ天玄機ハ支那ノ著名ノ未来記ナリ、推背圖說ニ

内田良平〈對支私案〉

委任狀

令委任內田良平為外交

顧問此狀

中華民國

中華民國臨時大總統

孫文

中華民國元年正月十六日

孫中山任命內田良平為中華民國政府外交顧問

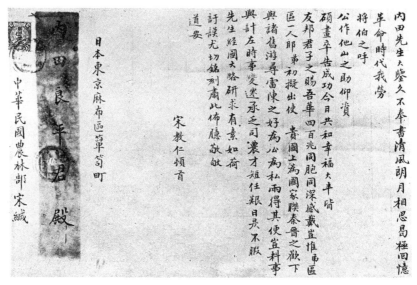

1913年，宋教仁就不能出使日本給內田良平的說明信

給宋教仁直接發出電報，不再提出先決條件：「不僅承認問題，為了商議支那永遠安康之道路，請在時局解決以前緊急來日。」[27] 此電文內容抽象，但是卻透露出要求讓日方參與或參照日方意見決定清帝遜位之後中國未來道路的意思。杉山茂丸和內田良平的行為，顯然引起了孫中山等人的懷疑，孫中山提出：「如果得到承認，卻有難以保全領土之虞，就不進行和議［即要求承認的談判—筆者〕。」[28] 在摸不清日本方面是否有借機提出領土要求的情況下，宋教仁也決定推遲訪日。[29] 面對這種「偷雞不成、反蝕把米」的局面，內田良平和小川平吉於2月20日分別向宋教仁發出電報，反覆申明「滿洲獨立只是一句虛言，已向當局認證，務請安心」。[30]

　　事實上，十九世紀末期直至辛亥革命發生前後，日本政府當局的中國政策與日本大陸浪人的活動之間，有著一定的距離。儘管日本許多政治家對中國抱有侵略野心，但作為一國政府，日本政府不得不以當時的中國政府為交涉對象，因而日本政府在孫中山當初來日本進行革命活動時，曾經應清朝政府之請而設置障礙，在辛亥

革命之後也採取觀望態度，而不肯立即承認中華民國，在孫中山發動二次革命時，也沒有主動拋棄袁世凱而採取支持孫中山一派的政策。然而這在一部分日本人看來，從開始處理朝鮮問題時與清國發生衝突以來，「政府當局的外交方針總是因循姑息，缺乏為東亞全域而進行遠大經綸的氣魄。」[31] 因此就有了以「在野」身份考慮「東亞經綸」、進行「大陸經營」以確立日本在東亞的主導地位，進而擴大日本「國權」為使命的「大陸浪人」這樣一個特殊的群體。

「大陸浪人」的「大陸經營」，按照他們自己的說法是「形似侵略而實非侵略」：日本與清、韓兩國之間的關係實為唇亡齒寒，如果兩國具有值得結為友邦的實力共同抵禦歐洲列強侵略更好，但當今西力東漸年年加劇，支那自身已如同形骸而實成大老衰國，「清韓兩國遭到列強侵略之際，餘波必然威脅到我國的存亡」。為了防止這一情況的發生，不如由日本「喚起鄰邦覺醒，指導進行改善，在這些國家扶植我們的勢力以擴展我國國防線，從而達到保全東亞的目的。」也就是說，「大陸經營」實為一種通過納中國與朝鮮半島於日本的勢力範圍之中，而從歐洲列強侵略魔掌中「保護東亞不受侵略的不得已的做法」。[32] 這就是他們所謂的「亞洲主義」的真髓，大陸浪人之所以敢於稱自己為「東亞先覺志士」，就是來自於他們這種所謂「東亞經綸論」的思想。然而應該指出的是，包括孫中山在內的革命家們，當時也常常以「志士」相稱這些大陸浪人們。

大陸浪人們在日本堅持「在野」的立場，卻對中國的政權更替抱有極大的興趣，並且拼命接近中國的政權中樞，這不得不說是一個值得深思的現象。「考察先覺志士的大陸經營論，構成其思想根底，毫無疑問就是熱烈的愛國心和民族的自信。」[33] 黑龍會的這段自我表白，不僅能夠說明大陸浪人「大陸經營」的性質，同時也能夠說明，大陸浪人知道只有通過主張日本國家利益的形式，他們才能夠以日本國家為後盾實現個人野心。日本的「大陸浪人」中，其實不乏抱有另闢蹊徑、在大陸實現個人野心之人，這也就是他們當初之所以能

夠從「民權派」輕而易舉地變身為「國權派」的真正原因。比起與日本政府面和心不合的關係來説，大陸浪人與日本軍部的關係更為接近。他們的「大陸經營論」與日本軍部中主張侵略大陸的勢力不謀而合，大陸浪人的個人野心使他們能夠自然成為日本帝國主義侵略大陸的尖兵。

　　大陸浪人們進行「大陸經營」的第一個對象是朝鮮半島。為了造成日本侵略朝鮮的藉口，內田良平在玄洋社內組織了「天佑俠」，在朝鮮製造動亂。1882年的「壬午兵變」之後，大陸浪人感覺到：「要想從根本上徹底解決朝鮮問題，最終勢必進一步與支那發生衝突。」「朝鮮被支那吞併意味著我國國防露出破綻，從結果上來説是阻塞了我國向大陸擴張的出口，不得不説是對帝國之大不利。」[34] 但是由於事件後，日本在朝鮮實力仍然沒有超過清國，「讓先覺志士不能不深感憂憤」，熊本的宗像政、土佐的中江兆民、奈良的樽井滕吉、愛媛的末廣重恭等一起商議「對支方針」，並得到了福岡玄洋社社長平岡浩太郎和玄洋社精神領袖頭山滿的支持。頭山滿認為：「得到了大頭，小頭不勞自得；拿下了支那，朝鮮不招自來；與其與朝鮮衝突，不如直接料理支那。」[35] 朝鮮問題最終引發了甲午戰爭，《馬關條約》簽訂後的「三國干涉還遼」令日本深感屈辱，於是開始將俄國視為最大敵人，大陸浪人們更是積極主張對俄開戰，其目的還是在於奪回日本當年在中國失去的權益，首當其衝的當然就是遼東半島乃至包括整個東北地區和內蒙東部的所謂「滿蒙」地區。

甲午戰爭前夜，日本人描述清國與朝鮮人心情的漫畫

第三節　內田良平對中態度的變化與「滿蒙問題」

中國同盟會在東京成立不久，孫中山在《民報》的發刊詞中，把同盟會「驅除韃虜，恢復中華，創立民國，平均地權」的政治綱領闡發為「民族」、「民權」、「民生」三大主義，即三民主義。孫中山使用的「民權」，可能與他接受日本的近代國家思想有著直接的關係。因為當時在國內，民主一詞已經被討論和使用，而孫中山此時所用的「民權」實際上也包含了「民主」的涵義，[36] 這樣我們就不得不考慮孫中山為甚麼棄「民主」而取「民權」來表示他實際上對民主主義的追求。關於這一點，很多學者已從當時對各個詞彙涵義廣狹理解不同的角度進行了探討，然而卻沒有人注意到與孫中山有所交往的日本人與「民權」之間的思想聯繫。

其實，「民權」也是一個近代日本自己發明的話語。孫中山在日本政界最主要的盟友犬養毅，就是日本明治時期「自由民權運動」的代表立憲改進黨的創始人之一；日本所謂「大陸浪人」的一個最重要的母體——頭山滿、平岡浩太郎、杉山茂丸、內田良平、平山周、萱野長知、末永節出身的福岡玄洋社，最初就是一個以要求民權為口號而建立的政治結社。[37] 大陸浪人中，很多人原為武士階層（日語稱「士族」）出身。因為士族在明治維新過程中被剝奪特權，加上他們對明治政府中專制和腐敗現象不滿，1877年爆發了由西鄉隆盛領導、以士族為中心的反對明治政府的西南戰爭（又稱丁丑之亂、十年戰爭）。戰爭失敗後，參加西南戰爭的福岡士族為了繼續與明治政府對抗，成立了玄洋社（1878年初名為向陽社，1881年改名為玄洋社），投入了「自由民權運動」。[38] 但是，在當時處於上升時期的日本，國內追求民主的「民權」與對外爭取日本國家利益的「國權」，兩者之

東古剗唇齒相依

西彦回血重於水

頭山先生正

孫文

孫中山贈予頭山滿書

孫中山訪問福岡玄洋社墓地

間並不存在互相對立的關係。關於這一點，可以從1880年向陽社曾發起建立「討清義勇軍」，[39] 改名玄洋社時又制定了「敬戴皇室、愛重本國、固守人民權利」的三條綱領等事例上得到印證。[40] 由於明治政府1889年制定了《大日本帝國憲法》，1890年又實行了第一次議會大選，使「自由民權運動」失去了奮鬥目標。堅持走在野道路的玄洋社，於是便將更多精力投向追求國權，由此催化了大量具有國權主義思想的「大陸浪人」的誕生。因此，與玄洋社關係密切的孫中山不可能不知道日本自由民權運動的歷史，也不可能不清楚在這些人從民權主義者向國權主義者的蛻變過程中，民族主義思想的催化作用。儘管孫中山日後解釋的「民權主義」內容，與日本當年的「自由民權運動」有著很大的差異，然而沒有任何材料可以證明孫中山在選擇中國走民族國家道路的同時，也在東京選擇使用「民權」一詞時，沒有受到他周圍的日本大陸浪人思想的影響。

　　如上所述，日本的大陸浪人支持孫中山進行革命其實都有一定的目的，而其中最重要的一點，就是要將東北和內蒙古東部納入日本的勢力範圍之中。按照黑龍會日後的說法，清朝末年以來瞄準中國的日本大陸浪人大致可以分為三種：一是希望借中央綱紀鬆弛、地方匪賊橫行之機，自己來到中國、甚至不惜成為匪賊首領以開拓新天地之人；一是耐心等待著中國國內出現叛亂，以通過支持叛亂

1913年，孫中山訪問宮崎滔天家

力量打倒清朝政府並實現支那更生之人；還有一種就是認準「先下手為強，將遲早逃脫不了遭到歐洲這些虎狼之國侵略的支那拿到手中才為上策」之人。[41] 黑龍會內田良平一派選擇的就是第二種道路，因為「孫逸仙等來到日本為準備革命頻頻奔走時期，孫曾説過只要日本援助革命黨，革命成功之際支那為日本而讓出滿洲之類的話。」[42] 按照內田良平1927年的説法：

> 我們賭上生命援助孫的革命，是因為它與日本的利益一致。孫舉起的大義名分的革命旗幟為滅滿興漢，驅除滿人並建立漢人的中國。所以我們可以幫助漢人將滿人逼到不得不借助俄國力量的地步，然後日支合手打敗俄國，將滿洲和西伯利亞收歸我有，一舉打下大陸經營的基礎。[43]

所以，黑龍會及其周圍的「大陸浪人」們，「期待隨著革命的成功而調整兩國關係、解決滿洲問題，因此才極大地援助了革命黨。」他們當時認為，孫中山「即使做不到像他所説的那樣放棄滿洲，至少也可以輕而易舉地達成協議，將該地區完全納入日本的勢力範圍，從而排除威脅東亞不安的因素。」[44]

出於這種考慮，辛亥革命發生以後將近一年半的時間裏，內田良平一直主張日本要支持中國「保全領土」。[45] 1911年12月，他在黑

龍會本部編輯的《內外時事月函》中發表〈支那改造論〉，指出日本政府爭取主動，由日本指導「改造支那帝國，建設新政府」的重要性。按照內田良平的說法，日本能夠幫助發生革命後的中國決定未來國家形式的，無非有三種方案可行：一是「保護滿清朝廷，鎮壓革命黨，改革現政府，保全清國」；二是「兩分支那，以黃河以北為滿清政府區域，黃河以南為革命黨政府區域，各自建設適合支那國情的政府」；三是「廢除滿洲皇帝，以革命黨政府取代滿清政府，建設一個新機軸的聯邦共和國」。[46] 然而，第一方案即「清國保全案」雖然是歐洲列強之所望，然因滿清政府腐朽透頂，實為最難實現；第二方案即「支那兩分案」只能是一時權宜之策，因中國具有追求統一和民族融合的歷史傳統，所以從消除內亂的角度來看，並非是「東亞永遠之策」；第三方案即實施聯邦共和制案，不僅符合中國歷史傳統、儒教傳統和國民性，還可以杜絕人種傾軋、動輒革命的禍根，促進吸收先進文明，因此日本政府應該「活用主動地位與主動勢力，讓列國贊成日本方案，完成解決支那問題的任務」。[47]

〈支那改造論〉中有這樣一段對日本政府的警示，非常耐人尋味：

> 如果我國政府當局者依然採用因循姑息的手段，步列國尤其是俄德兩國的後塵，扶持老朽的滿廷，壓制革命黨，在北方就會失去帝國在滿洲的優越地位，在南方長江一帶就會喪失帝國已經到手的利益圈，而誤國家百年大計。[48]

但是，內田良平為甚麼認為「保全清廷」就會使日本失去「在滿洲的優越地位」呢？反言之，內田良平為甚麼會暗示日本政府如果支持革命黨建立聯邦共和政府，就會得到強化日本「在滿洲的優越地位」的效果呢？這不得不讓人聯想到，是不是與他們所說的、孫中山當年有關「滿蒙」的言論有關。

然而，第一次革命的成果很快就落在袁世凱手中，這使黑龍會內田良平當初希望、通過扶持親日勢力掌握政權而拿下「滿蒙」的打

算完全落空。在他們看來,「第一次支那革命因為袁世凱的出現,其結果恰似播種下稻穀卻只收穫了稗子。」因為「老獪的袁世凱反而利用滿洲問題,提出同胞睨牆就會被日本奪走滿洲,所以應該迅速停止內爭而一致對付日本 [的説法—筆者],並以此為契機逼革命黨達成了妥協,自己坐上大總統的位置,使孫向日本的有志之士所承諾之事頃刻化為烏有,形勢已經變得難以順利圓滿解決滿洲問題。」[49] 出於在朝鮮問題上與日本打交道的經驗,袁世凱對日本抱有很深的戒心和反感,因此也成為日本大陸浪人在辛亥革命發生後的主要防備和攻擊對象,所以他們堅決反對南北媾和,反對孫中山將政權讓予袁世凱,「一旦袁世凱左右時局,萬事皆休」。[50] 日本的大陸浪人們,其實很清楚親日派掌握中國政權一事與他們在中國擴張日本國權問題之間的關係。

　　許多大陸浪人在辛亥革命以後,仍然對於孫中山等革命黨人抱著很大的期待。內田良平日後公開提到,當年孫中山曾經親口對他説道:「原來吾人之目的,在於滅滿興漢,至革命成功之曉,即令滿蒙西伯利亞送與日本亦可也。」[51] 但是從前述孫中山反對以領土為條件換取日本政府承認一事來看,即使孫中山當年有過類似的發言或「承諾」,毫無問題也只是一種當年為了尋求支持、以早日推翻滿清政府奪取政權的便宜之語。民國元年,孫中山就任中華民國政府臨時大總統之後不久,在一次與記者談話時,記者問他:「滿蒙現狀若何?」孫中山回答道:

> 中國方今自顧不暇,一時無力恢復蒙古,惟侯數年後,中國已臻強盛,爾時自能恢復故土。中國有四萬萬人,如數年以後,尚無能力以恢復已失去之疆土,則亦無能立國於大地之上。餘深信中國必能恢復已失之領土,且絕不需外力之幫助。[52]

　　今天我們已經無法知道在這篇文章中,孫中山為何只談起蒙古而沒有言及「滿洲」,但是仍然可以從中感知辛亥革命發生、尤其是

黃興訪日，與頭山滿、寺尾亨、宮崎滔天等人合影

　　就任中華民國政府臨時大總統之後，孫中山在「滿蒙」問題上開始具有強烈的領土意識。黑龍會首領內田良平1913年春天開始逐漸改變他的對中國方針，[53] 很可能就與孫中山的這種態度有關。1913年7月，內田良平與1889年時已經開始策劃「滿蒙獨立」[54] 而被稱為「滿洲建國先驅者」的川島浪速[55] 合流並結成了「對支聯合會」，開始著力推動分裂「滿蒙」的工作，[56] 這就是內田良平在〈對支私案〉、〈對支問題解決鄙見〉等中提出分割中國方針的背景。尤其值得注意的是，〈對支私案〉中有「欲於將來進一步扶持親日勢力，最妙的〔做法——筆者〕就是讓該黨中有德有力的黃興等成為新政府的首腦人物」一文。認定國民黨中「有德有力」的不是孫中山，而是黃興，這是內田良平對孫中山態度發生轉變的最好註解。它說明，走到分裂「滿蒙」這一步的內田良平，已經認為孫中山不再值得日本扶植，因為孫中山在分割「滿蒙」的問題上對日本背信棄義。

　　內田良平在其1914年10月提交給日本政府有關部門的〈對支問題解決鄙見〉中，已經完全拋棄了他1911年12月在〈支那改造論〉中所提倡的保全中國領土、在中國實現聯邦共和制的主張，公然提出「支那的共和政體將來必然成為實現日支提攜的一大障礙」，為了保證日本能夠具有對中國進行指導的地位，必須借機「改變支那的共和政體為立憲君主制，以與日本的立憲君主制形式相統一」。〈對支問

頭山滿與蔣介石

題解決鄙見〉中的中日兩國〈國防協約私案〉(即前文所述及〈二十一條〉的藍本)，公然提出要讓中國「承認日本在南滿洲及內蒙古的優越地位，將統治權委託給日本」，同意日本拿回德國所佔領的膠州灣地區鐵道礦山及一切權益，同意租借福建沿海重要港口給日本建設海軍根據地，同意將改造陸軍和建設海軍事宜委託給日本，同意一律採用日本兵器規格，甚至要求同意日本在中國發生內亂時有權向中國出兵。[57] 為了迫使中國政府接受這個協約，他還向日本政府提出了這樣一個「帝國支援支那民眾要訣」:「促使以革命黨、宗社黨為首的各種具有不公平感覺的黨派四處起義，在中國國內陷入混亂狀態、袁政權土崩瓦解之際，我們從四億民眾中選擇擁立最有信譽最有名聲者進行支援，通過他實現改造政府和統一國家的大業，並由我國軍隊來恢復秩序，保護國民生命財產，因此[讓日本—筆者]得到人民悅服、政府信賴，這樣就能夠輕而易舉地達到簽訂國防協約的目的。」內田良平在〈對支問題解決鄙見〉中還說道:要想讓中國陷入混亂狀態並非難事，只要我帝國對以革命黨和各種具有不公平感覺的黨派偷偷加以援助，他們便會立即一起舉事。[58] 這一點應該是內田良平在他長年與中國革命黨人打交道中所得出的真實體會。

　　不僅是孫中山，黃興、宋教仁、陳其美等許多辛亥革命的領袖，都和日本大陸浪人發生過種種聯繫，都曾經得到日本大陸浪人

的有力支持。應該說，直到今天發現的各種歷史文獻資料，還不足
以證明這些革命領袖們當年的確向日本的大陸浪人做出過割讓領土
的正式承諾。[59] 然而即使如此，為甚麼內田良平等日本大陸浪人會
按照孫中山等革命黨人「滅滿興漢」的思想脈絡，強調他們從中國分
裂「滿蒙」的合法性？這一點不能不引起我們深思。

結　語

　　筆者向來認為，比起中國與歐美的關係，中日關係對近代中國
的歷史走向發生了更加直接和強烈的影響。其中最具有代表意義
的，就是中國近代革命家們從日本學到了建設「民族國家」的思想，
這一點也是從努力追求單一民族國家的日本之外的國家所無法學到
的地方。日本追求單一民族國家的歷史，造成許多日本國民也相信
自己具有其他國民所無法比擬的民族優越性，因而大言不慚地說指
導東亞不受歐洲侵略是日本的天職、日本具有拯救東亞的使命。但
是因為這種所謂的「亞洲主義」與日本的國權主義思想之間存在著
一種天然的聯繫，包裹在亞洲主義中的民族優越感必然不斷膨脹，
最終導致日本逐步走向一個侵略國家並走向了毀滅。本章利用日本
外務史料館所藏當年外交文書、防衛省防衛研究所所藏當年軍事文
書，以及當事者當年的敘述，從日本「大陸浪人」與一百年前發生的
那場中國革命之間關係的角度，再次證明了這一點。

　　辛亥革命發生之前，由於革命黨當時處於非法地位，所以支持
中國革命家活動的多為日本在野人士，而其中當然又以將自己政治
活動的舞台主要定位於中國和朝鮮半島的大陸浪人為主。「民族國
家」的思想不可能是大陸浪人的發明，但卻是造成他們個人野心不斷
發酵的觸媒。縱觀他們在中國問題上的所作所為，能夠發現他們心
中都有一種盲目的日本民族優越感。但是值得注意的是，儘管孫中

山等革命家是為了推翻滿清王朝才追求民族國家,而日本的大陸浪人們卻是從另一個角度認識中國革命家追求民族國家的意義。那就是,他們從革命家提出的「滅滿興漢」和「驅除韃虜」中看到了一種將中國的東北和內蒙古地區、甚至西藏地區囊括進日本勢力範圍,以至變為日本領土的契機。

在圍繞於孫中山、黃興、宋教仁等革命領袖周圍的諸多日本大陸浪人中,即使有一部分可能沒有像內田良平那樣直接表露出對擴張日本在中國勢力範圍的興趣,但是從他們與內田良平一直都能夠互相配合默契進行活動上,可以看出他們不可能不清楚黑龍會支援中國革命的最終目的。從各種文獻中也可以看出,孫中山等革命領袖當年也並不是沒有察覺到日本大陸浪人的這一動機,也許是認為必須真正實施「滅滿興漢」和「驅除韃虜」,也許是為了得到支援以便早日達到推翻滿清政府、奪取政權的目的,他們從來沒有對大陸浪人的這一想法進行正式批評,這也是一個不爭的事實。民權、政權、國權:孰重,孰輕?在中國革命家們和日本黑龍會那裏,會有不同的理解。敵乎,友乎?在不同時期的不同價值判斷中,必然發生變異。回顧這些看來似乎讓今天的人們難以接受的歷史,可以讓我們不得不再次深思民族國家思想出現在中國近代史上的利弊。

註　釋

1　參拙文〈「民族」,一個來自日本的誤會〉,中國社會學會民族社會學專業委員會、北京大學社會學人類學研究所:《民族學與社會學通訊》(*Sociology Ethnicity*),2010年第70期,第1–12頁。該文曾於2003年發表於《二十一世紀》(香港中文大學中國文化研究所),總第77期(2003年6月),此次轉載時曾做大量補充修改。

2　〈對支私案〉,外務省外交史料館,外務省記錄,1門政治,1類帝國外交,2項亞細亞,《支那政見雜纂》,第二卷8,B03030272300。

3　〈對支問題解決鄙見〉,外務省外交史料館,外務省記錄,1門政治,1類帝國外交,2項亞細亞,《支那政見雜纂》,第一卷15,B03030268800。

4　〈對支私案〉。

5　〈支那革命の端緒と日支志士の提攜〉，葛生能久：《東亞先覺志士記傳》
　　（上）（東京：黑龍會出版部，1935），第617–622頁。

6　段雲章：《孫文與日本史事編年》（廣州：廣東人民出版社，1996），第
　　29–40頁。

7　這位花田仲之助，日後在日俄戰爭以及日本侵華戰爭中，協助日本軍部
　　在我國東北地區進行了大量活動。具體可參王柯：〈日本侵華戰爭與「回
　　教工作」〉，《歷史研究》，2009年第5期，第92–93頁，及本書第六章。

8　〈臥薪嘗膽と入露の人々〉、〈浦潮方面における我が志士及び軍人の行動〉，
　　《東亞先覺志士記傳》（上），第569–604頁；頭山滿、犬養毅、杉山茂
　　丸、內田良平：《玄洋社と黑龍會、あるいは行動的アジア主義の原點》（東
　　京：書肆心水，2008），第279–311頁。

9　內田良平自傳：《硬石五拾年譜》（原著1927；福岡：葦書房，1978），
　　第51–52頁；《孫文與日本史事編年》，第40頁。

10　〈惠州事件の前後〉，《東亞先覺志士記傳》（上），第651–652頁。

11　思想研究資料特輯，第3號，《國家主義乃至國家社會主義團體輯覽》
　　（上）（昭和7年12月調）（1933），第37–39頁。

12　藤本尚則：《巨人頭山滿翁》（東京：政教社，1923），第509頁。

13　〈支那革命黨の搖籃時代と日本志士〉，葛生能久：《東亞先覺志士記傳》
　　（中）（東京：黑龍會出版部，1935），第377頁。

14　《巨人頭山滿翁》，第520–521頁。

15　〈十一月二十五日午後二時十五分東京發、上海豐陽館宮崎宛、內田良
　　平出〉，防衛省防衛研究所，海軍省公文備考類(11)戰役等，清國事變
　　（自）明治44年～（至）大正2年　清國事變書類　卷17來電(11)マツデ
　　ン(8)，C08041018300。

16　原口要(1851–1927)，日本最早的工學博士，鐵道設計者，後被孫中山
　　邀為中華民國臨時政府財政顧問。

17　〈十二月十二日午前十時五十分東京發、上海松崎ホテル喜多輝次郎
　　宛〉、〈十二月十二日午後六時十分上海發，東京麻布內田良平出〉。

18　〈一月二十五日午後二時三十分東京發、上海松崎ホテル喜多輝次郎宛〉、
　　〈一月二十五日午後十時十分上海發、東京麻布內田良平〉，防衛省防衛研
　　究所，海軍省公文備考類(11)戰役等，清國事變（自）明治44年～（至）大
　　正2年　清國事變書類　卷17來電(11)マツデン(14)，C08041018900。

19　〈一月二十五日上海發、東京內田良平宛〉、〈一月二十五日午後十時

四十五分上海發、東京水明館梅村ゴク宛〉，防衛省防衛研究所，海軍省公文備考類(11)戰役等，清國事變(自)明治44年〜(至)大正2年　清國事變書類　卷17來電(11)マツデン(14)，C08041018900；〈一月二十六日午後零時五分東京發、上海松崎洋行喜多輝次郎宛〉，防衛省防衛研究所，海軍省公文備考類(11)戰役等，清國事變(自)明治44年〜(至)大正2年　清國事變書類　卷17來電(11)マツデン(15)，C08041019000。

20 〈二月六日午後八時五十分上海發、東京麻布內田良平、東京京橋杉山茂丸、政友會本部小川平吉、東京青山末岡タケタリ、東京原宿有賀文八郎宛〉，防衛省防衛研究所，海軍省公文備考類(11)戰役等，清國事變(自)明治44年〜(至)大正2年　清國事變書類　卷17來電(11)マツデン(17)，C08041019200。

21 〈一月二十五日午後七時四十分上海發、東京麻布內田良平、青山有賀文八郎、青山末岡タケタリ、京橋杉山茂丸宛〉、〈一月二十五日午後二時四十分東京發、上海松崎ホテル喜多宛〉、〈一月二十七日午前十一時十分上海發、東京麻布內田良平、青山有賀文八郎、青山末岡タレタリ、京橋杉山茂丸宛〉、〈一月二十八日午前九時二十分東京發、上海松崎洋行喜多輝次郎宛〉，防衛省防衛研究所，海軍省公文備考類(11)戰役等，清國事變(自)明治44年〜(至)大正2年　清國事變書類　卷17來電(11)マツデン(15)，C08041019000。

22 〈一月二十九日午後九時東京發、上海ミンリツホ氣付、南京共和政府宛〉，防衛省防衛研究所，海軍省公文備考類(11)戰役等，清國事變(自)明治44年〜(至)大正2年　清國事變書類　卷17來電(11)マツデン(15)，C08041019000。

23 《玄洋社と黑龍會、あるいは行動的アジア主義の原點》，第24頁。

24 〈二月三日午後六時四十分上海發、東京麻布內田良平、青山末岡タケタリ、京橋杉山茂丸宛〉，防衛省防衛研究所，海軍省公文備考類(11)戰役等，清國事變(自)明治44年〜(至)大正2年　清國事變書類　卷17來電(11)マツデン(16)，C08041019100。

25 〈二月六日午後八時五十分上海發、東京麻布內田良平、東京京橋杉山茂丸、政友會本部小川平吉、東京青山末岡タケタリ、東京原宿有賀文八郎宛〉，防衛省防衛研究所，海軍省公文備考類(11)戰役等，清國事變(自)明治44年〜(至)大正2年　清國事變書類　卷17來電(11)マツデン(17)，C08041019200。

26　〈二月七日午後三時五十五分東京發、上海松崎ホテル喜多〉，防衛省防衛研究所，海軍省公文備考類（11）戰役等，清國事變（自）明治44年～（至）大正2年　清國事變書類　卷17來電（11）マツデン（17），C08041019200。

27　〈二月十三日午前十時五十五分東京發、南京宋教仁宛〉防衛省防衛研究所，海軍省公文備考類（11）戰役等，清國事變（自）明治44年～（至）大正2年　清國事變書類　卷17來電（11）マツデン（17），C08041019200。

28　〈二月十四日午後十時上海發、東京牛込仲町千早正二郎宛〉，防衛省防衛研究所，海軍省公文備考類（11）戰役等，清國事變（自）明治44年～（至）大正2年　清國事變書類　卷17來電（11）マツデン（18），C08041019300。

29　〈二月十七日午後十時上海發、東京麻布內田良平宛〉，防衛省防衛研究所，海軍省公文備考類（11）戰役等，清國事變（自）明治44年～（至）大正2年　清國事變書類　卷17來電（11）　マツデン（18），C08041019300。

30　〈二月二十日東京發、上海松崎洋行宋教仁、喜多宛〉、〈二月二十日東京發、上海松崎洋行宋教仁宛〉，防衛省防衛研究所，海軍省公文備考類（11）戰役等，清國事變（自）明治44年～（至）大正2年　清國事變書類　卷17來電（11）マツデン（19），C08041019400。

31　〈對支活動の先驅〉，《東亞先覺志士記傳》（上），第310頁。

32　同上註，311–312頁。

33　同上註，309頁。

34　同上註。

35　同上註，310頁。

36　桂宏誠：〈孫中山的「民權」、「民主」及「共和」之涵義〉，《國家》，內政（研）095-002號（財團法人國家政策研究基金會，2006）。

37　1913年3月，孫中山還到福岡親自瞻仰玄洋社的墓地。

38　井川聰、小林寬：《人ありて、頭山滿と玄洋社》（福岡：海鳥社，2003），第44頁。自由民權運動（1874–1890）主要主張為制定憲法、開設民選議會、減輕地租、保障言論和集會自由。

39　石瀧豐美：《玄洋社發掘、もうひとつの自由民權》（福岡：西日本新聞社，1981），第22–26頁。

40　《玄洋社社史》（原著1917；明治文獻復刻版），第223–225頁。

41　〈對支活動の先驅〉，第312頁。

42　〈第一次滿蒙獨立運動〉，《東亞先覺志士記傳》（中），第318頁。

43　《硬石五拾年譜》，第77頁。

44　〈第一次滿蒙獨立運動〉，第318頁。

45　內田良平：〈分割乎保全乎、對支那大陸の根本政策問題〉，《太陽》，第19卷第2號，第99–101頁。

46　〈支那改造論〉，黑龍會本部編：《內外時事月函》，明治44年12月號，第20頁。

47　同上註，第21–26頁。

48　同上註，第27頁。

49　〈第一次滿蒙獨立運動〉，第318頁。

50　〈二月十日東京發、南京宋教仁宛！！Songchouyen〉、〈二月十日東京發、上海Torajo宛〉，防衛省防衛研究所，海軍省公文備考類（11）戰役等，清國事變（自）明治44年～（至）大正2年　清國事變書類　卷17來電（11）マツデン（17），C08041019200。

51　《孫文與日本史事編年》，第40頁。

52　孫中山：〈中國若無能恢復已失去之疆土則亦無能立國於大地〉（民國元年春在南京與報館記者談話），《國父全書》（台北：國防研究院，1960），第496頁。

53　初瀨龍平：《傳統的右翼內田良平の研究》（北九州大學法政叢書1）（福岡：九州大學出版社，1980），第168頁。

54　〈川島浪速の支那渡航と最初の滿蒙建國計劃〉，《東亞先覺志士記傳》（中），第242頁；會田勉：《川島浪速翁》（東京：文粹閣，1936），第47–51頁。

55　〈滿洲建國の先驅者川島浪速〉，《東亞先覺志士記傳》（中），第212頁。

56　《傳統的右翼內田良平の研究》，第173頁。

57　〈對支問題解決鄙見〉。

58　同上註。

59　藤井昇三：〈孫文と「滿洲」問題〉，《關東學院大學文學部紀要》，第52號（昭和62年）。該論文是日本至今為止，「孫中山在『滿洲問題』上，從革命開始初期到1918年為止，對日本採取了相當妥協的態度」之事利用各種史料進行論證最為深刻的論文，其中最為重要的證據是一些日本人之間的電報往來，其中有就日本租借「滿洲」一事孫中山並不十分明朗的口頭應允，沒有顯示孫中山的任何親筆文字。

第五章

「中華民族論」與「日本民族論」
單一民族國家思想中的血緣民族論

　　近代以來中國主流社會的民族主義思潮，具有一個極其重要但又常常被疏忽的特點，那就是同時具有對外的排外意識和對內的民族歧視兩個側面。從這一點來看，多民族國家中國的近代民族主義與高度單一民族化之日本的近代民族主義之間應該存在著很大的差異，但其實不然。近代中國的民族主義之所以同時具有這樣兩個側面，同樣與接受了日本的單一民族國家思想之間有著直接的關係。關於這一點，本書以上章節已有涉及。本章則試圖從解釋近代中國民族主義的兩個側面之間的互動關係入手，分析中日兩國的民族主義思想之間的共性和各自特點。眾所周知，中國近代民族主義最鮮明的表徵符號就是「中華民族論」，而中日戰爭時期的「中華民族論」又將民族主義對外與對內的兩個側面緊密地聯繫在一起。因此，本章將從時任國民政府行政院長、中國國民黨總裁、國防最高委員會委員長的蔣介石於1943年3月所發表《中國之命運》一書所引起的論戰談起。事實上，關於此書中所表現的「中華民族論」的性質，至今仍是眾説紛紜。[1]

第一節 蔣介石「中華民族論」中的「民族融和論」

《中國之命運》所表現的「中華民族論」，集中在第一章〈中華民族的成長與發展〉中。從《中國之命運》書名中即可以看出，蔣介石之所以此時大談「中華民族」，就是為了將所有的國人都強有力地統合在國民政府的領導之下，以便取得抗日戰爭的勝利。所以毫無疑問，該書所表象的「中華民族」其實就是「國族」。蔣介石的這種「中華民族」＝「國族」的思想隨即招致中共的批評，指責他提出的中國只有一個民族、其他少數民族集團都是「宗族」的說法是「大漢族主義」思想的表現，背離了孫中山的民族主義思想。中國學界也一直沒有忘記這個話題。近年，隨著中國國內民族問題的凸顯，孫中山即已大力提倡「國族」已經對近代中國內部各民族之間關係產生影響的事實得到重視，於是又有人一反過去中國國內學界說法，開始批評《中國之命運》不僅繼承了孫中山的「同化」（即主張或希望將各個不同的「少數民族」同化於「漢族」）思想，還進一步提出了主張「漢」與「少數民族」來自於一個共同祖先的「同祖」思想。

但是筆者認為，在理解《中國之命運》所表現出的蔣介石「中華民族論」的問題上，前一種說法沒有尊重歷史事實，後一種說法則是將問題簡單化，都無法幫助我們從結構上理解近代中國的中華民族論的性質。這裏首先必須指出的是，蔣介石的「中華民族」＝「國族」的思想並沒有背離孫中山的民族主義思想。正是孫中山本人，在其《三民主義》的「民族主義」第一講中即開門見山地指出：在中國，「民族主義就是國族主義」。即是《中國之命運》中所提出的「國族」由「宗族」構成的說法，事實上也是源於孫中山的「民族主義」，他在第五講中清楚地指出：「依我看起來，中國國民和國家結構的關係，先有家族，再推到宗族，再然後才是國族，這種組織，一級一級的放大，有條不紊，大小結構的關係，當中是很實在的。如果用宗族為單位，改良當中的組織，再聯合成國族，比較外國用個人為單位，

當然容易聯絡得多。」[2] 由此可以看出，中共當時針對蔣介石書中所說的中國只有一個民族所進行的批評，顯然是罔顧事實，帶著想把自己裝扮成孫中山思想繼承人的私心。

其次需要看到的歷史事實是：蔣介石的《中國之命運》其實已經在努力避免對少數民族造成推行「同化」的印象，因為該書第一版就已經很少使用「同化」一詞；而到了修訂版中，「同化」一詞被全部刪除。這件事足以說明：蔣介石當時已經意識到，在處理國內各個民族間關係上，「同化」是一種不得人心的話語。因此，批評《中國之命運》繼承了孫中山的「同化」思想，顯然是將蔣介石的「中華民族」=「國族」的思想簡單化了。

孫中山早期的中華民族論是將其他民族、尤其是滿族排斥在「中華民族」外的：「我們一定要在非滿族的中國人中間發揚民族主義精神：這是我畢生的職責。這種精神一經喚起，中華民族必將使其四億人民的力量奮起，並永遠推翻滿清王朝。」[3] 這種思想一直持續到他成為臨時大總統時，[4] 甚至到了更晚時期，他還不時會流露出視滿族為「異族」的思想。[5] 直到1910年代末期，孫中山方才提出了「民族主義之積極目的」，舉瑞士「合日耳曼、以大利、法蘭西三國之人民」「成為一瑞士之民族」，更舉美國「合歐洲之各種族而鎔冶為一爐者」為「美利堅之民族」的例子，提出在中國合五族為一個「中華民族」：「即漢族當犧牲其血統、歷史與夫自尊自大之名稱，而與滿、蒙、回、藏之人民相見以誠，合為一爐而冶之，以成一中華民族之新主義，如美利堅之合黑白數十種之人民，而冶成一世界之冠之美利堅民族主義……」[6]

之後，孫中山數次提起建設一個統一的中華民族的必要性：「我們中國許多的民族也只要化成一個中華民族」，[7]「團結國內各民族，完成一大中華民族。」[8] 從這些表述方式來看，此時孫中山的中華民族思想好像是受到了美國的熔爐論的影響。然而深入分析就會明白，孫中山從美國的熔爐論中所得到的「積極的民族主義」的啟示，

實質上不過是一種通過進攻性的積極手段，將其他少數民族「同化」到「漢族」中來的思想：「美國底民族主義，乃積極底民族主義。本黨應以美國為榜樣。今日我們講民族主義，不能籠統講五族，應該講漢族底民族主義。……兄弟現在想得一個調和的方法，即拿漢族來做個中心，使之同化於我，並且為其他民族加入我們組織建國底機會。仿美利堅民族底規模，將漢族改為中華民族，組成一個完全底民族國家，與美國同為東西半球二大民族主義的國家。……故將來無論何種民族參加於我中國，務令同化於我漢族。本黨所持底民族主義，乃積極底民族主義。諸君不要忘記。」[9]

也就是説，對於孫中山而言，最理想的「中華民族」，自始至終不過是一個改名換姓的「漢族」而已：「自推倒滿洲，民族主義已算達到一消極之目的，而向未做積極的功夫。吾人應為漢族發揚光大，令彼與我共同建國之各民族同化於我，而於東亞大陸建一中華民族底國家，使漢族威名遍揚寰宇。」[10] 直到其晚年，孫中山一直沒有放棄將其他的少數民族「同化」到「漢族」中來的念頭：「講到五族底人數，藏人不過四五百萬，蒙古人不到百萬，滿人只數百萬，回教雖眾，大都漢人。……漢族號稱四萬萬，或尚不止此數，而不能真正獨立組一完全漢族底國家，實是我們漢族莫大底羞恥，這就是本黨底民族主義沒有成功。由此可知本黨尚須在民族主義上做功夫，務使滿、蒙、回、藏同化於我漢族，成一民族主義的國家。」[11] 按照孫中山的「漢族主體論」或「漢族中心論」民族主義思想中設計的「中華民族」=「國族」的思想，不是「漢族＋滿族＋蒙古族＋回族＋藏族＝中華民族」，而是「A＋B＋C＋D＋E＝A」的模式。

從「中華民族」=「國族」的思想實質上看，蔣介石的中華民族論無疑是繼承了孫中山的民族主義思想。但是值得注意的是，《中國之命運》卻沒有一處提到要將其他「宗族」(即少數民族集團)同化於「漢」；前文已經提到，即使增訂之前的《中國之命運》就很少使用「同化」，而是大量使用了「融和」、「融合」或「融化」等表現。它關於「中

華民族」的形成方法，基本上是使用了「融和」、「融合」和「融化」來
進行表述的：「我們中華民族是由多數宗族融和而成的。……他們
各依其地理環境的差距，而有不同的文化。由於文化的不同，而啟
族姓的分別。然而五千年來。他們彼此之間，隨接觸機會之多，與
遷徙往復之繁，乃不斷相興融和而成為一個民族。但融和的動力是
文化而不是武力，融和的方法是扶持而不是征服。」[12] 從這個事實可
以看出，《中國之命運》所表現出的蔣介石的中華民族論，與孫中山
的民族主義思想之間有一個很大的不同，那就是並非主張通過同化
論、而是主張通過融合論來實現「中華民族」。

「同化」與「融和」，二者原意有很大的區別。[13]「同化，指某個人
口集團與具有異質的文化和言語的人口集團接觸，造成在學習和接
受異質的文化和言語的同時丟棄自己的文化和語言的過程。」「同化
政策，一般指統治民族的統治階級強制推行的消滅被統治民族的民
族特點的政策。」[14] 而人類學家和社會學家則根據他們的調查得出結
論：「同化主義催生民族分裂主義，而多文化主義似乎更能夠促進民
族融合。」[15] 無疑，無論是「民族同化論」還是「民族融合論」，其最終
的目標都是要消滅不同族群的文化特徵。但是，「民族同化論」建立
在大民族集團對少數民族集團的歧視和強迫之上，而「民族融合論」
則具有尊重少數民族集團意願的成分。

其實，在近代國家形成的階段上，許多國家都選擇或曾經選擇
「民族同化」為實現「國民統合」的手段。作為移民國家的美國，也一
直具有一個如何使新移民「美國化」的問題。[16] 在十九世紀時，所謂
的 WASP（White Anglo-Saxon Protestant）提出了「同化論」，即要讓移
民放棄自己的文化而「同化於美利堅文化」；到了二十世紀初期，美
國才出現了「融合論」，「讓多種多樣的民族平等地融合成為新的美國
人」。[17] 而這種「民族融合」（national amalgamation），也是蔣介石認
為中國應該所走、而且已經走過的道路：「所有全領域內的宗教、哲
理、文學、藝術、天文、術數、法律、制度、風俗、民情，亦已網

絡綜合而治於一爐。」[18] 從這裏可以看出，蔣介石的中華民族論所嚮往的，正是將中國變為類似美國那樣一個各民族的大熔爐（melting pot），通過融合而建立的美國式的「民族」。也就是説，在關於採用何種方式形成「中華民族」的問題上，比起口頭上稱道美國製造「美利堅人」之方法的孫中山來説，其實只有蔣介石所主張的的民族融和論才真正接近美國的熔爐論。

更重要的一點是，與孫中山所提出的製造「中華民族」的思想不同，蔣介石明確地提出了「中華民族」是在悠久的歷史過程中通過各個不同民族集團的互相融合而自然形成的思想。中華民族是一個歷史的產物，也是一個歷史過程，它的形成甚至可以追溯到秦漢時期：「秦漢時代，中國的武力彪炳於史冊，而跡其武功，在北方則是為民族生存求保障，在南方則是為民族生活求開發。……由於生活的互賴，與文化的交流，各地的多數宗族，到此早已融和為一個中華大民族了。」[19]「隋唐大一統的局面，實為魏晉南北朝四百年間民族融和的總收穫。這個時期，民族之內，宗支之繁多，文化之豐盛，舉蔥嶺以東，黃海以西，沙漠以南，南海以北，所有全領域內的宗教、哲理、文學、藝術、天文、術數、法律、制度、風俗、民情，亦已網絡綜合而治於一爐。」[20]「契丹（遼）與女真（金）……雖先後入據中原，然他們仍先後浸潤於中原的文化之中。蒙古……忽必烈以下的宗支，獨融化於中華民族之內。滿族入據中原，其宗族的融化，與金代相同。故辛亥革命以後，滿族與漢族，實已融為一體，更沒有歧異的痕跡。」[21]「迄於清代，則農工商業的經營，更全賴漢族的努力，即滿族亦融化於中華民族之中。總之，中國五千年的歷史，即為各宗族共同的命運的記錄。此共同之記錄，構成了各宗族融合為中華民族，更由中華民族，為共禦外侮以保障其生存而造成中國國家悠久的歷史。」[22]

從以上表述可以看出，蔣介石的中華民族論，其實是通過對歷史的再解釋，證明中國各個民族集團已經先天地「融合」成為了一個

「中華民族」=「國族」。也就是說，他只是希望通過強調這個先天的
既成歷史事實來說服非漢民族集團認同中國為自己的國家，以達到
統合國民的目的。其中既沒有露骨的大漢族中心思想，也沒有表露
出形成「中華民族」需要以「同化」少數民族集團為基礎的意識，更沒
有像孫中山一樣將「同化」作為一個後天製作「國族」之必要手段。蔣
介石所提出的這種經過歷史上的「民族融和」而先天形成的的中華民
族論，與孫中山主張的漢族中心論和通過後天的「民族同化」而形成
的中華民族論之間的差異是顯而易見的。當然，蔣介石筆下「中華民
族」的形成歷史，也是在近代出於政治的需要而被想像出來的。

第二節 《中國之命運》中的
文化民族論與血緣民族論

　　《中國之命運》在敘述「各宗族融合為中華民族」之歷史過程的時
候，有時也會使用「他們」和「我們」。這種寫法不免讓人生疑：蔣介
石在執筆《中國之命運》時，是否還站在漢族的立場上展開其「中華
民族論」的？但是如果進行了客觀的分析就可以看出，蔣介石在《中
國之命運》中的「我」或「我們」，其實是站在被想像出來的「中華民族」
之立場上而使用的：

> 可知中華民族意識的堅強，民族力量的彈韌，民族文化的悠久
> 博大，使中華民族不受侵侮，亦不侵侮他族。惟其不受侵侮，
> 故遇有異族入據中原，中華民族必共同起而驅除之，以光復我
> 固有的河山。惟其不侵侮他族，故中華民族於解除他互相軋
> 礫、互相侵陵的痛苦與禍患的同時，能以我悠久博大的文化，
> 融和四鄰的宗族，成為我們整個民族的宗支。簡言之，我們中
> 華民族對於異族，抵抗其武力，而不施以武力，吸收其文化，

而廣被以文化。這就是我們民族生存與發展過程裏面，最為顯
著的特質與文化。[23]

「吸收其文化，而廣被以文化」的這一表述，畫龍點睛地表現了
蔣介石所理解的「中華民族」之特質。也就是説，「中華民族」是一種
文化和一個文化過程，這種文化是吸收各個民族的文化而成，這個
對文化的吸收過程可能是現在進行式，但同時更是一個歷史的過去
式。所以，「吸收其文化，而廣被以文化」的主體並不能夠被説成就
是「漢族」。如果看到這一點，也許就能夠理解蔣介石在1944年增訂
《中國之命運》時何以爽快、徹底地放棄「同化」而使用「融合」一詞。
該書在第七章的最後部分更指出：「日本帝國主義者倡導所謂『大日
本主義』，與納粹主義者所謂『日耳曼種族優越論』，同為破壞世界的
和平的思想。自今以後，文化優越、種族優越的理論必須永絕於世
界。」[24]而我們從前文中可以看到，孫中山的「中華民族」＝「國族」的
思想中卻充滿著這種漢族「文化優越、種族優越」的理論。

由此我們注意到，蔣介石從文化的角度審視「中華民族」性質的
思想，與其説是接受了孫中山的影響，不如説是與著名歷史學家顧
頡剛在1937年1月10日《申報》「星期論壇」欄上發表的〈中華民族的
團結〉及1939年2月13日在《益世報》「邊疆周刊」上發表的〈中華民
族是一個〉中所表達的中華民族論最為接近。

首先當然就是明言中國只有一個「民族」，而其他的民族集團不
應該稱為「民族」的思想。關於這一點，顧頡剛的意見是：「血統相
同的集團，叫做種族。有共同的歷史背景，生活方式，而又有團結
一致的民族情緒的集團，叫做民族。在我們的國家裏，大家久已熟
知可以分為五族，⋯⋯我們暫不妨循著一般人的觀念，説中國有五
個種族；但我們確實認定，在中國的版圖裏只有一個中華民族。在
這個民族裏的種族，他們的利害無疑是一致的。我們要使中國成為
一個獨立自由的國家，非先從團結國內各種族入手不可。」[25]

其次，就是同樣強調「中華民族」的形成是一個「歷史」的過程。顧頡剛談到：「現在所認五個種族的人們及其居住的疆域，我們應當知道是清代形成的。在清代以前，為了戰爭、征服、轉移和同化，血統已不知混合了多少次，疆域也不知遷動了多少次。所以漢族裏早已加入了其他各族的血液，而其他各族之中也都有漢族的血液，純粹的種族是找不到了。尤其是漢族，相傳孔子作春秋時，『諸侯用夷禮則夷之，夷狄而適於中國則中國之』，他只認文化之同而不認血統之異。後人也都接受了這種見解，所以只要願意加入的就可以收容，其血統尤為複雜。因此，我們可以進一步說：我們只有民族文化的自覺而沒有種族血統的偏見，我們早有很高的民族主義。」[26]「就因為我們從來沒有種族的成見，只要能在中國疆域之內受一個政府的統治，就會彼此承認都是同等一體的人民。『中華民族是一個』，這話固然到了現在才說出口來，但默默地實行卻已有了二千數百年的歷史了。」[27]

從以上我們還可看出，顧頡剛筆下的「中華民族」形成的歷史過程，同樣被理解為一個文化進行相互吸收和融合的歷史過程。也就是說，顧頡剛所理解的構成「中華民族」的最主要元素就是共同的文化。但是顧頡剛眼中的「中華民族」的文化卻不是「漢人」的文化，而是一種「現有的漢人的文化是和非漢的人共同使用的」文化，即使只有「漢人」使用的文化，也是一種融合型的文化：「現在漢人的文化，大家說來，似乎還是承接商周的文化，其實也不對，它早因各種各族的混合而漸漸捨短取長成為一種混合的文化了。」「漢人為甚麼肯接受非漢人的文化而且用得這樣的自然，那就為了他們沒有種族的成見，他們不嫌棄異種的人們，也不嫌棄異種的文化，他們覺得那一種生活比舊有的舒服時就會把舊有的丟了而採取新進來的了。所以現有的漢人的文化是和非漢的人共同使用的，這不能稱為漢人的文化，而只能稱為『中華民族的文化』。」[28]這一點，也與《中國之命運》中關於「吸收其文化，而廣被以文化」之說有異曲同工之妙。

　　與蔣介石的「中華民族論」的共通之處，
並不僅限於對「中華民族」內涵的解釋。在對
今天建設一個超越各民族之間界限的「中華
民族」意識的必要性的問題上，蔣介石的「中
華民族論」也是與顧頡剛的思想一脈相承。
在〈中華民族的團結〉一文中，顧同樣從妨礙
民族融合的角度對清王朝的政治體制大加鞭
笞，然後談到：「民國成立，該有融合的機會

《中國之命運》

了。然而因為一般人受二百年來之影響，對
於這個問題太過漠視」，「而政府則忙於對付內憂外患，也不能在這
一方面特別在意。直到今天，彼此的隔閡和猜疑還未去除。然而邊
疆的蠶食鯨吞已不容我們再漠視了。我們要提倡民族主義，便不能
不使國內各種族團結到通力合作的境界。」關於建設「中華民族」意識
與反對侵略之關係，寫作於抗日戰爭開始之後的〈中華民族是一個〉
當然表現得更為直接，分析得也更為深刻。當然，它對蔣介石《中國
之命運》中的「中華民族論」思想發生影響的痕跡也更為清晰。

　　雖然顧頡剛的中華民族論思想的出發點也是為了說服非漢民族
集團認同中國為自己的國家，但是也必須看到，蔣介石並非全盤照
搬了顧頡剛的中華民族論思想。二者之間有著一個顯著的不同，就
是蔣介石將構成「中華民族」的各個民族集團並非像顧頡剛那樣稱為
「種族」，而是使用了「宗族」的說法：「我們中華民族是由多數宗族融
和而成的。這多數的宗族，本是一個種族和一個體系的分支，……
四海之內，各地的宗族，若非同源於一個始祖，即是相結以累世的
婚姻。詩經上說：『文王孫子，本支百世』，就是說同一血統之內而
有大小宗支之分。詩經上又說：『豈伊異人，昆弟甥舅』，就是說各
宗族之間，血統相維之外，還有婚姻的繫屬。古代中國的民族就是
這樣構成的。」[29]而正如前文所述，將構成「中華民族」的單位稱為
「宗族」，其實源於孫中山如何建構「國族」的思想。

顧頡剛　　　　　　　　　陶希聖

　　很明顯，與強調人與人之間的血緣關係的「宗族」不同，顧頡剛所提出的「種族」恰恰可以被用來反證人與人之間在血緣上原來互為他者。這個現象說明，儘管蔣介石的「中華民族論」在關於中華民族的內涵上受到了顧頡剛的文化民族論的影響，但是他同時也沒有完全放棄血緣民族論的思想。這種不同說明在大敵當前之際，比起文人顧頡剛來，作為國民政府領袖的蔣介石有著更強烈的、通過鼓吹「中華民族論」統合各個民族集團、實現「我們中華民族要結成堅固石頭一樣的國防的組織體」[30]的願望。蔣介石的這種心態，與孫中山當年提出通過宗族的血緣關係而構成國族時的心態非常相似。在「民族主義」第五講中，孫中山曾舉福建廣東宗族械鬥之例並加以分析：「若是給他知道外國目前種種壓迫，民族不久就要亡，民族亡了，家族便無從存在，譬如中國原來的土人苗猺等族，到了今日祖宗血食都是老早斷絕了，若我們不放大眼光，結合各宗族之力來成為一個國族，以抵抗外國，則苗猺等族今日祖宗之不血食，就是我們異日祖宗不能血食的樣子；……更令各姓的團體，都知道大禍臨頭，死期將至，都結合起來，便可以成一個極大中華民國的國族團體。」[31]此時孫中山所談的「外國」還是一個假想敵，而寫作《中國之命運》時的蔣介石卻面臨日本的入侵，自然有著更加強烈的、通過「中華民族論」動員漢人以外的民族集團認同「國族」的願望。

　　關於《中國之命運》作者，有陶希聖説，也有蔣介石、陶希聖共著之説等。[32] 但是我們看到早在 1942 年 8 月 27 日蔣介石在西寧對著漢、滿、蒙、回、藏各族士紳、王公、活佛、阿訇、千百戶所作的題為〈中華民族整個共同的責任〉的演講中，已經有過類似的言論：「各位須知：我們中華民國，是由整個中華民族所建立的，而我們中華民族乃是聯合我們漢、滿、蒙、回、藏五個宗族組成一個整體的總名詞。我説我們是五個宗族而不是五個民族，就是説我們都是構成中華民族的分子，像兄弟組成家庭一樣。《詩經》上説：『本支百世』，又説『豈伊異人，昆弟甥舅』，最足以説明我們中華民族各單位融合一體的性質和關係。我們集許多家族而成宗族，更由宗族合成為整個中華民族。國父孫先生説『結合四萬萬人為一個堅固的民族』。所以我們只有一個中華民族，而其中單位最確當的名稱，實在應稱為宗族。」[33] 由此可以看出，「中華民族」即近代中國的國族須以宗族為基礎構成的思想雖然來自孫中山，但是「中華民族」由漢、滿、蒙、回、藏等五大「宗族」構成，而五個「宗族」之間在歷史上就具有血緣聯繫的説法，卻是由蔣介石本人所提出，或者是得到他的積極認同的。

　　關於蔣介石所提出的「中華民族」由五大「宗族」構成之説，既有學者批評它是「以漢文化體系為中心」，也有學者認定它只是在鼓吹「民族同源説」。這些學者的視點，其實都沒有超過當年中共所設定的批判框架。蔣介石《中國之命運》的發表引起了中國社會各方面的關注，而中共看到了這一點，則馬上組織文章開始進行攻擊。1943 年 7 月 21 日，陳伯達在延安中共機關報《解放日報》上發表〈評《中國之命運》〉一文：「蔣先生此書對於中華民族的瞭解，和本來的歷史真實情況不相符合。此書説『我們中華民族是多數宗族融合而成的』，是『同一血統的大小宗支』。民族血統論，本來是德、意、日法西斯主義的糟粕，……作者以中山先生信徒自命，但卻別開生面，承認中國只有一個民族，這是很可駭怪的意見。」[34]「中國大地主大資產階

級之所以要捏造這種單一民族論，其目的就在於提倡大漢族主義，欺壓國內弱小民族。」[35] 然而不得不指出的是，如果說到「中華民族」的單一民族國家論，其始作俑者根本不是蔣介石，而是孫中山，其代表之作就是著名的「驅除韃虜，恢復中華」。而從血緣關係的角度來力求說明「中華民族」的一體性，更是當年以孫文為首的革命家們所熱衷的論法。

　　中共對《中國之命運》的另一個攻擊重點是認定其中體現了大漢族主義的思想。到了8月16日，周恩來在其〈論中國的法西斯主義──新專制主義〉中寫到：「等到現在，他［蔣介石─筆者］的抗戰作用日益減少，反動方面日益擴大，並且著書立說，出了《中國之命運》一書。這樣下去，必然導致抗戰失敗，內戰再起。⋯⋯至於他對國內各小民族，還不是充滿了大漢族主義的民族優越感和傳統的理藩政策的思想麼？」[36] 其實，這完全是一種「欲加之罪」。首先，在蔣介石提出的「中華民族」的五大「宗族」中，「漢」也只不過是其中之一而已，五個宗族處於平等的地位。即使是各個宗族的文化，其地位亦是平等的：「在中國領域之內，各宗族的習俗，各區域的生活，互有不同。然而合各宗族的習俗，以構成中國的民族文化，合各區域的生活，以構成中國的民族生存，為中國歷史上顯明的事實。」[37] 在這個問題上，蔣介石明顯受到顧頡剛關於「現有的漢人的文化是和非漢的人共同使用的，這不能稱為漢人的文化，而只能稱為『中華民族的文化』」之思想的影響。

　　也就是說，如果說能夠從《中國之命運》所提倡的「中華民族宗族說」中看到隱藏於其中的「大漢族主義的錯誤的民族思想」，那麼這種錯誤的根源其實並不在於是否在「中華民族論」中導入了「宗族」的單位，而在於「宗族」概念所包含的血緣關係能夠讓各個民族集團看到自己與「中華民族」之間的親疏關係、也即主從關係上。然而不得不指出的是，事實上即使沒有導入宗族的概念，「中華民族論」也是一種血緣民族論的思想。作為一個建立在單一民族國家思想基礎上

的概念，血緣民族主義的中華民族論與生俱來地帶著強烈的「漢族中心主義」性質。[38] 我們將從下文看到，即使痛批蔣介石的大漢族主義思想的中共，因為同樣高舉起中華民族的大旗，因此也無法擺脫血緣民族論的束縛。

第三節　中國法統和中華民族血統上的黃帝認同

前文已經述及，蔣介石在《中國之命運》中同時認定「中華民族」是一種文化和一個歷史文化過程，即經過長期的歷史過程中的文化融合而成。也就是說，蔣介石的「中華民族宗族說」中既有文化民族論，也有血緣民族論的成分。但是如果看到蔣介石在解釋「中華民族」之形成時所表現出的發現各宗族、實即各個民族集團「同源」的強烈欲望就能夠看出，蔣介石在文化民族論和血緣民族論二者之間，在很多時候更加偏向於血緣民族論：

> 在此悠久的歷史過程中，各宗族往往在文化交融之際，各回溯其世系而發見其同源。即如蒙古是匈奴的後裔，而史記漢書考其遠祖實出於夏后氏。東北的女真與西藏的吐蕃，是鮮卑的子孫，而晉書魏書考其遠祖皆出於黃帝軒轅氏，我們再考周書、遼史、及文獻通考以為推求，則今日之滿族與藏族即由此流衍而來。至於我國今日之所謂回族，其實大多數皆為漢族信仰「伊斯蘭」教之回教徒，故漢回之間其實只有宗教信仰之分，與生活習慣之別而已。……簡言之，我們中國五族的區分，乃是由於地域的和宗教的，而不是由於種族和血系的關係。[39]

蔣介石雖然繼承了孫中山的「中華民族」＝「國族」的思想，但是將「滿」也稱列為黃帝的後人、提出中國各個「宗族」即不同民族集團「同源」的說法，是其不同於孫中山主張後天同化的中華民族論的地

方。然而必須看到，蔣介石以黃帝為中華民族共祖的説法，又説明了他的中華民族論其實並未超越二十世紀初民族主義思想家們所共有的、以血緣民族論的為基礎的中華民族論思想框架。

眾所周知，以「中華民族」為「黃帝子孫」，就是孫中山等國民黨人當年推崇的思想。通過國立國父紀念館、中山學術資料庫之「國父全集全文檢索系統」[40]進行檢索，在所有號稱作者為中華民國國父孫中山的著作之中可看到，他一生曾經九次提及「黃帝」（另外還有一次「黃祖」）、六次提及「軒轅」、四次提及「炎黃」。

1907年4月，孫中山明確提出「中華國民」為「黃帝之子」一説：「昔我皇祖黃帝軒轅氏，與炎皇同出於少典之裔，實建國於茲土，上法乾坤，乃作冠帶，弧矢之利，以威不庭，南剪蚩尤，北逐葷粥，封國萬區，九有九截。……嗚呼！我中華國民伯叔兄弟諸姑姊妹，誰無父母，誰非同氣，以東胡群獸，盜我息壤，我先帝先王，亦既喪其血食，在帝左右，旁皇無依，我伯叔兄弟諸姑姊妹，亦既降為台隸，與牛駒同受笞筴之毒，有不寢苦枕塊挾弓而鬥者，當何以為黃帝之子？」[41]

但是在1908的〈同盟會革命方略〉（軍政府宣言）中，孫中山又説道：「漢族神靈，久焜燿於四海，比遭邦家多難，困苦百折。今際光復時代，其人人各發揚其精色。我漢人同為軒轅之子孫，國人相視，皆伯叔兄弟諸姑姊妹，一切平等，無有貴賤之差，貧富之別，休戚與共，患難相救，同心同德，以衛國保種自任。」[42]也就是説，當時孫中山所説的「中華國民」其實就是「漢族」、「漢人」，而這裏所表現出來的「漢人同為軒轅之子孫」、國人「皆伯叔兄弟諸姑姊妹」、「衛國」即「保種」之説，實質上就是一種以血緣民族論為基礎的單一民族國家思想。

直至民國前一年武昌起義之後，孫中山在〈布告全國同胞書〉中仍然使用「黃帝子孫」來表達中華國家與漢民族二者同體的思想：「中華民國軍政府大總統孫，為布告大漢同胞事：昔我皇祖黃帝軒轅

氏，奄有中土，建國萬區，必先南討蚩尤，北逐獯鬻，作弧矢以威
四裔，用能保我子孫黎民；……胡元乘間，於是我中國始為亡國之
穢墟矣！嗟夫！我黃帝子孫何罪，竟令彼時受異族之荼虐，……曾
不幾時，民族主義之進步，日速一日，今則統中國皆國民矣；我鄂
軍代表竟首舉義旗矣；我各省同胞竟同聲響附，殆無不認革命為現
今必要之舉動矣。同胞！同胞！何幸而文明若此也？此必我黃帝列
聖在天之靈，佑助我同胞，故能成此興漢之奇功，蓋可以決滿虜之
必無噍類矣。」[43]

民國建立以前孫中山通過使用「黃帝」、「軒轅」來強調「漢族」、
「漢人」為具有血緣關係之「同胞」，強調漢族來自一個共同的祖先的
論述，都是出現在直接鼓吹對於清王朝的「民族革命」的場合。因為
強調漢族是一個由血緣團體的目的在於「嚴春秋夷夏之防，抱冠帶
沉淪之隱」，[44] 為此他甚至斥責歷史上有人稱黃帝也是「異族」祖先之
說為「奸言」：「崔浩魏收，騰其奸言，明朔方之族出於黃帝……」[45]
在這種鼓吹對於清王朝之「民族革命」的場合，孫中山還數次使用黃
帝紀年。1907 年 1 月時他說道：「本總統自提倡大義以來，專以驅除
胡虜、恢復中華、建立民國、平均地權為宗旨。幸我海內外同胞，
咸知滿人為我漢族不共戴天之讎，各抱熱誠，共張撻伐。或同盟起
義，或歃血誓師，如風之行，如響斯應……。黃帝紀元四千六百零
四年。」[46] 很明顯，這裏的「黃帝子孫」是相對其他國家、而非國內其
他非漢民族集團而言的。

但是一旦民國建立，孫中山立即放棄了黃帝紀年：「各省都督
鑒：中華民國改用陽曆，以黃帝紀元四千六百九年十一月十三日為
中華民國元年元旦……」[47] 可見孫中山已經意識到，建設「中華民國」
的過程已經不能再用「民族革命」的理論。反言之，孫中山關於「黃
帝」、「軒轅」的論述就是為了發動對清王朝之「民族革命」而來的。
民國建立以後，孫中山提起「黃帝」、「軒轅」的次數也大為減少，提
及「黃帝子孫」的地方只有一次：「可見中國若強，高麗、安南一定會

要求我們准伊們加入中國，到那時日本也不欺負我們了。大家知道日本強了，我們為甚麼不能強呢？學生諸君切勿自餒！我們是黃帝的子孫，要素強大，行乎強大。」[48]

　　更重要的是，民國建立以後，孫中山筆下的「黃帝」、「軒轅」的性質發生了根本性的變化。孫中山1912年1月1日在南京宣誓就任中華民國臨時大總統以後，3月委派由15人組成的代表團前往陝西省黃陵橋山致祭軒轅黃帝陵，並親筆寫下了〈祭黃帝陵詞〉：「中華開國五千年，神州軒轅自古傳。他造指南車，平定蚩尤亂。世界文明，唯有我先。」在分析孫中山先生的這段文字時，我們固然需要考慮到清帝遜位以後中國國內政治局勢之變化對身為中華民國臨時大總統的孫中山先生所產生的影響，但是這種視黃帝為「開國始祖」和中華文明象徵的思想，無疑與他當年在東京開始鼓吹民族主義時視黃帝為「中華民族始祖」的思想已經相去甚遠。

　　這種以「黃帝」、「軒轅」為中華文明象徵的思想，實際上是孫中山在投身革命以前就有的思想，同時也應該是當時中國社會一般認同的黃帝形象：「余念上世善治兵者，若神農、軒轅、伊尹、曹孟德諸公，皆以善解醫方，拊循其眾，故其士氣壯盛而無夭札，師旅輯和，威謀靡亢。」[49]進入民國時期以後，孫中山多次重覆這種思想：「古籍所載指南車，有謂創於黃帝者，有謂創於周公者，莫衷一是，然中國發明磁石性質而製為指南針，由來甚古，可無疑義。」[50]「又像中國的指南針也有電的道理，用過了的時代和數目，不知有多少了。這個東西有的說是黃帝發明的，有的說是周公發明的，無論是那一個發明的，都是在外國人發明電之先……？」[51]「嘗百草是甚麼人的事呢？就是醫生的事，所以神農由於嘗百草便做皇帝，就可以說醫生做皇帝。更推到軒轅氏教民做衣服也是做皇帝，那就是裁縫做皇帝。有巢氏教民營宮室，也做皇帝，那就是木匠做皇帝。」[52]

　　以上例子反而可以證明，孫中山將「黃帝」、「軒轅」視為「漢族始祖」、「中華民族始祖」的論述，都是為了發動和進行「民族革命」

而發的。而從孫中山民國9年寫給合肥闞氏的〈重修譜牒序〉中，更可以看出孫中山在民國建立以後放棄視「黃帝」、「軒轅」為「漢族始祖」的原因：「合肥闞氏，古蚩尤之後裔也。蚩尤姓闞，為中國第一革命家，首創開礦鑄械之法。因軒轅氏奪其祖神農氏之天下，乃集其黨徒八十一人，精究戰術，能為風雨霧霾以助戰，與軒轅氏血戰多年，至死不屈。軒轅氏既滅蚩尤，實行帝制，稱蚩尤為亂民，加以不道德之諡號。然心畏蚩尤之神異，民心之思念，乃令人圖畫其像，建祠祀之。」[53] 此時孫中山的筆下，不僅「黃帝」、「軒轅」與「不道德」連接在一起，而與軒轅黃帝爭天下的蚩尤則成了贏得「民心之思念」的「中國第一革命家」。也就是說，當有了領導「中國」的經歷之後，孫文已經放棄了「黃帝」為「中華國民」始祖之說，承認並不是所有的「中國人」都是「黃帝」、「軒轅」的子孫，換句話說，就是承認「中國」是由具有多種血緣來源的人們所組成的。

到了全面抗戰即將爆發的前夕，國民政府已經不再刻意強調血緣民族論，其標誌就是不再刻意強調「黃帝中華民族共祖說」。例如，1937年4月國民政府主持祭祀黃帝陵活動時，國民黨中央執行委員會的祭文為：「維中華民國二十六年民族掃墓之期，追懷先民功烈，欲使來者知所紹述，以煥發我民族之精神，馳抵陵寢，代表致祭於我開國始祖軒轅黃帝之陵前曰：粵稽遐古，世屬洪荒；天造草昧，民乏典章。維我黃帝，受命於天：開國建極，臨治黎元。始作制度，規距百工，諸侯仰化，咸與賓從。置歷紀時，造字紀事；宮室衣裳，文物大備。醜虜蚩尤，梗化作亂；爰誅不庭，華夷永判……」可以看出，國民政府在這裏是以黃帝為「中國開國始祖」、即一個政治共同體的領導人來看待的，所強調的黃帝對國家的貢獻也主要是在建立文化制度方面的貢獻。換言之，居於中國正統政府立場上的國民黨人，是從國家和「法統」的角度來考量祭祀黃帝與維持其統治正當性之間關係的。

相反，之後批評蔣介石鼓吹單一民族國家論的中共，此時卻在

祭詞中以黃帝為「中華民族始祖」：「維中華民國二十六年四月五日，蘇維埃政府主席毛澤東、人民抗日紅軍總司令朱德敬派代表林祖涵，以鮮花時果之儀致祭於我中華民族始祖軒轅黃帝之陵。而致詞曰：赫赫始祖，吾華肇造，胄衍祀綿，嶽峨河浩。聰明睿知，光被遐荒，建此偉業，雄立東方……」值得注意的是，中共祭文將自己過去進行內戰的經歷改造為抵抗外敵之歷史。[54] 國共兩黨對「黃帝」的認同，無疑都是為給自己製造領導抗戰的正統性根據。中共之所以要從「民族始祖」這一「血統」的角度認同黃帝，是因為他們當時沒有掌握國家政權。因此這時中共的中華民族思想中，具備更加濃厚的血緣民族論性質。「琉台不守，三韓為墟，遼海燕冀，漢奸何多！」從這篇由毛澤東和朱德兩人署名的祭文中又可以看出，他們以「中華民族」為「黃帝子孫」的思想基礎，就是「中國」與「漢」二者不分。[55]

其實，甚至到了1943年7月陳伯達執筆〈評《中國之命運》〉時，中共仍然沒有從理論上理清「中國」與「漢民族」之間的關係。陳在文中這樣寫道：如果按照蔣介石的「中華民族宗族說」，那麼「漢時代漢民族和匈奴的戰爭」，「五胡亂華、南北朝那時代漢民族與各民族的戰爭」，「唐時代漢民族和回紇、吐蕃、沙陀的戰爭」，「武漢時漢民族和契丹的戰爭」，「宋時代漢民族和契丹、西夏、女真、蒙古的戰爭」，「明時代和蒙古、滿洲的戰爭」，「太平天國和同盟會反滿的戰爭」，也就都不是民族的戰爭，而只是一個民族內部的戰爭了。若然，則岳飛、文天祥、陸秀夫、朱元璋、徐達、袁崇煥、史可法、鄭成功、李定國、洪秀全、李秀成、黃花崗七十二烈士以及孫中山先生，……這一切在漢民族史上可歌可泣、而為漢民族和中國河山生色的歷史人物，不就都成為一批毫無意義而死去的愚夫愚婦嗎？……按照作者關於民族的解釋和歷史的渲染，則全部中國歷史，必須完全推翻，而我們民族也寄託於烏有。」[56]

但是，文天祥、陸秀夫、朱元璋、徐達面對的敵人是蒙古，岳飛、袁崇煥、史可法、鄭成功、李定國、洪秀全、李秀成、黃花崗

七十二烈士以及孫中山面對的敵人則是滿族，而中共在這裏所説的
「我們民族」，顯然就是「漢族」。用這種自己代表漢族、漢族中心的
歷史代表「全部中國歷史」的話語來批評蔣介石中華民族論中具有大
漢族中心主義的論法，甚至就是百步笑五十步。這一現象説明，「中
華民族論」無論是出自何人之口，從實質上來説都是一種以血緣民族
論為基礎的單一民族國家思想，因而擺脱不了漢族中心主義的嫌疑。

第四節　日本單一民族國家思想中的日本民族論

　　事實上，「中華民族」的概念就是當年為了證明打倒滿族統治、
建立漢族單一民族國家之正當性而被發明出來的，這也是在近代中
國出現「國族」思想的原因。值得注意的是，近代中國的民族主義思
想家們之所以願意使用「國族」的説法來強調從「國家」建構中排除
其他民族成員的思想和行為具有正當性，就是因為他們從一開始就
認為民族是一個由血緣關係聯繫起來的共同體，因而具有強烈的排
他性。正如鄒容所言：「夫人之愛其種也，必其內有所結，而後外
有所排。故始焉自結其家族，以排他家族。繼焉自結其鄉族，以排
他鄉族。繼焉自結其部族，以排他部族。終焉自結其國族，以排他
國族。」[57]
　　作為單一民族國家話語的「中華民族論」，已經在中國近代民族
主義的形成過程中逐漸成為一套以血緣民族論為核心的話語系統。
這個話語系統包括製造一個民族的共同祖先，包括給這個民族祖先
戴上國家共同體創始人的神聖光環，包括將國家的歷史轉換為民族
的歷史，更包括炫耀由單一民族構成的國家共同體具有強韌的凝聚
力。因為民族是通過血緣關係連接在一起的，所以這裏有著共同的
愛、恨和責任感。而通過這套以血緣民族論為核心的話語系統可以
明確斷定，以「中華民族論」為代表的中國的近代民族主義思想，就

是在全面接受以「日本民族論」為代表的日本近代民族主義思想的影響下而形成的。

連接起近代中日民族主義思想之間這種師承關係的，就是當時身處形成近代中國民族主義思想的場域——二十世紀初日本社會的清國留日學生。例如，將黃帝塑造為中華民族的共同祖先的契機就是受到了近代日本對神武天皇重新進行歷史定位的啟發。劉師培在〈黃帝紀年論〉中就明確談到：「夫用黃帝紀年，其善有三。……日本立國，以神武天皇紀年，所以溯立國之始也。中國帝王，雖屢易姓，與日本萬世不易之君統不同；然由古迄今，凡漢族之主中國者，孰非黃帝之苗裔乎？古中國之有黃帝，猶日本之有神武天皇也。取法日本，擇善而從，其善二。」[58] 也就是說，中國應該學習日本，為中國人民的漢族找到（！）一個如神武天皇一樣，既是立國始祖又是民族始祖的人物。

向日本學習近代民族主義的想法，是以承認日本的近代發展為前提的。實際上，近代日本也將日本的發展和中國的落後歸結於在建設民族國家問題上的成敗。1928年，日本的《日本民族論》明確提出：「如果將支那與日本的民族社會進行比較可以看出，從時代上來看，支那的社會組織在很久前就已經很發達，而日本雖然是一個小國，但在很久以前已經就在民族的結合和統一的問題上取得成功。所以支那在革命以後的今天仍然無法形成國民國家，而日本在維新以後很快就形成了國民國家。」[59] 雖然該日本學者也稱國民國家就是nation state，但他在這裏所說的國民國家，事實上不過是按照民族的範圍，披在「民族社會」身上的一張招牌，也可以稱為「民族國家」：「種族是以氏族或部落為單位形成的血族的、地域的團體，……隨著政治的發達，在種族社會之上形成族長國家，隨著文化程度的提高，又發展為民族社會。民族社會以一定的地域為基礎，其成員之間形成了共同的歸屬感和同質的文化、同質的心理。……國民國家依照民族社會而成形，因為民族與國民一致，所以也可以稱為民族

國家。」[60] 也就是說，他們認為國民只有以民族為基礎才有意義，因為只有民族「既是歷史和社會的，又是文化和心理的」產物，才具有堅韌的凝聚力，而日本民族在歷史上就已經形成。「從社會學的角度對日本民族進行歷史的社會的和科學的考察，就可以得出日本民族即國民的結論。社會學與社會心理學二者無可區分，而從心理的和文化的角度來看，日本民族就是國民。」[61] 明治維新之前，日本人之所以沒有民族及國民的意識，更沒有注意到二者之間的關係，是因為當時他們也沒有近代國家的觀念：「我們日本民族即日本國民，從六十年前的明治維新時期，我們才開始具有明確的一國民族與獨立國家之國民的意識，因為正是明治維新使日本民族社會具備了國民國家形式。」[62]

近代日本關於民族與國家之間關係的思想的形成，起因於近代日本積極追求建設一個具有強大凝聚力的、可以用來保證日本維護「獨立」的「國民」。這種民族主義的思想，始於幕府時代末期由於外國勢力的壓迫而形成的攘夷思想。但是，「作為封建統治者維持其封建統治的排外運動的攘夷論以及攘夷運動」，最初「即使有攘夷派的煽動，排外運動無法動員下級武士、鄉士階層，或者說是豪農、商業資本家階層，以及其下的勞動大眾，始終是一個根基很淺的運動。所謂勞動大眾，在這個時點上自然是以耕作的農民階層為中心，而這些佃農們並沒有鮮明的國民意識。」[63] 也就是說，當時對於處於日本社會底層的人們來說，「國家」的獨立是否受到威脅，與他們的個人生活無關。民族主義之後之所以能夠成為一種左右社會的力量，是以民眾對國家政治發生興趣為前提的。所以有日本學者指出：「日本民族主義的形成，無疑與自由民權運動有關。」[64]

一般認為，日本的自由民權運動始於1874年板垣退助和後藤象二郎等人提出《民選議院設立建白書》，而止於1890年建立了帝國議會時。遠山茂樹是日本歷史學研究會 (The Historical Science Society of Japan) 的重要人物，信奉唯物史觀的著名歷史學家。他在1950年

後藤象二郎　　　　　板垣退助　　　　　遠山茂樹

代初就曾經非常清晰地梳理了近代日本社會中的「民權」思想與「國權」思想之間的互動關係（包括被統治階層所利用的互動關係），及其在近代民族主義之形成過程中所發生的重要作用：「外壓是我國絕對主義形成的重要契機，同樣這一力量在自由民權運動中也發揮了極大的作用。也就是説，（自由民權運動）在最初就已經具備了在達成民權的同時達成國權的目標。……自由民權運動中的國權論即民族主義[nationalism—筆者]的思想也具有雙重的性格。其第一為從攘夷論延續下來的絕對主義的富國強兵論，第二為自下而來的國民統合，及在此基礎上要求實現對外自主的近代民族主義。自由民權運動時期中，國權論與民權論二者的結合使運動具有了二重的性格。第一是從富國強兵的角度出現的實行立憲制，以此為實現富國強兵、建設國民之手段的要求，這是上流社會的民權説。第二是從近代民族主義的角度自下而上地出現的實行民主制、以此作為實現國民統合前提的要求，這是下流社會的民權説。」[65]

　　遠山茂樹認為，正是因為這兩種思想流派的並存，不僅使民族主義在日本迅速崛起，也導致日本民族主義具備了其國家主義的特徵：「自由民權派通過強調緊張的國際局勢和國家獨立的緊迫性，宣稱在野的民眾才是真正的愛國者，促使民眾的國民政治意識迅速覺醒，支持具有國民政治意識的民眾與政府權力進行鬥爭，攻擊政府

落成不久的鹿鳴館

屈從於歐美列強壓力和表現軟弱，鼓勵國民堅持對外保持獨立不羈
的精神⋯⋯」[66] 由於自由民權派在動員民眾時使用了鼓吹「國權」的
手法，「下流社會的民權最終沒有和上流社會的民權説分道揚鑣，
而其連接點，就是未能從富國強兵論中完全脱身出來的國權論」。[67]
「當年的自由民權派與國粹主義派，具有共同的社會思想基礎，這就
是國權論。在這時的國權論中，已經沒有了革命的民族解放、獨立
的要求，只有富國強兵論。」[68]「民權」與「國權」的一體化，導致了以
富國強兵論、其實就是國權論為主體的民族主義思想蔓延至整個日
本社會。

　　為了説明維護「國權」的意義，頌揚日本文化之優秀的「國粹主
義」和天皇萬世一系的日本國家體制之優秀的「國體論」也就應運而
生。國粹主義雖然批判政府不顧日本實際盲目歐化，但是在強調天
皇萬世一系及日本國家體制的優秀及永久性上與「國體論」一脈相
承，在攻擊天賦人權論上與「國權論」毫無二致。「1880年代，也是
以鹿鳴館為代表的歐化、與因對其反感而起的國粹論互相交錯的時
代。日本民族論同樣處於這一潮流之中。」[69] 而日本國體論開始盛
行，是在1890年的教育敕語發表之後。「國體論是為了打破 (江戶時
代幕府體制的) 封建體制而形成國民國家」所製造出來的意識形態，
因為「統一吸收歐美文明與走富國強兵之路兩種路線需要找到一個近

井上哲次郎

《敕語衍義》

代國家的統合理念，為了與執迷不悟的國學者的尊王攘夷論劃清界限也需要近代國家思想的粉飾。」[70]

值得注意的是，在這個過程中，許多當年留學德國的日本思想家和法學家，都逐漸變成了國體論者、單一民族論者，甚至是血緣民族論者。其中最著名者，除了常常被提及的留學德國五年、回國成為「明治法學界之重鎮」、官至東京帝國大學法科大學校長的穗積八束之外，還有曾經留學德國六年 (1884–1890)、後官至東京帝國大學文科大學校長的井上哲次郎。井上在其《敕語衍義》中提出：「日本民族為來自於同一古代傳說的系譜，建國以來居住在同一國土上，具有同一語言、習慣、風俗、歷史，從未被其他民族所征服過的，在蜻蜓洲首尾盤踞一起的一大血族。因此屬於日本民族的人，相互之間都是血親關係。」[71]

日本近代思想史家小熊英二指出以上這段文字是井上在1898年出版該書增訂版時專門增加的：「國體主義者就這樣將明治國家的天皇統治體制，解釋成不是權力統治而是通過同民族之人的自然結合而形成的。」[72] 於是，在「以帝國臣民均為以天皇為祖先的一大家族之成員的國體論」的語境中，以「帝國臣民是具有純粹單一的起源的民族」、[73] 日本自始至終一直是一個「單一民族國家」的思想在日本社會中迅速得到普及。作為民族共同體的日本民族與作為政治共同體

的日本國家，二者自古以來即為一體的歷史學學說、即「國史學」迅
速形成。值得注意的是，正如可以從日後中國革命家們關於黃帝的
歷史描寫中所看到的一樣，近代日本以宣揚國體論為目的的國史學
是將歷史和神話的要素摻雜在一起的。

國史學中的神話要素基本上來自於《日本書紀》。[74] 其內容本書
第三章中已有介紹，此處不再重覆。正如中國神話中女媧摶黃土
造人一般，日本的建國神話中關於二神兄妹結婚生出日本列島的內
容，是我們用今天的科學知識所無法理解的地方，但是這一內容恰
恰符合近代日本建構日本民族論和民族國家理論的需要。法學家穗
積重遠（穗積八束之兄穗積陳重的長子）即認為：「日本建國神話的一
大特徵，是治國主權者與國土的同時誕生。」[75]「日本皇室的祖先天
照大神與日本國為同胞兄弟。因此日本從建國之日起就與皇室具有
無法切割的關係。⋯⋯ 日本往日的幸福的根本原因就在於具有這個
皇室國土二者為同胞的傳說。」[76] 然而值得注意的是，儘管在日本神
話中，作為國土的日本和作為這片國土的統治者的日本天皇二者出
處一致並具有血緣關係，但卻並沒有將日本天皇與日本民族的形成
直接連在一起，而將此二者鏈接在一起的則是進入近代以後逐漸膨
脹起來的國體論和國史學。

第五節　日本國體論與國史學中的血族集團

早在1781年，日本的儒學家藤貞幹寫下了史論《衝口發》一書，
該書雖只有短短的31頁，但是分門別類，有皇統、語言、姓氏、
國號、神璽、年號、容貌裝飾、衣服、喪葬、祭祀、拍手合掌、和
歌、詩賦、國史、制度等綱目，日後日本著名民族學家鳥居龍藏高
度評價了該書在日本學術史上的地位。[77] 因為該書「與本居宣長等國
學派的觀點大為不同」，[78] 認為《日本書紀》中所記日本的皇統、言

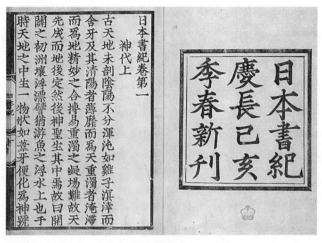

《日本書紀》

語、姓氏和風俗，大多與大陸、尤其是朝鮮半島有關。[79] 但是四年後，本居宣長著《鉗狂人》一書，將藤貞幹的觀點稱為「狂人之說」。本居宣長以後，國學流派逐漸興起，以《日本書紀》所記載的皇國紀年、以天皇為中心的日本歷史和日本為神國的國體論逐漸成為歷史學的主流。由此形成了鼓吹「日本國體在民族形成的過程中成形，日本民族在國體形成的過程中與其同時結合成形」，[80] 徹底否認日本人外來說，日本國土與成為日本民族的祖先的日本天皇同時誕生，日本國家、日本民族與萬世一系的天皇三位一體，因此日本是一個極為純粹的單一民族國家的「國史學」。

　　在國史學的推理和加工描述之下，日本國體的特徵被形容為政教合體，祖先崇拜和神祇崇拜兩種思想使日本實質上成為一個族制國家和神制國家。按照國史學的說法，所謂族制國家來自於日本人對祖先的崇拜，根據祖先崇拜產生的道德倫理成為維繫日本社會和日本國家的基本原理。但是值得注意的是，與人類學理解的祖先崇拜不同，國史學所強調的祖先崇拜的對象，不是一個個大家族的父系祖先，而是一個由的現天皇所代表的日本民族的祖先：「日本民族以立足於君國的大我包容立足於一身一家的小我。」[81]「我國皇室正

是國民的大本家，國民為其分家，因此天皇即為大家長。原本國家是由血族集團發展而來，因此一國上下實現了大家族主義的和衷協同。」[82]「在家族制基礎上成立的我國，由身為族長的萬世一系的天皇進行統治，……因此形成了全國上下一致、全國一體、永久發展和完全普及的鞏固的統一格局，使國家成為一個完全的統一體。」[83]「這個統一體是一個實現了以天皇為中心的血族團體的統一體，是體現了君臣之間親善不離的統一體，是日本民族的自覺，是一個偉大的民族的自我完成。」[84]

　　所謂神制國家來自於日本人對神祇的崇拜，對神的敬畏成為日本政治制度的基礎。因為從國土和國民的起源上來看，「日本」具有神格與人格不分的性質，所以日本建國諸神的直系後裔天皇作為「現人神」得到了日本國民的崇拜。這種最終歸結於崇拜在位天皇的神祇崇拜，被認為是造成日本國民精神團結的重要因素：「根據這些神話和史實，我國是由皇祖神生成，皇室與國土與臣民之間關係為不離合一的關係，皇室為臣民的總本家，因此皇室與臣民之間關係為君臣之義兼父子之情。」[85]

　　政教合體的日本國家觀，一直持續到第二次世界大戰結束之前，而且越來越體系化。歷史學者中村孝也於1944年出版的《高等國史》這樣寫道：「我們大日本帝國是按照祖神崇拜的大精神而開國的。祖神崇拜可以分為崇祖與敬神兩個部分，崇祖即祖先崇拜，敬神即神祇崇拜。祖先崇拜來自於國民的血族結合，而神祇崇拜使他們成了一個精神的結合體。而這兩種結合就是我國國體的基礎。由此可知，首先就有必要明白我國自開國之時起，就是以族制和神制這兩個要素的基礎上成立的。以族制為要素而形成的國家，是由同一的祖先分化出來的血族集團建設的國家，可以稱為血族國家。以神制為要素而形成的國家，主權者以神格治理臣民，可以稱為是宗教國家。」[86]

　　由以上可以看出，由國史學所提出的日本是一個以神祇崇拜思

想為基礎而形成神制國家，和以祖先崇拜思想為基礎的族制國家二者之間，其實是無法區別的。造成這一點的原因，就是因為二者實際上同樣都是以血緣關係為基礎的。關於這一點，國史學者們已經做出了大量的註解：「我國是一個血族國家，所以自古有重家系之風。」[87]「我國國體的根本特質有三點，即皇運無窮、天皇神聖和忠孝一體。而三者有相互關聯，所謂三位一體是也。皇運無窮故天皇神聖，因此而得以忠孝一體。因此日本民族性中最主要的部分就是血族性，由血族性而國成，由血族性而得有皇運無窮、忠孝一體。」[88]「國為家的擴大，君民關係為父子關係的延長」，[89]「我國的國土和人民均出生於皇室祖先的天照大神，與皇室由血緣關係連接在一起」。[90]「皇室和國民由血族關係結合，皇室為國民的總本家，而國家因此得以擴大。其理由在於社會由具有最為樸素、自然和非人為的血族關係的國民結合而成，而皇室居於核心，國家因而是一個民族國家。……構成血族關係根本的父子關係，是非人為的且不變易的關係。」[91]

在國史學的敘述中，天皇成了「日本民族」的起源，而國史學所「發現」的同時具備創建政治共同體的指導者和民族共同體的始祖兩種性質的人物，就是以上劉師培所說的「人皇」時代第一代的「現人神」的神武天皇：「進入人皇時代以後，神武天皇作為第一代天皇即位，建立國家體制做出德治榜樣，之後歷代天皇仿效之。」[92]「日本民族的生成及發展過程可以大化改新與明治維新為界分為三個階段。從大化改新到明治維新時期的一千二百餘年為出現民族自覺和形成民族統一的時期，……從神武建國至大化改新約有一千三百餘年，這一時期是日本民族形成的時期。而明治維新後至今日僅僅六十餘年，但是在這半個多世紀中日本民族從社會上、心理上異常迅速地發展。」[93]

而按照國史學的解釋，由於所有日本國民都或多或少地具有皇室血統，因而日本國民之間都具有血緣的關係，日本民族就是一個

大血族集團。而在血統上為天照大神和神武天皇嫡系的天皇皇室，因此自然是全體日本國民、整個日本民族的「總本家」。「世界上類似日本民族這樣具有純粹的血液的民族世界上無與倫比。居於這個實現了同化的中心的高貴血統，是居於最高至貴地位的皇室。因此，全體國民的血液中都有著皇室高貴的血統，因此變成了同一個祖先分化出來的血族同士，祖先就是天照大神。因此皇室與國民之間的關係，就像是巨木的枝與幹。⋯⋯ 任何一個臣民的血統，如果追溯上去，應該都能夠追到皇室上。⋯⋯ 日本國民均由皇室血統而來，皇室的祖先即國民的祖先，因此形成了君民一體的國家體制。因此，日本國家可以説就是族制國家血統。正如諺語所説，血濃於水，血族的結合是最堅固的結合。加上我國具有祖神崇敬的宗教信念，因此使國家生活結合得更加堅固。」[94]

可以看出，國史學的重要特點之一就是以「日本民族論」為中心而展開其話語體系，而國史學的日本民族論，實質上就是血緣民族論：「民族是甚麼？這個問題無疑是民族主義論的出發點。民族，常常被看作是一種血緣的共同體，即其成員屬於同一血緣的一個集團。因此，民族是一個血緣共同體 (*Blut Gemeinschaft*)。如果從血緣的角度對民族進行考察，第一個問題就是人種的問題。」[95] 在國史學的話語中，血緣關係成為構成民族共同體的最重要的元素：「從筆者的立場來說，民族的本質是一個生產共同體。因此這個共同體即民族的性格，是由生產的歷史發展條件決定的。但是有很多人都將民族性理解為血緣共同體的性格，血緣與民族被當作了同義詞。因此，民族的問題即血緣的問題，換言之即人種的特性的問題。」[96] 可見，國史學對血緣在民族形成中作用的重視達到了無以復加的地步，在國史學的日本民族論話語中，民族完完全全就是一個血族的集團。

值得注意的是，受到國史學的血緣民族論思想的影響，近代日本人類學和考古學的「日本民族論」，也走過了無視、輕視和歧視其

他少數民族集團的彎路。十九世紀末和二十世紀初，為了確認「日本民族」的範圍，證明日本人才是日本島最早的居民，剛剛開始形成階段的人類學和考古學的日本民族論抹殺了日本島最早的居民為阿伊努人的歷史事實。本書第三章已經述及，最早談及「日本民族」起源的，可以追溯到1690年來日的恩格爾伯特·坎派爾（日本民族西來說）、1823年來到日本的德國醫生和博物學家菲利普·西博爾德（Philipp Franz von Siebold），以及1877年來日本東京的帝國大學擔任教授的原哈佛大學生物學助教愛德華·莫斯（Edward Sylvester Morse）等歐美人類學家的研究。他們根據考古發現的人骨和石器文化等，並參考日本神話傳說，提出了日本最初的原住民為阿伊努人，今天的日本民族為「由原住民與渡海而來的征服民族」混合而成、即「現代日本民族是亞洲多種民族的混合」的觀點。[97]到了1880年代中期以後，日本人類學學科逐漸形成，最初大多日本學者也接受日本混合民族說，但是很快就有人開始對日本混合民族說提出了質疑。他們主張日本的原住民並不是阿伊努人即神話中的蝦夷，1892年黑川真賴提出，蝦夷只不過是因反抗天皇家的統治而被流放到北海道的那些日本人的後裔，因為與地理上的隔絕，日後沒有像本州的日本人那樣得到進化而已。

也就是說，反對日本混合民族說的日本學者認為，古時期日本列島上就只有日本人居住在這裏，並沒有異民族的存在。到了1888年，國體論者的內藤恥叟更提出：「在這個國家的人種中，沒有一個人不是大神的後裔子孫。」[98]按照小熊英二的分析，在這些主張「日本人從太古起即集結在天皇之下」的日本人看來，在文學、軍事力量、建築、技術、經濟及工藝等各個領域都無法與歐美對抗之時，日本有的只是「集結在天皇周圍的國民＝民族的團結力」。而此時，「如果容忍歐美人類學者的主張，將日本民組視為征服者與原住民的混合體，就等於是放棄了最後的認同意識，就會瓦解日本維持獨立所必不可缺的國民的團結」。[99]與以中華民族論為代表的中國近代民

族主義不同，近代日本的單一民族國家思想，不是通過血緣關係發現和排除「異種」，而是努力證明國家政治共同體的所有成員之間都具有血緣的關係，其方法就是將即使具有不同特徵的人們也統統說成是具有同一個遠古祖先血統的「日本民族」集團的成員。但是這種完全無視了考古學和人類學的成果、主觀強硬地斷定阿伊努人就是「日本民族」的一部分的單一民族國家思想，無疑同樣是在無視弱者的獨立意志，以對少數民族集團的無視、輕視和歧視為思想基礎的。

　　但是必須承認的是，國史學的血緣民族論具有鮮明的凝聚日本民眾人心、強化日本民族主義的目的：「日本實現了完全的種族的結合和民族的統一。大約世界很少有國家能夠像日本民族這樣實現了完全的種族結合，像日本國民這樣實現了完全的民族統一。這與作為日本的中心種族的天皇族、最高族長天皇堅持拋棄其種族的和族長的特徵，而成為民族結合和統一的核心有關。」[100]「日本的國體就建立在這種將日本民族做為本體的社會為基礎上，成為凝聚國民的傳統。這種完全以種族的結合為民族統一基礎的國度，在世界估計除了日本再無二者。」[101] 因此，正如當時的國體論者所言，近代日本的國史學領域中的國體論論述，實質上就是一套日本民族論、或者說是一種日本血緣民族論的話語體系。「研究日本民族既是研究日本國體的前提又是其結論。因此要將日本民族論和日本國體論放在一起論述，方能夠搞清日本民族的性質和搞清日本國體的真相。」[102]

　　國史學的這種民族主義描述，在二戰時期更達到登峰造極的地步：「世界各個文明國家中，幾乎沒有一個像日本民族這樣種族一致、像日本的民族社會這樣自然形成的先例。」[103]「日本國史有著在其他各個國家各個民族的歷史上所看不到的優秀的特點。這就是自肇國以來至今一直為一個國家的歷史。而日本國以外的所有的歷史就是民族興亡的歷史，而國家在其基礎上盛衰存亡、興廢沉浮。但是我國的歷史是一個以日本民族為中軸的單一國家永遠存在、發展的光輝的歷史，皇基之久遠、國體之尊嚴都無以倫比。」[104] 毋庸贅

言，這種以血緣民族論為基礎而被鼓吹起來的、以天皇制為中心的狂妄的民族主義，也是導致日本走向侵略道路的一個重要原因。

結　語

中國近代民族主義的最鮮明的表徵符號就是「中華民族論」。近代中國的民族主義，究竟是受到「美利堅民族」的影響，還是受到日本「單一民族國家」思想的影響而形成的呢？要想明確回答這個問題的方法其實極為簡單，那就是看「中華民族論」是不是一種血緣型民族論的話語。事實上，近代中國的「中華民族」的思想就是一種血緣型民族論。而「美利堅民族」不可能追求共同的民族始祖，西方對nation 的理解中也沒有要求共同血緣來源的成分。將中國的國民都視為「中華民族」的思想，顯然就是受到日本「單一民族國家」思想的影響。孫中山甚至在《三民主義》之「民族主義」中聲稱他的中華民族＝國族論也是仿效日本的：「從前日本用藩閥諸侯的關係，聯絡成了大和民族。當時日本要用藩閥諸侯那些關係的原因，和我主張聯成中國民族，要用宗族的關係也是一樣。」[105]

蔣介石在《中國之命運》中表現出來的「中華民族」＝「國族」的思想，雖然也有很多超越孫中山民族主義思想的部分，例如不提後天的「同化」而將「中華民族」視為一個經過長期文化「融合」而實現的歷史事實等，但蔣介石仍然主張中國的各個「宗族」（包括漢族和少數民族集團）來自於一個共同的祖先，其根本原因在於「中華民族論」本身就是以血緣民族論為基礎的。中共出於把自己裝扮成孫中山思想繼承人的私心，對蔣介石為了避免給少數民族集團留下同化印象而作出的努力視而不見，反而批評書中表現出來的「中華民族」＝「國族」、國族由「宗族」構成的說法是「大漢族主義」，是對孫中山民族主義思想的背離，這是違背歷史事實的。因為孫中山民族主義的核

心就是追求單一民族國家的「中華民族」=「國族」思想。

作為單一民族國家話語的「中華民族論」，在中國近代民族主義的形成過程中逐漸成為一個以血緣民族論為核心的話語系統。這個話語系統包括製造一個民族的共同祖先，包括給這個民族祖先戴上國家共同體創始人的神聖光環，包括將國家的歷史轉換為民族的歷史，更包括炫耀由單一民族構成的國家共同體具有強韌的凝聚力，因為民族是通過血緣關係連接在一起的，所以這裏有著共同的愛、恨和責任感。中共自己也完全接受了這套話語體系。然而從以上構成這個以血緣民族論為核心的話語系統的各種元素上可以看出，將全體中國國民都視為「中華民族」的思想，其實不過是近代日本以血緣民族論為基礎的日本民族論和「單一民族國家」思想的翻版，兩者之間具有明顯的師承關係。

近代日本關於民族與國家之間關係的思想的形成，起因於近代日本積極追求建設一個具有強大凝聚力的、可以用來保證日本「國家」維護「獨立」的「國民」。這種民族主義的思想，始於幕府時代末期由於外國勢力的壓迫而形成的攘夷思想。經過自由民權運動，「民權」與「國權」的一體化導致了以國權論為主體的民族主義思想蔓延至整個日本社會。為了說明維護「國權」的意義，頌揚日本文化之優秀的「國粹主義」和天皇萬世一系的日本國家體制之優秀的「國體論」也應運而生。在「以帝國臣民均為以天皇為祖先的一大家族的國體論」的語境中，以「帝國臣民是具有純粹單一的起源的民族」、日本自始就是一個「單一民族國家」的思想迅速得到普及。而因為大量的思想家流亡或留學日本，使近代日本事實上又成為了近代中國民族主義思想形成的場域，讓以血緣民族論為基礎的日本民族論和「單一民族國家」思想得以啟發出近代中國的「中華民族國家」思想。

以國體論為代表的近代日本的民族主義，從性質上來說是一種建立在血緣民族論基礎上的單一民族國家思想。但是，血緣民族論必然導致對其他民族集團的歧視。正如日本學者所看到的那樣，

「『皇統一姓』的歷史事實成為日本優越性的根據」。[106] 血統民族論必然產生找到一個民族的共同祖先，而對民族始祖的追溯，人們必然會發現「民族」的悠久歷史和悠久文明，由此而來的民族自豪感自然帶來對其他民族集團的歧視。因此以血緣民族論為基礎的「單一民族國家」思想，必然產生對內和對外的兩種民族主義。在日本，對內表現為對阿依努民族的歧視，而對外首先就是將對中國的仇視變為了歧視。

而在近代中國，對「中華」和「中華民族」的血緣民族論的闡釋，使原本為地理和文化意義上的「中華」失去了它的開放性，成為了一個單一民族國家的話語。以血緣民族論為基礎的單一民族國家話語的「中華民族論」，同樣伴隨著對內與對外兩種民族主義，這是由它的血緣民族論的性質和由此而來的理論構造上的特徵所決定的。儘管在民國建立以後「中華民族」得到擴大解釋，但無論是蔣介石的「中華民族同源論」還是中共的「中華民族黃帝子孫説」，只要還是以民族的概念來表示構成國家的社會主體，中華民族國家都會被漢人理解為一個以血緣民族共同體為基礎的、以漢族為主體的單一民族國家，中國的社會因而也就不可能徹底清除對少數民族集團的無視、輕視和歧視。

註 釋

1 較近的研究可見吳啟訥：〈蔣介石的中華民族論述與國民政府的邊疆自治實踐〉，載周惠民主編：《中國民族觀的摶成》（政大出版社，2013），第 239–287 頁；陳進金：〈現代中國的建構：蔣介石及其《中國之命運》〉，《國史館館刊》，第 42 期（2014 年 12 月），第 36–62 頁；黃克武：〈民族主義的再發現：抗戰時期中國朝野對「中華民族」的討論〉，《近代史研究》，2016 年第 4 期，第 4–26 頁。
2 孫中山：〈三民主義〉，「民族主義」第五講（1924 年 4 月 20 日），《孫中山全集》，第 9 卷（北京：中華書局，1986），第 238 頁。
3 孫中山：〈在檀香山正埠的演説〉（1903 年 12 月中旬），《孫中山全集》，

第1卷 (北京：中華書局，1981)，第227頁。

4　「蓋吾中華民族和平守法，根於天性，非出於自衛之不得已，決不肯輕
　　啟戰爭；故自滿清盜竊中國，於今二百六十有八年，其間虐政，罄竹
　　難書，吾民族惟有隱忍受之。」孫中山：〈對外宣言書〉(又名〈臨時大
　　總統布告友邦書〉，1912年1月5日)，《孫中山全集》，第2卷 (北京：
　　中華書局，1982)，第8頁。

5　「中華民族，世界之至大者也，亦世界之至優者也。…… 中國四萬萬之
　　眾，等於一盤散沙，此豈天生而然耶？實異族之專制有以致之也。在
　　滿清之世，集會有禁，文字成獄，偶語棄市，是人民之集會自由，出
　　版自由，思想自由，皆已削奪淨盡，至二百六十餘年之久。」孫中山：
　　〈民權初步〉「社會建設」序 (1917年2月1日)，《國父全書》(台北：國
　　防研究院，1960)，第118頁。

6　孫中山：〈文言本三民主義〉(1919)，《國父全書》，第180–181頁。

7　孫中山：〈在上海中國國民黨本部會議的演說〉(又名〈民九修改章程之
　　說明〉，1920年11月4日)，《孫中山全集》，第5卷，第394頁。

8　孫中山：〈中國國民黨宣言〉(1923年1月1日)，《孫中山全集》，第7卷
　　(北京：中華書局，1985)，第3頁。

9　孫中山：〈在中國國民黨本部特設駐粵辦事處的演說〉(又名〈三民主義
　　之具體辦法〉，1921年3月6日)，《孫中山全集》，第5卷，第474–475
　　頁。

10　同上註，第477頁。

11　同上註，第473–474頁。

12　蔣中正：《中國之命運》(台北：正中書局，1960)，第2頁。

13　融和、融合有使用integration的例子，但日本人類學家綾部恒雄在分
　　析美國民族問題的〈「民族集團」の形成と多文化主義──二つの多文
　　化主義と「るつぼ」化〉一文中以同化論為assimilation theory，以融和
　　論為amalgamation theory。參見五十嵐武士編：《アメリカの多民族體
　　制──「民族」の創出》(東京：東京大學出版社，2000)，第29–32頁。

14　《漢語大詞典》，第2冊 (上海：漢語大詞典出版社，1993)，第102頁。

15　關根政美：〈人口センサスPopulation census〉，《世界民族問題事典》
　　(東京：平凡社)，第539頁。

16　〈アメリカ化Americanization〉《世界民族問題事典》，第74頁。

17　〈美國人American〉，石川榮吉等編：《文化人類學事典》(東京：弘文
　　堂，1987)，第25頁。

18 蔣中正:《中國之命運》,第2頁。

19 同上註,第3頁。

20 同上註,第2頁。

21 同上註,第4頁。

22 同上註,第8頁。

23 同上註,第4–5頁。

24 同上註,第218頁。

25 顧頡剛:〈中華民族的團結〉,《申報》,1937年1月10日,「星期論壇」欄(第7頁)。因該文照相版難以辨識,本文可能有文字錯植之處。大成申報數據庫,http://img.dachengdata.com/n/dcjour/jour/dacheng/21400583/fc3b00c4ff7f43a8be848cb3588834b0/db530fa41ca0ba0a8ddf2846c664dc27.shtml。

26 同上註。

27 顧頡剛:〈中華民族是一個〉,《益世報》,1939年2月13日,「邊疆周刊」,第9期;馬戎主編:《民族社會學研究通訊》,第122期,民國民族史研究專輯之三,1939年「中華民族是一個」討論專輯,2012年10月31日。

28 顧頡剛:〈中華民族是一個〉。

29 蔣中正:《中國之命運》,第2頁。

30 同上註,第192頁。

31 孫中山:〈三民主義〉,「民權主義」第五講,第239頁。

32 婁貴品:〈陶希聖與《中國之命運》中的「中華民族」論述〉,《二十一世紀》,2012年6月號,第65–72頁。

33 蔣中正:〈中華民族整個共同的責任〉,載張其昀主編:《蔣總統集》,第2冊(國防研究院、中華大典編印會,1961),第1422頁。

34 陳伯達:〈評《中國之命運》〉(1943年7月21日),載中共中央統戰部:《民族問題文獻彙編:1921年7月–1949年9月》(北京:中共中央黨校出版社,1991),第945頁。

35 同上註,第946–947頁。

36 周恩來,〈論中國的法西斯主義——新專制主義〉(1943年8月16日),《民族問題文獻彙編》,第723–724頁。

37 蔣中正:《中國之命運》,第5頁。

38 參見王柯:《日中關係の旋回——民族國家の軛を超えて》(《盤旋的中日關係——「民族國家」之軛》)(東京:藤原書店,2015)。

39　蔣中正：《中國之命運》，第 8–9 頁。

40　國立國父紀念館、中山學術資料庫之「國父全集全文檢索系統」，http://
　　sunology.culture.tw/cgi-bin/gs32/gsweb.cgi/login?o=dwebmge&cache=
　　1479246256296。

41　孫中山：〈中華國民軍政府討滿洲檄〉，民前五年三月十三日 (1907 年 4
　　月 25 日)。

42　孫中山：〈同盟會革命方略、軍政府宣言〉，1908。

43　孫中山：〈布告全國同胞書〉，民前一年 (1911)。

44　孫中山：〈中國同盟會本部宣言〉，民前一年十一月五日 (1911 年 12 月
　　24 日)。

45　孫中山：〈中華國民軍政府討滿洲檄〉，民前五年三月十三日 (1907 年 4
　　月 25 日)。

46　孫中山：〈丙午萍鄉之役致革命軍首領照會〉，民前六年十一月二十六
　　日 (1907 年 1 月 10 日)。

47　孫中山：〈臨時大總統改曆改元通電〉，民國元年 (1912) 1 月 2 日。

48　孫中山：〈學生要努力宣傳擔當革命重任〉，民國 12 年 (1923) 8 月 19 日
　　在廣州全國學生總會評議會演講。

49　孫中山：〈赤十字會救傷第一法〉，民前十五年五月 (1897 年 6 月)，〈赤
　　十字救傷第一法再版序〉。

50　孫中山：〈建國方略〉，《孫文學說》〈行易知難〉第四章〈以七事為證〉，
　　1919 年 6 月。

51　孫中山：〈知難行易〉，民國 11 年 (1922) 1 月 22 日在桂林學界歡迎會演
　　講。

52　孫中山：《三民主義》，「民權主義」第五講。

53　孫中山：〈合肥闞氏重修譜牒序〉，民國 9 年 (1920) 4 月上旬。

54　中共祭文中有：「東等不才，劍履俱奮，萬里崎嶇，為國效命。頻年苦
　　鬥，備歷險夷，匈奴未滅，何以家為⋯⋯」等文字。

55　參見王柯：〈「漢奸」考〉，載陳理等編：《中國近代民族史研究文選》
　　(上) (中國社會科學文獻出版社，2013)，第 268–290 頁。

56　陳伯達：〈評《中國之命運》〉，第 945–946 頁。

57　鄒容：《革命軍》，第四章〈革命必剖清人種〉。

58　劉師培：〈黃帝紀年論〉，第 721–722 頁。

59　永井亨：《日本民族論》(東京：日本評論社，1928)，第 88 頁。

60　同上註，第 10 頁。

61 同上註，第187頁。

62 同上註，第1頁。

63 遠山茂樹：〈日本のナショナリズム〉，《歷史における民族の問題 ——
 歷史研究會1951年度大會報告》(東京：岩波書店，1951)，第104頁。

64 同上註，第106頁。

65 同上註，第110頁。

66 同上註，第110–111頁。

67 同上註，第111頁。

68 同上註，第112頁。

69 小熊英二：《單一民族神話の起源 ——「日本人」の自画像の系譜》，第
 31頁。

70 同上註，第50頁。

71 井上哲次郎：《敕語衍義》(東京：敬業社，1898，增訂版)，第165–
 166頁。此處參照了小熊英二：《單一民族神話の起源》，第52頁。

72 小熊英二：《單一民族神話の起源》，第54頁。

73 同上註，第49頁。

74 《日本書紀》為奈良時代天武天皇命其子舍人親王在紀元720年主持編
 撰的日本編年史，分為「紀」30卷和系圖1卷。「紀」之卷1、卷2的內容
 是關於「神代」的日本歷史，卷3–30是關於從神武天皇至持統天皇的「人
 代」的日本歷史。

75 穗積重遠：《日本の過去現在及び未來》(東京：協和書院，1935)，第
 17頁。

76 同上註，第18頁。

77 鳥居龍藏：《極東民族》(東京：文化生活研究會，1926)，第60–76頁。

78 同上註，第61頁。

79 工藤雅樹：《研究史，日本人種論》(吉川：弘文館，1979)，第7頁。

80 永井亨：《日本民族論》，第191–192頁。

81 高木武：〈我が肇國の本義〉，載伊藤千真三：《日本精神史論》(東京：
 進教社，1937)，第6頁

82 野村八良：《武家時代文學に現れた日本精神》(東京：大岡山書店，
 1934)，第72–73頁。

83 高木武：〈我が肇國の本義〉，第4頁

84 同上註，第5頁

85 同上註，第4頁。

86　中村孝也：《高等國史》（東京：育成洞，1944），第10頁。

87　同上註，第19頁。

88　栗田元次：《史的研究——日本の特性》（東京：賢文館，1937），第140–141頁。

89　同上註，第142頁。

90　同上註，第143頁。

91　同上註，第144頁。

92　高木武：〈我が肇國の本義〉，第4頁。

93　永井亨：《日本民族論》，第2–3頁。

94　中村孝也：《高等國史》，第11頁。

95　加田哲二：《人種、民族、戰爭》（東京：慶應書房，1940），第86–87頁。

96　同上註，第95頁。

97　小熊英二：《單一民族神話の起源》，第22頁。

98　同上註，第26–27頁。

99　同上註，第29頁。

100　永井亨：《日本民族論》，第178頁。

101　同上註，第4頁。

102　同上註，第5頁。

103　同上註，第123頁。

104　中村孝也：《高等國史》，第1頁。

105　孫中山：《三民主義》，「民族主義」第五講，第232頁。

106　賴祺一編：《日本の近世第13卷：儒學、國學、洋學》（東京：中央公論社，1993），第358頁。

第二部

「民族國家」的迷惘

第六章

「吾國」與「吾教」
「民族國家」話語與中國穆斯林的近代國家想像

　　1905年7月，孫中山由法國再次來到日本東京，在宮崎滔天等人的介紹下，與留日清國學生中具有「革命」思想的黃興、宋教仁等人取得聯繫，並於7月30日召開中國革命同盟會籌備會議，確定同盟會的「驅除韃虜，恢復中華，創立民國，平均地權」入會誓詞，[1]進一步明確了實行民族革命的宗旨。然而值得注目的是，即使在同盟會內部，很快就有人對「民族革命」提出了異議：

> 何則種族之區別，不過內部自為畛域，其對於外界，毫無效力之可言。例如甲午戰敗，庚子再創，外國人之入我國中者，未聞為我區別曰，某也滿，某也漢，某也回，某也蒙，而肆行殺戮，同歸一盡。蓋同國如同舟也，乘組員之種類無論其為黃為白，至於舟壞覆沒，則其被難一也。[2]

　　說這句話的叫保廷梁，一位來自雲南的留學生，也是同盟會的首批會員之一，當時在法政大學法政速成班學習。[3]
　　儘管保廷梁的質疑在當時並沒有引起很多人的注意，但是從研究中國近代歷史進程和民族國家思想之間關係的角度來看，保廷梁上述發言的意義卻不容忽視。這不僅是因為保廷梁當時正在研究國

家憲法問題，[4] 同時還因為當時的保廷梁本身就代表著一個群體：他一直擔任1908年成立於東京的「留東清真教育會」會長一職，以上這番言論正是發表於「留東清真教育會」的第一期、也是最後一期的會刊上。換言之，保廷梁的質疑也代表著清朝末年中國留日學生中的穆斯林學生的困惑。為甚麼在以留日清國學生為主的日本的中國人社會中實行民族革命、即建設一個民族國家的聲音不斷提高分貝之時，這些同樣留學於日本並選擇了「革命」道路的中國穆斯林青年會公然對「民族革命」提出強烈的質疑？作為一個少數群體的代表，他們對民族與國家、民族與宗教之間關係的認識，其實是一個值得探討的問題。因為它有助於我們理解中國所選擇的近代國家建設道路與今天中國社會所出現的種種問題之間的關係，而我們通過以下清國駐日公使楊樞的活動則可以看出，如果是作為一個「大清國」的穆斯林，則不可能在對待「國家」和「民族」之間關係的問題上，產生類似的困惑和焦慮。

第一節　「大清國」穆斯林外交官的對日外交與自負

　　留學日本的中國穆斯林學生之所以開始關心國家政治問題，要從當時的「大清國出使日本國大臣」（以下簡稱「清國駐日公使」）楊樞說起。楊樞，字星垣，生於1844年。1903年10月15日，60歲的他來到東京，[5] 接替蔡鈞正式就任第十一任清國駐日公使。[6]

　　從對日外交活動看，楊樞與其他清國駐日公使沒有任何區別，所以到目前為止，中日關係研究中罕見對其有所提及，至少從中日外交史研究以及中日關係史研究領域來看，楊樞從來就沒有成為過一個焦點話題。還有一個中日關係史研究者們不曾知道的事實：與其他歷屆清國駐日公使不同，楊樞是一位伊斯蘭教徒，也就是一位中國穆斯林。[7] 除「回族研究」領域外，楊樞的這一角色幾乎不為人

所知，而在當時所有楊樞的履歷上，都僅僅記載著他是一名出生於廣州、漢軍八旗之一的正紅旗的「旗人」而已。[8] 在當時清國的重要官僚中，穆斯林本已寥寥無幾，尤其是作為一位駐外公使（即大使），楊樞應是唯一一例。當然也有另一種可能，楊樞的穆斯林身份之所以沒有被特意記載，是因為這一身份本來就不會對他的政治生涯產生任何影響。

實際上，對於楊樞來說，此次就任駐日公使，並非第一次來到日本工作。[9] 根據現藏於日本外務省外交史料館的「元在清公使館書記官中島雄」所著〈隨使述作存稿〉一文，楊樞初次赴日應為大清國在日本開設公使館之時。當時，楊樞是作為「西翻譯」，隨第一任大清國駐日公使何如璋一同來到日本赴任。同行的「西翻譯」共兩名，所謂「西翻譯」是指在西洋語言和中文之間從事翻譯之人。楊樞畢業於廣州同文館（1864年6月23日開學），該同文館是繼「京師同文館」和「上海同文館」之後，清朝政府開設的第三所近代國立學校。在校期間，楊樞與另一位學生長秀一起收集各國的政治、經濟、文化狀況並進行翻譯，編輯出版了《各國史略》。

廣州同文館每學年的招生名額為20名，其中有16名為滿洲八旗和漢軍八旗子弟的指定名額，另外4名為漢人官僚子弟的名額。修業年限最初定為三年，之後漸漸延長，最終為八年。學習內容以英語為主，到了1879年才增加法語和德語課程，而增加日語和俄語課程的時期則更晚。[10] 也就是說，從時間上來看，楊樞在來日本之前本不會日語。[11] 但是在被派遣到日本的使館人員中，包括楊樞一共有兩位可以運用英語的外交官。這證明，清朝最初就有在國際社會的大環境中開展對日外交的考慮。事實上，楊樞的英語能力也為他日後活躍於對日外交舞台帶來了機遇。

現藏於日本長崎縣立圖書館的《清國領來文》中，有一封「大清駐長崎正理事府楊樞」向長崎縣知事提交的文書。[12] 「理事」即今天之領事，楊樞曾經擔任過清國駐長崎正理事，其任期為清光緒13年

何如璋在清國駐日公使館

11月至17年2月，即1887年（明治20年）12月至1891年（明治24年）3月。而楊樞與長崎之間的關係，則可以追溯到他就任長崎正理事前一年發生的「長崎事件」。當時，楊樞作為清國駐日公使館的「參贊官」，參與了事件的處理。[13]

所謂「長崎事件」，是指1886年8月間，清國北洋水師丁汝昌提督率定遠、鎮遠、威遠、濟遠四艘軍艦訪問長崎之時，清國水兵與長崎縣警察發生衝突，造成大量人員死傷一事。北洋水師此次訪問長崎名義上為維修艦艇，其實帶有向日本炫耀海軍實力之目的。8月13日，五名上岸的清國水兵在妓院中鬧事，還打傷了聞訊前來維持秩序的警察，因此一名清國水兵被拘留（當夜11時，引渡給了清國長崎理事）。14日，清國水兵大量離船登岸，氣氛緊張，所幸沒有發生事件。15日，大量清國水兵再次離船登岸，在長崎市內又與警察對峙，劍拔弩張，最終發生暴力衝突，演變為一場日方2人死亡、29人負傷，清國水兵5人死亡、45人負傷的慘劇。關於衝突的原因，清國一方稱是由於日本警察在妓院襲擊水兵，而長崎縣知事日下義雄在給日本外務省提交的報告書中，則稱是由於清國水兵的挑釁。[14] 據說，清國水兵一方傷亡慘重的原因，是因為丁汝昌提督禁止水兵上岸時攜帶武器。

事件發生之後，8月17日清國駐日公使徐承祖派遣楊樞趕往長

崎，與當時的清國駐長崎理事蔡軒一起負責對事件的處理。當時，
楊樞的職位為「參贊兼西翻譯」，屬於公使館的第三號人物。此後，
楊樞作為由兩國人員組成的長崎委員會中的清國委員，參加了事件
的調查。長崎委員會由日方和清國一方各三人組成，日方為長崎縣
知事日下義雄、外務省調查局長鳩山和夫、司法省的英國人法律顧
問；清國一方為蔡軒、楊樞和清國聘請的英國人律師。委員會的任
務首先是調查事件的真相，從9月6日開始，委員會幾乎每天都在進
行實地調查，直到12月6日解散為止。9月20日，日本外務大臣井
上馨和清國駐日公使徐承祖在東京開始進行交涉；10月28日，2月
間由英國留學歸來、10月時剛剛進入外務省的政治家陸奧宗光被任
命為辦理公使，11月24日開始與清國進行談判；12月4日，清帝發
出上諭，將事件委託給時在國內的李鴻章負責解決處理，但是李鴻
章本人始終沒有來日，而是通過德國、法國和英國駐華公使從中調

停。結果在日本外務省和清
國駐日公使的努力下，兩國於
1887年2月8日簽訂議定書，
日本向清國賠償52,500圓，清
國向日本賠償15,500圓，作為
對死傷者的撫恤金。[15]

事件發生之後，日本政府
針對「警部小野木源次郎以下
警部補巡查共32名，按功勞
分為三等」，發放了獎金（「賞
與」）。[16] 從這件事上可以看
出，日方事實上認為該事件之
「非」在清國一方。儘管如此，
事件還是以較為友好的形式得
到解決，其主要原因毫無疑問

日人所繪「長崎清國水兵暴動圖」
（《繪本近世太平記》，明治21年
6月24日出版，藤谷虎三著）

在於兩國政府都採取了以友好為重的姿態：「兩國政府不願因為此事而對兩國之間的交誼產生障礙，因此兩國政府均希望以和平談判解決此事」。[17] 的確，當時日本急欲修改1871年（明治四年）9月簽訂的〈日清修好條規〉的內容，但是對於這次事件本身卻採取了比較寬容的態度，這才使事件得到完善的解決。該事件的解決方案在中國國內也得到了很高的評價，此後常常被作為按照近代法律體系成功維護國家利益的典型案例。[18] 值得注意的是，清國與日本的委員會組成人員中都有英國人等外國人律師參加，從這裏就不難看出，楊樞的英語能力使他在解決長崎事件中發揮了積極的作用。

　　楊樞在長崎事件解決後不久，即被提升為獨當一面的清國駐長崎正理事，其理由應該是考慮到他在長崎事件解決過程中的貢獻。當然，清朝政府之所以起用楊樞可能還有一個理由，那就是希望通過楊樞在參與解決事件的過程中所建立起來、與當地日本人社會以及華僑社會的關係，迅速緩解事件所留下的後遺症。無論理由如何，都是對楊樞在處理長崎事件程序中所表現的能力的一種認可。按照清國總理各國事務衙門的規定，「出使大臣所帶各員」「均為三年一期」。[19] 因此，1903年楊樞被任命為駐日公使，應該是他第四次接到的駐日外交官的任命。在此之前，他已經先後作為清國駐日公使館官員和長崎領事，在日本長達九年，一直活躍於清國與日本外交的最前線。

　　清國之所以向日本派出像楊樞這樣具有豐富對日外交經驗的才幹，其理由不外乎是當時在對日外交上的重視。可以發現，隨著楊樞的到任，清國駐日外交官員人數也有大幅增員。根據楊樞到任之前、其前任蔡鈞向日本外務省提交的〈留差回國各員開具姓氏清單〉（名單），當時清國的外交官中，與蔡鈞一起回國者共13人，留在日本的為7人，即共有20人。而根據楊樞到任以後向日本外務省提交的〈本大臣奉使貴國所有分派使署及各口領事署供差人員姓名〉，當時清國駐日本的外交官，包括楊樞本人共33人，即增加了12人。這

12名增加的人員中，除5名被分配到日本各地的三處領事館，即橫濱總領事署(署員共5名)、神戶大阪領事署(署員共4名)、長崎領事署(署員共4名)之外，其餘都被留在東京的公使館。這樣清國駐日本公使館的館員，就由以前的12人變成了19人。這份名單上所列的第一人，是作為「使署隨員」的「楊勳」，他是公使楊樞的二弟。[20]

　　二十世紀之初，清國駐日本公使和公使館之所以受到清朝政府如此重視，說明清國政府已經認識到，在東亞國際局勢激烈動盪的時期，與日本的外交關係將會越來越重要。而對日外交工作中一個很重要的內容，就是通過這個視窗借鑒日本建設近代國家的經驗，利用日本為中國培養建設近代國家所需要的人才。從對待法政大學法政速成科的問題上即可以看出，楊樞並沒有辜負清朝政府的期望。儘管楊樞在任時期，正是日俄戰爭前後日本民族主義情緒甚囂塵上、並積極追求單一民族國家形式之際，而以清國留日學生為母體的革命家思想家們也正是在這一個時期，通過日本開始廣泛接觸並接受「民族主義」與「民族國家」的思想，然而這些都沒有妨礙楊樞通過日本留學以為「中國」積極培養建設近代國家人才的活動：

> 「不憤不啟，不悱不發，自古然也。近者國家振興學務，修訂法律，蓋亦有鑒於此。於是有志之士，連袂東來，研究日本維新以來之政策，及近世富強之效果」，「但願諸生，出其所學，轉授同胞，以開民智，……以期實行，富強或有望乎。」(法政速成科第一班畢業典禮致辭)[21]

> 「今中國朝野上下，莫不曰立憲，莫不曰改良立法，此諸生之所知也。顧欲為立憲之預備而改良法政，必先儲養法政人才。欲儲養法政人才，必使人人具有法律政治思想，而後能固立憲之基礎。……使者為諸生賀，更為中國前途賀。」(法政速成科第二班畢業典禮致辭)[22]

　　毫無疑問，楊樞在出任駐日公使期間，一直將推動中國青年赴日留學當作自己的一項重要使命。1906年，他在給清朝廷的〈出使日本國大臣楊樞密陳學生在東情形摺〉中，非常自負地報告說：「奴才初抵任時，在東官費學生僅逾千人，日增月盛，迄於今日已至八千餘人……」[23] 透過楊樞在推進日本留學事業上的這些努力和自負可以看出，楊樞熱衷於推動留學日本事業的動力，來自於他強烈的國家主人公意識和作為國家中流砥柱的自負。

　　值得注意的是，這種國家主人公意識和國家中流砥柱的自負，從來沒有因為他的伊斯蘭信仰而受到影響。事實上，楊樞並沒有隱藏掩蓋自己是一位穆斯林的事實。留日清國穆斯林學生於1907年7月在東京成立「留東清真教育會」時，楊樞就作為一位「同教者」在政治和經濟上給予大力支持。[24] 楊樞於當年9月結束了近四年的清國駐日公使任期回國，後於1909年2月起出任清國駐比利時公使。[25] 而在往返中國與比利時之際，楊樞還曾專門前往麥加進行朝覲，完成了穆斯林宗教信仰活動中最重要的「五功」之一。[26]

第二節　「留東清真教育會」的「教育普及」和日式思維

　　1906年秋，來自東京各大學和專科學校的11名留日清國留學生在上野的精養軒舉行聚會。與其他留日清國留學生的聚會不同，出席這次聚會的11人均為穆斯林。換言之，能夠從東京不同學校的數千名留學生中將這11人凝聚到一起的原因，就是穆斯林的「同教」意識。以此11人為中心，1907年7月（光緒丁未六月），東京的清國穆斯林學生成立了「留東清真教育會」。11月，留東清真教育會在東京的江戶川亭召開了第一次全體大會，選舉保廷梁（雲南省人，法政大學法政速成科）為會長，黃鎮磐（直隸省人，早稻田大學政治經濟科）等二人為書記，[27] 趙鍾奇（雲南省人，陸軍聯隊）等二人為會計，[28]

以及庶務(三人)、調查(二人),並制訂了教育會章程。[29] 值得注意的是,「欽差大臣楊星垣先生助金以資會費,並率諸公子及隨員之同教者,合留學同人攝影於使館,以為紀念。」[30] 顯然,成立留東清真教育會的宗旨得到了楊樞的贊同。

> 「本會以聯絡同教情誼,提倡教育普及宗教改良為本旨。」
> (〈留東清真教育會章程〉第1條)[31]

「留東清真教育會」(以下「清真教育會」)是繼1906年秋在鎮江成立的東亞清真教育總會(創始人童琮)之後,中國近代史上建立的第二個穆斯林社會團體。由於與前者相比,它更加清楚地提出了「改良宗教」的宗旨,故而被認為是中國穆斯林近代新文化運動的先驅。1908年初(戊申年正月),清真教育會第二次全體大會決定出版清真教育會會刊,並選舉保廷梁為編輯長,「凡關於教育普及教宗改良各論說隨時編輯印送內地同教以提倡而勸導之」,會刊初名《勸告清真同教書》,後改為《醒回篇》出版。[32] 成立清真教育會的主要目的之一就是「改良宗教」,這一點也可以從這個過程中得到證實。

留東清真教育會編《醒回篇》封面

僅一期而終的《醒回篇》,是由中國穆斯林有史以來發行的第一本雜誌刊物。[33] 其內容除了〈章程〉、〈紀事〉以外,主要為會員所執筆的11篇文章。在這11篇文章中,會長保廷梁發表了〈宗教改革論〉和〈勸同人負興教育之責任〉兩篇,書記黃鎮磐發表了〈發刊序〉、〈宗教與教育之關係〉、〈論回民〉、〈回教之文明〉四篇,會計趙鍾奇發表了〈中國回教之來歷〉和〈論中國回教之國民教育〉兩篇。另外有三篇其他會員的文章,分別為王廷治(雲南

省人，陸軍士官學校畢業) 發表的〈回教與武士道〉、馬宗燧 (陝西省人，陸軍聯隊) 發表的〈宗教進化論〉，和一篇作者具名「會員」的〈回回信教〉。由以上篇目可見，這些骨幹會員都對伊斯蘭教與國家的關係抱有一定的疑慮。

　　清真教育會之所以能夠與前人不同、敢於鮮明地提出改良宗教的口號，應該是與成員的教育背景有關。清真教育會規定：「本會以各省留學於日本之同人組成之」(章程第2條)，也就是說，他們都是在日本接受了近代教育的留學生。根據會員名單，知當時會員已網羅在日清國留學生中的全部穆斯林學生，總數為36人，分別來自中國的14個省。其中引人注目的是一名女會員 (楊啟東，奉天省人，實踐女學校)，因為「吾國女子越重洋而來此者計數百人，吾教得其一，何異鳳毛麟角耶。然女子拘謹無學，首推吾教，今得楊女士以開先路。」會員中間居然還有一位具有阿訇資格者 (蘇成璋，湖南省人)，而更有趣的是，這位阿訇在日本學習的專業居然是近代警察制度，畢業於警監學校。[34] 到日本來接受近代教育，已經證明他們、或者說是使他們具有同時能夠從宗教信仰以外的角度觀察、接近和思考社會現實問題的能力。例如從書記黃鎮磐的〈宗教與教育之關係〉一文就可以看出社會進化論的影響：「有教育者昌，無教育者亡；舊教育者死，新教育者生。揆之優勝劣敗，天演之公例，誰不謂然奈之何？」[35]

　　因為資料限制，楊樞與清真教育會之間具體的思想交流已經無從探討。但是從楊樞對留東清真教育會的態度上可以看出，楊樞關於教育與近代國家建設的思想，在一定程度上影響了清真教育會成員。因此，清真教育會最重要的思想之一，就是強調普及教育的重要性。然而與當時中國社會普遍開始重視教育不同，清真教育會將是否應該在中國穆斯林社會中實現普及教育的問題與穆斯林固有的宗教信仰問題聯繫在一起，這是清真教育會在教育思想上表現出來的一個重要特點。《醒回篇》中的〈發刊序〉提出：「宗教與教育為之

起點，由是開明國家，由是強盛天下。」[36] 這種思想是建立在承認穆斯林的文化水準總體低於漢人社會的基礎上，書記黃鎮磐就在其長文〈宗教與教育之關係〉中指出：

> 何以吾教一般生活之程度，學術之程度尤較低下。豈吾教人之秉賦獨薄歟，而不然也。夫吾教人素具睦姻任恤之風，不似漢之涼薄。所缺者，社會普及之開明，個人普通之學識耳。[37]

值得注意的是，清真教育會並沒有將普及教育與中國穆斯林社會利益二者視為一種同列的關係。「吾人就各方面觀之，知我國今日之教育，非以造成中國同一之國民資格與能力為宗旨，則對內有不相團結之虞，對外有不適生存之禍。予亦教中人也，當此謀教育之初，願以是宗旨，望同人並以是宗旨望諸海內之熱心教育者。」[38] 也就是說，普及教育是為造就「國民」而起，宗教集團不過是國家中的一個單位而已。然而在清真教育會看來，對於這一點，這個單位、也就是中國的穆斯林社會自身，卻並沒有清醒地意識到：「吾國數年來唱興教育之聲，如風起水湧，獨吾教中人視之，如秦人於越人肥瘠，漠然無所動。於中問之，則曰，學堂有官立，何待於我？又曰，他之私立者，亦自不少，我何患乎？嗚呼，教育之不普及可知矣。」[39] 很明顯，對於清真教育會而言，要想真正實現在中國穆斯林社會中普及教育的目標，首先就要處理好「吾教」與「吾國」二者之間的關係。

很明顯，在看待「吾教」與「吾國」之間關係的問題上，清真教育會的態度就是以「吾國」為先，因為「國家之存亡」決定「宗教之興衰」：「二十世紀之國民教育，豈僅為一身一家計哉。凡國家之存亡，種族之強弱，宗教之興衰，各問題亦當視國民教育程度之高下而判之矣。」[40] 所以，清真教育會所提倡的「學堂教育」，既不是一般概念上的讀書認字，更不是傳統的伊斯蘭教教育，而是非常具體的「國民教育」。會計趙鍾奇指出：

更進而觀我同教，則並國民教育之義意而不解者有之矣。雖然
我教亦何嘗無教育哉，……此乃宗教教育而非國民教育。宗教
教育，教中師傅能言之，吾人不贅述也。吾人今日所欲言者，
乃中國國民教育焉。同人乎，抑知中國國民教育，為我教今日
不可緩之急務乎。[41]

也就是說，在趙鍾奇看來，「國民教育」與傳統的伊斯蘭教教育
根本就是兩種不可混為一談的教育形式。

種種跡象表明，清真教育會完全是站在建設近代國家和造就近
代國民的層次上，看待在中國的穆斯林社會中普及教育的問題。對
此，會長保廷梁的以下認識，頗具代表意義：

吾同人亦組織中國國家之分子也。烏可自棄自外，而置分子與
國家之關係於不顧耶。雖然分子之對於國家也，既有密切之關
係，則分子即不能不振作精神，以助長國家之精神，不能不積
極活動以集成國家之活動。助長國家精神之道有種種，與教育
其先務也，集成國家活動之道亦有種種，與教育其首功也。蓋
分子有教育則文化進，分子之文化進，則國家之文化亦與之俱
進。分子無教育則程度低，分子之程度低，則國家之文化亦與
之俱低。以文化進之國家與文化不進之國家遇，則文化不進之
國家立敗；以程度低之國家與程度高之國家遇，則程度低之國
家而亦立敗。[42]

中國的穆斯林「同人」亦是「組織中國國家之分子」，而「分子」接
受教育程度的高低決定了「國家」的文化程度的高低，這種將民眾接
受教育之程度與國家的發展水準聯繫在一起的思想，無疑受到了近
代日本關於國民教育的思想的影響。例如，趙鍾奇就直接借來日本
學者的論述，來強調國民教育之意義：「日本學者塚越有曰：無論何
人，當二十世紀而無相當教育，不特現在無國民之資格，即異時求
為國民之子弟而亦不可得。何則，以其無學問故也。」[43]

但是，要在穆斯林社會中普及近代國民教育，必然要牽涉到如何處理與傳統的伊斯蘭教教育之間關係的問題。然而值得注意的是，清真教育會雖然強調普及近代國民教育的意義，但是至少在《醒回篇》的作者中，卻看不到任何一位是學習教育學或者是準備將普及教育作為自己未來一生職業者，所以事實上他們並沒有去設想在具體的教育實踐過程中，將會出現何種問題。正因為如此，他們更多考慮的，實際上不是如何處理近代國民教育與傳統伊斯蘭教教育二者之間的關係問題，而是如何處理近代國民思想與傳統伊斯蘭教思想二者之間關係的思想性問題。頗有意味的是，部分作者認定在造就近代國民的問題上，傳統宗教包括伊斯蘭教的思想不僅不是阻力，反而可以成為一種精神動力。

例如，黃鎮磐在〈宗教與教育之關係〉一文中提出：「吾人認定以宗教救教育之偏頗」、「必採宗教與教育合一之制」。[44] 黃鎮磐的觀點來自於對德國建設近代國家的認識：「德意志之今日其遠蹤高飛，長足進步之速，……觀民氣之方張，又有蒸蒸日上之勢，果操何術而致此，得毋以宗教之感化，培小學之初基，因而養成一剛勁國民體質歟，亦未可知也。」[45] 黃鎮磐之所以會有如此思想，是因為他認為世界已經進入了一個「精神宗教」的時代，因此要建設近代國家就要有精神的武器。前文已經指出，日本的近代國家思想大多學自德國，黃鎮磐對德國近代國家建設模式的推崇，其實就是因為受到日本近代國家思想的影響。

與黃鎮磐的觀點不謀而合，王廷治〈回教與武士道〉一文更以武士道與日本近代國家建設之間的關係為例，直接提出應該以「回教」（伊斯蘭教）作為建設近代國家的精神武器：「觀夫日露戰役乎，哥薩克快槍利炮，滑鐵盧戰後，久已名高。顧何以滿韓會戰，一遇大和民族，而連戰連敗。……殺敵致果皆武士道之力也。武士道坏胎於教育，醞釀於宗教，日本教育法歐美而加以武健之風。……回教者製造武士道之一大機械也。」[46] 因為他認為「可蘭經有曰：聖人教生

男子，十六歲以上，國家多事，皆有同仇敵愾之責」。[47] 而武士道精神有三，即強健身體、要求團體意識、培養愛國思想（國魂），「此皆為救國之要義而皆可取之於回教之中」。[48]

　　但是對於建設近代國家的任務已經迫在眉睫的中國來說，通過伊斯蘭教來實現國民對於「國家」的「同仇敵愾之責」一說，根本就沒有實現的可能性。可以看出，黃鎮磐和王廷治雖然是以伊斯蘭教為例，但是他們所追求的實際上是一種能夠讓人民能夠跨越民族隔閡的「宗教的」精神力量：「仿德國宗教的［原文如此——筆者］之教育，……為無國教之中國所採納，泯漢回以化滿漢，何患不超前代匹強鄰哉。」[49] 然而事實上，德國在建設近代國家道路上發現的、這種能夠凝聚為一個共同的國民的「宗教的」精神力量，就是 nationalism。也就是說，黃鎮磐和王廷治其實是將 nationalism 與宗教混為一談。之所以會出現這種情況，既有可能與他們的穆斯林出身有關：宗教思維的習慣使他們不知不覺地放大了 nationalism 中的宗教性因素，也有可能是在受到日本近代民族國家思想的影響之後，他們對書寫和表述「民族」、「民族主義」反而變得非常敏感。在黃鎮磐文中可以看到，他將「民族」列為人類共同體的較早歷史階段的產物和形態。關於箇中緣由，下文還將深談。

　　黃鎮磐關於教育與近代國家之間關係的認識，無疑是日本思想的翻版。關於此點，他自己也毫不隱晦：「今日參觀日本內務省，獲見館林尋常小學校抄呈不良兒原因及不良兒教育法二表，極意揣摩，無微不至，此日本教育所以與日俱進也。」[50] 而更應該注意的是，黃鎮磐的語言中其實直接使用了大量的日語表現，如「精神的」、「生理的」、「內部的」、「外部的」、「積極的」、「消極的」、「主觀的」、「客觀的」、「宗教的」、「世界的」等等，這些詞彙雖然由漢字組成，但黃鎮磐所用的不是現代漢語中的「名詞＋助詞」構造，而是日語的形容詞原型，尤其是文中出現的「宗教的之教育」、「世界的之宗教」，完全就是日本式的建設近代國家思想的話語。

第三節　社會進化論話語中的「宗教改良」

黃鎮磐其實並不贊成以中國當前的「回教」為統合國民的精神力量，因為可以從他的敘述中看出，他對中國「回教」的現狀抱有強烈的危機感：「他國俱得宗教之助力如彼，而吾國獨受宗教之障礙如此。其故何哉，蓋由他國取宗教之精神，而吾國襲宗教之形式。他國重宗教之學術，吾國流宗教之腐敗。」[51] 黃鎮磐甚至認為中國的「回教人」落後於一般的中國人，他在批評秦代以來中國教育不斷退化、國民素質低下惡習纏身之後指出：「由前之説，此回教中習儒家者所洞見之歷史，由後之説，即回教人隸本朝者所共染之積習也。而何以吾教一般生活之程度，學術之程度，猶較低下，豈吾教人之秉賦獨薄歟？而不然也。夫吾教人素具睦姻任卹之風不似漢之涼薄，所缺者，社會普及之開明，個人普通之學識耳。」[52] 對中國「回教」的現狀抱有強烈危機感的，不僅是黃鎮磐一人，會長保廷梁也流露出同樣的意識：「宗教者何，古之聖人以維持世道人心而與人樹一行為之標準也。」[53] 然而，「今日中國之回回宗教者衰弱達於極點，其不斷僅如縷耳。究其來由何，莫非人智不辟，生機日蹙，程度愈趨而愈下。」[54]

黃鎮磐將世界上的宗教分為自然宗教、文明宗教和精神宗教三種。「所謂自然宗教者，以神為自然勢力，在崇拜者，僅希望肉體上之幸福也。」[55]「所謂文明宗教，對神因秩序的及道德的之勢力，而自生畏敬也。」[56]「所謂精神宗教者，以神為精神之作用，得自然以上之勢力，而受其尊崇者也。」[57] 值得注意的是，黃鎮磐將此三種宗教分為三種進化程度不同的社會的產物，以及生活於此社會形態中的人類共同體的宗教形式。所謂自然宗教，「一家庭一民族多奉之」。[58] 所謂文明宗教，「為一國之宗教」。[59] 所謂精神宗教，「為世界的之宗教」。[60] 經過如此分析，黃鎮磐告訴人們：宗教自身也有一個進化論的譜系。令人矚目的是，在此譜系中，黃鎮磐將中國「回

教」的社會進化程度定位得很低。「所謂自然宗教者，……與吾回教
近似者殊多。如一家庭多奉之説，正即回教崇奉之專一，男子不如
女子，女子雖知誦經，不能通經，且不識經字，即漢字亦不多知。
故回教閨閫之嚴，甚於他教，而痼弊之深，一甚於他教。」[61]「吾回
教有自然宗教時代而欲躋於文明宗教時代，其不得不改良者有四。」
即，「吾教誦經制限太嚴」，「沐浴規則甚繁」，應「摘經中有關倫理者
譯之」，經堂學校的學生「也必具普通學識」。[62] 黃鎮磐的這一分析，
就是為了要驚醒中國的「回教人」：回教出現了很多問題並陷入了極
大危機，所以他提出：「吾回不讓先賢之專美於前，不讓他教之獨盛
於後，以言改良之時期，正即此際。」[63]

會長保廷梁在觀察中國穆斯林社會現實的基礎上，發現傳統的
伊斯蘭教思想必將對建設中國近代國家形成阻力，因而指出：

> 吾宗教之於中國，欲其源遠流長也，是非如水之通其塞，大其
> 細焉不可矣。質言之，去偽存真，救宗教之弊也；明義顯公，
> 釋宗教之疑也；重業尚質，固宗教之本也；推陳出新，大宗教
> 之用也；因時權變，廣宗教之學也；推其義也，明斯旨也，因
> 得一簡括之名詞，曰宗教改良是也。[64]

清真教育會之所以提倡對中國的「回教」進行宗教改良，正是因
為他們看出中國穆斯林社會的衰退。然而，總結歸納教育會會員的
言論可以發現一個特點，就是他們並不認為中國的「回教」衰落的原
因在於伊斯蘭教思想本身，因為伊斯蘭思想中原本有著與時俱進的
特點。保廷梁強調，傳統的伊斯蘭教本來具有通變進化的機能：「古
昔回回宗教，……其為道簡而易，其為教則尚於通變適權而無膠。
……至於後世，遂失此義，墨守乖離，雜以曲説，……拘拘於教門
領域，而失進化機能。」[65] 黃鎮磐甚至提出：「穆罕默德，世界第一
宗教改良家也。西史謂其布教神速，創獨一無二之宗教。而吾掌教
辯其誣，謂穆罕默德所奉之教，仍舊有之宗教，而不知皆非也。」[66]

　　然而在穆罕默德去世以後，伊斯蘭教失去了改革家，也逐漸失去了改革精神。黃鎮磐在其長文〈宗教與教育之關係〉中不惜筆墨地對此進行詳細闡述：「獨奈何垂千數百年，穆罕默德後竟無其人，使前哲之苦如文學美術算數天文理化諸科，悉讓他教人拾取肄習，且幾經發明而新出之。而吾回之宗教家，夢夢如故，誦三十部經外，無所事事。此即生計之拙，知識之陋，回教衰弱之所由來歟。」[67] 而針對歐洲的基督教世界在吸收阿拉伯伊斯蘭學術文化的基礎上取得長足進步的情況，黃鎮磐直言不諱地説道：「吾獨不滿於穆罕默德之學術，彼教人得之若此其盛，吾教人失之若此其衰，此又諱之，無庸諱者也。」[68] 也就是説，伊斯蘭的思想和文化本身並沒有問題，問題只是在於伊斯蘭的原始真諦沒有得到繼承而已。

　　在清真教育會看來，在未能得到忠實傳承的伊斯蘭的精神中，最主要的就是伊斯蘭的改革精神。黃鎮磐認為，先知穆罕默德本人就最具宗教改革精神，當初是就不以「一家一族一國之宗教」為然，而以世界宗教為終極目的，所以宗教不斷得到發展，雖然「此世界宗教之目的之所以達也，而何以至今經不克繼也。」[69] 而中國的伊斯蘭教之所以未能忠實地傳承當初傳入中國時的伊斯蘭真諦並因此衰退，當然也有傳入歷史長久、相距「天方」（沙烏地阿拉伯的麥加）路程遙遠等原因：「吾教之流入中國千餘百年，去古愈遠愈失真。……間接受之於天方，得一漏萬。」[70]

　　但是，中國「回教」社會的衰退，肯定不僅只有一些客觀的物理原因，主觀的原因還是在於中國「回教」自身缺乏改革精神。關於這一點，黃鎮磐將矛頭直接指向教長等伊斯蘭宗教界人士，認為他們不僅沒有國家意識，甚至沒有宗教整體意識，「因循守舊、不知振作」、「執一不化」：

　　　　宗教改良不改良，關係於人國者，若是其甚哉。噫，吾掌教不
　　　　為一國計，為宗教計乎？當此時代，……凡百技術，莫不日新

月異而歲不同，隨世界文明而俱進。何也？以適於現時代之要
求也。況夫宗教。苟吾掌教長此因循，不知振作，今日之不昔
若者，後日更不若今日。經數十百年則吾教之殘存於世者，如
夢中花，如幻泡影。或並於天主，或並於耶穌，及吾教中執一
不化之人，如蜉蝣之寄生朝夕，如蟪蛄之不識春秋，或失所，
或流離，皆在所不免也。此雖意計中事，而凡不知變計、不知
更新者，皆有此偃蹇狼狽之一境。[71]

因此黃鎮磐進而指出：「吾人不僅感慨唏噓，唇焦舌敝，絮絮不
休，總不外謀興教育而振起宗教為唯一之目的也。然則欲達此目的
者，如冀宗教之改良，捨吾掌教其誰屬？期教育之普及捨吾鄉老其
誰屬？」[72]

通過進化論的觀點強調正視中國伊斯蘭社會衰退的意義和進行
宗教改良的必要性，是清真教育會的共同思想特徵：「且中國之談回
回宗教者，僅知先天後天之說，而於進化保種之道缺焉。」[73]「吾圖
回回宗教之進化，不可不先開人智，欲開人智，不可不興教育。此
理之顯而易見者也。」[74] 清真教育會的進化論思想，無疑是在「留東」
的過程中學到的。關於這一點，還可以從他們將針對中國「回教」的
「改良宗教」的思想，與擺脫狹隘民族主義的目的聯繫在一起的想法
上看出。如馬宗燧〈宗教進化論〉談到：

蓋人智發達，宗教亦與之發達，宗教與人智逐漸發達於不已，
夫而後宗教乃與世界而並永，苟食古不化，墨守數千年之理
想，以與今之世界相競爭，鮮有不為天演淘汰者。試徵諸回
教，回教雖創世於穆罕默德，實淵源於古人之學說，並折衷基
督猶太二教，酌古准今，又改賽木族偏狹主義，使世人脫國民
的宗教，一變而為世界的宗教。[75]

也就是說，正是在社會進化論思想的影響下，他們產生了一個

與民族聯繫在一起的宗教就是一種「偏狹」的宗教，終將被進化中的社會所淘汰的認識。

所謂「賽木族偏狹主義」這樣一個生澀彆腳的片語，其實是由「賽木」、「族」、「偏狹」和「主義」四個詞彙構成的。「賽木」並不是一個民族集團的名稱，只是來自於日語「狹隘」、「狹小」這一形容詞的音譯。因此，「賽木族偏狹主義」其實就是「狹隘的民族主義」或「偏狹的民族主義」。「賽木族偏狹主義」這一話語的出現說明，來到東京的中國穆斯林留學生們雖然理解中國「回教」的傳統和現狀，但同時又希望通過一套新的話語體系，來說明中國伊斯蘭教社會所面臨的危機境況，這就是關於民族國家的話語體系。於是，在他們關於民族、宗教、國家三者關係的敘述之中，也就出現了生硬套用民族國家話語的問題。

第四節 「自棄自外」的「塞米的民族偏狹主義」

探討民族與宗教之間的關係，實質上就是探討穆斯林群體與中國國家之間的關係。黃鎮磐曾指出：「所謂以民族崇奉之宗教，如塞米的民族、日爾曼民族、阿里安民族等宗教是也。宗回教者，本非一民族。奈采塞米的民族偏狹主義，雖至今傳之他國，猶嚴守一民族之限制。吾中國回民回族之稱，其誤點蓋始於此歟。」[76]「塞米的民族偏狹主義」即清真教育會成員上述「賽木族偏狹主義」的另一種書寫形式，然而與馬宗燧〈宗教進化論〉不同的是，黃鎮磐在〈宗教與教育之關係〉中所批判的「狹隘的民族主義」直接涉及中國「回教」與民族、國家之間的關係。「回以名教，非以名族也。」[77] 在黃鎮磐看來，「回」只是一個宗教的名稱，所以不應該將其用於作為一個民族集團的名稱。因此，「回族」、「回回民族」，甚至「回民」的稱呼，都是有問題的。

黃鎮磐進一步指出：「漢與回，同此歷史，同此人種，而其不同者，只宗教關係之點耳。」[78] 他之所以這樣認為，是因為伊斯蘭教徒進入中國已是久遠的過去，千數百年來生活在一起，早已合為一體：「世俗多謂自唐代派人入東土者，只哈馬答沙定五姓，其餘皆隨教，又謂唐借三千回兵使戍中國，且為擇配。誠如是言，然已經千數百年，後以生以息，若置洪鈞鎔巨爐，早化為同種也久矣，夫安得指為異族也哉。」[79]

關於這個問題，清真教育會會計趙鍾奇也有近似的認識：

> 近人概分中國民族為五，回教居其一。間嘗索其論據而不得，既而知近人所言者乃新疆之回教也。夫新疆籍中國不久，劃為一族，於理固當，但散處中國各省之回教人數之多，倍於新疆。而其智識程度亦大，非新疆回教可及。近人不能區別其梗概，誠有舉小遺大，知一不知二之嫌。故予於此不能不一述中國回教之來歷。但予之本意，不在辨明回教為族為民與否，乃欲喚起回教同人，當知回教與中國之關係，發奮興起，實力擔負中國國民之責任。[80]

趙鍾奇指出，中國的「回教」自唐代傳入零星，而其信徒至今總數已達8,000萬，已是最初的數萬倍，人數能夠這樣大倍率地增加，在世界史上都是罕見。因此，「吾人於此，敢為推測的論斷曰：今日中國之回教，除新疆一省外，來自他處者少，為中國民族轉成者多。」[81] 趙鍾奇為了進一步強調自己的觀點，又提出了哪裏才是中國穆斯林的「祖國」的問題：「同人乎，抑知我教與中國之關係非居留於中國之外國人可比者乎。胡漫不加察而自稱天方曰祖國宗國，噫，吾教若果皆天方人也，是與旅居於中國者無以異矣。自棄自外，其偵孰甚，願同人抱本尋源，勿人云亦云，而自失其固有之國籍，以退居於無國民之列也。」[82] 這應該是中國穆斯林首次明確地提出中國才是祖國的概念。事實上，直到近代以前，中國的穆斯林，包括許

多學者,都一直以「天方」(阿拉伯)為「祖國」。例如1871年由馬安禮將馬德新《朝覲途記》一書由阿拉伯文翻譯為漢文時,在後記中寫道:「夫子此行,既完其天命,而又以諸經籍大闡聖道,使中國學人得悉教門之根柢,祖國之規模,其有益於眾人為何如乎?」[83]

清真教育會極力否認回民為一個獨立的民族集團,強調回民只是一個宗教集團,它實質上提出了一個應該如何認識和定義「宗教」信仰集團與「民族」之間關係的問題。趙鍾奇

以下為所附影印資料：

黃鎮磐〈論回民〉提出「回以名教,非以名族」

以中國的基督教信徒為例直接反詰:是不是這些基督教徒將來也要被稱為一個民族?「耶教入中國,僅數十年耳,而今日信仰者已不可勝數。是此時無紀其事者,則百年數百年後,不將謂耶教為一族民乎?然則散處中國各省之回教,非單純之民族,乃合成之民族。若以近世文明各國之法律例之,直不成其為民族,不過教徒而已。」[84]
黃鎮磐也舉出很多例子,反駁了將「回」視為「民族」集團的觀點:

> 夫回教與基督教差似,皆一神教,且皆以普及世界為目的,其博愛廣施,固無國界也。世之宗回教者,如亞拉伯、波斯、埃及、土耳其諸國,即散見於俄羅斯、德意志者亦不少,是不獨一中國已彰彰明矣,又烏得以回民概之耶。今一回思,我國人其祖若父,繩繩繼繼,宗是教者相傳,遂忘其國籍,回其教並回其民焉,其偵孰甚,吾甚願愛國之士熱心宗教,其速正其名稱也可。[85]

　　清真教育會為甚麼會如此強烈反對將宗教集團視為民族集團？原因很簡單，這樣做將會把「回民」與「漢人」分為兩個不同的民族集團。「何則種族之區別，不過內部自為畛域，其對於外界，毫無效力之可言。例如甲午戰敗，庚子再創，外國人之入我國中者，未聞為我區別曰，某也滿，某也漢，某也回，某也蒙，而肆行殺戮，同歸一盡。蓋同國如同舟也，乘組員之種類無論其為黃為白，至於舟壞覆沒，則其被難一也。」[86] 也就是說，當國家受到侵略和處於危難的關頭，要做的不是在國家內部以「民族」來劃分集團，因為這不僅妨礙形成統一的國民意識，更不利於抵禦外敵。而應該做的是：「皆注意於國是，漸忘種族之芥蒂，於是乎同化之功不期然而自至。」[87] 即忘卻種族間的芥蒂，甚至實現「同化」，最終達到國民團結一心，同舟共濟。

　　事實上，他們擔心的不是區分民族集團，而是因為區分為不同的民族集團之後的相互對立。例如黃鎮磐在其〈論回民〉中談到：

> 聞之父老，有所謂爭教不爭國者，殆即回回入中國傳教之宗旨耶。近人不察，每以回民目之，且有謂為回族者，則是滿漢之外又樹一民族之敵。吾恐同種相殘，互相吞噬，不數百年，黃人掃跡。[88]

　　「爭教不爭國者」，是回民中歷來就有的說法，本來是指回民只有穆斯林意識，而缺乏國家意識。但黃鎮磐卻指出，這只不過是當初伊斯蘭傳教入中國時的宗旨，卻被之後的回民亂加解釋為只管宗教事，而不聞天下國家的大事。甚至有人以宗教區別民族，在民族的層次上區別自己和其他的國民，更是大錯特錯。因為「爭教不爭國者」的思想實質，就是將自己看作是「滿族」或「漢族」的敵對勢力。

　　而一個國家內部不同民族集團之間的「互相吞噬」與「相殘」，絕對不利於這個國家的國民統合。趙鍾奇說道：「予之本意不在辨明回教為族民與否，乃欲喚起回教同人，當知回教與中國之關係，發奮興起實力擔負中國國民之責任。」[89] 他還在〈論中國回教之國民教育〉

一文中談到：

> 欲興其國者，不可不先興其家；欲興其家者，不可不先興其
> 人；夫人何以興，非教育不興；家何以興，國何以興，非國民
> 教育不興。又況國家之進行，無異於車輪之進行。國家進行在
> 國民，車輪進行在輪齒。……我教亦中國之國民也，譬諸車
> 輪，亦車輪之輪齒也。[90]

　　會長保廷梁更是大聲疾呼，如果視回民為一個民族集團，實質
上就是回民自棄自外於中國之外：「吾同人亦組織中國國家之分子
也，烏可自棄自外而置分子與國家之關係於不顧耶」。[91]

　　為甚麼清真教育會認為，稱中國的穆斯林為「民族」的集團就是
「自棄自外」的「塞米的民族偏狹主義」？因為他們認為在一個國家如
果出現不同的民族集團，就會內部出現各個民族集團之間的對立與
「相殘」的問題。他們的這些觀點，事實上提出了一個包含著兩個層
次的問題：第一個層次是，清真教育會為甚麼會產生這種認識？第
二個層次才是清真教育會的觀點是否正確的問題。第二個層次的問
題不屬於本章的探討對象（實際上現今國內的「民族」問題，已經用
事實作出了回答）。而第一個層次的問題，它真實地反映清真教育會
的成員在「留東」期間理解到日本近代民族國家思想，即單一民族國
家思想及其對中國思想家展現的魅力之後，而對自己在未來民族國
家中的地位感到的焦慮。

　　《醒回篇》在〈發刊序〉中如此開宗明義：

> 北盡黑龍，西跨天山，東南至海，其間一大帝國，昏蒙沉暗，
> 僉曰睡獅，非一世也，其所繇來久矣。自十九世紀中葉以後，
> 凡逆旅過客，秉燭夜遊，輝光接天，吾人方酣眠，何殊聾聵。
>
> 吾人至今漸臻覺悟，而回思數年前之在吾國，又何非與世浮
> 沉，餔糟啜醨，以自適哉。[92]

很明顯，這裏的「吾國」和「吾人」指的是中國或中國人，而絕非回民或伊斯蘭教。另外，各種資料證明，留東清真教育會的主要成員保廷梁、黃鎮磐、趙鍾奇等，都是在東京入會的中國同盟會的早期成員。[93] 所以可以斷定，清真教育會的成員都具有強烈的中國人認同意識。正是出於這種國家認同，清真教育會才會激烈抨擊中國穆斯林的國家意識淡漠：

> 近數年來，朝野上下，少啟一線之曙光。而吾回眾，觀望不前，追隨其後。[94]

> 大凡有宗教之國，做事堅斷。噫，吾中國宗回教者計八千餘萬人，皆豈洇涊凡庸，長此醉生夢死乎。[95]

然而，如果如同盟會一樣在近代日本單一民族國家思想影響下形成的「驅除韃虜，恢復中華」的單一民族國家設想，那無論多麼認同「祖國」，最終一切的非「中華」＝非「漢」的「民族」集團，都要從未來的「中華」＝「漢」的單一「民族」國家中被排除出去。中國從日本學到了「民族國家」的知識，但是對這些同樣在日本接受革命思想、追求民族國家的青年穆斯林學生們來說，卻無論如何不願接受一個自己作為「民族革命」的對象、而最終為民族革命結果的「民族國家」所拋棄的結局。於是，儘管身處「革命」風暴中心的東京，清真教育會的成員們仍然大膽指出：「吾國朝野上下，排漢排滿，執一孔之見，忘滅種之憂，其廣狹公私為何如哉。且其稱謂尤有誤，溯其稱漢之由，始於四夷。蓋以漢武功最盛，餘威震於遐方，故西歐東瀛謂其書曰漢文，謂其人曰漢族若吾國人。生於四千餘年發達之歷史，班班可考，寧止一漢？其稱為漢者，殆隨外人以附和雷同歟？」[96] 毫不留情地否定和批判了當時的種族革命論和民族國家論是一種狹隘的、只是附隨外國人想法的民族主義。這個「外人」，指的應該就是發明了單一民族國家思想的日本人。

結 語

「留東清真教育會」會長保廷梁於1910年秋在日本完成了《大清憲法論》（1911年在上海出版）一書。他在〈例言〉中坦率承認：「本書雖以論名，而實仿照講義體裁。故具體的事由，一若與日本憲法講義，無甚大差；而抽象的論斷，則迥然各異也。」[97] 然而，受日本學界的影響，該書對日本憲法的讚譽之詞隨處可見：「日本筧克彥謂：國之有憲法同於人之有魂。魂之關係，隨人為變遷，故教育發達，文明增進者，容體雖無殊，而魂之靈明已變化矣。」「如我東鄰之日本，憲法取材歐美，燦然大備。」[98] 但是值得注意的是，同為留日學生的吳壯在〈序〉中指出保廷梁著作的獨到之處：

> 有謂我國立憲宜效法日本成規者，以其同洲同文、政教不甚相遠也。有謂宜取美國為法者，以其土地廣大、物產富饒、殊種雜居三者皆略相同也。……余友保君廷樑，留東六載，法學精深，凡關於憲政之書，涉獵廣博，凤有見於各國憲法，皆各本國民之氣質習慣，與其國土之形式位置，及其政治宗教以制定，而體裁亦因以不同。[99]

可以看出，保廷梁對並不追求單一民族國家形式的美國憲法也抱有好感。而這一點，很難說是與他的中國穆斯林身份無關。

保廷梁在1910年從日本回國後參加辛亥革命，中華民國成立後歷任雲南省自治局長、東川地方檢察廳長、雲南法政學校校長、省高等檢察長等職，在護國戰爭中先輔佐蔡鍔入巴蜀以功擢升道尹，後返回雲南跟隨唐繼堯任軍法長。[100] 清真教育會書記黃鎮磐也在辛亥革命前回國，辛亥革命後任上海地方檢察廳檢察官，並以此身份承辦國民黨代理理事長宋教仁遇刺案，後任廣東政府高等檢察廳廳長、上海法學院副院長、國民政府最高法院刑庭庭長等要職。[101] 清真教育會會計趙鍾奇1909年從日本陸軍士官學校畢業回國後，參加

了辛亥革命上海起義和護國戰爭諸役，先後擔任雲南督軍公署參謀長、陸軍中將、雲南鹽運使司司長、靖國聯軍第二師師長、左翼總司令、滇西宣慰使、騰越道尹、滇西衛戍司令、雲南省臨時參議會副議長等要職。[102] 可以說，清真教育會的中心成員在回國之後都一直沒有離開中國政治的中心。這種不肯在中國的政治社會中被邊緣化的心態，又讓人可以看到與清真教育會成員在日本所形成的、關於國家意識和民族思想的理解之間的思想關聯。他們通過自己的實踐證明，雖然「回」在「吾教」的層次上有別於漢人，但在「吾國」的層次上卻與漢人同屬一個中國的主體民族集團。如果承認中國存在一個被稱為「回族」的民族集團，那麼當事者就是在「自外」，就是不願意承擔起作為一個中國「國民」的責任。

我們注意到，所有清真教育會成員執筆的文章中，沒有一篇提及「民族國家」的話題。其原因其實很簡單：如果在沒有徹底搞清「民族」集團與「宗教」集團的關係之前就深入追究「民族國家」的涵義，屬於一個少數派宗教團體的自己就有可能從建設民族國家的行列中被排除出去。

但是，近代國家建設過程中所出現的關於「民族」集團與「宗教」集團之間關係的解釋，已經給清真教育會的成員造成實際的困惑，因為一個人先天的「民族的」出身雖然不可改變，但是後天的宗教信仰卻是可以改變的。保廷梁在1932年（民國21年）主持編訂了《古滇保氏族譜》，他在〈凡例〉中寫下了這樣一句：「今吾之為譜，不存彼我之見，但取原出一脈，故不問族之屬於漢或屬於回，及屬於蠻夷戎狄也。」他之所以這樣寫，是因為即使在同一個保氏宗族之內，也有信仰伊斯蘭教者和信仰佛教者：「吾先世居蒙古，因其土俗以為教，漢以後乃奉佛，入中國，始從漢，自吾入滇始祖阿保公，始從回，至於清初改從漢以奉儒奉佛者，如保郎村陸良諸族是也，光緒間始改從漢從佛者，羅平族之一部是也。」如果將宗教信仰作為區分一個集團的標準，那麼原本來自同一個父系祖先的保氏就不能同屬

一個「民族」；不能同屬一個「民族」，又怎能同屬一個「宗族」。

　　作為一個法學家，保廷梁對依照宗教信仰劃分人類集團的疑問更深：「屬回屬漢，乃人民信教自由權，載在憲法，與族譜之問題毫無關係。何則，敬祖祭先，飲食起居諸習慣，回從其回，漢從其漢，盡心焉爾矣，何必強不同一為同，而後謂之同宗哉。」[103] 而值得注意的是，同樣作為一個「中國的穆斯林」，我們從楊樞身上就沒有看出他曾表現出過這種疑問。在近代民族國家的時代到來之前，楊樞當然不會有因為是一個穆斯林就被邊緣化的擔心。我們在楊樞身上，看到的只是一個活躍在對日外交最前線的大清國外交官的自負，和作為一個「中國穆斯林」的自信。今天，雖然沒有多少人能夠記得當年這位大清國穆斯林公使在日本的奮鬥，但是他和留東清真教育會在日本的這段故事卻仍然可以提醒人們：具有多民族天下傳統的中國，如果按照日本的單一民族國家形式去想像和實現自己的近代國家，怎能不給作為少數派的宗教的、文化的、民族的集團，帶來被邊緣化的擔心和疑問？

註 釋

1　〈支那革命黨の搖籃時代と日本志士〉，葛生能久：《東亞先覺志士記傳》(中)(東京：黑龍會出版部，1935)，第377頁。

2　保廷梁：〈勸同人負興教育之責任說〉，《醒回篇》(東京：留東清真教育會，1908)，第43頁。

3　保廷梁(1874–1947)，字樹勳，號康一，昆明人，1904年留學日本，入法政大學法政速成班學習(以上參〈留東清真教育會會員錄〉，《醒回篇》，第95頁)，法政大學大學史資料委員會編：《法政大學史料集》，第11集第3號，第152頁記為明治40年(1907)6月畢業於法政速成班第四班，為在東京入會的同盟會首批會員(參許憲隆、哈正利：〈晚清留日回族學生與辛亥革命：基於「留東清真教育會」會員史跡的考察〉，《民族研究》，2011年第4期)。

4　保廷梁：《大清憲法論》(上海：上海模範書局，1911)。

5 《在本邦各國公使館員任免雜件》（支那之部），日本（外務省外交史料館）外務省記錄六門一類八項二至九號，明治11年11月從大正2年，第一卷（截至2013年8月10日，六門尚未於JACAR［アジア歴史資料センター］中公開，該資料為作者查閱原檔所得）。

6 清代一共任命過17位駐日公使，楊樞是其中的第14位。但是由於第一任的許鈐身，第六任的李興銳，第十一任的黃遵憲並沒有到任，第四任與第七任為同一人物（黎庶昌），所以實際上楊樞為第十一任、第十位駐日公使。參中國第一歷史檔案館、福建師範大學歷史系編：《清季中外使領年表》（上海：中華書局），第28–29頁。

7 關於楊樞是一位穆斯林、即伊斯蘭教徒的有關敘述，參白壽彝主編：《回族人物志（近代）》（寧夏人民出版社，1997），第224–227頁。關於楊樞出任清國駐日公使並受到清朝政府、尤其是張之洞賞識一事，從中國伊斯蘭教的角度來看具有甚麼意義，筆者已經於其他文中提及（王柯：〈清國穆斯林公使的中日外交〉［上、下］；分別為王柯，〈中日關係的過去、現在和未來〉［連載2、3］，刊載於《環》［藤原書店］，2008年總第33期，第254–263頁；總第34期，第240–251頁），也可參本書第一章。

8 《清季中外使領年表》，第28–29頁。

9 《明治36年7月　雜報三則　明治二十三年十二月清國北京日本公使館ニ於テ　中島雄　稿○李經方ノ薦舉隨員表附日本在留清國公使及領事館員姓名表》，外務省記錄1門政治1類帝國外交／2項亞細亞，元在清公使館書記官中島雄ヨリ引繼ノ清韓兩國ニ關スル書類／〈隨使述作存稿〉，第二卷，第五冊　明治二十三年分／5　明治23年12月3日から明治23年12月8日，JACAR，B03030249900（B-1-1-2-130），外務省外交史料館藏。

10 王燕軍：〈廣州首間外語學校：廣州同文館〉，http://www.gzsdfz.org.cn/ycjg/shgc/shgc038.htm。

11 劉淑英：〈一個家族的變遷：廣州回族敬修堂楊氏家族的變化發展〉，《廣東民族研究論叢》，2007年第13期，第200頁。

12 資料《1890，M23》。該史料由長崎中國交流史協會專務理事陳東華先生提供，在此謹表謝意。

13 〈長崎事件〉，外務省編纂：《日清交際史提要》，第5冊，第17編，《外務省記錄》，1門政治1類帝國外交2項亞細亞54號，JACAR，B03030243200，日清交際史提要（B-1-1-2-124），外務省外交史料館

藏；或《日本外交文書》，明治年間追補第1冊（第十七編《長崎事件》）
（昭和38年），第463–464頁。

14 安岡昭男：《明治前期日中關係史研究》（福州：福建人民出版社，
2007），第137–139頁。

15 同上註，第149–165頁。

16 《崎甲第六八號 清國水兵暴行之際鎮撫ニ力セル者ヘ賞與之件》，國
立公文書館藏，內閣公文別錄・內務省・明治19年～明治30年・第一
卷，別00166100，國立公文書館藏，JACAR，A03023064600。

17 〈長崎事件〉，《日清交際史提要》，第5冊，第17編。

18 參華友根：《中國十大法學家》（上海：上海社會科學院出版社，2006），
第4章。

19 《明治36年7月 雜報三則 明治二十三年十二月清國北京日本公使館
ニ於テ 中島雄 稿〇李經方ノ薦舉隨員表附日本在留清國公使及領
事館員姓名表》。

20 《在本邦各國公使館員任免雜件》（支那之部）；〈一個家族的變遷〉，第
200頁。

21 法政大學大學史資料委員會編：《法政大學史料集》，第11集，第34頁。

22 同上註，第49頁。

23 參〈清末愛國大使：楊樞〉，寧夏新聞網，http://www.nxnews.net/hz/
system/2011/09/08/010047448.shtml。

24 《醒回篇》，第3、92頁。

25 《清季中外使領事年表》，第16頁。

26 www.ceps.com.tw/cepsdo/10005447-200601-32-63-68-a.pdf。

27 黃鎮磐（1873–1942），字石安，直隸省人，留學日本早稻田大學，在東
京加入中國同盟會（參〈晚清留日回族學生與辛亥革命〉）。

28 趙鍾奇（1878–1970），字毓衡，雲南省人，1898年考上生員，1901年
補為廩生，1904年（光緒30年）官費選送至日本留學，1905年進振武學
校，1908年進陸軍士官學校，在東京首批加入中國同盟會的會員之一
（參〈晚清留日回族學生與辛亥革命〉）。

29 〈留東清真教育會紀事〉，《醒回篇》，第92–93頁。

30 同上註，第92頁。

31 〈留東清真教育會章程〉，《醒回篇》，第94頁。

32 〈留東清真教育會紀事〉，《醒回篇》，第92頁。

33 羅萬壽：〈回族近代革命史上的光輝篇章：《醒回篇》思想簡介〉，馬通

主編：《回族近現代研究》(蘭州：甘肅出版社，1992)。

34　〈留東清真教育會會員錄〉，《醒回篇》，第95–98頁。

35　黃鎮磐：〈宗教與教育之關係〉，《醒回篇》，第4頁。

36　〈發刊序〉，《醒回篇》，第3頁。

37　〈宗教與教育之關係〉，第17頁。

38　趙鍾奇：〈論中國回教之國民教育〉，《醒回篇》，第69頁。

39　〈勸同人負興教育之責任說〉，第40頁。

40　〈論中國回教之國民教育〉，第66頁。

41　同上註，第65頁。

42　〈勸同人負興教育之責任說〉，第42頁。

43　〈論中國回教之國民教育〉，第66–67頁。塚越芳太郎 (1864–1947)，群馬縣人，在明治後期先後任《家庭雜誌》、報紙《人民》的主編，東京市史主編，著有《時務的教育》等。

44　〈宗教與教育之關係〉，第4頁。

45　同上註，第6頁。

46　王廷治：〈回教與武士道〉，《醒回篇》，第35頁。

47　同上註，第56頁。

48　同上註，第55–56頁。

49　〈宗教與教育之關係〉，第17頁。

50　〈宗教與教育之關係〉，第2章，〈教育之心得〉，第21頁。

51　〈宗教與教育之關係〉，第6–7頁。

52　同上註，第17頁。

53　保廷梁：〈宗教改良論〉，《醒回篇》，第31頁。

54　〈勸同人負興教育之責任說〉，第44頁。

55　〈宗教與教育之關係〉，第10頁。

56　同上註，第11頁。

57　同上註，第13頁。

58　同上註，第10頁。

59　同上註，第11頁。

60　同上註，第13頁。

61　同上註，第10頁。

62　同上註，第12頁。

63　同上註，第9頁。

64　〈宗教改良論〉，第33頁。

65　同上註，第32頁。

66　〈宗教與教育之關係〉，第8頁。

67　同上註，第7頁。

68　同上註，第14頁。

69　同上註，第13頁。

70　〈宗教改良論〉，第33頁。

71　〈宗教與教育之關係〉，第9頁。

72　同上註，第7頁。

73　〈勸同人負興教育之責任說〉，第44頁。

74　馬宗燧：〈宗教進化論〉，《醒回篇》，第60頁。

75　同上註，第59頁。

76　〈宗教與教育之關係〉，第10頁。

77　黃鎮磐：〈論回民〉，《醒回篇》，第48頁。

78　〈宗教與教育之關係〉，第15頁。

79　〈論回民〉，第49頁。

80　趙鍾奇：〈中國回教之來歷〉，《醒回篇》，第61頁。

81　同上註，第63–64頁。

82　同上註，第64頁。

83　(清) 馬德新：《朝覲途記》(銀川：寧夏人民出版社，1988)，第65頁。
　　他在1841年到達麥加。

84　〈中國回教之來歷〉，第63–64頁。

85　〈論回民〉，《醒回篇》，第50頁。

86　〈勸同人負興教育之責任說〉，《醒回篇》，第43頁。

87　同上註，第44頁。

88　〈論回民〉，第50頁。

89　〈中國回教之來歷〉，第61頁。

90　〈論中國回教之國民教育〉，第67頁。

91　〈勸同人負興教育之責任說〉，第42頁。

92　〈發刊序〉，《醒回篇》。

93　〈晚清留日回族學生與辛亥革命〉。

94　〈發刊序〉，《醒回篇》。

95　〈宗教與教育之關係〉，第31頁。清真教育會的國家意識和強烈的使命
　　感，無疑與當時中國社會對中國穆斯林人口數量的判斷失誤有關，即
　　佔全國總人口五分之一。顧頡剛在1937年3月7日《大公報》的〈回教的

文化運動〉一文中，仍稱全國有5,000萬回教徒。

96 〈論回民〉，第49頁。

97 《大清憲法論》，第13頁。

98 同上註，第36頁。

99 同上註，第2頁。

100 〈康一先生傳〉，《保氏族譜》(2008)，第60頁。該族譜為保氏宗族自行
編印，未公開出版。

101 黃成俊：〈孫中山的法律顧問黃鎮磐〉，《文史精華》，2011年增刊2
期，第56–58頁。

102 王連芳、趙鑾、趙澤光：〈回族名將、愛國老人趙鍾奇先生〉，馮增
烈、馮均平主編：《近現代回族人物研究》(西安：陝西人民出版社，
1995)，第233–249頁。

103 〈凡例〉，《保氏族譜》，第11頁。

第七章

民族主義與一黨獨裁
留日政治家的日本觀與十月革命的認識

　　時至俄國十月革命發生一百週年之際的2017年末，許多中國人不由得再次想起了這樣一句多少年來一直耳聞目染的熟悉話語：「十月革命一聲炮響，給中國送來了馬克思主義。」但事實似乎並非如此，正如有人所說：通過李達、李漢俊和李大釗等「三李」為首的留日學生，「十月革命後，馬克思主義首先由日本傳到了中國」。[1] 而我們從這些早期中國共產主義思想的言論中可以發現，1917年俄國「十月革命」開始對中國社會發生實際影響應該是在1920年之後，而此時注意到俄國革命的，又不僅僅限於那些共產主義者。由此，歷史的研究必須回答這樣一個問題：俄國「十月革命」帶給中國的究竟是馬克思主義，還是列寧的布爾什維克主義？從這段近代中國接受俄國「十月革命」影響的歷史事實中我們又可以看到，當時對俄國革命發生興趣的思想家和政治家（國民黨的孫文、汪精衞、戴季陶、蔣介石、廖仲愷、張東蓀，共產黨的陳獨秀、李大釗、李達、李漢俊、施存統等），大多具有留日或與日本政界學界交往的經歷。值得注意的是，近代中國正是通過這個群體接受了日本的近代民族國家思想。於是我們就不得不思考，對於這個群體來說，民族主義思想和布爾什維克主義二者之間究竟存在一種甚麼樣的關係？為了尋找

李大釗　　　　　　　　　李達　　　　　　　　李漢俊

這個答案，本文舉國共雙方的孫文、李大釗和陳獨秀等精神領袖為例進行分析，因為這個問題關係到如何理解中國近代政治進程的性質，同時也讓我們從中看出近代中國政治通過怎樣的渠道消化了中國的社會文化傳統。

第一節　在「民族革命」旗幟下追求「民主集中權制」
──孫文的「聯俄」思想

　　1917年俄國「十月革命」以後，能夠證明俄國對當時整個中國社會帶來實際和重大影響的，是1923至1924兩年之間，在孫文領導之下國民黨內發生的、被後人稱為「聯俄容共」的一連串重大行動。「容共」由「聯俄」而來，據《孫中山年譜》，1921年12月間，孫文已在桂林會見了由李大釗介紹來的共產國際代表馬林（Maring，化名），馬林向孫提出了兩項建議：「組織一個能夠聯合各階層尤其是工農的政黨；建立革命的武裝核心，應先創辦軍官學校以培養革命骨幹。」[2]值得注意的是，這是孫文接觸俄國布爾什維克黨人的開始，也是「以黨治國」、「以黨治軍」這一政治體制構想出現在近代中國歷史上的開始。但是事實上，直到1923年1月26日〈孫文越飛宣言〉發表之前，

孫文方面並沒有對「聯俄」做出積極的反應。有民國學者經過考察指出：「俄之『聯』我較我之聯俄，還要積極。甚至可說，此事最初的發動者是蘇俄，而不是我們自己。」[3]

　　事實上，孫文是在一個特殊的政治形勢下才開始嘗試接受「俄國援助」的。1921年5月5日，孫於廣州就任非常大總統後，執意北伐，希冀通過武力統一中國，因此與陳炯明發生了矛盾；1922年4月底至5月初的第一次直奉戰爭又以奉軍失敗告終，使孫文聯合張作霖、段祺瑞對抗直系軍閥的願望落空；6月，陳炯明發動了軍事政變，孫自身的領袖地位受到強烈的挑戰。日後汪精衛承認孫文當時採用聯俄容共政策埋下了「禍根」，但又認為從當時的環境來看，這是一件不得不為之的事情：「我們前後左右都被軍閥所包圍，外受帝國主義壓迫，內受分裂抗爭之苦，周邊形勢不容一點樂觀。」[4] 於是孫文一派想到：為甚麼中國二次革命、三次革命屢屢失敗，而晚於中國革命的俄國十月革命能夠很快取得成功呢？

　　孫文指出：「中國革命六年後，俄國才有革命。……這種革命，真是徹底的成功，皆因其方法良好之故。」[5] 這個「方法」，就是列寧關於建設革命黨的思想：在民主集中制（國民黨的論述中為「民主集

俄國「十月革命」

權制」)的原則之下，將革命政黨建設成一個以少數職業革命家為中心的、有堅強紀律的組織，然後通過這個組織去指導革命運動。我們知道，布爾什維克的意思雖然是「多數派」，但事實上列寧一派在俄國社會工黨中所站的比例卻是少數。1923年8月，孫文任命蘇聯駐廣東代表鮑羅廷（Mikhail M. Borodin）為顧問，再次開始對國民黨的改組。正如他在1924年1月20日中國國民黨第一次全國代表大會開會詞〈革命成功在乎革命黨員有團體〉中所言：「本黨以前的失敗，是各位黨員有自由，全黨無自由；各位黨員有能力，全黨無能力。中國國民黨之所以失敗，就是這個原因。我們今日改組，便先要除去這個毛病。」[6]

按照汪精衛的説法，孫文於1921年時在桂林見到馬林時，就已經根據馬林的説明感覺到俄國的新經濟政策與他的「民生主義」的性質是一致的，另外俄國也曾明確聲明：「援助國民革命，不在中國國內宣傳共產主義」，這些都是促使孫文接受俄國援助的原因。[7]但從孫文並非從會見馬林之後、而是在陳炯明叛亂之後才下定決心聯俄來看，其主要目的無疑是要借鑒俄國布爾什維克的「經驗」對國民黨進行改組。汪精衛當時也積極支持孫文的政策，他在1924年國民黨一大中被孫文指派為五人主席團主席之一，並被推舉為國民黨章程審查委員會主席，參與起草大會宣言。汪在〈中國國民黨何以有此次宣言〉中説道：「在今日之環境中，我們在精神上有一種説不出的苦痛：便是中國的現狀和我們的主義不能相合，不但不能相合，而且相反。所以不能一致的最大原因，是革命黨和群眾還沒有真正密切地結合。革命黨如何能和群眾做真正密切的結合呢？第一要訓練革命黨自己，第二要向群眾宣傳。根據這訓練和宣傳兩個理由，中國國民黨才有此次的宣言。」[8]

此外，看到「黨的組織亦益渙散」，「有志者人自為戰，不肖者掛名投機，革命建國事業更無由著手」的蔣介石，也認為國民黨必須改組：「非整理黨務，無從奮起。」[9]1923年8月，他被孫文指派為「孫

汪精衛　　　　　　　　馬林　　　　　　　蔣介石（右）在日本

逸仙博士代表團」團長，9月2日至11月29日在蘇聯實地考察黨務、軍事和政治。按照他事後的說法，他在蘇聯找到了布爾什維克取得勝利的原因：「要一個黨來做中心，統一革命勢力」，之後「拿到了政權，極端的專政」。[10] 1924年1月24日，國民黨一大期間，蔣被委任為「中國國民黨陸軍軍官學校籌備委員會委員長」（翌年5月3日被任命為校長兼粵軍參謀長）。1924年5月，孫文在蘇聯顧問的幫助下建立了這所黃埔軍校，目標就是建立一支只服從國民黨領導的軍隊。很清楚，孫文通過「聯俄」從蘇聯學到的，就是在從嚴治黨的基礎上建立黨國、黨軍的政治體制。1924年7月7日，孫文以中央執行委員會名義發表了〈中國國民黨關於黨務宣言〉以申明紀律：「本黨既負有中國革命之使命，即有集中全國革命分子之必要，故對於規範黨員，不問其平日屬何派別，惟以其言論行動能否一依本黨之主義政綱及黨章為斷。如有違背者，本黨必予以嚴重之制裁，以整肅紀律。」[11]

　　孫文的黨國、黨軍思想對此後近代中國的政治生態產生了深刻的影響，孫文改組國民黨後，民主集權制自此成為近代中國政黨的主要組織原則。蔣介石甚至在1952年重訂〈中國國民黨黨員守則淺釋〉時還再次力推民主集權制：「根據民主集權制的原則，本黨政策在討論階段，是民主的，人人都可以發表意見，自由討論；在執行階段是集權的，一經共同決議，必須一致執行，以求行動之統一與

力量之集中。行動統一的規律，是個人服從組織，少數服從多數，下級服從上級，全黨服從領袖。」[12]

　　但是值得注意的是，通過改組告誡黨員必須服從上級，這在國民黨歷史上並非是第一次。二次革命失敗以後，孫文於1914年在東京將國民黨改組為「中華革命黨」，堅持黨員對領袖必須絕對忠誠的原則，要求黨員割據畫押進行再登記：「因鑒於前此之散漫不統一之病，此次理當，特主服從黨魁命令，並須割據[原文—引者]誓約，誓願犧牲生命、自由權利，服從命令，盡忠職守，誓共生死。」[13]「弟所望黨人者，今後若仍承認弟為黨魁者，必當完全服從黨魁之命令。因第二次革命之失敗，全在不聽我號令耳。所以，今後弟欲為真黨魁，不欲為假黨魁。」[14]「是以此次重組革命黨，首以服從命令為惟一之要件。盼入黨各員，必自問甘願服從文一人，毫無疑慮而後可。」[15]甚至規定：「總理有全權組織本部為革命軍之策源，協理輔助之或代理之」，「本部各部長、職員悉由總理委任」。[16]

　　因孫文所提倡的這種準集權體制引起了黨內的不滿，第一次改組成效不大。論者指出，「1924年的國民黨改組主要是借鑒了俄共布爾什維克的組織模式」，[17]與上一次改組最明顯不同的是強調建設一個紀律嚴密、因而具有戰鬥力的「組織」，而「黨在國家之上」、「黨在軍隊之上」的黨治原則也由此成立。1923年11月的〈中國國民黨改組宣言〉直言：「欲起沉疴，必賴乎有主義、有組織、有訓練之政治團體，本其歷史的使命，依民眾之熱望，為之指導奮鬥，而達其所抱政治上之目的。否則民眾蠕蠕，不知所向，唯有陷為軍閥之牛馬，外國經濟的帝國主義之犧牲而已。」[18]從這裏可以看出，第二次改組中出現的黨治原則是建立在一種對於民眾的精英意識之上的。但是從第一次改組就已經提出「軍政、訓政、憲政」三期說[19]一事來看，國民黨中的這種精英意識其實一直都是存在的。日後的「一個信仰，一個領袖，一個政府」的起源，也許可以追溯到這裏。[20]由此可見，在精英治國思想的意義上，雖然個人領袖被幻化為「黨組織」，但是

中華革命黨成員

兩次改組其實並沒有本質的差異。或者説，「聯俄」並沒有改變孫文和國民黨高層對中國社會的基本認識，第二次改組只是從俄國學來了一種更有利於精英階層進行治黨、治國的組織形式而已。

　　那麼，為甚麼「十月革命」不僅沒有帶來馬克思主義的階級學說，反而強化了中國國民黨高層的精英治國理念呢？這與孫文對俄國革命以及「共產主義」進行的解讀有著直接的關係。關於這一點，可以參考孫文在1924年1月20日國民黨一大開幕當天的一段説明：「現尚有一事，可為我們模範。即俄國完全以黨治國，比英美法之政黨握權更進一步。我們現在並無國可治，只可説以黨建國，待國建好，再去治他。當俄國革命時，用獨裁政治，諸事均一切不顧，只求革命成功。……俄國六年前之奮鬥，均為「民族主義」的奮鬥。當時我們尚不知其為民族主義奮鬥，今回顧起來，的確如此！故現在俄國對於贊成民族主義諸國，皆引為同調。常對波斯、阿富汗、土耳其諸國，勸其不可放棄民族主義。其最初之共產主義，亦由六年間之經驗，漸與民生主義相暗合。可見俄之革命，事實上實為三

民主義。其能成功，即因將其黨放在國上。我以為今日是一大紀念日，應重新組織，把黨放在國上。」[21]

也就是說，讓孫文主張國民黨能夠接受「聯俄」的正當性根據，是他們在俄國革命的「經驗」中發現了能夠將之解讀為三民主義，尤其是民族主義思想的成分。例如，布爾什維克在十月革命之前披著「革命」外衣的「獨裁政治」可以被解釋為「民族主義的奮鬥」，十月革命之後俄國和蘇聯的經驗可以解釋為「漸與民生主義相暗合」。對於當時正在準備北伐的國民黨人來說，「民族主義的奮鬥」的解讀自然具有很強的說服力。這種從「民族主義」的層次上說明各種政治行動、包括結交革命盟友之正當性的思維模式，證明「民族主義」已經成為近代中國判斷一個政治行為是否具有正當性、用今天的話來說就是「政治正確」的標準。

第二節　「階級」與「民族」的穿越
── 一種機會主義的解釋

值得注意的是，孫文對俄國革命和所謂的「共產主義」的這種解讀，當然與俄國布爾什維克向他進行的說明是分不開的。事實上，以號稱追求建立無產階級專政而起家的俄國布爾什維克，在與中國國民黨方面進行接觸時，從未要求國民黨人用階級的觀點來看待中國國內的各種問題。相反，從孫文的言談和文字中，甚至可以看出他們將對孫文的支援有意地解釋為對中國「民族主義」的支持，包括與越飛（Adolf A. Joffe）談判中提出的同意共產主義不能行於中國、確認從前發表的放棄對中國特權的聲明仍然有效，對中東鐵路管理權的問題通過協商的方法進行解決，承認對外蒙古並無領土野心等內容。[22] 於是，辛亥革命之後將「民族主義」的內容最終解釋為追求國家統一和國家獨立的孫文，也就能夠順水推舟地將「聯俄」解釋為

越飛

一個一石二鳥的、達到其民族主義之偉大目標的手段了。

　　事實上，在俄國國內，為了集結「革命」力量，列寧一貫反對按民族建黨。在他的領導下，1919年3月俄共（布）第八次代表大會決定：相當於各個加盟共和國的「共產黨中央委員會享有省級黨委會的權利，並且絕對服從中央委員會的領導」。[23] 他堅持在俄國革命黨內部實行「民主集中制」的原則，甚至也反對國家組織形式上的聯邦制。在「世界革命」的問題上，列寧當初應該也同樣具有只使用「階級」而不使用「民族」觀點的想法。「共產國際」就是以「要求各國革命的無產階級之間保持最大限度的聯繫，要求社會主義革命已經取得勝利的國家之間實行全面的聯合」，通過「無產階級的群眾性行動，直至拿起武器，同資本主義的國家政權實行公開的衝突」的鬥爭方法，從而使「無產階級奪取國家政權」，實現「無產階級專政」為目標而在1919年初成立的。[24] 其中沒有任何關於「被壓迫民族」的訴求，甚至沒有任何關於「民族」的闡述。

　　到了1921年，一貫堅持階級學說的俄國布爾什維克之所以能夠拿出這種容忍他國民族主義的方針來接觸孫文，是因為「十月革命」後的俄國在進入1920年代以後，為了打破在國際社會中的困窘局面而不得不制訂新的國際戰略，並因此在思想理論層面上做出相應的調整。以列寧為首的俄國布爾什維克人原本只想著在具有一定工業勞動者數量的歐洲各國、即所謂的「文明國家」中實現「無產階級專政」，但是這種想法很快受到了挫折。為了衝破帝國主義的包圍封鎖，於是不得不將視點轉向東方，開始尋求與受到帝國主義欺凌的東方「落後國家」之間的聯合。[25] 1920年7月19日至8月7日，共產國際召開第二次代表大會。列寧在7月26日第四次會議上的〈民族和殖民地問題委員會的報告〉中提出：「我們看到，目前帝國主義階段的

特點就是全世界已經劃分為兩部分，一部分是人數眾多的被壓迫民族，另一部分是擁有巨量財富和雄厚的軍事實力的少數壓迫民族。世界人口的大多數，有10億以上，都是被壓迫民族，他們的總數大約是12億5千萬。我們把世界總人口算作17億5千萬，他們就佔世界人口的70%。」所以，「我們提綱中的另一個指導思想就是：在目前的世界形勢下，在帝國主義大戰以後，各民族之間的相互關係和全世界國家體系內的特點，就是少數帝國主義民族集團反對蘇維埃運動，反對以蘇維埃俄國為首的各個蘇維埃國家。……無論是文明國家的共產黨，還是落後國家的共產黨，都只有從這種觀點出發，才能正確地提出和解決各種政治問題。」[26]

　　在上述會議中，列寧提出「殖民地國家的資產階級解放運動」的問題，甚至主張「把『資產階級民主』都改為『民族革命』才是正確的。」[27]根據列寧的意見，《共產黨宣言》提出的「全世界無產者聯合起來」的口號，在共產國際第二次代表大會上被修改為「全世界無產者和被壓迫民族聯合起來」。[28]共產國際沒有說明如何通過「民族革命」的手段來達到「階級鬥爭」的目標即建立「無產階級專政」，但是這段歷史說明，對以列寧為首的俄國布爾什維克來說，只要冠以「革命」的名義，在「革命」的文脈中，「階級」與「民族」這兩個原本構成要素和性質完全不同的集團，就是可以隨意被穿越的。

　　這種將「革命」從「民族」的視點所進行的闡釋，正是孫文能夠說服自己及其同志接受「聯俄」政策所需要的。那麼，接受「容共」的政策是不是也以此為前提呢？回答也是肯定的。可以看到，列寧和共產國際提出的「全世界無產者和被壓迫民族聯合起來」的口號，在李大釗（孫文接受「聯俄容共」政策即由李穿針引線）的文章中，就變成了「被壓迫民族及被壓迫階級聯合起來」！[29]這種順序顛倒證明，比起列寧和共產國際來說，李大釗事實上更加願意強調中國革命的性質是「民族解放」，更加願意把「聯俄容共」說成是為了「民族解放」的目的。

　　1924年3月30日，李大釗在中華民國國民追悼列寧大會刊行的

《列寧紀念冊》中寫道：「列寧逝世，全人類的損失，真不在小，尤其是我們中華民族損失了一個這樣重要的朋友，更使我們感傷不已。……列寧是弱小民族的良朋，是被壓迫著的忠僕，是獻身於世界革命的一個仁勇的戰士。」[30] 5月1日，李大釗在《北大經濟學會半月刊》第24期上發表〈在民國十三年五一紀念日示威運動〉中五條「我的國民的吶喊」，除了「被壓迫民族及被壓迫階級聯合起來」之外，還有一條為「恢復中華民族的獨立自由」，並且指出：「這都是我們最近的民族的痛辱。」[31] 1926年3月12日，李大釗在《國民新報》的「孫文先生逝世週年紀念特刊」中撰文：「孫文先生所指導的國民革命運動，在中國民族解放全部歷史中，實據有中心的位置，實為最重要的部分。」「他以畢生的精力，把中國民族解放種種運動，疏導整理，溶解聯合，以入於普遍的民眾革命的正軌。他那臨終的遺囑，明明白白告訴我們中國的國民革命是世界革命的一部。」[32]

　　以上文字似乎也可以證明，李大釗之所以對俄國和列寧的學說發生興趣，也是從「民族」的視點出發的。據《李大釗年譜》，從留學日本期間開始，李大釗即接觸到馬克思主義。[33] 但有論者指出，早期的李大釗具有「思想的二重性」，即其思想並不是單純用馬克思主義思想可以完全解釋，而造成這種二重性的「深刻的社會根源與認識根源」，其一即為「狹隘的民族主義思想」。[34] 其實，李大釗最初的確沒有從「階級」革命的層次來認識俄國「十月革命」的性質。1918年7月，他將俄國「十月革命」與法國大革命進行比較：「法人當日之奔走呼號，所索者『自由』，俄人今日之渙汗絕叫，所索者『麵包』。」「法人當日之精神，為愛國的精神，俄人之今日精神，為愛人的精神。前者根於國家主義，後者傾於世界主義；前者恒為戰爭之泉源，後者足為和平之曙光，此其所異者耳。」「俄羅斯之革命是二十世紀初期之革命，是立於社會主義上之革命，是社會的革命而並著世界的革命之彩色者。」[35]

　　及至中國民眾歡呼中國在第一次世界大戰中成為戰勝國，李大

釗便開始使用「階級」的話語。1918年11月15日，他稱：「原來這回戰爭的真因，乃在資本主義的發展。國家的界限以內，不能涵容他的生產力，所以資本家的政府想靠著大戰，把國家界限打破，拿自己的國家為做中心，建一世界的大帝國，成一個經濟組織，為自己國內資本家謀利益。」[36]「對於德國軍國主義的勝利，不是聯合國的勝利，更不是我國徒事內爭託名參戰的軍人，和那投機取巧賣乖弄俏的政客的勝利，而是人道主義的勝利，是和平思想的勝利，是公理的勝利，是自由的勝利，是民主主義的勝利，是社會主義的勝利，是Bolshevism的勝利，是赤旗的勝利，是世界勞工階級的勝利，是二十世紀的勝利。」[37]

但是值得注意的是，此時的李大釗還同意布爾什維克指導下的群眾運動來源於宗教狂熱的觀點：「倫敦《泰晤士報》曾載過威廉氏（Harold Williams）的通訊，他把Bolshevism看作是一種群眾運動，和前代的基督教比較，尋出二個相似的點：一個是狂熱的黨派心，一個是默示的傾向。……這話可以證明Bolshevism在今日的俄國，有一種宗教的權威，成為一種群眾的運動。豈但今日的俄國，二十世紀的世界，恐怕也不免為這種宗教的權威所支配，為這種群眾的運動所風靡。」「二十世紀的群眾運動，是合世界人類全體為一大群眾，這大群眾裏邊的每一個人、一部分人的暗示模仿，集中而成一種偉大不可抗的社會力。」[38] 從這一對布爾什維克的「群眾運動」性質的判斷來看，李大釗之所以為俄國革命所吸引，與其說是因其具有階級革命的性質，還不如說是因其具有強大的動員力和組織力。日後，李大釗形容孫文的活動為「繼承了太平天國的革命的正統，而淘汰了他們的帝王思想、宗教思想」；然而，即使在這一敘述脈絡中，他也認為太平天國以來的「革命的傳統」就是「中國民族解放運動」和「中國民族革命」。[39] 由此可見，民族主義的思維模式，無疑是造就李大釗接受俄國革命、尤其是布爾什維克的大規模群眾運動形式之影響的一種重要思想。

第三節　「民族主義」視點下的反日與親俄
——陳獨秀的思想變遷

中國共產黨的早期領袖陳獨秀，在1915年9月15日的〈法蘭西人與近世文明〉中就已經提到社會主義思想和馬克思：「欲去此不平等與壓制，繼政治革命而謀社會革命者，社會主義是也。可謂之反對近世文明之歐羅巴最近文明。其說始於法蘭西革命時，有巴布夫（Babeuf）者，主張廢棄所有權，行財產共有制……彼等所主張者，以國家或社會，為財產所有主，人各從其才能以事事，各稱其勞力以獲報酬，排斥違背人道之私有權，而建設一新社會也。其後數十年，德意志之拉薩爾（Lassalle）及馬克斯（Karl Marx）承法人之師說，發揮而光大之，資本與勞力之爭愈烈，革命之聲愈高。」[40]

但是，1919年間讓陳獨秀開始注意到俄國「十月革命」的，同樣不是階級學說，而是布爾什維克奪取政權對國際社會的衝擊：「英美兩國有承認俄羅斯布爾札維克政府的消息，這事如果實行，世界大勢必有大大的變動。十八世紀法蘭西的政治革命，二十世紀的俄羅斯的社會革命，當時的人都對著他們極口痛罵；但是後來的歷史家，都要把他們當做人類社會變動和進化的大關鍵。」[41]「俄國Lenin一派的Bolsheviki的由來，……日本人硬叫Bolsheviki做過激派，和各國的政府資本家痛恨他，都是說它擾亂世界和平。Bolsheviki是不是擾亂世界和平，暫且不論他，痛恨Bolsheviki的各強國，天天在那裏侵略弱小國的土地權利，是不是擾亂世界和平。」[42]

將布爾什維克對中國的政策與日本對中國及朝鮮的侵略作比較，是陳獨秀俄國革命論的一個重要特點：「Bolsheviki是不是擾亂世界和平，全靠事實證明，用不著我們辯護或攻擊；我們冷眼旁觀的，恐怕正是反對Bolsheviki的先生們出來擾亂世界和平！現在反對他們的人，還仍舊抱著軍國侵略主義，去不掉個人的一階級的一國家的利己思想。（日本壓迫朝鮮，想強佔青島土地和山東的經濟

利權，就是一個顯例。) 如何能夠造成世界和平呢？」[43] 陳獨秀的論述之所以具有這一特點，其原因不言自明——「十月革命」之後的俄國布爾什維克政權，曾經一時答應歸還以往帝俄時期侵佔的中國領土：「日本侵略我們土地利權的，是那軍閥、財閥、外交官和保守主義的新聞記者，那進步主義的社會黨人，卻都以為不應該侵略中國。進步主義的列寧政府，宣言要幫助中國，保守主義的渥木斯克政府，自己已經是朝不保夕了，還仍舊想侵略蒙古和黑龍江；他若是強起來，豈不是第二個日本嗎？」[44]

　　但是應該注意到，陳獨秀的日本觀其實是有一個變化過程的。在更早時期，陳獨秀常常是將日本人的民族性以及各種制度作為參照物，藉以對中國社會進行批評：「日本福澤諭吉有言曰：『教育兒童，十歲以前，當以獸性主義；十歲以後，方以人性主義。』……強大之族，人性、獸性，同時發展。其他或僅保獸性，或獨尊人性，而獸性全失，是皆墮落衰落之民也。」[45]「乃木希典有言曰：訓練青年，當使身心悉如鋼鐵。」「岩崎氏者，以窮漢而成日本之第一富豪，其死也，臥床數十日，未嘗出一呻吟聲。美利堅力戰八年而獨立，法蘭西流血數十載而成共和：此皆吾民之師資。」[46] 直至一戰結束時，陳獨秀仍然是對日本的民族性誇獎有加：「日本東京慶祝協約戰勝的時候，慶應大學學生五千人，開提燈大會，前豎一面大旗，上面寫了『倒軍閥』三個大字，遊行時經過的衙署都招待他們，惟有參謀部和陸軍部不理。我們天津的慶祝會，南開學校的學生卻異想天開，做一個『國魂舟』，兩位學生裝扮關羽岳飛坐在船內，遊行街市。一個是反對武人政治 (乃木、東鄉真算得是中國關岳一流人物，何以日本青年不崇拜他，還要反對他呢？)，一個是崇拜忠孝節義時代的武人。現在兩國的青年思想如此不同，將來的國運就可想而知了。」[47]

　　對日本人民族性的讚許，自然是建立在對中國人民族性進行批判的基礎上的。以近代日本為榜樣建設近代國家和國民，幾乎是所有近代中國的思想家和革命家的日本觀的重要組成部分。但是與

其他人不同，陳獨秀幾乎是全面地接受了日本人對中國民族性的批判：「外人之譏評吾族而實為吾人不能不俯首承認者，曰『好禮無恥』，曰『老大病夫』，曰『不潔如豚』，曰『遊民乞丐國』，曰『賄賂為華人通病』，曰『官吏國』，曰『豚尾客』，曰『黃金崇拜』，曰『工於詐偽』，曰『服權利不服公理』，曰『放縱卑劣』；凡此種種，無一而非亡國滅種之資格，又無一而為獻身烈士一手一足之所可救治。一國之民，精神上，如此退化，如此墮落，即人不伐我，亦有何顏面，有何權利，生存於世界？」[48] 值得注意的是，這些對中國民族性的形容幾乎都是來自日本人的。從這裏可以看出，陳獨秀的價值觀判斷標準中有很多地方是與日本社會相通的。

　　當陳獨秀得知巴黎和會上日本的態度後，其日本觀才開始有所改變。1919 年 3 月 3 日，他數次談到對日本政府對中國的領土野心的反感：「歐洲和會，亦有反對秘密外交的趨勢。而口口聲聲說中日親善的日本，偏偏不許我們宣佈中日密約。……偏偏要把煽動的鐵道礦山，做青島交還的條件。中日親善，原來就是這樣。」[49]「歐洲的德意志，已經拋棄軍國主義了。亞洲的德意志，還是毫無覺悟。他對於世界上的事，反對縮減軍備與廢止徵兵，和自由主義的英美不合。他對於中國的事，袒護軍閥，反對裁撤參戰軍，又和自由主義的英美不合。他如此迷信武力，且看他將來的運命如何。」[50] 但是我們看到，即使在這個時刻，陳獨秀對日本的做法和民族性還保留著一些讚許的成分。他在批評中國政府劃分軍區的做法時說道：「日本鑒於世界大勢，要將朝鮮和台灣的總督，改用文官，免得軍治制度找朝鮮人和台灣人的反抗。想不到我們中華民國裏，口稱護法的人，還有分設九軍區的主張。劃分軍區，就是承認軍人有管轄區域，就是承認軍治制度。這是比日本人對待被征服的朝鮮台灣還不如。」[51] 又如，他激烈批評日本對朝鮮「三一獨立運動」的鎮壓，同時卻又說道：「我想富於自由獨立大和魂的日本人，對於朝鮮人這回悲壯的失敗，都應該流幾點同情的熱淚。」[52]

　　更加值得注意的是，五四運動中陳獨秀對日本的批評，其實都是從民族主義的立場上出發的。正因為如此，這些批評當中甚至帶有民族歧視的成分。就讓我們看一些1919年5月4日當天陳獨秀發表的文字：「無論鐵路問題，青島問題，大而至於全國政權問題，不用説我們最希望的是自己管理。倘若自己不能管理，只好讓列強共同管理。我們反對的是讓日本管理。因為日本管理的地方，不但兵隊警察要來，那賣淫的、賣藥的、賣鴉片的、賣嗎啡的，收買銅錢的，一齊都要來，都要把中國人踩在腳底下當狗打。打過了還要中國人和顏悦色的同他『親善』，不然就加上你一個『排日』的罪名。老實不客氣，我們中國若免不得亡國的命運，寧可亡在歐美列國手裏，不願亡在日本手裏。」[53]「藝術是何等神聖的事業，梅蘭芳懂的甚麼？他到日本，聽説很受日本人歡迎。若是歡迎他的藝術，我為中國藝術羞煞！若是歡迎他的容貌，我為中國民族羞煞。」[54] 正是在這種激烈的民族主義思維的脈絡中，陳獨秀通過將布爾什維克對中國的政策與日本對中國及朝鮮的侵略進行比較之後，開始轉變對日本的態度，並開始表現出對「十月革命」之後的「宣言要幫助中國」的「進步主義的列寧政府」[55] 產生了親近感。

　　事實上，與中國近代許多思想家和政治家一樣，無論是陳獨秀還是李大釗，都因為留學日本的經歷而培養了他們的民族主義思維模式。陳獨秀數次自費留學日本（一説為五次），1902年9月進入東京成城學校陸軍科，冬季與張繼、蔣百里、蘇曼殊等人組織「青年會」（「日本留學界中革命團體之最早者」），據説其〈會約〉中即有：「以民族主義為宗旨，以破壞主義為目的。」1903年3月，他因剪辮子被送回國，4月籌組「安徽愛國會」，6月於《蘇報》發表組會宗旨：「聯絡東南各省志士，創一國民同盟會，庶南方可望獨立，不受異族之侵凌」，因發表這些排滿民族主義的言論又受到追捕。但在8月時，他又與章士釗等在上海創辦《國民日日報》，明言「宗旨在於排滿革命」。1907年春，陳再到日本進入正則英語學校，參加章太炎、劉

師培、蘇曼殊和幸德秋水等人發起的「亞洲和親會」:「本會宗旨,在反對帝國主義,期使亞洲已失主權之民族,各得獨立。」1909年9月回國,1914年7月再應章士釗之邀,赴日本助編《甲寅》雜誌,同時入雅典娜法語學校,直至1915年雜誌移到上海,陳才一同回國。[56]由以上經歷可知,辛亥革命以前,陳獨秀的生活中一直存在著日本的因素;與其他中國近代的思想家一樣,其思想也因此受到日本民族主義的強烈影響。我們看到,甚至直至辛亥革命之後的1915年底,他仍在極力鼓吹國家主義:「吾人非崇拜國家主義,而作絕對之主張;良以國家之罪惡,已發見於歐洲,且料此物之終毀。第衡之吾國國情,國民猶在散沙時代,因時制宜,國家主義實為吾人目前自救之良方。」[57]

　　陳獨秀從受近代日本的影響到對十月革命以後的俄國產生好感,其思想歷程說明,民族主義的思維其實一直是他此間投身政治運動的基本動力,這與孫文為了借鑒俄國革命黨的經驗和利用俄國的支援而將布爾什維克指導的「革命」、「獨裁政治」故意解讀為「民族主義的奮鬥」顯然不同。但是二者之所以都願意從民族主義的角度看待列寧所指導的俄國革命方式,應該都是由於感到這種俄國革命方式可以給民族主義的政治精英提供更大的活動空間。

第四節　血緣民族主義與政治精英意識
——布爾什維克式「以黨治國」的魅力

　　無論是李大釗、陳獨秀和孫文,其實從他們的民族主義的言論和行動中,都可以看到一種「世人皆醉我獨醒」、因而自己負有喚醒國人之義務的強烈的精英意識。李大釗1913年冬赴日,1914年春進入早稻田大學政治本科。臨行前賦詩曰:「班生此去意何云,破碎神州日已曛。去國徒深屈子恨,靖氛空說岳家軍。」[58]無疑,李大釗是

抱著民族主義救國的想法走上東渡求學之路的。由於時值辛亥革命以後，李大釗的民族主義思想不是表現為排滿，而是表現為對甲午戰爭以來日本侵略中國的仇恨。在日本對華提出「二十一條」的1915年6月，他撰寫〈國民之薪膽〉一文，將甲午、甲辰（日俄戰爭）、甲寅（日德戰爭）的「三甲」之役比作「宜鎸骨銘心紀其深仇大辱者」。[59] 1915年5月，李大釗棄學歸國，8月在北京創辦《晨鐘報》，希望通過喚起國民的民族主義意識以救國：「吾儕振此『晨鐘』，……俾吾民族之自我的自覺。」「外人之詆吾者，輒曰：中華之國家，待亡之國家也；中華之民族，衰老之民族也。斯語一入吾有精神、有血氣、有魂、有膽之青年耳中，鮮不勃然變色，思與四億同胞發奮為雄，以雪斯言之奇辱者。」「環顧茲世，新民族遂無復存。故今後之問題，非新民族崛起之問題，乃舊民族復活之問題也。而是等舊民族之復活，非其民族中老輩之責任，乃其民族中青年之責任。」[60]

　　近代中國的民族主義思想家之所以會有這種不帶任何修飾的精英意識，和近代中國民族主義的血緣與性質有關。李大釗在1920年1月25日的《新生活》第23期上發表〈知識階級的勝利〉一文可為一例：「五四以後，知識階級的運動層出不窮。到了現在，知識階級的勝利已經漸漸證實了。我們很盼望之世界級作民眾的先驅，民眾作知識階級的後盾。知識階級的意義，就是一部分忠於民眾作民眾運動的先驅者。」[61]

　　李大釗心目中的精英，就是自己也甚為其中一員的所謂「知識階級」，此以其於1915年以「留日學生總會」名義撰寫的〈警告全國父老書〉可為一例：「戰雲四飛，倭族乘機，偪我夏宇。……萬一橫逆之來，迫我於絕境，則當率我四萬萬忠義勇健之同胞，出其丹心碧血，染吾黃帝以降列祖列宗光榮歷史之末頁。」「抑日本蕞爾窮國，力非能亡我中國者。」「居東京，適遊就館[今靖國神社之史料館部分]，見其陳列虜奪之物，莫不標名志由，夸為國榮。鼎彝遷於異域，銅駝泣於海隅，睹物傷懷，徘徊不忍去。……國人及今而猶

李大釗（前排左三）在日本

不知自覺，……炎黃遠裔，將淪降於永劫不復之域，而滅國之仇，夷族之恨，真天長地久，無復報雪之期矣！嗚呼同胞！亦知今世亡國之痛乎？」今應「舉國一致，眾志成城。勝則此錦繡之江山可保，而吾祖宗襲傳之光榮歷史，從此益可進展於無窮。敗則錦繡之江山雖失，而吾祖宗襲傳之光榮歷史，遂結束於此。葆有全始全終之名譽，長留於宇宙之間，雖亡國殺身，亦可告無罪於我黃帝以降列祖列宗之靈也。」[62]

　　從文中反覆出現「黃帝以降列祖列宗」、「炎黃遠裔」、「祖宗」、「同胞」等民族主義的符號可以感知：儘管當時已經進入民國時期，但李大釗的民族主義思想仍然表現出強烈的血緣型民族主義性質，與二十世紀初期留日學生所鼓吹的排滿的血緣民族論話語如出一轍。本來是屬於公的領域中的關於國家政治的問題，卻一定要從私的血緣關係的角度進行理解並以此區分敵我是非，換言之，通過提起血緣關係來強調政治事象的意義，這是血緣型民族主義的一個重要特點。從此也可以看到，近代中國之所以能夠接受血緣型民族主義思想，除了受到日本近代單一民族國家思想的啟發之外，同時也與中國傳統的家族制為其提供社會基礎有關。按照共同血緣的原則構成的宗族組織是傳統精英的搖籃，但是因為宗族組織和科舉制之間的互動關係，對於追求「修齊治平」的科舉精英們來說，公與私的領域之間本來就沒有不可逾越的明顯界線。儘管進入二十世紀以後

不得不告別科舉制度，但是傳統的宗族組織並沒有被打散，讀書人的精英意識依然在傳統的家族制社會中被保留下來，只是其中一部分人在接受了民族主義的思想以後，更願意將他們的精英意識表現在「民族」和「民族國家」的層面。例如，陳獨秀在1921年7月1日發表的〈革命與制度〉一文中指出：「社會底進步不單是空發高論可以收效的，必須有一部分人真能指出社會制度底弊病，用力量把舊制度推翻，同時用力量把新制度建設起來，社會才有進步。」[63]

　　由於這種精英意識，陳獨秀的思想中甚至具有反民主主義的成分。「民主主義是甚麼？乃是資本階級在從前拿他來打到封建制度底武器，在現在拿他來欺騙世人把持政權底詭計。……若是妄想民主政治才合乎民意，才真是平等自由，那便大錯特錯。資本和勞動兩階級未消滅以前，他兩階級底感情利害全然不同，從哪裏去找全民意？……民主主義只能夠代表資產階級底意，一方面不能代表封建黨底意，一方面更不能代表勞動階級底意。」[64]「一聽說勞動階級專政，馬上就抬出德謨克拉西來抵制，德謨克拉西倒成了資產階級底護身符了。我敢説：若不經過階級戰爭，若不經過勞動階級佔領權力階級地位底時代，德謨克拉西必然永遠是資產階級底專有物，也就是資產階級永遠把持政權抵制勞動階級底利器。」[65]此時接觸到馬克思主義和俄國革命思想之後的陳獨秀，已經與新文化運動時期的陳獨秀判若兩人。必須看到的是，這種反民主主義的精英思想，不僅可以成為任意抹殺民意的根據，也可以成為「以黨治國」的思想能夠在中國立足的基石。例如，陳獨秀就曾經如此闡述政黨與人民、國家之間的關係：「無論是有產階級的政黨或無產階級的共產黨，凡是直接擔負政治責任之團體，似乎都算是政黨。一般人民雖然都有選舉被選舉權，但實際上被選舉的究竟多是政黨；一般人民雖然都有參與政治的權利，但實際上處理政務直接擔負政治責任的究竟是政黨。」[66]

　　張國燾在其《我的回憶》中，指出1923年6月的中共三大以後，

中央內部即直接稱呼陳獨秀為「家長」。此後他的同志們又以他實行「家長制」而進行批評。[67] 毛澤東以後也在與美國記者斯諾（Edgar Snow）談話中指責陳獨秀：「在那個時候，陳獨秀是中國黨的徹頭徹尾的獨裁者，他甚至不同中央委員會商量就作出重大的決定。」[68] 陳獨秀的行為可以說明，由血緣民族主義而來的精英意識天然具備著接受俄國布爾什維克的「民主集中制」、領袖獨裁和「以黨治國」思想的素質。

　　這一點，從孫文的「革命」過程中也可以得到證實。眾所周知，孫文設「訓政」時期的理由是「承認中國人民的政治能力尚低」，「如果人民尚不知如何行使民權，應該給他們一個學習的機會。」[69] 到了1920年10月10日，孫文提議將「中華革命黨」改為「國民黨」，並將「中國革命」的過程分為「革命政治」和「政黨政治」兩個時期。論者指出：「總章第四條規定：『自革命起義之日至憲法頒佈之日，總名曰革命時期。在此期間，一切軍國庶政，悉有本黨負完全責任。』由此可知，此時中山先生已決心實行革命政治，而在革命未成功以前，不再實行政黨政治。」[70] 1921年，孫文又提出「以黨治國」的口號：「我們要達到『以黨治國』的目的，此刻便應趕快下手，結合團體⋯⋯」[71] 當時即有人指出，「以黨治國」即是「一黨專政」，孫文強調的「以黨治國」和「一黨專政」，實際上是要貫穿「訓政」、「軍政」和「憲政」三個時代。[72] 從孫文開始的中國「以黨治國」和「一黨專政」，雖說是來自俄國的布爾什維克主義，但是它之所以能夠在中國大地上生根，不得不說它在一定意義上契合了中國文化中的精英治國傳統。

第五節　難捨的日本 —— 孫文的「大亞洲主義」思想

　　值得注意的是，孫中山甚至在接受蘇俄的支援之後，仍然沒有放棄對日本的期待。1924年11月28日，孫中山在日本神戶發表了

名為〈大亞洲主義〉的著名演講。關於這一演講的思想內容和真正目的，後人眾說紛紜。筆者注意到，在中日戰爭期間的1940年5月，日本參謀本部在其內部刊行資料《關於中支那的教育、思想、宗教、宣傳和外國勢力的報告書》第二章〈思想〉中有「孫文的大亞洲主義」一節，對孫中山的〈大亞洲主義〉演講的評述中有以下幾段話：

> 〈大亞洲主義〉的內容所表明的，可謂是孫文此前所發表言論的總結，其所指出的，乃是東西文化之間的不同。但是作為孫文晚年思想的體現，即便演講本身是以日本聽眾為對象，也並非是那麼精彩。

> 這裏所說的大亞洲主義是一個文化問題。即認為：主張仁義道德者為追求「王道」者，追求功利強權者為追求「霸道」者，而吾等必須以吾之固有文化為基礎。只有在此基礎之上學習西洋科學，振興工業，改良武器。若能如此，得使亞洲全體民族聯合起來與歐洲之人進行力量的較量，則一定可以取得勝利。

> 孫文言下之意，是要人們不能不想到：當時日本的對支政策，與具有亞洲特色的王道文化的主旨基本是背道而馳的。[73]

　　整體上來看，該報告書對孫中山〈大亞洲主義〉演講的評價的確不高，但細加吟味便可知，該報告書從「王道」思想的角度簡潔、準確、全面地理解並介紹了孫中山的大亞洲主義思想。孫中山的〈大亞洲主義〉演講，明顯是針對日本對華政策中具有帝國主義性質的部分進行深刻的批判，而該報告書卻能冷靜地對演講加以理解。想到〈大亞洲主義〉演講之後中日關係的變化，甚至可以令人從報告書中感受到一絲對日本是否辜負了孫中山之期待而表現出的反省之意。或許，該報告書作者的確並不認為孫中山的〈大亞洲主義〉演講只是對日本人的口惠之詞，而是意識到這是孫中山在認真觀察和冷靜分析1920年代初期日本所面臨的國際形勢和國際政策之後而提出的不同見解，其中包含著他對中日關係的深深期待。即使在中日交戰正酣

時期，仍然會有日本人想起孫中山的〈大亞洲主義〉演講，而對孫中山的「大亞洲主義」思想產生一些共鳴，或許因為受到了孫中山所提及的「王道」思想的感染。

「王」者，貫通天、地、人三才，除非具有為天下萬民服務之思想者而不能為之。故「得道多助，失道寡助」（《孟子・公孫丑下》），以「力」服人者不可謂之為「王道」。孫中山之所以對日本不是提出近代國家關係的準則，而是提出東亞古老的「王道」思想，無疑是因為孫中山明白「王道」思想是東亞的「共同知識」，對東亞世界的人民具有強大的說服力。

孫中山以東亞世界為單位提出的「王道」思想，往往會與他的「大亞洲主義」一起被人們所談論。據秦孝儀先生主編的《國父全集》（全12冊）第3冊記載，孫中山在1913年與桂太郎的談話中，首次使用「大亞洲主義」一詞。其原文為：「孫先生語桂太郎曰：『就大亞細亞主義精神言：實以真正平等友善為原則。日俄戰前，中國同情於日本；日俄戰後，中國反不表同情。其原因：在日本乘戰勝之勢，舉朝鮮而有之。』」[74] 還有另一種說法，即1913年3月12日《大阪朝日新聞》刊登的一則題為〈身在大阪的孫逸仙於青年會館發表演說〉的

軍人出身的日本政治家桂太郎，歷任陸軍大臣、台灣總督和首相

報道中，提到孫中山使用了「大亞洲主義」一詞：「然而東亞各國的國力如達到完全增進的地步，則歐美的帝國主義不足畏。若中日兩國能提攜保衛東亞和平，則歐美（應該稱之為野蠻的帝國主義）也無法施加帝國主義壓力，得以維持其和平，使東亞能進步，（這）是防備東亞的最好方法。所謂東亞的進步就是世界的進步，在這一點上基督教青年會負有重大使命。讓亞洲人治理亞洲，要實現大亞洲主義我們有賴於青年會之處甚多。」

迄今為止，孫中山主張的「大亞洲主義」與「亞洲主義」(Pan-Asianism)一樣，都被認為是提倡亞洲各國團結互助，憑此對抗西方列強侵略的思想，而這一思想源自於各國與中國唇亡齒寒這一地理上的考慮。但事實上，孫中山一生中很少使用「亞洲主義」一詞。那麼，孫中山究竟為何偏愛「大亞洲主義」而非「亞洲主義」呢？這件事提醒我們注意「大亞洲主義」中「大」字的意義。眾所周知，「大亞洲主義」中之「大」字，一般都是被理解成一個形容物質之規模的形容詞(big、large)，甚至有時還會有意無意地將其與「大東亞共榮圈」、「大日本帝國」聯繫在一起。但是我們不能不想到，從來沒有使用過「亞洲主義」一詞的孫中山，此時有從地理的角度向日本社會強調亞洲之規模的必要嗎？顯然，要想真正理解孫中山的「大亞洲主義」思想，必須跳出這個來自地理學角度的認識誤區。筆者以為，孫中山的「大亞洲主義」之「大」，其實與《公羊傳・隱公元年》中的「何言乎王正月？大一統也」之「大」如出一轍。孫中山的這種用法也可能是受到日語的影響，因為日文中本來就有很多以「大」字開頭的動詞來表示「重視」、「珍惜」之意，如「大切」、「大事」等。其實這種用法也有先例，李大釗1917年4月18日所發表的〈大亞洲主義〉一文中即有：「故言大亞洲主義者，當以中華國家之再造，中華民族之復活為絕大關鍵。」[75] 李大釗認為，再造中華國家、復活中華民族才是重視和珍惜亞洲的關鍵。總之，孫中山在一切涉及日本的場合所提出的「大亞洲主義」，其思想中其實具有更加深刻的含義，那就是主張日本不應追隨「霸道」的歐美列強，而是應該以東亞的「王道」文明為自豪，「重視」、「珍惜」自己所處的東亞地區。在孫中山看來，這才是當時的日本政府所缺乏的思想。

孫中山之所以呼籲日本接受他提出的「大亞洲主義」思想，其是出於這樣一種迫切的期待，那就是希望日本發揮領導作用，帶領東亞地區各國一道渡過向近代世界轉換的難關。所以，孫中山在〈大亞洲主義〉演講中，高度評價日本是亞洲第一個擺脫歐美實現獨立的國

家，是亞洲唯一一個擁有與歐洲國家抗衡的實力並取得過勝利的國家：「亞洲衰弱，走到了這個極端，便另外發生一個轉機，那個轉機就是亞洲復興的起點。……就是在日本。當三十年以前，廢除了和外國所立的一些不平等條約。日本廢除不平等條約的那一天，就是我們全亞洲民族復興的一天。日本自從廢除了不平等條約之後，便成了亞洲的頭一個獨立國家。」

　　事實上，就在一年前的 1923 年 11 月 16 日，孫中山在獲悉他視為摯友的犬養毅進入第二屆山本內閣擔任遞信大臣之後，就在寫給他的信中表達過同樣的想法。孫中山在該信中稱讚日本成功地阻止了西洋列強瓜分中國的企圖，甚至稱「此時，中國四萬萬人民及亞洲各民族，都已將日本視為救世主」。從整個東亞地區的高度理解日本廢除不平等條約、日本的復興、日本實現獨立自主，是孫中山「大亞洲主義」思想的重要特徵。正是出於這種對日本近代化過程的理解，孫中山才會期待近代日本通過援助亞洲獲得在亞洲的主導地位，成為「亞洲的救世主」。這種期待，也是孫文關於中日「同利同害」思想[76]的反映。

　　1917 年，孫中山出版了《中國存亡問題》一書，痛斥中國一部分人希望通過第一次世界大戰實現「排日親美」的主張，反覆強調日本才是值得信賴的國家，日本與中國利益相通，日本絕不可能在國際政治上做出對中國不利之事。他認為：「中日關係密切，絕非單以同文同種云云說明之而足，國際上之真結合，必在乎共通之利害，中國惟與日本同利同害，故日本不能不代計中國之利害……此日本之損也，而其所以損者，中國先受其損故也。為日本計，為中國計，其出發點雖殊，而其結論必歸於一。」[77]

犬養毅

第六節　「同利同害」的中日
——被「霸道」的歐美邊緣化了的東亞

　　孫中山關於中日「同利同害」的認識，源自於對「用武力壓迫人」的「歐洲的文化」——「霸道的文化」（〈大亞洲主義〉演講）成為國際社會主流這一現實的反感。1648年以後的威斯特伐利亞體制是由歐洲所主導的，然而從十九世紀末到二十世紀初，隨著帝國主義和民族主義的抬頭，列強諸國紛紛急於擴大勢力範圍，在追求實力政治（power politics）的國際政治觀之下，脆弱的勢力均衡（balance of power）是極其容易被摧毀的。在孫中山看來，這種已經擴大至亞洲的、基於強權的、「霸道」的國際政治體系中，包括日本在內的東亞地區事實上都已經被邊緣化了。

　　眾所周知，亞洲這一概念也是歐洲人提出的。利瑪竇的《坤輿萬國地圖》傳到中國時，圖中的Asia一詞被譯成「亞細亞」。事實上，自1584至1602年，曾有數名中國人（王伴、趙可懷、李之藻）參與了該圖的製作和修訂工作，耶穌會教士艾儒略（Giulio Aleni，1582–1649，意大利傳教士）為解釋說明該圖所著的《職方外紀》，也是杭州地方官僚楊廷筠批註過的版本。在《職方外紀》的〈亞細亞：卷一〉中，有「亞細亞者，天下一大洲也」的說明，很明顯這種寫法只是為了迎合中國人的口吻。因為Asia的發音源自古希臘語Asu一詞（「東方」、「日出」之意），因此Asia本來的意思就是歐洲人觀察世界時的「東方」的概念。這種觀念在近代地理學中也得到了繼承，其背後無疑同樣是西洋以自我為中心的世界觀，也就是說，「亞洲」本來就沒有「天下第一」之意，甚至在語感上帶有「邊緣」的意思。

　　當然真正的問題所在，還是亞洲人自己如何看待這種邊緣化。如果從最終不得不接受歐洲人所制定的近代國際體系的意義上來說，亞洲各國事實上都最終不得不選擇走「脫亞」「入歐」之路，但日本的「脫亞」「入歐」之路卻是十分特殊的。據主張「脫亞論」給日本

對外政策帶來巨大影響的廣田昌希所言，日本的「脫亞」意識是由兩
個層面組成的，即「擺脫落後的亞洲，追趕歐美先進文明國家的意
識」，和「追趕歐美先進文明國家，是為使日本與歐美列強一道侵略
亞洲成為必然的、侵亞性的脫亞意識」。[78] 很明顯，日本將「脫亞」作
為最終侵略亞洲各國的必要步驟，這不僅不是「重視」、「珍惜」東亞
世界，同時還是以完全放棄對東亞「王道」思想的文化自豪感為前提
的，儘管到了戰爭時期又不得不提起建設「王道樂土」和「大東亞共
榮圈」的口號。

　　一般來說，1885年3月16日《時事新報》刊登的社論，是福澤諭
吉日本脫亞論的開始。在筆者看來，有一點非常值得注意，那就是
該社論中的「日本在亞洲東邊」的說法。根據這一點，也可以將福澤
諭吉「脫亞」思想的形成，理解為是源自對日本長期處於東亞世界邊
緣而非中心所產生的逆反心理。然而，日本的侵略讓將東亞地區視
為一個整體的孫中山大為失望。他曾表示：「不圖日本無遠大之志、
高尚之謀，只知步武歐洲之侵略手段，竟有併吞高麗之舉，致失亞
洲全境之人心，殊為可惜！」[79]

　　這裏需要注意的，是孫中山批判日本侵略朝鮮時所採用的論述
方法：他不是直接批判日本的侵略，而是批判日本效仿了歐洲的侵
略。孫中山在給犬養毅的信中也曾使用這種論法：「日本對支行動，
向亦以列強之馬首是瞻，致失中國及亞
洲各民族之望，其為失策也。」[80] 也就是
說，侵略是霸道，霸道之侵略是歐洲文化
的特點，日本的侵略行為不過是仿效歐洲
的霸道文化。這種論法，事實上是為日
本重新回歸東亞世界的王道思想文化留下
了退路。孫中山面向日本社會所做出的
關於「大亞洲主義」思想的闡述，實際上
是由以下若干個層次構成的：首先是論述

福澤諭吉

日本為甚麼對於東亞世界具有重要意義，其次是論述走「脫亞入歐」路線的日本其實最終並未被歐美所接受，因此指出日本政府偏重西歐路線的問題點，在此基礎上論述日本只有「重視」、「珍惜」東亞世界以及以其特有文明為自豪才會對日本自己有利，最後分析日本為甚麼可以取得在東亞地區的主導地位，並且提出了日本走這條道路的具體路線等。孫中山面向日本社會所發表的「大亞洲主義」思想，既是留給日本國民的政治遺言，也是自身的世界觀和道德觀的理論總結。在〈大亞洲主義〉演講的最後，孫中山再次強調到：「究竟是做西方霸道的鷹犬，或是做東方王道的干城，就在你們日本國民去詳審慎擇。」可以看出，孫中山直到最後仍然相信，由於中日兩國都能夠理解和接受「王道」的思想，他的「大亞洲主義」思想最終也是一定能夠被日本社會所接受的。

孫中山之所以相信他的「大亞洲主義」思想最終一定能夠被日本社會所接受，也與當時中日兩國面臨著同樣的國際政治局勢有關。此時，西方社會中「黃禍論」（Yellow Peril）的聲音再次高漲，以「脫離亞細亞之固陋而轉向西洋文明」為目標的日本的「脫亞」「入歐」最終迎來一個尷尬的局面。日俄戰爭後，西方出現了對日本的恐懼心理和憎惡，這加速了黃禍論的盛行。在美國、德國、加拿大、澳大利亞等歐美國家，除中國移民外，日本籍移民也漸漸開始遭到排斥。特別是在美國，或許是與日本方面撕毀〈桂太郎、哈里曼備忘錄〉有關，美國人的對日感情急轉直下。1907年舊金山發生反日暴動，1908年日美之間締結君子協定，日本政府開始對本國人移民美國加以限制，此後美國又在1913年和1920年分別通過第一次排日土地法和第二次排日土地法，日本人的土地所有權遭到徹底禁止。1922年，美國最高法院更通過了排日移民法，規定黃色人種（日本人）為「不可取得國籍之外國人」，從而剝奪日本人加入美國國籍的權利。

一直主張「脫亞入歐」的日本人，由於「黃禍論」盛行，民族自尊心受到歐美人種族歧視的極大衝擊，在這一事實面前，也開始發現

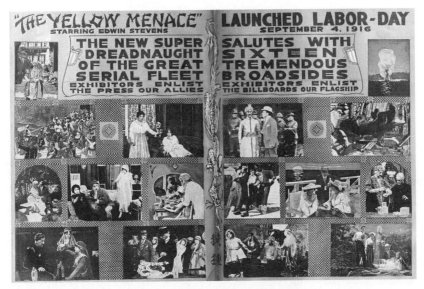

1916年美國出版物中描繪的「黃禍論」

在歐美主導的國際體系中，自身仍然被處於邊緣地帶的事實。「黃禍論」意外地成為證明中日兩國「同利同害」的生動材料，這件事也成了擁有眾多日本友人的孫中山開始宣揚由「亞洲」對「歐洲」、「黃種人」對「白種人」、「王道」對「霸道」、「仁義道德」對「功利強權」等要素所構成的「大亞洲主義」思想的契機。然而必須看到，「大亞洲主義」思想中的「亞洲」對「歐洲」、「黃種人」對「白種人」、「王道」對「霸道」、「仁義道德」對「功利強權」的世界兩分法，事實上也是孫中山為了讓日本能夠保持體面地同時擺脫被歐美邊緣化，而巧妙地為日本敷設的一條途徑。故而在孫中山對其「大亞洲主義」思想所做的解說中，還包含了對「王道」思想的道德性和尊崇「王道」思想必然有益於日本的說明。

　　例如，在1923年11月致犬養毅的書信中，孫中山直接建言：「古人有云得其心者，得其民；得其民者，得其國。倘日本於戰勝露國之後，能師古人之言，則今日亞洲各國皆以日本為依歸矣。……英國今日之許愛爾蘭以自由允埃及以獨立，即此意也。倘日本能翻

然覺悟，以英之待愛爾蘭而待高麗，為亡羊補牢之計，則亞洲人心猶可收拾，否則亞洲人心必全向赤露而去矣，此斷非日本之福也。」「倘日本以扶亞洲為志，而捨去步武歐化帝國主義之後塵，則亞洲民族無不景仰推崇也。」[81]

當然，「王道」思想之所以具有道德性，是因為它源於一種「人與自然之間的契約」的思想，這一點絕非是孫中山為說服日本就能夠杜撰出來的。事實上，在這封信中，孫中山甚至建議「日本當首先承認露國政府，宜立即行之，切勿與列強一致」。從這點可以看出，在孫中山「大亞洲主義」思想的兩分法中，「亞洲」對「歐洲」、「黃種人」對「白種人」這兩組概念並非是一個絕對的概念。換言之，在孫中山的這個世界兩分法中，「王道」對「霸道」、「仁義道德」對「功利強權」才是更重要的標準。關於這一點，可以從孫中山用了甚麼樣的標準和邏輯評價白種人的蘇聯，從而說服日本政府「承認露國政府」的部分中看出：

> 或謂日本立國之本與蘇維主義不同，故不敢承認之，此真坐井觀天之論也。夫蘇維主義者，即孔子之所謂大同也。孔子曰：大道之行也，天下為公，選賢與能，講信修睦；故人不獨親其親，不獨子其子；使老有所終，壯有所用，幼有所長，矜寡孤獨廢疾者皆有所養；男有分，女有歸。[82]

在蘇維埃主義與「孔子之所謂大同」之間劃等號，確實是一種奇特的想法。但是孫中山之所能夠拋開「亞洲」對「歐洲」、「黃種人」對「白種人」的偏狹視野，將蘇聯視為「主張王道而非霸道的歐洲新國家」，其原因當與1919年7月的〈加拉罕宣言〉和1923年1月的〈孫中山、越飛共同宣言〉有關。作為蘇聯政權對華政策的體現，〈加拉罕宣言〉中明確聲明立即無條件廢除沙俄時代與清政府締結、後由中華民國繼承的北京條約等不平等條約。這在當時，是其他任何列強都無法做到的。無法知道身後之事的孫中山，大約從〈加拉罕宣言〉中

感受到其與亞洲「王道」思想的共通之處，故而在成功躲避廣東軍閥
陳炯明的叛亂之後，於1923年1月來到上海，與蘇聯政府代表越飛
發表了共同宣言。

　　毫無疑問，孫中山特意用「大亞洲主義」的觀點談及對蘇聯的看
法，目的在於向日本説明自己之所以採取「聯俄」政策之原因的同
時，也是在刺激遲遲不肯廢除對華不平等條約的日本政府。然而，
從孫中山這種對蘇聯的看法可以看出，對他而言，最終價值的判斷
標準還是「王道」、「仁義道德」等東亞的傳統價值觀。在一年後的〈大
亞洲主義〉演講中，孫中山更加直白地從「王道」對「霸道」、仁義道
德對功利強權的角度，稱蘇聯為主持公道的友邦。也就是説，在與
日本相關之處所表現出的孫中山的「大亞洲主義」思想，從表面上來
看是使用地理、人種和文化等可視的標準，而事實上還以「主張強
權」的「霸道」還是「伸張公理」的「王道」等精神標準的二分法來看待
世界和國際社會，並且迫切希望日本能夠回歸「伸張公理」、「王道」
的世界來。[83] 無疑，從孫中山的〈大亞洲主義〉中，可以看出他心目
中對「同文同種」的日本的眷戀；可以説，直到人生的最後時期，孫
中山也一直沒有放棄對日本能夠支持他進行「革命」的期待。

出席孫中山葬禮的頭山滿（左）、犬養毅（中）和蔣介石

結　語

　　許多人在看到中國共產黨統治下的今日中國，看到如此控制嚴密的一黨獨裁的政治體制時，不免會產生近代中國受到布爾什維克俄國極大影響的想法。然而歷史的事實卻告訴我們，無論是國民黨還是共產黨的重要人物，儘管之後都對俄國「十月革命」發生濃厚的興趣，但是他們卻大都具有留學或在日本從事政治活動的經驗，甚至都是曾經或一直追求單一民族國家的民族主義鬥士。掛著革命黨的口號，卻一直利用民族主義，為了解釋這奇妙的現象，本章檢閱了中國近代史上幾位重要思想家和革命家的生涯和思想軌跡。從中我們可以發現，無論是國民黨還是共產黨的重要人物，之所以對俄國十月革命產生興趣，其最初的出發點根本不是為了瞭解馬克思主義關於階級的學說，而是為了瞭解「革命」何以能夠如此迅速地取得成功的秘密。於是，他們便感受到布爾什維克的「民主集中制」的組織形式和「以黨治國」理念的巨大魅力。換言之，俄國十月革命給他們帶來的不是階級革命的思想內涵，而是革命黨的組織控制形式和通過革命的口號煽動社會大眾的宣傳方式。關於這一點，近代中國的政治家們大都是心照不宣，其中也包括了孫中山。然而必須注意的是，他在面向日本社會解釋其與蘇聯之間的關係時，卻只能拿出東方的王道思想。

　　事實告訴我們，中國近代的思想家和政治家們即使在接觸到俄國十月革命之後並沒有放棄民族主義，因為民族主義才是最容易奏效的動員中國民眾的形式。而共產國際和列寧的策略轉變，又使得近代中國的思想家和政治家們可以在民族主義的旗幟下冠冕堂皇地接受集權政治體制。不論是訓政體制還是階級鬥爭，其實都是將民族主義和集權政治體制兩種元素結合在一起的產物。我們可以看到的是：越是追求集權的人，就會越高地舉起「中華民族」的大旗，這也正是中國近代政治進程受到來自日俄兩國不同影響的結果。因為

是在民族主義的基礎上導入了「民主集中制」和「以黨治國」的理念，因此近代中國政治也就能夠從一個民族、一個國家走到一個信仰、一個領袖、一個政府，最後接受了一黨專政和領袖獨裁的形態。

　　然而，中國近代以來之所以能夠形成一種以民族主義為基礎的、掛著「階級」名義的一黨專政和領袖獨裁的政治生態，與近代民族主義被嫁接在傳統家族制上而具有血緣民族主義的性質、從而不斷生產出一個具有強烈精英意識的集團有關。中國傳統的家族與政治－社會之間的互動關係，其實是一個產生和持續更新權力正當性的裝置，因此具有頑強的生命力。隨著「天下」變為「民族國家」之後，傳統的科舉精英階層轉化為近代的民族主義精英，而比照家族關係看待和處理國家政治的慣性思維，也使民眾也願意接受掛著「民族」領袖招牌的政治家帶來的一黨專政和領袖獨裁。近代日本的民族主義同樣具有血緣型民族主義的性質，然而中國由於傳統的家族與政治－社會之間的互動關係，使公的領域與私的領域二者之間的界限更加曖昧。至今有人稱國民黨領導人為「國父」，有人稱中共領導人為「大大」，有人誇耀中共領導人的「紅色血脈」等層出不窮的怪象，就是一個個典型的事例。

　　說到底，中國近代社會之所以發生這些問題，其根本原因還是在中國自身：中國傳統的家族與政治－社會之間的關係是接受血緣型民族主義和布爾什維克思想的社會文化土壤，才使得近代中國社會百年來一直允許一黨專政和領袖獨裁的政治生態。所以，追求中國社會進步的方法，不是強調近代以後所受外來文化和政治因素的影響，而是從其社會文化根源和前近代的性質上剖析和批判近代中國的政治生態，否則中國就難以從民族主義的惡性循環解放出來。

註　釋

1　「毛澤東説：『十月革命一聲炮響，給我們送來了馬克思列寧主義。』可是，馬克思主義之傳入中國，卻不是首先來自於十月革命的故鄉蘇俄。」〈馬克思主義是怎樣傳入中國的？〉，中國網，http://www.china.com.cn/cpc/2011-05/31/content_22676563.htm。

2　廣東省哲學社會科學研究所歷史研究室、中國社會科學院近代史研究所中華民國史研究室、中山大學歷史系編：《孫中山年譜》(北京：中華書局，1980)，第286頁。

3　崔書琴：《孫中山與共產主義》(台北：傳記文學雜誌社，1984)，第12頁。

4　安藤德器：《汪精衛自敘傳》(東京：大日本雄辯會講談社，1943，原文1934年出版)，第83頁。

5　孫中山：〈中國現狀及國民黨改組問題〉，載國防研究院印行：《國父全集》(1960)，第961頁。

6　孫中山：〈革命成功在乎革命黨員有團體〉，《國父全集》，第960頁。該書字很小，常有一頁出現數篇的情況。

7　安藤德器：《汪精衛自敘傳》，第81、83頁。

8　蔡德金、王升編：《汪精衛生平紀事》(北京：中國文史出版社，1993)，第47–48頁。

9　劉紅：《蔣介石大傳》(上)(北京：團結出版社，2001)，第91–93頁。

10　同上註，第91–93頁。

11　孫中山：〈中國國民黨關於黨務宣言〉，《國父全集》，第759–760頁。

12　〈中國國民黨黨員守則淺釋〉(1952年重訂)，載《總統蔣公思想言論總集》，第24卷(台北：中國國民黨中央委員會黨史委員會，1958)，第315頁。

13　〈致南洋革命黨人函〉，載廣東省社會科學院歷史研究室、中國社會科學院近代史研究所中華民國史研究室、中山大學歷史系孫中山研究室編：《孫中山全集》，第3卷(北京：中華書局，1984)，第81頁；另外，《中華革命黨總章》第七條明確規定：「凡進本黨者必須以犧牲一己之身命、自由、權利而圖革命之成功為條件，立約宣誓，永久遵守。」參見《中華革命黨總章》，收入《孫中山全集》，第3卷，第98頁。

14　〈致黃興函〉，《孫中山全集》，第3卷，第89頁。

15　〈致陳新政暨南洋同志論組織中華革命黨之意義書〉，《孫中山全集》，

第 3 卷，第 92 頁。

16　《中華革命黨總章》，第十六、十七條，《孫中山全集》，第 3 卷，第 98 頁。

17　田飛龍：《政治憲法的中國之道》(香港：香港城市大學出版社，2017)，第 173 頁。

18　孫中山：〈中國國民黨改組宣言〉，《國父全集》，第 757 頁。

19　《中華革命黨總章》，第 97 頁。

20　田飛龍：《政治憲法的中國之道》，第 172 頁。

21　孫中山：〈組織政府案之說明〉，《國父全集》，第 961 頁。

22　崔書琴：《孫中山與共產主義》，第 23–25 頁。

23　〈俄共 (布) 第八次代表大會記錄〉，俄文版第 425 頁，本文轉引自華辛芝：《列寧民族問題研究》(呼和浩特：內蒙古人民出版社，1987)，第 80 頁。

24　〈共產國際第一次代表大會邀請書〉，載中國社會科學院近代史研究所翻譯室編譯：《共產國際有關中國革命的文獻資料 (1919–1928)》，第一輯 (北京：中國社會科學出版社，1981)，第 4–5 頁。

25　關於以列寧為首的俄國蘇維埃領袖的這一轉變，還可參照史景遷著，溫恰溢譯：《改變中國》(台北：時報文化，2004)，第 201 頁。但是史景遷這裏說轉變發生在 1921 年，而從在共產國際第二次代表大會上列寧的發言來看，史景遷所說的這個時間點是值得探討的。

26　「第四次會議，討論民族與殖民地問題」上列寧的發言：〈民族和殖民地問題委員會的報告〉(1920 年 7 月 26 日在共產國際第二次代表大會上的報告)，《共產國際有關中國革命的文獻資料 (1919–1928)》，第一輯，第 20 頁。

27　同上註，第 21 頁。

28　華辛芝：《列寧民族問題研究》，第 56 頁。

29　李大釗：〈這一周〉，載《李大釗選集》(北京：人民出版社，1962)，第 503 頁；〈中山主義的國民革命與世界革命〉，《李大釗選集》，第 563 頁。

30　李大釗：〈列寧不死〉，《李大釗選集》，第 501 頁。

31　李大釗：〈這一周〉，第 503 頁。

32　李大釗：〈孫中山先生在中國民族革命史上之位置〉，《李大釗選集》，第 538、543 頁。

33　李大釗年譜編寫組編：《李大釗年譜》(蘭州：甘肅人民出版社，1984)，第 17 頁。

34　呂明灼：《李大釗思想研究》(石家莊：河北人民出版社，1983)，第
　　113頁。

35　李大釗：〈法俄革命之比較觀〉，《李大釗選集》，第101、102頁。

36　李大釗：〈庶民的勝利〉，《李大釗選集》，第110頁。

37　李大釗：〈Bolshevism的勝利〉，《李大釗選集》，第113頁。

38　同上註，第115、117頁。

39　李大釗：〈孫中山先生在中國民族革命史上之位置〉，第543頁。

40　陳獨秀：〈法蘭西人與近世文明〉(1915年9月15日)，載《獨秀文存》，
　　第1卷(香港：遠東圖書公司，1965)，第14頁。該書雖為兩冊，但是
　　書籍資料中並不註明，第1卷的後一部分在第二冊中。

41　陳獨秀：〈二十世紀俄羅斯的革命〉(1919年4月20日)，《獨秀文存》，
　　第2卷，第29頁。

42　陳獨秀：〈國際派與世界和平〉(1919年12月1日)，《獨秀文存》，第2
　　卷，第66頁。

43　同上註，第66–67頁。

44　陳獨秀：〈保守主義與侵略主義〉(1920年1月1日)，《獨秀文存》，第2
　　卷，第78頁。

45　陳獨秀：〈今日之教育方針〉(1915年10月15日)，《獨秀文存》，第1
　　卷，第25頁。

46　陳獨秀：〈抵抗力〉(1915年10月15日)，《獨秀文存》，第1卷，第34頁。

47　陳獨秀：〈倒軍閥〉(1918年12月29日)，《獨秀文存》，第2卷，第5頁。

48　陳獨秀：〈我之愛國主義〉(1916年10月1日)，《獨秀文存》，第1卷，
　　第86頁。

49　陳獨秀：〈中日親善〉(1919年3月3日)，《獨秀文存》，第2卷，第16頁。

50　陳獨秀：〈亞洲的德意志〉(1919年3月3日)，《獨秀文存》，第2卷，第
　　18頁。

51　陳獨秀：〈你護的甚麼法〉(1919年3月3日)，《獨秀文存》，第2卷，第
　　19頁。

52　陳獨秀：〈朝鮮獨立運動之感想〉(1919年3月23日)，《獨秀文存》，第
　　1卷，第608頁。

53　陳獨秀：〈公同管理〉(1919年5月4日)，《獨秀文存》，第2卷，第39頁。

54　陳獨秀：〈梅蘭芳〉(1919年5月4日)，《獨秀文存》，第2卷，第40頁。

55　陳獨秀：〈保守主義與侵略主義〉(1920年1月1日)，《獨秀文存》，第2
　　卷，第78頁。

56　唐寶林、林茂生：《陳獨秀年譜，1879–1942年》（上海：上海人民出版社，1988），第21、24、26、43–44、62、66頁。

57　陳獨秀：〈今日之教育方針〉，第23頁。

58　《李大釗年譜》，第16頁。

59　李大釗：〈國民之薪膽〉（1915年6月），《李大釗選集》，第8頁。

60　李大釗：〈「晨鐘」之使命——青春中華之創造〉，《李大釗選集》，第58、62頁。

61　李大釗：〈知識階級的勝利〉，《李大釗選集》，第308頁。

62　李大釗：〈警告全國父老書〉，《李大釗選集》，第19、25–26、27頁。

63　陳獨秀：〈革命與制度〉，《獨秀文存》，第2卷，第126頁。

64　陳獨秀：〈民主黨與共產黨〉（1920年12月1日），《獨秀文存》，第2卷，第110頁。

65　陳獨秀：〈談政治〉（1920年9月1日），《獨秀文存》，第1卷，第554–555頁。

66　陳獨秀：〈政治改造與政黨改造〉（1921年7月1日），《獨秀文存》，第2卷，第127頁。

67　參見徐繼良、邱遠猷：〈九十年代以來陳獨秀研究述評〉，載《首都師範大學學報》，1999年第1期，http://www.rocidea.com/roc-19519.aspx；張巨浩、林小兵：〈關於陳獨秀實行家長制統治問題的質疑〉，載黑龍江省社會科學界聯合會主辦：《學術交流》，1996年第5期。勞動民主網，http://www.workerdemo.org.hk/0004/cr02-0008T.htm。

68　賴晨：〈從崇拜者到陌路人：毛澤東與陳獨秀關係的演變〉，中國共產黨新聞網，http://dangshi.people.com.cn/GB/18163063.html。

69　崔書琴：《孫中山與共產主義》，第106–107頁。

70　同上註，第122–123頁。

71　同上註，第123頁。

72　同上註，第124頁。

73　《中支那に於ける教育、思想、宗教、宣傳、外國勢力に關する報告書》第二篇，〈思想〉，第二章第四節「孫文の大亞細亞主義」，JACAR（アジア歷史資料センター），C11111948300。該部分與和田清：《支那》（上，岩波講座：東洋思潮[東洋思潮，東洋史の時代相])，1935，第14頁）有很多重疊之處。

74　孫文：〈日俄戰前中國同情於日本日俄戰後中國反不表同情〉，載秦孝儀編：《國父全集》，第2冊（近代中國出版社，1989），第497頁。

75　李大釗：〈大亞洲主義〉(1917年4月18日，原發表於《甲寅》日刊，署名守常)，《李大釗全集》，第2卷 (石家莊：河北教育出版社，1999)，第663頁。

76　關於孫中山中日兩國「同利同害」的思想，見〈中國存亡問題〉，《孫中山全集》，第4卷 (中華書局，1985)，第55頁。

77　該書可能為朱執信所著，戴季陶曾言：「『中國存亡問題』，此文系朱執信先生筆述，以朱先生名義出版。……執信文集未收入。余意確應入中山全集，俾研究中山先生之外交政策者得最正確之觀念。」《孫中山全集》，第4卷，第39頁註。

78　廣田昌希：〈對外政策と脱亞意識〉，載歷史學研究會日本史研究會編：《講座日本歷史》(七) (東京大學出版社，1985) 第301–302頁。

79　孫文：〈致犬養毅請擺脫列強影響毅然助成中國革命函〉，《國父全集》，第3冊，第491頁。

80　同上註。

81　同上註。

82　該部分為孫中山引自《禮記・禮運》。原文為「大道之行也，天下為公，選賢與能，講信修睦，故人不獨親其親，不獨子其子。使老有所終，壯有所用，幼有所長，矜寡孤獨廢疾者，皆有所養。男有分，女有歸。」

83　丁則良：〈孫中山與亞洲民族解放鬥爭〉，《孫中山研究論文集：1949–1984》(四川人民出版社，1986)，第1231–1233頁。

第八章

二重的中國

1930年代的新疆問題與近代國家的「邊疆」意識

　　進入1930年代之後，中國出現了討論和研究「邊疆」問題的熱潮，它標誌著中國十九世紀下半葉以來所面臨的「邊疆危機」在1930年代達到了一個新的階段。毋須贅言，這與九一八事變之後日本對中國的軍事侵略有著直接的關係。[1] 本章的目的，以1930年代新疆內部和外部形勢為背景，通過分析當時中國政府關於新疆政治所做出的一系列舉措，與中國知識界就新疆問題所發表的一系列言論，探討近代中國有關邊疆思想和「邊疆危機」的發生機制、構造性原理和性質，並從地政學的角度考察日本對中國邊疆地區的滲透對中國國民強化近代國家「邊疆」意識的作用，進而從這些圍繞著「邊疆」所發生的具體行動和思想中，發現在近代民族國家條件下，中國傳統國家意識所發生的變化及其意義。

第一節　新疆的政治獨裁體制與「新蘇關係」

　　1920年代和1930年代，在當時的新疆省首府烏魯木齊曾經先後發生過兩次政變，導致了新疆最高權力的交替。在1928年7月7日

楊增新接見到訪新疆的外國人

的政變中，新疆省省長兼新疆邊防督辦楊增新被軍政廳長樊躍南暗
殺，負責鎮壓政變並殺害了樊躍南的新疆民政廳長金樹仁，隨後就
任新疆省政府主席兼新疆邊防督辦。1933年4月12日，參謀處長陳
中等人策劃政變，將金樹仁趕出新疆後，新疆省政府軍東路軍總指
揮盛世才登上了新疆最高統治者的寶座。

　　有人指出，新疆最高權力的交替「歷來都是通過『藩鎮政變』的
形式來實現的」，[2] 因為從楊增新到金樹仁，再從金樹仁到盛世才，
新疆政權的兩次交替，南京國民政府都無法插手其中，只是無奈地
在事後予以追認，補上一道手續而已。這種政權交替的性質，從一
個側面表現了楊增新時代(1912–1928)和繼後的金樹仁時代(1928–
1933)，新疆省政府與中央政府之間的政治關係性質。事實上，在進
入中華民國時期以後，新疆的最高統治者楊增新和金樹仁，一直保
持在政治上的獨立。[3]

　　然而應該看到，這種與中央政府若即若離、政治上獨立的局
面，並不僅僅是由地方軍閥人為造成的。進入民國時期以後，由於
中央政府無力在財政上對新疆進行支援，新疆在經濟上對中國內地
的依賴程度也大大下降。與中央政府和中國內地相對獨立的新疆經
濟和財政體系的形成，客觀上造成了新疆省政府在政治上對中央政

府依存度的下降，支持了新疆省當局在政治上的獨立。隨著清王朝的垮台，進入民國時期以後，由清王朝中央政府撥給或從各地調撥、被稱為新疆財政命脈的每年大約300萬兩補助金（協餉）突然中斷。[4] 楊增新不得不在當地採取增稅、大量發行紙幣、振興實業、開墾農地、整治地方貪官污吏等手段，在建立以自力更生為目標的新疆財政體制上下了很大功夫。[5] 但是，由於軍事預算龐大，[6] 新疆省政府一直沒能擺脫巨大的財政赤字。到了1922年，根據當時的統計可以得知，新疆每年的財政支出都遠遠超過財政收入。[7]

　　在這種情況下，楊增新於1920年重開新疆與蘇聯之間的貿易。「新蘇貿易」從1923年起飛速成長，在新疆建設獨自的財政體制中發揮了不可忽視的重要作用。[8] 也有人從蘇聯的經濟侵略這個角度來論述新蘇貿易。[9] 但是很明顯，新蘇貿易不應該簡單地看作是單方面的經濟侵略，因為新疆省政府將新蘇貿易看作一個確保財政收入的重要手段，積極參與並且推進促成了此事。

　　從俄國革命到1920年之間，楊增新曾經禁止過新蘇貿易。他在1919年7月給國務院的報告中，說到禁止新蘇貿易的理由在於，與帝政俄羅斯之間尚存在著不平等條約，「條約改正之前，再開通商的話，對地方政府來說，實際上是利少而害多」；其利害在於，「彼進我境准暫免稅，我進彼境則課以重稅」。[10] 1920年5月28日，楊增新派伊犁道尹許國禎作為代表，與蘇聯方面簽訂了〈中俄伊犁臨時通商協定〉。這個被稱為「中蘇（俄）間第一個平等條約」的協定，廢除了過去俄國商人所享有的關稅免除及治外法權。[11] 楊增新的真正用意在於，通過新蘇貿易來增加關稅收入，以補貼新疆的財政。實際上，關稅收入很快就成了新疆省政

盛世才

府的最大收入來源，其數額甚至佔年財政收入的23%。[12]

新蘇貿易再開之後，其貿易總額年年遞增，很快就超過新疆與中國內地、印度、阿富汗的貿易額。以1927年為例，新蘇貿易總額為27,410,000盧布，而與此相對，新疆與中國內地的貿易總額僅為2,509,000盧布，還不足新蘇貿易的十分之一。當年，新疆與印度的貿易總額為4,001,413盧布，與阿富汗的貿易總額為885,040盧布。[13]中蘇貿易總額中，新蘇貿易額所佔比例也日益上升。新蘇貿易之所以能夠出現這種上升的趨勢，應該說也是新疆省政府支持的結果。[14]

〈新蘇臨時通商協定〉對新疆從蘇聯進口的商品數量不作任何限制，也未規定徵收關稅的原則。另外，還允許蘇聯的國家商務機關在新疆全域設立代理人（協定第3條），允許蘇聯銀行在烏魯木齊、喀什噶爾、伊犁、塔爾巴哈台等商業中心城市設立派出機關（附件第2條）。[15]因此，有人批判它是一個「喪權辱國」性質的「密約」。[16]

新蘇貿易關係的加強，使新疆省政府在財政上減輕了對中央政府的依賴，它進而導致中央政府對新疆政治影響力的下降。根據1924年6月以〈中俄伊犁臨時通商協定〉為基礎簽訂的〈新蘇暫定通商條件〉，新疆省政府和蘇聯分別在對方領土內設立了四個領事館；[17]此外，還詳細制定了一些關稅方面的規定。[18]1931年10月1日，甚至發生了以下事情：金樹仁為了從蘇聯購買武器，未經與中央政府商量，就與蘇聯秘密簽訂〈新蘇臨時通商協定〉。[19]

新疆「物產雖然豐富，製造只能依靠外國」。[20]這種落後的經濟現狀，決定了新蘇貿易主要是通過以物易物的方式進行，即用新疆的農畜產品交換蘇聯的工業製品。[21]但是，新疆與印度、新疆與阿富汗之間的貿易內容則完全不同。[22]特別值得注意的是，新疆棉花大量出口蘇聯的現象。棉花生產是新疆農業的重要部門，[23]由於蘇聯從新疆大量進口棉花，並通過仲介人[24]向棉農支付預付款，[25]可以說當時的新疆經濟在一定程度上，被納入蘇聯的經濟生產體系中去了。

　　新疆的工業商品市場，基本上也被蘇聯商品獨佔。其主要原因之一是，因為新疆與中國內地之間的交通十分不便，中國內地生產的商品經過流通領域到達新疆後，價格昂貴，超過了蘇聯的商品。當時中國內地通往新疆的途徑共有三條：一是從蘭州經過哈密到烏魯木齊，全長為 1,320 公里；二是從綏遠經過內蒙古、寧夏到哈密，全長為 2,950 公里；[26] 三是從北京經過內蒙古、外蒙古到新疆。但是其間「不僅沒有一條鐵路，甚至沒有一條像樣的公路」。[27] 新疆與中國內地之間隔著一望無際的戈壁沙漠，從新疆前往內地，途中甚至需時四個月。[28] 內地與新疆之間的空中航路，於 1932 年 12 月才首次開通，從 1933 年 5 月開始，才開始有每月一次往返的定期航班。但是就在當年 9 月，新疆省政府又藉口與馬仲英的戰爭，將這唯一的航班也關閉了。[29]

　　交通的不便不僅嚴重影響商品的流通，也使中央政府的政治影響力大大下降。中國的旅行者從內地到達新疆首府烏魯木齊一般需要四個月時間，而蘇聯卻擁有通往新疆非常便利的交通條件。1930 年蘇聯的突厥斯坦—西伯利亞鐵路建成，從這條鐵路的特刻力車站到新疆的邊境城市伊犁僅僅 265 公里，乘汽車也是數小時便可到達。從那裏乘汽車兩天即可到達烏魯木齊。[30] 當時中國人也常常利用這一路線，經由蘇聯前往新疆。但是這條鐵路的建成和使用，卻讓許多人對蘇聯產生了戒備心理。孫榮元指出「交通是帝國主義侵略弱小民族的最有利的工具」、[31] 海維諒的「哪個國家擁有了通往新疆最便利的交通條件，它就在新疆擁有了最強的勢力」[32] 等言論，代表了當時中國學者對突厥斯坦—西伯利亞鐵路的評價。很多人注意到鐵路給新疆帶來的影響，[33] 也有人從政治、經濟、民族、社會等側面分析該鐵路給新疆帶來的不利影響。[34] 交通不便這個關鍵性的問題，在當時就被人屢次指出。也常常有人用「鞭長莫及」一詞，形容 1920、1930 年代中央政府對新疆的政治影響力。[35] 中央政府對地方的控制能力，隨著與地方之間距離逐漸拉大而下降，這與歷史上

中國王朝之所以建設多重型天下構造不無關係。但是，新疆與南京
國民政府之間這種若即若離的政治關係，與當時中國思想界流行的
追求國家、國民等質性的近代國家思想，卻是大相徑庭。

值得注意的是，蘇聯商品獨佔新疆市場的現象，並沒有受到新
疆民眾的強烈抵制。有學者分析道，交通的不便「既使中央政府感到
難以指揮，也使新疆各民族感到向中央政府傳達民情之困難」。[36] 但
是，對於「中國」國家意識淡薄、當時的新疆各民族民眾來說，是否
真的就有這種傳達民情的願望呢？[37] 根據當時一位維吾爾族政治家
艾莎的報告，新疆許多突厥語系伊斯蘭教民族的商人就是在新蘇貿
易中培養起來的。[38] 由此可知，新蘇貿易事實上主要是在新疆與蘇
聯的中亞地區之間進行，所以它也就比較容易為新疆的突厥語系伊
斯蘭教民族的民眾所接受。這也同時說明，新蘇貿易關係起了導致
新疆突厥語系伊斯蘭教民族住民的「中國」意識逐漸淡漠的作用。如
果看到這一點，就可以理解為甚麼當時有人將「新蘇貿易」看作是蘇
聯的經濟侵略，日後新疆政治問題的發展也能夠說明，當時南京國
民政府和中國內地知識分子從新蘇貿易中產生對蘇聯插手新疆問題
的疑慮和憂懼，並非沒有道理。

第二節　日本因素在新疆「國際化」中的崛起

1930年代，許多知識分子都使用「國際化的新疆」這一說法，
來說明當時圍繞著新疆的複雜國際局勢。[39] 1933年11月成立於新
疆南部的「東突厥斯坦伊斯蘭共和國」，本來在思想上也受到過土
耳其、阿富汗等伊斯蘭國家的影響，但是比較而言，事實上很少
人能夠注意到這一點。[40] 然而幾乎所有人都把1930年代新疆出現
的社會動盪和政局混亂，與英國、蘇聯、日本等大國的活動連繫在
一起。[41]

1930年代英國駐新疆的總領事館,設在距新疆首府烏魯木齊西南1,360公里的喀什噶爾。英國人之所以設總領事館於新疆南部,就是因為那裏距印度較近,有非常多的英領印度人以喀什噶爾為據點、在新疆南部經商的緣故。正因為如此,十九世紀後半葉,英國在新疆南部有較強的影響力,並擁有一部分特殊權益,「有很多英領印度人定居於新疆,作為英國臣民他們享有治外法權,而俄國人、德國人、阿富汗人、波斯人等外國人及偶爾從中歐、土耳其或近東來的流浪者則被要求必須遵守中國的法律」。[42]

關於這一點,1935年奉命視察新疆後,經由印度回國的英國駐中國大使館參事台克滿(Eric Teichman)指出,「對於支那土耳其斯坦〔新疆—筆者〕的政治體制來說,英國的權益有過大的傾向」。[43] 但台克滿認為,「英國對新疆的關心,主要在於同印度的通商貿易、在支那土耳其斯坦的印度商人的活動範圍、西北國境的安寧以及從支那沿岸進入支那中央亞細亞的英國貿易等等」。[44] 對於英國勢力在新疆活動的性質,英國人的認識與中國學者的認識之間,顯然存在著相當大的差距。

台克滿的此次新疆視察,其實帶著強烈的國際政治目的。1935年6月14日上午,當時英國駐華特命全權公使賈德幹(Sir Alexander George Montagu Cadogan, 1884–1968)帶著台克滿與南京國民政府外交部次長徐謨進行談話,直接提出在迪化設立領事的問題:「蘇俄近有壟斷新疆商務之勢,據報不久即將在迪化設立領館,本國政府深為焦慮。現正計劃派員調查有無在迪化設置領事或商務官之必要,如將來有此必要,而貴國對於蘇俄設領之要求予以接受時,希望貴國亦可允許本國在迪化設領。」而徐謨則滿口答應:「屆時自當予以考慮。」[45] 6月29日,英國大使館參事賀武來到徐謨的辦公室,直接提出:「前次賈德幹大使會晤貴次長時,曾提及本國政府擬在迪化設領事。現在本國政府已決定擬在迪化設領,推擬先派台克滿參事趁其返國之便,前往迪化,調查該處實際商務狀況後再行設領之

台克滿　　　　　　　　　　　徐謨

必要。如有必要，希望貴國政府贊成此舉並予以便利。」「值此蘇俄
政治經濟力量深入新疆之時，本國政府擬在迪化設領，想亦貴國政
府所贊成。」徐謨答道：「本國政府根本政策，即在維持開放門戶主
義。邇來所得新生報告，實有令人感受不安之處。貴國擬在迪化設
領，與本國政府政策相符，自極歡迎。」[46] 可見英國對蘇聯在新疆的
活動很是在意。

　　當時的中國學者認為，英國勢力在新疆活動的目的，一是要防
止蘇聯勢力威脅印度或西藏，二是為了維護自己在新疆南部的既得
權益，從而積極活動，以便在新疆南部建立自己的傀儡政權。陳言
分析認為，英國勢力的具體手法是煽動民族的獨立情緒，製造民族
對立的局面。[47] 儘管目前尚未找到能夠直接證明英國政府與東突厥
斯坦伊斯蘭共和國有著特別關係的資料，但許多人都相信，1933年
在新疆南部爆發的「東突厥斯坦獨立運動」，就是英國人對當地維吾
爾居民進行煽動的結果。[48]

　　毫無疑問，因為與東印度之間的地理關係，英國曾經一度想把
新疆南部納入自己的勢力範圍，因而與俄國成為競爭對手，並且早
在十九世紀後半葉起就已經開始出現對立。[49] 很多中國學者在分析
干預新疆的各種外國勢力時，都很重視英俄（英蘇）對立的性質。然
而在他們的口中，蘇聯的影響力在1920年代以後顯然大大超過了英

國。一部分人甚至指出，有關英國支持新疆南部的東突厥斯坦伊斯蘭共和國的報導，基本上都是出自於蘇聯之口。[50] 也有人指出，蘇聯通過它在各地的領事館，在各民族中積極培養親蘇分子。[51] 蘇聯勢力滲透新疆的方式與英國不同，英國是在民眾的階層培養反政府人士，蘇聯則與此相反，利用中國地方軍閥割據一方的政治野心，幫助他們在新疆構築一個不得不接受其經濟滲透的政治體系和財政體系。因此，幾乎所有人都認為，在與英國的較量中，蘇聯能夠佔到較大的優勢。因為蘇聯可以通過在新疆的蘇聯國家貿易機構獨佔新疆市場，在經濟和通商貿易方面獲得最大的權益和利益。[52] 很多文章都提到，新疆與蘇聯之間的進出口貿易（新蘇貿易）實際上就是蘇聯的經濟侵略，指出蘇聯在新疆設立銀行和貿易公司，就是蘇聯進行經濟侵略的實例。[53]

　　中國社會中關於新疆被「國際化」的輿論，1930年代前期多集中強調「來自蘇聯的威脅」，以後則更多注意到來自日本的威脅，尤其是1935年以後，指出日本覬覦新疆地區的文章數量越來越多，換言之，中國政府和中國的學者們開始更多注意到來自日本的威脅。孟英庚的〈英俄日角逐下之新疆問題〉認為，日本在取得中國東北四省以後，國際形勢隨之一變，英俄的對日態度立即惡化。日本既要防備英國（的軍事行動），又要著手準備對蘇聯的戰爭，同時也是為了防止中蘇兩國聯合，就開始密切注意英國和蘇聯的爭奪品——新疆。[54] 從這裏可以看出，當時中國人之所以認為日本勢力已經開始威脅新疆，其背景首先就是以滿洲事變為出發點，中日關係起了質的變化。1931年滿洲事變以後，中國社會抗日運動思想的高漲，就是產生這種認識的社會根據。

　　另一個例子是曾廷仲的〈列強在新疆勢力之分析〉。該文分析，日本的計劃是獨佔滿蒙，並將華北劃入其勢力範圍之內。然而，要實現上述計劃就必須侵略新疆，建立起與英國、俄國之間三足鼎立的侵略關係。[55] 這裏所説的「侵略新疆」，很明顯指的是對新疆進行

軍事侵略。這種說法與許多人的「英國和蘇聯通過對新疆省民眾或政府的影響和滲透，圖謀對新疆的政治上和經濟上的侵略」的論點，形成了鮮明的對照。也就是說它要告訴人們，日本帶給新疆的威脅才更大更可怕，比起英俄（蘇）來說，可以說有過之而無不及。

關於近代日本向中國新疆地區的滲透，拙著《東突厥斯坦獨立運動：1930年代至1940年代》（香港：中文大學出版社，2013）中已有提及。其實，對於日本來說，處於亞洲內陸的新疆地區的意義，與其說是在中日關係，還不如說是在日俄、日蘇關係的背景下而被認識的。日俄戰爭以後，由於從俄國沙皇手中接過了所謂的「在滿蒙地區的特殊地位和特殊權益」，日本開始與俄國在中國北方地區進行勢力角逐，因此與「滿蒙地區」相接壤的新疆所具有的戰略價值，才開始進入日本軍國主義的視線裏。日本的大陸政策中最主要的部分就是日本國家的大陸化和經營「滿洲」，而「滿洲」及其以西的地區，日後都是受到蘇聯「赤化」的地區。[56] 直到1930年代之前，日本侵略勢力並未直接實際涉足新疆。[57] 許多人表現出對新疆的關心。通過日本政府外務省的協調和幫助，日本的「回教研究家」們進行了許多關於新疆政治、社會、國際關係，尤其是民族、宗教問題的研究。例如日本外務省調查部所編輯的《回教事情》，就刊登了許多關於新疆的文章，例如第1卷第2號的〈新疆事情一斑〉，第2卷第4號的〈清初的對回教政策〉、〈新疆的東部前線「哈密」〉和〈英國經營新疆的歷史與現狀〉，第3卷第3號的〈楊增新的對回教政策〉、〈清初新疆的燕齊和回屯〉及〈帝政俄國的新疆經略及特性〉等。

而在這些研究中有人提出，新疆（東突厥斯坦）不過是「漢民族的一大殖民地」，[58] 因此新疆的伊斯蘭居民不僅自然具有親日與反共的情緒，而且具有強烈的反抗中國中央政府的情緒。[59] 以此「研究成果」為立論根據，1939年時有人提議建設一條「防共鐵道」——穿越新疆的中亞橫斷鐵路：

第一次東突厥獨立運動時，東突厥伊斯蘭共和國政府成員，
右三為沙比提大毛拉

第一次東突厥獨立運動時，東突厥伊斯蘭共和國軍隊

　　這條線路的建設，在避免與俄國勢力的激烈衝突並且可以在甘
肅省內巧妙地遮斷紅色通道、援蔣通道，給予在新疆南部地區
一直反抗著蔣政權和蘇聯的壓迫，與共產主義進行血腥戰鬥的
孤立無援的可憐的回教徒以光明，將他們變為日本的同伴上，
都是一條有益的線路。[60]

摘自湯本升：《中央アジア橫斷鐵道建設論：世界平和への大道》
（東京：東亞交通社，1939）

　　從表面上看來，日本的「回教研究家」們擔心新疆的伊斯蘭居民
受到蘇聯和漢族統治者的歧視和壓迫，或者是因為受到共產主義的
影響，而使東亞的安定受到威脅：

> 今日的支那西北地帶，位於蔣政府與蘇聯政府的聯絡要衝的支
> 那的西北一角，如果出現被抗日的回教徒所操縱的事態，就會
> 給東亞的安定帶來暗影。正是因為如此理由，我們從興亞的立
> 場、以及防共的角度出發，對於這片被看做世界的「謎地」而
> 置於片隅的支那的西北邊境，不，說是支那但又不是支那的處
> 於半獨立氣圍包圍之中的回疆，必須給予高度注意。[61]

　　而事實上，新疆在中日戰爭時期受到日本政府的伊斯蘭研究機
關以及日本的「回教研究家」們重視的理由，還是在於日本對中國的
戰爭勝利、甚至稱霸於回教世界的問題：「掌握了南新疆的回教徒就
意味著掌握了全新疆的回教徒，抓住了全新疆回教徒的心也就可以
抓住全世界回教徒的心。」[62]

　其中最典型的例子，就是日本接受麻木提流亡一事。由日本蒙古軍事顧問部調查部製作、現藏於日本防衛研究所的〈回疆獨立運動概說（從獨立戰爭到支那事變）〉，第二章「麻木提對日工作實況」尤其詳細地記載了運動當事者們在運動之後如何與日本帝國主義建立關係的過程。[63] 關於「第一次東突厥斯坦獨立運動」的過程，拙著《東突厥斯坦共和國研究》[64] 也大致進行過描述。1934年夏季，被選為第一次東突厥斯坦獨立運動時建立的「東突厥斯坦伊斯蘭共和國」政府主席的和加．尼亞孜（哈密人）由於就任了烏魯木齊的盛世才政府的新疆省政府副主席、麻木提．莫合提（吐魯番人）接和加．尼亞孜之後任，被任命為新疆省軍第六師師長，率領他們當年由哈密、吐魯番地區帶來的維吾爾人部隊，駐屯在以喀什噶爾為中心的新疆南部地區。按照〈概說〉的說法，期間麻木提派遣其兄莫思爾．巴依到麥加朝拜，之後到土耳其秘密訪問駐土耳其日本大使，「懇請得到日本援助」。由此可知，最初並非是日本帝國主義，而是他們自己主動接觸和接近日本。對於一個在中國建設近代國家的過程中被邊緣化的民族集團來說，中日關係的惡化其實是他們擺脫現狀的良機。

　當時駐土耳其日本大使的回答為：「當前維吾爾族若與蘇聯開戰絕非上策，應在表面上盡量締結和平友好關係，同時積蓄實力，將來蘇聯壓迫加劇陷入苦境時麻木提可以逃亡國外，我們那時會加以保護並探討等待將來時機的方法。」[65] 然而不久之後，麻木提就接到蘇軍讓他到烏魯木齊報到的命令，並因此感到生命危險，遂於1935年4月流亡印度。到了印度之後，他立即派遣莫思爾．巴依再到駐土耳其日本大使館說明情況，日本大使告訴他們「應在印度等待，一旦時機到來立即實施行動」。但是流亡中的麻木提被駐加爾各答的中華民國領事所察覺，於是國民政府命令麻木提到南京復命。麻木提擔心在南京遭到監禁，派了兩名軍官作為他的代理去到南京。兩名軍官1937年9月2日到達南京，之後面見蔣介石委員長，「報告了蘇聯在新疆省的暴行及因此帶來的居民的困苦，懇請借中央政府之力

予以解決」，然而「蔣委員長回答道，現在中日開戰，當前蘇聯按照
密約對中國進行援助，所以在新疆問題上無法反對蘇聯，中日戰爭
結束後必當著手解決新疆問題」。的確，在抗日戰爭初期，支援中國
的只有蘇聯。[66]

　　感到失望的兩人10月2日去到上海，與當地同志取得聯繫。在
1939年11月2日上海三浦總領事發給野村外務大臣的「三八六八二」
號電報、即就邀請出席回教圈展覽會代表一事的報告中，提到了一
位「一直屢向本館提供關於新疆情報」的「哈米提‧哈吉」。[67] 估計就
是通過他的幫助，11月17日兩人「以書面報告形式向在上海日本領
事詳細報告了新疆及蘇聯的狀況和動向、住民的反共產主義情緒，
此後開始和領事館保持頻繁聯絡。」湊巧的是，和加‧尼亞孜於1937
年10月12日被盛世才逮捕，其罪名為派遣親信到綏遠與日本特務機
關聯絡，準備在新疆建立「伊斯蘭國」。[68] 但是，英國方面探知「在
上海的維吾爾軍官與日本機關保持秘密聯絡」，於是立即發出「禁止
麻木提繼續滯留印度，立即出國」的命令。「束手無策的麻木提不得
不提交了於民國28年3月4日之前退出印度的誓約書」，於是「秘密
與駐孟買日本領事聯絡，提出自己有到日本的意向，只看對方意見
如何。日本領事馬上向本國詢問，立即得到本國答覆可以的回電。
於是3月2日瞞著英國當局秘密登上由孟買出發到日本郵輪遠山丸，
3月23日到達上海，與流亡於上海的十餘名軍官取得聯絡，27日出
發，4月1日抵達神戶，4月6日到了東京。」[69]

　　本書後將述及，1939年4月麻木提在到達東京之後，以「東土耳
其斯坦代表」的名義與其他八名維吾爾人一起出席了由「大日本回教
協會」與「東京伊斯蘭教團」在11月至12月間主辦的「大回教圈展覽
會」和「世界各地來朝回教徒大會」。而按照〈概說〉的說法，到達東
京以後的麻木提聯繫到上海、呼和浩特、印度和中東各地的維吾爾
族人，建立了「具有強烈的民族獨立思想」的組織。於是，第一次東
突厥斯坦獨立運動之後流亡各地的維吾爾族「以麻木提為中心聯絡和

團結在一起，在各地準備東山再起。其潛伏狀況為，東京是麻木提及其追隨者，另外在上海、厚和、印度、近東等地分別計劃行動，民族獨立的思想越燃越烈。……最終的目的就是急於得到作為東洋盟主日本的實際援助，在新疆建立獨立義軍，以死對抗反擊蘇聯，以便實現維吾爾民族的完全獨立。」[70]

蒙古軍事顧問部調查部的〈回疆獨立運動概說〉還指出了新疆對於日本的軍事意義：

> 從將來在軍事上控制支那，從而與蘇聯抗衡的國防角度來看，由於與亞細亞中心地帶相連，通過滿洲、內蒙古、新疆地帶能夠突擊進入亞細亞中心地帶，所以這一地帶必須由日本控制。……維吾爾自治國的出現，必將大大刺激其西方鄰接的、由相同民族者佔大多數的蘇屬突厥斯坦即蘇屬中亞地帶的八百萬回教徒，北上可使蘇聯的遠東地方陷入孤立，同時不難想像臨界地區民族的獨立可以強烈刺激南方印度地區，使日本有了主動援助印度民族的口實。……值此，日本則可不戰而名實俱得東洋盟主之地位。由此可以斷言，新疆問題的解決實為絕對必要的緊要任務。[71]

也就是說，由於東突厥斯坦出於國際政治上的要衝之地，如果在這裏促成「維吾爾自治國」的出現，不僅可以將這一地區收入日本勢力範圍，同時可以北上威脅蘇聯，南下遏制英國等歐美勢力，日本即可輕易取得「東洋盟主」的地位。

從以上可以判斷，儘管日本侵略勢力與新疆當地的維吾爾族居民之間可能沒有發生過直接的接觸，但並不能就此斷定日本沒有插手新疆問題的企圖。1941年的《回教世界》第3卷從第1號到第6號連載了脇坂利德的〈新疆獨立戰の回顧〉長文，記載從1820年代的張格爾叛亂到1930年代東突厥獨立運動的歷史過程。按照作者的說明，該文是他「以麻木提師長及其多位忠實部下口述的生動體驗為經，以

筆者本人的研究和收集到的資料為緯而成」。[72] 該文作者對維吾爾民族的命運表示同情，但是卻在連載第一期的開頭部分即強調：

> 今天，日本在所佔領的大陸地區已經承認長出新芽的新國民政府。為了排除中國共產黨的抵抗，我鷹驚遠端空襲赤都蘭州。而居住於亞洲乾燥地帶的五千萬圖蘭民族，[73] 與世界四億的穆斯林（回教徒）之間具有精神的連帶，因此有人說能夠掌握新疆者即能夠掌握亞洲，所以對於我們日本人來説，考慮掌握東突厥斯坦的問題已是迫在眉睫。[74]

通過保存在日本防衛研究所中的舊日本軍方檔案，還可以看到當年日本軍方曾積極開展對新疆情報搜集工作的紀錄。例如1940年9月，多田部隊本部曾經提交過《新疆各族之研究》（兩部）；[75] 1941年6月，蒙古軍軍事顧問部又提交了〈青海、新疆省方面情況調查書〉，他們使用一位名為「阿布都拉阿奇」（アブドラアチ）的人，調查蘇聯在新疆開採石油的情況、新疆省的道路和航空線路、電力情況、無線電通信情況、電話通信情況、家畜出口情況、各種政情及軍隊駐地和具體兵力部署等，又使用一位名為「祖農·阿希爾」（ズノン·アシエル）的人，在甘州調查從1941年3月開始的85天時間内所通過蘇聯卡車的數量，我們知道這些蘇聯卡車都是向中國內地運送援助物資的。而從名字上來看，這兩位日本軍方的情報人員應該都是維吾爾族人。[76]

第三節　近代國家「邊疆」之意義

在鎮壓1928年7月7日的政變之後，原新疆省民政廳長金樹仁成了新疆新的最高統治者。但是到10月末之前，南京國民政府始終沒有發表對金樹仁「新疆省政府主席」的任命（實際是追認）。[77] 楊增

新時代由省長兼任的「新疆邊防督辦」一職，也一直遲於1931年6月6日才正式任命給金樹仁。[78] 通過當時國民黨元老胡漢民、譚延闓等人寫給廣西回族軍閥白崇禧的信件，可以確認這樣一個事實，即包括蔣介石、汪精衛在內的多名南京國民政府要人，都曾經考慮趁此新疆最高權力交替之機，派白崇禧率領軍隊進入新疆，一舉打破新疆在政治上獨立於中央政府的局面。[79]

白崇禧最終也未能夠進入新疆，其原因有二。一是金樹仁的拼命反對，另一是中國內戰的爆發，桂系軍閥當然不願因新疆問題而分散兵力和精力。[80] 如前所述，新疆的政治獨立並不僅僅是一個軍閥個人權力欲望膨脹的結果，除人為因素外，也有當時國民政府實際上並不具備統治新疆的實力、交通不便等客觀原因。這些因素，從白崇禧給胡漢民、譚延闓等人的回信中也可以看出。

1933年4月12日，新疆又發生由督辦公署參謀處長陳中等人策劃的政變。趁此機會，國民革命軍參謀本部一度提議以天山為界，將新疆省分成南北兩省。這個提案，因為並不能成為一個解決新疆政治獨立問題的現實方案而沒有實行。[81] 但是南京國民政府直到1933年7月前，就追認由發動政變者一方推選出來的臨時省主席劉文龍和臨時邊防督辦盛世才之事一直不肯鬆口，而是派參謀次長黃慕松作為「國民政府宣慰使」，率領由各方面專家組成的龐大的隨員團前往新疆，擺出了一副準備接收新疆政權的架勢。

但是南京國民政府這一收回新疆政治權力的企圖，因盛世才實行堅決的反擊——發動「二次政變」、逮捕和殺害「四一二政變」的領導人以對南京國民政府宣慰使團實行「殺雞儆猴」，而告破產。7月10日，行政院長汪精衛在行政院會議上色厲內荏地說到：「中央的新疆政策是：第一，實現外交上與中央政府的統一；第二，實現軍事上與中央政府的統一；第三，承認民族平等和宗教信仰自由。……中央政府對新疆的新的人事任命也以此為條件，任命能執行上述政策之人」，[82] 雖然到最後還是無可奈何地發表了對劉文龍和盛世才的

譚延闓

黃慕松

任命，但是在對任命新統治者一事上所表現出的態度中，已足以令人看出南京國民政府希望實現新疆在政治上與中央政府統一的強烈心情。

值得注意的是，「四一二政變」以後，中國大量的學者也踴躍發言，分析新疆發生政治動亂的原因，為打破新疆的政治獨立局面而出謀獻策。關於1930年代初期新疆社會動亂不斷的原因，雖然著重點各有不同，但是基本上都指出了新疆政治的腐敗、新疆經濟的崩潰、少數民族與中國內地移民的對立、外國勢力的介入、因交通不便而處於與內地隔絕狀態等問題。[83] 他們一致認為，「四一二政變」發生的直接契機是新疆的民族間的對立抗爭，但民族對立起源於新疆政治的腐敗，而新疆政治之所以腐敗就是因為金樹仁實行獨裁。基於這一共同認識，這些學者們幾乎一致指出：處理新疆問題的當務之急就是要改造新疆的政治，結束新疆的政治獨裁狀態，組織一個能夠服從中央政府的新疆省新政府。而在如何實現這一點上，他們提出的方法大致分為兩種，一種可以稱之為「派遣大員論」，一種可以稱之為「派遣軍隊論」。主張派遣中央大員的人們認為，應該派出中央政府要員以「宣撫」為手段，以便實現新疆與內地的政治統一。[84] 與此相反，主張派遣軍隊的人們認為，應該派出中央的軍隊以壓力為手段，從而實現新疆與內地的政治統一。[85]

　「派遣大員論」與「派遣軍隊論」二者的背後其實還有一層意義，就是如何解決新疆的民族對立問題。「派遣大員論」同時主張對當地民族進行「宣撫」，以使民族問題逐漸沉靜；「派遣軍隊論」則明確主張防止外國勢力介入也是派遣軍隊的目的之一，而對於民族的對立和抗爭，只有通過鎮壓的方式來徹底解決。例如孔祥哲就認為，「愚民不知感恩，唯有以法管理」，所以為鎮壓民族叛亂，應當派軍隊駐屯於各地。[86] 然而，儘管兩種意見相左，但是都普遍認為，要想徹底解決新疆的民族問題，最終只有實行民族同化政策。因此，有人以「民智不開」為理由，主張在新疆整頓學校教育，[87] 其目的實際在於從文化上對少數民族進行同化；[88] 新亞細亞學會提倡「文化的融合」；[89] 趙鏡元更明確提出，應該對突厥語系伊斯蘭教民族的子女同時進行漢文化和民族文化的教育，以便「冶漢回於一爐」。[90]

　　從這些學者們的議論中，可以看出他們最為關心的還是如何解決新疆的政治獨立的問題。相對而言，民族問題、經濟問題、交通問題及外國勢力介入等問題，都被看成為次要的問題。[91] 這也許與「四一二政變」之後，新疆處於政治敏感時期有關，但是有一點還是很明確的：當時中國內地學者們所提出的各種各樣解決新疆問題的辦法，其性質都是以消除一切可能使新疆在政治上、經濟上、財政上和民族上實現獨立的因素，從而加強新疆與中國內地、少數民族與漢民族之間在政治上、經濟上、財政上，以及人與人的紐帶連繫為目的。由此可以看出，當時中國社會所認識到的新疆問題，決不是新疆地域社會內部的政治問題、民族問題和經濟問題，而是按照近代國家的理念所追求的、使邊疆地區與內地如何在政治上實現統一，在文化上實現同化，在經濟上實現統合，從而保障作為邊疆的新疆永久成為中國領土的一部分的問題。

　　那麼，對於追求成為一個近代國家的中國來說，處於邊陲的新疆究竟具有甚麼樣的價值？從南京國民政府的要人與學者們的言論中可以看到，當時人們對新疆的直觀認識，首先都是注意到它土地

遼闊、資源豐富、人口稀少的一面。[92] 新疆的石油資源，在1920年代就已引起世界各國的注意。[93] 其黃金等貴金屬的蘊藏量，也受到當時南京國民政府的注意。[94]「中國是世界上資源最豐富的國家，而新疆又是全中國資源最豐富的地區」，是當時一種流行的說法。[95] 有人指出：「（新疆）資源豐富，土地肥沃，在大戰期間是我們中國的生命線，是我們民族復興的根據地。」[96]

　　新疆土地遼闊、人口稀少的價值，在於可以用新疆來安置大量移民，以解決中國內地人口的過剩問題。趙鏡元毫不掩飾地指出：「新省又是一個人口宣洩地，……可以調劑內地過剩人口」。[97] 學者們以新疆政治獨立的歷史為鑒，從他們所發的議論中可以看出，都非常重視振興新疆的經濟。他們建議國民政府在新疆採掘地下資源、開設現代化工廠、建設農業水利基礎設施、開墾和擴大農地、保護內地商人的活動等。然而幾乎所有的人，都把中國內地人口移居新疆看成是促進新疆經濟發展的一個關鍵。[98] 而當時的國民政府農村復興委員會主任褚民誼也在雜誌上刊文，就解決「新疆問題」提出一個比較詳細的設想，其主要內容為：在中央政府內設立專門的「西北建設委員會」，在該委員會中設國道局、勸業局、採礦局、墾殖局等，分別負責處理中國內地通往新疆的交通整備，促成新疆的工業、商業和金融業，採掘和利用新疆的地下資源，辦理中國內地住民移居新疆等事務。[99]

　　中國內地人口移民新疆的問題，早在1933年「四一二政變」之前就已經被提出過。[100] 例如1928年，國民黨元老譚延闓就預料20年後中國內地將會出現人口過剩的問題，他因而主張，為使新疆能夠在將來成為內地過剩人口的移居地，從現在起就應該做出打破新疆政治獨立狀況的努力。[101] 一部分人的主張中甚至帶有明顯的民族歧視：移民新疆除了能夠發展新疆的經濟以外，同時也是改變新疆住民的民族構成，以求達到一勞永逸、徹底斷絕新疆民族問題的好辦法。[102] 到了1933年，當時國民政府的外交部長羅文幹更提出了一

個「一箭四雕」的建議：驅使中國內地的服刑者修建由內地通向新疆的道路，在道路開通以後，讓服刑者定居於道路沿途並從事農業開墾；這樣，除了在建設交通和開墾農業上可以得利以外，還可以淨化內地社會，並可以藉此改變新疆居民的民族構成。[103]

　　中國內地人口移民新疆的問題，與其說是一種「解決新疆問題」的方法，倒不如說是首先是從中國內地利益出發的一種考慮。進入1930年代以後，中國內地過剩人口移民新疆，已逐漸成為一個現實的問題。根據1932年國民政府內政部的統計，中國內地農耕地面積減少問題非常嚴重。每戶農家耕種的農地，全國平均為22畝，而在南方的湖南省和廣東省則只有12畝。加上農村的階級分化日益嚴重，大部分農地被極少數的地主所佔有。「無地」或「少地」的農民，佔農村以至全國人口的大多數，構成了當時中國社會中最大的不穩定因素。[104] 1936年，謝友萍的論文〈西北移民問題〉在分析大量資料的基礎上指出：為了消除中國社會中這一不穩定因素，就有必要不間斷地進行移民。

　　二十世紀以來中國內地的移民，其移居地點基本上集中於北部「邊疆」地區。據1932年國民政府內政部調查，全國範圍內每戶農家平均佔有土地面積最多的是東北地區，黑龍江省高達每戶103畝；其次是西北地方，新疆平均為40畝。此外，未開墾的荒地也數東北和西北最多。由內地移居東北地區的移民，從1923年到1930年，共計達到500萬人以上，其中僅1930年就達100萬人以上。然而，「滿洲事變」爆發以後，向東北地區的移民活動基本上全面停止。可就在此時，中國內地又開始出現大量災民。因此，向西北地方移民的問題就更加突現出其重要意義。[105] 關於西北移民的意義，曾有人這樣解釋道：「內地有人滿之患，西北有土荒之憂。」[106] 當時所說的西北地方包括陝西省、甘肅省、寧夏省和新疆省。[107] 四省現有農地可容納的移民總數，據翁文灝的推算大約為550萬人，其中新疆可容納300萬人。四省之中，新疆的人口密度最低，平均每平方公里僅

有0.5人，未開墾的荒地也有很多，[108] 具有接納大量內地移民的能力。因此，從各種意義上來說，當時所說的「移民西北」，實際上就是「移民新疆」。

十八世紀以後，由人口增加引起的土地不足問題，成為一個世界性的問題。馬爾薩斯對於人口問題的論證，正是基於這種現實。歐洲各國之所以展開大規模的海外殖民活動，拼命擴張領土，也是以此為背景的。從世界規模來看，土地不足的問題直到第二次世界大戰結束之後才有所緩和，然而中國的人口卻一直處於上升的趨勢。可以說，相比而言，開闢新的土地資源和自然資源來解決人口增加問題，對於中國來說才是最為迫切需要的，而中國因此將視線投到「邊疆」地區。

但是，更加值得注意的是，在南京國民政府和中國學者的心目中，中國內地人口遷移到邊疆地區，並不僅僅是一個解決中國內地人口過剩的問題，另一個更重要的意義在於「充實國防」。[109] 這一點從使用服刑者建設通往新疆的交通線，開墾新疆農業，並進而達到淨化內地社會、改造新疆居民民族構成的提案，竟然出自於國民政府外交部長羅文幹之手一事，就能夠得知。所以，謝友萍也在其文章中，把羅文幹的提案稱為「寓軍事於農業的軍事農業政策」。[110]

「移民實邊」這樣一個在中國、甚至可以追溯到先秦時代的古老話題，之所以能夠在追求近代國家的1930年代重新煥發出強烈的生命力，毫無疑問就是因為當時南京國民政府和學者們都看到「邊疆」在國防上所具有的極其重要的價值：「開發西北，即所以鞏固新疆地位。」[111] 那麼，新疆在中國的國防上能夠起到甚麼作用呢？關於這一點，當時談論到這一問題的南京國民政府要人和中國的學者們，幾乎都援引了當年左宗棠的主張。[112] 1881年，時任陝甘總督的左宗棠向清王朝的皇帝強調：「重新疆者所以保蒙古，保蒙古者所以衛京師」。他認為在國防問題上，西北邊疆甚至比東南沿海地區更為重要，為了防止英國、尤其是俄國進一步侵略中國，必須認真重視新

疆問題。在左宗棠的率領下，清朝軍隊趕走來自於中亞細亞的浩罕地區侵略者阿古柏伯克，恢復了清王朝在新疆的統治。

　　但正如當時部分學者所指出的那樣，在1930年代，「新疆的形勢已與清末的左宗棠時代大不相同，已經陷入於更加複雜的狀況之中」。[113] 隨著時代的發展和國際形勢的變化，國人對於新疆的認識，當然要比左宗棠的思想更進一步。具體說來就是：儘管繼承了左宗棠「中國國防重點在於西北」[114] 的思想，但西北的概念自身已經具有更廣泛的意義。當年左宗棠所說的西北邊疆，所指的僅僅為「新疆」與「蒙古」地區，而1930年代中國內地學者文章中所論及的「西北」，實際上是「西」加「北」，即從中國東北部的「滿洲」，經過北部的蒙古、西北部的新疆，最後直到西部的西藏，已變成了一個包括上述四個地區的概念。然而，由於在地理上這四個地區完全環繞著內地，所以關於「邊疆」的內涵、尤其是「邊疆」在國防上的價值，很難說南京國民政府與學者們已經超越了當年左宗棠的認識。

　　關於在國防上這四個地區的相互關係，顧季倫指出是「唇齒相依」。[115] 很明顯，當時國人把這四個相互連接的地區、即西北「邊疆」，仍然看作是一道保衛中國內地不受來自西邊和北邊的外國列強侵略威脅的屏障和堤防而已。而在這道由「邊疆」構成的屏障和堤防當中，新疆之所以備受重視，就是因為它處於東北與蒙古相接、西南與西藏相連這樣一個中心位置。[116] 然而，當時「滿洲」已經完全進入日本的勢力範圍，外蒙古又進入蘇聯的勢力範圍，而西藏也事實上處於一種政治獨立狀態之中。隨著對上述三個地區實際控制權的喪失，新疆和內蒙古地區不僅成為中國內地移民的唯一出路，也成為掩護中國內地以免遭受外來勢力直接侵略的重要地區，「一旦失去新疆，中國也就要面臨危險」，[117] 在中國面臨和遭到日本侵略的時期，歷史從未像當時這樣賦予新疆如此重要的意義。[118] 而這種意義，卻完全是按照服從於中國內地利益的「邊疆」之意義所理解的。

結　語

何為「邊疆」？在1930年代中國國民的心目中，「邊疆」其實並非是一個十分明確的概念。吳文藻當時曾經進行過整理，他指出：

> 國人之談邊疆者，主要不出兩種用義：一是政治上的邊疆，一是文化上的邊疆。政治上的邊疆，是指一國的國界或邊界言，所以亦是地理上的邊疆。例如中國現在的國界，三面是陸界，一面是海洋界。故高長柱對邊疆所下的定義有云：「凡國與國之間標示其領土主權之區別者，曰『國防線』；接近『國防線』之領域，即邊疆也。」（見《邊疆問題論文集》，第1頁）這顯然是政治上的邊疆觀。又胡煥庸所著國防地理與國防諸書，則代表地理上的邊疆觀。通常稱邊疆為「塞外」、「域外」、「關外」，而稱內地為「中原」、「腹地」、「關內」。二者相對者言，亦都代表了政治及地理的觀點。然而國人另有一種看法：東南各省，以海為界，本是國界，而並不被視為邊疆，反之，甘青川康，地居腹心，而反被成為邊疆，這明明不是國界上的邊疆，而是指文化上的邊疆。[119]

從吳文藻的解釋中可知，所謂「邊疆」其實也就是文化上具有差異的「少數民族」地區。關於少數民族與中國國家之關係，當時就有人指出，因為少數民族居住地區佔中國國土面積的70%，因此對「中國」這個國家的國體來說，少數民族是一個不可缺少的存在。[120] 南京國民政府的大員更加直接地說道：中華民國的國體應該是漢、滿、蒙、回、藏「五族共和」，因此，沒有了滿族、蒙古族、藏族及回族等少數民族，中華民國這個「中國」也就不復存在。[121] 從這裏可以看出，包括許多國民政府的要人在內，在當時許多人的想像中，中國是由明確區分開的兩個部分——漢民族居住的「內地」部分和少數民族居住的「邊疆」——所構成的。[122] 許多強調新疆、西藏、蒙古

地區對於中國具有重要意義的文章，甚至直稱這些「邊疆」地區為「屏藩」地區。由此可見，1930年代中國的「邊疆」概念中，其實具有「邊緣」與「差異」的雙重含義。「邊緣」也是一種臨界狀態，而建築在這種「邊緣」意識之上的「差異」，不僅僅是一種內外有別，而且意味著「內地」和「邊疆」之間的一種主從關係：在地理上，前者為中心，後者為周邊；在文化上，前者先進，後者落後；在經濟上，後者應該服從於前者的利益；在國防上，後者是一個保衛前者安全的存在而已。在1930年代的國家利益至上的「邊疆」意識中，中華民國實質上被想像成一個「二重的」國家，而對「政治統一」的追求，不過是一個實現上述理想狀態的手段而已。

　　這種「邊疆」意識中的中國國家想像，不能不令人聯想到多重型「天下」體制中，「中華」與「四夷」之間的關係。「邊疆」與英語中的frontier、borderland之間是否具有對應關係，不是本章要討論的主題，但是可以斷定，它是中國一個極為古老的概念，[123] 它的誕生與古代中國所想像的多重型天下中的五服制，有著一定的關係。但是這種關於「邊疆」的傳統思想，不但在進入中華民國時代以後沒有減弱，反而在1930年代中得到加強，這與當時中國受到外敵侵略、中國國民產生了嚴重的邊疆危機感之間不無關係，即使在沒有直接遭受到日本帝國主義侵略的新疆，「邊疆」話語的再起也與當時日本的侵華行為有著分不開的關係。

註　釋

1　　徐益棠：〈十年來中國邊疆民族研究之回顧與前瞻〉，林恩顯編：《中國邊疆研究理論與方法》（國立編譯館主編，渤海堂文化公司印行），第91–113頁；原載《邊政公論》，第1卷第5、6期合刊（1942年1月）。

2　　吉人：〈今後的新疆〉，《新中華雜誌》，第2卷第21期（1934），第3頁；蔣默掀：〈新疆政變又揭開一幕〉，《時事月報》，第9卷第2期（1933），第62頁。

3　關於「政治的獨立」一詞，參思慕：《中國邊疆問題講話》(上海：上海生活書店，1937)，第99頁。タイクマン：《トルキスタンへの旅》，神近市子譯(東京：岩波書店，1940)，第12頁。蔡錦松、蔡穎：〈1933年南京國民黨政府和盛世才爭奪新疆統治權的鬥爭〉，《新疆歷史研究》，1985年第1期，第72頁等。

4　據齊清順的文章介紹，清朝每年給新疆的補助金約250萬兩(〈清代新疆的協餉和專餉〉，《新疆歷史研究》，1985年第1期，第64–65頁)。中華民國成立以後，曾一度全部取消了對新疆的補助。從1913年開始，中央政府又決定給新疆財政每年補助銀元60萬元，但由於內亂的緣故，這項補助也曾數次中斷(陳延祺：〈楊增新是如何緩解新疆財政危機的〉，《新疆社會科學》，1989年第1期，第100頁；陳慧生：〈楊增新統治新疆時期的財政金融〉，《新疆歷史研究》，1985年第3期，第97–99頁)。

5　關於楊增新的財政政策，有很多論文。這裏主要參陳延祺和陳慧生的論文，以及黃壽慈：〈處理新疆事變芻議〉，《新亞細亞》，第7卷第4期(1934)，第21頁。

6　1917–1922年新疆每年的財政支出中，軍費平均佔74%(曾問吾：《中國經營西域史》[烏魯木齊：新疆地方誌委員會]，第687頁；蘇大成：〈新疆之立體研究〉[續]，《新亞細亞》，第8卷第2期[1934]，第39頁)。

7　新疆省1917年的財政邊入為4,745,800元，財政支出為12,876,647元；1922年的財政邊入為7,480,124元，財政支出為52,374,646元。〈新疆之立體研究〉(續)，第39頁；《中國經營西域史》，第686–688頁。

8　只有國民政府的農村復興委員會主席褚民誼認為，楊增新政權之所以能解決財政困難並存續下來的原因，就是得益於來自新蘇貿易的關稅邊入及打擊地方官吏的貪污(褚民誼：〈新疆事件與開發西北〉，《農村復興委員會會報》，1933年第3期，第84頁)。

9　將新疆與蘇聯間的貿易稱為蘇聯的經濟侵略的論文有很多，如李欽文：〈新疆之經濟狀況〉，《新亞細亞》，第4卷第2期(1932)，轉載於中國社會科學院民族研究所編：《新疆歷史資料集》(五)，第901–911頁；慕寧：〈蘇聯與新疆的商業關係〉，《新亞細亞》，第6卷第5期(1933)，第41–50頁；羅君素：〈蘇聯與新疆的商業關係〉，《新中華雜誌》，第2卷第18期(1934)，第29–34頁；莊心在：〈新疆與蘇俄之關係〉，《新亞細亞》，第6卷第5期(1933)，第25–30頁；曾問吾：〈蘇聯對新疆的經濟侵略〉，《新亞細亞》，第7卷第2期(1934)，第49–54頁；

張覺人：〈新疆與蘇俄之貿易〉，《天山月刊》，第1卷第1期 (1934)，第35–50頁；王飛：〈新疆商業之危機及其補救的方策〉，《西北嚮導》，第20號 (1936)，第387–391頁；王醒民：〈新疆之商業與金融〉，《新亞細亞》，第10卷第4期 (1935)，轉載於《新疆歷史資料集》(五)，第601–625頁；趙殿誥：〈新疆之國際關係及其前途〉，《新亞細亞》，第7卷第6期 (1934)，第35–51頁等。

10　該發言載於民國8年7月23日〈收國務院交抄楊增新諮呈〉。參中央研究院近代史研究所編：《中俄關係史料：中華民國六年至八年，新疆邊防》(1960)，第241–242頁。

11　新疆對外開放戰略研究課題組編：《新疆對蘇經貿問題研究》(烏魯木齊：新疆大學出版社，1987)，第264–265頁。

12　〈新疆之立體研究〉(續)，第39頁。

13　李寰：《新疆研究》(重慶：安慶印書局，1944)，第155–159頁。

14　〈新疆之立體研究〉(續)，第38頁。

15　參曾廷仲：〈列強在新疆勢力之解剖〉，《時事月報》，第13卷第2期 (1935)，第74–76頁。其他轉載於作者不詳：〈新疆蘇俄商約之暴露〉，《國聞週報》，第10卷第38期 (1933)，附錄。

16　〈新疆之立體研究〉(續)，第38頁；〈新疆之國際關係及其前途〉，第37頁；陳言：〈新疆俄英日三國角逐之形勢〉，《西北論衡》，第5卷第6期 (1937)，第8–9頁。

17　劉德恩：〈駐蘇聯新邊五領事館初期概況〉，《新疆文史資料選輯》(三) (1979)，第180–200頁；柴恒森：〈抗戰前中國駐蘇五領事館概況〉，《新疆文史資料選輯》(二十二) (1987)，第76–84頁。

18　《新疆對蘇經貿問題研究》，第266–267頁。

19　〈新疆蘇俄商約之暴露〉，第1–2頁；〈新疆之國際關係及其前途〉，第40頁。

20　慕寧：〈蘇聯與新疆的商業關係〉，第48–49頁。

21　〈新疆問題之認識〉，天津《大公報》，1934年7月6日，社論。

22　興亞院政務部：〈ソ聯の觀たる新疆事情：新疆のソヴェート化に就いて〉(1940)，第93頁；《新疆研究》，第154–157頁。

23　關於1927年的新疆農作物種植面積，參李伯藩：〈最近新疆之經濟形勢〉，《新亞細亞》，第5卷第3期 (1933)。

24　該詞為筆者自造。這些人受僱於從事新俄貿易和新蘇貿易的貿易商，為確保棉花的邊購量，他們在播種之前就與農民簽定契約，並為農民

提供一部分生產資料和資金，以促使農民從事棉花生產。

25 作者不詳：〈新疆之危機及今後之計劃〉，《新亞細亞》，第5卷第5期 (1933)，第94頁。

26 《新疆研究》，第90–91頁。

27 《中國邊疆問題講話》，第99頁。

28 〈新疆之立體研究〉（續），第38頁；《中國邊疆問題講話》，第48頁。

29 沙秀華：〈新疆航空史上的第一條航線〉、〈新疆歷史上的第一個航空站：迪化設站經過〉，《新疆地方誌》，1991年第3期，第64頁。

30 張建勳：〈西土鐵路對於新疆之影響及今後自保之策略〉，《邊事研究》，1934年創刊號，第92頁。

31 孫榮元：〈新疆問題與英俄帝國主義〉，《天山月刊》，第1卷第4期 (1934)，第19頁。

32 海維諒：〈國人注意不到的新疆〉，《新亞細亞》，第7卷第6期 (1934)，第54頁。

33 關於這一點，參郭維屏：〈南疆事件帝國主義侵略新疆之分析〉，《西北問題研究會會刊》，第1卷第1期 (1934)，第45頁；趙鏡元：〈新疆事變及其善後〉，《新中華雜誌》，第1卷第10期 (1933)，第5頁；曾廷仲：〈列強在新疆勢力之解剖〉，第74頁；孔祥哲：〈新疆事變及目前應有之補救〉，《開發西北》，第1卷第5期 (1934)，第45頁；陳言：〈新疆俄英日三國角逐之形勢〉，第8頁；孫榮元：〈新疆問題與英俄帝國主義〉，第20頁；曾問吾：〈蘇聯對新疆的經濟侵略〉，第52–53頁；慕寧：〈蘇聯與新疆的商業關係〉，第41頁；莊心在：〈新疆與蘇俄之關係〉，第28頁；葛綏成〈內憂外患的新疆〉，《新中華雜誌》，第1卷第11期 (1933)，第9頁；趙殿誥：〈新疆之國際關係及其前途〉，第47頁；孟英庚：〈英俄日角逐下之新疆問題〉，《新亞細亞》，第9卷第2期 (1935)，第33頁；作者不詳：〈新疆之危機及今後之計劃〉，第93–94頁。

34 參劉湛思：〈西土鐵路與我國西北之關係〉，《開發西北特刊》，第1卷第1期 (1933)，第3–9頁；張建勳：〈西土鐵路對於新疆之影響及今後自保之策略〉。

35 使用「鞭長莫及」一詞的論文有：印維廉：〈新疆事變的演化〉，《新亞細亞》，第6卷第5期 (1933)，第39頁；記者：〈南疆之變〉，《國聞雜誌》，第11卷第9期 (1934)，第2頁；吉人：〈今後的新疆〉，第5頁等。

36 方秋葦：《中國邊疆問題十講》(上海：上海引擎出版社，1937)，第48頁。

37 在中國的知識分子中有一種傾向，即過分看重土耳其系伊斯蘭教民族

(中國這一)國家意識淡薄一事。例如，孫翰文就曾說過：「(新疆的突厥系伊斯蘭)民族文化落後，國家意識淡薄，缺乏自立能力，製造內紛局面，給別人提供可乘之機，甚至侵略的機會。」〈新疆民族鳥瞰〉，《新亞細亞》，第12卷第1期(1936)，第27頁。

38　艾沙：〈新俄關係述略〉，《邊鐸》，第1卷第4期(1933)，第2頁。

39　《中國邊疆問題十講》，第44頁；〈新疆問題與英俄帝國主義〉，第19頁。

40　涉及這一問題的文獻有：趙殿誥：〈新疆之國際關係及其前途〉，第39頁；曾廷仲：〈列強在新疆勢力之解剖〉，第84頁；孫翰文：〈新疆民族鳥瞰〉，第37頁；方秋葦：《中國邊疆問題十講》，第44–45頁等。

41　明確主張「三十年代新疆的社會動盪和政局混亂，與英蘇日三國對新疆的野心有直接關係」的文獻很多，本稿主要參賀揚靈：〈破碎的新疆〉，《新中華雜誌》，第2卷第8期(1934)；陳言：〈新疆俄英日三國角逐之形勢〉；孫榮元：〈新疆問題與英俄帝國主義〉；余貽澤：〈新疆問題之癥結〉，《新亞細亞》，第7卷第5期(1934)；孟英庚：〈英俄日角逐下之新疆問題〉；曾廷仲：〈列強在新疆勢力之解剖〉；趙殿誥：〈新疆之國際關係及其前途〉；孔祥哲：〈新疆事變及目前應有之補救〉等。

42　《トルキスタンへの旅》，第123頁。

43　同上註。

44　同上註，第10–11頁。

45　〈徐總長會晤英使賈德幹談話記錄，時間：民國二十四年六月十四日上午十時，事由：迪化設領事〉，《外交部檔案》，《英人台克滿遊歷新疆案》，中華民國24年6月至25年4月，台灣中央研究院近代史研究所藏，檔號366.3 / 0001。

46　〈徐次長會晤英大使館賀武參事談話記錄，時間：民國二十四年六月二十九日上午十時，地點：政次室，事由：英國擬在迪化設領事〉，《外交部檔案》，《英人台克滿遊歷新疆案》。

47　〈新疆俄英日三國角逐之形勢〉，第10頁。

48　〈新疆之國際關係及其前途〉，第41–42頁。

49　參王柯：〈從滿清王朝到中華國家：國際政治視野下的「新疆建省」與近代中國政治體制的轉型〉，《二十一世紀》(香港中文大學中國文化研究所)，總第99期(2007年2月)，第40–53頁。全文轉載於《民族學與社會學通訊》(*Sociology Ethnicity*，中國社會學會民族社會學專業委員會、北京大學社會學人類學研究所)，第69期(2010)，第5–16頁。另外，也可參王柯：《中國，從天下到民族國家》(台北：政大出版社，2014)。

50 關於這一點，參孟英庚：〈英俄日角逐下之新疆問題〉，第45–46頁；
    趙殿誥：〈新疆之國際關係及其前途〉，第38頁；賀揚靈：〈破碎的新
    疆〉，第35–36頁；趙鏡元：〈新疆事變及其善後〉，第6頁；孫翰文：
    〈新疆民族鳥瞰〉，第37頁等。

51 〈新疆問題與英俄帝國主義〉，第23頁。

52 關於這一點，參曾問吾：〈蘇聯對新疆的經濟侵略〉，第50–53頁；曾廷
    仲：〈列強在新疆勢力之解剖〉，第74–76頁；莊心在：〈新疆與蘇俄之
    關係〉，第27頁；孟英庚：〈英俄日角逐下之新疆問題〉，第41–45頁；
    孫榮元：〈新疆問題與英俄帝國主義〉，第22頁等。

53 參趙鏡元：〈新疆事變及其善後〉，第5–6頁；曾廷仲：〈列強在新疆勢
    力之解剖〉，第78頁；孔祥哲：〈新疆事變及目前應有之補救〉，第45
    頁；孫榮元：〈新疆問題與英俄帝國主義〉，第22頁；曾問吾：〈蘇聯對
    新疆的經濟侵略〉，第50頁；趙殿誥：〈新疆之國際關係及其前途〉，第
    40頁；孟英庚：〈英俄日角逐下之新疆問題〉，第42頁等。

54 〈英俄日角逐下之新疆問題〉，第45頁。

55 〈列強在新疆勢力之解剖〉，第82頁。

56 如：〈11外蒙及新疆の近況　昭和10年3月30日〉，JACAR（アジア歷
    史資料センター），C14060826900，陸軍省調查班調製史料綴（滿支關
    係）　昭和6．11～10．3，防衛省防衛研究所藏；又如：JACAR，
    B13081327300，第六十四議會用調書，下卷（B-議OB-29）（外務省外
    交史料館藏）中的第6章〈對「ソヴィエト」連邦關係ヲ中心トスル滿洲
    事變及之ニ關係アル諸問題 / 6、滿洲國ト「ソヴィエト」連邦トノ關係〉
    和JACAR，B13081327400，第六十四議會用調書　下卷（B-議OB-29）
    （外務省外交史料館藏）中的第7章〈對「ソヴィエト」連邦關係ヲ中心ト
    スル滿洲事變及之ニ關係アル諸問題 / 7、「ソヴィエト」連邦ノ蒙古及
    新疆方面ニ於ケル活動〉。值得注意的是，不僅在滿洲問題上注意到蒙
    古（包括外蒙古地區）和新疆的價值，而且將這兩個地區並列在一起。

57 關於近代日本向中國新疆地區的滲透，可參王柯：《東突厥斯坦獨立運
    動：1930年代至1940年代》，第3章，〈反日親蘇政策的表與裏：盛世
    才的政治路線與新疆民族問題〉（香港：中文大學出版社，2013），第
    105–106頁。

58 大久保幸次：〈支那回民諸君に告ぐ〉，回教圈研究所：《回教圈》，第3
    卷第1期（1939），第3、5頁。

59 作者不詳：〈帝政ロシアの新疆經略との特性〉，外務省調查部：《回教

事情》，第3卷第3號 (1940)，第39頁。

60　湯本升：《中央アジア横斷鐵道建設論：世界平和への大道》，第7章，〈回々教〉(東京：東亞交通社，1939)；馬淵修：〈抗戰下支那回教徒の動向〉，大日本回教協會：《回教世界》，第2卷第8號，第10頁。

61　《中央アジア横斷鐵道建設論》，第69頁。

62　こばやし・はじめ：〈回疆〉，《回教圈》，第2卷第4號 (1938)，第89頁。

63　蒙古軍事顧問部調查部：〈回疆獨立運動之概說 (獨立戰爭支那事變迄)〉，JACAR，C13021598400，《回疆獨立運動の概說・森川史料》，防衛省防衛研究所藏。

64　王柯：《東トルキスタン共和國研究──中國のイスラムと民族問題》(東京大學出版社，1995)，第44–48、79頁。

65　第2章〈マフムツドの對日工作の實狀〉，《回疆獨立運動の概說・森川史料》。

66　《東トルキスタン共和國研究》，第39–40頁。

67　「三八六八二」11・回教圈展覽會，JACAR，B04012294800，本邦展覽會關係雜件，第二卷 (I-1-6-4-5_002)，外務省外交史料館藏。在「回教圈展覽會來朝代表者」名單中，有一位「哈米提・哈吉・依司馬義爾」的「學者」。

68　《東トルキスタン共和國研究》，第80頁。

69　第2章〈マフムツドの對日工作の實狀〉，《回疆獨立運動の概說・森川史料》。

70　蒙古軍事顧問部調查部：〈回疆獨立運動之概說 (獨立戰爭支那事變迄)〉，JACAR，C13021598500，《回疆獨立運動の概說・森川史料》，防衛省防衛研究所藏。

71　第3章〈亡命ウイグル族ノ動向〉、〈結言〉，《回疆獨立運動の概說・森川史料》。

72　脇坂利德：〈新疆獨立戰の回顧〉(1)，大日本回教協會：《回教世界》，第3卷第1號 (1941)，第50頁。

73　圖蘭民族，泛指烏拉爾－阿勒泰語系民族，十九世紀的韃靼族知識分子提出的泛突厥主義又被稱為圖蘭主義，因為日語、滿語、蒙古語、朝鮮語、維吾爾族等突厥民族的語言均屬於阿勒泰語系，所以在圖蘭 (ツラン) 主義在第二次世界大戰時不時被日本的學界用來為日本侵略大陸辯護。詳見本書第十二章。

74　《回教世界》，第3卷第1號 (1941)，51頁。

75　JACAR，C07091682700，昭和15年《陸支普大日記第22號》，防衛省防衛研究所藏。

76　JACAR，C13021508900，〈青海、新疆省方面情況調查書〉昭和16年6月，防衛省防衛研究所藏。「阿布都拉阿奇」報告說新疆省政府命令全疆各地都要挖防空壕，以防日軍飛機轟炸；「祖農‧阿希爾」在行動中得到了馬步芳的幫助，馬步芳拜託「祖農‧阿希爾」向日本方面傳話：他是身不由己才聽從重慶方面的命令的。

77　張大軍：《新疆風暴七十年》(台北：台灣蘭溪出版社，1980)，第2076頁。

78　同上註，第3027頁。

79　同上註，第3011–3018頁。

80　同上註，第3012–3022頁。

81　〈新疆問題之癥結〉，第29頁。

82　〈新疆政變又揭開一幕〉，第62–63頁；〈新疆事變的演化〉，第39頁。

83　印維廉舉了政治的腐敗和帝國主義勢力的介入這兩條；天津的《大公報》及孔祥哲和余貽澤除了政治的腐敗和帝國主義勢力的介入，還舉了民族間的對立(孔祥哲：〈新疆事變及目前應有之補救〉，第44–46頁；余貽澤：〈新疆問題之癥結〉，第26–28頁；天津《大公報》，1934年7月6日，社論)；蘇大成所舉的三條是帝國主義勢力的介入、民族間的對立和經濟問題(〈新疆之立體研究〉[續]，第41–42頁)；葛綏成所舉的三條是外國勢力的介入、民族間的對立和交通不便(〈內憂外患的新疆〉，第7–9頁)；吉人、傅築夫、趙鏡元和郭維屏所舉均為四條。吉人、趙鏡元和傅築夫舉的是政治的腐敗、經濟的破綻、民族間的對立和外國勢力的介入(傅築夫：〈新疆民族問題〉，《天山月刊》，第1卷第3期[1934]，第2–5頁；吉人：〈今後的新疆〉，第4頁；趙鏡元：〈新疆事變及其善後〉，第1–6頁)；郭維屏所舉的四條是政治的腐敗、民族間的對立、外國勢力的介入和交通不便(〈南疆事件帝國主義侵略新疆之分析〉，第45–48頁)。黃壽慈等人特別強調了建設從內地到新疆交通線的重要性(黃壽慈：〈處理新疆事變芻議〉，第22頁；作者不詳：〈新疆之危機及今後之計劃〉，第94頁)。

84　「派遣大員論」為筆者自造詞。參余貽澤：〈新疆問題之癥結〉，第28頁；天津《大公報》，1934年7月6日，社論；丁道衡：〈對於新疆亂事的一個緊急提議〉，《獨立評論》，1933年49號，第8頁。

85　「派遣軍隊論」為筆者自造詞。參黃壽慈：〈處理新疆事變芻議〉，第21–22頁；孔祥哲：〈新疆事變及目前應有之補救〉，第46頁；作者不

詳：〈新疆之危機及今後之計劃〉，第96–99頁。

86　〈新疆之危機及今後之計劃〉，第94–95頁；〈新疆事變及目前應有之補救〉，第46頁。

87　〈新疆事變的演化〉，第31頁。

88　〈新疆事變及目前應有之補救〉，第47頁。

89　新亞細亞學會：〈敬送黃專使赴新宣慰〉，《新亞細亞》，第5卷第6期（1933），第2頁。

90　〈新疆事變及其善後〉，第5頁。

91　也有人主張新疆問題是單純的政治問題，與民族問題無關。關於這一點，參〈新疆事變及其善後〉，第4頁。

92　〈新疆事變及其善後〉，第3–5頁。

93　龔學遂：《新疆油礦與世界石油問題》，《學藝雜誌》，第6卷第2號（1924），第1–3頁。

94　〈新疆事件與開發西北〉，第96–97頁。

95　關玉衡：《新疆民族問題研究》，《凱旋》，1948年第34期，第28頁。

96　〈新疆事變及目前應有之補救〉，第48頁。

97　〈新疆事變及其善後〉，第3頁。

98　主張從中國內地向新疆移民的文獻非常之多。如：蔣默掀：〈新疆大局須徹底清理〉，第90頁；李大瑋：〈整理及開發新疆之意見〉，《新亞細亞》，第9卷第3期（1935），第73–74頁；褚民誼：〈新疆事件與開發西北〉，第97–98頁；黃壽慈：〈處理新疆事變芻議〉，第22頁；趙鏡元：〈新疆事變及其善後〉，第3頁；孔祥哲：〈新疆事變及目前應有之補救〉，第47頁；葛綏成，〈內憂外患的新疆〉，第10頁；蘇大成：〈新疆之立體研究〉（續），第42頁；作者不詳：〈新疆之危機及今後之計劃〉，第100頁等。

99　〈新疆事件與開發西北〉，第85–99頁。

100　于去疾：〈新疆屯墾及今後之計劃〉，《新亞細亞》，第2卷第1期（1931），第28–32頁。

101　《新疆風暴七十年》，第3013頁。

102　〈新疆事變及目前應有之補救〉，第47頁。

103　〈新疆大局須徹底清理〉，第91頁。

104　謝友萍：〈西北移民問題〉，《西北嚮導》，1936年第12期，第107頁。

105　同上註，第108頁。

106　繆其實：〈平綏鐵路西展問題〉，《西北嚮導》，1936年第9期，第41頁。

107 當時的中國西北，包括陝西省、甘肅省、寧夏省和新疆省這四省；現在所說的西北地方，除這四省之外又加入了青海省。

108 〈西北移民問題〉，第105–108頁。

109 同上註，第104頁。

110 同上註。

111 原文為「開發西北，即所以鞏固新疆」（〈新疆事件與開發西北〉，第81頁）。

112 引用左宗棠的發言以說明新疆的重要性的文獻，僅筆者所見就有：曾廷仲前述論文，第71頁；印維廉前述論文，第31頁；趙殿誥前述論文，第35頁；葛綏成前述論文，第7頁；莊心在前述論文，第30頁；李大璋前述論文，第67頁；蘇大成前述論文，第59頁；孔祥哲前述論文，第48頁；褚民誼前述論文，第83頁等。

113 《中國邊疆問題十講》，第44頁。

114 例如，胡漢民說：「中國國防在北不在南」（《新疆風暴七十年》，第3012頁）；譚延闓說：「中國國防在西北而不在東南」（第3013頁）；白崇禧說：「中國國防，重在西北」（第3015頁）等。

115 顧季倫：〈整理新疆芻議〉，《新亞細亞》，第11卷第3期(1936)，第13頁。

116 關於新疆在中國邊境地帶佔有地理上的中心位置這一認識，參孟英庚：〈英俄日角逐下之新疆問題〉，第33頁；曾廷仲：〈列強在新疆勢力之解剖〉，第71頁；顧季倫：〈整理新疆芻議〉，第13頁、孫翰文：〈新疆民族鳥瞰〉，第27頁等。

117 〈新疆問題之癥結〉，第28頁。

118 〈新疆事變及其善後〉，第1頁；〈今後的新疆〉，第4頁。

119 吳文藻：〈邊政學發凡〉，《中國邊疆研究理論與方法》，第204頁，原載《邊政公論》，第1卷第5、6期合刊(1942年1月)。

120 《中國邊疆問題講話》，第5頁。

121 最有代表性的是胡漢民的發言。關於這一點，參胡漢民給白崇禧的信。原文載《新疆風暴七十年》，第3012–3013頁。

122 《中國邊疆問題講話》，第4–5頁。

123 一般認為，「邊疆」最早出自於《左傳‧昭公十四年》，其中有「好於邊疆，息民五年，而後用師，禮也」一語。

第九章

「邊緣人」的歷史與歷史書寫
兩個「民族國家」夾縫中的日本華僑華人

　　居住在日本神戶地區的老華人華僑和華僑社團，一直有著出版自傳和社團史的傳統。隨著歲月的消失，人們自然會擔心忘卻歷史，而歷史更加悠久者的擔心自然又會更加強烈。所以，出版自傳和社團史的一般都是老華人華僑和具有悠久歷史的老華人華僑社團組織。[1] 然而，出版自傳和社團史的動機僅僅就是為了「記憶」嗎？之所以提出這樣的疑問，是因為在這種對於歷史記憶的關心之中，可以看到一種傾向：實際上神戶華僑（也許世界上大多華僑均是如此）更加願意由自己來「書寫」自己的歷史，也就是説自己動手製作有關自己的「歷史記憶」。著名旅日華僑領袖林同春就是一個例子，1997年中國華僑出版社出版了由他人執筆的傳記《旅日華僑林同春傳》，[2] 而十年後，他又出版了自傳《兩個故鄉——走過艱難歲月的在日華人華僑》。2013年出版的神戶中華會館史《落地生根——神戶華僑與神阪中華會館的百年》增訂版似乎也能證明這種傾向：該書原由數位中日華僑研究學者執筆，此次再版雖然沒有更換作者，但是根據神戶華僑們的意見，原作者們「更加正確地表達並充實了內容」（會館理事長語），[3] 作了很多補充和訂正，份量也由原版的482頁增加到525頁。

　　引起關注歷史記憶的契機也有很多，其中之一就是遇到值得紀念的年份。2013年為神戶中華會館建立120週年，因此增訂了會館史《落地生根》；旅日福建同鄉懇親會也在2013年迎來成立50週年，於是趕在年底前自己編輯出版了長達520頁、A4版的紀念文集《旅日福建同鄉懇親會——半個世紀的歷程》。無疑，兩個甲子、半個世紀，都可以成為建設歷史記憶的關鍵時刻。但是本章關注老華僑們為甚麼更加喜愛由自己進行歷史書寫、自己來製作有關自己的歷史記憶的問題。換言之，華僑關注有關自己的歷史書寫、自己動手製造有關自己的歷史記憶這一現象的背後，究竟隱藏了一個甚麼樣的社會情境，會讓他們感覺自己的典範「歷史」可能是其他人無法準確書寫完成的呢？本章從探討日本神戶地區華人華僑關於歷史書寫和歷史記憶的認識入手，進而考察在日華人華僑與近代民族主義如何相處的歷史，從而嘗試解讀處於兩個民族國家之間的邊緣人群的行為模式及其形成原因。

第一節　當代華僑的歷史書寫

　　其實，記錄在日福建幫歷程的《旅日福建同鄉懇親會——半個世紀的歷程》的〈編輯後記〉（日文）中的如下一段書寫，就可以用來說明老華僑們為甚麼希望自己製造自己的歷史書寫和歷史記憶的文本：「每屆懇親會的記錄，都充分傳達出來當時參加懇親會的人們的心情，那是對祖國的、對故鄉的、對同胞的深厚情感。這種情感決不輕易被放棄，正是因為這種情感，支撐著我們在異國之地，經過幾個時代、戰勝種種歧視、跨越各種障礙，保證了自我生存和尊嚴。落地生根：我們在重視自己的根和認同的同時，又與周圍的日本的民眾密切交往，在各地社會深深紮根，並為振興當地的經濟和文化而盡力。我們的前人為了祖國和日本之間的友好竭盡了全力，

我們要繼承前人的堅毅努力和睿智，並將這種精神傳達給後代。本書就是這種努力的一步。」[4]

但從邏輯上來看，這段文字卻有一些值得推敲的部分。首先，對祖國的、對故鄉的深厚情感，為甚麼能夠變成支撐在異國之地戰勝歧視、跨越障礙、保證尊嚴的動力呢？其次，既然認為自己的「根」在中國，為甚麼會有另一條根能夠深深紮在日本的大地上呢？對於第二點，〈編輯後記〉的執筆者顯然也意識到這個問題，所以談到「根」在中國時用了日語片假名的「ルーツ」[日語外來語借詞，root的複數 roots，意為「根」、「始祖」或「祖先」──筆者]，而談到在日本落地生根（「根を下ろす」）的部分時用了「根」這一漢字。但是，植物學上的 root 之所以會被用於描寫人類社會，是以人類的「尋根」願望為背景的，而「尋根」卻是一個在自己的現實生活場域中找不到歸屬感的人們所樂意使用，來向現實的政府、政策、政治進行抗議和反抗的手段。當年亞歷克斯·哈利（Alexander Murray Palmer Haley）寫作《根》（*Roots: The Saga of an American Family*）的一個重要目的，就是要通過對原鄉非洲和原鄉民族文化 roots 的追溯，批判美國現實社會中的種族歧視。然而，〈編輯後記〉的目的顯然不在批判日本，兩條「根」的出現，其實就是老華僑們的複雜心情的真實寫照：他們既不願讓「祖國」和「同胞」指責數典忘祖，又不願被居住國和自己生活的地域社會懷疑自己不認同當地的社會。

2007年出版的林同春自傳《兩個故鄉──走過艱難歲月的在日華人華僑》的幾個標誌性符號更加耐人尋味。首先是書名中所使用的「故鄉」一詞。很明顯，這裏的「故鄉」可以巧妙地避開「國家」層次上的問題，這無疑比上述〈編輯後記〉中的處理要高明許多。其次是在使用語言上，該自傳原文為日文，但是同時附上了中文和英文（翻譯者為其女兒）譯文。也就是說，作自傳者希望同時向中日兩個社會傳達由自己書寫和確定的、關於自己的典範歷史記憶。事實上，華僑自身製作的傳記大多具備一些與其他文類作品不同的符號，而從

其性質可以看出，華僑自身製作的傳記大多具備向兩個國家和社會同時傳達自己典範歷史的動機。因此在內容上，大多具有如何處理主人公與中國社會之關係的部分和主人公與居住國社會之關係的部分。但是值得注意的是，與其他許多國家的華人華僑社會不同，對於在日華人、華僑來説，他們的傳記還將無可避免地遇到如何處理以上兩種關係的問題。其原因在於，他們身臨和面對的是兩個政治上至今不願放棄民族主義的國家。今天，在民族主義符號不斷被操弄的政治背景下，中日兩國民眾之間的對立情緒成為一個愈來愈難解開的死結。因此，在日華人華僑應該更加重視與中國之關係，還是與居住國社會之關係？其中的優先順位，事實上是一個中日兩國的政界和民眾都在關心的問題。

　　然而，能夠在「祖國」、「民族」和「同胞」的「大義名分」之下不分是非曲直地擁護同類的民族主義的可怕之處，在於它同樣可以無原則地攻擊異類，而且是恨不得一擊而置對方於死地。當年深受日本民族主義(軍國主義)之殘酷迫害，今天在資訊暢通的日本社會中又看到國內對民族主義之推崇和狂熱，在日華人華僑無疑明白，任何一種「選邊站」都有可能讓自己再次變為民族主義的犧牲品。因此，神戶的老華人華僑希望稀釋歷史書寫中的民族主義成分(如林同春自傳書名不提國家，而以「故鄉」代之)，在討論自己與中日兩國關係時決不抑此揚彼(如〈編輯後記〉中關於兩條「根」之記述)，從而拒絕外人用民族主義的眼光打量自己。這裏的「外人」自然包括中日兩國的民族主義者，因此老華人華僑本來就把向中日兩個社會傳遞他們的這一思想作為通過歷史書寫製造歷史記憶的目的。老華人華僑的這種心情，自然難以為他人所察覺、所理解，更是讓今天受到民族主義影響的文人們難以通過文字進行合理化表述的。於是，製造最為適合日本華人華僑當今社會生活情境的「典範歷史」[5]的任務，就只能由生活在日本的老華人華僑們自己來承擔了。

　　由上可見，日本的老華人華僑關於歷史書寫和歷史記憶的思

想，是一種淳樸自然的、力圖突破民族國家歷史觀之束縛的思想。
事實上，即使今天仍然生存於中日兩國民族主義的夾縫之間，日本
的老華人華僑還是更願意強調自己的「兩義性」性質。生活在日本的
老華人華僑，無疑已經蛻變為一個超越以民族國家為母體之民族主
義的、既認同「祖國」(也許稱為「故國」更合適) 也認同居住國的群
體。[6] 當然，這兩種認同的性質不同，各自的認同程度也因人而異。
日本的老華人華僑之所以會產生突破民族國家歷史觀之束縛、進行
歷史書寫和製造歷史記憶的思想，如實地反映了近代以後的東亞世
界一直沒有擺脫民族主義束縛的歷史事實；而在以民族國家為單位
而建構的東亞國際政治秩序中，日本的老華人華僑社會一直都是一
個處於兩個民族國家的「邊緣」的群體。

第二節　歷史上的華商領袖與日本國籍

通過接受所在居住國的國民統合，是華僑擺脫「邊緣人」困境
的選項之一。國籍的改變固然無法立即改變文化認同，但國家認同
與文化認同之關係，最終還是一個能夠用是否徹底完成了「通過儀
式」、是否仍舊處於「過渡」階段的視點就可以分析和解答的問題。
毫無疑問，與居住在其他國家的華僑相比，今天在日華人華僑在是
否選擇所在國國籍時，會表現出更多的猶豫。出現這一現象的原因
就是日本當年發動的侵華戰爭，讓華僑考慮是否選擇日本國籍時必
然加入民族主義的考量。但是值得注意的是，在二十世紀初的在日
華人華僑社會中，這種傾向並不存在。

中國人移居日本的歷史可以追溯到很早以前。[7] 但是因為移居人
數有限，加之當時不存在國籍問題，選擇居住在日本 (以長崎地區為
主) 的商人、文人以及僧人，隨著歲月的流逝，這些人的後代都逐
漸融入了日本社會。當時，這些人都被稱為「歸化人」。日本1854年

(安政元年) 與美國簽訂《神奈川條約》開始實行開國政策，至安政5年先後與美、俄、荷蘭、英、法簽訂了條約，向他們開放箱館 (今函館)、神奈川 (今橫濱)、長崎、兵庫 (今神戶) 五港並許可他們居住、通商和行使領事裁判權。因為此時日本與清國沒有「條約關係」，故中國人是在兩國於1871年簽訂《修好條約》建立外交關係之後，才有在日本貿易和居住的權利。然而，近代日本政府對於來到日本的中國人並不友好，於1874年4月10日頒佈〈在留清國人民籍牌規約〉，規定清國人必須於登陸3日內進行登記，於30天內取得「籍牌」，並須年年進行更換手續。籍牌最初實行分為上中下三等，「上等為獨立開店者，中等為番所手代者 [因檔案為草書，此處漢字難免判讀有誤，意思估計即為「買辦」]，下等為幹活養馬之人」；但到明治七年，正是頒佈專門用來控制華僑的〈在留清國人民籍牌規約〉時分為上下兩等，即獨立開店者以外均為下等。[8] 1894年8月，日本又在發佈《日清戰爭宣言》後發佈敕令第137號〈關於帝國內居住清國人的檔〉，戰爭結束後又於1899年8月發佈敕令第352號〈關於依據條約或習慣沒有居住自由之外國人的居住與營業的檔〉。後者雖然沒有明確指出「清國」名稱，但是文中明確記載為替代敕令第137號，可知也是為了防止中國人大量流入和在日開展經濟活動而制定的。[9]

而在這種處境下，當時的在日華人華僑會做出甚麼反應呢？很遺憾，我們在各種檔案中，不僅沒有看到「哪裏有壓迫，哪裏就有反抗」的記錄，而是看到了很早就有華僑在申請加入日本國籍 (日語稱為「歸化」[10]) 的事實。最早的「清國人歸化」可能要追到1874年 (明治7年) 發生在神奈川縣的事例，但是這次申請「歸化」好像沒有得到日本政府的批准。[11] 到了1879年 (明治12年)，日本政府又遇到了北海道開拓使所僱兩名清國人范永吉 (山東省蓬萊縣辛店集南泊子村人) 和許士恭 (山東省沂州府莒州縣人) 申請「歸化」的麻煩事。因為是否批准可能影響到勸誘日本人移民北海道的問題，北海道開拓長官黑田清隆和內務卿伊藤博文向大政大臣三條實美提出請求實行「特別之

議」即開特例，並得到了批准。[12] 與范永吉和許士恭「歸化」不相前後，1879年12月24日，長崎縣令內海忠勝也向伊藤博文提交了關於在日本居住已達二十年的清國人福島品藏（出生於常州府無錫縣姚付上村，父名鮑大，本人原名アロン[阿龍？]，16歲時到日本，與日人福島千代結婚）申請「歸化入籍」的報告。[13] 按照伊藤博文的意見，這件事按照明治六年的第103號通知中「外國人與日本人之婚嫁須經日本政府同意」一項，即政府既然已經「批准」與日本人結婚，所以批准「歸化」也就不存在問題，而被作為個案進行了處理。[14]

通過對范永吉和許士恭申請「歸化」事件的處理，當時的日本外務卿寺島宗則意識到了「對清國人設立可以簡易歸化法」的必要性。[15] 但是值得注意的是，直到1889年（明治22年）時日本政府才開始討論《帝國臣民身份法》。[16] 日本政府之所以沒有急於制定統一的法律，說明該期間即使有在日華人華僑申請「歸化」事例，但為數肯定有限，這應該與當時清日兩國之間的社會經濟力量對比有關，來到日本的華僑畢竟還有著日後榮歸故里的心願。然而同時應該看到的是，部分在日華人華僑嚮往「歸化」日本的歷史，甚至比日本1899年（明治32年）頒佈《國籍法》還早了25年。

而1899年日本《國籍法》的頒佈，肯定與在日華人華僑要求「歸化」有關。因為在12月頒佈《國籍法》的同時，日本政府即命令駐清國公使小村壽太郎調查清國政府關於「清國臣民欲歸化外國時，清國政府是否有允許或默許該臣民歸化外國以及由於其臣民歸化外國而能夠脫離清國國籍的明文或慣例」。[17] 小村從清國外務部侍郎徐壽朋等人處得知，清國並沒有關於取得外國國籍時的具體規定，「一切任其自便，並不禁止，也沒有一旦取得外國國籍時是否喪失清國國籍的具體規定」。[18] 此次調查一事源自於長崎縣政府的請求，所以它的背景應該是當時居住於長崎的華僑提出加入日本國籍的申請。雖然沒有材料能夠進一步確認是否與此事有關，我們從日本外務省的檔案中可以看到一封清國駐長崎正領事於光緒32年（1906）閏四月六日

就華商申請「歸化」一事提交給日本方面的回信：〈敝國商人陳世望等八名願入貴國籍〉。信中如此寫道：「查依敝國法，如我國商民苟有願入他國籍者，須先由該商將其原籍住址報明中國領事，由領事行文到其本籍地方官查詢，如查明該商無訟案牽連財產虧輟等事，方准出籍之後方准入籍他國。」[19]

　　陳世望是長崎華僑中的重商，出身於泉州府金門縣，幼小時即來日本，1901年與其父陳國梁(字瑞椿)創立了華僑著名商社「泰益號」，後其父歸國，他獨自經營並獲得成功，1905年為日俄戰爭向日本提供捐助，因而得到長崎知事的表彰。當然，他同時積極向中國國內各種慈善事業捐款，並於1907年成為長崎中華總商會副會長，1908年成為福建會館副會長、會長，成為當地華僑社會領袖。[20]長崎為近代在日華人華僑的發祥地，神戶華僑代表人物的吳錦堂日後之所以能夠事業成功，就是因為得到上述長崎華商鉅賈陳國梁的扶持。[21]

　　如果將吳錦堂與陳世望放在一起進行比較，就能發現一個有趣的現象：這一時代的在日華人華僑社會中的著名人物必定是當地最有經濟實力的華商，而這些華商領袖又都「歸化」日本——取得了日本國籍。二十世紀初，在日華人華僑社會中有三大勢力，即福建幫(又稱建幫，以閩南人為主)、廣東幫(又稱廣幫)和三江幫(浙江、江蘇和江西)。神戶情況也是如此，在此基礎上神戶華僑以後分別設立了福建公所、廣東公所和三江公所。進入二十世紀以後，神戶的這三個幫中的最傑出人物分別為王敬祥(1871–1922，福建泉州府金門人)、麥少彭(1861–1910，廣東南海縣人)和吳錦堂(1855–1926，浙江寧波慈溪人)。與長崎的陳世望一樣，這三位神戶華僑的領袖人物也先後加入了日本國籍。從時間上來說，以15歲時赴日、29歲時繼承家業(復興號)的王敬祥為最早，他早在1900年(明治33年)4月11日就已經取得日本國籍，時年31歲。[22]麥少彭加入日本國籍是在1901年(明治34年)10月。按照山口政子的介紹，三人中應該是吳錦堂加入日本國籍最晚，具體時間是1904年11月25日。[23]

神戶華商王敬祥　　　　神戶華商吳錦堂　　　　長崎華商陳世望

　　然而，吳錦堂加入日本國籍一事頗有逆風而上的性質。因為當時清朝政府針對日本的華商非常明確地提出要求，希望他們慎重考慮「歸化」日本一事將會給他們帶來的嚴重後果。光緒30年（1904）11月17日，一張「奏派駐紮神戶兼管大阪正領事官宗室長，為出示曉諭事本月十六日豐欽差出使大臣楊（樞）」的「曉諭」被「實貼（神戶）廣業公所」的牆頭上：「外洋各埠華商近年來改入洋籍者逐漸增多，訪查其故，或因既有貨財恐被本籍官紳尋事勒索，或因往來貨物恐各處關卡籍端留難，遂改入洋籍，以冀外人保護。」「凡屬華商，均應各安本業，豈可過生疑慮，頓忘祖國，況一經改入洋籍，照例不得在中國地方置買產業，於生計有何裨益？本大臣現擬一認真之法，嗣後遇有華商欲入洋籍者，中國領事官總領者務須對以上事××切勸導，慎勿輕忽行事，如不見聽，即將該商改籍緣由據實上詳，以憑諮明該省督撫，轉飭地方官，將該商籍貫革除，一面查明該商在內地有無產業，照例辦理。如此徹底根究，庶可籍挽頹風等因，奉此為此示諭商民人等知悉。爾等須知，一經改入洋籍，即係異國之人，不得在中國置買產業，不能享受本國子民之利益。望勿頓忘祖國，輕棄家鄉，置祖宗墳墓於不顧，各宜凜遵毋違，切切持諭。」[24]

　　儘管清朝直到1909年時才正式頒佈《國籍法》，但是這張「實貼（神戶）廣業公所」的曉諭已經清楚地表明清朝政府在1904年末的時

點上對於放棄清朝國籍和取得外國國籍的態度，當然也可以被解釋為恐嚇，但更多的是表現出對忘國、忘鄉、忘祖的鄙視。想到當時日俄兩個帝國主義正在中國領土上進行的戰爭給東北民眾帶來的災難，清朝政府在此節點上反對華僑加入日本國籍的心情並非不可理解。但是在這種時機下，清朝政府對華商「歸化」日本的禁令，反倒提高了「歸化」的含金量，加重了「歸化」者向日本政府輸誠的砝碼。就在僅僅八天之後的 11 月 25 日，吳錦堂就加入了日本國籍。「歸化」的申請過程固然需要一定時間，然而也難以想像吳錦堂是在公使楊樞的告示貼到廣業會所的牆上之後，才知道清朝政府關於清國人取得日本國籍之態度的。

第三節　「邊緣人」的「中心」情結

其實，吳錦堂違抗清朝政府的意旨，這已經不是第一次。1894年甲午戰爭爆發之後，清國駐神戶大阪領事向「在留清國人」發出了〈歸國勸告〉，而吳錦堂卻毅然決定留在日本，並趁機接手許多歸國華僑的生意。這次抉擇是吳錦堂積攢財富走向豪商的重要一步，同時也可能是一個讓他領悟到利用國際政治局勢與發展個人經濟勢力之間關係的契機。

甲午戰爭（日本稱「日清戰爭」）改變了中日兩國之間的傳統關係。日本學者松本三之介從文化、軍事和近代化三個層面分析指出：「日清戰爭中日本的勝利，對於日本的中國認識也具有重大轉捩點的意義。如上所述，直到日清戰爭之前日本的中國觀，其中既有從文明開化的角度而來的蔑視，還有對於文化大國的敬畏和軍事視點上的恐懼，是一種由相互矛盾的因素構成的、具有多重性的扭曲的意識。但是日清戰爭帶來的勝利，將日本從軍事的恐懼中解放出來，在確認了維新以來日本近代化成果的基礎上，將中國視為傳

統文化大國的敬畏也大大減退。」「與過去認為中國頑固不化固守陋習、不願理解和接受新時代潮流和文明相比，日清戰爭之後對中國的歧視在內容上發生了轉變，認為中國的問題關鍵是缺乏建設國家的能力。」[25] 身在日本的華僑當然更能感受到這種兩國關係的逆轉，以及由此而來的日本社會對中國認識的變化。我們注意到正是在此之後，申請加入日本國籍的華商們逐漸增多。1904年日俄戰爭爆發後，也就是與取得日本國籍的時間不相上下，吳錦堂向日本政府捐款2,000元，同時購買了10萬元的軍事國債，並利用自己在清國內的關係為日方運送戰爭物資。因此，他在戰後的1906年獲得日本政府頒發的勳六等瑞寶章，此時的授勳紀念照至今依然是張貼於各種儀式上的吳錦堂標準照之一。吳錦堂只是其中一例，利用日俄戰爭拉近與日本政府關係的在日華人華僑絕對不在少數。例如長崎的陳世望，同樣是在日俄戰爭中的1905年向日本政府捐款，從而得到了長崎知事的表彰。[26]

利用中日兩國關係上的事件，通過主動參與將事件變為拉近自己與日本政府之間關係的契機，是神戶三位華商領袖身上都具有的特徵。1908年（明治41年）發生了第二辰丸事件，中國民眾開始第一次全國性的抵制日貨運動。7月15日，神戶廣東幫的領袖人物麥少彭由神戶來到抵制運動的中心——港澳和廣東地區，當時日本駐香港副領事船津辰一郎在給日本外務省的密電中報告說：麥於7月17日即主動來到日本駐香港領事館進行接洽和說明來意：「儘管對是否能夠成功沒有把握，但不論結果如何，都願與貴國政府約定，為使抵制日

1912年陳世望捐款

貨運動消火而盡力。」這裏的「貴國」應該不是麥少彭的原話，因為他已經在1901年10月加入日本國籍。由此我們可以看到，日本政府並沒有把麥少彭看作是一個真正的「日本人」。

　　7月，麥少彭看到香港當地商人抵制日貨意志堅決，因此告知領事館自己可以親自到運動發生的震源地廣東省進行調查，以便幫助日本政府找到盡早平息運動的方法。之後，麥少彭往返於省港之間，並多次向香港的領事館報告運動和他的活動情況。麥少彭肯定明白他的這種做法一旦暴露，就會遭到中國人民的唾棄，因此他和日本駐香港領事館一直將接頭地點選定在駐香港的日本「（橫濱）正金銀行及郵船會社的支店」裏。然而，儘管麥少彭如此賣力，此行目的卻仍然遭到日方的懷疑。船津辰一郎密報日本外務省：「儘管麥少彭如此所言，但我認為不免有為取得自己的利益而更加誇大抵制勢力的成分。正如我在上月6日的機密第12號中所報告的那樣，麥少彭有煽動抵制日貨運動的嫌疑。如果真是如此，上述事情就難保證，他所說的為平息抵制日貨運動不惜粉身碎骨的話語，根本不值得相信。」[27] 終於有一天，麥少彭接到了神戶方面來電，告訴他日本政府可能對他並不信任，甚至懷疑他是否在借機煽動運動一事。這讓麥少彭十分沮喪，他拿著電報向船津辰一郎訴說，自己為了日本四處奔走，沒想到卻受到日本政府如此懷疑，不由感到「迷惑萬千」，失落至極。[28]

　　華商領袖即使加入日本國籍也得不到日本政府的完全信任，當時應該是一個普遍的現象。橫濱正金銀行是一家受日本政府特別照顧和保護、具有半官方性質的外匯專業銀行，曾經在日本對中國的經濟侵略中發揮過重要的作用。我們注意到，神戶華僑社會中福建幫的領袖王敬祥在1913年擔任了橫濱正金銀行神戶支店的買辦，由此我們可以知道他不僅是在當地經濟界樹立了一定威信，而且也得到了日本政府的一定信賴。[29] 有一份材料證實，1915年發生「在長崎日支商人紛擾事件」（因為日本商人不給華商批發海產品，長崎的華

王敬祥獲批准加入日本國籍

商開始移居到門司、橫濱和神戶各地）時，「作為歸化人而在支那人中最有名望者」的王敬祥積極出面，幫助日本政府解決事件。但是日本政府卻認為他這樣做同時是出於私心：「當然也有其商業上的利益在內，已經有過數次解決此類糾紛之經驗的王敬祥認為，如果事件餘波涉及神戶、大阪、橫濱等地，對於一直具有親日傾向的自己來說，也是一件十分遺憾、不堪忍耐之事，故決定自己出面為商人們進行調停。已經於22日上午9時11分從三宮坐上火車由高山（日本商人）伴隨向長崎出發。」[30] 由此可知，當時的「歸化人」無論如何也難以完全擺脫不信任和被歧視的命運。

　　儘管受到如此歧視和不信任，華商領袖們仍然熱衷於向日本政府表達忠誠的原因，其中當然有希望得到日本政府保護的成分。1906年（明治39年）11月16日，為吳錦堂所有的汽船（貨輪）錦生丸（登記噸位1,024噸）在從九州運送煤炭到煙台的途中，因為遇到風浪實行緊急避難時，在朝鮮大黑山島附近觸礁沉沒，當時船上共有38人（36名船員全為日本人，另有兩名搭乘旅客），貨物為煤1,655噸、燃料炭200噸，當時有13人得到救助，25人下落不明（之後17人自救登上濟州島）。日本駐牛莊領事館警部橋本清慎向外務省詳細報

告了船隻沉沒和人員營救經過。[31] 錦生丸之所以能夠得到日方積極營救和關心的原因可能有很多，例如當時錦生丸船員全部都是日本人、船隻登記於日本 (船舶號9215號，船籍港神戶港)、船主吳錦堂已於兩年前「歸化」日本、因此從廣義上來說錦生丸屬於日本國家的財產等。[32]

可見，二十世紀初期居住在日本的華僑如果要想向日本政府輸誠，即使加入了日本國籍，還要在經濟上甚至是精神上作出遠遠超越一般日本國民的犧牲。而華商領袖之所以願意做出這種犧牲，原因就在於日本政府佔據著日本政治和社會的中心，而他們則處於日本政治和社會的邊緣。「中心」之所以能夠對人們產生吸引力，是因為「中心或中心部是價值和信仰領域的現象，是社會普遍認可的象徵的秩序、價值以及信仰的中心」。[33] 因此，一個人與象徵著秩序的「中心」之距離，可以與其社會地位高低之間形成正比關係，於是愈是處於邊緣的人們，其接近中心的欲望就愈加強烈。關於這一點，日本著名的人類學家山口昌男曾引用愛德華·希爾斯 (Edward Shils) 的表述進行說明：「人類具有比自己身體更大的擴張性，比起平淡的日常生活來，他們在現實的構造中，具有接觸更加中心的象徵的欲望。」[34]

在日華人華僑之所以產生這種接觸、接近「中心」的欲望，是因為在日華人華僑所具有的「構造上的劣性」，[35] 這就是在日華人華僑基本上沒有被允許參與居住國日本的建設近代國家和近代社會的進程。如果與東南亞地區華僑社會進行比較，就能夠清楚地看出這種由歷史所造成的「構造上的劣性」給在日華人華僑社會造成的傷害。在日華人華僑一直未能直接進入日本的政治中心，他們要想擺脫「邊緣人」的困境，就必須從各方面作出各種的努力。

一位研究在日華人華僑的日本學者注意到：「在日華商中，給日本紅十字會捐款者之多超出意外，這也是明治時代以來的社會習慣。具有公共衛生知識的孫文，曾經有過關於急救治療法的紅十字方面的論文。」他認為原因與當時中日兩國人士在上海成立了上海亞

洲協會並推動紅十字運動，以及和孫文的醫學背景有關，[36] 然而事情似乎並非如此簡單。除了社會責任感的驅動之外，華僑和華商們積極參加和支持日本紅十字會的活動，應該是與感知到這是一條從「邊緣」接近「中心」的途徑有關。

　　紅十字會是日本步入近代「文明」國家的標誌。日本紅十字會的前身是1877年（明治10年）成立的博愛社，正如博愛（caritas）一詞的西方基督教文化背景一樣，紅十字會的建立是接受和進入西方主導的近代國際社會體系的標誌。1886年（明治19年）日本政府加入《日內瓦公約》後，翌年將博愛社改名為「日本赤十字社」。因為當時西歐的皇室都積極參加紅十字會活動，正在努力建設近代化國家的日本皇室也積極參加活動，明治天皇皇后親自指導設計了日本紅十字會徽章，貴族（「華族」）和有名望的家族成為紅十字會各種和各級組織的負責人。會章中明確規定不許根據國籍、性別、門第進行歧視，然而規定成為會員的資格為每年必須繳納一定的會費，並且對連續多年繳納會費的會員進行表彰，贈送特別社員（會員）和名譽社員的名譽。因此，當時成為日本紅十字會會員，尤其是成為特別會員和名譽會員（具體表現方式為在門口釘上會員、特別社員[會員]和名譽社員的標示），既是一種「文明」程度的象徵，也是一種經濟地位、社會地位的象徵。而因為紅十字和日本皇室、日本軍部之間存在的密切關係，它更是一種認同日本國家的政治象徵。[37]

日本紅十字會第一代名譽總裁
昭憲皇太后

第四節　超越國界的社會地位折射

　　人類的社會活動是多方面的。儘管有時候看起來互不關聯，但事實上一個人在某一個社會領域中的活動能量以及因此而獲得的地位，一定會被人們用來判斷他在其他社會領域中的活動能量和地位。也就是說，各種人類活動都會與其他各個社會領域的活動之間發生折射（refraction）的作用，這種折射影響到一個人是否能夠更多得到社會的信賴，以至於決定他是否能夠更加順利進行各種政治或經濟活動。社會活動可以在不同社會領域之間折射個人形象，從而促使人們更加願意參加各種社會活動。而在某些社會領域中的活動之所以能夠更加強烈地折射出個人形象，就是因為這個社會領域本身就具有更高和更普遍的公共性和公益性。當時的日本華商們之所以能夠積極支持日本紅十字會的活動，顯然是因為他們注意到紅十字會活動就屬於這樣一個社會領域。[38]

　　神戶的華商領袖們，同樣熱心於各種公益性活動。例如，吳錦堂在1908年3月就開始在神戶市垂水區小束野地區為當地農民無償建設水利設施，1909年向宮城縣捐賑災款1,200元，1914年為北海道糧食欠收捐款500元，1918年日本全國糧食欠收出現「大米暴動」時再次向政府捐款15,000元。[39]不同社會領域中的折射關係，在吳錦堂身上得到充分體現，1919年他受到在關西地區「巡幸」中的大正天皇的接見（一起受接見的為當地著名工商業人士29人），當年他又向恩賜濟生會捐款5萬元，並在1921年被日本政府授予紺綬勳章。

　　值得注意的是，神戶的華商領袖們同樣熱心於華人華僑社會內部的公益活動。1898年，麥少彭接待了戊戌變法失敗後亡命日本的康有為和梁啟超，並且聽從他們的勸說，於1899年發起設立神戶同文學校（現神戶中華同文學校，第一任名譽校長為日本大牌政治家犬養毅），並且自己擔任第一代總理（理事長）。吳錦堂1900年即為設立不久的神戶同文學校捐款一萬餘元，1902年又就任神阪中華會

館理事長（兩期六年），1904年為神阪中華會館實現法人化捐出2萬元（儘管當年他已經為日俄戰爭向日本政府捐款2,000元和購買了軍事公債10萬元，也就是在這一年加入了日本國籍），從1905年他就任華僑同文學校協理（副理事長）直至終生，期間多次向學校捐款。1909年設立的神戶中華商務總會，也是由吳錦堂出任第一任總理。

正如日本政府將王敬祥描述為「作為歸化人而在支那人中最有名望者」那樣，在華人華僑社會中的活動和地位，同樣可以折射到日本社會中。換言之，在日華人華僑社會領袖的地位，是王敬祥受到日本政府重視的根本原因。而早期研究吳錦堂的山口政子注意到：日後成為全日本著名華商的吳錦堂的發展過程，也是從他對神戶華人華僑社會的貢獻開始起步的。

由於「構造上的劣勢」，處於邊緣的人們往往具有構成強烈情緒的共同體、甚至宗教共同體的可能性。[40]各種華人華僑的社會團體甚至華人華僑社會自身，都有這種共同體的性質。而他們對個人社會地位的評價標準，自然也是依據對於華人華僑社會的貢獻度而定的。1890年（明治23年）三江幫、廣東幫和福建幫共同建設「神阪中華會館」時，以清國駐日公使為首，神戶大阪地區、橫濱、長崎和函館的華商都為此捐款，在當時神阪地區的660名捐款人中，吳錦堂名列第40位，捐款數額僅為100元。然而兩年後的1892年（明治25年）神戶建設關帝廟時，吳錦堂已在捐款名單中名列前茅，「被作為捐款的中心人物記錄下來，可以認為他從這時開始受到神戶華僑社會的矚目」。[41]也就是說，捐款名單上根據捐款數額而出現的次序，與捐款人在共同體社會中的地位之間存在著一種正比的關係。由此可以看出，作為公益活動的華人華僑社會中的記名式「捐款」活動，同時是一種向參加者提供社會評價的裝置：每個參加者都可以根據他的付出，得到同品質的社會評價，而這種社會評價自然可以向各個社會領域反映或折射出他的社會權威和社會地位。

從上述吳錦堂、麥少彭和王敬祥三人與日本政府之間的互動關

係中可以發現，他們之所以有接近日本政治中心的機會，很多都是
因為他們在日本華人華僑社會中的領袖地位，以及因此而得以與中
國建立的親密關係。而日本政府對這些華人華僑社會的領袖所期待
的，也是通過他們對在日華人華僑社會和中國社會施加影響力。無
疑，在日華人華僑社會中和中國社會中的地位，與能夠得到日本政
府重視的程度（即拉近多少與日本政治中心之間的距離）之間，同樣
具有正比的關係。有趣的是，今天我們仍然可以從日本華人華僑社
會中看到同樣的關係圖。或許這種圍繞華人華僑社會的國際政治構
圖，從來就沒有消失過。

　　1900年，吳錦堂向清政府捐銀2萬兩，為當時只有七歲的長子
買了個「舉人」，為自己買了個二品花翎，義和團事變後又作為軍費
再次向清政府捐款1萬兩。1902年，吳錦堂為國內賑災捐款3萬餘
兩，同年又拿出大約25萬元在故鄉慈溪建設水利設施；1907年向寧
波師範學校捐款3,000元，拿出7萬元在故鄉設立錦堂學校，並於當
年得到清朝政府御賜匾額；1911年又向中國水災捐38,000餘元，又
向國內各地軍隊[原資料未有記錄是「清軍」還是「革命軍」—筆者]提
供資金32,000元，1912年就任國民黨神戶支部長，1913年迎接孫文
來神戶，1914年得到民國勳五等嘉禾章；1921年在上海組織三北賑
災會，1924年得到民國勳二等嘉禾章。[42] 向清朝捐款和就任國民黨
的支部長，兩件本來在意識形態上是針鋒相對的現象居然能夠發生
在同一人身上，這說明甚麼是革命、甚麼是反革命之類的問題原本
不在他的視野中。吳錦堂之所以這樣做，其理由之一可能就是這些
行為和頭銜能夠說明自己在中國社會中的能量和地位。

　　麥少彭當年曾經庇護戊戌變法失敗後逃到日本的康有為和梁啟
超，因為去世較早（1910），我們無法看到他與中華民國勢力之間的
關係。而王敬祥在辛亥革命發生、尤其是民國建立以後積極參與中
國國內政治活動，多次捐款或借款給陳其美和孫中山等人，[43] 並於
民國4年2月11日被孫文親自任命為中國革命黨（前身為「國民黨」）

攝於吳錦堂在家鄉慈溪捐建的錦堂學校

大阪神戶支部長。[44] 加上吳錦堂，神戶一共有過兩位國民黨的海外
支部長。有趣的是，從國籍上來看，當時這二人其實都已經取得了
日本國籍。那麼他們積極參與中國的政治活動的意義究竟何在呢？
對此，我們不妨看看山口政子針對吳錦堂所做的分析：「他的上升志
向，首先對準了本國的清朝社會的社會理念，隨著地位的安定，又
轉向了在日華人華僑社會，這也是同時發生的現象，本國的價值觀
大大影響了華僑社會，而這又大大投影於日本社會，關係到他在日
本社會中的地位的上升。」[45] 不管這個相互順序是否準確，山口政子
關於一個華人華僑的在日本國內的社會地位、在日本華人華僑社會
中的地位和在中國國內的社會地位三者之間互相產生影響的分析，
不能不說是洞察到華商領袖同時營造三方的社會地位並編制三者之
間關係網絡的實質。

第五節　　並非只有負面意義的「邊緣性」

　　但是，華商領袖何以願意為在中日兩國積極營造自己的社會地
位和編制關係網絡，如此費盡心機？根本的原因當然還是在於當時
日本政府和日本社會的歧視。在當年各種日本官方歷史檔案的書寫

中，即使加入日本國籍的在日華人（「歸化人」），仍然被看做是一個神秘的、不可信賴的、需要密切監視其動向的、危險的群體。在這樣一種險惡的環境中，他們必須想方設法保護自己和自己的利益。然而值得注意的是，華商領袖保護自己的方法，除了積極接近日本的政治中心之外，反而利用自己處於兩個民族國家邊緣的立場，有時也會成為其選擇之一。換言之，華商領袖在中日兩國積極營造自己的社會地位和編制關係網絡的現象，說明他們看到「邊緣性」同樣具有利用價值。我們從1906年麥少彭和吳錦堂等人領導的反對《火柴專賣法》運動中，就能看到這種成分。

神戶是日本最早生產火柴的地區（1877），到了1880年代後期，在這裏形成了日本人生產、華商向中國出口的國際貿易分工體制。[46] 但是日本生產商鼓動日本政府制定火柴專賣制度，於1906年（明治39年）推出了只有取得銷售商資格的廠家等才具有銷售權的《火柴專賣法》，以便獨佔銷售利益。此法如果實行，必將使神戶大阪地區華商遭受巨大的打擊。於是，麥少彭、吳錦堂等人向清國駐日公使館提出「陳情書」，要求清朝與日本政府交涉，以維護在日華商的利益。但是值得注意的是，該陳情書卻是以日文寫就的。也就是說，其中指出火柴專賣制度為逆自由貿易的世界潮流而動，只是說給清政府而已；而陳情書的真實目的，是想讓日本政府明白怎樣才能保障東洋火柴市場的發展前景：「日本業者各自努力於製造，清商等一意專心從事銷售，他日隆昌為今日之倍，東洋市場成日清兩國實業家之勢力範圍，足可以待。」[47]

陳情書是以廣東商總代表麥少彭、三江商總代表吳錦堂、福建商總代表林清志、大阪北清商業會議所總代表叢良弼的名義提出，並且直接指明要求清國公使館傳呈給日本政府外務大臣加藤高明的。但事實上，此時的麥少彭和吳錦堂從法律上都已經取得了日本國籍。從這個角度看，清朝政府本來無需也無權出面維護他們的利益。而麥少彭和吳錦堂等人之所以這樣做，肯定是認為比起他們作

為日本國民向日本政府直接「陳情」來，通過清國公使館的外交途徑提出「陳情」更能得到日本政府的重視。因此，這一事件與其說是證明華人華僑同時作為兩個國家的邊緣人的困窘，還不如說是更加能夠用來證明華人華僑的「邊緣性」並非只有負面的意義。

事實上，由於當時缺乏明確的國籍制度和管理手段，使當時許多華商在取得日本國籍之後得以保持「清國」國籍。這種遊走於兩個民族國家之間的「邊緣人」性質，也的確可以為華商帶來一定的利益。例如1910年（明治43年）12月，駐南京領事井原真澄在向外務大臣發出的密電35508號中，專門談到了吳錦堂利用雙重國籍在兩國之間開展經濟商業活動的問題：

> 本領館管轄區內的鎮江為揚子江口岸中進口日本火柴的重要港口，如表所示，大約佔本國向清國出口的七分之一。如譯文所述，浙江諮議局參議員吳作鏌通過勸業公所向清國政府農工商部申請在本地金山河下建設義生火柴製造廠生產火柴之特權。然據記憶，該稱為吳作鏌者本名為吳錦堂，為已於明治三十七年中歸化日本的清國人。如果該記憶不錯，該人應為歸化人中具有日清兩國國籍者，作為日本人不僅有數處火柴工廠且有很多不動產，與帝國臣民享受一樣的保護和利益。但是另一面為了自己的利益，回到清國卻作為清國人經營事業。如果他計劃中的火柴生產工廠能夠拿到期待的特權，未來我國在揚子江流域的出口貿易將會遭到很大的打擊。[48]

其實，在民族主義上升的時代，在日華人華僑在中日兩國雙方都無法得到信任。1903年，40餘名橫濱華僑申請加入日本國籍，此事在當時的清國留日學生社會中引起了極大反響：「噫！我民族其亡也！！」他們不僅對此事所反映的「民族」衰落現狀表示擔心，而且對這些申請加入日本國籍的華人華僑大加嘲諷。清國留日學生無疑受到了當時流行的民族國家思想的影響，「把種族、文化和利益認

同糾纏在一起，這也或多或少顯示海外華僑民族國家身份認同的複雜性」。[49] 而以維護帝國利益為使命的日本領事井原真澄，更是從人格上對遊走於中日兩國之間的日本華人華僑表示懷疑：「作為帝國政府，對於這些為了營造自己的私利而不斷變換國籍的人物，為何要作為帝國臣民進行保護呢？」[50]

　　但是，清國留日學生對「華僑」的失望，日本外交官對「華商」人格的懷疑，無疑都忽視了一個基本事實：「華僑」原本只是一個為了追求具體的生活而自己主動選擇「邊緣性」的存在；作為這樣一種存在，「華僑」先天性地無法拋去它的「邊緣性」，「華僑」的原理和思想，本來就是對民族國家疆界乃至民族國家思想的否定。由於處於一個民族主義上升的時代，作為「邊緣人」的在日華商固然會產生接近作為秩序象徵和權力源頭的中心的強烈願望，但這都不過是為了保護自己和自己的利益。由於同時處於兩個民族國家的邊緣，這種欲望因此也不免具有雙向性，正如山口政子曾經對吳錦堂下過的定義：「他絕不是一位民族主義者，但又絕不是一個漢奸那樣的存在」，[51] 這個定義同樣可以用來描述整個日本華人華僑社會的性質。

　　神戶的華商以及整個日本華人華僑社會對自己處於兩個民族國家之「邊緣」狀態所表現出來的這種態度，讓我們想到維克多‧特納（Victor Witter Turner）在其名著《儀式過程：結構與反結構》中關於處於「閾限」（liminality）狀態的人群的描述。特納認為，從社會結構上來看，處於閾限狀態的人群具有以下共同的特點：「（1）處於社會結構的斷裂之處，（2）處於社會結構的邊緣之處，（3）處於社會結構的底層之處。」[52] 很明顯，特納所說的就是邊緣人和邊緣群體。山口昌男將特納的觀點進一步歸納，指出「邊緣」集團包括：「外來移民、移民第二代的市民、混血兒、暴發戶、某一階級的落魄者、移居到城市的農村人、社會變動中扮演非傳統角色的婦女等。」[53] 按照這種分類，「華僑」當然也是屬於「邊緣人」。

　　關於特納所說的 liminality 狀態，中文譯本使用了「閾限」這樣一

個拗口且意義不甚明瞭的名詞，但在日文本中被譯為「境界性」和「過渡性」，而「境界性」與「邊緣性」其實就像一對孿生的兄弟：「境界性、邊緣性、構造中的劣性，是造成神話、象徵、哲學體系、藝術作品頻繁出現的各種條件。這些文化形態，為人們提供了在某個層面上對人們與現實以及社會、自然、文化之間關係的形式進行週期性再分類的工具和模型。但是，它們並不僅僅只是一些類型，它們不僅讓人們思考，還要讓人們採取行動。它們的產物每一個都具有多重的性質，具有眾多的含義，而且每一個都能夠在多個心理、生理的層次上驅使人們行動。」[54]

也就是說，對於人類來說，「邊緣」（periphery）不是一種最為理想的狀態，但是「邊緣性」帶來的可能並不完全都是具有負面意義的效應。因為「邊緣性」並不僅是一個被動的產物，更是一個提供思維和行為模式、並且主動釋放出能量，促使人們進行思維和採取行動的、人類普遍具有的基本心理要素之一。由於社會的多重性質，「邊緣」的心理不是某些人或某些集團的特權或特性。但是由於「構造上的劣性」，「邊緣性」帶來的中間性、過渡性、兩義性、不明確性，在部分人或集團身上可能會表現得更加明顯：「閾限或閾限人（門檻之處的人）的特徵不可能是清晰的，因為這種情況和這些人員會從類別（即正常情況下，在文化空間裏為狀況和位置進行定位的類別）的網狀結構中逃避或逃逸出去。閾限的實體既不在這裏，也不在那裏；他們在法律、習俗、傳統和典禮所指定和安排的那些位置之間的地方。作為這樣一種存在，他們不清晰、不確定的特點被多種多樣的象徵手段在眾多的社會之中表現出來。」[55]

正如前文所述當年日本駐南京領事井原真澄感覺到的那樣，華商的邊緣性所具有的中間性、過渡性、兩義性、不穩定性、不明確性，在他人看來其實就是不清晰和不確定性，以及由此而來的曖昧性、不純性、神秘性、外人性、不可信賴性甚至危險性。按照山口昌男的說法，如果「中心」為日常，那麼「邊緣」就是夜晚，它總是帶

著一種神秘、不詳、混沌的性質。[56]「在我們看來,『外人性』是『邊緣性』的暗喻表現之一。」「特納作為交融的出現地點首先提出儀式的『過渡性』,以局外人性為第二義。以此為基礎提出邊緣人的概念。而我們則以為局外人性和邊緣人都包含在外人性中。」[57] 因此,邊緣人和邊緣集團所面臨的危機,就是難以取得外部社會的信任。

對於許多政權來說,在針對其屬民進行統合的過程中,邊緣人和邊緣集團往往是最被著力的。這也給邊緣人和邊緣集團造成了可以擺脫這種尷尬處境的機會,讓他們可以經由某種「通過儀式」(如通過社會流動和社會地位上升得到社會的承認,如通過取得國籍改變身份等),逐漸「過渡」或「被過渡」到另一種狀態中去。但是在日華人華僑所面臨的情況卻與其他邊緣人、邊緣集團有所不同,這是需要特別注意的:他們處於兩個具有民族主義傾向的國家之間的夾縫中,他們同時面對的是來自兩個民族國家中心的統合和要求認同的壓力。因此,無論他們更加接近哪一方,都會招來另一方更深的不信任。同時,即使做出接近某一方的努力,也無法徹底改變自己先天的民族國家「邊緣人」的性質。但是,來自於兩個完全不同方向的不信任卻可以產生相互弱化的效果,因此對於華人華僑來說,他們先天所具有的「邊緣性」,不僅是他們藉以謀生的資源,同時還是一種在兩個民族國家之間保持平衡的政治手段。

結 語

居住在日本的老華人華僑和華僑社團的自傳和社團史是一個特殊的文類,它的目標是製造一個最為適合日本華人華僑當今社會情境的「典範歷史」,所以它更多是由生活在日本的老華人華僑們自己最後完成的。[58]而其在內容上的特點為:盡量避開「國家」間政治層次上的問題,稀釋歷史書寫中的民族主義成分,在討論華僑與中日

兩國關係時決不抑此揚彼,通過各種符號強調華僑為跨越中日兩個民族國家的存在的兩義性性質。

但是如果通過日本外務省檔案詳細解讀神戶華僑的歷史,就會發現真實的歷史是完全不同於今日的歷史書寫的另外一幅景象。以福建幫、廣東幫和三江幫的最傑出人物王敬祥、麥少彭和吳錦堂為例,他們通過不顧清國政府反對取得日本國籍、從資金上和行動上支持日俄戰爭、主動幫助日本政府解決中國的抵制日貨運動、調停中日兩國商業糾紛等輸誠活動主動接近日本的政治中心,通過參加紅十字會、捐款、修建公益設施等各種社會公益活動提高在日本社會中的地位。在日華人華僑之所以具有如此強烈的接觸、接近日本政治和社會「中心」的欲望,是因為他們沒有被允許參與日本的建設近代國家和近代社會的進程這一「構造上的劣性」,因此處於「邊緣」的在日華人華僑華商希望通過接近日本的政治中心,使自己和自己的利益得到保護。與此同時,他們還以在日本獲得的財力和名聲為背景,接近中國的政治中心。這是因為:(1)社會地位的折射可以超越民族國家的高牆,在中國社會中的地位也影響到他們受日本政府重視的程度;(2)他們先天所具有的「邊緣性」不僅是他們藉以謀生的資源,也是一種在兩個民族國家之間保持平衡的政治手段。作為一個處於兩個民族國家之間的「邊緣人」群體,他們必須利用來自於兩個完全不同方向的不信任產生相互弱化的效果來保護自己。也就是說,與今天老華人華僑主導的歷史書寫避開「國家」間政治層次問題的特點相反,真實的歷史是在日華人華僑具有強烈的接觸、接近中日兩國的政治和社會「中心」的欲望。

在日華人華僑的歷史和歷史書寫之間之所以會出現分裂的現象,根本原因還在於近代以後的東亞世界一直沒有徹底擺脫民族主義的束縛,使日本的華人華僑社會依舊作為一個「邊緣人」群體生存於中日兩個民族國家的夾縫中,但是「每個社會都是在中心和邊緣的有機組成上成立的」。[59] 由於具有神秘性、中間性和仲介性性質的

「邊緣」，常常具有他者無可替代的價值，能夠將「邊緣」變為資源的人們一般不會輕易放棄這個位置。儘管他們的這種姿態不會為民族主義者所容忍，但是由於長期生活在日本的老華人華僑無疑已經蛻變為一個超越民族主義、既認同「祖國」也認同居住國的群體，所以他們依然願意強調自己的兩義性性質。為了應對來自於兩個民族國家的壓力，他們希望向中日兩國社會合理化他們的「邊緣性」，使自己不要成為來自任何一方民族主義的攻擊的犧牲品，這就是他們突破民族國家歷史觀之束縛、自己製造有關自己的典範歷史和重塑關於自己的歷史記憶的原始動機。要想真正擺脫民族國家歷史觀的束縛，自然要等到東亞各國與民族國家徹底訣別的那一天，但是如果理解了作為「邊緣人」的在日華人華僑的苦惱，應該可以讓我們對民族國家制度和民族主義思想對人類的殘害更加提高警惕。

註　釋

1　例如，林同春：《兩個故鄉——走過艱難歲月的在日華僑》(神戶：EPIC，2007)；愛新覺羅．恒翼（即愛新翼）：《路漫漫，海外皇裔的中華情》(北京：新華出版社，2009)；吳柏林：《福建公所今昔》(2000)；財團法人福建會館編：《神戶三江會館簡史，1912–2007》(2007)；中華會館編：《落地生根——神戶華僑與神阪中華會館的百年》(東京：研文出版，2000年初版，2013年增訂版)；旅日福建同鄉懇親會編：《半個世紀的歷程》(神戶，2013) 等。

2　旻子：《旅日華僑林同春傳》(北京：中國華僑出版社，1997)。

3　財團法人中華會館理事長馬文壁：〈增補版に寄せて〉，《落地生根》，第1頁。

4　旅日福建同鄉懇親會編：《半個世紀的歷程》，第519頁。

5　「典範歷史」的概念，借自王明珂：《反思史學與史學反思——文本與表徵分析》(台北：允晨文化，2015；上海：上海人民出版社，2016)，詳見該書第二章〈典範與邊緣〉。

6　對於日本乃至世界各國的新華人華僑社會來説，出現類似現象也只是一個時間上的問題。但因本文討論主題在於説明日本的老華人華僑社

會對當地社會的適應過程，故而使用「老華人華僑社會」一詞進行特指。

7　參見羅晃朝：《日本華僑史》(廣州：廣東高等教育出版社，1994)。

8　太政官日誌明治7年第51號，JACAR (アジア歷史資料センター)，
C07040172300，明治7年，〈太政官日誌 自第41號3月20日至第76號
5月29日〉，防衛省防衛研究所；〈在留清國人民籍牌規則〉，JACAR，
A01000003800，太政類典‧第二編‧明治四年～明治十年‧第七十七
卷‧外國交際二十‧開港市一(國立公文書館)。

9　關於以上過程，詳見許淑真：〈日本における勞動遺民禁止法の成
立──勅令第三五二號を巡って〉，布目潮風博士古稀記念論集：《東
アジアの法と社會》(東京：汲古書院，1990)。

10　「歸化」雖為法律用語，但無疑具有鮮明的民族歧視思想，且至今一直
使用。但因篇幅問題，本文不做深究。

11　〈太戶第七十三號、開拓使伺清國人歸化ノ義ニ付答議〉，〈備清國人范
永吉外二名歸化願ノ件〉，JACAR，A01100190800，公文錄‧明治十二
年‧第百五十六卷‧明治十二年四月～六月‧開拓使(國立公文書館)。

12　〈法制局第四號 甲第二號 備清國人歸化ノ義ニ付伺〉，〈備清國人
范永吉外二名歸化願ノ件〉，JACAR，A01100190800，公文錄‧明
治十二年‧第百五十六卷‧明治十二年四月～六月‧開拓使(國立
公文書館)；〈乙第六十八號、當使元僱清國人ヘ資本金給與ノ義上
申〉，〈元備清國人范永吉外一名ヘ產業資本金給與ノ件〉，JACAR，
A01100190900，公文錄‧明治十二年‧第百五十六卷‧明治十二年四
月～六月‧開拓使(國立公文書館)。

13　〈外國人入籍之儀伺〉，〈清國人歸化入籍ノ件〉，JACAR，A011002
10300，公文錄‧明治十三年‧第二百二十二卷‧明治十三年三月‧內
務省三(國立公文書館)。

14　〈清國人福島品藏元名アルン歸化入籍ヲ許ス〉，〈清國人福島品藏‧
元名アルン‧歸化入籍〉，JACAR，A01000063600，太政類典‧第四
編‧明治十三年‧第二十卷‧保民‧戶籍(國立公文書館)。

15　〈開拓使伺清國人ノ儀ニ付上答〉，〈備清國人范永吉外二名歸化願ノ
件〉，JACAR，A01100190800，公文錄‧明治十二年‧第百五十六
卷‧明治十二年四月～六月‧開拓使(國立公文書館)。

16　〈帝國臣民身分法日本國籍法〉，JACAR，A06050155800，樞密院文
書‧樞密院上奏撤回書類一(國立公文書館)。

17　〈崎甲第二七五號〉，外務省記錄：《清國々籍法並清國人外國歸化關係
雜件》。

18 〈本公第 五號、清國臣民力外國ヘ歸化スル場合ニ於テ同國政府ノ取扱方取調回答申進ノ件〉，外務省記錄：《清國々籍法並清國人外國歸化關係雜件》。

19 〈大清駐箚長崎正領事官下、為照覆事〉，外務省記錄：《清國々籍法並清國人外國歸化關係雜件》。

20 廖赤陽：《長崎華商と東アジア交易編の形成》（東京：汲古書院，2000），第85–86頁。

21 中村哲夫：〈吳錦堂、寧波幫の主導した實業愛國の革命〉，神戶華僑華人研究會編：《神戶と華僑——この150年の步み》（神戶：神戶新聞總合出版センター，2004），第14–15頁。

22 王敬祥來日和繼承家業時間根據金門大學江柏煒教授的介紹，參見江柏煒：〈晚晴時期的華僑家族及其僑資聚落：福建金門善後王氏中堡之案例研究〉，載江柏煒編：《金門建築史研究論文集》(1)（金門：縣立文化中心，2003），第91頁。

23 山口政子：〈在神華僑吳錦堂(1854–1926)について〉，載山口折夫編：《日本華僑と文化摩擦》（東京：岩南堂書店，1983），第267頁。山口論文史料來源詳實，分析視野廣闊，視點深刻犀利，筆者以為是至今吳錦堂研究中的最優秀作品。

24 鴻山俊雄：《神戶大阪の華僑——在日華僑百年史》（神戶：華僑問題研究所，1979），第41頁照片，×處為無法辨識文字。

25 松本三之介：《近代日本の中國認識——德川期儒學から東亞協同體論まで》（東京：以文社，2012），第125頁。本文根據中島隆博書評《中國認識と資本主義》，《UP》，2012年第9期（東京大學出版社），第63頁。

26 廖赤陽：《長崎華商と東アジア交易編の形成》，第85頁。

27 〈機密第二五號 麥少彭ノ舉止ニ關スル件〉分割1，JACAR，B11090241900，清國ニ於テ日本商品同盟排斥一件 第三卷 (B-3-3-8-1_003)（外務省外交史料館）。

28 〈機密第二九號 麥少彭其後ノ動靜ニ關スル件〉分割2，JACAR，B11090242000，清國ニ於テ日本商品同盟排斥一件 第三卷 (B-3-3-8-1_003)（外務省外交史料館）。

29 江柏煒：〈晚晴時期的華僑家族及其僑資聚落〉，第91頁。

30 〈兵發秘第一一〇六號，大正四年九月二十五日〉，〈25．長崎ニ於ケル日支商人紛擾事件〉，JACAR，B11090136900，取引事故雜件 第一卷 (B-3-3-7-40_001)（外務省外交史料館）。

31 〈明治三十九年十一月　錦生丸沉沒ニ關シ在牛莊領事電報之件No.3804
　　平〉，〈32・錦生丸　同〉，JACAR，B12081718000，困難船及漂民救助
　　雜件/帝國之部　第二十四卷 (B-3-6-7-1_3_024) (外務省外交史料館)。

32 〈船難顛末書〉，〈32・錦生丸　同〉，JACAR，B12081718000，困難船
　　及漂民救助雜件/帝國之部　第二十四卷 (B-3-6-7-1_3_024) (外務省外
　　交史料館)。

33 山口昌男：《文化と兩義性》(東京：岩波書店，1975)，第225頁。

34 同上註，第226頁。

35 山口昌男借用維克多・特納在《喜劇戲劇、田野與隱喻：人類社會中的
　　象徵行動》(*Dramas, Fields, and Metaphors: Symbolic Action in Human Society*
　　[Cornell University Press, 1974]) 中使用的這一概念，來說明邊緣性象徵
　　可能發生的場域之一。參見山口昌男：《文化と兩義性》，第233頁。

36 中村哲夫：〈吳錦堂、寧波幫の主導した實業愛國の革命〉，第26頁。

37 立川京一、宿久晴彥：〈政府及び軍とICRC等との關係——日清戰爭
　　から太平洋戰爭まで〉(前編)，《防衛研究所紀要第11卷第1號》(研究
　　ノート，2008年11月)，第75頁。

38 因為先行研究基本沒有注意到這個問題，所以無法找到吳錦堂、王敬
　　祥和麥少彭三人加入日本紅十字會的直接證據，但是長崎的陳世望為
　　紅十字會特別贊助會員 (廖赤陽：《長崎華商之東アジア交易編の形
　　成》，第85頁)，麥少彭因為給日本紅十字會捐助巨款而得到了日本
　　政府頒發的六等瑞寶章 (久保田昌洋：〈日本近代化進程中的華僑——
　　以神戶的火柴貿易和流通為例〉，載王柯主編：《東亞共同體與文化認
　　知——中、日、韓三國學者對話》[人民出版社，2007]，第234頁)，
　　捐助王敬祥的遺物中也有他民國二年初成為中國紅十字會 (名譽總裁為
　　袁世凱大總統) 特別會員和名譽贊助員的「憑照」(王柏林、蔣海波、董
　　群廉編：《王敬祥關係檔案選錄》[金門縣政府，2012]，第158–161頁)。

39 此據山口政子：《在神華僑吳錦堂 (1854–1926)について》，第284頁。
　　但時間似乎有誤：日本二十世紀初有名的「米騷動」，即由於糧食欠
　　收，民眾因為買不到大米而發生暴動，應發生在1908年。

40 山口昌男：《文化と兩義性》，第223頁。

41 山口政子：《在神華僑吳錦堂 (1854–1926)について》，第284頁。

42 同上註，第284–285頁。

43 王柏林、蔣海波、董群廉編：《王敬祥關係檔案選錄》，第32–60、
　　171、178、210、265頁等。

44　同上註，第248頁。

45　山口政子：《在神華僑吳錦堂 (1854–1926) について》，第272頁。

46　久保田昌洋：〈日本近代化進程中的華僑〉，第232頁。

47　〈37・燐寸專賣業ニ關スル陳情ノ件　明治三十九年二月〉，JACAR，
　　B11100709900，燐寸關係雜件　第二卷 (B-3-5-4-1_002) (外務省外交
　　史料館)，明治三十九年二月　燐寸專賣業ニ關スル陳情ノ件。以下
　　為該件中當時清國駐日公使楊樞送交日本外務省時的信函：「敬啟者，
　　現據神戶大阪華商麥少彭、吳錦堂、林清志、叢良弼等公稟火柴營業
　　緣由並附呈陳情書四冊，懇請轉送貴大臣　總理大臣、大藏大臣、農
　　商務大臣等情前來，相應將該商等陳情書函送貴大臣，請煩　照分咨
　　迅賜施行。竊維中日兩國素敦睦誼，華商旅居貴國，極誠愛護至深紉
　　佩，火柴一案定荷秉公辦理，俾兩國商人均沾利益、各無損失，是所
　　盼禱專布，順頌時祉，大日本外務大臣加藤高明閣下，楊樞謹具　第
　　百九十四號。」

48　〈12・鎮江ニ於テ義生燐寸製造工場開設計劃ニ關スル件　明治四十三
　　年十二月、機密第二五號〉，JACAR，B11100712100，燐寸關係雜件
　　　第三卷 (B-3-5-4-1_003) (外務省外交史料館)。

49　許小青：《晚清國人的民族國家認同及其困境——以國籍問題為中
　　心〉，《華僑華人歷史研究》，2003年第2期，第54頁。

50　〈12・鎮江ニ於テ義生燐寸製造工場開設計劃ニ關スル件　明治四十三
　　年十二月、機密第二五號〉，JACAR，B11100712100，燐寸關係雜件
　　　第三卷 (B-3-5-4-1_003) (外務省外交史料館)。

51　山口政子：《在神華僑吳錦堂 (1854–1926) について》，第276頁。

52　維克多・特納著，黃劍波等譯：《儀式過程：結構與反結構》(北京：人
　　民大學出版社，2006)，第126頁。

53　山口昌男：《文化と兩義性》，第232頁。

54　ターナー著，富倉光雄譯：《儀禮の過程》(東京：思想社，1976)，第
　　176頁。

55　維克多・特納：《儀式過程》，第95頁。

56　山口昌男：《文化と兩義性》，第207頁。

57　同上註，第232–233頁。

58　關於「文類」和「社會情境」的定義，同樣借鑒於王明珂：《反思史學與
　　史學反思》。

59　山口昌男：《文化と兩義性》，第224頁。

第三部

日本民族主義視野下的中國民族主義與民族問題

第十章

從「勤王大清」到「滿蒙獨立」
川島浪速的「滿蒙獨立運動」

　　當代日本研究中日關係的著名學者衛藤瀋吉，曾經分析過明治後期以來日本社會關於中日關係認識的歷史變遷過程：一，出於對「唇亡齒寒」的擔心，關心中國未來前途的日本人分為主張清國應該實施「攘夷」和主張清國應該實施「開國」兩派，而最後主張清國開國派佔了上風；二，由於看到清國遲遲不肯放棄天朝體制，於是主張清國開國派又分為認為清國可能開國和清國不可能開國兩派，而最後認為清國不可能開國派佔了上風；三，與其坐視鎖國的清朝最終落入西方列強之手，不如由日本主動採取行動，於是認為清國不可能開國派再次分為支持日本征服中國和支援中國革命兩派。[1] 衛藤瀋吉對近代中日關係歷史走向的這一概括，代表了許多日本學者的觀點，也確實點出近代中日歷史關係衍變過程中的一些重要特徵。然而，從最初的與人為善的期待到最終採取不惜傷害對方的行動之間，其實並不存在這樣一條順理成章的自然轉移法則。很明顯，這一觀點同時有著成為替日本侵略中國進行辯護之口實的可能。原因在於它沒有指出，支持日本征服中國或是支援中國革命兩派的真正分歧點，只是在於應該以何種手段才能為日本國家博取最大利益的認識上的不同。這也是為甚麼當年支持孫中山進行革命的勢力，之

後甚至是當時也會積極支持和支援日本侵略中國行為的原因。

說到底，支援中國革命與支持日本征服中國兩派之間的區別，只是在於手段的不同。如果從手段上對支持日本在中國擴大勢力範圍的日本人進行分類，其實還會衍生更多的層次和選項。大正三年 (1913) 2月，研究中國的青柳篤恒在《太陽》第19卷第3號上發表的〈我日本對支那之根本方針〉(上) 一文中談到：辛亥革命發生之後，日本社會中關於中國領土的輿論大致可以分為「分割論」、「吞併論」與「保全論」三種，而其中的「分割論」又可分為三種。第一種為「將南滿洲和內蒙古收入我手」，第二種為「將南滿洲、內蒙古和黃河以北地區收入我日本之手」，第三種為「將南滿洲、內蒙古、黃河以北之地及江蘇浙江地區割讓給我日本」。[2] 值得注意的是，無論哪一種領土「分割論」，首當其衝被認為應該「收入日本之手」或者直接割讓給日本的地區都是「南滿洲」與「內蒙古」，也就是所謂的「滿蒙」地區。青柳篤恒的分析清楚證明，二十世紀以來日本染指中國邊疆地區的活動大多始於「滿蒙」，即中國東北和內蒙古東部地區。[3]

說到日本對滿洲產生侵略野心的淵源，一般都會提到佐藤信淵在其1823年所著《宇內混同秘策》中所提到的「所有經略他國之法，以從薄弱和易取之處開始為道。而於皇國而言，當今世界萬國中最易攻取的土地非支那國的滿洲莫屬」一語。而近代日本對「滿洲」產生直接關心的歷史，則可以追溯到十九世紀末，它開始侵略朝鮮半島，即開始侵略大陸之初。甲午戰爭和日俄戰爭這兩場與「滿洲」分不開的戰爭，為日本提供了「大陸國家化」的堅實跳板。[4] 所以，在甲午戰爭之後的《馬關條約》中，日本就提出了對中國東北地區的領土要求。但是俄羅斯、德國與法國「三國干涉還遼」，使日本不得不將遼東半島交還給清朝，然而1900年的「庚子事變」之後，俄羅斯卻佔領了東北地區。「三國干涉還遼」帶來的「屈辱」感，令日本對「滿洲」地區的權益一直耿耿於懷。直到日俄戰爭之後，日本才通過《樸茨茅斯合約》在「滿洲」南部落下了腳跟，俄國將自己從清政府得到

的旅大租借地、中東鐵路長春至旅順段及二者附屬的一切權益轉讓給日本。然而值得注意的是，在辛亥革命時期，作為覬覦大陸領土的近代日本帝國主義的話語，「滿洲」卻變成了「滿蒙」。

這個問題當然也涉及到清末在「驅除韃虜，恢復中華」的口號下展開的民族革命（「民族」＋「革命」）性質的問題：一個「民族國家」何以具有維持「天下」體制的合法性？1911年10月、11月間，梁啟超在〈新中國建設之問題〉中就明確質問：「蒙、回、藏之內附，前此由於服本朝之聲威，今茲仍訓於本朝之名公，皇統既易，是否尚能維繫，若其不能，中國有無危險？」中國如果從一個傳統的多民族的帝國構造向一個近代「民族國家」轉型，「滿」與「蒙」自然都是可以被「中華」所放棄的「韃虜」。但是在這一時期，「滿」與「蒙」之所以能夠被合為一體，更重要的還是由於日本勢力的染指所造成。正如衛藤瀋吉所指出的那樣，除了支持中國革命一派以外，還有部分日本人和日本政治勢力為了擴張日本勢力範圍而參加分裂中國的行動。本章研究的對象就是由大陸浪人川島浪速教唆和推動的「滿蒙獨立運動」，而在這個過程中，我們甚至可以看到一些支援中國革命的日本人，也同時參加了分裂中國的活動。

第一節　川島浪速與「滿蒙獨立運動」的發生

出生於長野縣的川島浪速，在義和團事件（又稱庚子事變）發生期間，隨著他的同鄉——當時被任命為日本臨時派遣隊司令官、參與鎮壓義和團運動的著名情報軍人福島安正少將作為「通事」（即翻譯）來到了北京。他借助自己當年在興亞會下外國語學校支那語科掌握的中文能力，在事變發生時中成功地勸說在紫禁城中2,000餘名清朝宮廷人員放棄籠城固守，因此得到八國聯軍當局的信任。而被八國聯軍統治北京當局任命為皇宮總監的川島浪速，又因保護紫禁

川島浪速　　　　　　　福島安正　　　　　　十三世達賴土登嘉措

城使其沒有受到過多損害，得到清王朝的信任。之後，進入八國聯軍統治北京當局軍政署警察部門的川島浪速，借助列強和日本軍方的支持，在事變期間盡力維持北京的治安，還參與設立北京警務學校，因此在清皇室返回北京後，又被清朝總理各國事務衙門聘用來幫助建立現代警察制度。[5] 當時，與川島交好的肅親王善耆為步軍統領和民政部尚書。

　　儘管有人對「在北京政界中川島具有特殊的地位和相當勢力」一說表示出極大的懷疑，[6] 但是毫無疑問，川島浪速的確得到了清朝政府高層的極大信任。關於這一點，我們能夠通過以下材料得到證明。1901年，川島希望回國度假，然而清朝政府的總理衙門居然向日本駐軍提督山口素臣（第五師團長）發函，請求山口出面挽留：「該員自到京以來，辦理一切事宜，善體幫教，悉臻妥恰，本爵極為欣慰。若一旦言旋，諸多未便，擬請貴軍門轉致該員，暫緩時日，再定歸期，實於公務裨益良多，不勝殷盼之至。」[7] 作為處理清王朝外交事務的最高機關，居然會為這樣一件小事發出專函請求，足見清朝政府對川島浪速之重視。

　　下面這件事也可以證明川島浪速在北京政界中的地位。1908年11月11日，川島前往黃寺拜見來到北京的十三世達賴喇嘛，與達賴之間有過一段交談：

[達賴説道——筆者]從前日本和尚有赴西藏者,我曾見過,今
日又與君相見,也很喜歡。達賴問:君何時到京?川島答:到
了沒有幾天。達賴問:從日本到北京走幾天?川島答:多則十
天,少則七八天。達賴問:君先後到北京幾多年?川島答:
在京共八年。達賴問:聞君從前在北京曾與喇嘛往來?[川島
答:]從前在京見過喇嘛,與談佛教,深蒙指教。達賴問:貴
國大皇帝安否?地方安否?川島答:託福,敝國大皇帝很康
健,收成也好。達賴讓茶並命堪布送川島藏棗及蘋果各一盤。
川島辭出攜所賜藏棗蘋果去。[8]

此次達賴喇嘛在北京停留近三個月,但是能夠見到達賴的日本
人絕大多數為外交官僚並且屈指可數,而達賴喇嘛的隨從羅桑旦增
(堪布)卻在川島浪速前來拜見之前,還親自上門拜訪了川島浪速。[9]

川島浪速曾經兩次得到過清王朝的授勳。第一次是在光緒28年
(1904,明治36年)12月15日,「大日本國元陸軍通譯」川島浪速獲得
由清國「總理外務部事務和碩慶親王」奕劻頒發的「三等第二寶星」勳
章;[10] 第二次是在光緒29年12月4日,「大日本國人警務學堂監督」
川島浪速再次得到「軍機大臣總理外務部事務和碩慶親王」奕劻頒發
「二等第二寶星」勳章。[11] 可見川島浪速在與清朝政府打交道的過程
中,越來越受到清朝王公們的信賴。也正因為這種關係,企圖在北
京通過扶大廈於將傾的活動展示能力,以接近清朝皇族、借機為日本
謀取利益的川島浪速,很早就對野心家袁世凱抱有戒心。

按照《川島浪速翁》一書的説法,在得知袁世凱被焦頭爛額的清
王朝重新啟用之後,川島浪速曾經三次組織暗殺袁世凱的行動,企
圖將袁世凱殺害於從河南到北京就任的途中。其中兩次還得到在北
京日本公使館中日本陸軍軍官的支援,他們甚至直接參加了暗殺行
動,但是卻都沒有取得成功。[12] 1911年12月7日,川島浪速在從北
京發給日本參謀本部次長福島安正中將的電報中談到:

袁世凱陰謀逐漸膨脹，逼攝政王退位，欺負他人之寡婦孤兒，
借太后垂簾之名壟斷君權於一身。為盜取大清之天下，斷朝廷
之手足而植以自家羽翼，愈加示威於宮中、府中，毫無忌憚之
處，遭到激烈反對。滿人之憤懣已達其極。北京不日將化為禍
亂之巷街，而其亂當自今日始也。[13]

　　川島浪速筆下的袁世凱，一副活生生的小人得志倡狂的形象。
這段文字，反映出川島浪速對袁世凱借機要脅清朝皇室、逼皇室退
位這一做法的強烈反感。然而這段話也反映出川島浪速的立腳點，
不是清朝而是清皇室。川島浪速之所以站在清朝皇室的立場上，與
他在北京得到清朝皇親貴戚的賞識有著直接的關係。當時日本參謀
本部第二部部長宇都宮太郎就認為，川島「作為肅親王等人的顧問得
到非常信任」。[14]

　　為對付袁世凱的步步進逼，良弼、毓朗、溥偉、載濤、載澤、
鐵良等一批滿清權貴於1912年1月12日集會，19日組織了「君主立
憲維持會」(俗稱「宗社黨」)，要求隆裕太后堅持君主制政權，反對
共和制。他們密謀驅除袁世凱，以毓朗、載澤出面組閣，鐵良出任
清軍總司令，然後與南方革命軍決一死戰。但是，袁世凱通過汪精
衛聯繫到同盟會，1月26日同盟會彭家珍炸死了宗社黨首領良弼，
宗社黨遂告鳥獸散。對於袁世凱回到北京以後的各種活動，川島浪
速早在1月22日給日本參謀本部發出的電報中，就已經直言這是袁
世凱和孫中山在演雙簧戲。[15]

　　辛亥革命爆發前後，將中國大陸作為自己活動舞台的日本大陸
浪人，基本上都十分仇視袁世凱。在這一點上，日本大陸浪人其實
與革命黨人非常接近。然而，我們卻不能簡單地將日本浪人們對袁
世凱的憎恨與革命黨人對袁世凱的憎恨二者完全等同。因為同情
和支持革命黨人的日本浪人之所以憎恨袁世凱，與其說是憎恨他竊
取了革命的勝利成果，還不如說是因為他們明白比起革命黨人來，

日本從狡詐的袁世凱處必將更加難以在中國獲得他們所想獲得的利
益。更有一部分日本大陸浪人，他們既不喜歡袁世凱也不喜歡革命
派，因為他們認為只有在清王朝的統治體制下，他們才能在中國有
更大的活動空間。所以他們原本就沒有接近過革命派，也不希望看
到「革命」的發生，而對袁世凱的憎恨也是因為看到袁世凱已經成為
對清王朝統治體制的極大威脅，成為他們操縱和利用清王朝權貴的
絆腳石，川島浪速就屬於後一種。

　　按照川島浪速的説法，面對袁世凱的「老獪不忠」，清朝皇族中
的醇親王載灃(攝政王)、恭親王溥偉及肅親王善耆開始密謀利用日
本力量，維護清王朝統治體制。與川島浪速建立起密切關係的肅親
王善耆，1912年1月22日晚親自找到川島商談是否有得到日本的援
助，借助日本的力量逼袁世凱辭職離開北京的可能。[16] 儘管東北地
區的滿人社會和以喀喇沁旗王為首的內蒙古東部蒙古王公表示願意
組織軍隊進行「勤王」，[17] 川島浪速也勸説日本軍方向「蒙古勤王軍」
支援軍火，[18] 然而川島也已經清楚地認識到：無論怎麼做，清王
朝都逃脱不了日益走向滅亡的命運，日本方面能夠做到的也僅此而
已。因此他在1月29日開始策劃並規勸肅親王等首先謀求將「滿蒙」
地區變成一個日後再起的根據地：「組織滿蒙勤王軍，通過標榜無
論如何都要守住祖先故土之理由保留大清之名義，暫以滿蒙為根據
地蓄養實力，靜等民國自亂，必有再出中原之時。宣統退位之罪在
於奸臣和失去良心的王公們，可以替祖宗聲討此罪，借此告知天下
保存大清之名義。」他進而向日本説明這樣做的好處：「此一於北方
興起之國，其首腦當然明白只能靠日本的掩護才能生存。我國可以
利用此點為我機關所用。所以應該盡一切可能給予援助。」[19] 這應
該是川島浪速關於他策劃的所謂「滿蒙獨立運動」構想的最早表述，
但是可以看到，因為具有「勤王」的因素，直到此時還沒見到「獨立」
二字。

第二節　蒙古王公的「勤王」與「獨立」

　　1912年2月，在得知清王朝皇室已經決定遜位後，川島浪速馬上開始行動，在川島的計劃和具體安排之下，肅親王善耆於2月2日逃出北京，由天津乘坐日本郵船「渤海丸」，於6日到達當時在日本控制之下的旅順。[20] 之後，川島浪速又設計讓在北京的蒙古王公逃離北京，以便回到內蒙古東部可以「舉事」、「勤王」。

　　有趣的是，即使在1911年底、1912年初這個敏感的時點，被川島浪速用來將「滿」「蒙」兩個民族集團的社會上層一起糅合的歷史和政治因素，仍然是即將謝幕的「大清」。包括清王朝在內，中國歷史上由非漢民族建立的王朝，大都是以北方民族為主人公的征服王朝。這些王朝，因為在進入「中國」建立政權之後認識到無法用自己「民族」的統治方式統治「中國」，逐漸都會向中華王朝轉化。然而，由於這些政權是通過武力征服的方式進入「中國」，最初都會與「中國」的民眾之間存在嚴重的民族隔閡或民族對立，這使得它不得不在以中華文明方式統治「中國」的同時，又都採用了以周邊的「民族」集團牽制「中國」，形成了中國歷史上征服王朝的「多元式天下」的傳統。[21] 而在清王朝以民族等級制度為基礎的「多元式天下」構造中，蒙古社會上層被賦予特殊的地位。所以，作為清王朝的一個特權階層，在面臨清王朝全面崩潰的時刻，蒙古社會上層也就對清王朝表示出那麼一點的「忠誠」。例如辛亥革命時期，曾任陝甘總督的蒙古人昇允率舊部反抗，他曾經作過這樣一首詩以表明心態：「老臣猶在此，幼主竟何如？倘遇上林雁，或逢蘇武書。」[22]

　　武昌起義爆發之後，由蒙古王公所提出的「勤王」——組織軍隊進軍北京以支撐清王朝的統治體制，最初並不是出自於內蒙，而是出自於外蒙。1911年11月8日（舊曆10月10日），清王朝的庫倫辦事大臣三多，接到（外蒙古）四盟王公喇嘛的一封來信，內稱：「現聞內地各省，相繼獨立。革命黨人，已帶兵取道張家口來庫，希圖擾亂

蒙疆。我喀爾喀四部蒙眾，受大清恩惠二百餘年，不忍坐視。我佛哲布尊巴呼圖克圖，已傳檄徵調四盟騎兵四千名，進京保護大清皇帝。請即日按照人數，發給糧餉槍械，以便起行。是否照準，限本日三小時內，明白批示。」[23]

外蒙古四盟王公在信中所提出的「勤王」條件——按照人數發給糧餉槍械，事實上是當時庫倫大臣所根本無法辦到的。因為外蒙古王公已於一年前開始暗中交接俄國勢力籌畫獨立，所以説，這封信中所提出的「勤王」，只不過是為其之後進行分裂活動製造一個正當性理由而已。果不其然，當天晚上7時，三多再接哲布尊巴呼圖克圖宣佈外蒙古獨立的通告：

> 我蒙古自康熙年間，隸入版圖，所受歷朝恩遇，不為不厚。
> ……今內地各省，既皆相繼獨立，脫離滿洲。我蒙古為保護
> 土地宗教起見，亦應宣佈獨立，以期完全。……庫倫地方，已
> 無需用中國官吏之處，自應全數驅逐，以杜後患。[24]

不能「勤王」就要獨立，從這種做法中可以看出蒙古王公們的一個邏輯：蒙古是清王朝版圖的一部分卻不是中國的領土，蒙古人是大清國的臣民卻不是中國的國民。因此，清王朝一旦滅亡，蒙古與清王朝之間的統治與被統治關係也就隨之煙消雲散，而蒙古也就與中國沒有關係。鼓吹蒙古獨立的人們將清王朝與「中國」做了區分，既然辛亥革命爆發之後內地各省都可以與清朝政府脫離關係而實現獨立，那麼與各省同為大清國組成部分的蒙古，如果無法通過「勤王」的手段去保護作為母體的清王朝，那就只能與中國內地各省同樣選擇自保的方法，與清王朝脫離關係宣佈獨立。然而，為甚麼勤王得以作為分裂的正當性根據一事，值得引起注意。

外蒙古的獨立運動，開中國近代民族分裂活動之濫觴。從這個事件可以看出，中國近代民族分裂主義思想和運動的發生，與中國政治和社會體制發生翻天覆地的劇變，二者之間的關係絕不僅只是

時間上的巧合，而與當年清王朝採用「多元式天下」思想所構築的王朝的政治地理、如今革命家所提倡和追求的建立近代民族國家的思想及行動之間，有著直接的關係。[25] 蒙古王公之所以提出「勤王」遭拒為提出「獨立」的正當性依據，就在於清王朝統治中國的政治構造曾經具備「滿族聯合蒙、藏、回以牽制漢人」的性質。正因為以上關係，蒙古王公在意識到清王朝已經無法扭轉滅亡之趨勢的情況下所提出的「勤王」口號，實質上就是「民族獨立」的前奏。口頭上喊著「勤王」，實質上想的卻是「民族獨立」，內蒙古的王公們在武昌起義爆發後的活動，同樣也是這種情形。不同的只是內蒙古王公們的「勤王」得到了日本勢力的支持，而外蒙古的分裂活動具有帝俄的背景。

　　汪炳明的〈清朝覆亡之際駐京蒙古王公的政治活動〉利用諸多檔案，記述了這一時期在北京蒙古王公的活動特徵。以那彥圖 (喀爾喀親王，清廷御前大臣，八旗鑲紅旗都統)、貢桑諾爾布 (卓索圖盟喀喇沁右旗世襲扎薩克親王，卓索圖盟盟長，肅親王善耆的妹夫)、博迪蘇 (哲里木盟科爾沁左翼後旗扎薩克博多勒噶台親王伯彥訥謨祜第三子，輔國公，御前大臣，正白旗領侍衛內大臣，鑲藍旗滿洲都統兼署正紅旗滿洲都統)、多爾濟帕拉穆 (喀爾喀車臣汗部中右旗扎薩克多羅郡王，車臣汗部克魯倫巴爾和屯盟盟長)、帕勒塔 (土爾扈特東部落六世君王巴雅爾之生子，襲封扎薩克郡王，科布多辦事大臣) 為首，當時在北京清廷中有二十幾名蒙古王公。[26] 此時這些蒙古王公們所表現出來的思想和活動特徵，一言蔽之，就是激烈反對清帝退位和實行共和。

　　武昌起義爆發後，由那彥圖、貢桑諾爾布、博迪蘇為首，12月24日成立了「蒙古王公聯合會」(又稱「蒙古同鄉聯合會」、「旅京蒙古聯合會」、「蒙古聯合會」)。[27] 12月26日，以上述三人及多爾濟帕拉穆為首，糾集其他24名蒙古王公，以「蒙古全體代表」的名義向清政府內閣總理大臣袁世凱遞交信函，向清王朝示忠並要求袁不要與革命派妥協，並聲稱外蒙之所以宣佈獨立是因為擔心實行民主制，「倘從

喀爾喀親王那彥圖　　　　　貢桑諾爾布　　　　　帕勒塔

共和之請，代表等恐蹈庫倫之續。」[28] 還向日本公使館表示：「若果真無法擺脫滿朝滅亡、建立共和的命運，蒙古諸王族原本只與滿廷相通，隸屬於其，對於漢人組織之政府並無繼續此種關係之義務。」[29]

值得注意的是，這些蒙古王公們在同時給南方代表伍廷芳的兩封信中，指責革命黨人為「狹隘民族主義」，而他們所提出的、之所以反對導入共和體制的理由在於：「滿蒙藏回……只知有君主，不知何所謂共和」，並且威脅說：「如諸君子固持己見，鶩虛名，速實禍，以促全國之亡，則我蒙古最後之主張未便為諸君子宣佈。」[30] 在1912年1月17日至23日清廷召開的御前會議，之所以遲遲不能就接受共和、清帝退位達成統一意見，與會的蒙古王公的激烈反對就是一個重要的原因；帕勒塔甚至聲稱，蒙古「惟與清廷有血統上之關係」，「一旦撤銷清廷，是蒙古與中國已斷絕關係。」[31]

蒙古王公之所以敢於聲稱「血統關係」，是因為多年來清王朝一直實行「滿蒙聯姻」政策，而此乃川島浪速敢於提出組織蒙古舉兵「勤王」的根據。當然，川島浪速之所以能夠向肅親王善耆等人提出「組織滿蒙勤王軍，通過標榜無論如何都要守住祖先故土之理由保留大清之名義，暫以滿蒙為根據地蓄養實力」的建議，既是他出於對清王朝內部政治地理構造的瞭解，也是他與當時清廷宗室以及在清廷中蒙古王公之間建立起相當程度的相互信賴關係的證明。因為是肅親

王善耆的妹夫，最為川島浪速重視的就是喀喇沁的貢桑諾爾布。

　　由於善耆的關係，貢桑諾爾布與川島浪速也應該早有來往。1902年春，貢桑諾爾布接受日本秘密邀請，訪問日本並到大阪參觀「內國勸業博覽會」。在此期間他與日本朝野多有接觸，並與曾經擔任日本臨時派遣軍司令官參與鎮壓義和團的著名情報軍人、當時的參謀次長福田安正之間，就作為「日蒙親善」的一環而在內蒙發展近代學校教育一事達成了協議。在歸國途中，他又向日本駐清國公使內田康哉提出要在王府內設立女學堂，按照日本的方式進行女子教育，並拜託內田為其介紹教師。內田託人找到了當時在北京警務學堂擔任教習的川島浪速，於是川島浪速就介紹了河原操子。福島安正與河原之父河原忠以及川島浪速皆為信州 (今長野縣) 松本人，且為舊知。1903年12月，河原操子離開北京前往喀喇沁時，川島和當時的日本駐清國公使內田康哉、青木宣純大佐為其送行，一直送到東直門外。[32] 繼毓正女學堂之後，貢桑諾爾布又設立了武備學堂，聘請日本陸軍伊藤柳太郎少佐為教官，伊藤少佐並且帶來一至兩名軍官、三至四名士官。因為這種關係，內田康哉讚揚貢桑諾爾布為「近年來蒙古王公中切實向本國求歡之第一人」。[33] 而從日本外務省的檔案中可以看到，自1905年起，貢桑諾爾布就曾經通過各種管道不斷向日本橫濱正金銀行秘密借款。[34]

　　為了支持貢桑諾爾布「舉事」「勤王」，川島浪速1911年12月通過福田安正參謀次長介紹，橫濱正金銀行以「其全部領土為抵押」向貢桑諾爾布借款「兩萬兩」。[35] 1912年2月，為了建立「舉兵的根據地」，在日本軍方的支持下，川島浪速和日本駐清國公使館武官高山公通大佐又向準備逃離北京返回喀喇沁的貢桑諾爾布提供了三萬發子彈。貢桑諾爾布還通過川島向大倉組借款20萬日元，並為此立下字據：「代表卓索圖盟五旗因保衛地方期間，借到大日本帝國川島浪速君名下日金二十萬元，言明年利五厘，三年為限，本利歸還，以卓索圖盟內所有礦山作為抵押，若不能歸還時，任川島君隨意開

河原操子　　　　　　　　　　　　毓正女學堂

採，期內不許他人開辦，至支用方法亦必向川島君商明，以昭信受，立借字為證。」[36] 為了促成這筆借款，川島關於「卓索圖盟內所有礦山」的詳情向福田安正作了以下說明：「卓索圖盟內礦山極多，大約數十至五十幾座，僅喀喇沁旗下就有十座金山、三座銀山、一座銅山、七座煤礦。」

在組織「勤王軍」的實際行動上，因為有自己的民族根據地，「蒙古人」好像是走到了「滿洲人」的前面。川島浪速給日本陸軍參謀本部的電報中，可以看到「蒙古人」本身也的確希望自己能夠領先於「滿洲」而起事。[37] 貢桑諾爾布以及巴林王在松井清助大尉和木村直人大尉的分別陪同下，於1912年3月5日離開北京，回到了喀喇沁和巴林。但是值得注意的是，貢桑諾爾布回到喀喇沁後，向其部下提出的目標卻是「蒙古民族的獨立」。[38] 儘管日本抱著「將滿蒙聯合建設為一個王國」的「滿蒙獨立運動」之夢想，但是中間立夫認為貢桑諾爾布的行動說明，蒙古人的行動不過是為了蒙古民族的獨立，而絕沒有建設一個滿蒙王國的意思。[39]

事實上，川島浪速並非不知道蒙古王公的這些真實想法。因為他已經探知，在北京「不久前喀喇沁王和賓圖王訪問俄國代理公使，詢問如果內蒙古獨立時貴國可以提供何種程度的實際支援」。[40] 換

言之，蒙古人對組織軍隊上的熱情，可能並不是完全為了進行「勤王」，最大的可能是具有他們自己「民族」的目的。他們對待日本的態度，其實也是應該在這個層次上被理解的。

第三節　從「滿洲」到「滿蒙」

　　值得注意的是，上述「蒙古王公」藉以發動「勤王」之師的根據地都是鄰接「滿洲」的內蒙古東部地區。而這個地區，當時事實上也是被日本視為自己的勢力範圍的地區。日俄戰爭之後，日本雖然通過《樸茨茅斯合約》在「滿洲」南部落下了腳跟，但由於對俄國並不放心，為了確保到手的權益利權，就兩國在「滿洲」地區的勢力範圍與俄國進行交涉，兩國於1907年簽訂第一次日俄協約，在協約案的〈秘密協約〉中決定將東經122度以東的東北地區劃分為南北兩個部分，分別為日俄兩國的勢力範圍。而根據鈴木仁麗《滿洲國與內蒙古：從滿蒙政策到統治興安省》的說法，日本對內蒙古東部產生領土的野心，就是隨著日俄兩國就滿洲的勢力範圍進行秘密談判，才逐漸明確起來的。

　　在談判中，日本並非沒有意識到與「南滿」相鄰接的內蒙古東部的問題。當時日本企圖以對俄國在外蒙古具有特殊權益的承認，來換取俄國對日本在韓國具有特殊權益的承認，但是俄國卻提出要將蒙古和滿洲以外的中國邊疆地區也劃分為其勢力範圍，這種做法引起了日本的懷疑。當時的外務大臣林董認為：「與外蒙古不同，內蒙古位於漠南，與俄國並不鄰接而接近北京，若承認（內蒙古）為俄國的勢力範圍，就會危及支那本土的安全，以至於打破東亞全域的勢力均衡。這不僅是帝國所不能容忍的，也違背了日英協約第五條的精神。」[41] 日英協約第五條即「保全清帝國的獨立及領土」，由此可知，1907年的第一次日俄協約時，日本雖然沒有對內蒙古東部產

生領土的野心，但是已經注意到內蒙古在與俄國抗衡問題上的重要性。而到了1910年進行第二次密約談判時，日本表現出「對內蒙古東部地區的野心」。因為日本在南滿的勢力範圍內建設鐵路引起了俄國以及美國等的警惕，但俄國又因清朝政府借助英美資本建設錦州—齊齊哈爾鐵路的計劃被延長為錦州—璦琿（中俄邊境）線而對計劃本身表示反對，並提出了建設張家口—庫倫鐵路的計劃進行對抗，使日本政府發現如果錦州—璦琿鐵路計劃落空，「會造成排除各國在滿洲勢力的結果而對我大為有利」，所以1910年3月2日作出決定，支持俄國的計劃。[42] 北岡伸一認為：「以俄國的提議為契機，日本的經濟和軍事的利益關心得以更加向西部延長」，而鈴木仁麗將此解讀為日本因此「對東部內蒙古的關心發生變化，加深了野心」。[43]

辛亥革命以後，外蒙古地區宣佈獨立，日本政府因為擔心俄國因此將內外蒙古均納入自己的勢力範圍，決定與俄國開始第三次密約談判，此時開始稱內蒙古東部為「與我勢力範圍的南滿洲具有最密切關係的地區」。[44] 1912年7月8日簽訂的第三次日俄協約，將日俄各自的勢力範圍以東經122度為界改為以東經116.27度為界，俄國承認「內蒙古與中南滿洲鐵道有著深厚關係的部分均為日本的勢力範圍」。[45] 「以1912年日俄之間締結的第三次協約的附屬密約為契機，日本在東部內蒙古的權益得到了承認。」[46] 1912年6月，日本還借參加六國銀行團的談判，使各國列強同意在會議記錄中加入了「日本國銀行團，在得到本借款關聯事項不給南滿洲以及內蒙古東部的日本的特殊權益造成任何不利的保證下，宣佈加入本借款團」一文。[47]

鈴木仁麗的研究主要針對日本政府和外務省的活動，而事實上軍方和日本的民間勢力在更早時已經對內蒙古東部地區表現興趣。與喀喇沁同處於內蒙古東部的巴林旗，也是與日本較早發生關係的地區之一。辛亥革命爆發以前，巴林王就和日本的大陸浪人頻繁接觸。1908年2月，巴林王即以土地作擔保，向日本秘密借款（具體不詳），而日本旅順都督府陸軍部（星野參謀長）極力贊同，理由是：

「向該王施恩，打下今後利用的基礎。」[48] 大約在1908年間，巴林王還招聘了一位名為片谷傳造的日本大陸浪人為自己的顧問。1909年9月6日，片谷傳造通過關東都督府參謀長星野金吾，找到日本參謀總部第二部部長宇都宮太郎，「希望得到對在蒙古巴林與同酋王共同經營事業的贊同」，因為在他與巴林王各出資五萬元（巴林王以土地200頃、牛400頭、相當於5,000元的木材相抵，之外為現金）的合作計劃中，由他負責的五萬元中仍有一萬元沒有著落，因而希望得到陸軍參謀總部的支持。[49] 片谷傳造與巴林王之間有一個合作的一攬子計劃：成立「德盛公司」，在巴林旗開辦實業，包括開墾土地、造酒、採礦、畜牧，甚至發行紙幣等。[50]

　　自1908年底至1914年之間一直擔任參謀總部第二部部長的宇都宮太郎，1909年9月接觸內蒙古以後，一直鼓吹肢解中國，變「滿蒙」為日本的領土，尤其是將內蒙古東部地區收入日本勢力範圍，「以備國家他日之用」。[51] 這也正是片谷傳造敢於來找宇都宮太郎尋求支持的原因。之後，宇都宮太郎先後找到遞信（郵政通訊）大臣後藤新平、陸軍大臣寺內正毅等人遊說，雖然遭到當時駐清公使伊集院彥吉的阻攔，但是仍然從滿鐵總裁中村是公處得到願意出資的答覆。[52] 伊集院彥吉之所以反對這件事，只是因為他懷疑這份計劃的可靠性及片谷個人的人品，一旦出現差錯，都能夠造成外交上的糾紛。果然，巴林王出於擔心清朝政府的反對和對片谷的不信任，撤銷了這份計劃。這件事讓宇都宮感到非常惋惜，1910年9月22日上午，宇都宮對第二天即將「入蒙」而前來告別的步兵大尉松井清助勉勵道：「第一的目的為徹底研究蒙古語和蒙古文學，徹底研究蒙古，以為日本合併蒙古之日所用。」[53] 到了1911年1月，片谷再次尋求支援，原因是片谷又說服了巴林王，但是此次滿鐵只拿出了15,000元投資畜牧事業。[54]

　　毫無疑問，在辛亥革命之後的時期，喀喇沁、巴林、翁牛特等東部內蒙古地區的王公以牧業經營權和礦山開採權為抵押向日方借

宇都宮太郎　　　　　　　　　　伊集院彥吉

款，以進行「勤王」之事，也得到了日本軍方的積極支持。宇都宮太郎明確表示：「在清國尤其是在滿蒙激勵獲得更多的權益，此事已也向高山、守田、多賀等進行訓示。作為礦山開採權的擔保已經從外務省拿到八萬元，從（參謀）本部拿出三萬元、共計十一萬元經多賀之手交給喀喇沁、巴林等地。」[55] 滿鐵、外務省、三菱財閥的岩崎久彌，甚至是本願寺，只要是能夠借到錢的地方，都能見到宇都宮太郎前往遊說的身影。[56]

川島浪速也就「勤王」之事向日本駐清國公使伊集院彥吉報告經過及對於日本國家之意義，以便得到外務省的支持：「蒙古舉兵之事正在著實進行之中，喀喇沁王已經決定數日之內離開北京。」「這是掌握在蒙古各種權利的機會」，積極促成日方向多名蒙古王公借款，如向巴林王借款一萬兩（以其管轄內的礦山開採權為抵押），「與巴林敖漢等昭烏達盟十一旗之間簽訂特殊密約之事已經接近成功」，「賓圖王已申請借款，協議一兩日中即可成立」，「這些借款大部分的用途為舉兵之用」。[57]

但是很明顯，東部蒙古地區的蒙古王公們的行動，並沒有一定要建立「滿蒙」國家的目的。與其說是內蒙古東部地區的蒙古王公，還不如說是川島浪速對建立一個「滿蒙」國家表現出更大的熱情：

即使在蒙古扶植我方勢力，滿洲方面也定會議論紛紛。如果
建立了民主國，圍繞權利問題的衝突必然越來越頻繁，我國的
對支那外交將比從前更加棘手，為此兩國國民之間感情將會越
來越對抗。而列強必然趁虛而入，實施離間之計，坐收漁翁之
利。況且蒙古與我國之間永遠有著一道無法消除之牆壁［指因
為相隔東北地區而沒有直接接鄰──筆者］，因此不僅蒙古之經
營總是要受到阻礙，恐怕蒙古自身也會因側面受到威脅而最終
以至於無存。故蒙古只有與滿洲提攜方得生存，滿洲只有得到
蒙古方得生存。因此，滿洲舉兵即使有一定困難，但也要排除
障礙堅決實施之。[58]

　　川島關於「滿洲」與蒙古之間關係的想法與他的政治態度有關，
他一直積極主張幫助恢復清王朝的統治，而要做到這一點，就必須
用剽悍勇武的蒙古人。他在1911年12月13日發給福田安正的電報
中說道：「東部蒙古王公越來越團結，而滿洲人大多缺乏氣魄，不值
得依賴，且有類似烏珍那樣已為袁世凱所收買的。」[59]

　　內蒙古東部王公的「勤王」最終也沒有付諸行動。其最直接的原
因，還是日本政府的政策出現了變化。清皇室退位、袁世凱接替孫
中山成為中華民國大總統之後，俄英兩國極力主張在袁世凱的領導
之下統一中國，也包括東北地區，即「滿洲」在內。礙於這種國際局
勢，日本政府2月20日做出最終決定：只要沒有妨礙到日本「在滿特
殊權益」，就對中國內政保持「嚴正中立」。因此，教唆蒙古王公「舉
事」的行動被叫停，對各個蒙古王公的借款總額也被限制在15萬元
以內。川島也因此被參謀本部次長電召回到日本國內，[60] 並被嚴令
禁止繼續參與「蒙古舉事」。[61] 為了褒獎川島浪速在義和團事件時與
多賀宗之少佐積極配合軍部的表現，以及對他個人當時所破費的私
財的補償，5月4日宇都宮太郎還以「清國學生管理委員長福島安正」
的名義，從該委員會資金中拿出5,000日元「贈與」了他。[62]

　　為了支持蒙古舉兵，日本軍方曾於1912年2月1日決定向開元（開原）運送槍支500挺、子彈20萬發。[63] 除了前一年已經派遣前往滿蒙地區的多賀宗之少佐外，高山公通和守田利遠大佐、松井清助大尉等也在此時陸續來到東蒙地區。在得到「嚴正中立」的命令後，參謀次長福田安正通知當地的日本軍官等候時機，藉此時機「精練軍隊，秘密儲備大量兵器彈藥，令各王公相互聯合，以便他日協同行動」。[64] 福島安正於4月26日被任命為關東州都督（即當時日本在遼東半島佔領地區的最高軍政長官），[65] 5月22日宇都宮太郎在新橋車站為福島送別，福島告訴宇都宮，西園寺公望首相面命福島一併處理「蒙古的事情」，而宇都宮太郎在聽到此話後想到的卻是：「勿論滿洲應該完全由都督來處理，但蒙古則應該交予參謀本部直接經營，似乎會更好一些。」[66]

　　川島浪速為了給在喀喇沁旗的所謂「勤王軍」運送軍火補給，在日軍多賀宗之少佐、松井清助大尉等人的幫助下，將一大批軍火從旅順通過日本控制的南滿鐵路運送到公主嶺，之後裝上馬車準備穿過吉林、遼寧、內蒙古交界處的鄭家屯運送至喀喇沁。此次行動有多名日本人參與，由外號「薄天鬼」的東北日本馬賊薄益三及其侄子「薄白龍」領導，另有中國馬賊左憲章（薄益三的拜把兄弟）帶領大批馬賊進行護送。但奉天將軍趙爾巽偵悉了川島浪速的計劃，嚴命駐鄭家屯統領吳俊昇進行攔截。6月8日，運送隊伍在奉天近郊的鄭家屯附近與中國軍隊發生槍戰，13名日本浪人和超過30名中國馬賊被擊斃，隨行的松井清助大尉也受了重傷，薄益三等23名日本人被捕，43輛馬車上的武器都被悉數銷毀。[67]「蒙古舉兵」、「勤王」乃至所謂的「第一次滿蒙獨立運動」，也就這樣不了了之。

裝扮為中國人的多賀宗之

薄益三（中央長鬚者）

　　有趣的是，在清帝退位以後，許多蒙古王公紛紛投向袁世凱，如曾經由清廷派往日本留學（在振武學校學習軍事）、在決定清王朝前途生死的御前會議上慷慨激昂地反對過清帝退位的帕勒塔，很快就投入袁世凱的陣營。也有部分人的確開始了「獨立」的活動，而這一活動又讓他們與川島浪速走到一起，貢桑諾爾布就是最典型的例子。他通過川島向日本借款和購買軍火，潛回本旗圖謀起事，但是因為武器被截，夢想成為泡影，最後才不得不回到袁世凱的身邊。[68]這些再次說明，蒙古人與「滿蒙獨立運動」不過是一個相互利用的關係，他們真正想要得到的不過是民族的獨立，而川島等人的主動接近，不過是給了他們一條接受日本援助、從而便於走向獨立的道路而已。然而，川島本人的想法顯然不是為了蒙古的獨立，而是在於利用勇敢剽悍的蒙古人來維持清王朝及其餘黨的統治。這一想法雖然與宇都宮太郎的觀點相同，但是卻遭到以外務省為代表的日本政府的反對（雖然一時也有這種想法）。

　　事實證明，雖然被冠以「滿蒙」之名，然而所謂「滿蒙獨立運動」不過是在以日本軍部支持為背景的川島浪速的設計、策劃和利誘下才能夠成型，其策劃人、發起人、精神領袖、運動核心甚至運動主體都既不是「滿」，更不是「蒙」。川島浪速這樣做的目的在於「表面

第一次滿蒙獨立運動失敗後，日本人主要參加者
手奉死者遺灰合影（右三為薄益三）

上看來盡是清人自由行動，我國只是在暗中給予支持而已。」[69] 儘
管其最終目的與其他許多大陸浪人的在華活動一樣，同為擴張日本
在華勢力範圍，然而由川島浪速設計的「滿蒙獨立運動」不是通過利
用新的反政府勢力去開闢新天地，而是借維持和恢復傳統王朝的名
義，利用舊勢力直接控制一直為日本垂涎的滿蒙地區，此真可謂是
獨闢蹊徑。由於這一特點，川島浪速的許多想法與做法也是獨出心
裁。例如，之所以反對袁世凱是因為他導致了清王朝的壽終正寢而
不是因為他抵制了革命黨，而以反對皇室退位為目的成立的宗社黨
能夠被轉化成為「獨立運動」的象徵，邊疆地區的「民族」的要求在軟
硬兼施的利誘之下，能夠很快冠上「勤王」的美名。

　　中間立夫認為，所謂的「滿蒙獨立運動」作為一個實體並不存
在，它只不過是川島浪速所追求的一個幻影。[70] 因為所謂「獨立運
動」究竟指的是「滿洲」或「蒙古」地區的獨立，還是「滿」族或「蒙」族
的民族獨立都說不清，而「復興清朝」與「滿蒙獨立」二者的政治方
向根本不同。[71] 究竟是「打造滿蒙為一個統一的新國家」呢？還是割
據過去的清王朝領土的一部分，擁立肅親王建設一個新國家呢？而
且，這個滿蒙新國家的領域範圍究竟在哪裏？所謂「運動」根本就沒
有一個明顯的目標。[72] 他的看法的確有著一定的道理，要讓「滿蒙」

這兩個本來就不同的民族集團構成同一個「獨立運動」的主體，這件事本身就製造了矛盾性和對抗性的因素。

第四節　川島等人政策提案書中的「滿蒙獨立」話語

肅親王善耆來到旅順之後，曾經吟詩一首：「幽燕非故國，長嘯返遼東；回馬看烽火，中原落照紅。」[73] 這些對往日權貴生活的留戀，能夠令人感受到他何以要去追求「滿蒙獨立」。然而，一直與肅親王保持聯繫的川島浪速以及其他支持「滿蒙獨立」的日本人，又是出於甚麼用意呢？日本外務省檔案中保存著當時這些人向日本政府提交的政策提案書，從中可以看出在所謂「滿蒙獨立」的問題上，他們其實有著肅親王不可能想到的目的。被召回日本的川島浪速，於1912年（大正一年）8月向日本外務省提交了兩份政策提案報告，其一為8月25日提交的〈對支那管見〉，另一為8月28日提交的〈對於和平對支外交之私見〉。其中，毛筆書寫長達46頁的〈對支那管見〉[74]（以下簡稱〈管見〉）全面闡述了他對中日關係的見解。川島浪速在他對位於北部邊疆的「滿蒙」、特別是「蒙古」與中國近代國家之間關係的解讀中所展現出的關於「滿蒙獨立運動」的思路，無疑是對當年日本關於「滿蒙」在日本與近代中國、日本與近代國際社會的關係問題上所具有之意義的最好詮釋，是一把解開日本為何當年一直癡心於「滿蒙」之謎的鑰匙。

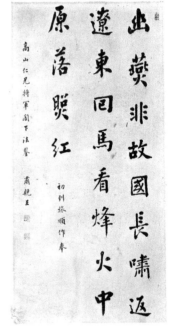

肅親王善耆出逃至旅順後所作的詩

一，中國未來的局勢必將是一場大分裂，這是由於中國、漢民族「一團散沙」的國民性所決定的。由於這種國民性，漢民族不可能具備作為近代「國民」的素質：

> 吾人之口癖，常以沙子比喻漢民族，是因為性格如沙子。任何一粒都個個堅固如石，自我守衛力量堅固不易粉碎。此正如支那人的利己觀念極端發達，其保衛自我利益的能力為我邦人遠不能及。然而由於沙子個體過於堅固，因而其粘合力完全消失，無法將其多數合而為一個團結體。此正是支那人即使具有成為一個人種的能力，也缺少成為國民資格的原因。（〈管見〉，第 10–11 頁）

雖說中國發生了「革命」，但是辛亥革命不但沒有改變這種一團散沙的國民性，反而使這種國民性得到釋放的機會：

> 世人常視今回革命之亂為漢民族覺醒奮起，以為將來出現一新國家之希望，其實是一大謬誤。愛新覺羅氏用來囊括之皮囊三百年間已經腐蝕朽廢，……至於去秋已徹底破裂，囊中沙粒盡然散亂於地，以致再無收攏之器。此為今次革命亂之真相，決非意味著囊中沙子開始活動自己衝破皮囊。試想義和團以前支那人之狀態，屈服專制政治，發一言書一字尚且戰戰兢兢，決非敢觸犯一點忌諱，故十年以內此國民性絕不可能在短短日月中出現根本變化。（〈管見〉，第 12–13 頁）

二，辛亥革命之後，中國社會只有走向更加分裂的局面，而帝國主義列強勢必將藉此機會在中國分割和爭搶自己的勢力範圍。「只見全社會充滿不義詐術、無恥詭計、欺瞞排擠、苟合反覆、橫奪虐殺等各種罪惡，分明不過是亂沙散漫一片，何處可見共和之真意？如灑水於沙雖一時可以凝為一團，……水即利益之水，然一朝水乾即立刻分手，此亦沙之本性也。彼袁世凱為支那人中性情和才智最

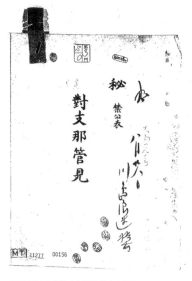

川島浪速〈對支那管見〉封面

為發達者，亦不過為此種散亂沙粒中最大的一顆而已。滿腔個人野心，毫無誠意可言，只有一時權術，而無立百年之國經綸。……然沙子最終無法集合團結沙子，……如最富於支那式伎倆的袁世凱尚且無望，即使孫黃［即孫中山、黃興—筆者］又怎能完成統一之業。吾人敢於斷言，以此漢人種之性格，即使出現一二豪傑，也難以找到統合全體之方。因此，只要沒有一種神的力量對其國民性加以根本改良，支那終究無望組織一個健全的國家，為最早難逃亡國命運之屬。這是帝國制定對支那政策的最重要的出發點。」（〈管見〉，第15–16頁）「據吾人所知之現狀，中華民國分裂土崩之勢或者不出數旬。……最終各國將肆無忌憚地以武力制訂和壓制奪取對自己有利的勢力範圍。」（〈管見〉，第17頁）

　　三，日本固然有獨自征服中國之能力，但為國際局勢所不容，因此中國最後只有被列強分割。但如果列強分割了中國，則必然也會對日本造成威脅。「元清諸族尚能完成征服之功，況我帝國具大元清數倍之力，征服漢民族決非難事。然眼下國際形勢不會容忍帝國單獨佔領，如此一來只有列強分割一條道路。」（〈管見〉，第18頁）「勿論，分割時機到來時帝國也會佔有其中一份，然並不可以此為慶喜悅，因其反而引來遠方的歐美列強與我擦肩比踵鄰近接觸之危險，致使我國外交愈加困難，不堪煩累。即使帝國勢力得以發展，也有直接對他國形成壓力，從而肇白種聯合之端，使其乘我國實力未有充實之機［對日本—筆者］實施壓迫，陷帝國於無法再起境地［之虞］。」（〈管見〉，第2頁）

　　四，為了應對這種列強分割中國、進而對日本造成威脅的局面，日本應該加強在中國的實力，找到鞏固的落腳點，而在這個問題上最好的目標就是滿蒙地區。「要之，在支那領土上加強我國實力，將來無論出現何種事態，我們也可以對列強一直佔據優勝的地位，從而展示東方主人公的實力。」(〈管見〉，第3頁)「為了實現以上理想，首先就要從滿蒙出發建設和鞏固我們的立腳點。」(〈管見〉，第3頁)「不論中華民國是否成立，為了帝國的生存發展，作為建立解決支那問題的立腳之地，都應該趁此良機將滿蒙完全收入我實力範圍之中。」(〈管見〉，第5頁)

> 我一直反對帝國採取俄羅斯式的單純且無意義的侵略政策，但認為必須得到滿洲之一部及蒙古東部，今次列舉其理由。一，出於對付俄國勢力、保衛我國的需要，⋯⋯；一，無論將來在支那及其他亞細亞方面無論出現甚麼樣的強國，帝國只要在滿蒙方面具有鞏固的立腳之地，就可以永遠握有亞細亞的霸權，持此牛耳便可一直制約操縱諸國，⋯⋯；一，可以恰當安排以異常速度不斷繁殖增加之人口，為救國民遠離將來之生存競爭的大苦境而準備下人口稀少的領土；一，通過殖民加深與母國之關係，形成是一個永遠不可分離集團的局勢，⋯⋯；一，佔有天然富礦未開的地區，⋯⋯；一，為最終解決擺在眼前的支那問題而在大陸佔據最為有利的立腳點。(〈管見〉，第1–2頁)

　　五，然而由於以下兩個原因，日本也不能實行對「滿蒙」的直接佔領。一為，「最值得擔憂的是，一旦帝國為始作俑者，必然出現列國仿效的結果。」(〈管見〉，第6頁)另一為，如果日本直接佔領滿蒙，就會變成滿蒙與日本相對抗的局面，那麼日本至少需要三至四個師團才能夠鎮壓。即使鎮壓成功，駐守廣袤的內蒙古的守備部隊就需要兩個師團。但當地人因此心中越來越仇恨日本，與日本永遠對抗，反而使日本永遠得不到滿蒙(〈管見〉，第7–8頁)。

　　六，實現最後佔領滿蒙目的之最好方法為，「不如對當今滿蒙人腦中的和萌動中的獨立思想進行暗助利導，待到時機成熟後，表面上是他們自己要求從支那分離出來而自成團體，實際上是日俄合作首先共同暗助密援其成為一個事實上的保護國，從而使此滿蒙團體成為不得不與支那本土進行對抗競爭，所以勢必愈加依賴我方的一種勢力。而我方則在一段時間內利用該勢力，根據〔日俄—筆者〕兩國之間提前協商的勢力範圍，逐漸掌握該政權並收取權益，不出數年帝國即可在南滿洲及內蒙古方面形成堅定的鞏固的勢力。此即省力節費避名取實之法也。」（〈管見〉，第6頁）

　　川島浪速實際上是設計了一個分為三個步驟、最後實現日本完全掌握「滿蒙」的計劃。第一步是通過誘導和支援實現滿蒙「獨立」並使其成為日本的保護國，第二步是日本逐漸掌握這個保護國的實際權力，在此之上才是第三步、即尋找直接佔領的機會：

> 如他日遇到公然割取冠以我國領土名義的機會，只要立刻再來一次類似合併朝鮮時的手續即可矣。當然，這比起朝鮮來說要更加容易。所以，只要首先幫助他們成功〔實現獨立—筆者〕，在恩威並施之上適當懷柔操縱控制，讓他們滿蒙人個個感覺生活幸福增長，其來歸化之事自如水流入卑。此為五千年來彼等傳承而來之國民性，為歷史所屢屢證明。欲取其國者先取其民心，千古不易之原則也。（〈管見〉，第6–7頁）

　　七，這個國家必須是「滿蒙」一體，因為只有這樣才可以造就一支能夠戰勝中國的軍隊：「如能按如上所述，巧妙利導滿蒙人，使其實現獨立、建設國家的願望，促成〔與日本—筆者〕感情融和相互信賴之狀態，我們的理想就不難實現。使其一切政務大都憑藉邦人〔即日本人，下同〕之智識得以運轉和組織，從而使其將更多的力量投入軍備，讓獨立軍之精銳兵力在邦人的指揮訓練下，成為一支全支那都無法趕及的強兵。」「蒙古人無疑具有驚人的體力和勇氣，說按照

蒙古式的實踐和訓練的兵卒材料冠絕世界也不為過（但日本人除外——原文如此）。當年作為成吉思汗的部下掃蕩橫行世界的資質並沒有全部湮滅，不過這三百年來中了清祖的巧妙政略之毒，一直安於晏然愚昧而已。如今彼等蒙古人正從長夜睡夢中醒來，但是尚無指導統合的有智識之人。如果以邦人的智識、德性、勇氣，由邦人隱然起到首腦作用，建成一支堅強團結的軍隊，必能夠發揮出驚人的強大作用。」（〈管見〉，第8–9頁）可見實際上，在川島浪速關於「滿蒙獨立」的思想中和如何付諸實施的思路中，蒙古人充其量不過是一個可以被利用的武裝力量。

八，利用練就出的這支軍隊，借漢民族對北方民族的恐懼感，最終達到以滿蒙控制中國的目的。「對漢人種來說，古來認為北方強悍之傳言至今猶存。居住於滿洲的漢人之勇悍剛強氣勢且遠勝於支那本土，如使滿蒙人堅強地聯合團結，勿論其武力將無敵於四百餘州。」（〈管見〉，第8–9頁）「我最終拿出的方案，即上述通過滿蒙獨立建立立腳點之策。建設一個有名無實的保護國，掌握其實權，培養其兵力，到了中原潰亂不得不收拾之際，立即暗中指揮彼等滿蒙團體以猛烈的武力（勿論當以日本人為其中首腦——原文如此）突入中原，以令人恐怖之威力攻擊之，以惡鬼羅剎之勢踏破之，就如在沙中滾動滾燙的大鐵球，使其四百餘州無人敢於抵禦。以彼等漢民族性格，即刻戰慄恐怖、小兒止啼、望風而降，與當年元清侵入時毫無二致。而帝國只要能夠始終掌握滿蒙團的命門，能夠控制並教其建立起巧妙的對內對外政策，即使不能統一全國也可以輕易統一半部，如此一來，他們的國權及地域所至即為帝國的勢力所至。在支那國土上無論出現如何事態變化，無論其統一是否長久，我方只要在此期間建立起無法排除之勢力，就絕無落人之後之虞。」（〈管見〉，第18–19頁）

可見，川島浪速鼓吹「滿蒙獨立」的終極目標，既不是滿蒙人民的民族獨立，也不是由日本實質上佔據這一地區，而是在於扼制整

個中國。川島浪速之所有會有以上關於「滿蒙獨立」的思想和思路，按照他的説法，是因為他認為在「滿蒙」地區「打下安定堅固的發展基礎」，「關係到帝國百年國運的屈伸消長」，所以他才為了實現「滿蒙獨立」而「苦心積慮」（〈管見〉，第17頁）。從此可以清楚地看出，川島浪速關於「滿蒙獨立」的思想和行動，都是為了實現日本的利益。如果不能夠有助於實現這個目的，川島浪速是不會支援「滿蒙獨立」的：

> 如果按照我的設想決定首先促成滿蒙獨立，須具備以下要素：一，首先在帝國與滿蒙團之間進行意思疏通，為了建立強固的結合關係而使其完全相信我方對其之保護；一，使滿蒙團的內政外交完全聽從帝國的指教，文武要職通過合適名義全部啟用邦人，由邦人掌握實際的樞紐；一，為達到以上目的，成為滿蒙團主腦的人物，必須由我方選擇我方信任並認為可以成為傀儡而自由操縱的人物。（〈管見〉，第19–20頁）

1912年8月25日的〈對支那管見〉説明，川島浪速進行「滿蒙獨立運動」的目標，至少在此時已經不再是為了恢復清朝，而提出「滿蒙」的概念也不過是為了進行操縱而已；而操縱「滿蒙」的目的，已經是為了保證日本在整個中國的利益。正如波多野勝所指出那樣：

> 對於川島浪速來説孫文的革命不值一提，他的關心不在中國南方而在滿洲及中國北方。雖然的確具有同情清朝的成分，但是在他的視野裏，中國只不過是一個客體，只不過是為了強化日本的存在根基的一個政策而已。[75]

川島浪速於1912年8月28日向外務省提交的第二個政策提案書〈對於和平對支外交之私見〉[76]（以下簡稱〈私見〉）只有短短四頁，從內容上可以看出，這是在他提交〈管見〉之後緊急寫就的。其背景一是日本與俄國於7月8日簽訂了第三次日俄協約，二是國際社會開始

討論對中華民國進行承認的問題。如前所述,日俄第三次日俄協約〈秘密協定〉的內容,主要就是重新劃分兩國在內蒙古地區的勢力範圍。[77]「最近由於逐漸受到俄國行動之刺激,在滿蒙問題上全國普遍產生不安,有關滿蒙處理方法事實上已有成為國民普遍關心之一大問題的傾向。」(〈私見〉,第1頁)因為2月時、川島浪速的第一次「滿蒙獨立運動」之所以被叫停的原因,就是俄英兩國主張在袁世凱的領導之下統一中國、保全中國領土完整,所以可以想像,當川島浪速知道了日俄兩國之間關於內蒙古勢力範圍的秘密外交活動之後,當然不會無動於衷。

〈私見〉開門見山即提出:

> 如果帝國想要實現帝國在滿蒙長久以來的理想,通過和平外交方式從民國得到在滿蒙的權益,那麼就不能不首先提出充分具有價值的要求進行談判嘗試,其要義與主要著眼點必須是爭取與俄國在滿蒙之所得利益間保持均衡。出於生存和自衛之目的,帝國可以堂堂正正地就自己所應該得到的東西提出要求。估計世界各國原本明白,甚至心中已然理解,尤其是英俄,對照其自身在蒙藏之行為,本來就已沒有對我行為容喙之權利。帝國也必須讓民國看到這一點,讓其明白只有承認了這一點,兩國之間才具備提攜的可能,因此知道答應給予俄國的權益,必須與給予帝國的權益相等。必須看到,如不採取這種態度而只顧迎合民國之感情,即如他人所說:為一時之策而滿足於得半文一錢的乞丐外交,會為將來留下後患,成為一大失策。(〈私見〉,第1頁)

「可以預料,如現內閣依然實行姑息的對支外交,即使有些零碎所得,國民也決不會滿足和對之進行謳歌,反而可能以此為攻擊政府的材料,大呼政府外交無能。」(〈私見〉,第1–2頁)「俄國在蒙古方面的行動到何種程度可以成為我國對支外交的重要指標。我們必

須按照這種程度，不得更改。我認為俄國必然只有推進而決無後退之理，即使一時停滯也必然會再次出現第二、第三步，得寸進尺已是必然之勢，無疑是企圖在佔有了全蒙古之後再染指中原。更何況支那自滅自亡已是必然之勢，不久的將來萬里長城將會踐踏在俄軍騎兵鐵蹄之下。」「支那的最後結局，不過是一個是由俄國而為還是由帝國而為的問題，只是遲速問題。此亦事關帝國的存亡興廢，豈可局促於目前而忘長計。」（〈私見〉，第2頁）

　　川島浪速建議利用新生的中華民國希望得到國際社會承認的機會，在滿蒙問題上同民國政府進行討價還價：「依我預料，目前俄國在［外］蒙古的活動一定能夠成功，不論以何種名義或何種一時之計，其實質無疑都是要由俄國掌握實權和獨佔權益。更何況西藏業已落入英國之手，民國要想完全恢復全部領土已經無望。因此，如果承認民國，如何認定其領域將會是一個大問題。例如，如果俄國在全蒙古的意義上承認民國主權，那麼帝國是否應該對此默認？或者俄國欲使蒙古之一部脫離民國範圍，那麼帝國是否應該默認其分界線？俄國若號稱與帝國尊重協議範圍而自定分界，因其事實上掌握實際權力，而我最終也不過是徒擁虛名而已。但如果帝國將此獨立出去的蒙古地區也無條件地認定為民國的領域，無異於自認東部蒙古將永遠不會為我所有，即是自繩自縛、陷入非常不利的境地，若他日再想從民國割取該地域，就等於自求對全世界背信之名。考慮到這些，就可知對於帝國而言，是否承認民國的問題的確是一個關係重大、並非一個以些微利益就可以成為交換條件而輕易答應的問題。我認為我國政府必須在此問題上進行深思顧慮。」（〈私見〉，第2-3頁）

　　川島浪速因此為日本政府設計了從中國割讓滿蒙地區的具體方案：「出於以上考慮，我認為，作為承認民國的交換條件，帝國政府應該獲得在滿蒙的權利。姑息是絕對得不到敬服的手段。雖說不如以某種方法使滿蒙與民國自動分離更好，但我國政府必須制定出

方針。而在未承認以前，帝國可以提出關於滿蒙的條件之要領大致如下：一，民國若要承認俄國關於蒙古獨立的要求時，不能將東部蒙古（以圖明示）劃入其範圍內；二，永遠不許將東部蒙古割讓於他國；三，俄國臣民在蒙古得到的商業工業上的特權，帝國之臣民也必須在東部蒙古得到與此相同之待遇；四，若俄國在蒙古鋪設鐵道，就必須在東部蒙古為帝國保留此項權利；五，不許將南滿洲及東部蒙古的土地礦山森林鐵道及其收入讓與他國之人，或者以其為借款之理由；六，不許將南滿洲及東部蒙古的鐵道鋪設權利給予他國；七，給予帝國建設吉會鐵道及奉海鐵道等我國之急需各鐵道的權利；八，給予帝國臣民在南滿洲及東部蒙古全境居住、營業的自由和土地所有權；九，延長所有各項帝國在南滿洲既得權的期限。」（〈私見〉，第4頁）

那麼這些川島浪速提出的日本關於「滿蒙」的要求，與他所鼓吹的「滿蒙獨立」之間又是甚麼關係呢？「無法肯定民國政府是否接受以上條件。如果不肯接受，就可以此認定民國無視帝國在東亞生存和自衛上的權利，宣佈民國缺乏與帝國一致協力維持東方大局的誠意，並暗中反對承認民國，同時在滿蒙問題上作出允許其［指要求獨立之勢力—筆者］自由活動的姿勢。在今天的情況下，他們最終會不得不屈服，何況民國已經不得不放棄外蒙，在西藏問題上也要答應英國的要求。」（〈私見〉，第4頁）也就是說，川島浪速希望日本政府學習俄國在外蒙、英國在西藏問題上的做法，將鼓動「滿蒙獨立」當作一個不時要脅中華民國政府接受日本要求的工具。

當然，將「滿蒙」納入日本勢力範圍的想法絕對不是川島浪速的創作，而將內蒙古東部也納入日本的勢力範圍一事，不僅得到了日本軍部的支持，也是許多具有「國權主義」思想的日本政治家和大陸浪人的共同願望。1911年10月，井手三郎（眾議院議員）、岩田凡平、小越平陸（大陸浪人）、田鍋安之助（東亞同文會常任幹事）、根岸佶（《東京朝日新聞》政治部記者）、中西正樹（大陸浪人）、中野二

郎（大陸浪人）、中村彌（《二六新報》主筆）、山內岩（大陸浪人）、松平康國（漢學家，曾為張之洞顧問）、荒賀直順（大陸浪人）、宮島大八（書法家，川島浪速好友）等人，[78] 向外務省提出了一份政策提案書〈對支那時局卑見〉（以下簡稱〈卑見〉），[79] 內容主要也是關於「滿蒙問題」的：「鑒於俄國在外蒙古活動，日本應借機將內蒙古收入我勢力範圍之內。」

〈卑見〉主張將日本的勢力範圍由「南滿洲」擴大到內蒙古的理由有三點：「將此地收入我方勢力範圍，以此作為對抗俄國的立腳點。此為需作如此處理之第一理由」；「如果想讓支那政府常常與我方採取共同行動，就有必要使其一直感到我們的震懾力。如果我們收入內蒙古並在此鋪設一條可以從奉天到達張家口附近的橫斷鐵路，我方就可以根據需要隨時向北京背面運送大量兵力，北京政府自然會因此一直感受到我方壓力，恰如俄國想鋪設恰張[恰克圖、張家口——筆者]鐵道卻由我取而代之。北京政府因感知我方有此準備方才能聽從於我，如果不做這種準備而漫談保全[中國領土]，日後難保其不會成為英美走狗而反咬我方。此為需作如此處理之第二理由。」

作為「需作如此處理之第三理由」，〈卑見〉則分析了漢民族的國民性：「正如某人對支那民族所疑：極端自私的人民今後如何能夠在與列強的競爭中立足和維持國家獨立？作為政治的國民[即政治家——筆者]極端缺乏公義心，作為軍人極端怯弱。如以此等人民組織國家，其結合力自然極端薄弱，稍有動作即會自行崩潰，遑論面對外敵抵抗能力微弱。如果今後禍亂續發，支那自動解體，受到最深刻影響的無須置疑即是我們日本。」「如俄如法如英，都是通過其屬國邊境與支那相接、而本國在數千海哩之外，不會受到發生在支那政治變革的影響。只有日本，支那的存亡興廢馬上關係到本國的國勢消長，嚴重時甚至威脅到[國家的]獨立。」「況且今後我國今後主要發展方向，為通過領土近接、能夠緩急相救的支那向外發展。但是[支那——筆者]一旦發生問題，就等於出路遭到堵塞。」「尤其是今後

支那因局勢的變化、而發生自行崩潰或被分割等與日本興廢發生緊密關係的問題時，日本就不應該將支那交給橫行的亂民和互相爭奪的白人，而應該主動出兵解救遭到塗炭的國民，從而履行作為友邦國家的最高義務。雖然支那現狀如此，尚不知何時發生問題，但是應該從現在起就製造立腳點。」

　　雖然川島浪速所提出的〈對支那管見〉在〈對支那時局卑見〉之後，但從關於漢民族國民性的議論上來看，〈卑見〉可能是受到了川島浪速思想的影響，或者是二者之間互相影響。無論是從對抗俄國上，還是從牽制中國的問題上，還是因國民性而導致中國分裂後對日本影響的分析上，〈卑見〉的思想都與川島的想法十分接近。但是與這些人的空泛議論不同，川島浪速明確提出了一條實現「滿蒙獨立」的路線圖，並且採取了具體的行動。川島浪速的思想和行動，對日本主張向大陸發展伸張國力、因而一直對俄國抱有高度警惕的所謂國權主義者們起了很大的影響。前文已經述及，因為辛亥革命發生、尤其是就任中華民國政府臨時大總統之後，孫中山在「滿蒙」問題上的態度開始變得曖昧起來，黑龍會首領內田良平從1913年春開始逐漸改變他的對中國方針，[80] 開始與在1889年時即已開始策劃「滿蒙獨立」、[81] 因而被稱為「滿洲建國先驅者」[82] 的川島浪速迅速接近，轉向贊成從中國分裂滿蒙地區為日本保護國的活動，[83] 這應該就是內田良平在〈對支私案〉、〈對支問題解決鄙見〉等提出分割中國方針的背景。在1914年10月提交給日本政府有關部門的〈對支問題解決鄙見〉中，內田良平公然提出要讓中國「承認日本在南滿洲及內蒙古的優越地位，將統治權委託給日本」。

　　1913年7月27日，川島浪速與內田良平等人一起，聯合主張對外實施強硬政策（「對外硬」）的12個政治結社組成「對支聯合會」，對當時尚不願過多介入中國內政的日本政府施加壓力，其中當然少不了「滿蒙問題」。1913年（大正二年）8月1日，大竹貫一（國會議員）、岡部伊三郎、中西正樹、中井喜太郎（《讀賣新聞》總編）、中

島氣峙、望月龍太郎和五百木良三（著名國粹主義者）等人共同向外務大臣男爵牧野伸顯提出了〈對支那意見書〉，[84] 其實也主要強調「滿蒙」對於日本的重要意義，和在「滿蒙問題」上日本政府應該採取的方針：

> 一，南滿洲曾是日本喪失20萬國民和消耗18億國財之地，而今日俄之間協商［指第三次《日俄密約》—筆者］又同意將南滿與內蒙古劃為日本的勢力範圍，因此日本應該將如何處理南滿和內蒙古問題作為合併韓國之後制定大陸政策的原則［實即出發點，下同］。一，如果確立了這一原則，之後就是捕捉時機，而此絕好時機非今日莫屬。只要中國南北交戰，就不會受到南北雙方的共同反擊，同時會減輕抵制日貨運動的壓力，因此容易堅持這一原則。一，隨著支那戰局的發展，不論將來滿蒙形勢如何發展，只要保持現狀，不論是進入中華民國治下還是歸誰，日本都應借此機會進一步擴大日本在滿蒙的勢力，至少要不失時機地獲得居住權，向這裏事實上進行強行移民以得到擴大勢力範圍之實。一，如果不能處理好滿蒙，日本既無法在國防上保護朝鮮並因此在支那外藩地區不能與英俄保持勢力均衡，也就沒有辦法可以永遠對中國政府保持震懾力。何況因為日美條約規定了關於土地所有權事項，[85] 移民美國一事不得不放棄。能夠代之集中移民、使其重新獲得土地的就只有滿韓地區。

根據他們的推算，滿洲南部和內蒙古尚各有可以開墾為水田的土地面積為200萬町步（共400萬町步），[86] 可以接納上百萬的移民。據說，第二次桂太郎內閣時已經就此「先帝［指明治天皇—筆者］遺業」制定了進行「滿蒙處分」的方針，「若果然如此，國民必將繼日清、日俄兩次大戰中的舉國一致的傳統，為政府之後援，而政府當局者則應成就此千古的大事業，完成明治中興的偉業」。〈對支那意

見書〉中雖然有對最新時局的分析，但是從強調要「將如何處理南滿和內蒙古問題作為合併韓國之後制定大陸政策的出發點」這一點上來看，它無疑也是受到川島浪速關於「滿蒙獨立」思想的影響。

第五節　成為日本倒袁工具的「滿蒙獨立運動」

借日本國內主張對外實施強硬政策派聲音高漲，1914年5月，川島浪速向外務省提交了一份自己口述、鉛印長達53頁的政策提案報告〈對支外交失敗之真因〉（以下簡稱〈失敗之真因〉）。[87] 因為他認為：「在我看來，革命亂後我國外交，愈來愈多次失敗重重」（〈失敗之真因〉，第31頁），所以在其中對與日本軍方採取不同政策、在中國問題上比較注意與國際社會進行協調的日本外交當局，進行了不留情面的攻擊和「失敗」原因的剖析。

一，〈失敗之真因〉首先批評日本的對中外交過於遷就中國，其中不乏侮辱中國之語：「製造驕妻、狎妾、豪奴、悍婢之根本原因，不外乎主公最初一念之差而丟失治家御人之要。我在支那十餘年間處於最瞭解雙方的位置，在我看來，日本的支那外交歷來如此。」（〈失敗之真因〉，第4–5頁）「支那人好似有怪癖之馬，如按一般馬匹騎乘，不僅會馬上失控，甚至有被跌傷之虞。[但日本—筆者]儘管失敗再三，至今不能覺悟，而是向著錯誤方向尋找原因，往往按照敵手的藉口或假像去努力消除障礙，以為以此迎合對方歡心、誤解必能冰釋，設想對方既已向我傾注誠意，當會圓滿解決我方之要求。更有甚者，即使踐踏自國的權威與面子，也要想法順從對方意志。然奈何對手絕無誠意，只是更加乘虛而入，其得隴望蜀之欲毫無止境，與注水於無底山谷無異。」（〈失敗之真因〉，第5–6頁）

二，指責日本外交之所以遷就中國，是因為外交當局和外交官不瞭解中國人的思維習慣，自認日本國民中沒有如他這般熟悉中國

人的國民性。「要而言之，對支外交之要訣即為在熟知支那人之性格基礎之上駕馭之。」（〈失敗之真因〉，第6頁）「我國官民中以支那通自任者甚多。……然吾人獨竊曰：似吾人長久居於可咀嚼支那人性格之境地者稀。吾人自青年時代從事研究支那，數度跨海，居於其地，前後多年，多次扮作支那人徘徊於各省之間，不僅親歷人情風俗，又於義和團亂後常居北京。由十餘年間所得支那人觀而觀之，知前者不過是觀支那人性格之皮毛。而因拳匪亂時之歷史關係，吾人北京生活之地位竟如准支那人官吏。而彼等於吾人亦不視為純粹外國人，猶如對待自國一官吏，此與一般所聘用教師或顧問之趣大異。……吾人亦扮作同化，以盡力令其暴露真實想法。上至王公大臣，下到四民，嘗試廣泛接觸社會各層，時而作為上官、同僚、屬僚甚至屬下，時而作為掌握賞罰升降之全權指揮監督部下、兵卒、學生等大量人等。」（〈失敗之真因〉，第7–8頁）

　　三，川島浪速號稱自己在這樣的環境中瞭解到中國人虛偽、自私、善於交際的國民性，同時指摘包括外交官的日本人，大多因為蔑視中國而被中國人所輕易蒙蔽：「支那人絕對為喪失誠意之人種，妙於虛飾，巧於辭令，冠絕世界。其接人待物不過徹頭徹尾虛偽修飾，即其國人之間交際、甚至在父子夫婦兄弟之間亦難流露真情。」（〈失敗之真因〉，第10–11頁）「若是自己可以得到利益，彼等即使持鞭捧履之勞也在所不辭。即使百年仇敵，也可示以不啻於骨肉之忠愛，其親切周到奉承迎合之妙，無有一國可達其域。」（〈失敗之真因〉，第11–12頁）而日本的外交官卻「常以自家理想感情推定彼等，提前盡我情誼以候彼等知恩還報，其淳樸律儀之美風不能不令人感動，然最終卻不免失望重重，此即我對支外交失敗之原因。」（〈失敗之真因〉，第13頁）「稱支那人每個人都有外交手腕絕不為過」，（〈失敗之真因〉，第14–15頁）「然而多數日本人視支那人為蠢物，故在一酒宴、一贈與、一好辭、一甘言之下即被收攬，或者是於交談主義、議論之際看到彼等做出讚歎敬服之狀，即以為意氣投合、肝

膽相照。」(〈失敗之真因〉,第14-15頁)

四,川島浪速批評日本人之所以容易被中國人所蒙蔽,是因為只知道看表面。「無論是外交或是國民之間交際,國人重覆失敗和失望的原因,皆為不熟知支那人之真面目。」(〈失敗之真因〉,第15頁)對於袁世凱的態度就是一個典型的例子,如袁世凱在「軍事、警察、教育、財政、工藝等種種事業中僱用大量日本人教師」,原因原為義和團事變中中國人對日本人產生了敬畏與好感,其二為「不外是比起歐美人來工資低廉和容易控制而已」。然而「國人愚直,隨喜渴仰之餘,視袁世凱為親日黨之神而崇拜之。」(〈失敗之真因〉,第18頁)「如日本領事,因其僱用大量國人,不足兩日,……亦誤認袁為肝膽相照之好友,自信只需交臂一談萬事即可解決。」而實際上,袁世凱「為支那人中最能將支那人通有之性格才能發揮到極端之人。」(〈失敗之真因〉,第31頁)「革命亂發生後,在其推翻清朝消滅革命黨攫取今日地位過程中,我國當局及多少國人,誠心誠意暗助其成,然觀其最近言行對我卻毫無報德之心。」(〈失敗之真因〉,第32頁)

五,根據對袁世凱外交的失敗,川島浪速進而提出他所主張的對中外交原則,一是先施威、後施恩,二是一手按劍、一手交歡,時刻擺出不聽命即出劍的姿勢。「總之,過去那種單純希望通過迎合支那人感情而操縱之筆法,實是拙之又拙。吾人敢於此斷言,如此我國外交勢必永遠難逃劫難,必無成功之時。」(〈失敗之真因〉,第34頁)因此應該學習元和清的做法:「如先施以威,使深感恐怖之後再施以恩,其馴良柔順也是世界罕見,此即元清諸族能以少數征服並統御多數之理由,已由歷史明證。」(〈失敗之真因〉,第36頁)「故對待支那人之要訣為,右手常扶利劍,而後伸出左手對其言語,汝等如願與我握手,我等亦會應之而不推辭。如不然,我右手之劍馬上飛出架於汝首級之上。如能如此,四億萬人中無一人敢不屈從。如右手無劍只求握手,決不能達到目的。日本對支那一直都有鋒利無比之利劍,然藏於匣中,一直徒手笑顏求其握手,故常常失敗而

無轉機。」（〈失敗之真因〉，第36–37頁）

　　六，川島浪速在〈失敗之真因〉中用了很長篇幅來批評日本人為袁世凱所欺騙利用，而值得注意的是，川島浪速所提出的「制伏袁世凱的利劍」，居然是他當年所痛恨的中國革命勢力。「近聞有人提出袁疑孫黃流亡滯留顯系日本之意。因此感情不和，為圓滿進行交涉，應以何種方式將此流亡之徒輩送出國外，以釋其誤解得以收我權利。然此為無以上之愚見。」（〈失敗之真因〉，第32頁）「清朝末年，為迎合其歡心，我國曾極力壓迫孫黃之徒，而得支那一般青年之惡感，因此由留學生在支那全國遍播排日風潮種子，蒙受大害，然無得清朝絲毫感激。」（〈失敗之真因〉，第33頁）「如孫黃之輩在我國土，雖為無為之書生，然以奇貨可居，正是用於外交計略之好材料，並無拼命防止惹袁誤解之必要。……滿蒙居北京命運死活之樞機，而袁之存亡在於能否於北京進行統治，故要操縱袁必先掌握其樞機。帝國要想收拾早晚勢必土崩瓦解的支那之殘局，救濟四億萬民，履行保全東亞之天職，〔在中國─筆者〕唯一的立腳點即為滿蒙。」（〈失敗之真因〉，第38–39頁）

　　川島浪速在該報告的最後，通過前一年春夏之交收到的一位清朝皇族來信證明他的觀點，尤其是對袁世凱看法的正確性。該信以中文寫道：「日本政府宜自命為東方主人翁，仗義鋤奸，弔民伐罪，不敢大收私益」（〈失敗之真因〉，第46頁），「對於中國人民，須用金剛怒目、菩薩慈心」，「袁所聯者米國〔原文如此─筆者〕，對於日本敷衍而已，明眼人當能知之」，「袁世凱對君父為不忠不孝，對國民為不信不義，東西道德皆無一毫。其人歷史具在，可詳考之，其名不正，何以外交諸公反欲贊成，得無為袁所欺騙乎？」（〈失敗之真因〉，第47–48頁）

　　這位寫信給川島浪速的清朝皇族，應該就是肅親王善耆。肅親王在逃出北京來到旅順以後，一直生活在日本勢力的保護之下，其每月約1,000元的生活費用也應該一直由日本軍方支出。[88] 1913年

12月17日，川島訪問總參謀部第二部部長宇都宮太郎，提出希望宇都宮能夠幫助解決讓肅親王善耆的女兒、其養女川島芳子前來日本留學的問題。[89] 在神戶大學所藏《宮島家文書》中，也有一封恭親王溥偉在此時期通過宮島大八帶給川島的親筆信，其中寫道：「別後常耿耿不去懷，每晤東友必詢近況。……知吾兄肅親王出亡旅大，賴先生一力保護維持，遞聽之餘，莫名欣感。此次君〇來東歸，述先生為本朝竭盡心力、勞怨不〇，感激之衷，至於泣下。」[90] 可以肯定，川島浪速在此期間不僅與住在旅順的善耆一直保持著聯繫，而且依舊為推動「滿蒙獨立運動」四處活動。

　　終如川島浪速所願，1916年3月7日大隈政權通過內閣決議，正式決定進行倒袁活動。日本政府能夠做出這一對中政策的轉換，當然首先是不願看到袁世凱繼續掌握中國的最高權力。因為1915年1月18日之後關於〈二十一條〉的談判，讓日本政府再次感受到袁世凱的反日情緒，因此他們更加希望親日的、以孫中山為首的南方革命派掌握中國的政權。還有一個原因就是，他們看到在前一年12月12日宣佈稱帝的袁世凱在護國戰爭的打擊下已經是日暮途窮。按照栗原健的說法，實際上從1月開始，在外務省政務局長小池張造的主導下，由陸軍省、海軍省、參謀本部、軍令部的有關局長、部長參加，每週一至兩次開會交換情報，研討制定日本政府對中政策。對中政策分為滿蒙方面、山東方面、上海方面和南方方面四個部分，按照日本政府內閣決議中提到的「金錢問題」，決定由大倉喜八郎向滿蒙方面的肅親王善耆提供100萬元，其他方面由久原房之助分別向岑春煊提供100萬元、向孫中山提供50萬元，之後再向孫中山、黃興和陳其美各自提供了10萬元。[91] 而按照波多野勝《滿蒙獨立運動》的說法，內閣決議之後第三天即3月10日，久原房之助的「久原礦業」就與孫中山簽約提供了20萬元借款，而要求孫中山的條件，自然就是將來向久原礦業提供中國礦產資源的開發權。[92]

　　川島浪速的「滿蒙獨立運動」也因此終於迎來了轉機。在得知日

川島浪速、川島芳子

川島浪速等人在東京開會，
商議發動第二次滿蒙獨立運動後留影

巴布扎布

本政府政策發生變化以後，川島浪速等人立即開始行動。但是因為貢桑諾爾布已經於1912年9月接受了袁世凱的邀請，出任北京政府的蒙藏事務局總裁一職，所以川島浪速計劃中第二次滿蒙獨立運動的蒙古人力量、即運動的軍事力量的主角，變成了潛伏在達里諾爾湖（鹽湖）一帶的「蒙匪頭目」巴布扎布。巴布扎布原是內蒙古卓索圖盟土默特左旗人，後全家遷至奉天彰武縣。黑龍會常務幹事葛生能久所著、1935年出版的《東亞先覺志士記傳》（中）如此描繪巴布扎布的生平：因為家鄉常常受到馬賊的殘害，青年巴布扎布為了「挫邪助正」，故意投入馬賊，「以其勇猛大膽和理智清晰」而「馬上成為一方頭目，名聲響徹蒙古邊境地帶」。恰值遇到日俄戰爭，在日軍「特別任務班」招募時，巴布扎布投入「滿洲義軍」，因為立下「顯著功績」，戰後被日本軍方推薦為彰武縣巡警局長。但是「霸氣鬱勃」的巴布扎布不甘心一生只做一位行政小官吏，辛亥革命爆發後看到清王朝的沒落，「對清朝抱有忠誠之情」的巴布扎布毅然率領36名親信參加了「外蒙獨立軍」，被任命為「東南方面軍」的司令官，活躍於經棚（今內蒙古自治區赤峰市克什克騰旗人民政府所在地）、林西和多倫諾爾（今內蒙古自治區錫林郭勒盟多倫縣轄下的一個鄉級鎮，清代康熙舉行多倫會盟處）地區，被稱為「常勝將軍」。然而看到外蒙聽命於俄國、撤銷獨立、與民國政府達成「自治」的協議後，又與外蒙脫離關係，獨自活動在內蒙古東部西烏珠穆沁旗附近的達里諾爾湖一帶，以販鹽為財源，進行練兵和等待復興清王朝的機會。[93]

　　但是，根據1916年3月27日、當時奉天滿洲鐵道公所提交的報告，巴布扎布不過就是一個「普通的馬賊」和「蒙匪頭目」而已：「蒙匪頭目巴布扎布，曾為開魯縣之一個小官吏。當年扎薩克王逃亡外蒙時，彼亦加入行列舉起叛旗，成為一名蒙匪的軍官，其實不外乎是一位並無任何學識的、野蠻的、普通的馬賊，如果認為他是一位主張內蒙獨立的具有政治卓見之士，那就完全是一種錯誤。」「懷柔巴布扎布是袁世凱最費苦心的一件事」，最終派遣與巴布扎布同為土

默特左旗人、為巴布扎布所信賴的瑪哈爾巴薩爾，與巴布扎布談判收編。對於巴布扎布提出的七個條件和六個附帶條件，「中央政府認為要求過分，雖其中一半可以接受，然其餘的各條如不加以修改則難以接受」，如認定兵員為5,000人、撥發武器5,000支、不顧其他蒙古王公利益劃分駐防地域等，加上南北戰事，談判遂未再繼續。[94]而日本外交史料館中所藏當時的一份報告書〈蒙匪討伐狀況〉則說：

> 蒙匪頭目巴布扎布，據說原為土默特旗之五品頂戴藍翎巡官，又據說原為賓圖王旗或喀喇沁旗的喇嘛僧，轉而投入馬賊，勢力漸大，跋扈於東南內蒙古界，後又進入錫林郭勒盟各旗，麾下號稱萬人，初次南下即陷林西，進出多倫諾爾，遙遙威脅北京。雖其最終目的是在普通匪賊式的劫掠搶奪，還是在擺弄鋒鏑、任俠騁勇於鄉關，還是在通過反抗袁政府達到何種政治目的尚且不清，但至少可以看出他現在是同時三者具備。[95]

按照《東亞先覺志士記傳》(中) 解釋，巴布扎布之所以同日本方面建立起聯繫，是因為巴布扎布「與中國軍隊屢屢交戰，但因交通不便的邊境地區無法補充武器彈藥，一時退至哈拉哈河地區，同時為了充實兵力，遂向多年信賴的日本方面求援」，通過居住在海拉爾的日本人宮里好麿派遣了兩位部下，於1915年6月間偷偷來到日本。但是，因為當時的日本政府拒絕了他們的要求，他們又通過大原武慶找到計劃滿蒙獨立活動的川島浪速。川島等人決定對其進行支援，11月間派遣當年曾經幫助孫中山在東京建立過軍事學校「浩然廬」的預備役騎兵大尉青柳勝敏[96]等人，前往巴布扎布處考察，青柳勝敏在與巴布扎布約定進行援助之後，於12月底返回日本。[97]

而1916年3月27日奉天滿洲鐵道公所報告稱，當時到北京出差的滿鐵職員得知，瑪哈爾巴薩爾回到北京後報告說：

> 巴儼如國王般地接受部下禮拜，一身霸王之氣，其部下中既有擅長文筆的漢人，還看到有數名日本人各自攜帶妻子居住於

此。據巴本人所談，已經同日本進行談判，當會接受其提供的
武器與軍費，但武器如利用滿鐵運送自然有被支那官憲發現的
危險，因此同東清鐵路進行交涉，準備在浦鹽登陸後運送到滿
洲里的停車場，在當地進行交付。[98]

　　從時間上可以判斷，在此之前已經有當地的日本馬賊（也許就是
薄益三等人）與巴布扎布建立聯繫。現藏於日本防衛研究所、由當時
青島日本守備軍司令官大谷喜久藏於1915年給陸軍大臣的〈軍官處
刑〉報告證實，薄益三在1915年初即已帶領其弟薄守次等15名日本
人（其中有日軍軍官），開始為第二次滿蒙獨立運動準備軍火武器：
「薄益三在1915年1月下旬受宗社黨頭目趙贊天和于海川的指令，以
復興清朝為目的，在黃縣［青島—筆者］地方發起革命之亂，……前
往大連並在當地購買步槍170支，子彈四萬發。」[99]宗社黨在青島發
起革命一說，應該是青島軍方沒有搞清事實而產生的誤解。

　　在日本政府改變了對袁政策以後，大量日本現役和退役軍人以
及日本大陸浪人進入到「滿蒙」地區，分別形成了旅順的總部（肅親
王和川島浪速）和巴布扎布軍的指揮部（以陪著肅親王第七子憲奎來
到這裏的青柳勝敏為首）。按照《東亞先覺志士記傳》所列的名單，僅
在巴布扎布軍中的日本人就達51人之多（其中22人為預備役軍官），
肅親王變賣財產、通過川島浪速等人在日本購買的軍火，也經由這
些日本人之手陸續運送到巴布扎布軍中。[100]由於第27師師長張作霖
態度不明，為了排除障礙，日本浪人們於5月27日組織了對張作霖
的自殺性襲擊。但是內田良平在6月1日從瀋陽給外務省發去電報，
又建議「由張作霖提出，將長城以外即滿蒙地區從中國分離出來，在
宣統帝統治下實行獨立」。[101]

　　1916年6月27日，巴布扎布軍打出了「勤王師扶國軍」的旗幟，
7月1日開始南下東進。然而，按照中間立夫的見解，這是一場從一
開始就注定不會打贏的戰爭。因為巴布扎布之所以出兵，不過是因
為自己突然遭到日本拋棄而對日本做出的一種示威行動而已。[102]因

第二次滿蒙獨立運動巴布扎布部隊中的日本人

郭家店的巴布扎布軍（圓圖為巴布扎布）

日本人慰問第二次滿蒙獨立運動失敗後的巴布扎布部下

為護國戰爭迅速得到全國各地回應，袁世凱雖然被迫於3月21日取消帝制，但是反對袁世凱的呼聲卻沒有因此消停，失意的袁世凱於1916年6月6日突然死去。日本政府因此宣佈支持黎元洪新政權，在中國剛剛開始的倒袁運動因此被日本政府再次緊急叫停。面對巴布扎布的軍事行動，日本政府只好嚴令當時在旅順的川島浪速趕往前線郭家店（今天吉林省梨樹縣境內）親自逼巴布扎布退兵。10月6日，退兵途中的巴布扎布軍與一直跟蹤追擊的熱河都統姜桂題[103] 帶領的毅軍遭遇，巴布扎布本人也身中流彈而亡。

　　不僅如此，此後日本外務省還通過軍方，反覆命令參加了這次行動的日本人迅速脫離「蒙匪」乃至「宗社黨」。[104]「第二次滿蒙獨立運動」就這樣再次收場。中間立夫從巴布扎布的生涯和他與日本之間的關係中，得出了巴布扎布所追求的根本不是「滿蒙獨立」的結論：「對於他來說，只有內蒙古的獨立，才是第一義的問題。」[105] 第一次和第二次滿蒙獨立運動中的蒙古族，都只不過是被川島浪速當做進行「滿蒙獨立運動」的工具。而更重要的是，這段歷史告訴我們，川島浪速所醉心的「滿蒙獨立」及其所發動的這兩次「運動」，對於日本政府和日本軍部來講，也不過是他們干涉中國的工具、一顆可以隨時拋棄的棋子而已。

　　所謂的「滿蒙獨立運動」雖然消失了，但是參加過「運動」的日本人卻並沒有對將「滿蒙」納入到日本的勢力範圍放棄幻想。直到1925年，薄益三等人還留在赤峰和林西一帶，但這時他們卻是借著和蒙古王公合辦農牧業開發產業的口號在活動。[106] 日本當年對「滿蒙」地區產生興趣的原因，就是向這裏移民和開發這裏的礦產資源，在1910年時就有日本人到「吉林蒙古一帶查勘一切，藉近偵探。」[107] 中井喜太郎在其於1913年12月15日向日本外務省提出的一份〈關於滿蒙之意見〉中，為日本政府設計了〈礦山開掘權獲得案〉、〈森林伐採權獲得案〉、〈南滿鐵道事業擴張案〉和〈東蒙古王公懷柔案〉等納滿蒙進入日本勢力範圍的方法，而其中的〈東蒙古王公懷柔案〉就是針

對東部蒙古地區的荒地開墾權和礦山開採權；共和以後，東蒙古王
公因為失去了清朝時代的經濟補助而財政貧乏，王公們羨慕朝鮮國
王每年能夠從日本得到巨額的補助，因此也曾派人暗地調查金州半
島（遼州半島）的中國人生活情況，希望能夠以荒地開墾權和礦山開
採權為抵押，借助日本勢力保全王公地位和得到能夠安泰生活的補
助費。在北京的日本人其實已經以荒地開墾權和礦山開採權為抵押
向其貸款，而日本政府又可以通過在「滿洲」的日本銀行，貸款給這
些日本人。[108]

　　其實東蒙地區的蒙古王公們很早以前就有以土地作抵押換取日
本支持的想法，所以川島浪速在1912年初所說「與巴林王之間以其
管轄內的礦山開採權為抵押借款一萬兩」、「與巴林敖漢等昭烏達盟
十一旗之間簽訂特殊密約之事已經接近成功」，絕非空穴來風。1914
年4月，敖漢旗蘇親王與日本人的談話中也直接說出了這一想法。[109]
1915年5月11日，「十年以來蒙古巴林王教習」（原文如此）的片谷傳
造搭乘「哈爾濱號」回到日本，在神戶登陸時對記者們談到：

> 本次日支交涉中如何獲得在東蒙地區的利權是我政府最為棘手
> 的問題，但是又是一個重要的問題。因為該地區與其說是資源
> 豐富，毋寧說是在國防上處於最為樞要位置，所以為了國家百
> 年之計和建設東洋和平之根基，即使放棄一些山東方面的利權
> 也必須要收入我手。同時，該地資源之豐富可謂別無僅有，只
> 要政府如當年東拓〔即以移民和殖民地開發為主要內容的「東
> 洋拓植」—筆者〕那樣設立特別部門進行開發，或者是補助有
> 志的資本家著手此類事業，現今一平方海里人口只有兩人的這
> 片土地，吸收500萬人的移民也並非難事。何況，這裏的人即
> 使對我們還沒有產生感情，也絕不會像他們對待支那人那樣
> 壞，事業定能順利起步和發展。[110]

　　片谷之所以敢於說出這種話來，說明他明白蒙古族王公以土地

作抵押換取貸款等做法的背後，隱藏著借日本力量擺脫中國控制的
目的。對於這一點，民國政府當然也是心知肚明。所以在民國9年
(1920) 6月時，他們借著一封順直省議會的電報開始大做文章：

> 天津順直省議會來電，民國九年六月二日 大總統國務院鈞
> 鑒，近聞蒙古王公私借日債，擅以蒙地做押，事如屬實，喪權
> 辱國莫此為甚，務懇嚴為查究，以弭外患。[111]

此事當然絕非小事，國務院立即將這件事交給外交部處理。[112]
但是外交部處理這件事的方法卻很蹊蹺，他們以無法得知「債券方面
究係何等日人」為名，不去向日本方面直接提出交涉，而是將此事又
推給內務部和蒙藏院：

> 惟上述消息，關係土地主權，至為重要，極應設法偵查，如果
> 屬實，應即勸令蒙古王公迅速取消此議，以免發生重大轇轕。[113]

內務部在接到國務院的命令後，6月25日特地發文：

> 查順直省議會電稱各節，關係我國土地主權至巨，極宜切實查
> 明，如確有押借情事，即飭趕緊取消。一面對於蒙屬各處更應
> 一體嚴行曉諭。不得再有此種行為，以免釀成巨患。[114]

從國務院發給外交部的〈國務院公函第1785號〉來看，到了8月
時，他們已經察覺蒙古王公確有此類行為，且目標漸漸集中到昭烏
達盟。[115] 然而有趣的是，這件事情到了最後，被推到當時擔任蒙藏
院總裁的貢桑諾爾布面前。貢桑諾爾布雖然不是來自昭烏達盟，但
是昭烏達盟的巴林旗、敖漢旗的王公卻都是當年在他的率領下參加
「第一次滿蒙獨立運動」的盟友，而他們當年也正是以農地開墾權和
礦山開採權換取日本支持他們進行「獨立」活動的。聰明的貢桑諾爾
布立即行文回答：「由本院照會昭烏達盟長，嚴密偵查，無稍迴護，
如果屬實即應趕緊取消。」[116] 民國政府如此做法固然有其理由，然

而是否同時還有其他的目的，明眼人當是不言自明：當年日本與蒙古民族之間的關係，也遠非是完全出於日本的侵略野心這樣一句話就能夠完全說清的。

結 語

後來的事實也說明，日本政府和日本佔領當局從來沒有統一內蒙古地區的蒙古族、使其實現獨立的打算。森久男指出，「滿洲事變」（九一八事變）之後，東部內蒙古地區曾經出現要求內蒙古獨立的活動。由巴布扎布的兩個兒子甘珠兒扎布和正珠兒扎布建立的「蒙古獨立軍」一時還得到關東軍的支持，領取了3,000支槍支和20萬發子彈，其後又以本章前文所提到的松井清助（此時為退役大佐）等為顧問。在1932年3月滿洲國成立前夕，內蒙古東部的蒙古族中還有人提出了分別建立「滿洲」與「蒙古」兩個國家，然後由兩個國家共同構建成「滿蒙獨立國家」的建議。然而由於擔心在新國家「滿洲國」內引起民族對立，「2月18日，在菊竹實藏（滿鐵中屈指可數的蒙古研究家，滿鐵鄭家屯公所長）的指導下，在鄭家屯召開了東部內蒙古各旗代表會議，通過了東部內蒙古的蒙古族參加新國家的決議。」「『蒙古獨立』被降為『蒙古自治』。作為滿洲國建國理念的『五族協和』並不單單是一個美麗的辭藻，其實包含著否定蒙古族獨立的深意。」[117]

被併入滿洲國的內蒙古東部，最後不過成了滿洲國的興安省。而針對熱河省內的蒙古族動向，關東軍參謀部在1933年10月26日的報告書中還指出：「熱河省內的蒙古人知識分子中有人認為，應該將蒙古民族聯合在一起實現蒙古獨立，這一點應該引起吾人注意。」「如果不客氣地說，蒙古人只要是在日本的統治之下會高興地服從。」當年9月8日、11日，在承德的日軍師團司令部會議室裏，先後由關東軍承德特務機關和熱河省公署主持下召開了「蒙古王會議」，並形

成〈熱河省蒙旗會議決議〉，其中第一條即為：「一，熱河的蒙民為構成滿洲國之一分子，永久對滿洲國盡忠節。」[118]

　　1936年1月，由「錦州省公署旗務課」五島德二郎寫給軍方的一份政策提案書〈關於熱河省、錦州省管下蒙旗處理的考察：處理蒙古根本方針考〉則更明確地指出：「如果蒙古工作妨礙了支那工作，無論是甚麼時候都應該被放棄。」「我們首先要注意到的是，如果說到『支那工作』、『支那四億工作』當然要包括察哈爾。或者是談到支那主權，那麼支那的主權究竟是指甚麼呢？單從文字上來看，這一點就非常抽象籠統。主權是復興亞細亞運動至高無上的內容，做到了這一點就等於說已經取得了亞細亞的復興，因此主權論不是一種觀念，而是一種現實論，所以將蒙古工作作為犧牲品也是理所當然的事情，對此誰都不會提出異議。」[119] 也就是說，包括當年的「滿蒙獨立運動」在內，日本在中國東北和內蒙古等邊疆地區的所有工作，說到底不過是為它進一步侵略整個中國的目的而服務的。

註　釋

1　　衛藤瀋吉：〈大國におもねらず小國を侮らず〉，《中央公論》，1972年10月號，第118頁。

2　　青柳篤恒：〈支那に對する我日本の根本方針〉（上），《太陽》，第19卷第3號，第90–91頁。

3　　因本章多用日文歷史資料和先行研究，為尊重原資料和加深讀者印象，以及文中行文方便起見，文中的「滿洲」即中國東北地區，「滿蒙」即東北與內蒙古東部地區。下文不再一一說明。

4　　小林道彥：《日本的大陸政策：1895–1914》（東京：南窗社，1996），第7頁。

5　　《總理各國事務衙門全宗》，《聘請日本川島教練巡捕設立學堂每月需月俸經費若干請將合同原定數目見復由》，中央研究院近代史研究所藏，館藏號01-14-022-01-005，光緒27年7月24日（1901年9月6日），發文者：步軍統領衙門，收文者：外務部。

6　　中間立夫：《「滿蒙問題」の歷史的構圖》（東京：東京大學出版社，

　　　2013），第112頁。

7　總理各國事務衙門：〈川島君在京辦理一切事宜悉臻妥洽請轉致暫緩回
　　　國由〉，光緒27年03月15日（1901年5月3日），台灣中央研究院近代
　　　史研究所藏，館藏號01-14-010-02-004。

8　《外務部全宗》西藏檔，〈日本人川島見達賴事〉，中央研究院近代史研
　　　究所藏，館藏號：02-16-007-02-044，光緒34年10月18日（1908年11
　　　月11日）。

9　秦永章：〈1906–1908年日本當局與十三世達賴喇嘛的接觸〉《民族研
　　　究》，2005年第4期。

10　〈製鐵所長官陸軍中將中村雄次郎以下二十五名外國勳章並記章受領及
　　　佩用ノ件〉，JACAR（アジア歴史資料センター），A10112575800，敘勳
　　　裁可書‧明治三十六年‧敘勳卷十‧外國勳章受領及佩用四，國立公
　　　文書館藏。

11　〈勳六等川島浪速以下三名外國勳章記章受領及佩用ノ件〉，JACAR，
　　　A10112590000，敘勳裁可書‧明治三十七年‧敘勳卷六‧外國勳章受
　　　領及佩用三，國立公文書館藏。

12　會田勉：《川島浪速翁》（東京：文粹閣，1936），第116–120頁。

13　〈受七六一，電報〉，明治44年12月6日から12月9日，JACAR，B03050624100，
　　　清國革命動亂ニ關スル情報／陸軍ノ部，第三卷（B-1-6-1-397），外務
　　　省外交史料館藏。

14　宇都宮太郎關係資料研究會編：《日本陸軍とアジア政策2：陸軍大將
　　　宇都宮太郎日記》（東京：岩波書店，2007），1911年10月17日。

15　〈附、參謀本部宛川島發電文〉（第五二號）同日，《川島浪速翁》，第
　　　141頁。

16　〈附、參謀本部宛川島發電文〉（第五四號）1月23日，《川島浪速翁》，
　　　第142頁。

17　〈附、參謀本部宛川島發電文〉（第五九號）同日、（第六一號）1月28
　　　日，《川島浪速翁》，第144–145頁。

18　〈附、參謀本部宛川島發電文〉（第五九號）同日，《川島浪速翁》，第
　　　144頁。

19　〈附、參謀本部宛川島發電文〉（第六二號）1月29日，《川島浪速翁》，
　　　第145頁。

20　波多野勝：《滿蒙獨立運動》（東京：PHP研究所，2001），第74–77頁。

21　王柯：《民族與國家：中國多民族統一國家思想的系譜》（北京：中國社

會科學出版社，2001），第6章，〈多重的帝國與多元的帝國〉。

22 葛生能久：《東亞先覺志士記傳》（中），第306頁。

23 傅啟學：《六十年來的外蒙古》（台北：商務印書館，1961），第28頁。

24 同上註，第29頁。

25 王柯：《中國，從天下到民族國家》（台北：政大出版社，2014），第5章，〈多重的帝國與多元的帝國〉。

26 汪炳明：〈清朝覆亡之際駐京蒙古王公的政治活動〉，內蒙古大學中國內蒙古地區黨史、內蒙古近現代史研究所編：《內蒙古近代史論叢》，第3輯（呼和浩特：內蒙古人民出版社，1987），第4頁。

27 同上註。

28 同上註，第5頁；《「滿蒙問題」の歴史的構圖》，第132頁；〈伊集院全權公使、內田外務大臣宛電報〉，第七六〇號，明治四十四年十二月三十日，JACAR，B03050661600，清國革命動亂ノ際蒙古獨立宣言並ニ清國政府ニ對シ行政ニ關スル要求一件（B-1-6-1-433），外務省外交史料館藏。

29 〈伊集院全權公使、內田外務大臣宛電報〉，第七二一號，明治四十四年十二月廿三日，JACAR，B03050661600，清國革命動亂ノ際蒙古獨立宣言並ニ清國政府ニ對シ行政ニ關スル要求一件。

30 〈清朝覆亡之際駐京蒙古王公的政治活動〉，第5頁。

31 同上註，第8頁。

32 《滿蒙獨立運動》，第76–77頁。

33 〈機密第五五號、喀喇沁王貸金ニ關スル件〉，《對支借款關係雜件》/蒙古ノ部 喀喇沁王公對正金銀行，JACAR，B04010740000，對支借款關係雜件/蒙古ノ部（1-7-1-044），外務省外交史料館藏。

34 〈機密第五四號、漢公貸金ニ關スル件〉《對支借款關係雜件》/蒙古ノ部 喀喇沁漢公對正金銀行，JACAR，B04010739900，對支借款關係雜件/蒙古ノ部。

35 〈喀喇沁王橫浜正金銀行へ借款申込ニ對シ在北京川島ヨリ意見具申併請訓〉《對支借款關係雜件》/蒙古ノ部 喀喇沁王公對正金銀行/3・喀喇沁王公對正金銀行，JACAR，B04010740300，對支借款關係雜件/蒙古ノ部。

36 《對支借款關係雜件》/蒙古ノ部 喀喇沁王公對正金銀行/4・喀喇沁巴林借款（對大倉組），JACAR，B04010740400，對支借款關係雜件/蒙古ノ部。

37　〈附、參謀本部宛川島發電文〉(第六五號) 1月31日,《川島浪速翁》,
　　第146–147頁。

38　《「滿蒙問題」の歷史的構圖》,第162頁。

39　同上註,第143、151頁。

40　〈附、參謀本部宛川島發電文〉(第六五號) 1月31日,第147頁。

41　此為林董給伊藤博文韓國總監的第69號電報中的一段話,引自鈴木仁
　　麗:《滿洲國と內モンゴル:滿蒙政策から興安省統治へ》(東京:明石
　　書店,2012),第55頁。

42　《滿洲國と內モンゴル》,第56頁。該書幾乎沒有提及「滿蒙獨立運
　　動」,但依然對本章多有啟示,在此特致謝意。

43　《滿洲國と內モンゴル》,第56–57頁。

44　同上註,第57頁。

45　同上註,第58頁。

46　同上註,第52頁。

47　同上註,第65頁。

48　〈星野參謀長から外務次官宛の電報〉,明治四十一年二月一日,《對支
　　借款關係雜件》/ 蒙古ノ部　喀喇沁王公對正金銀行 / 2‧巴林王借款
　　申出,JACAR,B04010740200,對支借款關係雜件 / 蒙古ノ部 (1-7-1-
　　044),外務省外交史料館藏。

49　宇都宮太郎關係資料研究會編:《日本陸軍とアジア政策1:陸軍大將宇
　　都宮太郎日記》,(東京:岩波書店,2007),1909年9月6日,第268頁。

50　北野剛:《明治‧大正期の日本の滿蒙政策史研究》(東京:芙蓉書房,
　　2012),第98頁。該書對本章多有啟示,在此特致謝意。

51　《日本陸軍とアジア政策1:陸軍大將宇都宮太郎日記》,1910年9月24
　　日,第374–375頁。

52　同上註,1909年10月8、9、11、14、18、22日,第276–280頁。

53　同上註,1910年9月24日,第374–375頁。

54　《明治‧大正期の日本の滿蒙政策史研究》,第98–100頁。

55　《日本陸軍とアジア政策2:陸軍大將宇都宮太郎日記》,1912年4月11
　　日,第100頁。

56　同上註,1912年4月11日、5月7–10日,第100、108–110頁。

57　《對支借款關係雜件》/ 蒙古ノ部　喀喇沁王公對正金銀行 / 4‧喀喇沁
　　巴林借款(對大倉組),JACAR,B04010740400,對支借款關係雜件 /
　　蒙古ノ部 (1-7-1-044),外務省外交史料館藏。〈附、參謀本部宛川島發

電文〉(第六四號) 1月30日,《川島浪速翁》,第146頁。

58　〈附、參謀本部宛川島發電文〉(第六五號) 1月31日,第147頁。

59　〈在北京川島から次長宛の電報〉受七九二、6　明治44年12月12日か
　　ら明治44年12月14日,JACAR,B03050624400,清國革命動亂ニ關
　　スル情報 / 陸軍ノ部,第三卷 (B-1-6-1-397),外務省外交史料館藏。

60　《日本陸軍とアジア政策2:陸軍大將宇都宮太郎日記》,1912年2月26
　　日,第88頁。

61　《「滿蒙問題」の歷史的構圖》,第143、150頁。

62　《日本陸軍とアジア政策2:陸軍大將宇都宮太郎日記》,1912年5月4
　　日,第107頁。

63　同上註,1912年2月1日,第81頁。

64　《「滿蒙問題」の歷史的構圖》,第149頁。

65　《日本陸軍とアジア政策2:陸軍大將宇都宮太郎日記》,1912年4月26
　　日,第105頁。

66　同上註,1912年5月4日,第113–114頁。

67　根據中間立夫獨自發現的資料,薄益三在被中國地方治安當局逮捕後
　　的供詞中,稱此次運送的物資為步槍1,500支、子彈30萬發、短槍200
　　支以及25,000元、銀500兩等。《「滿蒙問題」の歷史的構圖》,第156
　　頁。《日本陸軍とアジア政策2:陸軍大將宇都宮太郎日記》,1912年8
　　月10日,第137–138頁中記述為「兵器步槍1,500支,子彈30萬發等」。

68　〈清朝覆亡之際駐京蒙古王公的政治活動〉,第12–13頁。

69　〈附、參謀本部宛川島發電文〉(第六五號) 1月31日,第147頁。

70　《「滿蒙問題」の歷史的構圖》,第253頁。

71　同上註,第106頁。

72　同上註,第124頁。

73　〈第二次滿蒙獨立運動〉(上),《東亞先覺志士記傳》(中),第302頁。

74　川島浪速:〈對支那管見〉,JACAR,B03030267800,《支那政見雜
　　纂》,第一卷 (B-1-1-2-151),外務省外交史料館藏。

75　《滿蒙獨立運動》,第78頁。

76　川島浪速:〈平和的對支外交ニ對スル私見〉,JACAR,B03030268200、
　　《支那政見雜纂》,第一卷 (B-1-1-2-151),外務省外交史料館藏。

77　關於第三次《日俄密約》的詳盡內容,參蔡鳳林:《日俄四次密約:近
　　代日本滿蒙政策研究之一》(北京:中央民族大學出版社,2008),第
　　80–130頁。

78　以上人物簡歷，部分參考大里浩秋：〈漢口樂善堂の歷史〉（上），《人文研究》（神奈川大學人文學會），2005年第155期，第59–87頁。

79　〈對支那時局卑見〉，附圖略解，JACAR，B03030268100《支那政見雜纂》，第一卷（B-1-1-2-151），外務省外交史料館藏。

80　初瀨龍平：《傳統的右翼內田良平の研究》（北九州大學法政叢書1）（福岡：九州大學出版社，1980），第173頁。

81　〈川島浪速の支那渡航と最初の滿蒙建國計畫〉，《東亞先覺志士記傳》（中），242頁。

82　〈滿洲建國の先驅者川島浪速〉，《東亞先覺志士記傳》（中），212頁。

83　《傳統的右翼內田良平の研究》，第173頁。

84　〈對支那意見書〉JACAR，B03030268400，《支那政見雜纂》，第一卷（B-1-1-2-151），外務省外交史料館藏。

85　指美國加州於1913年5月通過的〈外國人土地法〉，旨在限制日本移民在美國擁有土地和資產。

86　一町步為9,917.35537平方米。當時一戶日本農民耕地為5反（半町步），一戶朝鮮農民耕地為2町5反，而南滿洲一戶農民耕地為21町步。參〈對支那意見書〉。

87　川島浪速述：〈對支外交失敗之真因〉（出版地和出版社等信息均未有記載，1914）。另見〈對支外交失敗之真因〉，JACAR，B03030268700，《支那政見雜纂》，第一卷（B-1-1-2-151），外務省外交史料館藏。

88　《日本陸軍とアジア政策2：陸軍大將宇都宮太郎日記》，1912年8月13日，第138頁。

89　同上註，第289頁。

90　〈恭親王より川島宛〉，《宮島家文書》，神戶大學借用番號1-40-d。○為無法判明字。

91　栗原健：〈第一次、第二次滿蒙獨立運動と小池外務省政務局長の辭職〉，《對滿蒙政策史の一面》，第6章（東京：原書房，1981），第147–148頁。

92　《滿蒙獨立運動》，第155–156頁。

93　〈第二次滿蒙獨立運動〉（上），《東亞先覺志士記傳》（中），第625–627頁。

94　〈奉天滿洲鐵道公所開申蒙匪頭目巴布札布懷柔策ニ對スル政府ノ苦心ノ件〉，大正五年三月二十七日，JACAR，A04018113300，公文雜纂・大正五年・第三十九卷・建議，國立公文書館藏。

95　〈7蒙匪 動ニ關スル報告〉（第壹篇），JACAR，B03050693500，〈蒙古

ニ關スル事情密偵一件〉（B-1-6-1-462），外務省外交史料館藏。

96　關於青柳勝敏當年幫助孫中山在東京建設軍事學校「浩然廬」的過程，
　　參趙軍：〈辛亥革命をめぐる日本民間の動き：青柳勝敏をはじめとす
　　る軍人グループの活動を中心として〉，王柯編：《辛亥革命と日本》
　　（東京：藤原書店，2011），第54–80頁。

97　〈第二次滿蒙獨立運動〉（上），第627–630、625頁。

98　〈奉天滿洲鐵道公所開申蒙匪頭目巴布札布懷柔策ニ對スル政府ノ苦心
　　ノ件〉，JACAR，A04018113300。

99　〈將校處刑の件〉，JACAR，C03022383300，《密大日記》大正4年　4
　　冊の內2，防衛省防衛研究所藏。

100　〈第二次滿蒙獨立運動〉（上），第631–636頁。

101　〈1內田良平發電報〉，JACAR，B03030271600，《支那政見雜纂》，第
　　二卷（B-1-1-2-152），外務省外交史料館藏。

102　《「滿蒙問題」の歷史的構圖》，第217頁。

103　〈第九號 / 巴布札布部下招撫ニ關シ八月二十五日姜桂題氏ヨリ中央政
　　府ニ送レル電報〉，JACAR，B02130394100，《外事彙報》，大正5年度
　　（B-政-87），外務省外交史料館藏。

104　〈宗社黨及至蒙匪關係邦人取締に關する件〉，JACAR，C03022426000，
　　大正6年《密大日記》，4冊の內4，防衛省防衛研究所藏，〈蒙匪中よ
　　り日本人引揚方說諭の為め海拉爾出張に關する復命書進達の件〉，
　　JACAR，C03022426100，大正6年《密大日記》，4冊の內4，防衛省防
　　衛研究所藏。

105　《「滿蒙問題」の歷史的構圖》，第219頁。

106　《蒙古農牧事業關係雜件》，第一卷，〈6・博王府對中日農業及商事合
　　弁經營ノ件〉，JACAR，B04011157600，《蒙古農牧事業關係雜件》，第
　　一卷（1-7-7-007），外務省外交史料館藏。

107　《總理各國事務衙門全宗》，〈日本在長春府城內秘設關東都督府派出所
　　並有日人至吉林蒙古查勘偵探希酌辦見復由〉，宣統2年12月11日四字
　　三百六十號。

108　〈中井喜太郎ノ滿蒙ニ關スル意見〉，JACAR，B03030268500，《支那
　　政見雜纂》，第一卷（B-1-1-2-151），外務省外交史料館藏。

109　〈秘第一八號，諜第五百六十二號〉，5大正3年2月24日から大正4年
　　8月28日，JACAR，B03050169300，《各國內政關係雜纂》/ 支那ノ部 /
　　蒙古，第三卷（B-1-6-1-140），外務省外交史料館藏。

110 〈東蒙に移民せよ〉，《大阪朝日新聞》，1915年5月12日。

111 〈蒙古王公私借日債事〉（發文者：國務院，收文者：外交部），《北洋政府外交部全宗》，台灣中央研究院近代史研究所藏，館藏號03-32-191-04-015，民國9年（1920）6月。

112 〈蒙古王公私借日債以蒙地作押〉（發文者：國務院，收文者：外交部），《北洋政府外交部全宗》，台灣中央研究院近代史研究所藏，館藏號03-32-145-04-010，民國9年（1920）6月。

113 〈蒙古王公私借日債應設法偵查如果屬實即勸令取消此議〉（發文者：外交部，收文者：內務部、蒙藏院），《北洋政府外交部全宗》，台灣中央研究院近代史研究所藏，館藏號03-32-145-04-011，民國9年（1920）6月。

114 〈蒙古王公私借日款事〉（發文者：內務部，收文者：外交部），《北洋政府外交部全宗》，台灣中央研究院近代史研究所藏，館藏號03-32-145-01-015，民國9年（1920）6月。

115 〈准色旺紥布等電稱報載熱屬蒙古王公暗將昭盟荒地私賣決不承認等語函送查核〉（發文者：國務院，收文者：外交部），《北洋政府外交部全宗》，台灣中央研究院近代史研究所藏，館藏號03-32-145-01-016，民國9年（1920）8月。

116 〈蒙古王公私借日債事已照會昭烏達盟長嚴密偵查如果屬實應即取消〉（發文者：蒙藏院，收文者：外交部），《北洋政府外交部全宗》，台灣中央研究院近代史研究所藏，館藏號03-32-145-01-017，民國9年（1920）8月。

117 森久男：〈蒙古獨立運動と滿洲國興安省の成立〉，《現代中國》（日本現代中國學會），第73號，第102–106頁。

118 〈關常報第78號　熱河省より見たる蒙古民族に就て〉，JACAR，C14030468400，熱河省より見たる蒙古民族に就て，防衛省防衛研究所藏。

119 〈熱河省、錦州省管下蒙旗處理ニ關スル一考察：蒙古處理根本方針考〉，4・國外蒙古獨立論（チャハル蒙古獨立論），JACAR，C13021529900，熱河省錦州省管下蒙旗處理に關する一考察：蒙古處理根本方針考，康德3年，防衛省防衛研究所藏。

第十一章

宗教共同體的邊界與民族國家的疆界
「回教工作」與侵略戰爭

透過前章可以看出，日本長期以來對中國邊疆地區的侵略或滲透，不僅是出於侵略中國的目的，同時也一直都與日俄、日蘇之間的對抗有著密切的關係。為了確保日本在中國的勢力範圍，如何阻擋俄國、蘇聯勢力南下，一直都是令日本國家、軍部和右翼勢力處心積慮的問題。因為這種關係，使明治後期以來日本就把對中國邊疆地區的戰略重心更多地放在中國北方邊疆地區。這個特點不僅反映在「滿蒙」與新疆地區，同時也使得日本必然要與中國的穆斯林社會發生關係。因為在「滿蒙」與新疆地區之間的廣袤地區中，同時生活著眾多的中國穆斯林。而通過日本防衛研究所所藏戰時日本陸軍檔案、日本外交史料館和日本國立公文書館所藏戰時外交檔案，可以清楚地看到：早在二十世紀初，日本就已設想向中國的「回教徒」進行滲透，以為日後日本侵略中國所用；而在發動侵華戰爭後，日本又針對中國北方的穆斯林社會具體制定並積極實施「回教工作」，只是這個事實鮮為人知而已。而搞清楚這一事實，不僅可以加深對日本帝國主義侵略戰爭本質的認識，同時還有助於我們加深理解二十世紀以來歷代歷屆中國政府在建設近代國家的過程中，尤其重視加強邊疆地區居民以及有著其他歷史文化背景的共同體之「國民」

意識的原因 —— 事實上，「民族革命」（「民族」＋「革命」）、「民族國家」的後遺症之一，就是造成宗教也可以被侵略勢力用來作為挑戰中國「民族國家」的工具。

第一節　日本關心「回教」的起點

　　1890年代，有兩三位在海外接觸到伊斯蘭教的日本人皈依了伊斯蘭教，但儘管如此，日本國內並不存在一個穆斯林的群體。直到進入二十世紀，日本才開始關注到伊斯蘭教，而這種關注卻與宗教信仰無關，完全是出於官方的，即外務省及軍部的政治需要的。1905年5月，一位名為櫻井好孝的人「接受外務省的秘密命令，到新疆至蒙古一帶進行旅行和視察」，「行程約二萬餘千里」。第二年12月回到日本以後，他就內蒙和新疆的地理狀況、交通情況、居民成分、宗教信仰和商業情況等，向外務省提交一份非常詳細的報告。[1]而從外務省於1906年1月16日向茨城縣廳申請推遲對櫻井好孝的徵兵命令一事來看，櫻井好孝應是日本外務省的屬員。[2] 另外，1910年，日本外務省的調查員中久喜信周，也對河南省的「回教徒」情況進行了調查。[3]

　　1913年，日本關東都督府將其所佔領地區劃分為大連民政署管區、旅順民政署管區、金州民政支署管區、瓦房店警務支署管區、大石橋警務支署管區、遼陽警務署管區、奉天警務署管區、撫順警務支署管區和安東警務署管區，「按照神道、佛教、基督教、道教、回教之類」進行了詳細的「宗教調查」。關東都督府為關東軍的前身，其歷任都督都是現役大將或中將，但是從這項調查報告來看，在當時關東都督府所管轄的所有地域中，「回回教」的勢力微弱，僅僅在金州民政支署管區內的「皮子窩所轄區內有一寺，幾近毀滅狀態」。[4]

　　1918年3月，日本陸軍參謀本部「認為有在庫倫、新疆方面擴

充情報網的必要」，於是使用「臨時軍事費」，[5]「在支那駐屯軍諜報擔任地域內分別設立諜報機關」，「在張家口方面，有該地三井洋行出張所員宮崎嘉一，雖無軍事方面智識但卻辦事可靠；陝西西安方面，派遣軍隊司令部翻譯吉田忠太郎前往；新疆迪化方面，派遣在鄉軍人下士佐田繁治前往，以宗教研究為目的，同時進行諜報活動；在外蒙古庫倫方面，有居住在庫倫的日本人駒田信夫，最近接受了進行諜報工作的委任」。[6] 另外，還向「天津及其他駐屯地」、「西安或太原」「配備軍官或其他能幹的間諜」，並「預定向張家口派遣軍官」。可以看出，這些被指定優先派遣的地區，多在中國西部、北部或是邊疆地區的中心城市。日本軍部之所以擴充在中國西北地方的情報網，其主要目的為：「隨時局進展，偵探俄德設在支那西北邊境的設施，以便及時採取共同行動阻止。」[7] 但是，日本軍部的行動還隱藏著另外的目的。例如，佐田繁治在新疆「以宗教研究為目的，同時進行諜報活動」，因為新疆居住著大量信仰伊斯蘭教的居民，在這裏進行「宗教研究」，重點當然只能是伊斯蘭教。筆者在日本國立公文書館藏的內閣公文中發現，1873 年 7 月 15 日出生於島根縣的在鄉軍人（即預備役）下士佐田繁治，在此之前是殖民地台灣警察，並非宗教研究家。[8]

可以看出，近代日本對中國伊斯蘭教的關注，並非出於偶然。有日本學者指出，日本對於「回教」的關注，原本就與侵略亞洲的目的有關。[9] 其關心所在，可以從刊行於 1922 年 8 月、大林一之執筆的《支那的回教問題》中看出。大林對中國伊斯蘭教進行研究的目的，說到底是研究「回教」在中國的統一與分裂問題上能夠產生甚麼樣的作用。所以，他在這本書最後寫道：「我認為，富於煽動性，並具有雷同性，在特殊地域裏成為特殊潛在勢力的支那回教，在現今的形勢之下就是支那的癌症。但是，除非到了支那自身被解剖手術切開之時，是無法將其剔除出去的。而因其病情發展非常緩慢，若沒有來自外部的衝擊就不會發生急激的病變。」也就是說，大林的結

論是，「回教」從根本上來說是中國的一個分裂因素，值得日本積極加以利用，進而他提出：「支那的回教，根據對它如何進行利用，可以使其在調整整個遠東問題上發揮出一種有力的作用。」[10] 大林一之的這本小冊子由青島守備軍陸軍參謀部刊行，出版後被分發給軍部與政府各有關部門，而當時大林一之的身份為「軍囑託」（軍方委託的研究人員）。這說明，大林的調查、研究和出版，都是遵從軍部的意願、使用軍部的資金進行的。

　　1922年11月，外務省情報部購買了山岡光太郎於1909年出版的《回回教的神秘威力》44本，分發給外務省的局長、課長，以及向南美洲地區輸出移民的各地方府縣政府，並發出通知要求學習有關伊斯蘭教的知識。[11] 山岡光太郎被稱為第一位到麥加進行朝觀的日本人。關於他之所以到麥加進行朝觀的背景，有日本研究者指出：「他並不是作為一個虔誠的信徒進行這次旅行，毋寧說這就好像是一次與宗教沒有任何緣分的冒險旅行。說得更深刻一點兒，那甚至不是一位身貧如洗的青年自發的冒險旅行，而是接受了軍部的指示進行的麥加朝觀。」[12] 雖然目前還沒有原始資料來證實這位日本研究者的指摘是否屬實，但是通過日本軍部的各種作為可以肯定，他們極其關注伊斯蘭教是一個不爭的事實。

　　田中逸平是第二位到麥加朝觀的日本人，他是在中國青島的日本駐屯軍中供職期間改信伊斯蘭教的。「支那回教研究家」若林半在其1935年向日本外務省提交的履歷書中這樣回憶道：「大正五年〔1916〕時，我去到青島陸軍訪問翻譯官、同志田中逸平氏（故人），共同談起東亞的百年大計，我懇請他改宗為回教徒以研究支那回教。在促使該氏下定了決心，並互相約定順從天意之後，我回了國。」若林半在吹噓自己的功績時甚至說道，田中逸平之所以在1924、1935年兩次去麥加進行朝觀，就是因為他的勸說。[13] 田中逸平是作為日本陸軍的翻譯官，隨著日本的「山東佔領軍」（又稱「征膠軍」）來到山東省的。之後他一邊掛著東京國民新聞社特派員的頭

山岡光太郎　　　　　　　　　　　田中逸平

衛，又一邊從1917年開始在山東省籌備創辦中文報紙《濟南日報》，並擔任該報主筆。

　　設立報社並非一件易事，不僅需要通過各種審批，而且需要大量設備和資金。但是，田中順利地設立了報社，緣由是他得到日本駐屯軍的支持：「設備費由當時的軍政長官吉村健藏氏出面，說明田中等為軍政盡力之事，並說服青島鴉片局劉子山出資約一萬元」。而田中逸平之所以能夠得到佔領軍的信賴和支援，就是因為他辦報的目的是在中國製造對日本有利的輿論，以支持日本的侵略政策順利實施：「從經營山東的目的出發，操縱支那人，創立一個強有力的漢字報社」，以便「在解決山東問題乃至其後」的「帝國的北支那經營」（即如何將華北納入日本勢力範圍的問題）上，「常常對時局問題直接發生影響」。[14]

　　有日本研究者認為田中逸平之所以改信伊斯蘭教，不是「企圖從政治和軍事的角度利用伊斯蘭教」，而是「試圖理解伊斯蘭教的本質，在興亞的理想基礎上嘗試與伊斯蘭教進行交流」。[15] 在沒有看到以上田中逸平在青島活動記錄的情況下，這位研究者得出的上述結論，可以說是完全沒有根據。而通過以上各種事實可以斷定的是，日本最早的伊斯蘭教，與日本開始向海外、尤其是向中國發展直至最後走向侵略中國的道路之間，有著緊密的關係。

第二節　活躍在中國「回教」界的日本人

　　與田中逸平有著親密關係的「支那回教研究家」若林半，其在中國的活動也具有鮮明的政治色彩。1935年9月，若林半帶領兩名弟子，用了大約兩個月時間，訪問上海、南京、青島、濟南、天津、北平、歸化(呼和浩特)、太原、熱河(承德)、奉天(瀋陽)、新京(長春)、大連等地，這次旅行的名目為「調查中國的回教政策及情況，並與之進行聯絡」。而調查和聯絡活動所使用的經費，來自日本外務省支出的「補助費」(500元)。[16] 1939年1月10日，若林半以「日本名人」的名義，來到日本軍佔領下的北京，視察設立在此的「中國回教總聯合會」，並且進行了「訓示」。[17]

　　戰爭初期，在被日本軍隊佔領的許多地區，都先後出現了各種「回教徒」的團體。值得注意的是，在這些團體的設立過程中，都能夠看到日本人的身影。最初的「回教徒」團體，是1934年末設立的「滿洲伊斯蘭協會」，它在「偽滿」各地共有166個分會。[18] 該團體之所以能夠形成如此強大網絡，就是因為日本侵略當局給予了極大支持。按照當時日本外務省調查部一位屬員的報告，在該團體設立的過程中，「盡了最大努力的是一位名為川村狂堂的日本人」。川村狂堂(名為川村乙麿，狂堂為其號)被推為「滿洲伊斯蘭協會」的總裁，在他指揮下，這個會員達一萬人以上的協會，積極支持了日本的殖民統治政策。例如，偽滿洲國實施「帝制」時，協會「率先鼓吹宣揚王道立國與滿洲建國的精神」，「讚揚友邦日本的仗義援助」。當中國共產黨對中國的穆斯林發出「抗日」號召後，該協會立即向各分會發出通知：「闡明發揚滿洲建國精神、加強日滿兩國一德不可分關係之意義，以及不可反滿抗日之理由和共產主義與伊斯蘭教教義二者不可共容之道理，以此來引導在滿回教徒。」當七七事變發生後，該協會又向「全滿信徒」發出「諭告」，宣稱日本的侵略行動，「不外是友邦日本為了維護東亞和平大義，而派出了正義之師」。[19]

據説，川村狂堂是受日本黑龍會的派遣來到中國的。從 1910 年代到 1920 年代，他一直活動在中國西北各地，大約是在北京或新疆改信了伊斯蘭教，曾經在甘肅省因為與「穆斯林叛亂」有關而被當局當作「軍事間諜」逮捕過。[20] 這件事實説明，川村狂堂可能具有日本軍部的背景。

1937 年 12 月，日本外務省調查部舉行第一次「回教研究會」報告會。會上，日本外務省歐亞一課「囑託」今岡十一郎[21] 當著 11 位外務省官員、3 位陸軍省軍官、4 位海軍省軍官的面，就以上所言及的活躍在中國「回教」中的日本人，做了如下陳述：「人們都説，在我國人中的回教徒已經為數不少。而在我看來，他們都不是真正的信徒，而是政策上的信徒。在這種人中間，從過去就有名的人大致如下：山岡光太郎 (在印度接受了洗禮)、田中逸平 (死亡)、中尾武男 (現任駐土耳其大使館囑託)、川村乙麿 (號狂堂，在奉天，在回教徒中有權威)、波多野鳥峰 (曾經在赤坂設立回教寺院)、岡本甚伍 (跟從庫利班加里接受洗禮，以世界旅行者而知名)、有賀文三郎 (跟從神戶的諾下姆古諾夫接受洗禮)，此外年輕的還有小林 (在愛資哈爾大學)、山本、鈴木、郷等人。」「作為個人的行為，還有若林半在做支援輸送青年到麥加進行朝覲的活動。」[22] 這些人「不是真正的信徒，而是政策上的信徒」，這句話真可謂入木三分，準確地道出了這些人進行伊斯蘭教活動的本質。

在當時的察哈爾省府所在地張家口，1937 年 11 月 22 日成立了「西北回教民族文化協會」。雖然名為「文化協會」，但是從七名一般幹事均為各地清真寺的「教長」(伊瑪目) 這一點來看，該協會應該是一個由中國伊斯蘭教信徒組成的宗教社會團體。而從 12 月 18 日日本駐張家口總領事代理松浦給廣田外務大臣發出的機密電報可以看出，這個中國伊斯蘭教信徒的團體一開始就是由日本人計劃設立的。據日本外務省檔案資料透露：「本次事變爆發以來，軍部為了防止蘇聯勢力對從外蒙方面到內蒙及西北支那一帶的滲透，在這一帶

遏制和排除共產主義的侵入而採取的一個策略，就是正在進行中的對各地回教徒的懷柔，以及策劃掀起排蘇反共運動。上個月的十一月中旬，松林亮從奉天、山口從天津來張（家口），與特務機關取得聯繫，在當地糾合居民中的回教徒，於上個月的十一月二十二日在本市市民大街清真寺召開了西北回教民族文化協會成立大會」，「特務機關、察南自治政府代表及顧問以及其他各機關的代表均出席了成立大會」。大會選舉的五名協會顧問中，居然就有「松井特務機關長」、「金井蒙疆聯合委員會顧問」和「田中察南政府代表」等四名日本人。[23]

在熱河省省會承德，1938年5月7日成立了「防共回教徒同盟」。成立大會上，由「當地防共同盟本部首腦（日本人）」、即「同盟總裁」花田仲之助與「同盟長」張子文兩人聯名發表〈伊斯蘭教徒反共同盟宣言〉。[24] 同盟「網羅了鶴岡長太郎、重松又太郎、甘粕正彥、高橋水之助、十河信二、鯰川義介、土方甯、前田照城（駐承德五軍憲兵隊顧問，後備陸軍大佐）、大川周明等與回教有關的知名人士」來做同盟的顧問。[25]

在成立「防共回教徒同盟」的過程中，最為活躍的是「作為志士而聞名的退役中佐」花田仲之助（1860–1945）。[26] 他是日本陸軍士官學校第六期畢業生，長期活動於中國東北。根據山名正二所著《日俄戰爭秘史：滿洲義軍》一書，1897年4月，時為日本陸軍參謀本部第二部情報軍官的花田，為了搜集軍事情報，曾受命扮作日本西本願寺的僧侶潛入符拉迪沃斯托克，以「清水松月」的假姓名潛伏三年之久。花田歸國之後被編入預備役，於1901年成立以天皇「教育勅語」為基本理念的「報德會」，在日本各地廣為宣揚「知恩報德，感恩報謝」精神。1904年日俄戰爭爆發後，花田接到徵集命令，被任命為熊本步兵第23連隊第一大隊長，但在一個星期之後又被調往日本陸軍參謀本部，被任命為「參謀本部屬員」，受命組成一支在敵後收集情報和進行破壞活動的特別部隊。在黑龍會首領頭山滿的支援下，花田仲之助率領由他親自選拔的8名步兵、工兵，加上7名玄洋社成

員，組成一支16人的「特別任務隊」，進入中國東北遼東地區，[27] 以「滿洲義軍」的名義糾集了「滿洲馬賊」，從背後對俄軍反覆進行攻擊。有人説，「滿洲義軍」在日俄戰爭結束時，已經發展到1,000人以上。[28] 因為「滿洲義軍」勞苦功高，「義軍總統」花田仲之助在戰後受到日本軍部的表彰。[29]

日俄戰爭以後，花田仲之助再次被編入預備役，[30] 但依然與軍部保持著密切聯繫。1936年5月和11月，花田仲之助作為報德會會長，兩次搭乘日本軍艦（烏蘇里丸和扶桑丸）來到「滿洲」進行視察。[31] 在「滿洲」，花田主要以「報德會」的名義進行活動，據説在各地受到熱烈歡迎。[32] 其中緣由，不僅是因為過去「滿洲義軍」時代的影響力，應該還與他和日本關東軍以及情報機關關係密切有關。根據為《日俄戰爭秘史：滿洲義軍》一書執筆作序的大本營陸軍報導部長、陸軍大佐谷萩那華雄的回憶，花田來「滿洲」時，他正在奉天特務機關作機關長土肥原少將（寫作序言時已升為大將）的輔佐官，1936年秋的某一天，花田仲之助來到該機關，要求搭乘關東軍的飛機。[33] 1941年11月，「第十三屆大阪府下報德會聯合大會」召開之際，花田甚至打電報給當時的陸軍大臣東條英機，要求他給大會發賀電。這些事實證明，花田與日本軍部之間有著特殊的關係。[34]

第三節　駐屯日軍特務機關與「回教」團體

無論是「西北回教民族文化協會」，還是「防共回教徒同盟」，當時中國許多地方伊斯蘭教團體的成立與營運，都與侵華日軍的「特務機關」存在千絲萬縷的聯繫。

1939年1月13日，日本駐張家口森岡總領事向有田外務大臣拍發絕密電報，提到「蒙疆」的「回教徒」有「五萬至七萬」之多，並進一步補充道：「為了操縱和指導這些回教徒，並以此為基礎密切聯絡

1904年，頭山滿與加入滿洲義軍成為其骨幹的玄洋社成員合影

1936年11月，滿洲回教協會撫順分會清真寺落成紀念合影；
除回民外，還有日本人和塔塔爾人

中國回教總聯合會成立

居住在西北五省的回民族，在蒙疆政權剛剛成立之初，已經根據軍部的設想，前年十一月已經在張家口成立了西北回民族文化協會」，「對二十歲以上三十歲以下的回教青年進行精神訓練，並在各地清真寺附屬的阿拉伯語小學中增設了日語科目」；「上述各項工作由特務機關專門負責，(蒙疆)聯合委員會只不過支出經費而已」。[35]

此外，日本駐承德草野代理領事在向廣田外務大臣拍發的「絕對保密」的電報中，對於成立「防共回教徒同盟」的意義作了如下解說：「一，與滿洲國的二百萬回教徒保持聯絡」；「將該地作為回教徒的防共本部，並以此為中心，不僅與滿洲國的而且與一千萬支那回教徒進行團結，支援五馬聯盟，力圖與中亞各國回教徒取得聯繫」。為了達到這一目的，「對政治工作員(即義勇軍)進行武裝，首先支援五馬聯盟，使其從蔣政權中完全獨立出來，然後進入中亞，促使該地區各國獨立或排除第三國的影響，在皇國之慈光下完成東洋的皇道聯盟」；「預定最近向新疆和阿富汗方面派遣工作員(日本人)」。[36] 並補充道：「為了方便與參謀本部取得聯絡，該會幹部渡邊清茂和安田德助(均為教務會熱河省本部職員)二人於八日由當地出發進京，為了與關東軍取得聯絡，該地的特務機關長荒木大佐於九日出發前往新京。」[37]

對「同盟」的「第一次實施計劃」，草野代理領事給予了高度評價：「據我觀察，不僅內容上立意周到、組織具體，而且方針甚為精細。為了保證日本的大陸政策得以迅速順利開展，不僅準備支援支那邊境西域地區回教徒的反共政治獨立運動，甚至還支持近東各國的民族解放和印度的獨立運動。值得注目之點為：(一)實施要領規定：1，該項工作要始終與當地作戰兵團的對回教工作保持一致；2，堅持不懈工作以強化和推動世界回教徒軍的自發奮起，根據這一原則，重視回教徒揭竿而起，在表面上最大限度地避免軍部進行指導(的印象)；3，鑒於本項工作對於國家的重要性，要警惕不良分子進行策反，重視對人員的選擇工作；4，關於本項工作的宣傳活動，積極組織和利用民間的宣傳網絡，原則上排除官方宣傳……(三)組

建由回教徒獨自參加的義勇軍，編制為從第一軍到第四軍；(四)確保與我方大本營及內閣的秘密聯絡。」關於組建「義勇軍」一事，「決定在承德特務機關的指導下」，第一次招收5,000人；「關於派遣方法，遵照關東軍的指示，另外單獨做出計劃，以期支援支那西域回教徒的獨立」；最後特意強調「對於本項計劃，承德特務機關長甚至犧牲自己的時間，始終給予了全力支持」。[38]

　　1938年2月7日，「中國回教總聯合會」在北京成立。出席成立大會的日本方面職位最高者為「北支那方面軍特務部長」喜多誠一少將；就任聯合會「最高指導者」的是北京特務機關長茂川秀和。在「聯合會最高指導及委員名系表」中，名列聯合會主席之前的為茂川秀和特務機關長，以及主席顧問高垣信造。「聯合會」開設了日語學校，根據茂川秀和的指示，聯合會4月9日設立了「回教青年訓練所」(回教青年團)，第一年招生三期，共訓練了47名伊斯蘭青年。在畢業儀式上，有畢業生慷慨陳詞：「組建回軍，正值今日」，由此可以推測：對這些青年也進行了配合日軍活動相關的訓練。「聯合會」得到日軍的支援之後迅速擴張，一年之間設立了北京、天津、濟南、太原、張家口、包頭、河南等七個地區本部，成為一個擁有389個分會的龐大組織。[39]

　　「特務機關」是歸屬駐紮於各地的日本侵略軍的組織。從很多現象可以看出，有關中國「回教」的問題，基本上就是由日本侵略軍負責。例如，1938年9月到10月，「蒙古聯盟自治政府」組織的「回教徒訪日視察團」對日本進行訪問。團長雖然是由當地的「回教徒」擔任，但兩位「指導者」則均為日本人，其中一人還是「特務機關員」。引人注意的是，負責接待這次訪問的並不是日本政府外務省而是陸軍省。此外，1939年「蒙古聯盟自治政府回教徒代表團」出席「東亞回教徒懇親大會」及「回教圈展覽會」時，同樣也是由日本陸軍省負責接待。[40] 根據「大日本帝國張家口大使館事務所」提交的名單，1944年3月，「蒙古自治邦」中央機關聘請以及已經退職的日本職員

共計236人。從該名單來看，這些日本職員以前從事的職業五花八門。但是「回教委員會」的五名日本人顧問中，除了一名女性之外，全是現役軍人。[41]

　　1938年4月，日本政府成立了以外務省為中心、陸軍和海軍相關人員組成的「回教及猶太教問題委員會」，該委員會提出制定「回教對策」為「急務」。[42] 8月，該委員會又向內閣總理大臣以及各大臣提交了一份「關於建立回教對策的報告」，強調了「與分佈在亞細亞大陸回教徒建立友好親善關係，以確保從背後對支那進行牽制」的重要性。[43] 當年9月，外務省情報部制定了〈支那事變後情報宣傳工作概要〉，提出「作為外務省，在情報、宣傳和謀略問題上不分對內對外」的方針，規定外務省搜集中國情報工作的目的為「廣泛收集情報，以至於瞭解支那的抵抗能力、各國的援助情況、人心動向」，並且做出下述具體決定：「由民間某團體開設研究所，以培養優秀的諜報人員」；在中國構築「北支」、「中支」和「南支」三張情報網；在駐北京、天津、上海、香港等地的領事館中增設情報主任、調查研究班和諜報工作班，其工作任務為「偵查並粉碎（蘇聯和中共的）妄動」、「防止和鎮壓由國民政府進行的策反」、「監視政局和民眾的動向」。[44] 事實上，日本外務省在中國建設情報網的工作在此之前早已開始。如1922年5月，日本駐張家口領事館就已經僱用了「一名支那人作為諜報人員」。[45]

　　總之，日本外務省不僅非常重視在中國開展「回教工作」，而且具有與「回教徒」打交道的能力。但是，通過以下各種實際活動可以看出，日本在中國的「回教工作」一直是由駐紮當地的侵略日軍負責。

　　1939年3月，在屬於蒙疆聯合委員會（實際上就是日本「駐蒙軍」）管理範圍內的包頭，發生了「文化學院」（內設「回教青年日語學校」以及附屬夜校）由於接到「駐蒙軍」「命令離開」的「諭示」而不得不停辦的事件。這座學校的教員是森、菅沼兩位日本人。按照日本駐張家口的森岡總領事的說法，這件事的起因為：文化學院由以「滿

洲國」的熱河省為根據地的「防共回教徒同盟」經營，「其一部分經費由滿洲國協和會本部支出，而且和回教同盟有密切的關係」，「他們違反了駐蒙軍的方針進行工作」，「此外，當回教本部由承德遷往包頭之際，他們沒有與駐蒙軍及蒙疆聯合委員會聯繫，而直接與東京的中央軍部進行聯繫等，事後被察覺」。[46] 由此可知，在侵華日軍中存在以下原則：即便是遵循日本政府「回教工作」方針開展的事業，與「回教」相關的一切事項均屬於駐屯當地的日本軍隊的專管事務，必須接受他們的統一領導和指揮。所以，當與「滿洲國」方面有聯繫的回教機關進入「駐蒙軍」的管轄地域時，尤其是他們繞過「駐蒙軍」而直接與東京方面發生聯繫之事被發覺後，就遭到「駐蒙軍」的驅除。

第四節　「回教工作」中的「回教徒」軍閥

　　在日本對中國「回教工作」的構想中，經常出現「五馬聯盟」一詞，指以西北地方為根據地的五名馬姓「回教徒軍閥」的聯盟，但是從這些關於「回教工作」的檔案文書中，至今沒有發現一件明確指出日方所指「五馬」究竟是哪五位「回教徒軍閥」的文件。中國國內也有「五馬」之說，但隨著時代的不同，所指人物也有所不同。民國初期的「五馬」是指甘肅省督軍馬福祥、寧夏護軍使馬鴻賓、甘邊寧夏鎮守使馬麒、涼州鎮守使馬襄廷和甘州鎮守使馬麟；而1930年代的「五馬」是指寧夏省主席馬鴻逵、青海省主席馬步芳、以臨河地區為中心的中央軍新編第35師師長馬鴻賓、以涼州為根據地的中央軍新編騎兵第五師師長馬步青、活躍在甘肅西部的新編第35師師長馬仲英。這些「回教徒軍閥」雖有共同的宗教信仰，但是從來沒有真正組成過一個政治聯盟。此外，「中國回教總聯合會」還認為「中國回族中軍事方面的實力派人物」為西北的馬鴻逵、馬鴻賓、馬步青、馬步芳、馬麟，以及原籍桂林的白崇禧（國民革命軍副總參謀長兼軍訓部長）。[47]

1938年12月13日，日本駐厚和(呼和浩特)領事勝野敏夫在向外務大臣提交的報告中，對「回教軍」進行了詳盡分析：「雖然一般將其稱為回教軍或回教將領，但實際上卻與分散駐紮在各地所謂的軍閥之間並無太大差異，稱他們為回教軍閥也並不為過，他們當中並沒有真正打算提高全體回民生活水準之人。因為當地居民經常受到他們的盤剝和壓榨(對於漢族猶甚)，所以並無一人一直全面得到當地居民(回民)的支援。」他還逐一評論馬鴻逵、馬鴻賓、馬步芳、馬步青和馬仲英的實力、人格和在民眾中的聲望：「1，馬鴻逵：典型的軍閥將領，只對保持自己的勢力有興趣，長期對當地居民進行殘酷剝削，在回民和漢人之間幾乎沒有任何聲望……因此居民中的有識之士及其部下中的不滿分子等私下均有欲排除馬鴻逵的跡象。居住在厚和方面的天主教神父等也認為他為人反覆無常，難以信任」；「2，馬鴻賓：在當地居民中有相當聲望(在外國人中也如此)，而且得到部下深厚信賴」；「3，馬步芳：推行仁政(雖然在青海那種地理條件下難以做到)，以回民為首，在蒙古人中也有很高聲望。我認為他是將來能成為西北回教徒領導人的唯一將領」；關於馬步青：「具體不詳」；關於馬仲英：「目前客居蘇聯……行動不詳」。[48]

雖然日本人對「回教徒軍閥」的評價不高，但仍認為他們有利用價值。例如，日本駐上海總領事日高信六郎曾向廣田外相做出這種說明：

> 如果馴服了青海的馬步芳，切斷從哈密經蘭州至西安的通道，
> 並因此切斷『蘇』聯邦向漢口政府提供武器的道路，就掐住了
> 漢口政府的命門。這件事不僅可以加快事變的解決，也可以阻
> 止赤化勢力依託這個通道東進，是一個十分切合實際的措施。[49]

回教圈考究所編撰的《回教圈史要》一書，對「五馬」的影響力作如下斷言：「很明顯，居住在支那西北角受馬姓軍閥統治的回教徒，未必會傾聽按照赤化音符吹奏出來的抗日笛聲。其實與其這麼說，

白崇禧　　　　　馬步芳　　　　　馬鴻逵　　　　　馬麟

還不如說他們對在馬姓軍閥的指揮下，採取獨自行動充滿了期望。」[50]
也就是說，如果能夠讓這些具有一定影響力的「回教徒軍閥」站在日
本一邊，與日本進行合作的話，戰爭局勢就會變得對日本有利。

　　從當地日本領事館向日本外務省提交的報告中，可以看出「回
教」團體積極地參與了對「五馬」的勸降工作：「該反共同盟對五馬
聯盟的聯絡，原來由在包頭的高橋水之助（內蒙古軍最高軍事顧問）
專門負責，該員最近將盟長晁悉文從奉天迎進包頭，在協商推行此
項工作的方法之後，［晁悉文］已經於數日前由該地出發潛入寧夏方
面。為了從當地通報其後的進展情況，一名同盟幹部已於九日飛往
包頭」，「設在包頭的『穆斯林』同盟是該項工作的首腦總部，所需要
的準備工作已悉數完成，首先進入五原，已經與當地秘密取得了聯
繫。向馬鴻賓（臨河）、馬義忠（陝西）派出了密使，同盟幹部則從分
散駐屯於五原周邊的共產軍的空隙中穿過，進入了臨河」。[51]

　　事實上，這些「回教徒軍閥」們從前在購入軍火的時候，就已經
與日本軍方有過接觸。比如1930年11月，「馬鴻逵通過上海的德商
漢文洋行，與大倉洋行簽訂了購入二千支日本三八式步槍的協議」，
「還希望將來能購入機關槍、平射炮或曲射炮」。[52] 1936年12月，
馬步芳、馬步青通過駐紮在天津的日軍，提出購買三八式步槍1,000
支、步槍子彈100萬發（馬步芳）、三八式步槍1,000支（含刺刀及
各種附件，馬步青）。日軍對此前賣給這兩人的兵器用途進行了調

查，並認為「考慮到在與額濟納機關等保持聯繫問題上，可以利用他們」，因此同意將武器賣給他們。[53] 此外，1937年5月21日，馬步芳通過日本的支那駐屯軍，購入了軍刀2,000把。[54]

雖然統稱「五馬」，但其中勢力最強的是馬步芳和馬鴻逵。他們在國民政府與日本之間騎牆是眾人皆知的事實。1937年6月，在蔣介石的嚴命之下，馬步芳終於下令襲擊在此之前已經存在、但他卻一直「睜一隻眼閉一隻眼」任其活動的「額濟納機關」，也就是日軍設在尚未被佔領的寧夏省額濟納旗的特務機關，逮捕了「江崎壽夫為首」的日本人特務機關員11人，其中10人「於10月11日在蘭州被槍斃」。[55] 剩下的一名「關東軍間諜大迫武夫」，由於得到馬步芳軍第一旅旅長馬步康的力保，說他是自己的知己、一個蒙古人而已，得到釋放。其後，大迫武夫又一次進入青海，「活躍在西寧附近」，繼續進行情報搜集活動。[56]

但是，根據日本駐上海總領事日高信六郎於1938年3月25日向日本外務省提出的報告〈關於新疆及青海情況並馬步芳對日態度的問題〉，就在「額濟納機關」事件的翌年，馬步芳放出想在印度孟買與日本方面進行協商的風聲，並就前一年襲擊「額濟納機關」、槍殺日本諜報員之事，對日方進行了如下說明：「那是誤中支那政府的奸計，而我本人對日本並沒有任何敵意」，並且說明自己有在日本的援助和指導下反抗國民政府，驅逐赤化勢力的決心，如果日軍進軍甘肅的話，「將立即將槍口對準漢口」，希望獲得日本的理解。[57]

在日本軍部和外務省中，有一種「回教徒」先天地「極端厭惡共產主義，具有親日感情」的說法。所以他們認為，可以利用馬步芳「阻擋經由新疆東漸的赤化勢力」，「切斷由哈密經蘭州到西安的、蘇聯供給漢口政府武器的通道」；[58]「馬鴻逵歷來對日本抱有好感」。1938年5月16日，「駐蒙兵團參謀長」在向大本營謀次長和外務省次官拍發的秘密電報中，傳達了馬鴻逵對日本的如下希望：「馬鴻逵來信提出，每有關於回教工作 (在京津地區) 的新聞報導，就會刺

激支那方面，增加他們對回教徒首腦階層的戒心，也就更加深對他們的壓迫。因此應該絕對控制報紙報導。他的這一意見今後值得考慮」。[59] 由此可見，馬鴻逵其實也想與國民政府和日本兩方面都保持良好的關係。

根據一份「北支那」方面軍司令部的報告可以得知，馬麟於1938年11月派特使繞過中國軍隊防守線，從蘭州跋涉一個月到達北京，向「北支那」方面軍司令部報告甘肅寧夏方面「回族軍」的駐紮情況。馬麟是馬步芳的叔父，曾經擔任過青海省省長，但在1935年的權力鬥爭中輸給了馬步芳，當時隱居在家鄉甘肅省臨夏。如果「北支那」方面軍司令部的這份報告屬實的話，可以認為馬麟是想通過加強與日本軍的關係，重新奪回權力。

關於當時「五馬」和「回教徒」團體的動向，日本人的評價有一定出入。由大久保幸次擔任所長的「回教圈考究所」認為，隨著盧溝橋事變爆發，「支那的回教徒在理解防共主義大局的同時，為了保衛他們的宗教信仰權和生活權利，積極參加聖戰和興亞大業，是十分自然的事」。[60] 但是佐久間貞次郎則一直堅持否定意見，警告不可誇大事實：「世人最近通過報紙宣傳等得以屢次看到和聽到西北支那回教軍將領五馬，即馬步芳、馬步青、馬麟、馬仲英、馬鴻逵等〔名字—筆者〕，由於〔盧溝橋〕事變以來，這方面的工作進展也得到大力宣傳，因而產生了應該與支那回教徒聯合防共，而這項的工作也正在進行的錯覺。京津兩地的回教的那個甚麼會，儘管實際內容空洞，有名無實，但是宣傳卻做得玄乎其玄，未免過於誇大其辭。」[61]

第五節 「回教工作」的戰爭目的

戰爭期間，日本建立了幾個與「回教」問題有關的組織。麗澤大學教授大久保幸次（1887–1947）號稱是日本最初的伊斯蘭教研究者，

但是從曾積極參與在日塔塔爾人的內部爭鬥一事中，讓人可以感覺出他具有一定的政治背景。1938年3月，大久保幸次接受了德川家族的資金援助，成立回教圈考究所（後改名為回教圈研究所）並一直擔任所長。1938年5月考究所併入日本善鄰協會系統，接受日本外務省的財政補貼，1938年7月開始出版月刊《回教圈》，並一直發行到1944年12月號。[62]

　　戰爭時期成立的另一個有關伊斯蘭教的組織為「大日本回教協會」。該協會作為「調查和執行回教對策的專門機關」，[63] 成立於1938年8月前後。值得注意的是，該協會的辦公室人員中有五人為黑龍會成員，[64] 協會的第一任會長為前代日本政府首相、陸軍大將林銑十郎，常務理事為「黑龍會」首領葛生能久。而協會的經費，除了一部分募捐之外，基本是由外務省全額負擔。1938年10月，協會向外務省提交了一份總計1,000萬日元的〈十年經費預算〉，[65] 並從第二年開始，每年按季度從外務省領取經費。[66] 大日本回教協會從一開始就分為總務部、事業部和調查部三個部門。調查部的主要任務為：「有關回教的調查和研究」，「調查回教圈各地方的事情——民族、語言、政治、經濟、產業、文化等」。[67] 「回教及猶太問題委員會」在1938年8月提交給外務省〈關於建立回教對策〉報告中，如此定位大日本回教協會：「將大日本回教協會看作是民間的最高回教調查機關，給予支援和指導，令其主要從文化的方面實施各種對回教徒政策。」[68] 從這些工作內容和經費管道上可以看出，大日本回教協會不過是一個執行日本國策的機關。

　　大日本回教協會所作的最大工作，就是1939年11月在東京舉辦了「回教圈展覽會」，還利用這個機會召開「世界回教徒大會」。這次大會作出了「今後每年召開回教徒大會」以及「第二次大會定於東京召開」的決議，但是第二年4月，因為找不到出席者和擔心遭到有關各國的指責，而不得不決定停辦。[69]

　　在回教圈研究所和大日本回教協會等所謂民間「回教」機關的背

後，是由外務省、陸軍省、海軍省有關人員組成的「回教研究會」(又稱「三省回教研究會」或「三省回教問題研究會」)和決定「對回教政策」的「回教及猶太問題委員會」(簡稱「回教問題委員會」)。將中國的「回教」作為主要滲透目標，是這兩個組織活動的共同特徵。

　　「回教研究會」逐月召開，有時甚至每月召開兩次。[70] 在第一次和第二次研究會上發表報告的是今岡十一郎，他的報告內容大量涉及中國伊斯蘭教。他強調：「隨日支事變後的形勢發展，因為今後我國將會實踐從北支到內蒙，進而進入新疆，再進而進入中央亞細亞的大陸政策」，所以應該理解「回教」的重要意義。今岡尤其強調新疆的重要意義，為此使用了很大的篇幅。他說：「我認為新疆才是大亞細亞的心臟。所以有人說：『統治了新疆就是統治了亞細亞』。」「日本被稱為是亞細亞的盟主。日本真要成為亞細亞的盟主，就不能不盡早掌握這個亞細亞的中心地帶、亞細亞的心臟。」[71] 如果掌握了這個地域，就可以「從背後牽制支那，穿透蘇聯的脆弱部分的東部西伯利亞及中央亞細亞的腹部，從大英帝國的心臟即印度的背後進行牽制，摧毀被英印號稱為防衛線上最後的金城湯池即新加坡軍港的防衛力量」，這是一個「可以一箭三鳥 (英、俄、支)、非常有效的目標」。[72]

　　根據「回教研究會」的「研究成果」，1938 年 4 月 23 日外務省、陸軍省和海軍省就成立「回教問題委員會」達成了一致意見。成立該委員會的目的為：「設立由外務當局負責的回教及猶太委員會，分析探討該問題的根本對策，外、陸、海三省及各派出機關之間經常保持聯繫，在統一的方針下處理有關回教及猶太教的問題。」[73] 規定擔任外務省的東亞局長、歐亞局長、美洲局長、調查部長、陸軍省的軍務部長、參謀本部的第二部長、海軍省的軍務部長、軍令部的第三部長等與外交和軍事有著直接關係職務者，出任回教及猶太問題委員會的幹事。[74]

　　1938 年 8 月，剛剛成立不久的回教問題委員會，在向內閣總理大

臣及各大臣提交的〈關於建立回教對策〉中指出：「帝國的回教對策的根本目的，在於獲得回教徒最有力同情者的名分，以有益於對外經綸，尤其是幫助對英、對蘇、對支國策的順利實施」，在此基礎上〈關於建立回教對策〉進一步指出：「回教徒的分佈狀況、人口及其特性，是帝國在對外經綸上必須大力重視的地方，而從現實來看，它還是建立處理支那邊境問題根本對策的火燒眉毛的緊急要務。」[75] 很明顯，這個委員會之所以成立，很大部分是出於支援侵略中國戰爭的考慮。

為了「回教工作」順利進展，不致發生「歧視回教的誤解」，1939年3月，日本還出現了修改《宗教團體法》的呼聲，要求將第一條改為「宗教團體為神道、回教、佛教及基督教」，即明確加入「回教」一詞。據說是因為擔心這樣做反而造成歧視其他宗教的印象，這一運動才慢慢平息。[76] 以上種種事實說明，「回教」問題在當時的日本已經完全被政治化。而日本政府之所以使出了種種手法，從政治、財政、人力等各個方面大力支持有關「回教」的活動，其目的不過是為了將「回教」變為支持其侵略戰爭的工具。

1938年10月4日，駐蒙軍司令部制定了一份絕密文件——〈暫行回教工作要領〉，其中規定的「回教工作」的第二個目標為：「促進以西北貿易為中心的經濟工作以及加強與寧夏蘭州方面的聯繫」，其目的除了通過販賣日本商品構建對日本的經濟依賴關係之外，還包括「利用回教徒在寧夏蘭州方面實施諜報和宣傳工作」，「進一步加強當前在包頭實施的培養特別人員的工作，待條件成熟時將培養出來的特別人員混入以上商隊，以建立與寧夏蘭州方面進行聯絡的機關」；「要機動使用保持聯繫的密探，在建立和確保與其他特殊人物等進行直接或間接聯絡的手段上加大力度。」〈暫行回教工作要領〉規定的第三個目標為：「建立回教徒軍」，「首先在蒙疆地區的回教徒中選拔勝任者，編成回教軍（最初建立小規模部隊作為實驗），為將來實力雄厚的回教工作做準備。」為了能夠實現這些目的，軍部要提供「依託西北貿易商進行諜報及宣傳工作的費用」、「培養和使用特別

頭山滿、犬養毅、五百木良三等，與神戶回教伊馬目夏目古諾夫、
東京回教徒團團長庫爾班加里合影

工作員的費用」和「在軍司令部、特務機關等機關中充實有關回教工
作事務人員的費用」等「特別工作費」。[77]

　　根據以上〈暫行回教工作要領〉，12月5日，駐蒙軍參謀部制定
了〈回教青年指導要綱〉，其目的為「指導〔回教青年〕為建立西北地
方防共親日蒙政權工作而努力獻身」。[78] 駐蒙軍司令部在翌年5月制
定的〈關於對蒙疆重要政策思想統一的問題〉再次明確提出：「蒙疆
的回教徒工作，在於支援西北回教徒完成以親日、防共為精神的獨
立復興。」[79] 同一時期，總部設於張家口的「西北回教民族文化協會」
與總部設於厚和的「西北回教聯合會」合併。[80] 駐厚和日本總領事館
警察署長山崎信彥在提交給上級的報告中說道：「該總部的工作，首
先是對蒙疆回民青年實施精神教育，使防共親日開花結果，最終建
立西北獨立國。」[81] 總之，由日本軍方直接指揮的「回教工作」，其目
的不僅僅為維持佔領區秩序，而且謀求隨著戰爭的擴大最後建立由
回教徒組成的獨立親日政權。

　　值得注意的是，通過「回教徒」和「回教工作」向中國西北部擴展
日本的勢力範圍，絕非僅僅是「駐蒙軍」自己的想法。1937年11月，
日本大本營陸軍參謀本部第二部已經制定一份「軍事機密」檔——〈關

於支那進行長期抵抗的情勢判斷〉，列舉了數條「導致國民政府崩潰的策略」，其中包括：建立反共、反國民政府的政權；激化國民政府內部的矛盾；促使地方實力派抬頭；煽動「反國民政府」的暴動和「對親共容共分子進行『恐怖』活動」；持續封鎖海岸線；徹底轟炸中國的軍事、政治、交通、經濟設施等。其中第六條為：「致力於懷柔西部內蒙古及西北地方的回教徒，扶植親日反共反國民政府勢力，以阻止蘇聯經外蒙及新疆方面［向中國——筆者］輸送兵器和軍需物資。」[82]

「日本國際協會」也在1938年4月提出的〈對支時局對策〉中，以「推進懷柔邊境民族及回教徒工作」為第六項對策。[83] 1938年7月8日，在全面侵華戰爭開戰一週年之際，日本政府的「五相會議」[84]制定了一份指導侵華戰爭的綱領性文件——〈隨時局發展的對支謀略〉，提出以「在讓敵人喪失抵抗能力的同時顛覆支那現中央政府，或者讓蔣介石下野」為目的的六項方針。其中包括：通過起用中國一流人物來軟化中國民眾的抵抗意識，懷柔雜牌軍以分化瓦解和削弱中國軍隊戰鬥力，利用實力派人物樹立反蔣、反共、反抗日政府，製造法幣暴跌（此點以後被否定）等。同時作為第四點綱領被提出的是：「推進回教工作，在［中國——筆者］西北地方設立以回教徒為基礎的防共地帶」。[85] 也就是說，從很早時候開始，日本政府和軍部就已經開始考慮通過內蒙古地區的「回教徒」，將其勢力範圍向西北部擴展。

中國的西北地方，在地理上與蘇聯接壤。因此，在七七事變發生之前，日本軍部就已經認識到它的重要性。1935年12月2日，「支那駐屯軍」司令官多田駿向陸軍步兵少佐羽山喜郎發出一件絕密命令，將他的「負責諜報區域」設定為「綏遠省、寧夏省、甘肅省、新疆省及蒙古」，同時要求在綏遠省的呼和浩特、察哈爾省的張家口、西索尼特、多倫和山西太原各地設立「特務機關」，並命令各特務機關「準備並實施對蒙、對蘇、對支的諜報工作，調查兵要地志（包括經濟資源），收集並準備實施謀略所需要的資料。」[86] 這份檔雖然沒有明確說明「實施謀略」所指何事，但明顯意味著針對該地區的軍事

侵略行動。換言之，這份檔不僅可以證明日本軍方至少在1935年底前已經具有向中國發動侵略戰爭的準備，而且可以證明日本軍方已經將這些邊疆地區列入其軍事侵略目標地域當中。

　　日本之所以想到利用該地區的「回教徒」，一是因為他們認為「回教徒」因其宗教信仰，先天就是反共的；二是因為他們認為「回教徒」在西北地方具有特別強大的實力。例如，1938年5月防共回教徒同盟成立大會發出的宣言——〈伊斯蘭教徒反共同盟宣言〉，向西北的馬姓軍閥發出了如下呼籲：

> 位於支那邊境西域的五馬聯盟應該與南方的土耳其遙相呼應，高舉反共運動的烽火，切斷蘇聯對支「紅色通道」，擊破蔣介石容共政策的最後抗日據點。在此基礎上，我等回教徒同志以神國日本為盟主，為了亞細亞文明的復興，為了全世界被壓迫民族的解放，結成「伊斯蘭」教徒反共同盟。[87]

　　由於日本「回教工作」的目的就是為了支援侵略戰爭，根本沒有想要真正保護廣大「回教徒」的利益，因此大政翼贊會在於1943年4月提交給東條英機首相的〈關於回教徒對策的調查報告書〉中提出：「在我國，歷來只有以回教工作為目的、由各種國際社交團體和宣傳機關進行活動，對外宣傳中缺少一種能夠從內心深處打動、振奮海外回教徒大眾感情的東西。僅僅限於與一部分為政者之間搞好關係，反而會讓更多的回教徒誤以為〔日本的回教團體—筆者〕是偽裝的信仰團體，到了後來知道不過如此時則大失所望，這種前例已經不少。」[88] 前面述及與「五馬聯盟」聯手的設想，當屬此類。

　　一直與中國「回教」有關係的佐久間貞次郎，也看出日本為了戰爭利用「回教」，反而危害中國「回教徒」的利益：

> 日本所謂大陸政策，必須要以文化和人道主義為基礎。不能再是像他們在十九世紀中所做的那樣一直堅持霸道的政治主義……就像日支事變那樣，完全是由於支那一方的誤解和錯覺

帶來的恐日感，最後發展到排日、抗日，因思想傾向而想像為是一種共產主義與法西斯主義之間的對立。結果使得支那大陸的三千餘萬回教徒，屍橫遍野、氣息奄奄，一直處於被壓迫的境地。[89]

說盧溝橋事變來自於中國人對日本的誤解，這當然是佐久間的一面之詞。但他畢竟說出了一些事實真相：如果為侵略戰爭所利用，最後付出慘痛代價的，的確只能是「回教徒」自身。就像對外高喊著支持蒙古民族解放，私下裏卻千方百計對獨立思想進行阻止一樣，[90] 日本在戰爭期間之所以關心中國的「回教徒」，只是為了幫助推進侵略戰爭，其實絲毫沒有幫助「回教徒」的目的，這是一個無法否認的事實。

結　語

1938年7月，日本前駐外特命全權公使笠間杲雄在日本外交協會第266次例會上發表了〈時局與回教〉的演講，他根據自己作為日本代表在土耳其、波斯、阿拉伯、埃及等國工作的經驗，針對當時日本國內的伊斯蘭教熱，就「回教工作」背後隱藏著的、日本人以為自己才是伊斯蘭教社會救星的想法，進行了嚴厲批評：

大家都以為不僅是支那的回教徒，甚至世界上所有的回教徒都在仰仗著日本人，希望得到一些甚麼幫助。而事實上，這些民族並沒有仰望東方，借助日本的力量恢復民族獨立的想法。都說日本是東洋的盟主，[日本—筆者]自己也確實有做盟主的心情，但是對方並沒有請求[日本]一定擔任這一角色。關於這一點，如不清楚認識，將來不知道還會發生甚麼事情。之所以會成這樣，完全是來自於日本人至今為止的傲慢。[91]

其實，日本在中國的「回教工作」遇到了許多中國「回教徒」的抵制。為推進侵略戰爭，日本軍方發動宣傳工具大肆鼓吹「回教工作」的成就，實是自欺欺人。例如，在「北京茂川機關」的指導下為日本侵略戰爭搖旗吶喊的「中國回教總聯合會」，就被宣傳是一個極為活躍的「回教」團體。可事實上，在一位冷靜的日本外交官眼裏，那裏不過是一片「門可羅雀的回教聯合委員會」的景象。[92] 畢竟不是所有的中國「回教徒」都能夠輕易改變自己對中國的國家認同，因此「回教工作」在進入1940年代以後，也就更加漸趨式微。

「回教工作」究竟在何種程度上幫助了日本的侵華戰爭、日本的關心究竟蒙蔽了多少「回教徒」，實在值得懷疑。然而，日本為甚麼會產生在侵略戰爭中具體制定「回教工作」這樣的計劃，卻是一件十分值得深思的事情。毫無疑問，當年的日本侵略勢力曾經認為，如果能夠讓「回教徒」們以為日本理解、同情並且會保護「回教」和「回教徒」，並進而構建一個可以跨越近代國家疆界的「回教」共同體的空間，就能夠覆蓋住中國「回教徒」的中國「國家意識」，從而有助於他們打破近代國家的疆界，達到侵略或分裂中國的目的。事實上，他們這一目的也並非完全沒有成效，通過本章可以看到，當年日本侵略勢力的對中「回教工作」也的確對他們進行侵略起到一定的效應。而針對日本侵略勢力對中國「回教徒」的引誘利用，受到刺激的中國國民政府也不得不對邊疆民族和信仰伊斯蘭教的民族集團，又發起了一輪確認近代國家主權範圍、確認對中華民族國家認同的運動。[93]

註 釋

1 櫻井好孝：〈蒙古視察復命書〉，明治40年1月，外務省記錄／1門　政治／6類　諸外國內政／1項　亞細亞／蒙古邊境視察員派遣一件。外務省外交史料館藏，JACAR（アジア歴史資料センター），B03050331800。

2 〈公第一三四號　受第一三三四七號　現役兵証書並ニ抽籤札領收書廻送ノ件〉，明治三十五年十月十日，外務省記錄／5門　軍事／1類　國

防 / 2 項　兵役 / 本邦人徵兵關係雜纂，第十七卷。外務省外交史料館藏，JACAR，B07090106700，檔案名為〈櫻井好孝、芝田辰治〉。

3　〈中久喜信周調查　河南ノ回教徒〉，明治四十三年十月，調書 / 調書 / 政務局。外務省外交史料館藏，JACAR，B02130561800。

4　〈宗教ニ關スル一般ノ狀況〉，大正三年十二月二十八日，外務省記錄 / 1 門　政治 / 5 類　帝國內政 / 3 項　施政 / 關東都督府政況報告並雜報，第九卷 4；大正二年度〈諸般政務施行成績　關東都督府〉8 / 第六，JACAR，B03041562800。

5　〈臨時軍事費使用ノ件〉，大正七年四月，陸軍省大日記 / 歐受大日記。防衛省防衛研究所藏，JACAR，C03024894800。

6　〈諜報機關配置ノ件報告〉，大正七年，陸軍省大日記 / 密大日記 /《密大日記　4 冊の內 1》。防衛省防衛研究所藏，JACAR，C03022435700。

7　〈蒙古及新疆地方諜報機關配置ノ件〉，大正七年，陸軍省大日記 / 密大日記 /《密大日記　4 冊の內 1》。防衛省防衛研究所藏，JACAR，C03022436400。

8　〈台北縣屬瀧九郎外三十一名召集免除ノ件〉，明治三十一年四月二十五日，內閣公文雜纂 / 第二十五卷〈台灣及廳府縣一〉。國立公文書館藏，JACAR，A04010047100，文件名為〈台北縣屬瀧九郎。鳳山縣巡查予備陸軍步兵上等兵佐田繁治外十名。台北縣弁務署主記後備陸軍炮兵一等曹門芳太郎外二名。台北縣屬後備陸軍一等書記加藤亮。台南縣巡查後備陸軍……〉。

9　臼杵陽：〈植民地政策から地域研究へ〉（帝國主義と地域研究〈報告一〉），http://repository.tufs.ac.jp/bitstream/10108/26300/1/cdats-hub3-3.pdf。

10　〈印刷物送付之件通達〉，大正十一年八月三十日，陸軍省大日記 / 歐受大日記，大正 11 年《歐受大日記自 08 月至 09 月》。防衛省防衛研究所藏，JACAR，C03025355100，文件名為〈印刷物送付の件〉（已核無誤；該檔為該檔案第一個檔，但原文件時間標註與檔案時間標註方法不統一）。

11　〈山岡光太郎著《回々教の神秘的威力》購入ノ件〉，大正十一年十一月二十二日，外務省記錄 / 1 門　政治 / 3 類　宣傳 / 1 項　帝國 / 宣傳關係雜件 / 囑託及補助金支給宣傳者其他宣傳費支出關係 / 本邦人ノ部，第三卷。外務省外交史料館藏，JACAR，B03040728100，文件名為〈山岡光太郎　回々教ノ神秘的威力購入ノ件〉。

12　田中逸平在進行第二次朝覲時去向不明。坪內隆彥：〈イスラーム先驅

者田中逸平試論〉，http://www.asia2020.jp/islam/tanaka_shiron.htm。

13 〈支那回教研究家　若林半、郡正三、細川將ノ三名ニ對シ北部支那及滿洲國視察手當補給ニ關スル高裁案〉，昭和十年九月十日起案，九月十一日決裁，外務省記錄 / H門　東方文化事業 / 6類　講演、視察及助成 / 本邦人滿支視察旅行關係雜件 / 補助實施關係，第二卷32。外務省外交史料館藏，JACAR，B05015680800，文件名為〈支那回教研究家　若林半、郡正三、細川將　昭和十年九月十一日〉。

14 〈漢字新聞　濟南日報社內訌ニ就テ〉，大正八年六月，外務省記錄 / 1門　政治 / 3類　宣傳 / 1項　帝國 / 新聞雜誌操縱關係雜纂 1 / 3。外務省外交史料館藏，JACAR，B03040600500，文件名為〈1 / 3　大正6年6月から大正9年5月12日〉。

15 坪內隆彥：〈イスラーム先驅者　田中逸平・試論〉，http://www.asia2020.jp/islam/tanaka_shiron.htm。

16 〈支那回教研究家　若林半、郡正三、細川將ノ三名ニ對シ北部支那及滿洲國視察手當補給ニ關スル高裁案〉，外務省記錄 / H門　東方文化事業 / 6類　講演、視察及助成 / 本邦人滿支視察旅行關係雜件 / 補助實施關係，第二卷32。

17 中國回教聯合會華北聯合會總部編：《中國回教聯合會第一年年報》（北京：內部出版發行，1939年2月），第31–32、42、45–49、89、93頁。

18 回教圈考究所編：《回教圈史要》（東京：四海書房，1940年1月），第300頁。

19 〈滿洲の回教〉，昭和十三年二月七日，外務省記錄 / I門　文化、宗教、衛生、勞動及社會問題 / 2類　宗教、神社、寺院、教會 / 本邦ニ於ケル宗教及布教關係雜件 / 回教關係，第二卷　分割1。外務省外交史料館藏，JACAR，B04012533400。

20 楊敬之：《日本的回教政策》（重慶：商務印書館，1943），第23頁；保坂修司：〈アラビアの日本人：日本のムジャーヒディーン〉，《中東協力センターニュース》，第45–49頁，http://www.jccme.or.jp/japanese/11/pdf/11-05/11-05-41.pdf。

21 今岡十一郎（1888–1973），出生於日本島根縣，1914年畢業於東京外國語學校德語專業，後到匈牙利布達佩斯大學留學，1931年回到日本後，作為「囑託」進入日本外務省歐亞局一課，並擔任「日本匈牙利文化交流協會理事」，成為當時日本推動圖蘭主義（Turanism，即提倡歐亞大陸各民族聯合）的主要人物，其關於匈牙利歷史文化的著作頗豐。關

於他在「日本匈牙利文化交流協會理事」的活動，參外務省記錄 / I門
文化、宗教、衛生、勞動及社會問題 / 1類　文化、文化施設 / 本邦ニ
於ケル協會及文化團體關係雜件 / 日洪文化連絡協議會關係2 · 第二回
會議（昭和十五年十一月二十五日）。外務省外交史料館藏，JACAR，
B04012424900。

22　〈回教研究會、外務省歐亞局第一課今岡囑託報告〉，〈報告（續）歐亞一
　　課今岡囑託〉，昭和十二年十二月六日至十二月十三日，外務省記錄 / I
　　門　文化、宗教、衛生、勞動及社會問題 / 2類　宗教、神社、寺院、
　　教會 / 本邦ニ於ケル宗教及布教關係雜件 / 回教關係，第一卷、分割
　　3。外務省外交史料館藏，JACAR，B04012533200。

23　〈西北回教民族文化協會ノ組織ニ關スル件〉，昭和十二年十二月十八
　　日，外務省記錄I門　文化、宗教、衛生、勞動及社會問題 / 1類　文
　　化、文化施設 / 各國ニ於ケル協會及文化團體關係雜件 / 中國ノ部52。
　　外務省外交史料館藏，JACAR，B04012396100。

24　〈第一七號（部外極秘）〉，昭和十三年五月九日，外務省記錄 / I門　文
　　化、宗教、衛生、勞動及社會問題 / 2類　宗教、神社、寺院、教會 /
　　各國ニ於ケル宗教及布教關係雜件 / 回教關係，第二卷2 · 滿洲國。外
　　務省外交史料館藏，JACAR，B04012550300。

25　〈第一六號（部外極秘）〉，昭和十三年五月九日，外務省記錄 / I門　文
　　化、宗教、衛生、勞動及社會問題 / 2類　宗教、神社、寺院、教會 /
　　各國ニ於ケル宗教及布教關係雜件 / 回教關係，第二卷2 · 滿洲國。

26　〈第一五號極秘〉，昭和十三年五月七日，外務省記錄 / I門　文化、宗
　　教、衛生、勞動及社會問題 / 2類　宗教、神社、寺院、教會 / 各國ニ
　　於ケル宗教及布教關係雜件 / 回教關係，第二卷2 · 滿洲國。

27　山名正二：《日露戰爭秘史　滿洲義軍》，第6章第5節、第7章第1節
　　（東京：月刊滿洲社東京出版部，1942年9月）。

28　于涇：〈有關東北偽軍的幾個歷史問題〉，《文史長廊》，2005年第5期。

29　〈勳勞確認書〉，明治三十七年六月四日，陸軍省大日記 / 日露戰役〈勳
　　勞確認書等控綴　明治三七年五月以降　大本營陸軍副官〉。防衛省防
　　衛研究所藏，JACAR，C06041013000，文件名為〈陸軍步兵少佐　花
　　田仲之助〉。

30　〈召集解除人名別紙及通報候也〉，明治三十九年二月，陸軍省大日記
　　/ 日露戰役 /〈臨號書類綴　參謀本部副官管〉。防衛省防衛研究所藏，
　　JACAR，C06041300300，文件名為〈步兵中佐花田仲之助外一名召集

解除の通牒　陸軍省副官他〉。

31　〈便乘許可ノ件〉，昭和十年，陸軍省大日記/陸滿機密‧密‧普大日記/陸滿普大日記《滿受大日記(普)其5　2/2》。防衛省防衛研究所藏，JACAR，C04012142300，文件名為〈便乘許可の件〉。

32　〈報德會幹事花田退役中佐離通二關スル件〉，昭和十一年三月十四日，外務省記錄/I門　文化、宗教、衛生、勞動及社會問題/4類　勞動及社會問題/國民思想善導教化及團體關係雜件，第二卷3‧報德會關係。外務省外交史料館藏，JACAR，B04013004800。

33　谷萩那華雄：〈山名正二著《日露戰爭秘史　滿洲義軍》序〉。

34　〈祝電依賴之件〉，昭和十七年，陸軍省大日記/壹大日記/《壹大日記第9號》。防衛省防衛研究所藏，JACAR，C04014965200，文件名為〈祝電依賴の件〉。

35　〈第六號ノ一(部外極秘)〉，昭和十四年一月十三日，外務省記錄/I門　文化、宗教、衛生、勞動及社會問題/2類　宗教、神社、寺院、教會/各國二於ケル宗教及布教關係雜件/回教關係，第二卷3‧中國分割1。外務省外交史料館藏，JACAR，B04012550400。

36　〈第二〇號(部外 對極秘)〉，昭和十三年五月十日，外務省記錄/I門　文化、宗教、衛生、勞動及社會問題/2類　宗教、神社、寺院、教會/各國二於ケル宗教及布教關係雜件/回教關係，第二卷2‧滿洲國。

37　〈第一六號(部外極秘)〉，昭和十三年五月九日，外務省記錄/I門　文化、宗教、衛生、勞動及社會問題/2類　宗教、神社、寺院、教會/各國二於ケル宗教及布教關係雜件/回教關係，第二卷2‧滿洲國。

38　〈第一五號極秘〉，昭和十三年五月七日，外務省記錄/I門　文化、宗教、衛生、勞動及社會問題/2類　宗教、神社、寺院、教會/各國二於ケル宗教及布教關係雜件/回教關係，第二卷2‧滿洲國。

39　《中國回教聯合會第一年年報》，第31–32、42、45–49、89、93頁。

40　〈蒙古聯盟自治政府主催回教徒訪日視察團ノ見學ノ件〉，昭和十三年，陸軍省大日記/陸支機密‧密‧普大日記/陸支密大日記，55號。防衛省防衛研究所藏，JACAR，C04120561300，文件名為〈蒙古聯盟自治政府主催回教徒訪日視察團の見學の件〉。然而在外務省的有關回教圈展覽會的檔案中，我們在出席者名單上沒有看到蒙古聯盟自治政府回教徒訪日觀察團團員的名字。「合第二五五四號」11‧回教圈展覽會，JACAR，B04012294800，本邦展覽會關係雜件，第二卷(I-1-6-4-5_002)，外務省外交史料館藏。

41　〈昭和十九年三月現在　日系職員名簿〉(其一)，昭和十九年三月，外
　　務省記錄/A門　政治、外交/6類　諸外國內政/1項　支那國/滿蒙
　　政況關係雜纂/蒙古連合自治政府官吏錄2。外務省外交史料館藏，
　　JACAR，B02031793100。此一時期蒙古聯邦自治政府名稱多變，1937
　　年10月成立的蒙古聯盟自治政府，1939年9月成立蒙疆聯合自治政
　　府，1941年8月再改名為蒙古自治邦。此處原文為蒙古連合自治政府。

42　〈回教對策樹立ノ急務ニ就テ〉，外務省記錄/I門　文化、宗教、衛
　　生、勞動及社會問題/2類　宗教、神社、寺院、教會/本邦ニ於ケル
　　宗教及布教關係雜件/回教關係，第二卷　分割3。外務省外交史料館
　　藏，JACAR，B04012533600。該檔未註明時間，但是從本章內容及同
　　卷其他文書上來看，應該是昭和13年4–5月的檔案。

43　〈回教對策樹立ニ關スル件〉，昭和十三年八月，外務省記錄/I門　文
　　化、宗教、衛生、勞動及社會問題/2類　宗教、神社、寺院、教會/
　　本邦ニ於ケル宗教及布教關係雜件/回教關係，第二卷分割3。

44　〈支那事變ニ於ケル情報宣傳工作概要三〉，昭和十三年九月，外務
　　省記錄/A門　政治、外交/1類　帝國外交/1項　對支那國/支那
　　事變關係一件/輿論並新聞論調7。外務省外交史料館藏，JACAR，
　　B02030585300。

45　〈張家口領事諜報者雇用ノ件〉，大正十一年五月十三日，外務省記錄
　　/1門　政治/3類　宣傳/1項　帝國/宣傳關係雜件/囑託及補助金支
　　給宣傳者其他宣傳費支出關係/外國人ノ部，第八卷12。外務省外交
　　史料館藏，JACAR，B03040747200。

46　〈第七九號(部外極秘)貴電第三五號ニ關シ(〈イスラム〉)同盟ニ關ス
　　ル件〉，昭和十四年三月十五日，外務省記錄/I門　文化、宗教、衛
　　生、勞動及社會問題/2類　宗教、神社、寺院、教會/各國ニ於ケル
　　宗教及布教關係雜件/回教關係，第二卷3・中國　分割1。該檔案中
　　只有兩人姓氏，未記全名。然而小村不二男《日本イスラーム史》(東
　　京：日本伊斯蘭友好連盟，1988) 第102頁提及二人，森名為森憲二，
　　和菅沼兩人到此「用中文進行親日教育」。

47　《中國回教聯合會第一年年報》，第10頁。

48　〈西北地方ニ於ケル回教並一般情況等報告方ノ件〉，昭和十三年十二
　　月十二日，外務省記錄/I門　文化、宗教、衛生、勞動及社會問題/2
　　類　宗教、神社、寺院、教會/各國ニ於ケル宗教及布教關係雜件/回
　　教關係，第二卷3・中國　分割1。

49 〈青海馬步芳利用方ニ關スル件〉，昭和十三年三月二十五日，外務省記錄 / I門　文化、宗教、衛生、勞動及社會問題 / 4類　勞動及社會問題 / 各國ニ於ケル反共產主義運動關係雜件，第三卷31。外務省外交史料館藏，JACAR，B04012985200。

50 《回教圈史要》，第293頁。

51 〈第五九號ノ一　至急　極秘〉，外務省記錄 / I門　文化、宗教、衛生、勞動及社會問題 / 2類　宗教、神社、寺院、教會 /《各國ニ於ケル宗教及布教關係雜件》，第三卷14・滿洲國 (1) 一般及雜。外務省外交史料館藏，JACAR，B04012543400。

52 〈兵器拂下ニ關スル件〉，昭和六年，陸軍省大日記 / 密大日記 / 昭和06年〈密大日記〉，第1冊。防衛省防衛研究所藏，JACAR，C01003951700，文件名為〈兵器 い下げに關する件〉。

53 〈馬步青馬步芳ニ對スル兵器賣渡ノ件〉，昭和十二年，陸軍省大日記 / 密大日記 / 昭和十二年《密大日記》，第7冊。防衛省防衛研究所藏，JACAR，C01004340900，文件名為〈馬步青馬步芳に對する兵器賣渡の件〉。

54 〈支那ニ兵器賣卻ノ件〉，昭和十二年，陸軍省大日記 / 密大日記 / 昭和十二年《密大日記》，第8冊。防衛省防衛研究所藏，JACAR，C01004346900，文件名為〈支那に兵器賣卻の件〉。

55 〈額濟納特務機關員ノ情況ニ關スル件〉，昭和十三年，陸軍省大日記 / 陸滿機密・密・普大日記 / 陸滿密大日記 / 昭和十三年 / 昭和十三年《滿受大日記》。防衛省防衛研究所藏，JACAR，C01003367400，文件名為〈額濟納特務機關員の情況に關する件〉。

56 〈額濟納特務機關員の情況ニ關する件〉，昭和十三年，陸軍省大日記 / 陸滿機密・密・普大日記 / 陸滿密大日記 / 陸滿密大日記 / 昭和十三年 / 昭和十三年，《滿受大日記》。防衛省防衛研究所藏，JACAR，C01003367400。

57 〈新疆及青海事情並馬步芳ノ對日態度ニ關スル件〉，昭和十三年三月二十五日，外務省記錄 / I門　文化、宗教、衛生、勞動及社會問題 / 2類　宗教、神社、寺院、教會 / 各國ニ於ケル宗教及布教關係雜件 / 回教關係，第二卷3・中國　分割1。

58 〈青海馬步芳利用方ニ關スル件〉，昭和十三年三月二十五日，外務省記錄 / I門　文化、宗教、衛生、勞動及社會問題 / 4類　勞動及社會問題 / 各國ニ於ケル反共產主義運動關係雜件，第三卷31。外務省外交史料館藏，JACAR，B04012985200。

第十一章　宗教共同體的邊界與民族國家的疆界　　　　423

59 〈蒙情電第二九七號〉，昭和十三年五月十六日，外務省記錄／I門　文化、宗教、衛生、勞動及社會問題／2類　宗教、神社、寺院、教會／各國二於ケル宗教及布教關係雜件／回教關係，第二卷3，中國　分割1。

60 〈回教圈史要〉，第296頁。

61 佐久間貞次郎：《回教の動き》（東京：春日書房，1938年9月），第230頁。

62 〈補助金使途二關スル件〉，昭和十七年九月十日，外務省記錄／I門　文化、宗教、衛生、勞動及社會問題／2類　宗教、神社、寺院、教會／本邦二於ケル宗教及布教關係雜件／回教關係，第二卷、分割4。外務省外交史料館藏，JACAR，B04012533700。

63 〈本邦二於ケル最近ノ回教問題二關スル件〉，昭和十三年六月十三日，外務省記錄／I門　文化、宗教、衛生、勞動及社會問題／2類　宗教、神社、寺院、教會／本邦二於ケル宗教及布教關係雜件／回教關係，第二卷分割2。外務省外交史料館藏，JACAR，B04012533500。

64 〈大日本回教協會創立費會計報告二關スル件〉，昭和十三年十二月九日，外務省記錄／I門　文化、宗教、衛生、勞動及社會問題／2類　宗教、神社、寺院、教會／本邦二於ケル宗教及布教關係雜件／回教關係，第二卷分割3。

65 〈大日本回教協會二關スル件〉，昭和十五年四月十九日，外務省記錄／I門　文化、宗教、衛生、勞動及社會問題／2類　宗教、神社、寺院、教會／本邦二於ケル宗教及布教關係雜件／回教關係，第二卷分割3。

66 〈大日本回教協會二對スル補助金二關スル件〉，昭和十五年七月十日起案、七月十六日裁決，外務省記錄／I門　文化、宗教、衛生、勞動及社會問題／2類　宗教、神社、寺院、教會／本邦二於ケル宗教及布教關係雜件／回教關係，第二卷分割4。外務省外交史料館藏，JACAR，B04012533700。

67 〈大日本回教協會本部業務分擔表〉，昭和十五年四月十九日，外務省記錄／I門　文化、宗教、衛生、勞動及社會問題／2類　宗教、神社、寺院、教會／本邦二於ケル宗教及布教關係雜件／回教關係，第二卷分割3。

68 〈回教對策樹立二關スル件〉、〈本邦二於ケル最近ノ回教問題二關スル件〉，昭和十三年八月，外務省記錄／I門　文化、宗教、衛生、勞動及社會問題／2類　宗教、神社、寺院、教會／本邦二於ケル宗教及布教關係雜件／回教關係，第二卷分割3。

69 〈世界回教徒大會開催二關スル件〉，昭和十五年五月十九日，外務省記錄／I門　文化、宗教、衛生、勞動及社會問題／2類　宗教、神社、

寺院、教會／本邦ニ於ケル宗教及布教關係雜件／回教關係，第二卷分割4。外務省外交史料館藏，JACAR，B04012533700。

70　研究會的報告內容，現在可知的有：〈回教研究會，外務省歐亞局第一課今岡囑託報告〉(昭和十二年十二月六日)、〈報告(續)歐亞一課今岡囑託〉(昭和十二年十三日)(以上兩件出處為：外務省記錄／I門　文化，宗教，衛生，勞動及社會問題／2類　宗教，神社，寺院，教會／本邦ニ於ケル宗教及布教關係雜件／回教關係，第一卷，分割3；外務省外交史料館藏，JACAR，B04012533200)；昭和十三年一月十七日，外務省東亞局第一課中田通譯官：〈回教研究會研究報告〉；昭和十三年二月七日，外務省東亞局第三課牟田副領事官：〈滿洲の回教〉；昭和十三年二月十四日外務省東亞局第三課白坂囑託：〈南洋回教徒ノ情勢〉；十三年三月十七日外務省調查部第三課田邊囑託：〈印度回教徒問題〉；六月外務省調查部第三課：〈伊太利ノ回教政策〉(以上五件出處為：外務省記錄／I門　文化，宗教，衛生，勞動及社會問題／2類　宗教，神社，寺院，教會／本邦ニ於ケル宗教及布教關係雜件／回教關係第二卷分割1；外務省外交史料館藏，JACAR，B04012533400)；昭和十三年四月軍令部第三部犬塚大佐〈極東猶太財閥最近ノ動向ト之ガ對策ニ關スル研究〉(外務省記錄／I門　文化，宗教，衛生，勞動及社會問題／2類　宗教，神社，寺院，教會／本邦ニ於ケル宗教及布教關係雜件／回教關係第二卷分割2；外務省外交史料館藏，JACAR，B04012533500)。

71　〈回教研究會、外務省歐亞局第一課今岡囑託報告〉、〈報告(續)歐亞一課今岡囑託〉。

72　同上註。

73　〈回教(及猶太)問題委員會ノ設置及經過ノ件〉，外務省記錄／I門　文化、宗教、衛生、勞動及社會問題／2類　宗教、神社、寺院、教會／本邦ニ於ケル宗教及布教關係雜件／回教關係，第二卷分割3。該檔未註明時間，但是從本章內容及同卷其他文書上來看，應該是昭和13年4–5月間的檔案。

74　〈回教及猶太教問題委員會內規〉，外務省記錄／I門　文化、宗教、衛生、勞動及社會問題／2類　宗教、神社、寺院、教會／本邦ニ於ケル宗教及布教關係雜件／回教關係，第二卷分割3。該檔未註明時間，但是從本章內容及同卷其他文書上來看，應該是昭和13年4–5月間的檔案。

75　〈回教對策樹立ニ關スル件〉，昭和十三年八月，外務省記錄／I門　文化、宗教、衛生、勞動及社會問題／2類　宗教、神社、寺院、教會／

本邦ニ於ケル宗教及布教關係雜件／回教關係，第二卷分割3。

76　〈宗教團體法ニ關スル件〉，昭和十四年四月一日，外務省記錄／I門
　　文化、宗教、衛生、勞動及社會問題／2類　宗教、神社、寺院、教會
　　／本邦ニ於ケル宗教及布教關係雜件／回教關係，第二卷分割3。

77　〈文書返送ニ關スル件〉，昭和十三年，陸軍省大日記／陸支機密・
　　密・普大日記／《陸支密大日記》，63號。防衛省防衛研究所藏，
　　JACAR，C04120639500，文件名為〈文書返納に關する件〉。

78　〈回教青年指導要綱〉，昭和十三年，陸軍省大日記／陸支機密・密・
　　普大日記／《陸支密大日記73號》。防衛省防衛研究所藏，JACAR，
　　C04120707300。

79　〈蒙疆重要政策ニ對スル思想統一ニ就テ〉，昭和十四年五月三日，
　　外務省記錄／A門　政治、外交／1類　帝國外交／1項　對支那國／
　　支那事變關係一件，第十九卷28。外務省外交史料館藏，JACAR，
　　B02030558900。

80　〈第七號、往電第六號ニ關シ〉，昭和十四年一月十四日，外務省記錄
　　／I門　文化、宗教、衛生、勞動及社會問題／2類　宗教、神社、寺
　　院、教會／各國ニ於ケル宗教及布教關係雜件／回教關係，第二卷3・
　　中國分割1。

81　〈厚警高秘第二一四五號〉，昭和十四年十一月二十一日，外務省記錄
　　／I門　文化、宗教、衛生、勞動及社會問題／2類　宗教、神社、寺
　　院、教會／各國ニ於ケル宗教及布教關係雜件／回教關係，第二卷3・
　　中國分割2。外務省外交史料館藏，JACAR，B04012550500。

82　〈六、支那ガ長期抵抗ニ入ル場合ノ情勢判斷〉，昭和十二年十一月
　　二十三日，外務省記錄／A門　政治、外交／1類　帝國外交／1項　對
　　支那國／支那事變關係一件，第十八卷6。外務省外交史料館藏，
　　JACAR，B02030548200。

83　〈四、重要國策關係（支那事變中）／十六）對支時局對策〉，昭和十三
　　年四月十三日，外務省記錄／A門　政治、外交／1類　帝國外交／1
　　項　對支那國／支那事變關係一件，第四卷。外務省外交史料館藏，
　　JACAR，B02030524300。

84　由總理大臣（簡稱首相）、陸軍大臣（簡稱陸相）、海軍大臣（簡稱海
　　相）、大藏大臣（簡稱藏相）、外務大臣（簡稱外相）於1933年組成，主
　　要就日本陸軍和海軍提出的所謂事關國家前途命運的軍事問題，決定
　　大政方針。

85　〈時局ニ伴う對支謀略〉，昭和十三年七月八日，〈五相會議決定〉，

外務省記錄 / A門　政治、外交 / 1類　帝國外交 / 1項　對支那國 /
支那事變關係一件，第十四卷25。外務省外交史料館藏，JACAR，
B02030540000。

86 〈支那駐屯軍司令官訓令ノ件通達〉，昭和十一年，陸軍省大日記 / 密
大日記 / 昭和十一年《密大日記》，第1冊。防衛省防衛研究所藏，
JACAR，C01004134100，文件名為〈支那駐屯軍司令官訓令の件〉。

87 〈第一八號ノ一 (別電、部外極秘)〉，昭和十三年五月九日，外務省記
錄 / I門　文化、宗教、衛生、勞動及社會問題 / 2類　宗教、神社、寺
院、教會 / 各國ニ於ケル宗教及布教關係雜件 / 回教關係，第二卷2・
滿洲國。

88 〈調查會報告書《大東亞建設基本方策ノ具現並ニ之ニ對スル圈內諸民
族ノ協力ヲ要スル事項及右確保方策(乙　南方諸地域) 上申ノ件》，
昭和十八年五月十日，同華僑對策及同回教徒對策上申ノ件〉，內閣 /
公文雜纂・昭和十八年・第七卷・內閣七・內閣七 (大政翼贊會關係
二)。國立公文書館藏，JACAR，A04018704100，文件名為〈調查會報
告書《大東亞建設基本方策ノ具現並ニ之ニ對スル圈內諸民族ノ協力
ヲ要スル事項及右確保方策(乙　南方諸地域)》〉、同〈華僑對策〉及同
〈《回教徒對策》上申ノ件……〉。

89 《回教の動き》，第85頁。

90 〈對蒙政策要綱〉，昭和十三年十月一日，外務省記錄 / A門　政治、外
交 / 1類　帝國外交 / 1項　對支那國 / 支那事變關係一件，第十八卷
28。外務省外交史料館藏，JACAR，B02030550400。

91 〈時局と回教〉，昭和十三年十月，外務省記錄 / A門　政治、外交 / 3
類　宣傳 / 3項　啟發 / 本邦對內啟發關係雜件 / 講演關係 / 日本外交協
會講演集，第五卷71。外務省外交史料館藏，JACAR，B02030922100，
文件名為〈時局と回教 (前特命全權公使、笠間杲雄)〉。

92 〈濟南發閣下宛電報第五二號ニ關シ〉，昭和十五年二月十六日，外務
省記錄 / I門　文化、宗教、衛生、勞動及社會問題 / 2類　宗教、神
社、寺院、教會 / 各國ニ於ケル宗教及布教關係雜件 / 回教關係，第二
卷3・中國分割2。外務省外交史料館藏，JACAR，B04012550500。

93 〈白崇禧ノ日本軍西北工作妨害〉，內閣 / 各種情報資料 / 各種情報資料
/ 各種情報資料・支那事變ニ關スル各國新聞論調概要。國立公文書館
藏，JACAR，A03024015400。該檔未註明時間，但是從本章內容及同
卷前後排列其他文書上來看，應該是昭和13年5月間的檔案。該資料
在JACAR系統上檔案名為〈米國　白崇禧ノ日本軍西北工作妨害〉。

第十二章

從「圖蘭民族」說到「回教圈」
在「單一民族國家」之外發現共同體

今天國際社會中發生的許多重大問題，都與伊斯蘭教有著或多或少的關係。但是不曾為國外學界注意的是，當年日本帝國主義為了侵略戰爭的目的，曾經有過一段主動接近和向日本國內引進伊斯蘭教、並利用伊斯蘭教向外擴張勢力範圍的歷史。關於這段歷史，1943年楊敬之曾著《日本之回教政策》予以揭發，該小冊子提綱挈領，但因缺乏具體資料，不僅篇幅小，且線條較粗。[1] 戰前改信伊斯蘭教的小村不二男的大作《日本伊斯蘭史》，按照年代、事件、人物等方式整理了日本接近、引入和利用伊斯蘭教的歷史過程，堪稱日本伊斯蘭史之集大成。[2] 但是，由於作者本人的立場，未能給予戰時日本伊斯蘭教政策以科學的分析。

日本國內關於戰爭日本與伊斯蘭教之間關係的研究數量一直很少，但是隨著史料的發掘和研究視野的擴展，不時也會有很有見地的研究問世。如松長昭《在日塔塔爾人 —— 被歷史的伊斯蘭教徒們》、渡邊賢一郎〈戰前期神戶的塔塔爾人的生活與活動 —— 移民、共同體、網絡〉，以及由俄國塔山地區留學日本的烏斯曼諾娃‧拉里薩〈戰前東亞的突厥系塔塔爾移民的歷史變遷備忘錄〉、該氏博士學位論文 *An Historical Account to the Process of Changing Turk-Tatar*

Diaspora Consciousness in North East Asia between 1898 and the 1950s
（《1898年至1950年代之間東北亞地區離散突厥系塔塔爾移民社會意
識變化過程的歷史考察》）以及相當於其簡約版的〈民族的獨立與向
法西斯主義的傾斜——東亞的突厥系塔塔爾移民社會〉等，[3] 均根據
各種歷史資料詳細分析戰前流亡到日本各地的突厥系塔塔爾人社會
的狀況，以及為了迎合戰爭日本的需要而在日本帝國主義建立伊斯
蘭教政策問題上所扮演的角色。除了以上聚焦於戰前與戰時的在日
塔塔爾人社會的研究之外，重親知左子〈宗教團體法的成立與回教公
認問題〉關注了戰前日本伊斯蘭教政策與黑龍會之間的關係，坂本勉
編著《日中戰爭與伊斯蘭——在滿蒙、亞洲地區的統治與懷柔政策》
利用原始資料深入考察了當年日本在滿蒙地區實施統治過程中的伊
斯蘭政策，島田大輔的〈關於昭和戰爭時回教政策的考察——以大日
本回教協會為中心〉一文也以成立於1938年的大日本回教協會的活
動為中心，分析了當時日本政府的伊斯蘭教政策。[4] 然因主題所限，
這些研究都沒有能夠聚焦於日本帝國主義的伊斯蘭教政策對發動戰
爭、尤其是侵略中國戰爭問題具有何種意義。但是，如果不能有機
地說明二者之間的這一關係，不僅無法解釋原本並沒有幾位穆斯林
的日本會突然掀起一場伊斯蘭熱的深層原因，也無法讓今天的國際
社會對當年日本帝國主義對待伊斯蘭問題的邏輯思維進行反思，以
從這段歷史中汲取教訓。

第一節　遠在東突厥斯坦的「同胞民族」

　　1939年（昭和14年）11月至12月，由「大日本回教協會」與「東
京伊斯蘭教團」主辦的「大回教圈展覽會」在東京的上野松坂屋（11月
7日至19日）和大阪的日本橋松坂屋（11月28日至12月9日）舉行，
由世界各地被邀請來出席展覽會的40名「代表」在日本受到豐盛的

回教圈展覽會宣傳畫

接待。從11月16日的「宮城遙拜」開始到11月30日在神戶清真寺舉行「解團式」（解散儀式）為止，代表們先後訪問了日本的總理大臣、外務大臣、文部大臣、陸軍大臣、海軍大臣、拓務大臣、商工大臣以及各家大報、各地的官廳和商工會議所，此外還到東京、名古屋、京都、大阪、神戶、箱根等地觀光，參拜了明治神宮、平安神宮、湊川神社，參觀了軍事演習、理化學研究所，視察了工場和市場，而且幾乎每天都有午餐會或晚宴。[5]

關於這些被當時日本所重視的回教圈展覽會邀請代表，有很多值得關注的地方，其中之一就是當中有九位「東突厥斯坦」的代表。11月6日，「在厚和總領事代理望月靜」在給外務大臣野村吉三郎的電報中，談到來自內蒙古「厚和市通道街二十八號」、24歲的土耳順和38歲的馬一德兩位「支那新疆省吐魯番」的「回紇族」代表。從發音上來看，土耳順可能就是「回教圈展覽會來朝代表者」名單中的「托乎提伯克·吐爾地」，在名單上他的「職務」是「原軍官」，[6]而九人的負責人「麻木提·莫合提」的「職務」為「東突厥斯坦原指揮官」。關於麻木提·莫合提，拙著《東突厥斯坦獨立運動：1930年代至1940年代》曾多處提及。由此可知，被邀請來參加回教圈展覽會的維吾爾族基本都是新疆近代史上有名的事件、「第一次東突厥斯坦獨立運動」的當事者。

由日本蒙古軍事顧問部調查部製作、現藏於日本防衛研究所的〈回疆獨立運動概説（從獨立戰爭到支那事變）〉，尤其是第二章「麻木提對日工作實況」詳細記載了運動當事者們在運動之後與日本帝國主義建立關係的過程。而關於麻木提來日的經過，參照日本外務省

檔案資料可做以下詳細梳理。1939年4月，麻木提到達東京以後，第一次東突厥斯坦獨立運動之後流亡各地的維吾爾族「以麻木提為中心聯絡和團結在一起，在各地準備東山再起。其潛伏狀況為，東京是麻木提及其追隨者，另外在上海、厚和、印度、近東等地分別計劃行動，民族獨立的思想越燃越烈」，準備在「東洋盟主日本」的支援下再次發動獨立運動。[7]值得注意的是，當初日本曾經稱這些維吾爾族為「支那新疆省吐魯番」人，而在回教圈展覽會的代表名單上，他們的「國別」卻成為區別於中國的「東突厥斯坦」。新疆不是中國領土，維吾爾族也不是中國國民，也就是説，日本帝國主義的態度已經明確轉變為支持「東突厥斯坦」的獨立。

對於日本帝國主義來説，居於中亞東面門戶上的新疆，如果將其收入自己的勢力範圍，即可東西兩面夾擊中國，又可北上威脅蘇聯，還可南下遏制英國，無疑具有一定的國際戰略價值。但是，對於遠隔千山萬水大海的日本來説，怎麼可能具有將該地納入自己勢力範圍的正當性呢？也就是説，他們原本是無法獲得當地人的信任的。但是，在日本蒙古軍事顧問部調查部所做的〈回疆獨立運動概説〉中，我們仍然可以看到他們對這一企圖的合法性解釋。

「新疆之地古來稱為突厥斯坦，即突厥族的固有地區，該地域被支那稱為新疆（新的領土之意），進入支那的版圖是在被清乾隆帝時代（西曆1758、1759年）征服以後的事，民族則是純粹的突厥族，語言則是純粹的突厥語。」「該地的回教民族從血緣上來看與日本具有深深凝結、永久不變、一身同體的關係」，[8]「（維吾爾）民族是一個純粹的突厥族，語言為純粹的突厥語。而與我大和民族為同系統的阿爾泰民族的原種族，相貌上也酷似日本人，……性質及性格也令人想起日本古武士之風格……」維吾爾「從全盤看來與吾國人相似點極多，的確是值得我們愛護的同胞民族」。[9]當維吾爾民族被認定為「與日本為通過血緣關係深深凝聚」的「同胞民族」時，理所當然地產生了一個新的義務：「他們深深信賴日本及日本人，吾等日本民族當

然具有對於這些祖先相同的同胞民族的困境進行支援的義務,這也是我們對於我們祖先的重大義務。」[10] 也就是說,他們強調自己和維吾爾人是「同胞民族」,因此具有前去於水火之中解救「同胞民族」的義務和責任。

　　日本人和維吾爾人為「同胞民族」之說,其根據是當時曾經流行一時的「圖蘭民族主義」(Turanism)。「圖蘭」一詞來自於波斯語的 Turan,據說最早出現在波斯詩人菲爾多西(935–1020)在其著作《諸王之書》(或稱《列王紀》,大約成書於公元1020年、詩人逝世之前)中,一說是沃庫薩斯河(Oxus)即今阿姆河的上流地域(伊朗東北部)的稱呼,也有一說是對出現在敘事詩中的中亞草原和沙漠地帶之稱。所謂「圖蘭民族」包含了烏拉爾–阿爾泰語系各民族的一個民族群。其中阿爾泰語系包括突厥語族各民族、蒙古語族各民族、通古斯語族各民族,以及日本人和朝鮮人。烏拉爾語系包括芬蘭–烏戈語族和薩莫耶德語族各民族,芬蘭–烏戈語族主要有匈牙利人、芬蘭人、愛沙尼亞人等,薩莫耶德語族主要為居住在西伯利亞地區的薩莫耶德人。

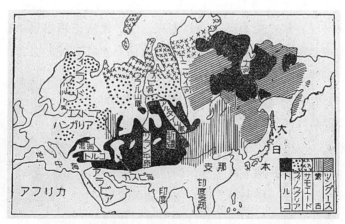

圖蘭民族的五個分支:通古斯民族、蒙古民族、突厥民族、
芬蘭–烏戈民族和薩莫耶德人(今岡十一郎:《ツラン民族圈》,第38頁)

　　圖蘭民族説最早在十九世紀下半期由匈牙利人提出，目的是號召這些民族團結在一起，形成一個巨大的政治勢力；在奧斯曼土耳其，則是與突厥人對抗雅利安人的思想——突厥主義的興起有著直接的關係：「圖蘭民族由於遠離東亞世界而靠近歐洲，所以有一種強烈的從由白色人種把持的世界中解放出來的衝動。這種民族理想，最初表現為發生在中亞的泛突厥主義和泛圖蘭主義運動。第一次世界大戰之後，民族自決成為新的世界潮流，隨著新的民族國家的大批湧現，人們的『民族』意識逐漸得到喚醒。圖蘭主義也從理想主義詩人的民族羅曼主義中甦醒，出現了謳歌圖蘭主義的詩人。」[11] 反抗阿卜杜勒‧哈米德二世暴政的青年土耳其黨人原本希望建立一個以自由、平等、博愛為指導精神，不分民族和宗教而包括所有原奧斯曼帝國的國民國家，但是在近代民族主義衝擊之下奧斯曼帝國體制逐漸解體，青年土耳其黨也衍變為突厥民族主義，進而與圖蘭主義合流。[12]「民族主義作家的著作中們開始出現『理想國的圖蘭』、『民族搖籃的圖蘭』等語言，詩人齊亞‧格卡爾普更是泛突厥主義和圖蘭主義的鼓吹者。」[13] 可以看出，圖蘭主義實際上是一種所指範圍更加廣泛的泛突厥主義。

　　齊亞‧格卡爾普 (Ziya Gokalp，1876–1924) 既是一位詩人，還是一位對現實社會極為關注的政治家，他的民族主義思想給當代土耳其建國之父凱末爾以極大影響，曾被稱為土耳其民族主義之父。但是值得注意的是，他把阿提拉 (匈人領袖和皇帝，434–453年間統治匈人帝國)、成吉思汗、烏古斯可汗等作為圖蘭民族的民族英雄而大加讚美：「如果我們稍稍瀏覽九世紀前的歐亞大陸地圖就會看到，除了今天的俄國西部的一部分地區之外，從北亞到中亞的整個俄國大平原，當時到處都是由身上和我們流著同樣的血的圖蘭民族所盤踞。」[14]

齊亞‧格卡爾普

　　雖然所謂「圖蘭民族」生活的地域如此廣泛，但是圖蘭主義者認定「圖蘭民族」在身體上和文化上具有自己的共性。第一是語言形態上的近似（黏著語），第二是共同的血緣和體徵上的蒙古斑，第三是共同的文化風俗，例如遊牧民族的遺風、以前都曾信仰過薩滿教等等。[15] 尤其值得注意的是，圖蘭主義者積極強調「圖蘭民族」具有共同的血緣關係：「通過對血液的調查，已經清楚地明白圖蘭民族的血緣關係可以追溯到數千年前。因此可以證明，圖蘭民族並不僅僅是一個空間的文化的統一體，還是一個通過時間和血緣連接在一起的有機的統一體。」[16] 因為近代日本的民族論的實質就是血緣民族論，只有確認了共同的血統血緣之後，他們才能夠承認作為一個民族的存在。

　　除了土耳其之外，對圖蘭民族主義發生濃厚興趣的是匈牙利人。他們相信自己是來自中亞的突厥語族人的後代，據説《匈牙利圖蘭民族同盟宣言》中有著這樣的話語：「讓我們回到東方那同族的懷抱中，找回我們亞洲的深遠的原始創造的精神，圖蘭的太陽已經升起在東方，同胞們，讓我們回到那光輝無限的東洋。」[17] 按照「匈牙利圖蘭民族同盟」領袖在二戰時期對日本人所做的解釋：「圖蘭，是蘇美爾語的『天之子、天的保有者、天之帶』的意思，因此不是一個地理上的概念，而是一個在世界上最早創造了文明的民族的概念。圖蘭文化是在雅利安文明和塞姆文明發祥之前就已經存在的文明。其文化遺跡不僅在亞洲內陸，而且在地中海沿岸被發現。最近丹麥考古學家在波斯灣的巴林島上也發現了蘇美爾文明的遺跡。圖蘭民族之一部，很早前就在太平洋沿岸建設了國家，如日本人那樣，在至今仍然保持著比較純粹的圖蘭精神和圖蘭原始文化的基礎上，成為東亞的強有力的文化民族。」[18] 從最後關於日本的表達來看，這段話很可能是一種阿諛奉承，但是將圖蘭文化與世界最早的文明聯繫在一起的説法，無疑符合部分具有國際意識的日本民族論者的思想。[19]

第二節　戰爭日本對「圖蘭民族」說的關心

「圖蘭」一詞也是由匈牙利學者傳到日本的。1914年匈牙利圖蘭民族研究家巴拉東・巴羅庫・本尼迪克在日本做了有關「圖蘭民族」的演講，但是當時並沒有引起日本社會的注意。[20] 而日本對圖蘭民族的關心，基本上是發生在第二次世界大戰之際。這時有人即發現，「作為滿洲國指導原理的五族協和，因為是在建國草創時期匆匆製造的概念，不免給人是一個將不同物質硬湊在一起的概念。也不知道為政者為甚麼沒有使用圖蘭民族的概念，為甚麼沒有稱日、鮮、滿、蒙為兄弟的圖蘭民族同胞，沒有通過利用這一更為廣泛的民族意識來團結和鼓舞大家？」[21] 但是必須強調的是，二戰時部分日本人對強調圖蘭民族意義的重視，其射程絕不僅僅是設定在解決「滿洲國」的民族對立問題上。

圖蘭主義者強調「圖蘭民族」居住地域非常廣大。按照今岡十一郎寫作於戰時但出版於戰後的《圖蘭詩文學全集》的說明，圖蘭民族即發祥於圖蘭地方，之後由於戰亂等逐漸遷徙而成為一個廣泛分佈於歐亞大陸的「民族群團」，歷史學家稱之為北亞民族，語言學家稱之為烏拉爾・阿爾泰語系民族：「歐洲原本不過是亞洲的一個半島，從富士山到喀爾巴阡（Karpaty）山脈，綿延不斷的整個歐亞大陸鏈為一體。流著同樣的血、為同族的圖蘭民族，就居住在這同一片貫通歐亞大陸的黑土地上，這裏是圖蘭民族的鄉土。這個民族集團的中樞，在亞洲內陸即突厥斯坦，這就是圖蘭民族。」[22]

由於居住地域之廣袤，圖蘭主義者強調許多圖蘭民族遭受著周邊強大民族集團的壓迫，生活在水深火熱之中。首先就是在歐洲部分受到了以俄國為首的斯拉夫民族的欺凌：「無數的圖蘭同族被淹沒在斯拉夫的大海之中，今日僅存的圖蘭系民族的孤島，就像掉在斯拉夫民族海洋中的幾顆飛石，其文化的特點和發展都被封鎖，今日仍然過著猶如石器時期的原始野獸般的生活，有的與自然進行著苦

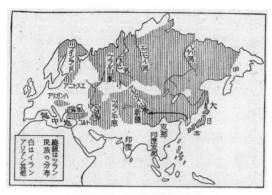

圖蘭民族分佈地域（陰影部分）
（今岡十一郎：《ツラン民族圈》，第3頁）

匈牙利圖蘭民族同盟發行的圖蘭民族地圖
（今岡十一郎：《ツラン民族圈》，第57頁）

鬥，有的種族拼死抵抗著殘忍的非人道的布爾什維克的壓迫。」[23]這
樣的圖蘭民族格局，也就給帝國主義勢力造就了可以利用圖蘭民族
說進行擴張的口實。

　　今岡十一郎《圖蘭民族圈》(1941)中有一節為〈東突厥斯坦‧突
厥族〉，專門談新疆的圖蘭民族所受到的壓迫：「對支那的行政新疆
省的居民普遍抱有不滿。支那政府的壓榨政策，已經極大地傷害了
當地的經濟，猶如磐石般地壓在當地農民和其他居民身上。而官僚
個人的壓榨更為苛刻，佔了他們年收入的百分之三十到四十。」[24]值
得注意的是，在談到新疆問題時非常關注蘇聯對這一地區的滲透：

「該地區現在名義上為支那之一部，但俄國自彼得大帝時期即開始向這一帶進行擴張，事變[應指日本發動太平洋戰爭一事—引者]以後又建成了突厥斯坦鐵路這條紅色通道，蘇聯的赤化東方的體制在這裏已經基本建成。」[25]由此可以看出，反蘇反共是近代圖蘭主義者們共同的思想特徵，換言之，藉著共產主義的名義進行的民族壓迫，反為近代圖蘭主義在歐亞大陸以及日本等國家中的蔓延提供了思想的根據。日本駐蒙古軍之所以能夠發現遠方的維吾爾「同胞」，也正是以這種思想作為背景的。

　　由維吾爾人發動的第一次東突厥斯坦獨立運動之所以失敗，就是因為受到由蘇聯軍隊支援的新疆省軍、甚至蘇聯軍隊自己直接進行的攻擊。[26]而本書前文已經述及，當年運動的領導人之一的麻木提運動失敗多年之後仍然決定出走，就是因為接到當時基本控制了新疆省政治中樞的蘇聯顧問要求他到首府迪化的命令：「民族因為是一個血緣共同體因此還是一個性格共同體，因為是一個語言共同體因此還是一個文化共同體，因為是一個地緣共同體因此還是一個命運共同體。」[27]由於受到蘇聯赤色勢力的壓迫，在圖蘭民族大義的旗幟下，不僅接受麻木提、拯救整個新疆的圖蘭民族「同胞」也都有了理由。

　　「走向新疆！走向圖蘭！這些口號在今天看來好似一種幻想，但是也許就在十年二十年後就已不再是幻想，而成為一種現實，並被人們所接受。」[28]但是對於日本圖蘭主義者來說，圖蘭主義的政治意義似乎並不僅僅在於拯救其他圖蘭民族「同胞」：「圖蘭主義的要素之中就有很多血緣和民族文化的要素。因為同族之間存在著相同的人道主義的根本道德觀，因此我們完全能夠以成為社會秩序根基的親子之情、血緣相連的兄弟主義為基礎建立新的國際秩序，創造新社會和新文明，創造一個跨越歐亞大陸的廣泛的新秩序新文化圈。從皇道的世界政策的角度來看，這也是讓皇道文化首先進入同族世界的一種國際戰略。」[29]「要想實現我國的基本國策即防共和建立新秩序，與其按照歐洲的自由平等主義思想建設東亞聯盟，還不如按照

以家族主義生命觀的道德基礎確立東亞各民族的共榮圈，建立一個
亞洲圖蘭民族的大家庭，通過建設亞洲圖蘭民族的道德文化圈，實
現八紘為宇的建國理想。」[30] 也就是說，圖蘭主義者認為圖蘭主義、
即利用圖蘭民族之間的血緣感情宣揚皇道、建立大東亞共榮圈，是
一條行之有效的近道和正道。

「圖蘭運動是一個超越政治、經濟的文化運動、精神運動、思
想運動，是一個將皇道思想傳遞到世界遠方的行動。」[31] 而關於這
個「世界遠方」，今岡十一郎之〈我圖蘭主義的指針〉圖做了具體形象
的描繪：代表日本圖蘭主義發展方向的箭頭，穿過朝鮮半島，穿過
中國東北部，穿過內外蒙古，而前方直指向新疆、中亞。關於這個
方向的意義，〈圖蘭民族的文化的歷史的使命〉一節更是具體談到：
「一，圖蘭民族由於分佈於滿洲蒙古即支那西北邊疆的原因，是東亞
政治的軍事的前哨，加之他們為回教徒和喇嘛教徒等宗教民族的關
係，因此在建立東亞防共鐵壁中必然發揮重要的作用。二，圖蘭民
族由於處於亞細亞大陸的東北和西北邊疆地帶，可以起到阻止霸道
侵略的歐洲實力向東亞擴張的防波堤的作用……」[32] 從這裏可以清楚
地看到，在日本圖蘭主義者看來，圖蘭民族說並不僅僅是一種停留
在口頭上的政治理想，而是一個非常具體並且具有可行性、通過建
立「東亞防共鐵壁」和「阻止歐洲霸道侵略防波堤」的名義，將整個「亞
細亞大陸的東北和西北邊疆地帶」納入日本勢力範圍的工具。

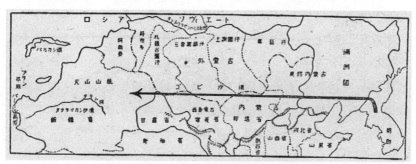

今岡十一郎指出日本可以利用圖蘭主義的發展方向
（今岡十一郎：《ツラン民族圈》，第43頁）

　　日本和維吾爾族是不是「同胞民族」的問題，不屬於本文探討的內容。但是，日本為甚麼會在發動侵略戰爭時期願意從「民族國家」之外又去發現「同胞民族」的原因，卻是一件值得深思的事情。因為，近代日本在國內一貫是通過國體論和國史學主張自己是一個「單一民族國家」的。可以想到的是，日本軍部已經注意到強烈主張「單一民族國家」的「民族國家思想」，從邏輯上已經成為了阻止日本向海外擴張的思想壁壘。而圖蘭主義中的「同胞民族」的概念，則可以幫助日本帝國主義衝破這道壁壘：「圖蘭民族，絕不是烏拉爾語族和阿爾泰語族的平面排列，而是屬於同一種血緣、同一種語言體系、同一種生活文化體系的綜合的立體的民族群團。這個圖蘭民族大家族群，將東起聳立於東海之中的富士山麓，西至歐洲中部的喀爾巴阡山脈這樣一片廣袤無垠的大地連在一起。『圖蘭是一家』這樣一種大地域主義的、皇道的、大民族意識的精神，應該得到光明正大的宣傳和發揮，以至於覆蓋整個歐亞大地。」[33]

　　與具有基督教背景的歐美的殖民地統治政策不同，日本並不具有十分強烈的「給落後的殖民地帶來先進的文化」的這種居高臨下的意識。或者說，日本更善長於通過「發現」共通性、通過編織出各種關係性和演出各種親密性的手法，而在其侵略的前線上培養與日本之間的「共同體意識」來為其侵略進行正當化。圖蘭主義無疑有助於日本帝國主義在「單一民族國家」的高牆之外：培養與日本的共同體意識。值得注意的是，圖蘭主義者在強調這一點時，一直沒有忘記對回教徒的關注：「在我東亞，建設了滿洲國之後正在著手建設大蒙古的偉業的日本，必須與德、意兩國的東進相呼應，以保衛我尊嚴的國體，堅持我們的信念和道義，完成興亞的大業。為了完成防共的使命，為了解放亞洲各個民族而將皇道之光不斷地輸送到西方，因此對於分佈在東亞外圍的圖蘭民族的問題、中亞的問題、回教徒的問題都不可等閒置之。」[34]

　　「該地的回教民族從血緣的關係上與日本深刻凝結為永久不變一

身同體之關係」的發想，正是其中一例。然而不得不承認的是，由
於地理上空間廣袤、距離遙遠，時間上時代跨度巨大、歷史記憶混
亂，加上當時在任何國家都不存在一個得到承認的圖蘭民族，所以
圖蘭民族說的內容也非常空泛。畢竟和日本沒有發生實質的聯繫，
所以即使對於日本的圖蘭主義者來說，構想龐大的「圖蘭民族」說也
只能是一種理想，因此在日本國內也沒有引起更大的反響。而我們
可以看到，與維吾爾族的「同胞民族」關係，同時是在「回教」的空
間中被發現的。事態的發展也說明，日本帝國主義對具有實際操作
可能性的回教產生了更大的興趣，也進行了更為直接的工作。換言
之，通過「圖蘭民族」說來接近「東突厥斯坦」的維吾爾人，只是它用
以拉攏周邊民族集團手法的一部分，而接近整個中國穆斯林社會的
主要迴路，則是它的「回教圈」話語。

第三節　「回教圈展覽會」的舉辦與中國穆斯林

　　實際上，11月上旬舉辦的「大回教圈展覽會」的〈計劃書〉是在
當年8月才制定的。也就是說，「大回教圈展覽會」從其規劃到實現
僅僅只有三個月。從以下事實可以看出，這件事情如果沒有日本政
府、尤其是外務省和軍部的協助（毋寧說是主導），則無論如何也是
無法實現的。「代表」的具體人選由「大日本回教協會」掌握，然而代
表的「資格」和所代表的地域，無疑是根據日本的「國策」而決定的。
通過當時的日本外交文書檔案，可以看出「大日本回教協會」和「東
京伊斯蘭教團」對代表的選定標準。例如前文言及的對「一直向本館
提供關於新疆情報」的「哈米提・哈吉」渡日提供幫助的、11月2日
駐上海三浦總領事給野村外務大臣的〈三八六八二〉號電報[35]已經說
明，這些人主要是已經與日本有聯繫的人物。
　　「大日本回教協會」也承認，「作為回教對策之一、在外務省、陸

軍省、海軍省三省秘密支援之下、由大日本回教協會主催」的回教圈
展覽會「得到了我國內外關係各官公署、公私諸團體及回教圈諸國的
絕大的支援」。11月7日，外務省以外務次官的名義向大阪、京都、
名古屋、神戶各市長和商工會議所發出〈關於回教徒的視察本國希望
提供方便之件〉，提出「此次計劃由該協會負擔和負責，從滿洲國、
北支、南洋方面邀請約四十名回教徒有志者來本國視察並視察名古
屋、京都、大阪及神戶各地，各地當局應盡一切力量提供方便」。[36]

　　由於「會期時間已經非常迫近」，「滿洲回教協會」於10月12日發
出了〈關於提供向大日本回教協會主催回教圈展覽會展出滿洲回教展
品的通知〉的第14號訓令，要求在各地徵集展品，其中包括「美術：
古經、古書、古畫、寫真 (名勝、清真寺、古跡)；美物：古物、奇
異古物、穆斯林的名產 (如藥品、菓子、糖果以及其他特製物品)」。
從這個「訓令」中可以看出，「大日本回教協會」與滿洲地域之間的連
絡是通過滿洲國政府的「民生部禮教課」進行的，「希望參加出席者統
由民生部代理辦理旅行手續」，出席者的旅費由自己負擔，但是「在
日本居留期間的一切費用由日本回教協會負責」。[37]

　　最後選定的「滿洲」六位代表，與其說是宗教界人士，還不如說
都是非常政治化的人物。負責人洪啟濬為「滿洲國第一軍管區司令
部部附陸軍步兵上校」，其他人分別為「(滿洲回教協會) 總會總務科
長韓鵠洲，協和會中央本部囑託張世海與奈嚕，奉天代表楊進之會
長，代表團「指導者」為民生部社會科宗教系長栗原敏」。[38] 除了滿洲
回教協會總會總務科長韓鵠洲、奉天分會會長楊進之之外，從「回教
圈展覽會來朝代表者」名單中可以進一步看出他們的實際身份。洪
啟濬是「滿洲回教協會總監」、滿洲軍中將王殿忠的「代理」，張世海
和奈嚕 (印度人) 所屬的「滿洲國協和會」是一個與行政完全一體化、
在關東軍和日本人官吏的「指導」下設置的官民一體的「教化」組織。
張世海為中央本部補導科科員，奈嚕為中央本部的囑託即非正式職
員。不用説，「指導者」栗原敏是一位日本人。[39]

回教圈展覽會開幕式

世界回教徒第一次大會會場

　　問題在於，當時日本政府何以要如此匆忙決定舉辦這次展覽會呢？毋庸贅言，當然就是為了通過伊斯蘭教政策而支援戰爭。

　　〈回教圈展覽會計劃書〉介紹此次展覽會的目的為以下五點：「(一) 認識回教圈事情；(二) 介紹回教文化；(三) 促進與回教民族的善鄰關係；(四) 促進與回教圈的經濟提攜關係；(五) 邀請有影響力的回教徒」。在「趣旨」部分又做了更加具體的說明，其中有這樣一句話：「必須看到，如果同時能夠利用此次機會請回教圈諸國攜帶貴重展品的多數代表來朝，使之觀察事變發生之後我國的實情、加深認識，可以使本次展覽會的意義變得更為重要。」[40] 也就是說，除

了向日本社會介紹「回教圈」之外，通過舉辦展覽會建立並深化與「回教圈」的關係也是一個重要的目的。那麼，此次展覽會所設定的「回教圈」，具體指的是哪些地區呢？在〈回教圈展覽會計劃書〉上，被設定為後援團體的首先是日本政府各省廳和「日本商工會議所、國際文化振興會、有名新聞社其他回教圈關係諸團體」，之後改行寫上的是「滿洲國政府、中華民國臨時政府、中華民國維新政府、蒙疆自治政府、中國回教總會聯合會」，在此再改行才寫上「土耳其大使館、埃及公使館、伊朗公使館、阿富汗公使館、各地伊斯蘭教團等」。也就是說，展覽會將「回教圈」分為兩個層次：第一就是中國各地，也就是兩國交戰地帶；第二才是與日本有外交關係的中東、阿拉伯和中亞地區各個伊斯蘭國家。這一排列說明，日本帝國主義在主要是中日戰爭的時間場中設定了「回教中國」這樣一個伊斯蘭的「空間」，其「回教圈」的焦點主要集中在「回教中國」上，而這一點從實際邀請到的人數比例上也可以得到證實。

　　實際出席展覽會的一共41人。其中也門兩人，分別為宗教大臣和他的「侍者」，也就是說實質上只是一個人；爪哇（印度尼西亞）6人，但其中一人為負責人的夫人；阿富汗一人。除此以外，與中國有關地區的人員包括中華民國臨時政府、中華民國維新政府、蒙疆自治政府、中國回教總會聯合會等方面15人，「東突厥斯坦」方面9人，「滿洲國」方面6人，另外還有兩人為「土耳其–塔塔爾」（以下稱塔塔爾人）的代表——「伊黛爾·烏拉爾·土耳其·塔塔爾（İdel Ural Turk Tatar）文化協會」的遠東方面副會長和理事，而這個協會的本部當時就設在「滿洲國」的奉天。從這些邀請代表的地區和比例可以看出，回教圈展覽會從其計劃階段開始，關心的重點就是中國的回教徒。換言之，回教圈展覽會匆忙舉行的最重要目的，就是為了強化與中國回教徒之間的合作關係。從這裏也可以看出，〈回教圈展覽會計劃書〉中言及之「事變發生」就是指的1937年7月7日發生的「盧溝橋事變」。

　　在展覽會邀請代表中，中國本部與「滿洲國」的代表事實上佔代

表總數的八成，可見當時的日本帝國主義非常重視從「回教」的視
點上看待中國問題。尤其值得注意的是，在來自於中國方面的代表
中，還有栗原敏這樣的「滿洲國代表補導者」、佐久間貞太這樣的「廣
東回教自治會顧問」、三谷亨這樣的「中國回教總聯合會顧問」和高橋
吉生這樣作為「中國回教總聯合會引領者」的日本人。[41] 與其他國家
和地區不同，僅僅從有這樣的日本人隨行這一事實就可以證實，與
中國回教徒的關係的確是此行中最受重視的問題。而通過這個事實
甚至可以看出，許多中國的回教徒組織本身就是由日本直接控制的。

　　藉展覽會之機，11月18日在「丸之內日本俱樂部」的大堂召開
了原本在計劃書中並沒有出現的「世界各地來朝回教徒大會」。在會
上，許多代表呼籲「感謝給了舉辦如此光榮大會之機會的大日本帝國
和大日本回教協會，以緊急強化全回教徒的大同團結為要務，確立
為使其具體化今後一致合作的活動方針」，大會還決定「以本次會議
為世界回教徒第一次大會」，「明年在東京召開第二次大會，今後每
年繼續召開一次大會」。[42]

　　毫無疑問，日本非常期待以「回教圈」的名義建立一個跨越國境
的「回教空間」。然而應該看到的是，這個「回家空間」實際上是一個
表象和實質並不完全重合的、被想像出來的二重的空間。從表面上
來看，這個「回教空間」好似包括了土耳其、埃及、伊朗、阿富汗等
中東、阿拉伯和中亞各國，也就是當時日語中所説的「回教圈」；但
是對於戰爭日本來説，這個「回教圈」不過是一個範圍並不清晰的、
漠然的概念而已。近代日本關心「回教圈」的焦點還是凝聚在包括「滿
洲國」在內的中國的「回教」社會，近代日本製造「回教圈」話語的目
的就是想通過「回教圈」的迴路在中國的「回教」社會中培植出一種能
夠與日本共有的共同體意識。當然，日本帝國主義之所以會對中國
的「回教」社會具有如此大的興趣，也許與他們對中國「回教徒」勢力
的錯誤估計有關：「世界上回教徒的總數達到四億，分別居住在滿
洲、支那、南洋、印度、近東、中央亞細亞及阿弗利加地區。」[43]

第四節　打造以日本為中心的世界「回教」空間

　　1943年1月，當時的大日本回教協會會長四王天延孝(陸軍中將，副會長為小笠原長生海軍中將)，計劃再度舉辦「回教圈展覽會」，關於其意義，他做出了如下說明：「大東亞戰爭勃發以來已經過了一年，值此敵人拿出必死反擊之態勢，決戰進入長期階段之秋」，而「南方地域中住民的大半為回教徒」，所以「現今真是作為大東亞指導者的日本完備與共榮圈內各民族相寧關係、以殲滅共同敵人之際」。[44] 可以看出，為戰爭日本所重視的「回教空間」，其範圍是與日本帝國主義的勢力範圍高度重合並隨之變動的。無須贅言，製造這個「伊斯蘭空間」的目的，就是要通過給各地的「回教徒」一個「日本是伊斯蘭的友好的理解者和保護者」的印象，灌輸與日本的「共同體意識」，讓這些回教徒不要抵抗日本的侵略，甚至成為日軍的合作者。但是問題在於，原本伊斯蘭信徒人數幾近於零的日本，何以敢於產生自己成為「伊斯蘭空間」中心的想法呢？要想回答這個問題，就有必要回顧以前、尤其是上一屆回教圈展覽會舉辦前後日本政壇與伊斯蘭教之間的關係。

　　「從來把與回教諸民族的連攜等間視之」的日本突然想到召開「回教展覽會」的直接契機，其實是「(東京)回教禮拜堂的落成、也門國王子的來朝、日本飛機『疾風號』飛行伊朗等事件」。[45] 1939年5月12日，東京清真寺舉行了盛大的落成典禮，日本政府、東京市長都派出了代表出席，此外還有川島義之大將、山本英輔大將等預備役軍官、日本社會右翼勢力首領頭山滿、駐日意大利大使、阿富汗和埃及公使代理，以及由日本國內各地和印度、中國、「滿洲」邀請來的「回教徒代表」，合計五百人以上出席。[46] 值得注意的是，外國來賓都是通過當地的日本大使館和領事館邀請，其在日居留費用也由日本政府支付。[47] 很明顯，日本政府是想通過東京清真寺的落成，向各國回教徒進行宣傳：日本「同情」和「寬容地理解」回教徒，「認真

大日本回教協會第二任會長
四王天延孝

保護」回教，甚至對「回教學校及其他文化設施」進行「經濟援助」，具有與「回教徒」一致的價值觀。[48]

當然，這種製造「回教空間」的活動，並不限於東京清真寺的建立。「毋寧說，東京清真寺創建的大前提，是大日本回教協會的設立。」[49]「為了響應（日本政府的）大陸回教徒政策」，[50]「由外務省背後推動的」、[51]「以陸軍大將林銑十郎為會長的大日本回教協會」成立時，在九段的軍人會館舉行了盛大的成立儀式。「昭和十三年中，在日本內地盛大地舉行了東京清真寺落成和大日本回教協會成立兩個大典，恰如是在互相呼應一般，二月裏在北京的懷仁堂舉行了盛大的中國回教總聯合會成立儀式。……十二月時在內蒙綏遠歸化城舉行了西北回教聯合會的成立大會。」[52]正如日本伊斯蘭學者小村不二男以上指出的那樣，「大日本回教協會」正是與這些中國「回教」活動相呼應，為了將日本變為東亞的「回教空間」的中心而設立的。

但是在現實中，如果真的要將日本變為東亞的「回教空間」的中心，必然會遇到許多難題，首先就是日本的穆斯林人數極少的現實問題。信徒雖少但卻要變身為「中心」的矛盾，在日本政府為了戰時強化社會統制而制定《宗教團體法》時馬上暴露無遺。1939年4月1日帝國議會公佈的《宗教團體法》第一條規定：「本法中所指的宗教團體為神道教派、佛教宗派及基督教和其他的教團（以下簡單稱為教派、宗派、教團），以及寺院及教會」，其中並沒有直接列入「回教」，也就是說，並沒有將「回教」視為日本固有的宗教。

《宗教團體法》是為了對宗教團體進行嚴格控制而制定的，所以「適用這一法律的教團進入文部省的管轄，承認為合法的宗教，沒有被適用的新興宗教等遭到了嚴厲的鎮壓」。[53]但是奇怪的是，與對待

也門國王子到達東京車站　　　　　　　　　東京清真寺

其他新興宗教相比，日本無論朝野在關於如何處理「回教」的地位問題上都明顯表現出寬容的態度：「本來此宗教團體法為在國內對宗教進行管理而設，回教由於在國內教徒人數少，雖然沒有如佛教、基督教一般提到其教名，但是被包括在『其他宗教團體』之中。……在3月23日眾議院全體會議上，安藤委員長[進一步—筆者]要求總理大臣[即首相—筆者]就回教[地位—筆者]明確回答政府的見解。」[54] 平沼騏一郎首相對此回答道：「回教雖然沒有在宗教團體法中被明確提到，然於本案即將成立之際，回教也和一般宗教相同，只要具備相當的條件，就可以適用於本法關於教會等的規定，接受公正的監督和相當的保護。而關於回教具備這些條件這一點，我相信沒有任何能夠懷疑的地方。」[55]

　　指出「建設東京清真寺的背後的主角為黑龍會」[56]的重親知左子，注意到黑龍會副會長、主幹葛生能久所説的這句話具有特別的意義：「儘管不是回教國家，也要盡可能朝著制定各種同情回教、讓政府公認回教的方向為條約而努力。」[57]也就是説，即使得不到「公認」，也有必要為了宣傳而圍繞「回教公認問題」發動一場輿論攻勢。葛生能久還是「大日本回教協會」的最高幹部，「大日本回教協會很有可能希望動員輿論製造回教公認的東風」。[58]關於這一點，重親知左子同時指出在「大日本回教協會」的秘密文件中有這樣的記述：「由於

回教徒大眾至今依然蒙昧無知，只要是沒有遇到外敵時就會互相排擠，因此今天對回教徒進行再組織是十分重要的。……回教徒對日本的崛起抱著滿腔信賴和期待，我國從現在起就要開始認識到自己肩負的使命，不辜負這些回教徒的信賴而毅然決然地推進建設大東亞的事業。」[59] 很明顯，受到「大日本回教協會」重視的「回教政策」，不是為了「回教徒」、而是為了讓日本得到「回教徒」的信賴從而能夠指導「回教徒」的回教政策。

　　但是值得注意的是，當時在日的穆斯林社會卻並未為沒有得到「公認」而表現出不滿，其理由可能是他們也知道當時日本社會中的伊斯蘭教徒人數過少。「文部省根據宗教局長提出的教會數 50、信徒人數 5,000 名以上的教團認可條件，對神道教派、佛教、基督教（天主教）等既成宗教團體進行統制」，[60] 但是日本社會中的伊斯蘭教徒數量遠遠不能達到這個標準。當時日本社會中人數最多的穆斯林其實是塔塔爾人，但是據推算，直到 1945 年時，在日本國內的塔塔爾穆斯林人數，神戶 200 人、東京 40 人、名古屋 50 人，全國一共不過約 300 人。[61] 1939 年時在日本的塔塔爾人數也應該不會與此數字有很大的出入。從結果上來看，1939 年的「回教公認問題」「與建設東京清真寺、舉辦回教圈展覽會一起，1939 年在日本圍繞著伊斯蘭教而發生的三大事件，不過是由黑龍會主導的製造日本接受伊斯蘭收容的三大對外表演而已」；[62] 換言之，不過是為了製造一個日本處於「回教空間」中心的虛像而打造的幾個符號而已。

第五節　在「滿洲」發現回教和「回教圈」

　　通過「回教公認問題」、「建設東京清真寺」、「舉辦回教圈展覽會」這「三大對外表演」，製造一個日本處於「伊斯蘭空間」中心的虛像，這些活動都是以東亞地區以及日本社會中塔塔爾穆斯林的存在

為前提的。東京清真寺落成典禮以及「大回教圈展覽會」中，與大日本回教協會同為舉辦方的，都是「東京回教徒團」。然而事實上，直到東京清真寺落成之前，擔任「東京回教徒團長」的，是一位名為「阿布都海・庫爾班加里」的塔塔爾人。[63] 而這位庫爾班加里，卻是一位被日本在「滿洲」發現的「回教徒」。

在中國的東北、即「滿洲」地區，日本侵略勢力很早就注意到「回教」的作用。1922年，大連清真寺建成，該清真寺是「以巴什基爾民族代表庫爾班加里也夫為中心建成的，目的是為達成日本和支那回教徒的大同團結，使正在興起的泛伊斯蘭主義不斷取得具體的成果」。但是大連清真寺的建設資金，卻是由日本人「山岡光太郎」和「佐久間貞次」（佐久間貞次郎）在「京阪」地區通過捐款活動而募集到的，其後又得到「滿鐵」（日本經營的南滿洲鐵道株式會社）5,000元的支援。[64] 也就在這一年，剛剛就任滿鐵理事的松岡洋右，以囑託名義招收了一位伊斯蘭教徒到滿鐵本社的調查課（日後的滿鐵調查部）「負責回教方面事務」。他就是在大連清真寺建設過程中發揮了重要作用的庫爾班加里。

庫爾班加里出身於俄羅斯的巴什基爾地方。由於與塔塔爾人在地緣、民族、語言上的親緣關係，二十世紀初期流亡國外的塔塔爾人和巴什基爾人被統稱為塔塔爾人。庫爾班加里於1917俄國十月革命時期流亡到中國奉天，1922年移居大連。據1923年8月15日的〈關東廳警務局臨時報第三八〇號〉，庫爾班加里在大連的活動內容為「促使日本和支那回教徒之間的大同團結，使正在興起的泛伊斯蘭主義不斷取得具體的成果，建設大連回教寺院為根據地團結了滿洲十五萬回教徒。並策劃以此為基礎團結支那四百萬回教徒，為了實現這一目標在支那全土逐步建設回教寺院，藉此以使東西之間回教徒之間的來往聯絡更加便利。另外，還起草了光社章程，向同情者廣為散發進行宣傳。」[65]

《光社章程》第八條為：「在遠東地區從日支兩國開始，通過近東

諸國及印度南洋各民族，推進普及『伊斯蘭』運動。堅信此舉可使各國間關係更加親密，並於國民外交大有裨益。」[66] 從此可以看出，光社的確具有通過「回教」將中日兩國緊密地聯繫在一起的強烈願望，但是很難想像這種強烈的願望是由庫爾班加里這樣的塔塔爾穆斯林所提起的。也就是說，《光社章程》反映的很可能是包括部分滿鐵上層在內的一部分日本人的意思。

　　1924年，庫爾班加里從滿鐵退職，移居到東京。通過對他在滿鐵的工作內容和移居到東京之後的工作內容進行比較，可以大致推測出他移居東京的原因。按照庫爾班加里自己的說法，他移居到東京之後，「集結和聯合了漂泊於世界各地、在悲慘命運中哭泣的回教白俄人，組織和創立起回教徒聯盟及東京回教徒團體，專門從宗教及民族的兩個方向展開反對運動」。[67] 簡而言之，就是將東京變為世界各地俄系塔塔爾伊斯蘭教徒反蘇俄的「回教」中心。庫爾班加里在東京的活動之所以能夠得到許多日本政治家、經濟人士和大陸浪人的強力支持，應該與這一活動性質有關。在此意義上，庫爾班加里移居東京正是其滿鐵調查部工作的延長，只是其目標已不僅是「在滿十五萬」和「支那四百萬」，而是世界上所有的「回教徒」，他要製造並向他們傳達一個理解伊斯蘭、穆斯林在這裏信仰能夠得到尊重、生活能夠安寧的日本形象。

　　日後庫爾班加里在遭到日本政府驅逐時，日本外務省人員對他在日本的活動情況曾做過如此評價：「關於他雖有種種流言蜚語，但至少不得不承認他在我國近十五年間的回教及回教問題普及上所做出的功績。」[68] 庫爾班加里不僅建立了伊斯蘭世界與日本政界之間的聯繫通道，而且在組織伊斯蘭教團、實現在日塔塔爾的組織化、開設回教學校和回教印刷所、建設東京清真寺等將日本裝扮為東亞的「回教圈」中心的活動中，無疑做出了許多貢獻。1932年，即「滿洲國」成立當年的11月，庫爾班加里還以「在日本回教徒聯盟會長、東京回教徒團體長、東京回教學校校長」的名義回到「滿洲」，「與在滿

二百萬回教徒的代表者一起，就將來的方針進行了協商。」[69] 據〈滿洲的回教〉一文提供的數據，當時在「滿洲」各地居住的俄系塔塔爾人約為一萬五千人，大半居住在哈爾濱和海拉爾。對於居住在日本的勢力範圍「滿洲」的俄系塔塔爾人來說，日本帝國的「東京回教徒團長」庫爾班加里無疑具有極大的權威，而庫爾班加里的這種形象自然又強化了日本為東亞的「回教圈」中心的印象。

　　然而，日本帝國主義為甚麼會從「回教」的角度關注「滿洲」呢？一位日本外務省的調查部人員在其名為〈滿洲的回教〉的報告中做了如下回答：「滿洲的回教徒非常貧弱，其自身沒有甚麼值得研究的價值。但是由於回教徒居住於蘇聯與支那之間的帶狀地帶中，在北支方面雜居著大量的回教徒，因此位於其最東端、直接與日本文化接觸的滿洲回教徒，現在值得更加矚目和研究。」[70] 如果「將 (滿洲) 二百萬回教民族僅僅看作為一個宗教集團」，那將是一個極大的錯誤。[71]

　　「滿洲」地區的塔塔爾人社會，出於其反蘇俄的本質，原本就對日本抱有親近感。關於這一點，1940 年出版的滿洲鐵道總局弘報課所編《滿洲宗教誌》一書曾有詳細說明：「滿洲回教徒對日本的態度頗為親和。因為在他們這些回教徒當中，俄國革命時從俄國避難到日本的土耳其塔塔爾民族中的回教徒受到了日本的保護，可以自由地信仰他們自己的回教，還可以對子弟進行教育，平安地營生。這個事實不能不讓他們這些回教徒產生感激之心，因此對日本的信賴也非常深厚，尤其是他們對日本皇室的憧憬和敬慕非比尋常。」[72]

　　但是國際社會對日本在滿洲的所作所為卻並不認同。1933 年，「日本軍隊從滿洲撤退的勸告書以 42 票對 1 票 (即日本) 通過，松岡洋右主席代表表明日本退出國際聯盟，日本在國際上遭到了孤立」。[73] 也正是這一年，「突厥系穆斯林的大人物相繼流亡日本」。戰前改宗伊斯蘭的小村不二男注意到這一點，在他 1988 年出版的著作中分析道：「此時右翼系諸團體與軍部勾結的傾向越來越明顯，暗示著法西斯化正在到來。就在這種情勢中，日本伊斯蘭界卻因稀奇地出現

了海外伊斯蘭圈的穆斯林大人物一個個來訪的現象而熱鬧起來。這種現象其實並非偶然，很可能就是因為他們在這個時點上，感受到日本在海內外的地位和氣勢正在向更加積極主動的方向發展。也就是說他們此時訪日的行動，目的不僅僅是在於尋找一個不論今後形勢如何變化都可以長期流亡的地點，而是在於預見到日本有可能成為今後東山再起的基地。……最早看出這一點的代表人物，即是那個庫爾班加里。」[74] 也就是說，庫爾班加里等穆斯林之所以流亡到日本，就是因為他們將日本帝國主義興起視為一個改變自己民族和宗教信仰的悲慘命運的機會。

　　九一八事變以後，因為與當地回教徒之間的「穆斯林」同志關係，「滿洲」的塔塔爾人的存在價值更加引起了日本帝國主義的注意：「回教徒們在滿洲事變後不久的昭和六年十月二十八日，由東清真寺派青年教徒孫輯辰所倡導，為了達到當地回教徒的融合團結的目的，以東西兩清真寺的教徒（當時滿人11,000人、俄人1,500人、阿富汗人4人，合計12,504人）為主組織了哈爾濱回教協進會。」[75] 這裏所指的「俄人」回教徒，應該就是流亡到「滿洲」地區的塔塔爾人。關於「滿洲」地區的塔塔爾人社會的性質和對日本帝國主義的存在價值，大久保幸次在《現代回教圈》中曾做出過如下分析：「要之，從哈爾濱到新京、奉天、海拉爾、滿洲里）等地，居住在這裏的伊黛爾－土耳其人是從俄國東南部來的移民，是隨著俄國人的東方經營而跑到遠東的商人群體。因此可以說滿洲的伊黛爾－土耳其族的歷史幾乎就是以追求商業利益為中心的歷史。」[76] 「將滿洲的伊黛爾－土耳其人的存在與居住於日本的同系的流亡者聯繫在一起考慮並非無益，因為兩者在各個方面都保持著緊密的關係。」[77] 也就是說，如果能夠操縱日本的塔塔爾人社會，就能夠通過「滿洲」的塔塔爾人社會，進而將整個「滿洲」的「回教」社會牢固地牽制以日本為中心的東亞「回教圈」裏。

　　塔塔爾穆斯林社會的活動，也說明了日本帝國主義設定的以日

本為中心的「回教圈」的半徑，事實上遠遠超越了已經進入日本勢力
範圍中的「滿洲」，甚至覆蓋到中國的西北部。「隨著事變的爆發，
受到華北及北京當地回教徒極大信賴的川村狂堂幾乎與此同時在長
春方面出馬，為了統一滿洲回教徒開始了積極的活動。與此前後，
庫爾班加里從千馱谷移居到澀谷一帶之後，立即開始關注北方大陸
方面回教民族的發展動向；也就是説，他雖然身處流亡地的日本國
內，但卻能敏感地覺察出回教問題今後會何種方向進展的問題。到
了翌年，他又抱著「捨我其誰」的氣概決心渡滿：「從大正末期人數逐
漸增加、居住於名古屋的塔塔爾系穆斯林，彼等流亡日本的路線原
本多為經由滿洲的海拉爾、哈爾濱、舊奉天，所以當此次滿洲方面
的動靜開始出現異常後，他們立即響應並迅速開始行動。從中央亞
細亞的突厥斯坦河畔到烏拉爾山麓地帶，居住在這一帶的突厥系穆
斯林，現在也隨著日本步伐，開始對戰鬥中的滿蒙的天地產生重大
的關心。」[78]九一八事變以後，日本帝國主義進一步加深了對內蒙古
地區的關心：「因為內蒙古地帶才是通過絲綢之路聯接東西突厥斯坦
的回教徒密集地帶，並進一步橫斷中央亞細亞大草原階梯地帶，一
路西進直達內陸深處的土耳其伊斯坦堡這一最短路線的起點。」[79]

　　發生在新疆的東突厥斯坦獨立運動對於日本的意義，也正是在
這個前提下被發現的。1937年末，一位名為「鈴木」的日本人與一位
姓張的「滿洲國人」（張子文）一起去麥加朝覲。但是此行的目的似
乎並非只有朝覲那麼單純。因為日本政府的外務大臣一直不斷地直
接與日本駐埃及公使電報聯繫，確認一行的日程等。1938年3月16
日，橫山公使在向廣田外務大臣發出的極秘電報中報告説：「鈴木正
在麥加與莫合默德、司儀江可及另外四名新疆人就到日本一事進行
協商。」廣田外務大臣在接到電報後，第二天即回電指示：「立即著
手進行所有人同行歸朝的準備，如其經費不足時請代為支出。」但值
得注意的是，橫山公使代為支出的二百埃及磅，後來卻是由「參謀本
部經理室的前岡少佐」返還的。[80]該鈴木大約就是「鈴木剛」，根據中

國方面的史料，具有日本政府和軍方背景的鈴木剛在1937年七七事變尚未發生之前還曾去到麥加，與當時因失勢而去朝覲的中華民國青海省政府主席馬麟接觸。[81] 這些都能説明，日本帝國主義無疑曾經有過利用中國的「回教」向中國內地、西北部甚至新疆地區擴張勢力的企圖。

　　日本的陸軍和外務省其實以前就有利用「回教」發展在中國勢力範圍的想法。在1938年的五相會議上正式提出「回教工作」[82] 以前，在外務省、陸軍省及關東、關西經濟界的支持下，1936年12月19日，日本就成立了以林銑十郎為顧問 (會長)、遠藤柳作為理事長、佐久間貞次郎為常任理事的「回教文化協會」。該協會實際上於1935年秋就開始醞釀，原本定於1936年2月成立，但是因為發生了二二六事件才被延期。協會制定的第一步工作目標就是「開展與回教諸民族的親善事業，在新京及北平開設支部」以「支援滿洲帝國」。[83] 之後，1938年4月23日在「外務當局的主持下」，日本政府內部就設立了以外務省東亞局長、歐亞局長、亞米利加局長、調查部長、陸軍省軍務部長、參謀本部第二部長、海軍省軍務部長、軍令部第三部長為委員會幹事，「以探討回教及猶太教問題的根本對策，同時協調有關政府部門統一處理事務為目的」的「回教及猶太教問題委員會」，達成了一致意見。[84]

　　「回教及猶太教問題委員會」於1938年8月向內閣總理大臣提交了意見書〈關於建立回教對策之件〉，強調「由於其分佈狀態、人口數及其特性，回教徒的問題是帝國在對外經綸上值得極為重視的問題，事實上在處理支那邊境地區的問題時已經遇到這個問題，因此確立根本對策實為燃眉之急」，指出「帝國回教對策的根本方針 [讓日本─引者] 獲得回教徒最強有力支持者之地位，並將此利用於支援帝國順利進行對外經綸，尤其是對英、對蘇、對支的國策上」，並且提出了設立由外務省、陸軍省、海軍省三中央政府部門的有關職員組成的「回教委員會」、設立或強化回教圈地域的日本政府機構、成

立作為日本民間最高回教問題調查機關的「大日本回教協會」等三點對策。[85]

　　根據這項提議，1938年9月19日日本成立了大日本回教協會。大日本回教協會為日本「至今最大規模、最強陣容」[86]的伊斯蘭教團體，第一代會長為原內閣總理大臣林銑十郎。關於由林銑十郎就任第一代會長一事，坂本勉如此分析道：「這一人事，可以說是1937年的盧溝橋事件，以及隨之日中戰爭的全面暴發後軍部高度重視對伊斯蘭政策的象徵。」[87]流亡塔塔爾人在日本帝國主義的對伊斯蘭政策中固然發揮了極其重要的作用，但是毫無疑問，直到太平洋戰爭開始之前，以「回教圈」話語為象徵的、建設一個以日本為中心的東亞「回教空間」的活動，一貫都是以支援日本對中國的侵略為直接目標的。

　　小村不二男的《日本伊斯蘭史》，按照年代、事件、人物整理了日本的伊斯蘭史和政策沿革史，堪稱日本伊斯蘭史研究之集大成。從該書的描述中，也可以看出1930年代日本社會的「回教」熱，與日本的軍國主義、帝國主義的興起熱之間的內在關聯：「昭和6年（1931），是大正、昭和時代的歷史潮流發生激烈變化、走到轉折關頭的最為值得注意的一年。簡而言之，是第一次世界大戰之後因『裁軍』政策一直忍受無所作為之屈辱的軍人們得以再次炫耀實力、回到軍國主義時代的第一年。……但具有諷刺意味的是，與此軍國主義的異常膨脹形成正比，我國的伊斯蘭研究熱也更加高漲，其結果就是明治、大正時代以來所無法見到的、有關伊斯蘭的各種機關團體一個接一個地問世。……說得更加具體明瞭，原因就是昭和6年秋爆發的『滿洲事變』引起了日本國民對中國北方大陸的關心，至此方才得以知道居住於此的當地民族是回教民族，而從宗教上來看這個地區又與遙遠的阿拉伯沙漠和突厥斯坦草原連為一線（的事實），這都成為使回教研究在日本形成熱潮的誘因。」[88]

結　語

　　日本帝國主義所製造的「回教圈」話語，就是為了在東亞地區製造一個以日本為中心的「回教空間」。其目的主要就是在其侵略的前線（即中國），通過「發現」和製造一種與日本之間可以共有的「共同體」意識，為其侵略行為提供正當化根據，並因此軟化當地民眾的反抗心理。然而，要想加於人們一個新的共同體意識，就是要人們否定已有的共同體意識；換言之，日本帝國主義之所以要在中國「發現」新的共同體意識，目的就是取代當地民眾原有的共同體意識。事實上，正是由於遭受到了日本的侵略，中國的許多民眾才開始有了「中國人」的共同體意識，而當時中國的政府和各政黨也開始大力宣傳「中華民族」的思想。日本帝國主義的「回教圈」話語的出現，很可能是為了針對和抵抗這些共同體意識。

　　然而值得深思的是，本來並沒有伊斯蘭教傳統的日本，為甚麼會如此會著眼於「回教」這樣一個宗教的概念，並致力於建立一種宗教的共同體意識呢？要想回答這個問題，當然不能無視宗教的性質。宗教具有跨域國界的力量，宗教的共同體也不是以國家為單位的。歷史已經多次證明，利用宗教的名義，不僅可以將戰爭正當化，而且可以跨越國界、民族、人種的壁壘，將更多的民眾動員到戰爭體制中去。可見，日本帝國主義之所以發明的「回教圈」的話語，就是以為它具有沖垮「中國人」、「中華民族」和「中華民族國家」等共同體意識的實力。

　　具有諷刺意味的是，以中華民族論為代表的近代中國民族主義，恰恰就是受到日本民族論和日本的單一民族國家思想的啟發，從日本直接學習到的。反言之，在動員國民上發揮了極大作用的近代日本的「日本民族論」和單一民族國家思想，同樣也是一種拒絕與「日本人」以外的人民共有的共同體意識。因此，日本帝國主義要想將其對外侵略和擴張進行正當化，就不得不在「民族」之外「發現」能

夠突破跨越「民族國家」範疇的共同體。這也可能是「同胞民族」說、
「圖蘭民族」說最終無法引起日本帝國主義興趣的原因之一。

　　本書之後還會談到，日本從發動中日戰爭之前就開始製造「中華
思想」說，通過它在中國邊境地區的民族集團中尋找歷史上所謂與日
本同樣受過中國大國思想迫害的共同歷史記憶。共同歷史記憶是生
產共同體意識的元素，從廣義上來說也是一種共同體意識。而在中
日戰爭期間提出「回教圈」，在發動太平洋戰爭後又提出「大東亞共榮
圈」，具有更加明確的製造打破民族國家範疇的共同體意識的目的。
在日本國家以外打出「圈」的概念，顯然就是為了避開「民族國家」給
海外擴張所製造的障礙。儘管如此，日本在其侵略的前線製造與戰
爭日本之間的「共同體」意識的各種努力，結果都沒有能夠取得預想
的結果。其原因無疑在於這些共同體意識，事實上都是建立在日本
中心主義的基礎上的。這段歷史告訴我們：一個不是以普世價值、
而是以民族主義為立國根本的國家或政權，不論它提出多麼美妙的
超越民族國家範圍的共同體口號，其華麗的外表掩蓋的都是一國之
私、一黨之私乃至一己之私的自我中心主義實質，最終都會露出馬
腳，被國際社會所唾棄。

註　釋

1　　楊敬之：《日本之回教政策》(重慶：商務印書館，1943)。全書65頁，
　　　因為有附錄一篇，該書涉及「日本之回教政策」內容實際只有42頁。

2　　小村不二男：《日本イスラーム史》(東京：日本イスラーム友好連盟，
　　　1988)，第554頁。

3　　松長昭：《在日タタール人 —— 歷史に翻弄されたイスラーム教徒た
　　　ち》(東洋書店，2009)；ウスマノヴァ・ラリサ：〈戰前の東アジアにお
　　　けるテュルク・タタール移民の歷史的變遷に關する覺書〉，《北東アジ
　　　ア研究》，第10期(2006年1月)及〈民族の獨立とファシズムへの傾斜 ——
　　　東アジアにおけるテュルク・タタール移民コミュニティ(講演錄)〉，
　　　載貴志俊彥編著：《近代アジアの自畫像と他者 —— 地域社會と「外國

人」問題》(京都大學學術出版社，2011)；渡邊賢一郎：〈戰前期の神戶におけるタタール人の集住と活動——移民・コミュニティ・ネットワーク〉，《東洋大學人間科學綜合研究所紀要》，第5期 (2006)。

4　島田大輔：〈昭和戰前期における回教政策に關する考察——大日本回教協會を中心に〉，同志社大學一神教學際研究センター：《一神教世界》，第6期 (2015年3月31日)。

5　〈回教徒視察團の日程〉，《記錄回教圈展覽會：全世界回教徒第一次大會來朝回教徒視察團》(1940)，第23–25頁。

6　〈回教圈展覽會來朝代表者〉，《記錄回教圈展覽會》，第3頁。

7　蒙古軍事顧問部調查部：〈回疆獨立運動ノ概説 (獨立戰爭支那事變迄)〉，JACAR (アジア歴史資料センター)，C13021598400，回疆獨立運動の概説　森川史料 (防衛省防衛研究所)。

8　〈結言〉，JACAR，C13021598600，回疆獨立運動の概説　森川史料 (防衛省防衛研究所)。

9　同上註。

10　同上註。

11　今岡十一郎：《ツラン詩文學全集》(東京：新紀元社，1958)，第5頁。但據作者在該書後記所談，該書原本在二戰結束之前已經印刷完畢，等待裝訂時遇到空襲而未能在當時發行。

12　回教圈研究所編：《概觀回教圈》(東京：誠文堂新光社，1942)，第172–173頁。

13　今岡十一郎：《ツラン詩文學全集》，第1頁。

14　今岡十一郎：〈自序〉，《ツラン民族圈》(東京：龍吟社，1941)，第1頁。

15　今岡十一郎：《ツラン民族圈》，第51–61頁；《ツラン詩文學全集》，第2–3頁。

16　今岡十一郎：《ツラン民族圈》，第56頁。

17　今岡十一郎：《ツラン詩文學全集》，第9頁。

18　同上註，第7–8頁。

19　關於部分日本文化論者對日本文化、日本民族以及日本天皇與世界最早文明之間關係的思想，以及這種思想對中國文化西來説、黃帝西來説、漢民族西來説的影響，筆者將在其他文章探討。

20　今岡十一郎：〈自序〉，《ツラン民族圈》，第5頁。

21　今岡十一郎：《ツラン民族圈》，第43頁。

22　今岡十一郎：《ツラン詩文學全集》，第5–6頁。

23　今岡十一郎：〈自序〉,《ツラン民族圏》,第2頁。

24　今岡十一郎：《ツラン民族圏》,第141頁。

25　同上註,第145頁。

26　參見王柯：《東突厥斯坦獨立運動,1930年代至1940年代》(香港：中文大學出版社,2013)。

27　今岡十一郎：《ツラン民族圏》,第2頁。

28　同上註,第379頁。

29　今岡十一郎：〈自序〉,《ツラン民族圏》,第2–3頁。

30　同上註,第2頁。

31　同上註,第3頁。

32　今岡十一郎：《ツラン民族圏》,第380–381頁。

33　今岡十一郎：〈自序〉,《ツラン民族圏》,第4–5頁。

34　今岡十一郎：《ツラン民族圏》,第373頁。

35　〈三八六八二〉,11‧回教圈展覽會,JACAR,B04012294800,本邦展覽會關係雜件　第二卷(I-1-6-4-5_002)(外務省外交史料館)。

36　〈回教徒ノ本邦視察ニ關シ便宜供與方依賴ノ件〉,11‧回教圈展覽會,JACAR,B04012294800,本邦展覽會關係雜件　第二卷(I-1-6-4-5_002)(外務省外交史料館)。

37　〈滿洲回教協會訓令第14號、關於大日本回教協會主催回教圈展覽會希望滿洲回教出品之件〉,滿洲回教協會：《回光月刊》,第1卷第11期,第48頁。

38　〈參加日回教展覽之全滿回民代表一行6人於寒風凜洌中啟程東渡〉,《回光月刊》,第1卷第12期,第47頁。

39　〈回教圈展覽會來朝代表者〉,第3頁。

40　〈回教圈展覽會計劃書〉,11‧回教圈展覽會,JACAR,B04012294800,本邦展覽會關係雜件　第二卷(I-1-6-4-5_002)(外務省外交史料館)。

41　〈回教圈展覽會來朝代表者〉,第3頁。

42　〈世界回教徒第一次大會概要〉,《記錄回教圈展覽會》,第20–22頁。

43　〈回教圈展覽會計劃書〉。

44　〈「大東亞戰下ノ回教圈展覽會」後援名義使用方依賴ノ件〉,11‧回教圈展覽會,JACAR,B04012294800,本邦展覽會關係雜件　第二卷(I-1-6-4-5_002)(外務省外交史料館)。

45　〈回教圈展覽會計劃書〉。

46　〈東京回教團寺院落成式典開催狀況ノ件〉、〈本邦ニ於ケル宗教及布教

關係雜件/回教關係　第二卷　分割2〉，JACAR，B04012533500，本邦ニ於ケル宗教及布教關係雜件/回教關係　第二卷 (I-2-1-0-1_2_002) (外務省外交史料館)。

47　廣田外相發在ベィルート小長谷領事宛，〈東京回教礼拜堂ニ關スル件〉，〈本邦ニ於ケル宗教及布教關係雜件/回教關係　第二卷　分割2〉，JACAR，B04012533500，本邦ニ於ケル宗教及布教關係雜件/回教關係　第二卷 (I-2-1-0-1_2_002) (外務省外交史料館)。

48　〈日本ト回教徒ニ關スル新聞論調報告ノ件〉，〈本邦ニ於ケル宗教及布教關係雜件/回教關係　第二卷　分割2〉。

49　小村不二男：《日本イスラーム史》，第94頁。

50　田村愛理：〈回教圈研究所をめぐって──その人と時代〉，《學習院史學》，第25期 (1987)，第27頁。

51　〈回教國展覽會開催ノ件ニ關シ調查部三浦課長ヨリ左ノ通申越シ〉，11・回教圈展覽會，JACAR，B04012294800，本邦展覽會關係雜件　第二卷 (I-1-6-4-5_002) (外務省外交史料館)。

52　小村不二男：《日本イスラーム史》，第95頁。

53　重親知左子：〈宗教團體法をめぐる回教公認問題の背景〉，《大阪大學言語文化學》，第14期 (2005)，第132頁。

54　小村不二男：《日本イスラーム史》，第428頁。

55　同上註，第429頁。

56　重親知左子：〈宗教團體法をめぐる回教公認問題の背景〉，第143頁。

57　同上註，第140頁。

58　同上註，第142頁。

59　同上註，第143頁。

60　同上註，第132頁。

61　ウスマノヴァ.ラリサ：〈戰前の東アジアにおけるテュルク・タタール移民の歷史的變遷に関する覺書〉，《北東アジア研究》第10期 (2006年1月)，第53頁。

62　重親知左子：〈宗教團體法をめぐる回教公認問題の背景〉，第143頁。

63　〈回教 (及猶太) 問題委員會ノ設置及經過ノ件〉，JACAR，B04012533600，本邦ニ於ケル宗教及布教關係雜件/回教關係　第二卷 (I-2-1-0-1_2_002) (外務省外交史料館)。

64　關東廳警務局：〈臨時報第三八〇號、在滿回教徒ノ統一計劃〉，アジア歷史資料センターのタイトルは，〈17　臨時報三八〇號〉，JACAR，

B03041583400，關東都督府政況報告並雜報　第十七卷（1-5-3-12_018）（外務省外交史料館）。

65　關東廳警務局：〈臨時報第三八〇號　在滿回教徒ノ統一計劃〉，JACAR，B03041583400，關東都督府政況報告並雜報　第十七卷（1-5-3-12_018）（外務省外交史料館）。

66　同上註。

67　〈在日本回教徒連盟會長渡來東上ノ件〉，JACAR，B04012533500，本邦ニ於ケル宗教及布教關係雜件/回教關係　第二卷（I-2-1-0-1_2_002）（外務省外交史料館）。

68　〈回教研究會、外務省歐亞局第一課今岡囑託報告〉，JACAR，B04012533500，本邦ニ於ケル宗教及布教關係雜件/回教關係　第二卷（I-2-1-0-1_2_002）（外務省外交史料館）。

69　〈在日本回教徒連盟會長渡來東上ノ件〉。

70　〈滿洲の回教〉，〈本邦ニ於ケル宗教及布教關係雜件/回教關係　第二卷　分割1〉，JACAR，B04012533400，本邦ニ於ケル宗教及布教關係雜件/回教關係　第二卷（I-2-1-0-1_2_002外務省外交史料館）。

71　〈滿洲回教民族ト現在ノ動向〉，〈本邦ニ於ケル宗教及布教關係雜件/回教關係　第一卷　分割2〉，JACAR，B04012533100，本邦ニ於ケル宗教及布教關係雜件/回教關係　第一卷（I-2-1-0-1_2_001）（外務省外交史料館）。

72　《滿洲宗教誌》（アジア・太平洋地域民族誌選集31）（株式會社クレス出版，2002，復刻版），第204頁。

73　小村不二男：《日本イスラーム史》，第79頁。

74　同上註，第80頁。

75　〈哈爾賓回教徒ノ反共運動ニ關スル件〉，〈各國ニ於ケル反共產主義運動關係雜件　第三卷　27‧哈爾賓回教徒ノ運動關係〉，JACAR，B04012984800，各國ニ於ケル反共產主義運動關係雜件　第三卷（I-4-5-1-3_003）（外務省外交史料館）。

76　大久保幸次、小林元：《現代回教圈》（四海書房，1936），第307頁。

77　同上註，第313頁。

78　小村不二男：《日本イスラーム史》，第76頁。

79　同上註，第100頁。

80　〈回教徒ノ本國渡來ニ關シ助力方ノ件〉，〈各國ニ於ケル宗教及布教關係雜件/回教關係　第二卷　2‧滿洲國〉，JACAR，B04012550300，

各國ニ於ケル宗教及布教關係雜件／回教關係　第二卷 (I-2-1-0-2_5_002)（外務省外交史料館）。

81　鐵維英、李學忠：《中國穆斯林朝覲紀實》（寧夏人民出版社，1994），第190–191頁。

82　王柯：〈日本侵華戰爭與「回教工作」〉，《歷史研究》（中國），2009年第5期，第87–105頁。

83　〈回教文化協會創立報告〉，〈本邦ニ於ケル宗教及布教關係雜件／回教關係　第一卷　分割2〉，JACAR，B04012533100，本邦ニ於ケル宗教及布教關係雜件／回教關係　第一卷 (I-2-1-0-1_2_001)（外務省外交史料館）。

84　〈回教（及猶太）問題委員會ノ設置及經過ノ件〉，JACAR，B04012533600，本邦ニ於ケル宗教及布教關係雜件／回教關係　第二卷 (I-2-1-0-1_2_002)（外務省外交史料館）；〈回教及猶太教問題委員會內規〉，JACAR，B04012533600，本邦ニ於ケル宗教及布教關係雜件／回教關係　第二卷 (I-2-1-0-1_2_002)（外務省外交史料館）；〈回教及猶太問題ニ關スル件〉（アジア歷史資料センターによる表記は〈回教及猶太問題委員會に關する件〉），JACAR，C01001666800，大日記甲輯昭和13年（防衛省防衛研究所）。

85　〈回教對策樹立ニ關スル件〉，JACAR，B04012533600，本邦ニ於ケル宗教及布教關係雜件／回教關係　第二卷 (I-2-1-0-1_2_002)（外務省外交史料館）。

86　小村不二男：《日本イスラーム史》，第94頁。

87　坂本勉：〈アブデュルレシト・イブラヒムの再來日と蒙疆政權下のイスラーム政策〉，載坂本勉編著：《日中戰爭とイスラーム——滿蒙・アジア地域における統治・懷柔政策》（東京：慶應義塾大學出版社，2008），第26頁。

88　小村不二男：《日本イスラーム史》，第75頁。

第十三章

從「中華」思想到「中華思想」說
一個日本關於中國國民性話語的歷史

　　本章所提起的「中華思想」是一個日語名詞，所謂一種「漢民族炫耀自己的文化和國土，從古至今延續下來的思想」。按照日本歷史學詞典的解釋，「中華思想就是一種民族主義，說通俗一點就是一種炫耀自國的思想。任何一個民族都有炫耀自國的思想，但中華思想具有重視華夏夷狄之別的特點」，「中華思想以有無禮教來區別人類，認為沒有禮教的異民族與遠離聖人之道的禽獸同類」，「視四周的文化落後的異民族為夷狄蠻戎而蔑視之，認為天下萬物均屬於漢民族。」[1] 從以上內容即可看出，「中華思想」是一個日本人從對於周邊民族或政治共同體之認識的角度，對以漢民族為主體的中國和中國人的國民性進行批評性描述的話語。因為這種批評性質，「中華思想」說在日本受到某些人士和部分學者的偏愛，也直接對日本國民的中國認識發生著不可低估的影響。甚至還有一些中國出身的學者，也會隨著對中國抱有成見的日本人一起，不加任何分析地使用「中華思想」一詞。[2] 然而必須指出的是，「中華思想」說其實是一個非常主觀的話語體系，因為中日兩國至今都未有從學理上系統整理分析日本「中華思想」說的思想構造及其成立歷史過程的研究。為了彌補這一空白，本章利用日本的各種文獻，整理日本「中華思想」說成立

的歷史過程，檢討近代中日關係的歷史變化與日本「中華思想」說誕生、形成之間是否具有互動關係，最後在此基礎上剖析日本「中華思想」說的構造原理及其性質。

第一節　日本朱子學者心目中的「中華」
——從林鵝峰和林鳳岡的《華夷變態》談起

　　日本的「中華思想」說誕生之前，日本在記錄中國與周邊民族或政治共同體的關係問題上最重要的文獻，當屬《華夷變態》一書。該書由林鵝峰、[3] 林鳳岡[4] 父子兩代持續編輯而成，內容為由日本政府在1644年（日本正保元年，清順治元年）至1724年（日本享保九年，清雍正二年）的80年間所收集的大約2,200篇、由乘中國大陸的貿易船而來到長崎的商人們所帶來的，有關當時大陸時局的各種敕諭、咨文、時務論策及傳說等，即「唐船風說書」。

　　從日本政府收集「唐船風說書」的年代即可看出，當時正值明清王朝交替之際。大陸的政治變動，自然引起了日本政府極大關心，其最大關心之一就是作為異民族的清王朝，是否或如何才能建立起穩固的統治。1644年清軍入關，清王朝遷都北京，之後用了約20年的時間，基本上統一中國。然而許多「明代遺民」中的讀書人，因為清朝統治者出身滿族，故而從華夷之辨的角度，質疑本是「夷狄」的清王朝統治者統治中國的合法性。被收入《華夷變態》中、著名「明代遺民林上珍」的《清朝有國論》，就是一篇很有代表性的著作。其中談到：

《華夷變態》

夷狄主中國，則謂為天心之有在可乎否耶？雖然吾有疑焉者，天心無久亂之理，虜無百年之運。惟其來也本於天，故更以其在天之不可易者，神而明之。夫夷狄之為中國患，歷代所不無。如玁狁犬戎單于匈奴吐蕃突厥契丹女直之屬。甚而至於五胡之亂，雖時警北鄙賊我疆場，然亦未嘗統有四海也。即統有四海而悔禍，常崩宮中夜祝知天者也，胡元之敗逆天者也，以聖宋而贖世宗之位。皇明之掃滅妖氛中國，聖人屢屢應運而生，可知天地之心，不欲夷狄之久有吾土也明矣。況今天之下雖屬偽朝，少有智，亦審其徒竊名器，難享厚福，速禍敗而取喪亡耳。[5]

在該文中，林上珍公然稱清朝統治者為夷狄、北鄙或虜，認為此次「夷狄之為中國患」不過是天為尋找新的聖人而為，其實天是「不欲夷狄之久有吾土也」，所以滿清對中國的統治不會長久。然而，這種充滿了「華夷」意識的文章，為甚麼也會引起當時的日本人注意呢？其原因之一是當時德川幕府實行鎖國政策，即使中國發生了王朝更替這樣的大事，日本也對其詳情不甚明瞭，「韃虜掠華殆四十年，正史未見，則不詳真偽」。[6] 就在此時，明朝遺王（魯王朱以海）、鄭成功以及鄭芝龍在內的將領等，數次向日本幕府求援借兵（乞師）；為了掌握明清交替的真實情況，日本急需得到有關大陸的各種信息，以瞭解情況、作出判斷並決定方針。而從下面這件事情就可以看出，因為各種目的來到長崎的中國人所帶來的各種消息，的確是當時日本獲取中國資訊的一個重要管道。例如雍正六年，即1728年12月11日，浙江總督李衛上奏曰：

費贊候供認曾帶崇明縣醫生周岐來，往彼治病，業經回籍。臣於途間，喚到岐來，面訊是實。據稱夷人每事訪求天朝故實新聞，諸樣書籍無所不有。[7]

第二個原因是，原來這本書的編者、日本江戶儒學－朱子學的代表人物林家父子雖然為日本人，居然與中國「明代遺民」同樣具有強烈的「華」、「夷」意識。關於這一點，可以從林鵝峰為《華夷變態》所作序言中清楚地看到：

> 崇禎登天，弘光陷虜，唐魯才保南隅，而韃虜橫行中原。是華變於夷之態也。雲海渺茫，不詳其始末。如剿闖小說、中興偉略、明季遺聞等概記而已。按朱氏失鹿，當我正保年中。爾來三十年所。福漳商船來往長崎，所傳說，有達江府者。其中聞於公，件件讀進之，和解之，吾家無不與之。其草案留在反古堆，恐其亡矢，故敘其次第，錄為冊子，號華夷變態。頃聞吳鄭檄各省，有恢復之舉。其勝敗不可知焉。若夫有為夷變於華之態。則縱異方域，不亦快乎　延寶二年甲寅六月八日　弘文學士　林叟發題。[8]

林鵝峰惋惜明朝崇禎帝的自盡和弘光帝的被俘，直稱清朝入關為「韃虜橫行中原」，以清朝統治中國為「華變於夷」，並期待明朝恢復統治，即「夷變於華」的一天，指出那樣即使住在「異方域」的日本人，也會感到快慰。正是出於這樣的目的，林鵝峰將這些「唐船風說書」編輯在一起並命名為《華夷變態》，時在日本延寶二年，即1674年。也就是說，在明王朝滅亡30年後，林鵝峰依然認為明為中華，清為夷狄，並抱著這種心態開始編輯《華夷變態》。

多達35卷的《華夷變態》網羅了明王朝滅亡之後80年間的「唐船風說書」。有趣的是，大約與日本人林鵝峰與其子林鳳岡視「滿」為「夷狄」同時，清朝大臣李衛在給打出「華夷之別」新解釋的雍正奏摺中，卻稱日本人為「夷人」。[9] 這也能夠說明，不論是在當時的中國還是日本，「華」其實都是一個文化的概念。例如，大約寫就於寶永六年 (1709) 前後的《水土解辯》，在「葬法之辯」中談到，類似來自於福建福清、在日本開闢黃檗宗的隱元和尚這樣的「中華聖人」在長崎

給日本帶來朱子學的朱舜水

由中國福建前來日本長崎
開創黃檗宗的隱元

去世後，都沒有依照佛教進行火葬而是土葬，其原因即為受儒教的影響實行了「儒葬」：

> 每歲來到長崎唐人數千，病死長崎者亦多。其中雖有佛者〔僧侶〕，然終不見一人火葬。……均以儒法行土葬。在中華地面更是如此，千萬人中罕見火葬者。[10]

這種以文化區別「中華」與「夷狄」的思維，顯然是受到日本江戶儒學－朱子學的強烈影響。對於儒學的尊崇，使江戶時代儒學家的華夷觀念中，基本上都是崇拜中華而以日本為東夷，因此有儒學家將日本與「中華」生硬地牽扯在一起。[11] 其中最為著名的就是「泰伯皇祖說」，即以《論語》中吳國的泰伯為天皇的祖先，認為是泰伯從中國大陸帶來了三種神器，[12] 是為皇祖。[13]

由於這種傾向，就出現了視「中華」為一種理念、將中華的標準禮教文化看成是一種普遍的價值，而與具體的「中國」地域相剝離的思維方式。因為中華與夷狄之區別不是根據地域，「中華」就成為一個流動的概念。也就是說，原本為中華之地的中國可以變為夷狄，反之夷狄之地的日本也可以變為中華。[14] 對於日本的儒學家們來說，「中華」就是一種放之四海而皆準的原理。

林羅山，日本江戶
儒學－朱子學的開山祖

山崎闇齋

　　然而，與中國儒學追求平天下的境界不同，日本儒學者是以維護日本國家利益為最終目的。有一個很有名的故事，可以說明日本儒學的終極價值觀是超越不了國家利益的。山崎闇齋 (1618–1682，江戶前期儒學家、神道家) 被其弟子們問道：「方今彼邦，以孔子為大將，以孟子為副將，率騎數萬，來攻吾邦，則我當學孔孟之道之徒，如何為之？」於是山崎闇齋回答道：「若不幸逢此厄，則吾黨身披堅手執銳，一戰而擒孔孟，以報國恩。」[15]

　　日韓國籍學者姜在彥曾經介紹一篇 1909 年 10 月 28 日《大韓每日日報》的報導，其中將朝鮮的儒學巨匠李華西 (李恒老，1792–1868) 和日本的儒學巨匠山崎闇齋進行了比較，以說明日本的儒學家不過是將儒學視為一種為國家服務的工具。華西曰：「今日吾輩之責，在儒教盛衰，至於國家存亡，猶屬第二件事。」而山崎則曰：「有來侵侮國者，雖孔子為將，顏回為先鋒，吾當以仇敵視之。」[16] 當時朝鮮受到日本的侵略，李華西及其弟子柳麟錫、崔益鉉等人發起反日抵抗運動，但是抵抗的最終目的是「衛正斥邪」，即為了保衛正統學問的朱子學，他們領導的反日義兵運動的直接契機也是為了反對「斷髮令」，原因是按照儒學教義來說「身體髮膚，受之父母」。這一對比，足以證明朝鮮的儒學家以儒學的興衰為終極價值，而日本的儒學家

則以國家存亡為終極價值。換言之，韓國的學者視儒學為一種超越民族與國家範疇的普遍原理，而日本的儒學家則將儒學視為一種為國家服務的工具。

日本儒學的這個特點，在一定意義上也是由日本儒學的社會地位所決定的，因為「朱子學從來就沒有成為近世日本『威武』國家的主導思想」。朱子學在日本作為一種「官學」得到廣泛承認，是十八世紀末期以後的事情。在精神氛圍上，近世日本的朱子學與中國的朱子學之間也有著巨大的不同。中國宋代的朱子學，是一種士大夫和讀書人官僚具有擔當天下國家的氣概和責任感的學問，「他們堅信，在天地、天下國家、人間萬事萬物之間有普遍的『理』貫穿其中」。「朱子學以君臣關係、父子關係為人間本性的根據，人類只要生存，就無法背離這一絕對關係，正是因為這一關於世俗秩序的倫理，使江戶時代中儒學比佛教更能受到歡迎。但更為重要的是，儘管如此朱子學並不是要肯定一切現存的君臣關係。認定君臣關係的『天理』=『義』的朱子學，使現實中的君臣關係常常處於一種緊張狀態之中」，其中當然蘊含著發展為取消君臣關係、甚至承認進行「革命」的正當性的契機。[17]

「對於儒學家來說，通過武威進行統治的『武國』日本絕對不是一個舒適的場域。因為在『武國』日本中，儒學家就是一些被視為無用之存在的少數派。」[18] 因為日本的朱子學者，與中國或朝鮮的朱子學者不同，沒有經歷過通過科舉考試而成為高級官僚的選拔過程，所以與通過科舉選拔出來而成為官僚、同時具有知識精英之自負的中國士大夫或朝鮮的「兩班」相比，「武國」日本的儒學家的地位根本不可同日而語。甚至連日本朱子學的開山祖林羅山都說：「餘者，如草木同朽，與瓦石齊棄，天地間一廢人也。」[19] 由於儒學者實際上並沒有進入權力的中樞，因此他們也就必須表現出對國家的忠誠，和自己的專長對於日本國家的有用之處來。

但是，日本江戶儒學－朱子學對中華和夷狄之間關係的解釋，

卻確確實實地影響了日本社會。既以中華為一種崇高的理念，又視日本國家利益為最高的利益，日本江戶儒學－朱子學這兩個特點，為日後出現唯有日本才是真正的「中華」一說奠定了思想的基礎。

第二節　何處是「中華」？
──山鹿素行和他的《中朝事實》

　　1902年，當時留學日本的楊度曾借日本人之口，高度評價了日本關於儒學的態度：

> 日本之人常言曰，孔子之道不行於支那而行於日本，支那奉其
> 名，而日本行其實。支那以為命題作文之具，而日本以為修身
> 治國之道。[20]

　　楊度的意思是：很多日本人認為原本出自中國的儒學理念，已經成為日本人和日本國家的各種日常的具體實踐。這句話雖然並不完全正確，卻也有它一定的理由。例如，江戶時期即有日本人大張旗鼓地吶喊只有日本才是真正的「中土」、「中州」、「中朝」、「中國」和「中華」。更能說明問題的是，發出這種吶喊的，卻是被稱為日本兵學開山之祖的山鹿素行（1622–1685，元和八年至貞享二年）。

　　1669年（寬文九年），山鹿素行寫下《中朝事實》一書。他在該書自序中說道：「愚生中華文明之土，未知其美。專嗜外朝之經典，嘐嘐慕其人物，何其放心乎，何其喪志乎。」「夫中國之水土，卓爾於萬邦，而人物精秀於八紘。」又在書中的〈中國章〉中說道：「中州中華之名實相齊。」然而，與朱子學的學者們不同，山鹿素行此處所說的「中華」、甚至「中國」及「中州」指的都不是中國，而是建立在獨自的開國神話基礎上的日本。如〈中國章〉有：「伊奘諾伊奘冊尊以磤馭盧島為國中之柱，乃生大日本。」「二神立於天浮橋之上，以天之

瓊矛，指下而探之，是獲滄溟，其矛鋒滴瀝之潮，凝成一島是也，
國中者，中國也。」〈中國章〉進一步說道：「是以本朝為中國之謂
也。先是天照大神在於天上，曰聞葦原中國有保食神，然乃中國之
稱自往古既有此也。」[21]

　　在該書〈中國章〉中，山鹿素行甚至從地理形勢上分析出日本比
中國還要「中國」的結論：「凡人物之生成，一日未曾不襲水土。……
是所以五方之民皆有性而異其俗也。」「四海之間，唯本朝與外朝共
得天地之精秀，神聖一其機，而外朝亦未如本朝之秀真也。凡外朝
其封疆太廣，連續四夷，無封域之要，故藩屏屯戍甚多，不得守其
約，失是一也。近迫四夷，故長城要塞之固，世世勞人民，失是二
也。守戍之徒，或通狄構難，或奔狄泄其情，失是三也。匈奴契丹
北虜易窺其釁，數以劫奪，其失四也。終削其國，易其姓，而天下
左　，大失其五也。……獨本朝中天之正道，得地之中國，正南面
之位，背北陰之險，上西下東，前擁數洲，而利河海，後據絕峭而
望大洋，每州悉有運漕之用，故四海之廣，猶一家之約，萬國之化
育，同土地之正位，竟無長城之勞，無戎狄之膺，況鳥獸之美，林
木之材，布縷之巧，金木之工，無不備，聖神稱美之歎，豈虛哉。」

　　在日本近世思想史上，山鹿素行是一個非常重要的人物。「在德
川思想史中，素行以猛烈批評以朱子
學為代表的宋的新學，提出了具有復
古傾向的『聖學』思想聞名。」[22]「被素
行引以為敵的思想可以『朱子學』為代
表。」[23] 毫無疑問，這種對待儒學－朱
子學的態度，是山鹿素行提出日本才
是「中華」、「中國」、「中州」的思想根
源。但是，事實好像並非如此簡單，
因為「與至今的常識相反，素行學與朱
子學之間有很多的類似點。」[24] 從《中

山鹿素行

朝事實》一書就可以看出，山鹿素行的政治思想和國家思想中許多部分與儒學共通，或者說直接接受了儒學和中國的天下思想。

例如，山鹿素行將自然界理解為以「天」為中心的天、地、人三界。如〈天先章〉有：「天先成，而地後定，然後，神明生其中焉。」「天者氣也，故輕揚；地者形也，故重凝。人者，二氣之精神也，故位其中。」「夫天道無息，而高明也，地道久遠，而厚博也，人道恒久，而無疆也。天得其中，而日月明，地得其中，而萬物載，人得其中而天地位。恒中之義萬代之神聖，所以正其祚也。」不僅這種關於自然界的理解，有日本學者指出：「在素行學的『世界、社會』論及時間論中，有很多與朱子學類似到幾乎完全一致的地方。」[25] 例如，天地之間的人間社會也被稱為「天下」，而具有資格統治這個「天下」的統治者為「天子」：「蓋即位者，何，天子即大寶之位也。」（〈皇統章〉）「民心者，天下之人心也。」（〈聖政章〉）

而天子就必須追求「王化」：「凡外朝三皇五帝禹湯文武周公孔子之大聖，亦與中州往古之神聖，其揆一也。故讀其書則義通，無所間隔，其趣向猶合符節，采挹斟酌，則又以足補助王化矣。」（〈神教章〉）而天子要實現「王化」，就要實行德治：「人君繼天建極，萬國以朝，元元以仰，四海始知天子之可以崇，明明德於中州之義也。」（〈皇統章〉）「然時有治亂屯蒙承久，地有新故大小，人有賢知愚不肖，故慎思明辨，以致其道，在人君之德。」（〈禮儀章〉）

為了讓統治者實行德治，山鹿素行對統治者提出「修齊治平」的要求：「欲平天下者，先治其國，欲治其國者，先齊其家。家聚為邑縣，邑縣聚為郡，郡聚為國，天下者，郡之大集也。」（〈神治章〉）「故治國平天下之要，不可出修身以正政教。二者相持而後可談功化之實。中華往古之聖主政教之功所著於舊紀，不乏，後世襲之律之以祖述憲章，乃無為過化之治，千萬世可蒙其澤也。」（〈聖政章〉）對「修齊治平」的要求使山鹿素行的思想與被稱為心學的宋明理學之間的思想脈絡顯得更加清晰，甚至在「修齊治平」的具體內容上，山

鹿素行也是頗得儒學的傳統倫理觀的真傳:「男女者,陰陽之本,五倫之始也。有男女而後夫婦父子君臣之道立。」(〈天先章〉)

山鹿素行的思想與儒學－朱子學之間的思想關聯,還表現在他對「禮」的大力推崇上:「蓋禮者,安上治民之道也。無禮則上下混尊卑不分,上下混則人人從其情直行,故君臣不正。尊卑不分,則強凌弱富侮貧大傾小,故邪正不明。」(〈禮儀章〉)山鹿素行將有無「禮」作為區別「中華」與「夷狄」的標準:

> 既有天下國家,則有其禮。不由禮,則無所謂治平,是所以治民之本要在乎禮也。人君示不以禮民之俗不易,下不以禮,民不心服。禮讓行而後教化之極,可始著也。蓋人之為人,本朝之為中華由此禮也。夷狄亦人,而其國亦治,禽獸亦物,而其群亦類。然所以為其夷狄也,為其禽獸也,不由禮而行之也。人而無禮,則不異於禽獸;中華而無禮,則不異於夷狄。(〈禮儀章〉)

至少從《中朝事實》一書可以看出,山鹿素行的思想實際上是在受到儒學思想的深刻影響下形成的。有人一針見血地指出:「素行在很多方面批判朱子學,但是那多是來自於對朱子學的誤解。」[26]「素行對朱子學的批判,是他在沒有深刻理解朱子學的基礎上就設計了自己的思想路線並以此為基礎展開的,其實可以被稱為是一種超越型的批判。」[27]無論是在世界論、國家論、社會論的層次,還是在實踐論、道德論、價值觀的層次,由於山鹿素行都沒能擺脱儒學思想的影響,所以他無法從根本上否定「中國」、「中華」的價值,這就是他至多只能將中國列為與日本形同的「中國」、「中華」的原因:「曰中國,言得天地之中也。天地之中,何,四時行,寒暑順,水土人物其美,而無過不及之差是也。萬邦之眾,唯中州及外朝,得天地之中。」(〈中國章〉)

《中朝事實》書中多以「外朝」稱呼中國,與此相對而將日本稱為

「中州」或「本朝」。從此點也可以看出，山鹿素行的論證方法是首先通過證明日本為「中」，然後通過對「中」的意義的論證，最後說明居於「中」國位置的日本才是「中華」的：

> 中，有天之中，有地之中，有水土人物之中，有時宜之中，故外朝有服於土中之說，迦維有天地之中也、言耶穌亦曰得天中。愚按，天地之所運，四時之所交，得其中，則風雨寒暑之會不偏，故水土沃而人物精，是乃可稱中國。萬邦之眾唯本朝及外朝得其中，而本朝神代，既有天御中主尊，二神建國中柱，則本朝之為中國，天地自然之勢也。（〈中國章〉）

何處是「中華」？與江戶儒學家們單純按照思想內容規定「中華」之所在不同，通過《中朝事實》一書，山鹿素行清楚地表達了他從地理學的意義上也要奪取「中國」、「中華」的欲望。

儘管「兵學」遭到儒學家的蔑視，但是兵學家自己公然號稱：「『兵法為維持國家之法，天下之大道也。』兵學家認為可以用統領軍隊的方法，統治平時的天下國家。」[28]「『兵學』才是近世國家的支柱。」每個學者都不可避免地受到外部思想的影響，江戶時代具有代表性的思想家荻生徂徠（1666–1728，寬文六年至享保十三年，江戶時代中期儒學家、思想家），以及後期水戶學派的思想就受到兵學思想的濃厚影響。產生這種與中國爭中心的思想的原因，固然有儒學的佔據文化和道德制高點思想的影響，更重要的還是近世以來日本的思想活躍與國學思想的產生。在朱子學裏「中華」為中國，兵學裏「中華」為日本，而到了國學思想，「中華」就不再被視為一個文化和道德的制高點了。

江戶時代中期，尤其是十八世紀後期以後，日本在思想和意識形態上出現的變化，與當時貨幣經濟向農村社會滲透、手工業和商品生產發達、商業經濟發展、流通貿易增加、城市不斷擴大和增加等日本社會構造上開始發生的變化，有著直接的關係。由於產生了競

爭的思想，金錢成為社會關係的重要媒介，傳統人與人之間關係和
秩序遭到破壞。在商品經濟面前，安於本分的人逐漸貧困，致使許
多人對社會現狀產生不滿，但卻又無力改變現狀，因而心中不安和
充滿孤獨感。然而，因為日本沒有宗教可以讓人們從心靈上得到慰
藉，這時他們能夠找到的精神寄託之一，就是對「日本人」的認同：

> （人們）羨慕和嫉妒暴發户。而因為自己沒有成為暴發户而心
> 中受傷的人們，可以通過「日本人」的自我認同，為了找回失
> 去的自尊，對依靠個人才能和努力而成功者進行激烈的攻擊。
> 最強烈地主張這種「日本人」歸屬意識的，就是「國學」。賀茂
> 真淵、[29] 本居宣長、[30] 平田篤胤[31] 等人的國學，就是要從歷
> 史和神話證明「日本」（他們稱之為「皇國」）的優越性。[32]

　　這種意識形態上的變化，其實也反映了神道對於「儒教」的反
抗，表現出當時神道與「儒教」在理念上的衝突。「相對於儒學家重視
中國的古典，而他們的目的在於證明『日本』古典的優美素樸純粹，
找回自己所歸屬的『日本』的驕傲。」[33] 不是過去那種在理念上可以
與儒教共用的「天下」，而是一個可以自成天下的、為自己獨佔的
「日本」。國學家們嚮往的是通過神道塑造出一種優秀的「日本」和精
神崇高的「日本人」，塑造出一種對於這個優秀的日本國家的認同，
期望從精神上找到武士階層失去的高貴
身份地位，從而得到心理上的滿足。這
一點可以本居宣長為例。本居宣長在兵
營國家的身份秩序崩潰之日，仍然勸人
們安心於自己過去「町人」、「百姓」的身
份和角色：「無論多麼苦難，那都是自己
的命運，所以對所有的悲慘生活都要忍
耐。」而針對為甚麼必須遭受如此苦難的
懷疑和不安，宣長回答說：「這種忍耐才

荻生徂徠

是『領悟到天皇之大御心』的正確的生活方式，是神代以來『皇國』日本的古老優良傳統。他企圖將自虐式的服從説成、轉化成一種值得驕傲的生存方式。」[34] 於是，在這種對於「日本」和「日本人」傳統形象進行再造的過程中，「天皇」逐漸成為建設新的意識形態和認同感的權威中心，這也是日後成為攻擊現存權力——幕府之手段的「尊王攘夷」運動興起的原因。

　　江戶時代日本在思想和意識形態上的變化過程，也是一個日本人對「中華」思想的認識發生變化的過程。通過以上論述可以看到，在國學思想以前，在儒學－朱子學的影響之下，「中華」一詞由於它的文化和道德內涵，在日本思想界中受到普遍尊重；然而由於當時的日本思想界逐漸將「中華」的思想內涵以及由此而來的道德價值視為一種放之四海而皆準的原理，「中華」成為一個可以與作為地理概念的「中國」剝離開來的理念，以至於被稱為兵學家的山鹿素行也希望和能夠從思想理論上論證「中華」不在中國而在日本。儘管江戶時代中後期興起的國學對儒學持批判態度，然而事實上，「崇拜支那的觀念，經過明治維新，一直盛行至明治二十七、八年戰役之際」。[35] 甲午戰爭的勝利開始讓日本人產生對中國人的民族主義歧視，然而從他們在戰後蔑稱中國人為「チンゴロウ」（Qin'gorou，「清國佬」的訛音）[36] 一事來看，即是此時的日本人仍然沒有貶低「中華」自身。

第三節　日本的大陸侵略與「中華思想」説的誕生

　　1906 年 2 月 22 日，《讀賣新聞》刊載了一篇短文〈清國的排外思想〉，其中説道：

> 促使清國中出現排外熱潮的最大原因和根本思想，不外乎是今天尚在繼續的、狂妄地以自國文化為豪，而所有的外國文化，只要提及則心中立刻斷定其為蕃夷的這樣一種古代的思想。其

徹底謬誤，無須贅言。然應該注意的是，這一思想雖時有消長，然始終潛伏於清國人頭腦之中，通過歷史可以看到，它只要有了機會就會表現出來。[37]

這篇文章雖沒有提到「中華」，卻提到與「中華」對稱的「蕃夷」，更重要的是它將當時發生在中國社會的「排外」思潮和運動，與中國傳統的「夷狄」觀念連繫在一起。這一切説明，經過明治時期國學勃興的時代，尤其是進入二十世紀之後，在中日關係變得越來越緊張的時代背景下，日本社會面對中國民眾對侵略的頑強抵抗，不是首先反省帝國主義的侵略給中國國民所造成的災難和精神痛苦，卻是想著要從中國傳統思想意識與國民性之間關係的角度，在心理層面上發現中國民眾敢於反抗侵略的原因。正是在這樣一種動機的驅動之下，日本社會對「中華」的認識和感覺開始發生變化。

事實上，在前一年的1905年，日本對中國的貿易額大幅增加，中國國內也沒有出現排日和反日的運動。然而，1905年底在日本發生的一連串事件，卻對此後的中日關係發生直接和長期的影響。前文已經述及，1905年11月2日，日本政府文部省發佈省令公佈〈清國留學生取締規程〉，內容為強化對中國在日留學生活動的管理。[38] 這件事引起了中國留學生們的極大反感，為了抗議日本政府的做法，他們發起了聲勢浩大的「〈取締規程〉反對運動」。12月4日，中國留日學生們發動了集體罷課（日語稱為「同盟休校」）行動。對於留學生們的行動，日本的公共輿論不僅沒有表示同情，反而利用這件事大肆詆毀和攻擊中國人的國民性。12月7日，《東京朝日新聞》在朝刊第2版上發表一篇報導〈清國人同盟休校〉，其中寫道：

[清國留學生的不滿]與其説是由於該省令從廣義狹義都可以進行解釋的問題，不如説是出於清國學生對該省令進行過分狹義解釋的結果所引起的不滿，和清國人特有的放縱卑劣意志。他們即使在一起，其團結也是非常脆弱的。[39]

這種對中國國民性的詆毀引起了留學生們的憤慨，尤其是「放縱卑劣」四字使留學生們感到極大的侮辱。為了抗議《東京朝日新聞》並藉此喚醒中國民眾，翌日（12月8日）留學生領袖人物、《民報》編輯長陳天華留下遺書，在東京的大森海岸憤而投海自盡，這件事導致留日學生發起「集團歸國」行動。

這裏還有一個至今沒有引起人們注意的事實，那就是12月7日刊登〈清國人同盟休校〉一文的《東京朝日新聞》，在同一個版面上同時刊登了大量關於取得日俄戰爭勝利的日本軍隊「凱旋」的消息。例如「滿洲軍總司令部，今日及後日凱旋入京」、「第一軍凱旋」、「第八旅團凱旋」、「近衛各部隊凱旋」、「東海三縣歡迎東鄉［平八郎元帥］、大山［岩元帥］」之類的消息。眾所周知，日俄戰爭發生在中國的領土上，真正遭受到這場戰爭苦難的是當地的中國民眾。而〈清國人同盟休校〉一文，就登載在這些文章的下方、該版的最下段。無論是從文章的內容，還是從版面的形式，它給留學生們造成的刺激程度不難想像。12月中旬，包括秋瑾在內共約400餘人的留日學生毅然放棄學業，分兩批先後離開日本回國。1905年底發生的「反對『留學生取締規程』運動」，是中日近代關係史上的一次重要事件。如果連繫到前面提及日本的另一個重要報紙《讀賣新聞》，也在這一時期公然指責清國人「狂妄地以自國文化為豪」一事，可以看出在當時的日本社會裏，從國民性上對中國人進行的否定，已經具有鮮明和強烈的民族主義性質。

其實，這種「以自國文化為豪」和「視其他文化為蕃夷」的思想，與當年山鹿素行代表日本所追求的「中華」相比，在內容和性質上沒有任何區別。可是當中國人本著民族的自尊對外來勢力的欺凌進行抵抗時，「中華」的這種「以自國文化為豪」和「視其他文化為蕃夷」的因素，就被說成是一種狂妄自大的表現，轉化為一種描寫中國人國民性的負面語言。這説明到了此時，「中華」的思想體系雖然沒有變化，但日本人已經不再認為「中華」所包含的這種價值觀具有普世

形容甲午戰爭中日本大勝清軍的日本浮世繪

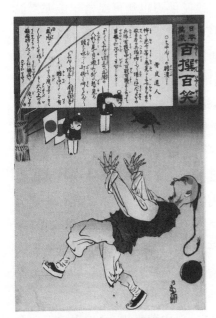

描畫清國人見了日軍就像
縮頭烏龜一樣的日本浮世繪

表示甲午戰爭後日本可以
隨意踐踏清國的日本浮世繪

性。由於將中國民眾在近代產生的民族精神，放在他們也曾崇拜過
的中國傳統思想的框架下進行解讀，日本人自然很容易地「發現」近
代中國民眾的民族主義的抵抗出自於一種「文化的自豪」，而這種「文
化的自豪」又源於曾經也被他們視為具有普世價值的「中華」的思想
和意識。能夠把一場政治活動通過傳統文化的視角進行民族主義的
解讀，說明當時的日本人自身其實也並沒有遠離東方文化主義的傳
統。正因為如此，剛剛邁進民族主義時代的日本人的這個「發現」，
不久就被概括為專門用來污蔑和攻擊中國國民性的「中華思想」說。

「中華思想」一詞儘管使用了漢字，卻是一個地地道道的、產生
在日本的日本式概念。[40] 作者能夠查到日本最早使用「中華思想」一
詞的實例，同樣出現在《讀賣新聞》。1909年4月23日，一項關於清
國與俄國關係的報導中如此談道：「近來與中華思想之復興同步，清
國中收回利權之熱潮越來越高漲，致使俄國也無再逞當年威嚇之餘
地。」[41] 故事雖然說的是清國與俄國的關係，而面向日本讀者的報導
視野中閃現出來的，卻毫無疑問是當時中國人的反日行動和思想的
畫面。雖然這裏談的是中國近代以來的對外民族主義，但是從「中華
思想」被說成為「復興」一事來看，這篇短文的作者在創造性地使用
「中華思想」一詞時，已經意識到它與中國傳統思想意識的關聯。這
是一個非常值得注意的現象，因為從這裏可以看出，「中華思想」一
詞在日語中被生產出來的那一天起，就已經是一個表述中國國民自
恃文化傳統悠久，因而國民性中具有強烈的排外民族主義思想成分
的系統概念(在本章中，我們稱之為「中華思想」說)。日本社會中「中
華思想」說的誕生，毫無問題與當時中國民眾的民族意識覺醒有關。
正是由於這個歷史背景，日語敍述中的「中華思想」一詞，事實上從
一開始就是一個對中國和中國民眾帶有敵意和攻擊性的語言。

1909年4月23日《讀賣新聞》短文中「中華思想」之出現，不禁令
人想到當時降到了冰點的中日兩國關係。前一年，即1908年2月，
清國海軍在澳門海面截獲並沒收走私軍火的日本商船「第二辰丸」。

但是在日本的壓力下，清國政府被迫釋放該船並賠禮道歉。這件事給了中國民眾極大的衝擊，由此爆發中國歷史上第一次大規模的抵制日貨運動：

> 進入1909年，圍繞著南海的東沙島、中朝邊境的間島及滿洲路礦開發等多個熱點問題，中日一度劍拔弩張，日本在中朝邊境大舉屯兵，大清國則派出了多批高級軍事代表團出訪歐美，試圖建立中美德三國同盟，抵禦日本的侵略。[42]

這一清國官民一致的反日行動，令觸覺伸到中國的日本新聞界也感受到隱藏在運動背後、同時也是他們不願看到的中國民眾受到傷害的民族自尊心和自豪感。正是在這種中日關係的背景下，日本輿論對中國民族精神所抱有的不正常心態，使「中華思想」説從它誕生的那一天起，就淪落為日本媒體用以詆毀和攻擊中國的民族精神和國民性的工具。

在中日關係的背景下，信奉日本國家利益的日本學者也認為：「清被中華民國取而代之時，支那人開始重新宣揚中華思想。」[43] 在進入民國時期以後，日本的媒體使用「中華思想」的現象開始有所增加，而且其使用形式具有一個共同的特點，那就是「中華思想」一詞都是被用在論説中日兩國之間的對立關係甚至戰爭的話題上。例如，1927年3月31日至4月5日，滿鐵上海事務所長櫻木俊一在《大阪朝日新聞》上，五次連載分析中日關係的文章，他在指出中日兩國之間一系列的對立和中國的反日運動 (甲午戰爭、第二辰丸事件、圍繞巴黎和會上的山東問題和〈二十一條〉而起的五四運動、上海紗廠的五卅事件) 之後，如此分析了這些運動的原因：

> 要之，支那人具有傳統的中華思想，國土無疑巨大，人口眾多，過去八十年來受到外國壓迫和踐踏，支那人面對自己最為重視的「面子」被徹底撕毀的狀態，無疑會煩惱加深、心情沉痛。[44]

　　這篇文章發表的直接背景，當然就是1927年3月24日的「南京事件」，而從櫻木俊一羅列的這些運動中也可以看出，近代中國反抗外來侵略，尤其是反抗日本侵略的民族主義的覺醒和形成過程，也正是日本製造和確立「中華思想」說的過程。

　　1931年九一八事變以後，隨著日本侵略中國的步伐加快，「中華思想」在日本媒體上登場的頻率也越來越高。1936年7月5日《大阪時事新報》報導，「滿洲國」決定了教育方針並明確規定：「留學中華民國接受了中華思想的人不得成為滿洲國官吏。」[45] 到了日本挑起中日全面戰爭以後，對「中華」和「中華思想」的日本式的民族主義解讀，更是達到登峰造極的地步：

> 落腳在從察哈爾北部的不毛之地到繁華的平津地區一帶的二十九軍，就像當年進攻京洛地區的木曾義仲的軍隊一樣，鄉下武士式的傲慢與蒙昧必將帶來自身的毀滅，看到他們這種樣子，也覺得他們真是可憐。……他們雖然號稱「五千年聲名文物之邦」，卻並沒有認識到這個五千年來纏在身上的民族自我陶醉是一個無可挽救的禍根，自稱「中華」而稱呼四鄰為東夷南蠻西戎北狄，這一想像出的思想連綿持續到今日。然而就像埃及反英運動中，開羅的學生團進行遊行的目的不在於恢復法老時代的盛世一樣，支那學生如同狂犬般的吼聲也無法〔讓中國〕回到夏周的古代。[46]

　　從日本媒體這種缺乏理性的言辭中可以看出，以侵略中國為背景而產生的近代日本的「中華思想」說，實質就是將「中華」等同於「中國」，而「中華思想」說的錯誤，在於將中國從日本學習到的近代民族主義當做了中國的傳統國家思想。

第四節　日本學界與「中華思想」說

不得不指出的是，在近代日本民族主義製造「中華思想」說、其實也就是攻擊中國國民性的過程中，日本的學界也起了為虎作倀的作用。例如慶應大學的松本芳夫在刊登於1921年慶應大學發行的《史學》第1卷第1號的〈古代日本人的民族觀念〉一文中，就已經使用「中華思想」一詞：

> 一般説來，古代文明人都會宣揚自己為優秀的民族、蔑視異民族。……支那的漢民族的中華思想也是同樣。他們稱異民族為八蠻、七閩、九貉、六狄、西羌，是因為這些民族的文化比起漢民族的文化來屬於劣等，從這些文字構造上就可以看出，他們將這些人視為禽獸。[47]

松本的這篇文章，是筆者迄今所能夠查看到最、早發表在學術雜誌上使用「中華思想」的例子。從下面的例子還可以看出，到了戰時，松本的這種「中華思想」說，更演變成為日本侵略和佔領中國張目的思想工具。

1939年松本芳夫遊歷了中國，在直接感受到中國知識分子對日本侵略的強烈反感之後提出：

> 對於現在的知識階級雖然不能無視他們的存在，但是他們或多或少都具有植根於自大的中華思想的民族精神，所以要讓他們從心裏佩服日本估計是做不到的。同時對於過於老實的日本人來説，要想看透這些善於外交伎倆的人們的言論表裏也是一件難事。因此從長期建設的目的來看，不如以民眾為對象進行徹底的親日教育才更為有效。[48]

也就是説，松本芳夫已經明白，讓受到中國傳統思想影響的中國知識分子從內心接受日本侵略的事實，已經完全沒有可能。我們

無法斷定其間是否有一定關聯：由福澤諭吉創建的慶應大學的學者
們，好像對「中華思想」說情有獨鍾。即使慶應大學研究中國古代佛
教的石川博通在研究漢代佛教時，也能發揮出：「總之，自古以來
支那人中華思想強烈，在對外發生接觸時都會露出其夷華差別的意
識。」[49] 事實上，與整個日本社會的趨勢不同，一部分慶應大學的學
者即使在戰爭結束以後，仍然堅持使用「中華思想」說。

　　就這樣，原本是一個媒體用來詆毀、譴責和攻擊中國民族主義
的話語，在日本加劇侵略步伐的時代背景下，進而演變為學界的學
術話語。作為學術話語的「中華思想」說與媒體話語一樣，同樣具有
嚴重的民族主義偏向。然而從學術角度進行的論述，毫無疑問具有
更大的殺傷力。因為學者們對「中華思想」的闡述，能夠運用其豐富
的專業知識，詳盡歷數歷史上的「中華」、「支那」、「漢民族」對「夷
狄」等異民族的歧視，甚至還會進行中外之間的比較，找出中國國民
性中關於歧視異民族和排外思想由來已久和根深蒂固的確實證據。[50]

　　例如，當時身為早稻田大學教授的煙山專太郎，將「支那帝國」
和「羅馬帝國」這「東西洋兩大文化」從文明和政治制度進行比較之
後，得出了「羅馬人和支那人一樣，不吹噓自己的無比自大和自負
心，就無法活下去」的結論，並進而說道：「但是在自大思想方面，
支那人要更加顯著。」而按照他的解釋，中國人之所以具有自大思
想，其原因為：

　　　支那是一個認為自己具有所有文明的、理想的、無論從物質上
　　或是精神上都能夠自足的大民族。所以在他們看來，所有外部
　　之人，無不遠遠落後於他們。因為落後，就沒有任何值得學習
　　的地方，與這些外部之人進行接觸就是喪失中華帝國的尊嚴，
　　所以要排斥他們。因為處於支那的中原，周圍都是比起自己來
　　說文化遠遠落後的戎狄，所以支那人認為：首先，他們所具有
　　的文明之光自然會照射到周邊的地區，之後其德澤也會漸及遠
　　方。此即所謂的五服、九服等。就這樣，支那的中原逐漸安

定，支那人獨特的文化生活方式［地域——筆者］逐漸擴大，居
住在邊境地方尚未得到支那文化恩澤的戎狄，儘管之後也曾經
多次入侵，然不管是哪個朝代，對這些戎狄進行懷柔，都是歷
代為政者必須最為關心的事情。驕橫的攘夷思想、中華思想之
所以被認為是支那人的國民性，就是因為這個原因。[51]

從以上松本芳夫和煙山專太郎的敘述中可以看出，正是通過
這些學者的努力，「中華思想」說得到了理論梳理，並且與「民族精
神」、「國民性」連繫到一起。對中國歷史上「中華思想」的脈絡進行
最詳盡梳理的，是那波利貞於1936年出版的《中華思想》一書。該書
雖然篇幅很短，卻是至今日本唯一一本用學術口吻探討「中華思想」
內涵的專書。[52] 該書第5章〈中華思想在歷史上的發現〉，上從秦始
皇修長城，下至清代乾隆接見馬戛爾尼，羅列了中國歷史上諸多的
「中華思想」的表現；之後又以「二十四史」中的四夷傳、異域傳、外
國傳，及《冊府元龜》的外臣部為例評論道：

> 按照中華思想，有時是根據文化的要素，更多時是根據政治的
> 要素，將各外國分別視為應向支那朝貢之國、應成支那外臣之
> 國、應該慕化於支那之國，總之時不分古今，地不論東西，世
> 界上沒有存在過、同時今後也不會存在任何一個能夠與支那具
> 有同等地位的獨立國家。[53]

然而值得注意的是，無論是出版《中華
思想》之前或之後，我們從那波利貞的其他
著述中，卻再也看不到他使用「中華思想」
一詞。1919年，那波有機會隨著恩師新村
出來到中國，遊歷了北京、南京、蘇州、
上海、杭州等地，之後出版遊記《燕吳載
筆》。[54] 那波利貞在書中展示出其豐富的知
識，對到訪各處大加評論，然而此時在他

煙山專太郎

的筆下，沒有對中國思想和中國文化的攻擊，而是「目不暇接」(第
143頁)、「屢屢入夢，但願早日再訪」(第145頁)、「憧憬心」(第428
頁)等等對中國文化的讚賞。其實，書中提到故宮、頤和園、天壇、
孔廟、國子監、貢院、觀象台、杭州岳王廟等，比比皆是可以連繫
到「中華思想」說進行發揮的地方。從他在參觀「江南官書局」後所發
出的感想中，我們甚至能夠感受到他對中國人和中國文化的熱愛：
「支那是禮樂之國，支那人是文教的國民。」「胡元的天下一統以武力
壓迫支那人，雖設定蒙古人、色目人、漢人的社會地位階級以壓制
漢人，但在文化上最終元朝也不得不輸給漢人。明代自不用說，到
了胡清取得天下，雖好不容易強制實行了辮髮，但康熙、乾隆、嘉
慶的盛大華麗的文化其實就是以漢人為中心的文化，清朝不過是成
了它的保護者而已。由此可知，雖然胡元、胡清以武力一時取得政
治上的成功，之後就會在不知不覺中被漢民族的文化所永遠征服。」
「研究支那歷史的有趣之處在於，實際上不僅只有王朝興亡的政治消
長，她具有永久生命的脈絡實際上在於文化國家這一現象上。」[55]

　　那波利貞寫就於1926年的長篇論文〈支那人總稱塞外人為胡人
緣由質疑〉，從前秦文獻到唐代文獻，考證了「漢民族」或「支那人」
對異民族「胡人」的認識，得出了蒲(蒲衣國)和虞(諸虞國)為「胡」
字音前身，虞人地區約在今日河北與山西省之間，虞字音轉化為
呼、胡，匈奴為漢字「呼延」、「胡奴」等之譯音的結論：「以『胡』統
稱北邊塞外族的現象，是在進入戰國時代約150年後的趙武靈王時
代才得到普及的。」他針對《史記》〈匈奴傳〉中的「築長城以拒胡」的
解釋，反對顧炎武和白鳥庫吉的「輕易論斷」：「《史記》或《漢書》中
的『胡』顯然專指匈奴而非它族」，「沒有必要將《史記》的『胡』字解釋
為是作為特指『北邊、西北邊的野蠻民族的總稱』被使用的」。「各國
給外國或異國民予以特定名稱時，其命名者多取近處的地名並將遠
處包含在內的事例甚多。」也就是說，「胡」字本身沒有民族歧視的意
味。而在這篇論及諸多「漢人」與異民族關係的論文中，卻沒有出現

過「中華思想」、「中華」甚至「華夷」的字樣。[56] 三年之後，在同樣是涉及到漢與非漢民族關係的〈遼金南京燕京故城疆域考〉一文中，那波利貞同樣沒有使用「中華思想」一詞。[57]

　　1974年，即那波利貞去世四年以後，他的學生們一起編輯並出版那波利貞《唐代社會文化史研究》（創文社，本文為673頁）一書，該書收錄了那波生前所發表的主要論文。為了尊重那波利貞的原作，書中依舊大量使用「支那」一詞，但是其中既沒有收入《中華思想》一書，書中也沒有任何關於「中華思想」一詞的痕跡，反倒是可以看到那波利貞多處讚揚歷史上的中國社會開放、文化多元：

> 開元、天寶時代唐朝國威伸張，外國人尤其是西域人來到長安居住者甚多，以至於長安、洛陽的士庶生活都受到外國文化影響，如音樂上流行龜茲樂曲調等。七至八世紀之間大量阿拉伯人和波斯人不僅已經居住在廣東等開港處，而且毫無疑問有相當數量居住在長安等大城市中。（第127–128頁）

> 不難想像，在長安的突厥人的語言和風俗無疑給予了長安居民以極大的刺激。……據此可以認為：貞觀以來在長安，不僅是伊朗語，甚至是突厥語也在新型的知識階層中流行。皇國留學生居住時的長安社會風氣正是如此。（第219頁）

　　《唐代社會文化史研究》是那波利貞的學生們為了彌補老師生前的遺憾而出版的，因為那波生前一直歎息自己一生沒有出版過單行本的學術著作。[58] 這一點説明，其實那波利貞自己也並沒有將《中華思想》一書作為一本學術著作看待。我們還注意到，那波利貞在戰後的研究和回憶中，也絕口不提自己曾著有《中華思想》一事。[59] 總之，《中華思想》可能是那波利貞第一次、同時也是最後一次使用「中華思想」的作品，這可能與他不知道究竟該如何闡述「中華思想」——換言之，不知道將「中華」歸納為一種漢人特有的、狂妄自大和蔑視

周邊民族和政治共同體的「思想」
是否合適有關。

　　在《中華思想》的第6章〈中
華思想的表裏〉，那波利貞再次
舉例説明，中華思想的主要成分
是主張華夷之別、保守和排外。
然而，就在這一節中，那波利貞
同時這樣説道：「中華思想的主
要因素為：以支那為世界中心地
的地理學考量；支那是世界文化
中心的文化考量；支那君主通過
王道政治君臨世界萬邦，因此能
夠將其德澤施予世界，將其光芒
普照大地這一政治考量三者。三
者互相作用，造成了兩種傾向，

（那波博士近影）

学問の思い出

那波利貞博士

出席　那波利貞
　　貝塚茂樹
　　日比野丈夫

生い立ち

東方學會「東方學回想」III：那波利貞
〈學問回想〉（東京：刀水書房，2000）

一是極端的保守排外傾向，一是極端的開放博愛傾向」，而這兩種傾
向之間又是表裏一體的關係。[60] 也就是説，那波利貞認為，由於「中
華思想」具備地理、文化和政治三種考量，所以中國對於周邊民族集
團和周邊國家的態度不可能只是一味排斥。

　　比較當時其他使用「中華思想」説的作者，不能不承認那波利貞
還保持著一定的冷靜。因為他認識到要想編織一個中國國民自恃文
化傳統悠久、因而國民性具有強烈排外民族主義思想成分的「中華思
想」説，就必須要回答為甚麼「中國」、「中華」卻一直不斷發展壯大
的事實。所以，那波在該書結論的部分這樣説道：「中華思想之所以
形成的原因，是支那歷史上沒有遇到過比自國更為強大的文明國家
接壤對峙之環境，和尚古主義的儒家學說謳歌王道政治的思想。也
正因為如此，它才一直傳承保持到清朝末期。」[61] 也就是説，在所謂
的「中華思想」中，其實具有「王道政治」的思想等合理成分。

那波利貞對「中華思想」說的這種態度，大概與他漢學的家學功底有關，[62] 同時還有可能受到其恩師新村出的影響。新村出曾為那波利貞所著遊記《燕吳載筆》一書作序，其中這樣痛批當時日本政府的對華政策和日本人的中國觀：

即使文部省的國定教科書，也未免過於輕視關於支那的材料，在培養有關支那的知識和感情上不下任何工夫。古來崇拜支那的風氣，尤其是到了日清戰爭〔即甲午戰爭──筆者〕、或者是國學興起以後，隨著日本國民意識的增強而衰退，反之作為其反動的輕侮支那的思想不斷高漲。然而，崇拜和輕侮都沒有道理，軍事上的優勢、國際上的優勢、設備上的優勢，並不等於文化上和人格上的優勢。雖然日清戰爭之後日本取得了驚人的進步，但是從文化實體的本質上來說，日本真的能夠戰勝支那嗎？拼命誇大日本的國民性，極端地藐視支那人的愛國心和性情，毫無疑問都是錯誤的。近二十年來，這種反動不知何時變成了習慣，對此我們必須要進行反思。[63]

在這種日本對中國民族主義思想甚囂塵上的歲月裏，新村出能夠說出這番言論，不能不說需要很大勇氣。而我們看到，新村出在他所主編的《廣辭苑》(日本的國語辭典，兼有百科全書性質，1935年發行初版，至今已有六版)中，根本就沒有列入「中華思想」一詞。

實際上，那波利貞在《中華思想》一書開頭即註明此書是自己受命而作，可見他寫此書最多不過是為了侵略製造輿論而倉促甚至被逼上陣，而他也只能在自己涉及到中國與其他民族的歷史關係的研究中去尋找材料。然而值得注意的是，包括那波利貞在內，在日本學者們這些譴責中國國民性中有強烈歧視周邊民族共同體因素的言論「場」中，根本沒有具體提及任何一個「中華」歧視「夷狄」的場面，「中華思想」說的背景也看不到任何一個現實存在受到「中華」歧視的「夷狄」。也就是說，促使「中華思想」說產生的根本原因，其實不是

當時的日本社會出於對「中華」壓迫「夷狄」的義憤，而是他們出於其民族主義思想，而對中國人在日本的侵略面前所表現出來的藐視和不屈抵抗精神的憤怒而已。換言之，在日本民族主義思想驅使之下使用「遭受歧視的異民族」的名義而編織出來的「中華思想」說，其目的不過是為了對日本的侵略進行正當化加工而已，根本不在於維護所有「異民族」的利益。

結　語

「中華思想」說的誕生，象徵著日本從文化主義歷史觀走向民族主義歷史觀的轉變。從中國和中國人關於周邊民族或政治共同體之認識的角度、對中國和中國人的國民性進行描述和批判的日本「中華思想」說，是在日本近代民族主義發生和不斷膨脹的背景下產生和開始普及的。從江戶儒學－朱子學對「中華」的憧憬，再到兵學家為了號稱日本才是「中華」而作出的努力中，我們可以看出，正是由於「中華」這種對於其他民族或政治共同體的文化優越感，才使日本社會對「中華」產生崇拜的思想，並且一直持續到明治中期。而「中華」之所以能夠贏得這種崇敬，就是因為當時的日本人通過儒學所主張的德治主義和王化政治，發現「中華」蘊藏著本來就與國界無關的、具有普遍意義的思想性價值。

明治中期以後，逐漸勃興的國學成為日本國家的主流意識形態，日本開始放棄對「中華」的崇拜。尤其是進入二十世紀之後，日本民族主義膨脹，開始走向侵略的道路，而日本的侵略又強烈地刺激中國的民族主義。在中日兩國民族主義激烈碰撞的時代背景下，面對著中國民眾對侵略的頑強抵抗，日本社會不是首先反省帝國主義對中國的侵略給中國國民所造成的災難和精神痛苦，卻是想著要從中國傳統思想意識與國民性之間關係的層面上，發現中國民眾敢

於反抗侵略的原因。正是在這一民族主義動機的驅動之下，日本社會對「中華」的認識和感覺發生了根本的變化。由於日本人將近代中國國民的民族主義精神，放在他們也曾經崇拜過的中國傳統思想的框架下進行解讀，所以能夠將這種對待野蠻侵略的反抗解釋為中國人的文化自豪感。比照二十世紀以後中日關係的歷史進程可以看出，近代中國反抗外來侵略，尤其是反抗日本侵略的民族主義的覺醒和形成過程，與日本建立「中華思想」說的過程是完全同步的。

　　在中日兩國民族主義激烈碰撞的時代背景下，日本的媒體和大量的知識分子也逐漸站在日本民族主義的立場上，而其中日本學界對於「中華思想」說的貢獻，更在於他們能夠借古喻今，通過描述和敷衍中國歷史上歧視周邊異民族和政治共同體的故事，強調中國人自古以來就具有自以為是、狂妄自大、恃強凌弱的國民性，從而製造出「暴支膺懲」的印象，為日本的侵略製造合法性。經過日本學界加工的「中華思想」說，明明有著通過詆毀中國國民性來否定和攻擊中國民眾進行抵抗的正當性、從而為侵略張目的現實目的，卻要擺出一副站在中國周邊不同民族或政治共同體的立場上替天行道、為古今中外伸張正義的架勢。這一點，在1970年代以後「中華思想」說於日本學界重新泛起之後，仍是它的一個重要特徵。

　　要之，近代日本「中華思想」說的實質就是將「中華」等同於「中國」，而「中華思想」說的錯誤就在於將中國從日本學習到的近代民族主義，當做中國的傳統國家思想。這種「中華思想」說之所以能夠產生和發展，是因為具備了兩個互相影響的歷史條件。第一就是日本對中國的侵略。「中華思想」說的產生是以日本對中國的侵略為背景，並與侵略的擴大過程相同步的。在侵略戰爭時期，一些日本人特別注意到：「（北魏、遼、金、元、清）五個王朝統治年代共達近850年，相當於秦漢以來支那歷史的三分之一。即支那在有史以來三分之一的時間裏，處於異民族統治之下。」[64] 歷史既然如此，那麼今天卻又為甚麼不肯接受日本的統治呢？「中華思想」說正是表現出這

種日本帝國主義勢力對中國國民抵抗心理的不理解和憤怒心情。第
二是中國近代民族主義的不斷強化。近代中國將建設近代國家的目
標定位為建設「中華民族國家」，這無疑強化了漢人的民族主義，卻
也同時淡化了「中華」與「天下」思想之間的關係；尤其是「中華民族」
一說將「中華」與「民族」二者聯接在一起，就已經徹底顛覆了「中華」
的思想中惟「德」的精神。這種「中華」的思想內涵的缺失，為近代日
本「中華思想」說的產生和普及製造了條件。

　　要之，從「中華」思想到「中華思想」說，就是從文化主義到民族
主義的轉變，筆者並不否認在中國的傳統思想中，的確具有「中華思
想」說所批評的成分，例如自我中心主義以及歧視周邊民族和政治共
同體的思想。問題在於，在人類的歷史長河中，這種思想從來就不
是一個只為中國所獨有的思想。但是在以近代民族主義為背景而產
生、隨著對中國的侵略戰爭中而得到普及的日本「中華思想」說的敘
述中，這種思想卻變成了一種「中華」(中國)的特點。這樣一種「中
華思想」說的敘述，不僅在戰時幫助製造了「暴支膺懲」的印象，配
合了日本帝國主義對中國的侵略，也對日本國民的中國觀發生了強
烈的影響。由於戰後日本學界對此沒有進行過任何整理、研究，更
不要說是批判和反省，所以這種影響也就一直沉澱在日本人的腦海
裏，以至於1970年代以後，能夠在日本社會上再次形成一種聲音。
關於這一點，我們將在下一章中繼續討論。

註　釋

1　「中華思想」，《アジア歷史事典》，第6卷 (東京：平凡社，1960年12
　　月)，第191–192頁。

2　例如王崧興：〈中國における人類學的日本研究〉，《民族學研究》，第
　　54卷第3號 (1989)，第384頁：「周 (作人) 提出，中國人要扔掉出於自
　　己的中華思想的對日本文化的歧視，才能夠透視日本文化的本質。」甚
　　至一些活躍在中日兩國之間的優秀的中國學者，也會輕率地使用「中華

思想」一詞，限於篇幅，此處不一一列舉。

3　林鵝峰(1618–1680，元和4年至延寶8年)，江戶時代前、中期的儒
　　學家，日本朱子學開山祖林羅山的三子，名又三郎、春勝、恕，字子
　　和、之道，號春齋、鵝峰、向陽軒。

4　林鳳岡(1645–1732，寬永21年至享保17年)，江戶時代前、中期的儒學
　　家，林鵝峰的次子，名又四郎、春常、信篤，字直民，號鳳岡、整宇。

5　(明代遺民)林上珍：〈清朝有國論〉，林春勝、林信篤編，浦廉一解
　　説：《華夷變態》(上)，卷3(東京：東洋文庫叢刊第15上，1958)，第
　　113頁。

6　浦廉一：〈華夷變態解説：唐船風説書の研究〉，《華夷變態》(上)，第
　　22頁。

7　同上註，第41–42頁。

8　弘文學士林曳(林鵝峰)：〈華夷變態序〉，《華夷變態》(上)，卷1，第1頁。

9　〈華夷變態解説〉，第41–42頁。

10　西川如見(西川求林齋)著，飯島忠夫、西川忠幸校訂：《日本水土考，
　　水土解辨，華夷通商考》(增補)(東京：岩波書店，1944)，第47頁。

11　前田勉：《兵學と朱子學・蘭學・國學：近世日本思想史の構圖》(東
　　京：平凡社，2006)，第119頁。該書雖未提及「中華思想」，然本章受
　　其啟示頗多，故誌此以表謝意。

12　天皇地位的象徵，由歷代天皇傳承的三個寶物：八咫鏡、草薙劍和八
　　尺瓊勾玉。

13　也有「神儒兼攝學者」站在日本主體論立場上的朱子學者反對「泰伯皇
　　祖説」，詳參張崑將：〈日本德川時代神儒兼攝學者對「神道」「儒道」的
　　解釋特色〉，《台大文史哲學報》，總第58期(2003)，第152–154頁。在
　　此並對張教授示以該文致謝。

14　《兵學と朱子學・蘭學・國學》，第120頁。

15　同上註，第101頁；又見長志珠繪：〈國語と國民國家：皇民化政策／
　　漢字と國家／中國觀〉，竹內實、西川長夫編：《グラーバル時代を讀
　　み解く75の鍵、比較文化キーワード》，卷1(東京：サイマル出版社，
　　1994)，第161頁。

16　《兵學と朱子學・蘭學・國學》，第102頁。

17　同上註，第18–20頁。

18　同上註，第116頁。

19　《羅山林先生文集》，卷8(京都：京都史跡會，1918)，第102頁。

20　楊度：〈遊學譯編敘〉，遊學譯編總社編：《遊學譯編》，第1期（1902年11月），第4頁。

21　《山鹿素行全集》（思想篇），第13卷（東京：岩波書店，1940），第234頁。本章以下所引用山鹿素行的文字均以此書為準，其斷句上有很多錯誤之處，但是因為基本上不妨礙理解大意，為了尊重原作，故沒有做任何修改，只是在必要的地方將部分逗號改為句號而已。

22　田原嗣郎：《德川思想史研究》（東京：未來社，1967），第187頁。

23　同上註，第157頁。

24　同上註，第187頁。

25　同上註，第219頁。

26　同上註，第209頁。

27　同上註，第177頁。

28　《兵學と朱子學‧蘭學‧國學》，第22頁。

29　賀茂真淵（1697–1769，元祿10年至明和6年），江戶時代中期國學家。

30　本居宣長（1730–1801，享保15年至享和元年），江戶時代後期國學家。

31　平田篤胤（1776–1843，安永5年至天保14年），江戶時代後期國學家、神道家、思想家。

32　《兵學と朱子學‧蘭學‧國學》，第35–37頁。

33　同上註，第37頁。

34　同上註，第42頁。

35　秋山謙藏：《支那人の觀たる日本》（岩波講座：東洋思潮「外國人の觀たる東洋」）（東京：岩波書店，1934年7月），第60頁。

36　關於「チンゴロウ」（Qin'gorou）的來源有三種說法，均為日本人讀中文時出現的音訛現象。一為對台灣閩南語中「清國佬」的音訛，一為對清國留學生所用「清國人」的音訛，一為對「中國人」的音訛；但無論哪種，都帶有蔑視意味。

37　〈清國の排外思想〉，《讀賣新聞》，1906年2月22日，第1版。

38　關於此次事件的來龍去脈，參王柯：〈清國穆斯林公使的中日外交〉（下）〈中日關係的過去、現在和未來〉（連載3），《環》（藤原書店），2008年總第34期，第240–251頁。

39　「該省令は広狭何れにも解釈し得るより、清国学生は該省令を余り狭義に解釈したる結果の不満と清国人の特有性なる放縦卑劣の意志より出で団結も亦頗る薄弱のものなる。」〈清國人同盟休校〉，《東京朝日新聞》，1905年12月7日，朝刊第2版。

40　古田博司：〈東アジア諸國の《内側の論理》を讀む：《中華思想》と《國家・民族主義》の二重構造〉,《中央公論》, 2004年9月號, 第102頁。

41　〈露清と仲裁裁判〉,《讀賣新聞》, 1909年4月23日, 第1版。

42　(澳) 雪珥:《國運1909：清帝國的改革突圍》(西安：陝西師範大學出版社, 2010), 第253頁。

43　《支那人の觀たる日本》, 第60頁。

44　櫻木俊一:〈上海を中心として觀た支那近時の情勢〉,《大阪朝日新聞》, 1927年3月31日至4月5日, 本引文為其中的「(5) 鄰人の雅量と親切な心」。

45　「中華民国に留学し中華思想の教育を受けたるものは満洲国官吏たることを得ず。」〈滿洲國の教育方針決定〉,《大阪時事新報》, 1936年7月5日。

46　「彼等は《五千年声名文物の邦》を誇りとしているが、五千年来コビリついているこの民族的己惚れが救うべからざる禍根であることに気がつかない、自ら《中華》と呼び四隣を東夷南蛮西戎北狄とする想い上った思想が連続として今日まで続いているのである。」〈風塵錄〉,《讀賣新聞》, 1937年7月27日, 第1版。

47　「一般に古代文明人は、自己を優秀なる民族として宣揚し、異民族を蔑視する傾向がある。……また支那の漢民族の中華思想のごときも同じであり、彼等が異民族に対して八蛮、七閩、九貉、六狄、西羌の称を与えてのは、それらの民族が實際に漢民族の文化に比して劣等であったために、その文字の構造によって知りうるごとく、これを禽獸視したのである。」松元芳夫:〈古代日本人の民族的觀念〉,《史學》(慶應大學), 第1卷第1號 (1921), 第87頁。

48　「現在の知識階級を無視するわけにゆかぬであろうが、しかし彼等は、多少の程度において尊大な中華思想に根ざした民族精神をいだいているのであるから、彼等を心服せしむることはおそらく不可能であろうし、また外交術にたけた彼等の言動の表裏をみぬくことも、正直すぎる日本人にはむずかしいことであろうから、長期建設のたてまへからいっても、むしろ大衆の徹底親日教育がのぞましい。」松元芳夫:〈中支遊記〉,《史學》, 第18卷第1號 (1939), 第161頁。

49　「盖し古来支那人は中華思想が強くその夷華の差別感は対外的接触に依り發露される。」石川博通:〈後漢の佛教に就いて〉(二),《史學》, 第18卷第4號 (1940), 第47頁。

50　例如江坂輝彌:〈繩文文化の特質〉:「即ち漢学の影响による中華思想か

ら大和朝廷を中心とする知識階級が、大和朝廷を中心とする人々の優位性を
誇示するためにこのような見方の史書の編纂を企画したものでかろうか。」
《史學》，第26卷第3、4號(1953)，第119–120頁。笹島恒輔：〈清朝
末期(阿片戰爭以後)より中華民國初期(壬戌學制發布前まで)の中國
における體育とスポーツ〉：「その結果、西欧諸国を夷狄視する中華思想
は、一転して西欧文明に対する畏怖感に変わり、鎖国的、封建的環境のうち
に置かれていた中華は愕然として近代的物質文明にその眼を見開いたのであ
る。」慶應大學：《體育研究所紀要》，第1卷 (1961)，第2頁。

51 煙山專太郎：《世界史上の支那：極東將來の展望》，〈第二節：中華思
    想〉(東京：刀江書院，1938)，第53–57頁。

52 那波利貞：《中華思想》(岩波講座：東洋思潮「東洋思想の諸問題」)(東
    京：岩波書店，1936年7月)，共67頁。

53 《中華思想》，第43–52頁。

54 那波利貞：《燕吳載筆》(東京：同文館，1925)。

55 同上註，第238–239頁。

56 那波利貞：〈支那人が塞外人を胡人と總稱する緣由に關する疑〉，《內藤
    博士還曆祝賀支那學論叢》(東京：弘文堂書房，1926)，第475–542頁。

57 那波利貞：〈遼金南京燕京故城疆域考〉，《高瀬博士還曆祝賀支那學論
    叢》(東京：弘文堂書房，1928)，第455–516頁。

58 外山軍治：〈あとがき〉，那波利貞：《唐代社會文化史研究》(東京：創
    文社，1974)，第675頁。

59 那波利貞：〈學問の思い出〉。該文是由貝冢茂樹和日比野丈夫對那波
    進行採訪的回憶性文章，原刊登於《東方學》，第36輯，1968年9月。
    本章則參照了邊錄此文的東方學會編：《東方學回想》(III)，那波利
    貞：〈學問の思い出〉(1)(東京：刀水書房，2000)，第183–201頁。

60 《中華思想》，第53頁。

61 同上註，第66頁。

62 那波利貞(1890–1970)，1915年畢業於京都大學史學科，大學期間師從
    內藤湖南、桑原隲藏以及新村出，由於出生於一個歷代為藩主身邊儒
    學者的家庭而從小受到經學教育，所以他善於利用歷代文獻以及敦煌
    文書，研究領域主要為唐代社會文化史。

63 新村出：〈序〉，《燕吳載筆》，第4–5頁。

64 東亞研究所編：《異民族の支那統治史》(東京：大日本雄辯會講談社，
    1944年6月)，第17頁。

第十四章

在歷史與歷史學論述之間
二十世紀日本的「中華思想」説

　　上一章按照歷史的順序，探討了近代日本「中華思想」説的形成與近代不斷高漲的日本民族主義、在其刺激下兩國民族主義之間的激烈衝突，尤其是日本對中國進行侵略戰爭之間的關係。正是因為這種關係，到了第二次世界大戰結束以後，日本媒體上自然不再出現「中華思想」一詞。這一點也可以説明，戰後日本的思想界曾經意識到向日本國民灌輸「暴支膺懲」的思想、為日本侵華戰爭尋找合法性的「中華思想」説與侵華戰爭之間的共生關係。但值得注意的是，儘管在戰後日本學界中「中華思想」説不再是一個主流的敘述話語，卻並非完全絕跡。之所以出現這種現象，是因為戰後日本學界和思想界都沒有從學理上對以民族主義為背景而形成的「中華思想」説自身進行過深入的剖析。因此我們可以看到，部分對中國持有批評態度的學者，依然不明就裏地輕易使用「中華思想」一詞。

　　顯見，為了不讓所謂「中華思想」説繼續成為煽動日本國民對中國民族主義情緒的工具，不僅需要瞭解「中華思想」説的形成與二十世紀上半期日本的侵略戰爭之間的共生關係，還有必要對「中華思想」説自身的思想構造和論述邏輯進行深入的分析。為此，本章首先在第十三章的基礎上，利用日本戰爭時期的報刊評論、論文、著作

以及日本軍部資料，整理和剖析二十世紀前半期日本「中華思想」説的思想構造和論述邏輯，之後追溯戰後日本「中華思想」説逐漸復活的軌跡，並通過探討西島定生在其「冊封體制論」中使用「中華思想」一詞的前因後果，考察戰後日本社會的「中華思想」説與戰時日本「中華思想」説二者之間的異同，探討戰後日本「中華思想」説的復活與戰後日本民族主義思想之間的關係。

第一節　「中華思想」説論述的多重構造

上一章已經提到，松本芳夫1921年10月在慶應大學《史學》第1卷第1號上發表名為〈古代日本人的民族觀念〉的論文，是日本學界闡述「中華民族」説的開始。文中提到：「支那的漢民族的中華思想也是同樣。他們稱異民族為八蠻、七閩、九貉、六狄、西羌，是因為這些民族的文化比起漢民族的文化來屬於劣等，從這些文字構造上就可以看出，他們將這些人視為禽獸。」[1] 由此可見，近代日本學界「中華思想」説的論述，同樣也是將批判「中華」對「夷狄」的「歧視」作為入口的。「中華思想」説在敘述模式上的這一特點，可以通過許多學者的論述得到印證。

1934年7月，秋山謙藏出版《支那人眼中之日本》一書，該書反覆使用了「中華思想」一詞。[2] 第1章〈支那人的中華思想及夷狄思想的本質〉中這樣寫道：「以自己為中華，四周的民族必然是下等的蠻族，……夷、蠻、戎、狄，為中華的反義詞。之後支那人一直繼承了這些觀念。通過這一觀念，支那以王道政治思想為特色和思想基礎的中華思想本質得到確立，東夷、西戎、南蠻、北狄的夷狄思想的本質也得到確立。」[3]「按照這種思想，帝王在觀念上是針對全世界的，因此帝王在觀念上帶有世界君主的意義。將這種觀點擴展到四周的民族時，就誕生了支那為中華的觀念，其帝王就成了君臨全

世界的存在，四周的各個民族就會被説成是應該羨慕帝王的君德，與屬民一起來歸的存在。」[4]

1939年1月，《東洋》雜誌第39卷第1號刊登了米內山震作的〈中華思想論〉(上)一文，其中這樣説道：「支那自稱自國為中華或中國，向中外誇耀自己的優越。眾人皆知，古來所謂東夷、西戎、南蠻、北狄，此即支那民族對國外(不分界限)異民族的侮辱性的稱呼。……漢民族這一視異民族為夷狄的思想，幾千年來無論時勢變化依然堅牢不化，即使今日仍然抱著不放。這就是所謂被稱為支那的中華思想。」[5] 1941年，鈴木俊在〈中華思想與支那人的日本觀〉一文中説道：「在支那人自古以來一直保有著特別強烈的思想中，第一個要舉出的就是中華思想。支那人以自國為中華、中土、中國或華夏，視周圍的諸民族為下等的蠻夷、禽獸，將其稱為東夷、北狄、南蠻、西戎。」[6]

可以看出，這些文章都在努力強調由於「中華思想」的影響，「夷狄」受到「中國」、「中華」、「支那人」、「漢人」何等不平等和不人道的待遇。但是應該注意到的是，在「中華思想」説的論述中其實很難看到關於以漢人為主體的「中華」在歷史上欺壓、歧視過某個周邊民族集團和政治共同體的具體事實。因此可以説，批評「中華」對「夷狄」的歧視只不過是近代日本學界中「中華思想」説的表面特徵而已。而在近代日本學界「中華思想」説的論述中可以看到，被反覆強調為自古至今的「中華思想」受害者，正是發明「中華思想」説的日本自身。

秋山謙藏的《支那人眼中之日本》一書按照日本歷史分期，詳盡地説明了中國對日本的「歧視」，在第3章〈支那人眼裏的大化革新前後的日本〉中指出：「這個時期的日本人，尤其是官僚已經具有濃厚的國家意識，因此對被視為東夷感到強烈的憤慨。」[7]在第6章〈明初中華思想的膨脹與日本〉中又談到：「朱元璋在終於推翻了元而建立明朝後，強烈意識到中華的存在價值，所以希望在各個方面都以鮮明的形式表現出來」，「但是，在太祖朱元璋的眼裏，這時的日本不

過是與安南、佔城、高麗、琉球同樣的存在」，[8]「太祖也就是將日本視為了四夷之一。」[9]

　　按照他們的說法，這種「中華思想」對日本的歧視和迫害，甚至一直持續到今天。例如秋山謙藏在其著作最後一章〈餘言〉中強調：

> 眾所周知，清朝為中華民國所替代時，支那人宣揚新的中華思想，已是眾所周知之事。曾幾何時，當年他們祖先的中華思想膨脹之時，即使有人知道其實質，也沒有能夠與此對峙、將其推翻的人。但是，到了中華民國時期，已經有了強大的國家將它從四周緊緊束縛，毋庸贅言，其中也有新興起的日本。[10]

　　同秋山謙藏一樣，鈴木俊的〈中華思想與支那人的日本觀〉同樣不忘指責，日本自古至今一直受到「中華思想」的歧視：

> 支那人對於各個外國基本上就是通過此視點，對我國也是同樣，因此在正史中將我國列入東夷傳、夷蠻傳中。然而由於這一華夷思想一直存在，近世以來給支那與諸外國的關係上造成了許多障礙。因此，支那人關於貿易的想法也完全不一樣，他們認為支那地大物博，所有物產無有不產，而蠻夷地狹物乏，故而切望中華物產，因此對慕中華之德前來朝貢的蠻夷要分給一些物產，將貿易與朝貢混為一談。因此，在支那的記載中，時而也可以看到關於我國曾向支那屢屢朝貢的內容。[11]

　　顯然，日本的「中華思想」說為歷史和現實中受到一直以「漢人」為主體的「中華」、「中國」歧視的周邊民族集團和政治共同體打抱不平的目的，並不在於替天行道；強調在「中華思想」的影響下中國自古以來一直視日本為「夷狄」，才是「中華思想」說對「中華」歧視「夷狄」現象進行批判的真正目的。秋山謙藏為了證明中國對日本歧視的思想根源就是將日本視為夷狄的「中華思想」，曾舉歷史上中國沿海地區居民和中國科舉官僚們在看待「倭寇」問題上的不同態度為例：

> 在彼等大眾眼中，沒有中華思想，因此也沒有夷狄思想。……
> 但是本應以中華為驕傲的支那民眾，卻要去裝扮為原為夷狄的
> 日本人，這在具有中華思想意識並據此視四鄰國家為夷狄、應
> 該臣屬自己的官僚們來看，自稱為日本人［「倭寇」—筆者］的
> 行為就與他們的觀念根本對立。[12]

也就是說，秋山主張，中國的科舉官僚們之所以會視日本為「夷
狄」，就是因為他們頭腦中的「中華思想」作怪。在這裏應該注意到
的是，這些持「中華思想」說的學者們同時不忘強調，不應該將日本
與「夷狄」相提並論：「日本人不是契丹人或女真人那樣文化程度低的
民族。在人口上日本民族雖然比支那民族小，但比起契丹或女真民
族來，是具有數倍和數十倍人口的大民族。」[13] 也就是說，以「中華
思想說」攻擊中國歧視周邊民族共同體的日本人自己並沒有意識到，
他們的「中華思想」說仍然具有歧視其他民族共同體的成分。

「中華思想」說這種為了批判中國對日本的歧視而提出和批評「中
華」嚴重歧視「夷狄」的論述邏輯，自然可以讓日本國民感到自己「民
族」的自尊心受到「中華思想」的嚴重傷害，從而產生對中華和中國
的憤慨。通過松本芳夫論文、秋山謙藏著作、鈴木俊論文的名稱就
可以知道，「中華思想」說之所以能夠形成這種論述邏輯，就是因為
這些「中華思想」說的論者都是站在日本侵略者的立場上，而對「中
華思想」進行闡述的。

事實上，二十世紀早期日本學界中最早提出「中華思想」說、並
為其裝置上具體「思想」內容的，都不是研究中國思想史的學者。松
本芳夫於發表〈古代日本人的民族觀念〉論文的兩年前 (1919，大正
八年) 畢業於「慶應義塾大學部文學科 (史學)」，並且是以研究日本
的「神代史」而在學界開始嶄露頭角的。[14] 秋山謙藏 (1903–1978) 研
究的是日本「國史」，因為他在日本發動侵略戰爭時期宣揚日本帝國
主義的「國策」、宣傳「愛國史觀」，因此在第二次世界大戰結束之後
受到「公職追放」的處分，即被開除公職。對於這些「神代史」、「國

史」學家們來説，具有優秀的民族素質，因而近代以後能夠迅速成長
為帝國主義強國的日本，卻在歷史上一直被中國視為「夷狄」，這當
然是一件不可饒恕的事情。而日本「神代史」、「國史」學者在二十世
紀早期就提出「中華思想」説，這件事又恰恰可以説明：「中華思想」
説完全是由具有近代民族主義思想的日本人，為了日本國家的利益
而發現、發明的。

　　鈴木俊當時身為日本陸軍預科士官學校的教授，而在發表〈中華
思想與支那人的日本觀〉一文的一年之後，又成為日本政府文部省
所任命計劃編輯《大東亞史概説》的四位主編中的總負責人。當時，
關於「歷史學」敘述的方法和意義，鈴木有過這樣一段精彩的表述：
「通史、概説的記述，絕對不是一成不變的，而是要根據社會形勢的
時代變化進行改寫的。……本次大東亞戰爭，是給世界帶來大變革
的偉大事業。正當此時，改寫過去的東洋史著作理所當然，這也是
此次文部省進行編輯大東亞史概説事業的意義所在。」顯然，「中華
思想」説也是「根據社會形勢的時代變化進行改寫的」歷史學成果之
一。[15] 從「中華思想」説一直追隨日本侵略中國的全過程這一點來
看，可以知道近代日本發明「中華思想」説的目的，並不在於替天行
道，為歷史上和現實中受到以「漢人」為主體的「中華」、「中國」歧視
的周邊民族集團和政治共同體打抱不平，為歷史伸張正義；「中華思
想」説之所以採用這種春秋筆法，毫無疑問是為了煽動日本國民仇恨
中國的民族主義情緒。

第二節　「中華思想」説關於中國「國民性」的描述

　　可以看出，日本近代學術界通過「中華思想」説煽動日本國民仇
恨中國的民族主義情緒時，實際上使用了一種歸納的方法，即從國
民劣根性上重新發現中國，從國民性上否定中國人。

1937年12月11日的《朝日新聞》(東京，朝刊)刊登了後藤末雄的〈日支的科學運動〉一文，其中這樣說道:「我國的國學者過去大多曾為蘭學或儒學者。因此他們將儒學的基礎教養與西洋的自然科學思想相結合，出色地使國學開出美麗的花朵。然而中華思想紮根於支那人內心深處，他們根本無法擺脫自己國家的傳統。」[16] 而法學博士瀧川政次郎在1941年出版的《從法律看支那國民性》一書中也提出固步自封是中國的「國民性痼疾」:「支那為中華思想這一國民性痼疾所禍，不肯輕易引入西方法理」。[17] 然而奇怪的是，在批評中國不肯引入西方法理之後，瀧川政次郎最後卻得出這樣的結論:「由我們所發現的日本法理，不僅適合於日本人，同時還要適合於所有生活在東亞共榮圈內的民族。換言之，我們的日本法理必須成為東洋的 *ius gentium* (萬民法)。」[18] 由此可見，無論是後藤末雄還是瀧川政次郎，他們的「中華思想」說，都是為了強調日本文化優於中國文化而對中國人的國民性進行歸納和否定的。

在「中華思想」說的脈絡中，中國人對待日本文化的不屑態度，也是中國人狂妄無知的國民性表現，因為日本文化當然優於中國文化。1943年，一位日本美術評論家看到中國民眾瞧不起橫山大觀、棲鳳、玉堂等日本畫壇「大家」的作品後，憤憤不平地說道:「中國人的中華思想，居然還會有此一例」，「自大的中華」「有了機會就會再度追求中華思想的空殼」，「但是，中華思想只不過是一種自我的陶醉」。[19] 另一篇由一位「中國文學家」寫就於1943年的文章則控訴道:「與其誤認為中華思想是支那人自身的矜持，還不如說這是一個無以救藥的頑疾」，「這個文化中所具有的可以致命的最大短處，就是自視高大而視他人為夷狄的中華思想。」[20]

不可否認，自認為「王化」程度高的以「漢人」為主體的「中華」、「中國」，歷史上的確具有歧視周邊民族集團和政治共同體及固步自封的弊端，但是這並不能說明日本學術界闡釋「中華思想」說一事自身就沒有問題。不顧當時日本發動對中國侵略戰爭的背景，將當時

以及歷史上的中國人對日本的抵抗思想和抵抗行動，都歸納為來自於中國人固有的國民劣根性，這種做法暴露出日本學術界之所以熱衷於對「中華思想」說的闡釋其實並不是出於研究目的，而是為日本侵略中國尋找合法性的根據。由於這一原因，也使得近代日本用來攻擊中國國民性的「中華思想」說與生俱來無法具備冷靜的科學態度。

1939年1月，米內山震作發表〈中華思想論〉一文，進而指責中國人的國民性中具有「殘忍」的一面：「支那人是一個人種偏見嚴重的民族。支那的文獻中，稱之夷戎蠻狄，即是將外國人視為與禽獸同類對待，即使沒有像文字表現的那樣，他們也不認為異邦人和自己是同等的人類，支那民族的中華思想的確是有過之而無不及。支那人的殘忍眾所周知，對待其他民族尤甚，這點尤其值得注意。」被米內山用來證明中國人殘忍性的具體事例，是1937年7月29日冀東防共自治政府的保安隊反正起義，進攻日本軍隊並殺死數百日本官兵、僑民和日韓浪人的「通州事件」。「支那人的殘忍，大多就是來自於中華思想視外人為禽獸的想法。有人認為支那民族視異邦人為夷狄的想法並非那麼嚴重，但我要強調的是，不論是有識階層還是文盲、男人還是女人，這一思想已經成為支那民族的痼疾。這種不可輕視的支那國民性上行下效，即使一般的愚昧民眾也具有這種思想。特別是支那人大多不直接表露喜怒哀樂，所以即使胸中充滿了這一思想，一般也不會輕易表現外露。這種思想從所謂以夷制夷的獨有政策中即可見其端倪，支那即使在日清戰爭中一敗塗地，仍然繼續視日本人為夷狄。鴉片戰爭、北清事變、滿洲事變、上海事變以及今次的事變［指七七事變——筆者］，即使走到如此敗殘地步，他們也不會輕易地除去中華思想的痼疾。」[21]

但是這篇文章卻沒有提及「通州事件」之前爆發的、成為抗日戰爭全面爆發的「七七事變」，以及事變前後中日兩國在華北和北京地區的對峙局勢。因為都是通過這種對中日關係現實的選擇性的主觀描述而得到的，所以說，「中華思想」說對中國人國民性的推論並不

日本宣傳通州事件的繪畫

日本對通州事件的報道

具備客觀性和科學性。更為嚴重的是，如果按照「中華思想」說的邏輯，將中國人在中日關係上的表現都判斷為源於國民性的問題，那麼所有中國國民自然都可以被視為是日本的敵人。「中華思想」說的這一傾向，從米內山震作的敘述中就可以看出。

在《從法律看支那國民性》一書中，瀧川政次郎更是通過「中華思想」說對中國人的國民性進行了主觀斷罪。他設定了「極端性」（狂妄、死板、殘忍）、「矛盾性」（倫理道德互相矛盾）、「形式性」（追求形式主義）、「僵化性」（不思進取）四個維度，從這四個角度分析「支那人的國民性」後，又做出了「支那人的國民性」具有「主我性」（即自我中心主義）、「文弱性」、「欺騙性」、「逃避性」、「嫉妒性」、「猜忌性」、「感覺性」（沉湎於食色享樂）、「自稱中華，夜郎自大」性質的結論。[22] 在對「支那人的國民性」進行以上分析的基礎上，瀧川政次郎提出反對「過高評價支那文化」，[23] 不僅認可日本對中國領土的侵略和佔領，並且認為日本絕不會重蹈當年其他民族一時統治中國，但卻最終卻被趕走的覆轍：

> 契丹女真被支那文化所征服，不過二三百年就被趕出了中原。但是日本民族絕不會蹈其覆轍。現在有的支那人以日本為東夷之一種，認為「胡長不過百年」，對日本面從腹背，他們真是愚蠢到了不值得嘲笑的地步。[24]

由以上可以看出，披著為歷史上和現實中受到以「漢人」為主體的「中華」、「中國」歧視的周邊民族集團和政治共同體打抱不平的外衣，通過強調中國一直視日本為「夷狄」來刺激和煽動日本國民仇恨中國的民族主義情緒，進而醜化中國民眾的國民性來為日本侵略中國提供合法性根據，就是以近代日本侵略中國為背景而出籠的「中華思想」說敘述結構的三個層次。值得注意的是，「中華思想」說的這一思路，與日本軍部在發動和擴大侵華戰爭時所提出所謂的「暴支膺懲」論是完全相契合的。

1938年3月，日本政府陸軍省編輯了一本名為《支那事變的真正意義》的小冊子，從名稱上即可知道小冊子是為了對日本發動七七事變和全面侵華戰爭進行辯解而出籠的，其中如此寫道：

> 德川時代的太平並非真正的太平，不過是一個桃源夢而已。嘉永六年[1853]培理來日打碎此夢，幕府才從鎖國主義轉為開國主義。但是夢醒後睜開眼時，歐美列強侵略東亞的魔爪已經遍及遠東。俄國從西北，英、法、葡、西、荷等諸國從西南，一起逼近支那、朝鮮和日本。日本幸虧迅速覺醒，堅決實行各種改革得以保存國體原有之姿，終於逃脫彼等魔掌，保住了獨立，在明治維新後實現了高速的發展。然而，支那由於受傳統中華思想之自尊心所害不僅沒有覺醒，甚至不斷地干涉朝鮮的獨立，侮辱日本和向日本挑戰，致使在列強的魔爪不斷伸向東亞的危險時刻，最終走到了兄弟之間不得不相爭的境地。[25]

在這裏，中日之間發生戰爭的理由被說成是由於中國人抱著「中華思想」不放的緣故。這本小冊子從第3–9頁、按照時間順序排列中國在「中華思想」的影響下造成中日兩國「兄弟相爭」的全過程：在「日清戰爭」（甲午戰爭）之後的「三國干涉還遼」問題上與歐洲列強站在一起，在處理「北清事變」（義和團事件）問題上助長俄國等列強的侵略野心，在「同時具有保衛東亞性質」的日俄戰爭時暗中支持俄國，在第一次世界大戰以後回應英美法的對日政策、迫使日本歸還青島和廢除〈二十一條〉，掀起回收旅大的運動而阻礙帝國日本的發展，阻礙東亞各國依賴日本實現更生，採用遠交近攻的外交手法接近蘇俄和歐美而逐漸冷淡日本，接受蘇聯的赤化和侵略遠東地區的政策，「滿洲事變」（九一八事變）之後採取排日、侮日、抗日政策，最後是實現國共兩黨合作並採取一致抗日的政策。

在所謂「國民性」的層次上利用「中華思想」說為其侵略中國的行為進行辯解，實質上是企圖將日本對中國的侵略，說成是文明開化

的日本反抗守舊、野蠻、殘忍的中國。在這樣一種「文明」對「野蠻」的話語中，「中華」自然變成了可以任意進行詆毀和攻擊的對象。〈中華民族論〉的作者米內山震作就聲稱：雖然「割取台灣」、「合併朝鮮」、「租借關東州和行使對滿鐵附屬地的行政權」、「實現歸還青島和滿洲獨立」使中國民眾產生了反日思想，[26] 然而「天賜良機，此次支那事變提供了撲滅支那民族狂妄之極的中華思想的機會」。[27] 作為一名在中國推行殖民政策的日本官僚，[28] 米內山震作甚至提出：「中華民國國名的存在，就是中華思想的表現。」[29]「作為根絕支那民族的中華思想的根本手段，就是廢除支那用以誇耀其優越而自稱的中華這一國名。」[30]

　　為了從精神上戰勝中國國民，徹底消除「中華思想」，米內山震作公然建議應該迫使中國國民使用他們「非常厭惡」的「支那」一詞來完全代替「中華」，[31] 甚至是會社、病院、洋行、公司等都不能使用類似「華中」、「日華」、「華日」、「華北」、「華南」、「東華」、「中日」、「興中」、「中興」、「大華」、「興華」、「隆華」、「金華」、「愛華」、「泰華」、「華勝」、「華豐」等其中帶有「華」字的名稱；而「華人」、「華語」、「華商」、「華文」、「華友」、「華街」等，因為帶有中華思想的因素，當然也禁止使用。[32]「中華思想」說論者對待「中華」一詞的態度，十分清楚地說明他們正是因為仇恨「中華」才鍾情於「中華思想」說的。這一事實也同時證明，「支那」一詞正是他們用於宣洩這種仇恨的一種方式，而絕不是一個不帶有政治意識的一般名詞。

第三節　　中國思想史學者的「中華思想」說論述

　　按照秋山謙藏的說法，其《支那人眼中之日本》一書中的「支那人的中華思想及夷狄思想的本質」一節，是受到津田左右吉的《王道政治思想》的啟發而來，然而這種說法實在值得懷疑。因為在津田左

右吉關於中國傳統政治思想的《王道政治思想》一書中，根本就沒有出現過「中華思想」一詞。不僅如此，津田左右吉還在書中指出：

> 這種只要帝王有德、民眾就會自然歸服的王道論思想進一步展開，就是四方的民族即夷狄也會來歸，這就是支那的對夷狄觀。因為王道論本來就是位於君主地位的人們認為民眾會服從自己的考慮而誕生的，只要服從就同為「民」，其中並沒有考慮是甚麼民族成分的問題。而對於民眾來說，不管皇帝是甚麼人、屬於哪個民族，都不會成為問題。這就是支那的政治思想，其思想基礎與王道思想相同。但是對於現代國家，國民來自於同一民族時之間的結合程度才最為堅固，在近代政治中民族意識發揮著重要的作用，而王道正與近代的國家觀念和政治思想背道而馳。[33]

也就是說，按照中國傳統的王道政治思想，因為「服從」的前提是統治者「有德」，所以無論對於統治者或者是被統治者來說，「民族」的概念和範疇在統治與服從的關係中不具備任何意義，當然也不會成為造成歧視的因素。這種傳統型的關於統治合法性的理解，當然與近代國家觀念和政治思想格格不入。反言之，不是中國傳統的王道政治思想，而是近代國家觀念和政治思想才有可能促生民族歧視。毫無疑問，津田左右吉在《王道政治思想》中對中國傳統政治思想的解釋，原本不會成為支撐「中華思想」說的理論根據。

1938年4月，受日本陸軍參謀本部的委託，「上海自然科學研究所」[34]的海野龍次和西村舍於提交了一份調查報告——〈關於中支那地區的教育、思想、宗教、宣傳和外國勢力的報告書·思想篇〉。這篇調查報告參照了「岩波講座：東洋思潮」書系中的許多書籍，除了那波利貞的《中華思想》之外，還有和田清的《支那》、[35]服部宇之吉的《禮的思想》、松井等的《支那現代思想》、加藤繁的《支那的社會》、青木正兒的《文學思想》和幸田露伴的《道教思想》等。值得注

意的是，〈報告書·思想篇〉甚至在參考書目中都沒有列入同為該書系之一、秋山謙藏的《支那人眼中之日本》；而除了那波利貞的《中華思想》之外，〈報告書·思想篇〉所參考的其他任何一部書中都沒有出現「中華思想」一詞。例如，〈報告書·思想篇〉在第3節「支那思想文化的特徵和支那民族的發展」中引用了和田清的《支那》一書：「支那處於亞洲東南沃土，長久以來一直是東亞的唯一的文明大國。與之相比，四周各國相對貧弱和開發落後，一般説來，離支那中心的距離越遠，其氣候風土愈加糟糕，物質也因此愈加貧乏，居民也就愈加不開化。習慣了這一點的支那人自然倨傲，自任為華夏中國的選民，鄙視他人稱之為戎狄蠻夷，形成自我尊大滿足的華夷思想。」[36]可以看出，和田清對「華夷思想」的批判已經接近「中華思想」説，然而在和田清長達199頁的《支那》上、下兩冊書中，卻的確看不到「中華思想」一詞。

　　雖然都是同一個書系的作者，以上各書作者為甚麼在敍述中國對待周邊共同體之態度的表現方式上，會與秋山謙藏有所不同呢？首先可以看到的是，這些學者與秋山謙藏的研究領域不同，他們都是中國思想史的學者。儘管研究日本思想史的秋山謙藏早在1934年7月時已經開始發揮「中華思想」説，但從1936年11月和田清出版的《支那》（下冊）中可以看出，至少到此時，在日本的中國思想史學術界中，還沒有就是否應該通過製造「中華思想」説為侵略中國提供合法性根據形成共識。[37]究其原因，可能在於研究中國思想史的學者們，因為知道「華夷思想」也是按照文化的標準和建立在道德、德治、王道、王化思想基礎之上，所以他們不會也不敢像以秋山謙藏為代表的日本思想史學者那樣，簡單地將對「華夷思想」的批判上升到徹底否定中國國民性的「中華思想」説的層次。

　　然而，那波利貞的《中華思想》一書卻是一個非常特殊的例子。那波利貞的研究領域也是中國思想史，然而他卻執筆寫下《中華思想》，並在其中使用了「中華思想」一詞。但是正如第八章之分析，

上海自然科學研究所

那波執筆《中華思想》的過程似乎並不那麼簡單，而且從內容上來看，那波筆下的「中華思想」也與「中華思想」說有著很大的距離。這點也可以從前述上海自然科學研究所於1938年4月提交給日本陸軍參謀本部的〈報告書‧思想篇〉中、關於《中華思想》的記述中看出：

> 按照那波利貞氏的說法，支那之自大國風之所以至今依然顯著，其原因如下：第一，支那國民性中具有尚古主義的成分，中華思想中具有德治主義的王道政治要素，兩者相輔相成；第二，作為中華國家的支那雖延續至今，但至少到清中葉之前未曾與外國進行過對等的交涉，因此鮮有外來思想傳播，思想界也未曾發生過大的變化，因此養成萬般事情均以自國為中心進行判斷的習慣；第三，這種未受到任何外國影響的支那固有文化早在漢代就已形成並打下堅牢的基礎，推行尚古主義、演繹古風紹述的儒家學說在漢代成為國家的正統學說和文物規範。[38]

那波利貞的《中華思想》是日本近代出現「中華思想」說後唯一一本以介紹「中華思想」內容為主題的著作。[39] 但是值得注意的是，即使如此，上海自然科學研究所提交給日本陸軍參謀本部的〈報告書‧思想篇〉也只是在「支那思想文化的特徵：梁啟超的民族論和中華思想」一節中提及該書，而且僅僅只有以上數句。顯然，〈報告書‧思

想篇〉並不看好那波《中華思想》的內容。其原因，大約可以從《中華思想》關於「中華思想」的解釋中找到。1937年即《中華思想》出版的第二年，藤田至善針對《中華思想》一書發表書評，一針見血地指出那波利貞在關於「中華思想」的描述中提出了兩個重要的觀點：第一個觀點是，「中心」意識並不是中國的獨佔品。「關於『華』、『中』的稱呼，作者指出，由於該地域為古代支那最優秀的文化中心，所以它們逐漸成熟變為『華夏』、『中華』，並成為意味在地理上和文化上為天下中央地域的稱呼的慣用語。作者在得出此結論的過程中，指出了從我國到古代巴比倫、埃及、印度都有類似的思想」；第二個觀點是，「中華思想」來源於中國傳統政治思想、王道政治思想，具有對道德的高度訴求：「（那波利貞）探討了中華思想的本質，指出中華思想有一個特點，即政治思想、王道政治具備道德的因素，並且一語道破這是在其他類似的思想中所見不到的。」[40]

　　而這樣兩個觀點，明顯與日本軍部所鍾情的、能夠在發動和擴大侵華戰爭時為提出所謂「暴支膺懲」論提供合法性根據的「中華思想」說的目的不符。但是藤田至善關於這兩個特點的評價是有一定根據的，因為那波利貞在書中正是這樣敘述的：

> 中華思想發源於河南省地方，具有支那在地理上出於世界的中心、支那是世界上文化最為發達的國家，這樣兩個地理的和文化的因素。類似這樣的兩個因素並不稀奇，因為在古代巴比倫國、古代埃及國、古代印度也同樣存在。然而中華思想中有一個顯著而值得注意的特徵，即〔除了以上兩個因素以外—筆者〕還包含著其他的思想因素，那就是道德的政治思想、王道政治的要素。這一點在其他類似的思想中是見不到的。支那古來尊重王道政治，鄙視霸道政治。[41]

　　那波利貞在《中華思想》中特別強調「中華思想」與「德」之間的關係：中華思想「以道德化民為本旨」，「以德和禮為化民之根本，以刑

和政為治民之末術」。[42]「因此〔中華思想—筆者〕認為支那的君主必
須為實行德治主義的王道政治者，為國民的表率者，由此支那從文
化上、地理上可以成為世界的中心，支那的君王成為世界上最為優
秀且君臨世界的君王。」[43]「對於中華思想來說實際的地理範圍並非
問題。從理論上來講，支那人並不知悉的地域、民族、各國，理應
受到支那君主的王道政治的統治。不管這個國家在哪個時代為支那
人所初識，支那人都認為在其之前就其國理所當然已經受到支那君
主的統治，因為君主只要修德、實行了王道政治，各國不需召喚即
會到中華來慕化來朝。」[44] 在那波利貞的筆下，中國人在文化上、政
治上的優越感與「德」之間存在著有機的聯繫，因此「中華思想」實質
上成了稱頌的對象。

　　與其他「中華思想」說論者的論述邏輯相同，那波利貞也是從批
判「華夷意識」出發，從與周邊民族和周邊國家關係的角度對「中華
思想」進行敘述的。然而，由於那波利貞認定道德、德治、王道、王
化思想是中國政治文化的基本要素，所以他認為中國對周邊民族和
周邊國家進行的優劣判斷，也是以這種政治文化的標準為依據的：
「極端的保守排外傾向」只是中國關於周邊共同體思想的一部分，
而與這一部分互為表裏、人們在進行觀察時也自然不可無視的，是
中國關於周邊共同體思想中同時具有「極端的開放博愛」的性質。[45]
「只要支那人的國家自負和自尊沒有受到傷害，即使不歸順朝貢、不
積極表示善意，只要沒有惡意或者是完全無關時，中華思想就會表
現出極端的開放博愛傾向。毋庸贅言，尤其是異民族各外國向支那
歸順朝貢時更是如此。」[46]

　　也就是說，在那波利貞看來，以「漢人」為主體的「中華」、「中
國」關於周邊共同體的思想的內涵，並非是用「保守排外」一句就能
夠完全概括的。那波利貞進而指出，雖然「王道政治」在空間上對周
邊發生影響的想法可能只是中國人的一廂情願，然而由於中國人對
王道政治的訴求，中國的政治文化就具有超時代性的價值：「對王道

政治的謳歌在保持中華思想傳統上起了很大作用，中華思想也因此
得到永久傳承。」[47] 顯然，那波利貞提出的這種「謳歌」「王道政治」
的文化，不能成為斷定自古以來以「漢人」為主體的「中華」、「中國」
對待所有的周邊民族和周邊國家的態度都是自以為是、狂妄自大、
恃強凌弱、歧視欺壓的根據。

　　很明顯，那波利貞關於「中華思想」的理解和論述，在內容上和
性質上都與日後被日本軍部用來煽動對中國的仇恨、進行戰爭動員
的「中華思想」說之間，存在著很大的距離。可以看出，與其他「中
華思想」說作者不同，那波利貞之所以使用「中華思想」一詞，更多
的是為了強調中國傳統政治文化重視道德、德治、王道、王化思想
以及因此而成為政治文化中心的事實。然而即使如此，那波利貞在
戰後也仍然不願意提起《中華思想》一書，這件事的確值得引起「中
華思想」說論者們的深思。

第四節　一元的「中華」與多元的「華夷」

　　第二次世界大戰結束以後，以徹底批判日本民族主義而佔據日
本思想史學界最高峰的丸山真男，在他1951年初發表在《中央公論》
新年號上的〈日本的民族主義〉一文中這樣寫到：

　　通過對大眾的國家意識構造的分析可以知道，日本民族主義的
　　成長過程絕不是一個突然發生變異的過程。幾乎所有的民族主
　　義的發展都會伴隨著一定程度的國民的使命感（mission idea）。
　　諸如宣佈皇道、公佈大義於宇內、八紘一宇之類，都是這種使
　　命感的表現；荒誕無稽的是，即使一些知識分子也會對此進行
　　回應。……要之它是要將以天皇為頂點的日本國內的金字塔型
　　構造放大到國際關係上去。這種皇國觀念雖然看起來與中國的
　　中華意識相似，然二者具有一個根本的不同，這就是後者是以

文化的優越為中心觀念，而前者則是一個徹頭徹尾的以武力的
優越為一個必不可少之契機的。[48]

可以看出，丸山真男的「中國的中華意識」，就是戰時日本思想
史學界慣用的「中華思想」一詞。但是，丸山真男不僅繞開了「中華
思想」一詞，而且指出這一「意識」所具有、與日本的皇國觀念根本
不同的「文化的」性質。這說明當時的日本學界不僅意識到隱藏在批
判「中華思想」這一表像之下的「中華思想」說與侵略戰爭之間的複雜
的共生關係，而且還意識到「中華思想」說自身的缺陷。

毫無疑問，戰後初期日本學界在論文中使用「中華思想」的例子
並不常見。縱觀1950年代，筆者能夠搜集到使用「中華思想」的學術
論文僅有如下兩例。第一例為日本考古學家江坂輝彌（1919–2015）
所著〈繩文文化的特質〉，其中寫道：

> 從人種學上來說，《古事記》與《日本書紀》中所記載的被稱為隼
> 人、熊襲、蝦夷的人們本來決非異種族。……這些名稱不過是
> 高度接受了大陸文化的大和朝廷的人們稱呼一直更多地保留了
> 古代繩文文化時代習俗的邊遠農村民眾的蔑稱。受到漢學影響
> 的大和朝廷為中心的知識階級，為了突出以朝廷為中心的人們
> 的優位性而按照中華思想，籌劃編纂了具有這種觀點的史書。[49]

第二例為文化人類學家馬淵東一（1909–1988）的〈關於高砂族的
社會人類學〉，其中寫道：

> 漢民族具有數千年的統治異民族的經驗，留下了許多關於異族
> 的記載，但是最終也沒有發展為人類學，其原因一方面為受到
> 中華思想的禍害，同時另一方面在近代化的歷程上也選取了走
> 與歐洲不同的道路，並且明顯發展落後。[50]

由以上日本的考古學家和文化人類學家的例子中可以看出，他
們都是在認定歷史上的中國王朝或漢民族歧視「異民族」的意義上使

用「中華思想」的；換言之，都未能消去戰時「中華思想」說的痕跡。尤其值得注意的是，上述第一例甚至沒有涉及到中國問題。這說明對於當時的日本學界來說，「中華思想」說依然是一個心照不宣的、具有固定內涵的話語。但是，從當時各類詞典中都沒有出現「中華思想」的詞條來看，「中華思想」說肯定已經不再是戰後日本社會上通用的話語。例如，甚至在戰時曾經出版過《中華思想》(那波利貞著) 一書的岩波書店，在它出版的著名詞典《廣辭苑》中就一直沒有收入「中華思想」一詞。[51]

　　但是在進入1960年代以後，一些歷史學的專業詞典中開始出現「中華思想」的詞條。[52] 最早的應該是平凡社的《亞洲歷史事典》，1960年底出版的第6卷中，「中華思想」的詞條這樣寫道：

漢民族炫耀自己的文化和國土，從古至今延續下來的思想。……漢民族與四周的諸民族相接觸，發展了自己的文化。到了文化成熟的西周時代，由於相對於諸民族的優越感而自認為是中國的選民，開始產生強烈的中華思想。為了與周圍的異民族相區別，漢民族自稱華或夏，以國土為驕傲而自稱諸夏、華夏、中夏、中國、中原、中土等。中，意味著從地理上和文化上都居於中央；夏為大，來自中國最古的王朝；華，意味著優秀的文化；中華思想成立的背景是夷狄蠻戎的存在，因為具有歧視異民族的觀念，故又稱華夷思想。……總之，中華思想就是一種民族主義，說通俗一點就是一種炫耀自國的思想。任何一個民族都有炫耀自國的思想，但中華思想具有重視華夏夷狄之別的特點，尤其是長期地保持了這一思想。頑固的中華思想，就是鴉片戰爭等失敗的原因之一。[53]

　　這一「中華思想」的詞條不僅指責漢民族狂妄自大、歧視周邊的異民族，而且指責「以自國為驕傲」的「頑固的中華思想」是中國招致與他國之間戰爭失敗的原因，這些都與當年日本戰爭時期所使用

的「中華思想」説的內容所差無幾。但應該注意到的是，該詞條執筆者為戰時曾任日本陸軍士官學校教授、當時任中央大學教授的鈴木俊。[54] 鈴木俊在該詞條正文後列出了以下三篇參考文獻：津田左右吉《王道政治思想》(岩波講座：東洋思潮「東洋思想の諸問題」，東京：岩波書店，1934年6月)、那波利貞《中華思想》(岩波講座：東洋思潮「東洋思想の諸問題」，1936) 以及安部健夫 (1959年病逝) 發表於1946年的論文〈清朝與中華思想〉。然而，不僅津田左右吉《王道政治思想》一書中根本沒有出現過「中華思想」一詞，筆者經過核對發現，安部健夫論文的題目原來也是〈清朝與華夷思想〉而並非〈清朝與中華思想〉。[55] 我們現在已經無法搞清，鈴木俊為甚麼會如此明顯地「誤記」安部健夫論文的題目？即使鈴木俊知道安部健夫在1946年以前或是戰時寫作該論文時的確使用過「中華思想」一詞，[56] 那麼在1946年戰爭結束後刊登時改為「華夷思想」一事，也只能説明安部已經認識到「中華思想」一詞與侵略戰爭之間的關係。換言之，這就是鈴木俊在反其道而行之，有意強調中國之所以遭受戰爭侵略，是與中國具有「中華思想」有關。由此可以看出，鈴木俊的「中華思想」説，有著清晰的、為當年侵略戰爭張目的「中華思想」説的影子。

安部健夫生前所在的京都大學文學部東洋史研究室也在他死後第三年、即1961年編輯出版的《東亞史辭典》，列出了「中華思想」的詞條：

該詞主要為日本學界的用語。中華是中國人對自己國家的譽稱，也寫為中夏。以本民族為世界中心而以周邊各民族為野蠻未開的非人類地域，是在古代各個文明民族中常常可以見到的想法。但是中國的這一思想從非常古老的時代一直延續到二十世紀初，其最明顯的特徵就是在政治、外交、文化、經濟等一切領域中都表現出優越感。近代中國的各個悲劇，就來自於中國人不能自我否定這種優越感但又無法自立。[57]

　　該詞條儘管說明「中華思想」「主要為」日本學界的造詞，但在內容解釋上卻與鈴木俊如出一轍。毫不諱言，從對「悲劇」產生原因的分析中，依然可以令人感到有推卸日本發動侵略戰爭責任的意思。

　　然而與平凡社《亞洲歷史事典》不同，京都大學《東亞史辭典》同時收入了「華夷思想」一詞：

> 華夷思想，漢民族將自己的國家譽稱為華，而將民族稱為夷狄的歧視思想。華夷思想有時作為與中華思想的同義詞使用，有時將重點放在排斥夷狄的意思上使用。在把漢民族及其禮教認定為最優秀的世界觀這一點上兩者一致，但前者是以中華為中心、以德化的範圍為同心圓的一元世界觀，而後者則是因遭受到強敵的夷狄、尤其是遼、金、元等征服王朝的壓迫時出現的思想，實質上是承認對方國力的多元世界觀。[58]

　　「中華思想」代表一元的世界觀，「華夷思想」代表多元的世界觀，京都大學《東亞史辭典》關於二者之間異同的說明的確非常精闢。而通過這一說明，我們也可以更加清楚地看出以侵華戰爭為背景而出籠的「中華思想」說的本質。具體地說來就是：日本發動侵華戰爭時期之所以願意使用「中華思想」說，就是因為只有通過強調中國人以自己為中心的一元世界觀，才能強調以「漢人」為主體的「中華」、「中國」的文化和國民性中具有狂妄自大、種族偏見、歧視周邊民族集團和國家的成分，從而為其侵略中國提出合法性的根據，而這一點是具有多元世界觀的「華夷思想」所無法做到的。戰後初期的各種學術論著中「中華思想」一詞之所以寥寥無幾，應該與學界看到認定中國為一元世界觀的「中華思想」說與製造侵略合法性之間的內在連繫有關。「中華思想」說不絕若繩，直至1960年代初期日本學界使用「中華思想」一詞的論文依舊屈指可數、月殘星疏，[59] 可見當時公開使用「中華思想」說仍舊是學界的一個禁忌。直到1971年6月25日，京都大學名譽教授岩村忍在《每日新聞》刊登他與拉鐵摩爾等人

的對談中，還對以「中華思想」説來看待十三世紀以後的中國的做法
進行了批判：

> 大致是從十三世紀開始，由於蒙古帝國的成立，這種封閉的狀
> 態被打破，中國的孤立狀況也就越來越不明顯。到了技術發
> 展的近代，就像美國無法堅持其門羅主義一樣，中國也放棄了
> 中國中心主義，甚至可以説是進入了國際社會。因此我個人認
> 為，中華思想已經逐漸消失，或者説已經消失了。[60]

第五節　西島定生的「中華思想」説和「冊封體制」論

　　日本著名的東亞史學者西島定生在1962年提出，如果在更大的
時間和空間中考察東亞地區的歷史，能夠看出這個地區事實上長期
存在過一個自成體系的國際秩序──「冊封體制」，換言之，就是一
個以中國、中華為中心的一元世界。[61] 進入1970年代之後，他在
其「冊封體制論」的論述中又開始使用「中華思想」一詞。1971年10
月27日、28日，西島定生在《朝日新聞》發表了〈世界史上的中國〉
（上、下）一文，其中寫道：「在中國的歷史上，世界就是中國自身，
在這裏這個世界被稱為『天下』。所謂世界，對中國來説就是一個自
成體系的存在，中國正是因為保持了這種自成體系的性質才得以存
在至今。這種觀念通常被稱為天下的世界觀或者中華思想，但應注
意的是，這種觀念並不是一個形而上學的觀念，而是具有實體並且
持續存在的。」「這個東亞世界是依照天下的世界觀即中華思想的基
礎而存在的世界，中國在這個世界裏一貫是其中心，或者説就是世
界本身。這個世界中不僅具有自成體系的文化、思想、宗教，政治
上也表現出將周邊國家包含在內的一體性構造和推移過程。」[62]
　　在西島定生的著作當中，〈世界史上的中國〉第一次使用了「中華
思想」一詞。那麼，西島定生為甚麼會在這個時期開始使用「中華思

想」一詞呢？想要知道其原因，自然應該
觀察當時東亞地區社會圍繞著中國而發生
的重大變化，而這篇文章正是在這樣的時
代背景下而執筆的。1971年7月，美國總
統國家安全事務助理基辛格突然秘密訪問
北京，標誌著國際政治局勢進入劇烈變化
時代的開始。10月下旬，中華人民共和國
作為聯合國安理會五大常任理事國之一，
回到國際舞台。無疑，這些都給同在亞

西島定生

洲、戰後一直認為自己為亞洲第一的日本社會帶來了巨大的衝擊。
西島定生的〈世界史上的中國〉就是為解讀當時國際政治局勢上的重
大變化將會給東亞地區帶來甚麼影響而出籠的。[63] 之後，在日本社
會朝野上下再次掀起日本是否應該與中華人民共和國政府建交的大
論戰，西島定生在《朝日雜誌》1972年10月號上又發表了〈恢復邦交
的世界史的課題〉一文，其中再次使用了「中華思想」一詞：[64]

> 所謂東亞世界，換句話說就是中國文化圈，由於在這個共同的
> 文化中漢字常常被用作傳播文化的媒介手段，所以又可以被稱
> 為漢字文化圈。但是作為一個歷史世界的東亞世界能夠構成了
> 一個自我完善的小宇宙的，並不是僅僅依靠共同擁有漢字或者
> 是儒教、佛教、律令等文化現象而形成的。毋寧說所有的這些
> 共同文化現象是以強力的中國王朝國家的政治權威為背景，並
> 作為形成中國王朝與周圍各國政治關係基礎而依據這一權威構
> 成和實現的。因此，東亞世界並不僅僅是一個中國文化圈，而
> 是一個整體的政治世界。表達東亞世界這個政治世界的意識形
> 態就是中華思想，就是華夷思想，就是王化思想，就是德治主
> 義。所謂中華思想與華夷思想，是區別中國和其周邊民族的價
> 值觀標準；所謂王化思想或者德治主義，是將被區別開的二者
> 再統合到中國王朝權威之下的秩序論。在這種意識形態之下，

造成中國王朝同周邊東亞各國之間的政治關係的，也是與中國
王朝統治體系的郡縣制並行的封建制。因此中國王朝與周邊東
亞國家的政治關係，也就是中國王朝作為國內統治體制的封建
制的外延。我將此稱為冊封體制。[65]

　　從文中可以清楚地看出，他使用「中華思想」一詞的目的完全不
同於日本戰爭時期的「中華思想」說。應該注意的是，西島定生所使
用的「中華思想」一詞，都是與論述他所提出的「冊封體制論」結合在
一起的，因此西島定生使用的「中華思想」一詞的目的和思想，無疑
已經大大超越了民族主義的層次。他是要通過「中華思想」所代表的
一元世界觀，強調東亞地區歷史上獨自構成過一個以中國、中華為
中心的一元國際秩序，他在使用「中華思想」一詞時考慮的應該是如
何才能讓日本國民、日本的歷史研究者擺脫以西方為中心的國際秩
序觀念的束縛，懂得東亞世界曾幾何時也是一個「整體的政治世界」。

　　西島定生無疑是在對既存的歷史學進行挑戰。「冊封體制論」之
後多次受到學界、尤其是朝鮮古代史和日本古代史學界的尖銳批評
和質疑。他們認為「冊封體制論」以中國為中心立意，過分強調中國
在東亞地區歷史上的重要性。[66] 毋須贅言，他們反對西島定生「冊
封體制論」的主要原因，就是不願承認歷史上的東亞世界是一個「以
中國為中心」的「整體的政治世界」。直到2004年，研究朝鮮歷史的
古田博司提出的中、日、韓三國共同構成「作為中華思想分有圈的東
亞」說，也具有對抗西島定生關於東亞歷史上為以中國為中心的一元
世界主張的性質。[67]

　　但是西島定生一生堅持自己的思想。他在1971年的文章中說
道：「老實說，日本就是在中國自我完善的東亞世界中形成國家並且
得到發展的。因此從國家形成的最初階段就不得不以這個世界既存
的條件為自己的條件。倭國女王卑彌呼被魏的皇帝封為親魏倭王，
五世紀時五王南朝朝貢授爵等就是最好的說明。而接受漢字、儒教
思想、中國佛教等，更是補充了東亞世界自成體系的證明。」[68] 在

1972年的文章中，他再次強調：

> 東亞世界，從其形成以來直到近代一貫是個不滅的世界，而中
> 國一直是這個世界的主人。當然期間也不是沒有過動搖。在
> 東亞世界的歷史過程中，十至十三世紀之間曾經出現過崩潰的
> 危機。這就是隨著唐帝國的衰亡而帶來了這個世界的變動，出
> 現了中國王朝服從屬於入侵的北族王朝的事態。遼與北宋的關
> 係、金與南宋的關係即是。這一事態説明了在政治上華夷關係
> 出現了逆轉，但正因為如此，中華思想反而作為名分論得到了
> 深化。[69]

　　部分日本學者在對西島定生的「冊封體制論」進行解讀時，已經
注意到其論述中提到作為「名分論」的「中華思想」與德治主義思想之
間的關係：「中國與周邊各國之間的交涉，幾乎都是以朝貢這種獨特
的方式進行的，即嚮往自認為世界中心的中國皇帝的德而向中國奉
獻貢品，它依據的是中華思想（華夷思想）與儒家思想的德治主義的
原理。」[70] 而依據德治主義原理成立的「中國的皇帝」與周邊國家之
間的朝貢──冊封關係，實質上是一種自願的、雙向的、可變的關
係：「區別華夷的標準不是根據民族及國家構造的內外之差，而是儒
教『禮』的觀念。王化思想的內容為，中國的君主具備著德，通過其
德化思想實現理想的秩序。通過這一王化思想，因中華思想而被分
割的中華與夷狄，能夠再次結合在一起。周邊各民族與中國的交流
關係，被解釋為仰慕皇帝的天子之德而來朝，而由於德推及周邊各
民族，皇帝的支配領域得到擴大。其結果是，皇帝之德被認為是可
以讓夷狄服從於禮的。冊封關係的設定，以這種王化思想為根據。
將德推及被冊封各國，使之德化，被認為是中國君主的義務。」[71] 從
這裏可以看出，西島定生的「冊封體制論」雖然也使用了「中華思想」
一詞，但其目的是為了證實東亞地區歷史上曾經是一個以王化思想
和德治主義、即「中華思想」為構成原理的「禮」的國際秩序。

提出東亞地區歷史上曾經是一個以中國、中華為中心的「整體的政治世界」的「冊封體制論」，是西島定生一生最重要的學術貢獻。[72]但必須注意到的是，西島定生早在1962年時就已經提出「冊封體制論」，而直到1971年10月在《朝日新聞》上發表〈世界史上的中國〉之前，西島定生都一直沒有使用「中華思想」，而是使用「華夷思想」一詞來對其「冊封體制論」進行論述的。[73]我們已經無法知道西島定生在使用「中華思想」一詞時是否想到它與日本戰時的「中華思想」說之間的關係，但是可以看出，他之所以在這個時期開始選擇使用具有強調一元世界觀性質的「中華思想」一詞的目的，顯然在於讓日本國民通過對歷史上的東亞社會的國際關係和國際秩序的理解，能夠接受中國再次以主角形式出現在東亞和世界舞台上的事實。

以王化思想和德治主義為基本內容的西島定生「中華思想」說，在內容、思想結構和目的上，都與以日本侵華為背景而被製造出來的「中華思想」說有著本質上的不同；它既沒有煽動仇「華」民族主義情緒的功能，也沒有詆毀中國民眾國民性的目的，更看不到有為當年日本發動侵略戰爭進行辯解的意思。[74]但是，由於西島定生在利用「中華思想」一詞闡述「冊封體制論」時沒有指出它與日本發動侵華戰爭時期的「中華思想」說之間的區別，因此西島定生的努力，卻在客觀上起了打破戰後日本歷史學界禁忌使用「中華思想」的作用：由於西島定生在關於「冊封體制論」的論述中導入了「中華思想」這個關鍵詞，所以人們在解讀西島定生「冊封體制論」時，不得不同時解釋「中華思想」一詞的意義，但是由於與西島定生所處角度和高度不同，在這些解釋中卻常常可以看到民族主義的影子：

> 中華思想，即以中國為天下（全世界）中心的意識，以中國為中華，以周邊各民族為夷狄，區分華夷，只承認中國才具有人類價值的思想。[75]

事實上，到了1980年代以後，使用「中華思想」的文章不斷增

多，而對「中華思想」的解釋越來越接近當年被日本侵略勢力用作侵略合法化根據的「中華思想」說，此處僅列出幾例：

> 按照中華意識、中華思想，中國文化是世界上最優秀、最古老的文化。出於這種思想，外國的文化無論水平多高多麼優秀，都不肯承認它們為異質的文化，而認為均來源於中華文化，均在中國的世界中曾經存在過，只不過是發展了它們而已。[76]

> 中華思想，是中國人從古至今具有的對於周邊文化的優越意識。主要為日本批評中國時所使用之詞彙。中華，又稱華夏、中夏、中國等，為地理的文化的中心之意，將周邊稱為東夷，西戎，南蠻，北狄並蔑視之。[77]

> 眾所周知，中華思想是日本學界關於中國的用語。從古代開始，中國將自己作為文明的中心地，污衊周圍的國家和民族為「蠻族」，而他們[中國人]自己卻至今沒有意識到這一問題。[78]

1980年代以後恢復元氣的「中華思想」說表述，很難看出與當年戰爭時期利用「中華思想」說攻擊中國國民性的論調之間有甚麼不同，同時也可以看出，此類戰後「中華思想」說的攻擊目標幾乎都是鎖定在兩個問題：以「漢人」為主體的「中華」、「中國」所具有的強烈的自我中心主義和文化優越意識。

第六節　「王化思想」映射下的 「中華思想」與「華夷思想」

但是，「自我中心主義」事實上並非中國人和中國文化的專利。《禮記·中庸》中有：「中也者，天下之本也。」這也是從古至今許多日本思想家的基本思維方式。江戶時代被稱為兵學家的山鹿素行

(1622–1685) 的《中朝事實》一書中就有:「蓋中有天之中,有地之中,有水土人物之中。有時宜之中。故外朝有服於土中也。言南人亦曰得天中。愚按天地之所運,四時之所交,得其中則風雨寒暑之會不偏,故水土沃而人物精,是乃可稱中國。萬邦之眾,唯本朝及外朝得其中。而本朝神代既有天御中主尊,二神建國中柱,則本朝之為中國天地自然之勢。」(〈上之元 · 中國章〉) 在這裏,山鹿素行拼命想證明日本才是天下的「中國」和「中心」。而成書於十八世紀初年的《水土解辯》更是直接地指出,每個民族和國家都會以自己為世界的「中國」和「中心」:

> 夫唐土,對於天地萬國,不及百分之一。然唐土之人,以唐土為天地之中國也。天竺之人,又以天竺為世界的中國。其外各國,也各自以其國為中。[79]

日本近代以來的「中華思想」說論者中,也有很多人在有意或無意之中承認了「自我中心主義」並非是以「漢人」為主體的中國和中國人的專利。例如那波利貞的《中華思想》直言不諱地指出:「並不僅限於支那,本來世界古代文明各國,在地理知識幼稚的時代,都會以自國為最為優秀的國家,都會以為是自己所知道的世界的中心。在我國眾所周知,古代就有豐葦原的中津國的觀點,中津國在國學者之間有著各種各樣的解釋,總之不外乎就是中心國、中央地域、最為優秀的國家,最終與支那人所說的中州、中國、中原和中土無可區別。」「文明未必發達也會以自國為自負,猶如夜郎自大的諺語所說的夜郎國一樣。」「按照國史所說,大和地方實為我國古代文化的發祥地、搖籃地,即古代的大和地方為我國的諸夏之地、中原、中國、中州、中華。然而之後隨著皇威伸張遍及本州、四國、九州,各地都開始自稱和,或大和。」[80]

在當代日本的「中華思想」說論者當中,同樣有人承認日本也具有「自我中心主義」:

在前近代社會中，世界各地的確都可以看到能夠被稱為自民族
中心主義ethnocentrism的思維方式存在。中國的中華思想，日
本或者朝鮮、越南的小中華思想等。[81]

　　研究朝鮮歷史、對西島定生「冊封體制論」提出異議的古田博
司，在尋找中、日、韓三國之間民族主義的思想根源和對立構造的
過程中，發現了三國同樣存在著嚴重的「中華思想」。[82] 也就是説，
中、日、韓三國同樣具有強烈的「自我中心主義」意識。當然，古田
博司提出「作為中華思想分有圈的東亞」説的目的，很可能是在「否
定東洋共通的儒教文化圈論」上，[83] 然而不可否認的是，古田的這一
看法同樣可以用來説明，主張「自我中心主義」的做法並非中國人和
中國文化的專利。「自我中心主義」實際上是人類普遍具有的共性。
首先從這一點上就可以看出，戰後日本的思想家為了攻擊中國的文
化和國民性而重新拾起的「中華思想」説，其實是在將人類的共性視
為中國特有的劣性展開批判，所以是一個在邏輯上無法成立的、具
有重大構造性缺陷的偽命題。

　　日本「中華思想」説的另一個構造性缺陷，就是它不是從「文化」
的根基上探討中國產生文化優越意識的原因，而是針對以「漢人」為
主體的中國人具有文化優越意識的外在表象展開批判，從而讓這種
「文化」批判就像直接搭建在沙漠上的大廈一般毫無根基。傳統的中
國文化既是一個「王道」的文化體系，也是一種「天下」的政治體系；
這個以王道和德治為基本理念的文化體系和政治體系，理論上針對
於任何人都是開放的。因此，以「漢人」為主體的「中華」、「中國」的
文化在歷史上形成的優越感－歧視構造，與其說是在表面上歧視各
種周邊共同體，更主要的思想實質還是在於肯定王道和德治；這種
思想中所表現出來的文化優越意識本來是針對所有人的，其中當然
也有推動周邊各種共同體接受「王化」的意思。顯然，如果從「文化」
的角度對中國的優越感－歧視構造進行深入分析，反而有可能讓人
們對這種批判的科學性產生懷疑。

　　西島定生以後，他的學生們在對他所提出的「冊封體制論」進行
解讀時，也十分注意「中華思想」與德治思想、王化思想之間在思想
上的關聯：

> 中國與周邊各國之間的交涉，幾乎都是以朝貢這種獨特的方式
> 進行的，即嚮往自認為世界中心的中國皇帝的德而向中國奉獻
> 貢品，它依據的是中華思想（華夷思想）與儒家思想的德治主
> 義原理。在朝貢國當中，對於那些要求安定的外交和交易關係
> 的領袖，將其視為歸順中國的臣下（外臣），最終賜予他們由中
> 國看來是適當的王、侯的爵位（冊封）或者將軍的官位，同意
> 他們對這些中國的「禮」所及而「法」並未直接到達的地區的統
> 治。受到冊封的各國，因此可以在各自的領域內借助中國的權
> 威維持和擴大政權，繼續與中國在經濟和文化兩方面的交流。
> 而對中國來說，這樣一來也就可以在不強行要求實行郡縣制的
> 情況下讓周邊的各國和各民族形成序列從屬於中國。[84]

　　也就是說，在這種「儒家思想的德治主義原理」的思想下，中國
皇帝與周邊各國統治者之間通過「朝貢」、「冊封」建立起虛擬的主從
關係。可以肯定的是，對於周邊各國統治者來說，這種虛擬的主從
關係並不一定都意味著歧視和壓迫。

　　而中國王朝關於「從漢代至清代約兩千年間中國的皇帝與周邊各
民族之間以官爵（官職、爵位）的授受為媒介而形成的政治關係及秩
序體制」的政策，也是出於同樣的原則：

> 使這種關係成為可能的政治思想為中華思想（華夷思想）和王
> 化思想。……但是，區別華夷的標準不是根據民族及國家構造
> 的內外差異，而是儒教的禮的觀念。王化思想的內容為，中國
> 的君主具備著德，通過其德化思想實現理想的秩序。通過這一
> 王化思想，因中華思想而被分割的中華與夷狄，能夠再次結合
> 在一起。周邊各民族與中國的交流關係，被解釋為仰慕皇帝的

天子之德而來朝，而由於德推及周邊各民族，皇帝的支配領域
得到擴大。其結果是，皇帝之德被認為是可以讓夷狄服從於禮
的。冊封關係的設定，以這種王化思想為根據。將德推及被冊
封各國，使之德化，被認為是中國君主的義務。[85]

簡而要之，是否接受中國「文化」即「禮」的秩序，是中華和夷狄
是否能夠結合的關鍵，而在中國處理與周邊民族集團之間關係的問
題上發揮著實際和具體作用的，是「德」與「王化思想」。

上述兩個對西島定生的「冊封體制論」的解讀，都沒有將「中華
思想」與「華夷思想」二詞進行區分，實際上這很有可能受到西島定
生自身的影響。西島定生在1971年10月論文發表之前論述他的「冊
封體制論」時，凡是涉及那些日後被他用「中華思想」進行說明的部
分，都使用了「華夷思想」一詞。[86] 1973年，西島定生曾經如此論述
「華夷思想」與「中華思想」的關係：

> 所謂華夷思想，形成於春秋戰國時代，秦漢時代以後得以繼
> 承，即漢民族為中心的人們稱自己為中華，將周邊視為蠻夷和
> 夷狄以進行區別的思想，也可以稱為中華思想。因此這種華夷
> 思想，以中國為世界的中心，而周邊的諸民族則低於自己。[87]

1975年底至1976年在《歷史公論》上連載〈東亞世界與日本史〉
時，西島定生再次說道：

> 中華思想又稱華夷思想，是一種區分中華和夷狄的歧視思想。
> 根據這種歧視思想區分中國和周邊各國，以此為基礎進行結合
> 形成東亞世界。[88]

從這裏可以看出，儘管1971年以後西島定生開始使用「中華思
想」一詞，但他在很多地方其實並沒有對二者進行嚴格的區分。

既然如此，那麼西島定生為甚麼還要放棄「華夷思想」而使用「中
華思想」呢？這一點應該與「冊封體制論」的內容和性質有關。前文

已經提到，在東亞和世界政治格局發生劇
烈變化的形勢下，西島更加希望日本國民
都能夠從東亞地區國際秩序的高度，理解
日本的歷史進程。但因為中國是一個多民
族的國家，如果使用「華夷思想」一詞，很
可能讓人首先投影到中國國內漢民族與其
他民族之間的「民族間」的層次上；而通過
「中華思想」這個鏡頭，則可以讓人們將注
意的焦點集中到中國與外國之間關係這一
「國際間」的層次，這樣西島「冊封體制論」
中的國際性意義就能夠得到更好的張揚。

晚年的西島定生

　　對於西島定生來說，其話語中的「中華思想」可能只不過是從語
感上強調「冊封體制論」的關心領域主要在以國家和國際關係為主體
的國際秩序，在實際內容上與以前所使用的「華夷思想」並沒有很大
的區別。但是對於日本社會來說，「中華思想」和「華夷思想」二者給
人的印象卻大不一樣，因為「中華」是一個政治地緣加文化的概念，
而「華夷」則更像是兩個民族集團的符號。

　　按照以「漢人」為主體的「中華」、「中國」的傳統認識，民族集團
就是一個文化的共同體，「華」與「夷」的區別只是在於文化的不同而
已，而個人或集團的文化屬性，又是可以根據後天的學習過程得到
改變的。冷靜的日本學者也能夠明白這個道理：

> 中華與夷狄的界線並非固定，夷狄只有在天子的德治沒有到達的
> 地區中才被稱為夷狄，而歸化了禮教文化時就進入了中華。在這
> 個意義上，中華與夷狄之間的界線既是流動的又是開放的。[89]

　　但是，中國歷史上通過貫徹德治和禮教，以文化的力量可以輕
易地化「夷」為「華」的主張和實踐，在被現代國際法和文化價值觀所
浸淫的日本人眼中，很容易被改造成一幅中國恃強凌弱、以文化為

工具對他國肆意進行擴張的影像。

　　當然也有日本學者知道，與強調以「漢人」為主體的「中華」、「中國」的文化和國民性中有著自以為是、狂妄自大、歧視和蠻橫欺壓周邊民族及鄰近國家性質的「中華思想」說相反，從方法上注重德治、從目的上注重王化，兩者相輔相成，才是以「漢人」為主體的「中華」、「中國」的王朝在處理與周邊民族以及周邊國家關係問題上的理想方式。正是因為如此，中華文化的影響力才能遠播異國他鄉，作為這種中華文化承載體的中國才能持續擴大它的範圍。例如，大津透在對堀敏一《中國與古代東亞世界》一書進行評論時說道：

> 關於成為本書的副主題的中華思想，不僅談到了對夷狄蔑視和歧視的一面，同時從正面談到了接受夷狄的思想（暫且稱之為王化思想）並給予了高度評價，這一點很重要。因為有了這種王化思想，絕域之國的日本儘管在國書形式上的地位最低，也有如在爭長事件上那樣受到最高待遇的情況。……區別華夷最根本的前提為是否接受中國文化和禮，日本大約也是因此才攝取了中國文化的。[90]

　　但是並非所有的日本學者都具有科學地看待以「漢人」為主體的「中華」、「中國」與周邊關係性質，尤其是思辨地認識中國文化深層中的「道德的政治思想、王道政治的要素」與優越感－歧視之間關係的能力，以下便是一例：

> [以「漢人」為主體的「中華」、「中國」的民族歧視思想—筆者]在黃河中下游的黃河文明的主體自稱「華人」、「華夏」時期即已開始出現。關於這一點，從華夏的人們將四周的人們視為與禽獸相同、比自己低許多等的蠻、夷一事上就可以看出。此類現象在其他先進文明中也可以看到，而此後被稱為「中華意識」、「中華思想」的中國的此類意識，一直延續到近代。[91]

　　但是，這一分析卻意識到在認識這種歧視構造的特點時，需要與其他文明進行比較的重要性。而這種比較同時告訴我們的是，如同自我中心主義並不是中國的專利那樣，視周邊為夷狄並進行歧視也同樣是人類的一種共性。

　　例如，山鹿素行的弟子曾經做過這樣的記錄：

> 師嘗曰，人君在謹於華夷之辨矣。華為中國，本朝中華之地也，夷四方之戎狄也。同為人卻有中華夷狄之別，因天地之氣相偏不均也。由此其人不知天地常經，不糾人倫綱紀，唯專飲食情欲，終以食飽衣暖，其本性如豺狼。因此以其號夷狄，至多比禽獸高一等也。故與夷狄相交之時，中華風俗必變為專以利為本也。[92]

　　無疑，比起中國文化中建立在「道德的政治思想、王道政治的要素」基礎上的「華夷思想」來，山鹿素行的思想具有更強烈的歧視意味。前章已經述及，山鹿素行用來區分「中國」（指日本）與周邊民族的標準，居然也是中國的儒學思想中所提倡的「禮」。[93] 但有日本學者敏銳地看出，從看待與他者 ——「夷狄」之間關係的層次上來看，日本對禮的尊崇與中國對禮的尊崇，在內容和目的上都有所不同：

> 在以王道思想為根據的中國的華夷觀念中，他者會自發地追從並同化於自己的優越的禮教文化，而與此不同，在武威[即日本]的華夷觀念中，與他者之間的關係只有敵我關係，對於敵人要麼通過武力強制進行排除或征服，要麼就是在做不到時向對方屈從。換言之，前者從理念上來說是開放的，而後者是以封閉為目標的。[94]

　　也就是說，山鹿素行等日本人認為禮只是他們這些「中國」人才能夠理解和擁有的一種文明的標誌，而中國的知識分子一般認為禮是可以與他者共有，並通過這種共有來化「夷狄」為「中華」的。日本

在江戶時代也構擬了日本式的華夷秩序，但是「虛構的日本式的華夷
秩序」與中國的華夷秩序不同，它是以日本的所謂「皇國」、「神國」、
「武國」的優越感為前提：「『武國』日本以『武威』立國，因此他們認
為，比起以禮教文化立國的中國，自己的統治體系更加安定。」[95] 也
就是說，中國對待他者的方式可能是通過禮教進行感化，而日本對
付他者的方式就只有武力制伏。

　　日本學者自己發現的這一特點，自然有助於認識日本為甚麼最
終會走向戰爭之路。關於這個問題，大津透的分析更加直率透徹：

> 從中華思想的角度來說，我認為日本只有區分華夷的一面，而
> 無能夠寬容地容納接受夷狄的王化思想。這一點，原因應該
> 是缺乏以德為首的儒教意識形態，至少可以肯定它完全不同
> 與形成於中國唐代的中華思想或天下觀的性質（應稱為華夷思
> 想或小中華思想）。可以說，這也是日本史上民族問題的起因
> 之一。[96]

　　也就是說，因為缺乏「王化」的思想，日本認為華與夷兩者之間
無法實現身份的轉換，因此華與夷兩者之間只能是一種以華為中心
的一元關係。因此，比起代表多元世界觀的「華夷思想」來，近代日
本之所以更加鍾愛代表一元世界觀的「中華思想」一詞，也應該與「王
化思想」的缺失不無關係。

結　語

　　進入二十世紀以後，隨著日本急速侵略中國的步伐，站在侵略
者立場上的日本媒體、官僚、政治家、軍部以及部分知識分子製造
了「中華思想」說，向日本國民灌輸自古以來以「漢人」為主體的「中
華」、「中國」的國民性就是自以為是、狂妄自大、恃強凌弱、對待異

國和異民族蠻橫無理、對周邊國家和周邊民族動輒訴諸武力甚至不惜窮兵黷武的意識，其目的就是要製造「暴支膺懲」的印象，為日本侵略中國製造合法性根據。披著為歷史上和現實中受到以「漢人」為主體的「中華」、「中國」歧視的周邊民族集團和政治共同體打抱不平的外衣，通過強調中國一直視日本為「夷狄」來刺激和煽動日本國民仇恨中國的民族主義情緒，進而醜化中國民眾的國民性來為日本侵略中國提供合法性根據，這是以近代日本侵略中國為背景而出籠的「中華思想」說敘述結構的三個層次。日本學界關於「中華思想」的歷史學論述，從來就沒有遠離中日關係的現實。正是因為這個原因，「中華思想」說的形成，就與日本近代以來的民族主義過程完全綁架在一起。

近代日本的「中華思想」說譴責中國人具有「自我中心主義」，這其實是在將人類的共性當做中國特有的劣性展開批判，所以它是一個在邏輯上無法成立的、具有重大構造性缺陷的偽命題。「中華思想」說的第二個構造性缺陷，就是它譴責中國具有「文化」優越意識，卻又不從「文化」的角度分析中國產生文化優越意識的原因，最為嚴重的，是它無視中國文化中的優越感－歧視構造與作為其中心價值的「王化思想」、「德治主義」之間的關係。因為缺乏對「王化思想」的理解，近代日本的「中華思想」說論者們無法理解華夷兩者之間可以實現身份的轉換，因此華夷兩者之間的關係被視為是一種不變的、以華為中心的一元關係，這也是在近代日本社會中取代「華夷思想」一詞的「中華思想」說得以流行的思想原因。它進而說明，「中華思想」說就是一個典型的放棄文化主義、而專注於從民族主義的視點觀察中日之間歷史的歷史觀體系。

戰後日本的學界雖然長時間對直接使用「中華思想」說具有一定忌諱，然而實際上「中華思想」說在戰後日本的學界中卻一直沒有完全絕跡。「中華思想」說之所以能夠一直苟延殘喘，不得不說是因為繼承了戰時「中華思想」說思維的關係，因為戰後的日本學界不僅根

本沒有針對「中華思想」説的構造性缺陷進行過系統的研究清理，甚至沒有針對「中華思想」説與侵略戰爭之間的複雜共生關係進行過認真的反思。從1950年代的不絕若繩，到1960年代的月殘星稀，再到1980年代以後的恢復元氣，這個過程當然是與戰後日本社會中一直存在著的民族主義同步的。

西島定生在1960年代提出了歷史上的東亞是一個「整體的政治世界」的「冊封體制論」，進入1970年代後，他為了打破西方中心史觀，強調東亞地區歷史上獨自構成過一個以中國、中華為中心的一元國際秩序而使用了「中華思想」一詞，其目的和思想實際上已經大大超越民族主義的層次，但是也在客觀上起了打破戰後日本歷史學界禁忌使用「中華思想」説的作用。然而經過西島定生時代，部分日本民族主義者也意識到「中華思想」説遇到一個兩難的問題：如果不使用「中華思想」説，就達不到批判以「漢人」為主體的「中華」、「中國」的自我中心主義、自以為是、狂妄自大、歧視周邊民族集團和國家的效果，而使用「中華思想」説，就等於承認歷史上東亞地區的確是一個在「冊封體制」下以中國為中心的自成體系的一元世界區域。對於日本的民族主義者來説，後者似乎是一個更加難以接受的説法，而古田博司將中、日、韓三國「作為中華思想分有圈的東亞」的敘述，就是在這種矛盾心理之下產生的。

「作為中華思想分有圈的東亞」説好像是在批駁「中國自我中心主義」，但其實質是要否定中國在東亞世界歷史上的中心地位。然而，西島定生的「冊封體制論」是建立在東亞地區所具有的共同元素——漢字、儒教、佛教、律令制之上的。古田博司的「中華思想分有圈」説能不能成立，能不能做到「否定東洋共通的儒教文化圈論，主張通過共通的具有阻礙相互交流的負面因素，以理解『以儒教為副次要素的中華思想的分有圈』的現狀」，[97] 第一就是要看他能不能對歷史上的東亞為甚麼會成為一個共同擁有漢字、儒教、佛教、律令制等歷史文化現象的獨特區域的歷史事實，作出合理的解釋；第二是能不

能在東亞各國找到沒有受到上述元素影響的、獨自的、並且通行於整個社會的政治、文化、社會元素。顯然，要做到這兩點，「中華思想分有圈」說還需要付出艱辛的努力。

　　當然，任何一個歷史學者能不能最終擺脫兩難的窘境，最重要的還是要看他能否做到在尊重歷史事實的基礎之上，進行客觀、冷靜、理性的歷史學論述，這正是我們可以從二十世紀日本的「中華思想」說論述中汲取到的教訓。

註　釋

1　「一般に古代文明人は、自己を優秀なる民族として宣揚し、異民族を蔑視する傾向がある。……また支那の漢民族の中華思想のごときも同じであり、彼等が異民族に対して八蛮、七閩、九貉、六狄、西羌の稱を与えてのは、それらの民族が實際に漢民族の文化に比して劣等であったために、その文字の構造によって知りうるごどく、これを禽獸視したのである。」松元芳夫：〈古代日本人の民族的觀念〉，《史學》（慶應大學），第1卷第1號（1921），第87頁。

2　秋山謙藏：《支那人の觀たる日本》（岩波講座：東洋思潮「外國人の觀たる東洋」）（東京：岩波書店，1934年7月），共62頁。

3　《支那人の觀たる日本》，第7頁。

4　同上註，第6頁。

5　米內山震作：〈中華民族論〉（上），東洋協會：《東洋》，第39卷第1號（1939年1月），第60頁。

6　鈴木俊：〈中華思想と支那人の日本觀〉，《歷史》，第16卷第5號（1941），第44頁。鈴木俊（1904–1975），東京帝國大學東洋史學科畢業，1939年任東京大學法制大學講師，第二年任教授，1940年人日本陸軍士官學校講師，第二年任教授，1942年成為日本文部省編輯《大東亞史》的四位主編中的負責人。參奈須惠子：〈戰時下日本における《大東亞史》構想：《大東亞史概說》編纂の試みに著目して〉，《東京大學大學院教育學研究科紀要》，第35卷（1995），第1–9頁。

7　《支那人の觀たる日本》，第24頁。

8　同上註，第34頁。

9　　同上註，第35頁。

10　　同上註，第60頁。

11　　〈中華思想と支那人の日本觀〉，第44–45頁。

12　　《支那人の觀たる日本》，第9節，〈「倭寇」引起的中華思想的動搖與日
　　　　本觀的激變〉，第46頁。

13　　瀧川政次郎：《法律から見た支那國民性》（東京：大同印書館，1941
　　　　年5月），第217頁。

14　　今宮新：〈序〉，《史學》，第26卷第2、3號，《松本芳夫先生古稀記念
　　　　號》，「慶應義塾大學附屬研究所斯道文庫」（東京，1964），第1頁。

15　　〈戰時下日本における《大東亞史》構想〉，第4、7頁。

16　　〈日支の科學運動〉，（3）「過去が教える現代的意義」，《朝日新聞》（東
　　　　京），1937年12月11日，朝刊第16頁。

17　　《法律から見た支那國民性》，第64頁。

18　　同上註，第74頁。

19　　「中国人の中華の思想ということに関して、こんな一例がある。」「ただ中華の
　　　　思想の自己陶酔と、真物の前に霧散し得るたわいなさ」「中華的尊大」、「何
　　　　らかの機縁で再び中華思想の殻に追いやる」。河上徹太郎：〈七年目の中
　　　　國文化：日支文化交流の基底〉，《讀賣新聞》，1943年7月8日，第4
　　　　版。

20　　奧野信太郎：〈中華思想と文化對策〉，《文學界》，第10卷第8號（1943
　　　　年8月1日），第27頁。

21　　〈中華民族論〉（上），第61頁。

22　　《法律から見た支那國民性》，第44–46頁。

23　　同上註，第213頁。

24　　同上註，第217頁。

25　　〈支那事變の真意義〉：「二　東亜積年の禍根（一）欧米列強の東亜侵略　茲に
　　　　縷説するまでもなく、徳川時代の太平は真の大平ではなくて所謂桃源の夢で
　　　　あつた。嘉永六年ベルリの来浦によって此の夢は破られ、幕府は鎖国主義よ
　　　　り開国主義に転じたが、眠りを醒して見だ時には既に欧米列強の東亜侵略の
　　　　魔手は全く極東に及んで居った。即ち露国は西北より、英、仏、葡、西、
　　　　和等の諸国は西南より共に支那、朝鮮、日本に迫って居たのであつた。幸
　　　　に日本は速かに覚醒し、諸般の改革を断行して国体本然の姿に立ち帰った為
　　　　に、辛うじて彼等の魔手を脱し、独立を保全して、明治維新後急速なる発展
　　　　を遂げることが出来た。然るに支那は伝統的なる中華思想の自尊心に禍され

て覚醒しないばかりでなく、朝鮮の独立を犯し、日本を侮辱して戦を挑み、列強の魔手の延びつつある危険の真只中に於て、兄弟相争はねばならぬ様な事情に立ち至らしめたのである。」JACAR（アジア歴史資料センター）、C11110812400,《支那事變關係小冊子集》，昭和14年9月，第2–3頁（該報告書本文49頁，附錄40頁）。

26　〈中華民族論〉（上），第62頁。

27　同上註，第64頁。

28　米內山震作，1915年（大正4年）5月起為日本朝鮮總督府官吏，翌年7月轉任「朝鮮總督府中樞院」，1924年（大正13年）1月調至關東廳（日本在中國的殖民地），1926年升為關東廳理事官，1929年轉任關東廳事務官，共計在任22年以上，1938年因病申請退休，因「恪勤精勵，成績顯著」受到表彰，並得到3,900元特別獎賞（以上〈關東遞信官署遞信副事務官金井量三賞與ノ件外一件ノ件〉，《公文雜纂‧昭和十三年‧第六卷‧內閣‧高等官賞與，三》，商工省〜眾議院，國立公文書館藏，JACAR，A0401848530）；據〈滿洲商議聯合會開く〉（《滿洲日日新聞》，1936年10月6日）報道，知其在任中曾任大連民政署長，並於1937年得到日本政府勳章（《敘位裁可書‧昭和十二年‧敘位卷五十八》，國立公文書館藏，JACAR，A11114552500），退任後就任關東州天津北支貿易斡旋所所長（〈關東州北支貿易斡旋所開設に當りて〉[上]，《滿洲日日新聞》，1938年4月26日）。本文寫就於米內山震作任該所所長任上，之後他又於1940年出版了一本《歐米殖民地行政研究》（米內山研究所，1940年7月）。

29　米內山震作：〈中華民族論〉（續），東洋協會：《東洋》，第39卷第2號（1939年2月），第40頁。

30　〈中華民族論〉（上），第65頁。

31　〈中華民族論〉（續），第41頁。

32　同上註，第44頁。

33　津田左右吉：《王道政治思想》（岩波講座：東洋思潮「東洋思想の諸問題」）（東京：岩波書店，1934年6月），第41頁。

34　1931年4月，日本政府利用中國的「庚子賠款」在上海開設的研究所。以往日本的研究都指出該研究所純粹研究自然科學，但是從本文可以看出，該所同時也具有為侵略服務的功能。

35　和田清：《支那》（上）（岩波講座：東洋思潮「東洋史の時代相」，1935年11月）；和田清：《支那》（下）（岩波講座：東洋思潮「東洋史の時代

相」，1936年11月）。

36 〈中支那に於ける教育、思想、宗教、宣傳、外國勢力に關する報告書，第2篇，思想〉，第2章第3節，〈支那思想文化の特徵‧支那思想文化の特徵と支那民族發展の樣相〉，防衛省防衛研究所，JACAR，C11111948300，第43–45頁；《支那》（上），第14頁。

37 例如，寫作於同一個講座的津田左右吉：《王道政治思想》、岡崎文夫：《支那史學思想の發達》（東洋思潮，東洋思想の諸問題，1935年9月）、松井等：《支那民族》（東洋思潮，東洋の民族，1935年10月）中都有大量涉及中國民族關係的部分，但是其中不僅沒有出現「中華思想」，甚至沒有「華夷思想」一詞。

38 〈中支那に於ける教育、思想、宗教、宣傳、外國勢力に關する報告書，第2篇，思想〉，第2章第2節，〈支那思想文化の特徵‧梁啟超の民族論と中華思想〉，JACAR，C11111948200，第41頁。

39 「縱觀東洋史，就是一部南北兩民族鬥爭、華夷對立與交涉的歷史。如果意識到這一點，每個東洋史學者都會明白有必要對中華思想進行深入的考察。然直到今天，卻看不到值得關注的研究和論點。在這個意義上該書實為開路之作，它指出了新的方向，必將成為今後定會深入開展的該研究領域中的權威性名著。」藤田至善：〈書評《中華思想》〉，《東洋史研究》，第2卷第3號（1937），第70頁。

40 〈書評《中華思想》〉，第70頁。

41 那波利貞：《中華思想》（岩波講座：東洋思潮「東洋思想の諸問題」）（東京：岩波書店，1936年7月），第38–39頁。

42 同上註，第39頁。

43 同上註，第41頁。

44 同上註，第42頁。

45 同上註，第53頁。

46 同上註，第41頁。

47 同上註，第66頁。

48 丸山真男：《現代政治の思想と行動》（增補版）（東京：未來社，1964），第165頁。

49 「記紀に現れる隼人、熊襲、蝦夷などと呼ばれた人々は人種学的に見ても決して異種族ではない。……これは結局大陸文化を高度に受け入れた大和朝廷の人々が、古い繩文文化時代の習俗を多く保持して来た片田舍の民眾を賤称した名稱にすぎないと考える。即ち漢学の影響による中華思想から大和朝

廷を中心とする知識階級が、大和朝廷を中心とする人々の優位性を誇示す
るためにこのような見方の史書の編纂を企画したものではなかろうか。」江
坂輝彌：〈繩文文化の特質〉，《史學》，第26卷第3、4號（1953），第
119–120頁。

50　「漢民族は数千年に互って異民族支配の経験を有し、異族に関する記載を少
　　なからず残してきたが、遂に人類学への発展を見るに至らなかったのは、一
　　面には中華思想に禍されたによると共に、他面では近代化の歩みにおいて
　　ヨーロッパとは異なったコースをとり、且つそれも著しく立ち遅れていたこ
　　とにもよるものであろう。」馬淵東一：〈高砂族に關する社會人類學〉，
　　《民族學研究》，第18卷第1、2號（1954），第89頁。

51　新村出編：《廣辭苑》（東京：岩波書店，1955初版，2008第6版），「中
　　華」在第293頁；諸橋轍次編：《大漢和辭典》（東京：大修館書店），
　　1955年第1卷發行、1960年全13卷發行、1986年修訂版（第7次印刷）
　　中也同樣沒有「中華思想」的詞條。

52　例如1997年由弘文堂出版的《歷史學詞典》（共15卷）中，就沒有「中華
　　思想」的詞條。

53　《アジア歷史事典》，第6卷（東京：平凡社，1960年12月），第191–
　　192頁。

54　鈴木俊（1904–1975），參〈戰時下日本における《大東亞史》構想〉，第
　　1–9頁。

55　安部健夫：〈清朝と華夷思想〉，京都大學人文科學研究所《人文科
　　學》，第1卷第3號，第1–23頁。安部在其他文章中也曾提到該文，該
　　文在安部去世後又被編入由其同事和學生們編輯的遺著《清代史の研
　　究》（東京：創文社，1971），但在以上所提各處的論文名稱均為〈清朝
　　と華夷思想〉。

56　並非完全沒有這種可能，因為鈴木俊曾經擔任過日本文部省編輯《大東
　　亞史》的總負責人和四位主編之一，而當時身為京都大學助教授的安部
　　健夫也被選為《大東亞史》四位主編之一，所以兩人很可能在學術問題
　　上有過接觸。〈戰時下日本における《大東亞史》構想〉，第4頁。

57　京都大學文學部東洋史研究室編：《東洋史辭典》（東京：創元社，
　　1961），第468頁。安部健夫在世時，為辭典七位編輯委員之一。

58　《東洋史辭典》，第103–104頁。

59　筆者所能找到的有以下兩例。一，市川健二郎：〈イン、吳越と太平洋
　　諸島文化〉，《民族學研究》，第25卷第1、2號（1961），第5頁：「中華

思想が災いして、唯我独尊で四囲を見ていたとすれば、その文書の信頼性が不確かになる。」二，笹島恒輔：〈清朝末期（阿片戰爭以後）より中華民國初期（壬戌學制發布前まで）の中國における體育とスポーツ〉，慶應大學《體育研究所紀要》，第1卷（1961），第2頁：「その結果、西欧諸国を夷狄視する中華思想は、一転して西欧文明に対する畏怖感に変わり、鎖国的、封建的環境のうちに置かれていた中華は愕然として近代的物質文明にその眼を見開いたのである。」

60　〈ラチモア教授を囲んで、中國を語る〉(7)，《每日新聞》，1971年6月25日。

61　見西島定生：《東アジア世界と冊封體制：六－八世紀の東アジア》，岩波講座《日本歷史》，第2卷（古代2）（1962）。

62　西島定生：〈世界史における中國〉（上），《朝日新聞》，1971年10月27日，晚刊第7版。該文後與西島定生：〈世界史における中國〉（下），《朝日新聞》，1971年10月28日，晚刊第5版；後編在一起，改名為〈世界史における中國文化と日本文化〉，編入西島定生：《東アジア史論集》，第4卷，《東アジア世界と日本》（東京：岩波書店，2002），第149–155頁。

63　《朝日新聞》，1971年10月27日晚刊的頭版頭條為〈在中國問題上追究政府責任的活動更加活躍〉，翌日晚刊的頭版頭條為〈美國撤走在沖繩的核武器〉，同時在頭版上刊登了〈美國總統確定明年訪中，下月就會確定最終日程，與毛主席會見〉的消息。

64　1972年9月29日，中日兩國政府恢復了外交關係。

65　西島定生：〈近代世界における日本と中國：一九七二年日中國交回復に際して〉；原以〈國交回復の世界史的課題〉為名刊登於《朝日ジャーナル》，1972年10月號，後改現名編入西島定生：《東アジア史論集》，第4卷。本章參照後者，第160頁。

66　甘粕健、金子修二：〈解題〉，《東アジア世界と日本》，第394頁。

67　古田博司：〈東アジア諸國の《內側の論理》を讀む：《中華思想》と《國家・民族主義》の二重構造〉，《中央公論》，2004年第9號，第96–105頁。

68　西島定生：〈世界史における中國〉（下），《朝日新聞》，1971年10月28日，晚刊第5版；《東アジア世界と日本》，第153頁。

69　〈近代世界における日本と中國〉，第161頁。

70　尾形勇：〈冊封體制〉，《歷史學詞典》，第7卷，《戰爭と外交》（東京：弘文堂，1997），第273頁。

71　李成市:〈冊封體制〉,《歷史學詞典》,第12卷,《王と國家》,第315–316頁。

72　尾形勇:「西島定生:日本歷史學家,中國前近代史、東亞史的權威。……西島的學風為嚴格的實證性與創作的理論性相結合,圍繞時代劃分、土地所有、奴隸制、皇帝統治……等等世界史上具有普遍性意義的課題,不斷發現和提出新問題,主導了1945年日本敗戰後的東洋史學界的發展。」尾形勇認為西島在學術上的貢獻可以分為三點:「第三點功績為:力圖通過建立在中華思想基礎上的朝貢方式、以及『封建制』的原理來理解以中國為中心的東亞地區國際秩序。」《歷史學詞典》,第5卷,《歷史家とその作品》,第390–391頁。

73　如1967年西島定生在他主編的《東洋史入門》的第1節中寫道:「當儒教(漢代時)成為國教後,皇帝統治的政治思想依據儒教而被體系化。而對於國外,這種皇帝集權統治的思想就變為華夷思想得到普及。這也是此後華夷思想長期成為中國王朝的異民族政策的基本觀念的理由。」《東洋史入門》(東京:有斐閣,1967),第19頁。

74　「日本必須藉著恢復邦交的機會,對明治時代以來日本一直是加害者而對歷史所負罪責進行坦誠的謝罪,否則兩國邦交正常化未來無法一直維持下去。這是一個兩國之間深刻的、不是用一句『過去不幸的時代』或「添了麻煩」那種簡單的認識就能夠超越過去的問題。」西島定生:〈近代世界における日本と中國:一九七二年日中國交回復に際して〉,158頁。

75　李成市:《王と國家》,第317頁。

76　清水德藏:〈中國的思考と行動樣式:日中の比較を中心として〉,《アジア研究所紀要》,第10號(1983),第67頁。

77　高橋孝:〈中華思想〉,《角川世界史辭典》(東京:角川書店,2001),第591頁。

78　〈東アジア諸國の《內側の論理》を讀む〉,第102頁。

79　〈氣運盛衰辯〉,西川如見(西川求林齋)著,飯島忠夫、西川忠幸校訂:《日本水土考,水土解辨,華夷通商考》(增補)(東京:岩波書店,1944),第29頁。

80　《中華思想》,第22–23頁。

81　橋本雄:〈中心と周緣〉,《歷史學詞典》,第14卷,《ものとわざ》,第390–391頁。

82　〈東アジア諸國の《內側の論理》を讀む〉,第96–105頁。

83　加藤祐三：〈近代國際政治と中華思想〉，《中國：社會と文化》，第1號（東大中國學會，1986），第59頁。

84　《戰爭と外交》，第273頁。

85　《王と國家》，第315–316頁。

86　《東洋史入門》，第19頁。

87　〈東アジア世界の形成と展開〉，《西島定生東アジア史論集》，第3卷，《東アジア世界と冊封體制》（2002），第77頁；該文最初以〈東アジア世界〉為名發表於《總合講座：日本の社會文化史》，卷1（東京：講談社，1973）。

88　西島定生著，李成市編：《古代東アジア世界と日本》（岩波現代文庫，2000），第209頁。

89　前田勉：《兵學と朱子學‧蘭學‧國學：近世日本思想史の構圖》（東京：平凡社，2006），第105頁。

90　大津透：〈中華思想と諸民族の統合：堀敏一《中國と古代東アジア世界》〉（書評），《思想》（岩波書店），1995年第5期（總851期），第92–93頁。

91　川本芳昭：〈民族差別（中國の）〉，《歷史學詞典》，第10卷，《身分と共同體》，第579頁。

92　山鹿素行：〈華夷の辨を謹む〉，《山鹿素行全集》，第5卷，《山鹿語類》，卷11（東京：岩波書店，1941年5月），第366頁。

93　山鹿素行：《中朝事實》，下之利‧禮儀章（1669）。

94　《兵學と朱子學‧蘭學‧國學》，第115頁。

95　同上註，第107頁。

96　〈中華思想と諸民族の統合：堀敏一《中國と古代東アジア世界》〉，第93頁。

97　〈近代國際政治と中華思想〉，第59頁。

近代中日關係與民族主義

　　說日本人都不願正視歷史，其實這種說法具有片面性。在筆者看來，與其說日本人不願意反省近代日本的侵略歷史，還不如說這是他們常常在如何看待歷史連續性的問題上出現困惑而帶來的結果。許多日本人從「日本必須正視歷史」的話語中，能夠感受到「必須徹底清算和否定日本近代全部歷史過程」的意思，但是只談近代日本的侵略罪行而無視日本建設近代國家的成功，在他們看來是難以接受的，因為近代日本帝國主義的膨脹與日本近代國家、近代國民建設和成長之間具有緊密的內在連繫。而從一個主權國家的角度來說，日本在建設近代國家、尤其是建設近代國民的問題上，無疑是成功的。正是這一成功導致日本日後走上侵略戰爭的道路，但是同時值得注意的是，日本戰後的再次崛起，又是以這一成功為必然前提的。由於這種成長與膨脹之間的糾結關係，使許多日本人認為即使日本應該就發動侵略戰爭受到懲罰，也不能因此就斷定日本整個建設近代國家和近代國民的過程都是錯誤和失敗的。

　　日本人之所以會產生這種想法有幾個原因，其中之一就是天皇制在戰後得到延續。雖然天皇制的性質發生了一些變化，但戰時的天皇在戰後繼續被看作為日本的象徵。這件事不僅妨礙了對戰爭責

著名的弗里多林照片，44名活躍於幕府末期和明治維新時期的日本政治人物
與荷蘭傳教士圭多赫爾曼‧弗里多林父女 ── 但大多認為這張照片是偽造的

任的徹底追究，也使得許多日本國民更加難以對日本的侵略行為和
日本的近代化過程進行切割性的理解。美國之所以延續天皇制，就
是因為他們承認日本建設近代國家和近代國民的成功，與明治維新
以後日本的近代天皇制之間有著密切的關係。因此，為了在戰後能
夠操縱日本社會，美國在第二次世界大戰時和日本開戰不久，就已
經開始考慮戰後繼續利用天皇制的問題。[1] 在美國主導下出籠的戰
後天皇制，使日本的近代歷史過程顯得更加渾然一體，也進一步強
化日本人關於歷史連續性的意識。

　　另外一個重要的原因就是，日本建設近代國家和近代國民的方
法，日後競相為亞洲國家模仿和學習。通過本書的第一部我們已經
說明，近代中國在建設近代國家道路的問題上更是主動地將日本視作
為模仿的對象。亞洲各國的這種做法，從一定意義上證明日本當年
所走的建設近代國家和近代國民之路是成功的，這就讓一些日本人更
加不肯對日本的近代史全面給予斷罪。日本建設近代國家和近代國
民的方法就是建立民族主義和民族國家。事實證明是民族成分比較
單純的日本，而不是具有多民族國家傳統的中國，更加適合近代民族

國家形式。追求單一民族國家形式的做法，使日本迅速成長為一個近代民族國家，而在中國卻使「漢族」之外的民族集團尋找自己在這個國家中所處位置的問題上，產生了極大的困惑。本書第二部已經說明，正是這種困惑，給日本提供滲透和侵略中國邊疆地區的機會。

　　日本近代民族主義之誕生，與明治維新以前中國一直處於東亞地區的中心、而日本長期處於邊緣的歷史事實之間，有著緊密的關係。本書第三部的第十三、十四兩章已經說明，當年日本精英階層中的民族主義思想，正是從對這一狀況的不滿中誕生的。由於日本民族主義的這一起點，使中日兩國之間的民族主義長期以來一直具有一種「共生」的關係。所以，認為只有中國有、而日本就沒有建設民族國家權利的想法，當然沒有道理。但是任何一個「民族國家」的「成長」必然伴隨著「民族主義」的「膨脹」，在建設近代民族國家與近代國民上領先中國的日本，事實上也在近代民族主義的問題上常常佔了「先機」。作為本書的終章，本章在以上各部各章的基礎上，分析和整理中日兩國近代以來民族主義之間紛雜的相互關係。

第一節　　從萬里長城到北洋水師 —— 甲午戰爭的衝擊

　　1840年鴉片戰爭的戰敗，迫使清王朝與英國之間簽訂不平等的《南京條約》。然而即使割地賠款，此時的清王朝依然「以不變對萬變」，不能從傳統的「天朝」思想中自拔。與此相反，在中國沒有被廣泛接受的魏源「師夷長技以制夷」的思想，在日本卻引起強烈的反響，日本人從鴉片戰爭中得到教訓，開始注意和認識「洋學」（西學）的價值。在第二次鴉片戰爭中再次戰敗的清王朝，到了1860年代才開始進行「洋務」。洋務運動邁出了中國近代「自救自強」的第一步，然而它的視野裏有的只不過是「堅船利炮」，實行「中體西用」的目的依然是為了維持傳統的社會結構和「天朝」秩序。而日本在1850年代

即從「鎖國」轉向「開國」，1860年代開始對國家政治體制進行徹底的改造，經過「討幕運動」、「大政奉還」等確立以三權分立制為基礎的中央集權制，之後再推行「四民平等」、「改正地租」、「殖產興業」、「文明開化」等各項具有實質內容的政策，一步一個腳印地開始了建設國家近代化的進程。

日本的近代國家建設思想具有強烈的單一民族國家傾向，因此日本近代國家的「成長」必然伴隨著民族意識和民族主義的「膨脹」。隨著國力不斷增強，在中國人還沒有產生近代民族意識之際，日本以國家為單位的民族主義就已經開始急劇膨脹，並且很快達到1874年的「台灣出兵」(牡丹社事件)、即開始進行對外侵略擴張的地步。「台灣出兵」是近代日本第一次向海外出兵，也是「最初踐踏清朝主權的事件」。[2] 這一事件說明，日本民族主義的膨脹必然導致日本向外進行侵略擴張，而日本侵略擴張的矛頭必然首先指向以中國為中心而建立起來的、傳統的東亞地區國際秩序。

昔日的學生變成了今日的強敵，即使苦於財政枯竭的清政府內部也出現了「海防」與「塞防」之爭，它說明日本的「台灣出兵」所帶來的衝擊，遠遠超過了當時清王朝官僚們的思想承受能力。塞防論主張收復在1860年代穆斯林起義中丟失的、對新疆地區的統治權，海防論則主張放棄新疆地區，而把收復新疆的財源用於充實海防力量上。不論是塞防論還是海防論，其代表性人物其實都是清朝內部的洋務派人物，雙方都看到了遭受近代帝國主義侵略的危險，不同的只是在於應該把哪個國家視為最危險的帝國主義，從而將國家的防衛重點放在這個帝國主義國家可能入侵的方向上。「收復新疆」的背後，隱藏著是否應該將俄國作為一個最危險假想敵的思想。所以說，從表面上看來，「塞防論」的勝利似乎證明了此時的清朝政府還沒有將日本視為最危險的敵人，然而更根本的原因，恐怕還是因為當時的清朝政府仍然拘泥於中國以萬里長城為象徵的「重陸輕海」的傳統國防思想。

《憲法發布略圖》（明治22年），橋本（楊洲）周延畫

文明開化中鹿鳴館的舞會

炫耀台灣出兵時，日本兵在石門口戰役中進行屠殺的浮世繪

　　關於近代中國閉關鎖國的原因，人們常常列舉清王朝統治階層的保守與自大、政府官員的腐敗與不作為、中國人的自我中心主義等，然而不能忽視的另一個重要原因就是：當時無論是統治階層還是社會精英，在國家經營的層次上大多缺乏經營海洋的思想。古老的中華文明是一個大陸文明，傳統的中華世界是以陸地為中心的世界，在中國的文化、社會、政治和經濟體系中，海洋從來沒有佔據過重要的位置。作為一個經濟上完全可以自給自足的大國，具有「天圓地方」、「四海之內」等自然觀的中國人，更願意把海洋看作是一道難以逾越的自然屏障。作為一個農業文明共同體，如何抵禦遊牧民族——「胡人」的入侵，才是真正令中國歷代王朝統治者頭痛的問題。所以，歷代王朝能夠在西北建造起雄偉蜿蜒的「萬里長城」，卻從沒有一個王朝想要到東南去建設一支海軍力量。明王朝為了杜絕倭寇，想到的方法也只是嚴格實行海禁政策；而終於跨過萬里長城統治全中國的清王朝，雖然在一定程度上克服了中國人傳統的「華夷思想」，但因為同時繼承了中國王朝和北方民族的政治傳統，卻又更加強化中國傳統的防衛思想：在內陸方面屢建「武功」並且擴大了國家領土範圍的清王朝，一直斷斷續續地實行海禁，從未有將海洋也視作為一個發展方向。

　　其實在英國工業革命之後，列強各國爭相開始在海外獲取殖民地和擴大勢力範圍，加強海軍力量已經成為近代國家主要的軍事和防務思想。[3] 日本出兵台灣以後，清朝也建立了「水師」，孱弱的福建水師在1884年的中法戰爭中全軍覆沒後，清朝政府又著手建立新的海軍力量。但是為了慶祝西太后的60歲壽辰，軍艦購買計劃被擱置，2,000萬兩的海軍軍費被挪用到營造頤和園上。清王朝在國家防衛意識上對海洋的輕視，使得日本的海軍力量終後來居上，並在1894年的甲午戰爭大敗清朝，使北洋水師全軍覆沒。甲午戰爭是「中日關係發生質變」的標誌，[4] 更成為讓中國人重新認識海洋、重視海上防務力量的契機。甲午戰爭的結果其後長期影響到中日關係的方

日本出兵台灣時的旗艦「龍驤號」

方面面，近年來中國要成為海洋大國、加強海軍力量的聲音不斷高漲，其中依然可以看到當年大敗於日本的甲午戰爭之影響。

　　甲午戰爭後，日本通過1896年所簽訂的《日清通商航海條約》，迫使清朝政府承認它在中國的治外法權，取得與歐美列強同等的權益。然而對於中國人來說，比起敗給西洋列強各國來，敗給昔日學生的日本並「割地賠款」，在精神上的打擊顯然更加沉重；1895年4月《馬關條約》簽訂之後，康有為率領在北京的1,300名舉子「公車上書」，由此揭開了戊戌變法運動的序幕。鴉片戰爭之後，中國也發生過許多「攘夷」的運動，但那只是在對國際社會和國際關係缺乏充分認識的情況下，「住民們在對外部侵入者感覺到危險時所產生的本能行動」。但是《馬關條約》簽訂後的「公車上書」是由近代中國知識分子所發動的第一次政治請願運動，許多學者看到其中所具有的樸素的「民族主義」成分，認為它是中國的知識分子「以群體形象出現在民族救亡運動的第一線」的標誌。[5] 孫中山也於1894年11月在夏威夷組織起以打倒清政府為目標的「興中會」，來發動革命運動。但是不管是變法派還是革命派，雖然他們的行動方式和最終目的有所不同，但從看到國際社會的局勢變化、尤其是甲午戰爭使中國深臨危機而痛感必須尋求變革中國政治體制的思路上來看，兩者的性質卻是一脈相承。

描繪簽訂《馬關條約》會場的日本畫

　　梁啟超認為，近代中國及中國人的變革和進步往往是從認識到自身不足而開始的，首先是「器物不足」，然後是「體制不足」，最後是「文化不足」。應該注意到的是，而後兩次變革的發生都是與中日關係分不開的。為了解決在「器物」方面的不足，洋務派進行了「利器」（建設新型工業）、「練兵」（創建新式軍隊）、「興學」（導入新式教育）等實質性的嘗試。但是要進行體制的變革，是要以否定以中國為中心的「中華世界」傳統世界觀為前提的，因此不得不說戊戌變法是中國自我認識過程中的一個革命性事件。而戊戌變法是由甲午戰爭的戰敗而起的，由此也可以看出甲午戰爭給中國國民造成了多大的心理衝擊。

第二節　留學生的精英意識與屈辱感
——在日本誕生的反日民族主義

　　然而甲午戰爭之後的中國精英們因此想到的不是與日本劃清界限、永遠與日本為敵，卻是必須努力學習日本，發奮改造自己。從

1896年、也就是甲午戰爭結束的第二年，清朝政府向清國駐日公使館派遣了13名留學生，通過時任清國駐日公使裕庚拜託當時的日本外務大臣兼文部大臣西園寺公望，將他們安排進由嘉納治五郎任校長的東京高等師範學校學習。1899年清朝政府第二次向日本派遣留學生，被派遣的40名留學生中有33名學習軍事，其中包括張之洞的孫子張厚琨；毋庸贅言，其背景上同樣有著以張之洞的《勸學篇》為代表的、學習日本建設近代國家經驗的思想。此後，清國內逐漸出現留學日本的熱潮，後人稱之為「日本留學運動」。從下表可以看出，當時留學日本的人數的確是年年增加，有些年份甚至成倍遞增。

1896年	1898年	1899年	1900年	1901年	1902年	1903年	1904年	1905年
13人	77人	143人	159人	266人	727人	1,242人	2,557人	8,000餘人

清國留學生人數表，根據王奇生：《中國留學的歷史軌跡》(湖北教育出版社，1992)

關於出現留日浪潮的原因，前文已作詳細探討。簡而言之，可以列舉出清朝政府的支持、日俄戰爭中日本的勝利(1904)、中國科舉制度的廢除(1905)，以及圖謀通過接受清國留學生在大陸扶植親日勢力的日本矢野文雄公使向清朝發出的邀請等。事實說明，為了盡快完成向近代國家的轉型，清朝政府一直重視向日本學習，並積極派遣青年來日本留學。即使在日本出現了以推翻清王朝為目標的中國革命勢力，清朝政府仍然沒有聽從廢除留學的意見，反而拿出實際方針更加鼓勵留學。因為清朝政府的這種態度，留日學生之中自然不乏大量出現的中國社會精英分子。

然而，在這個時期大力鼓勵清國青年留學日本，無論對於派遣留學生的清國，還是對於接受留學生的日本來說，其實都是一把雙刃劍。其原因在於，無論是1896年的第一次派遣，還是1899年的第二次派遣，事實上都與清朝在甲午戰爭中的戰敗脫不開關係。而甲午戰爭以後，日本社會中也開始出現歧視中國和中國人的民族主義

思想。因為具有中國社會精英的意識，留學生們對日本社會的民族主義思想自然會更加敏感，在受到歧視時的恥辱感也會倍加強烈。一邊是祖國的殷殷期待，面前卻是使心靈受到折磨的民族主義歧視的現實，這種強烈的恥辱感不僅讓他們產生反日情緒，同時也逼他們對自己的社會進行反思，為甚麼一個泱泱大國會受到一個「蕞爾小國」的歧視和壓迫？身臨其境所感受的殘酷現實，逼他們不得不考慮自國政府本身的問題。清朝政府的呵護、日本政府的重視，自然也在強化著留日學生們的精英意識。然而，正是因為社會精英的日本留學，又使中國的民族主義得到生長的土壤。而從入學那一刻起、其人生輝煌的前途就得到保障的軍事學校的留學生們，更是社會精英的自我意識因著受到刺激而轉為民族主義意識的典型。

　　1903年6月2日，日本駐上海總領事小田切萬壽之助在其寄給當時日本外務大臣小村壽太郎的第220號公信中，夾寄了當時上海有名的中文報紙《蘇報》的一篇新聞報導。6月9日，也就是收到信件不久，小村外務大臣就將這項新聞報導緊急轉送給當時日本政府的陸軍大臣寺內正毅。小田切萬壽之助寄來的這項報導，內容是關於成城學校一位清國人留學生退學的問題。當然退學本身並不是甚麼大事，問題在於報導提到的退學理由，很可能成為激起留學生反日情緒更加高漲的導火線。

　　成城學校的前身為1885年設立的文武講習館，1886年改名為成城學校，設立幼年科和青年科，成為日本人進入陸軍士官學校和陸軍幼年學校的一所預備學校，因此這裏的學生都被要求進入日本陸軍部隊進行實習。在日本開始接受清國留學生以後，成城學校也開始接受預備進入陸軍士官學校的留學生入學，而留學生要想從這裏畢業，也要和日本學生一樣到日本陸軍部隊中實習。但是由於1903年發生的以下事件，在留日清國學生的精英層中，開始出現強烈的反日情緒。

　　這一年，成城學校一位劉姓的四川籍清國留學生，也按照規定

進入日本陸軍部隊進行實習。而在這個部隊中有一位西鄉少佐，按照新聞報導的説法，是日本明治維新的功臣西鄉隆盛的兒子。某日晚上，這位西鄉少佐將劉姓留學生傳呼到自己房間，用語言極盡侮辱：「你們支那人已經在日清（甲午）戰爭中被日本人打敗」、「如此無能之輩，如何能向我們陸軍學習？」、「到這裏來還不就是為了讓我們玩弄而已？」然後就動手動腳，企圖進行猥褻。劉姓留學生不甘受辱，奪門而出，而西鄉少佐居然又追到劉的房間。學校的留學生們在得知這件事後，向成城學校當局提出指控並進行抗議。然而接見留學生們的成城學校校長態度強硬，居然説道：「你們這些支那人總是拿退學來進行要脅，我要告訴你們，我是不會屈服的。」[6]

日本駐上海領事館雖然很重視這件報導，但是關於這件事情，他們卻做出以下樂觀的分析：「我們不認為報導屬實，大約是清國留學生中的一部分人抱著中傷的目的，傳話給（上海）當地友人，結果出現了這個新聞報導。但是對於類似事件，如果我們嘗試對報館進行干涉，反而不妙。」從日本總領事館的這個意見中，知道他們並沒有完全認識事件的重要性。如果他們注意到《蘇報》的性質，也許就不會如此樂觀。因為第一，《蘇報》創始人的妻子為日本人，報紙自身也是在日本駐上海總領事館登記註冊的，因此按照常規來看，應該不會無緣無故對日本進行誣衊攻擊。第二，在當時中國各地的報紙當中，《蘇報》雖然以常常刊登激進言論而出名，被認為是傾向「革命」的報紙，但是它當時的「革命」的目標歷來集中於「滿洲」身上。考慮到以上兩點，《蘇報》中出現反日民族主義的言論，對於日本政府來説，本不應該是一個被忽視、輕視的傾向。

《蘇報》於1896年（清光緒22年）6月26日創刊於上海的共同租界，但從1900年起任報社社主的陳范逐漸傾向革命，從1902年冬季開始在報上開闢「學界風潮」專欄，公然支持學生、尤其是留學生們的革命思想。1903年5月27日，章士釗成為該報主筆，在其後一個多月裏，他先後刊登〈哀哉無國之民〉、〈客民篇〉、〈駁革命駁議〉等

鼓吹革命的文章。因此，清朝政府開始仇視《蘇報》，兩江總督對租界當局施加壓力，7月7日取締《蘇報》，逮捕六人；1904年5月21日，上海知縣與英國副領事共同判決作者章太炎（從1902年2月到日本，4月籌劃「支那亡國242週年紀念會」，7月歸國）服刑三年，鄒容服刑兩年（1903年4月從日本留學回到上海，1905年2月29日死於獄中）。[7] 值得注意的是，上述「成城學校學生退學」的新聞報導就是在章士釗成為主筆的第一天、即5月27日刊登的新聞報導。章士釗雖然當時還沒有去到日本，但因與章太炎、鄒容志趣相同，三人結為異姓義兄弟。也就是說，從《蘇報》刊登此項新聞報導一事上可以證明，在到日本留學的留學生當中，許多人不僅熱衷於國內的民族革命，在國際層面上來說，對於日本也開始抱有越來越強烈的民族主義情緒。

　　日本駐上海領事館斷言《蘇報》刊登的新聞報導為清國留學生的「中傷」，不過是一種自我欺瞞。因為上述報導揭露出來的類似事件，不久之後再次發生。1904年12月8日，日本外務省次官[8] 珍田舍己向日本陸軍省次官石本新之發出「外務省機密送第91號、陸軍省密受第493號」文件，這封文件又被陸軍次官以「陸軍省密發331號」檔轉發給第三師團長，其中談到：「現在第三師團兵營中的由清國派遣來的學生六名，於22日夜11時左右按照中隊長、大尉佐藤彌太郎的命令，來到將校集會所集合。身帶酒氣的中隊長，命令上述學生中盧金山一人留下，其餘各自都回自己寢室，（中隊長在其他人走）之後，對盧金山進行猥褻，儘管盧執意不從，但中隊長卻以上官之威企圖強壓對方就範。盧受到如此恥辱，無法忍耐，翌日清晨即向大隊長密告事情經過，要求對其進行處分。」然而大隊長並沒有親自調查，反而派金子中尉去到盧金山處命令其忍耐。盧金山對此表示不服，反被金子中尉斥為不服從命令而遭到責備。於是盧金山又向聯隊長申訴，提出不處分中隊長自己就無法忍受繼續呆在軍營。誰知此次聯隊長派遣深見中尉前來，要求盧金山提交「退學申請」。

盧金山忍無可忍，提交了「第八中隊長佐藤大尉將我等留學生視為娼婦恣意侮辱，此等奇恥大辱怎能忍受，故申請退學」的申請。但是，就在等候退學申請被批准之際，第三師團長發出命令，令包括盧金山在內、當時在該軍營實習的六名清國留學生立即回到東京，12月1日進入士官學校。其他五名留學生同意入學，而盧金山卻堅決拒絕。[9] 從日本軍方的最後處理方法來看，他們完全承認了事情屬實和錯誤在自己一方。

儘管如此，從日本軍方和政府對於事件的處理上來看，不得不說他們其實並沒有真正認識到這種事件所能夠造成的重大影響。因為這一事件，給中國人造成了一種日本人視中國人為「被閹割的支那人」的印象。然而，這些最早留學日本的清國留學生大多為「富家縉紳子弟」，且有很多人已經在科舉考試中取得「功名」，換言之，每個人都具有自己為中國社會精英的意識，雖都是些細皮嫩肉之輩，卻都有著強烈的自尊心。因此，儘管事件的直接受害者為一個清國留學生，其性質卻是在踐踏整個「支那人」、「讀書人」的自尊。值得注意的是，《蘇報》報導這種事件的方式猶如火上添油，與其說它是單純地煽動對日民族主義情緒，毋寧說它是在要求中國人想一想為甚麼自己選擇了留學之路，即主動去「取侮於人」、自己送上門去讓他人隨意侮辱的角度來進行反思。換言之，與清朝政府著眼於國內才重視對日外交的手法相反，《蘇報》鼓吹反日民族主義的目的其實在於鼓舞國內反對清朝統治的革命思想。

1905年底發生的清國留日學生群體針對日本政府文部省發佈的〈清國留學生取締規程〉所發動的大規模抗議活動，是中日近代關係史上的一次重要事件。然而我們注意到，該年日本對中國的貿易額大幅增加，中國國內也沒有出現排日、反日的運動。同時還需注意的是，即使〈取締規程〉源於清朝政府，留學生們卻沒有將此次運動的矛頭直接指向清朝政府，即使在孫中山指出與清朝公使有關的情況下，卻看不到留學生有甚麼攻擊非難清朝公使館的舉動。在革命

史觀中通常注定成為負面因素的清朝政府，之所以在這場由具有「革命」意識的留學生擔任主角的運動中沒有成為直接攻擊的對象，原因就在於留日學生們心中十分清楚，通過留學尋求中國建設近代國家的方法和手段這條他們正在實踐的道路，不僅不是他們自己的發現，而且從頭至尾就是由清朝政府精心設計和付出心血所鋪墊的。問題還是出在日本社會之中，運動的發生與這一時期日本社會的民族主義惡性膨脹直接有關。

筆者從日本外交史料館查找到的資料中發現，即使在1905年，經過首相桂太郎裁定，日本政府還在為培養清國留學生拿出一定預算，「文部省所管臨時清國學生養成費支出金15,143元」，其理由為：「畢竟從我國東方政策考慮出發，應該承認招收清國學生來我國留學的必要性，從結果上來說還是不能放棄勸誘他們(來日本留學)。」[10] 就是說，日本政府其實並不願意通過「取締」得罪留學生，其理由其實很簡單：日本政府主動邀請清朝政府派遣中國青年留學日本的根本目的，從最初就是為了培養在中國的親日勢力。[11]

然而日俄戰爭以後，日本社會上的民族主義思想惡性膨脹，對中國、中國人的國民性甚至中國文化的歧視和污蔑越來越激烈，而社會輿論對中國人國民性的攻擊更是開始成為常態。[12] 的確有一個日文「約束」一詞究竟應該怎樣翻譯和理解的問題，[13] 然而在當時日本社會的背景下，僅僅針對清國留學生而發的〈取締規程〉，使留學生們感覺到日本政府不能對留學生和日本學生一視同仁，日本政府的潛意識中有著「清國留學生＝潛在的犯罪分子」的成分，[14] 於是〈取締規程〉在留學生的眼中就變成一個侮辱人格、帶有歧視的符號。[15] 而日本的公共輿論不僅沒有理解到清國留日學生的這種心情，反而利用這件事詆毀攻擊中國人的民族性，因此讓事件更具有歧視與反歧視的性質。其中最具代表性的是《東京朝日新聞》在12月7日的朝刊第2頁發表的〈清國人同盟休校〉一文，這種對中國國民性的詆毀引起了留學生們極大的憤慨，尤其是「放縱卑劣」四字，[16] 使留學生

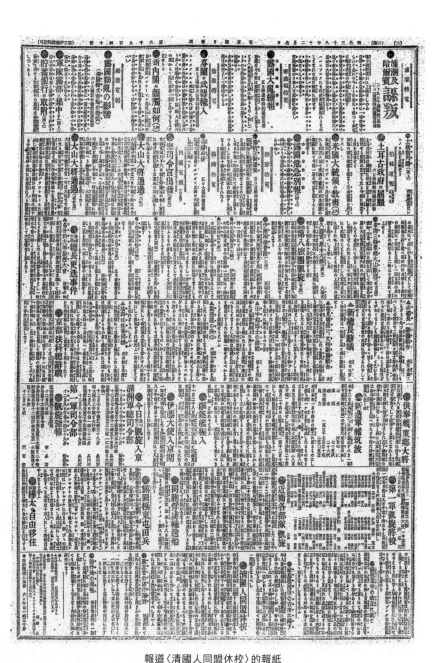

報道〈清國人同盟休校〉的報紙

們感到人格上的侮辱，以致翌日，留學生領袖人物、《民報》編輯長
陳天華留下遺書，在東京的大森海岸憤而投海。而留學生們之所以
發起集團歸國運動，在很大意義上就是為了向日本社會證明中國人
的民族主義精神和「團結」。

　　前文已經述及，12月7日《東京朝日新聞》所刊登的〈清國人同盟
休校〉一文之所以如此反響巨大，還有另外一個原因。那就是報紙整
版幾乎都是在報道日俄戰爭勝利後、日本軍隊「凱旋」的消息，這也
讓留學生們受到極大的刺激。1905年的〈取締規程〉反對運動，標誌
著在日本社會民族主義思想惡性膨脹的背景下，反日民族主義情緒
擴展到整體清國留日學生當中。

　　由於上述中日兩國的近代歷史過程、社會現實以及清朝政府的
殷切期待，在強烈的國家責任感驅動下，留日的中國社會精英們開
始利用自己通過留學所學到的近代政治和社會學知識，對比眼前的
日本，深刻思考應該如何在中國建設近代國家的問題。而得到的結
論不是延續由清朝政府開始的、學習日本建設近代國家的進程，而
是從另一個層次接受日本建設近代國家的經驗，這就是走建設單一
民族國家道路的思想。1905年，還是清國留日學生的反日民族主義
思想和反滿民族主義思想開始結合的一年，同盟會入會宣誓詞中的
「驅除韃虜，恢復中華」也集中體現了清末留日學生的反滿民族主義
和建設中華民族國家的思想。

　　日本留學運動事實上讓廣大的清國留學生從兩個層面上接受民
族主義，而這兩種民族主義之間具有一種互動的關係：廣大具有精
英意識的清國留學生接受了日本的民族國家思想，然而清國留學生
學習日本的熱情，卻被廣大的日本人看作是中國衰敗、中國人退化
的象徵，從而增強了他們的民族自信；而這種民族自信又轉化為一
種狂妄的民族主義和盲目的民族歧視，它又刺激廣大留學日本的清
國留學生的民族主義情緒。具有強烈自尊心的清國留學生們對日本
民族主義的反感，迫使他們深刻地思考自己為甚麼會來到日本而「取

迎接日俄戰爭之後日軍凱旋的東京

侮於人」，思考怎樣才能改變中國的落後現狀，其中很多人最終還是
看到日本的榜樣，認為中國要像日本一樣得到發展，就只有學習日
本建設近代民族國家的經驗，在中國建立一個「漢」（或稱為「中華」）
的民族國家模式。

第三節　從「同文同種」到「尊王攘夷」
——侵華戰爭與「中華民族」主義的昇華

　　但不論是哪一種理由，留學日本之所以能夠被中國國民以及青
年學子所接受，就是因為它與當時中國人的日本觀中具有強烈的「同
文同種」的思想要素。洋務派的張之洞在《勸學篇》中為其極力推薦
中國青年選擇日本留學的理由作了充分說明，除了政治考量之外，
兩國地理、風俗，尤其是文字之接近，也是他用來打動人的地方。
而在留學生自己的敘述當中，我們也能夠看到很多關於中日兩國「同

文同種」的內容。

　　孫中山等革命家之所以願意將日本當作革命的根據地，也在很大程度上是來自於「同文同種」的認同。他一直到去世前，都在呼籲「中國和日本是同文同種的兄弟之國」，一直抱著日本與中國利害相通、沒有日本就沒有中國、沒有中國就沒有日本的觀點。[17] 然而，中國人對於中日兩國關係這種基於人種、文化上的主觀認識，實質上具有居高臨下看待日本和日本人的意味。因為在「同文同種」的想像中，日本人和日本文化都不過是在中國人和中國文化的延長線上成立的。這種意識或者事實關係，在中國為東亞地區的中心時強調當然不會有任何問題，但是在日本力圖取而代之的時代，理所當然地要受到他們的唾棄。

　　當然在日本，也有像岩倉具視、樽井藤吉那樣從「同文同種」的意識出發，提倡日清或者日清朝(鮮)建立同盟關係的人物。但是幕府末期以來所謂「輔車唇齒」、即唇亡齒寒的東洋同盟論，比起「同種」的意識來，更加重視的還是地理上的兩國或三國之間的唇齒相依關係，其首要的目的還是為了阻止歐洲列強對東亞的入侵。福澤諭吉就是在看到東亞各國不能進行國內改革，因此無法與西洋列強抗衡的前提下，看出對於日本來說其他亞洲國家已經無用，才於1885年發表〈脫亞論〉的。[18]「一切為了日本」，因為將此當作唯一的目的，福澤諭吉的脫亞論其實從最初就為日本定下了將亞洲變為日本殖民地的方向。

　　日本之所以對大陸野心大增和敢於最終發動侵略戰爭，是與明治維新以來推行近代化、實行富國強兵政策分不開的。而日本近代化的成果通過各種管道，包括戰爭等手段直接刺激了中國近代國家思想的啟蒙。變法派以為中日兩國國情接近，認為日本的君主立憲制可以為清王朝所借鑒，因此將日本的明治維新作為戊戌變法的模型。而革命派則學到單一民族國家思想，這一想法又得到抱著不可告人之目的的日本大陸浪人，以及日本政界和軍部的慫恿。長期對

日本的政界及民間抱有極大期望的孫中山，將日本視作中國革命的根據地，以「明治維新是中國革命的第一步，中國革命是日本維新的第二步」的信念，一直期待通過聯合日本的力量，前期是為了實現中國革命，後期是為了對抗西方列強。日本學者指出，他在1915年2月5日與日本民間人士間簽訂的《中日盟約》中承諾給予日本的利益，甚至都超過了對華〈二十一條〉的內容。[19]

但是，與中國人更希望把中日兩國的關係放到人種和文化的連繫中去理解相比，近代日本其實從最初就是把兩國關係放到地緣政治、國際政治的角度來進行考量。即使有部分日本人一度想到的亞洲團結，其實質也不過是日本的亞洲政策和對華政策通向終極目標途中的一顆棋子。在如何認識兩國關係的問題上，中日兩國之間其實存在著巨大的差距。例如，日本社會中全心全意地支持孫中山進行革命活動的，僅限於以宮崎滔天為代表的個別「中國浪人」；而孫中山卻不分朝野一直追求與日本的聯合，直到1919年才開始對「日本帝國主義」的批判。

其實，變法運動也好，民族革命也好，日本留學也好，不論哪一項，實際上都是證明著首先接受西歐價值觀的日本的優越性。在這樣的歷史背景下，日本人的中國觀也逐漸從崇拜轉為蔑視。「禿子頭的李鴻章，最後變成了禿和尚」，這個俗語很好地詮釋當時整個日本社會對中國人的看法，甲午戰爭之後，在日本社會裏作為一種蔑稱的「清國佬」開始普遍流行。[20] 對此最為敏感的，就是當時生活在日本社會中的清國留學生：

> 在留學生中之所以反日人士層出不窮，就是因為在他們的對日觀中，加入了留學生活的實際體驗，從而使日本作為帝國主義的形象被擴大了。（《近代中日關係史料》第II集，龍溪書舍）

事實證明，在日本原本希望培植成在大陸的親日勢力的清國留學生中，有許多人日後反而變成了反日民族主義的先鋒。

　　最大的悲劇在於，日本人事實上在福澤諭吉的時代就已經拋棄了「同文同種」的思想，而對於中國人來說卻一直難以捨棄「同文同種」的幻覺。從孫中山、蔣介石一直到共產黨，「同文同種」的意識一直活在歷代的對日關係中。蔣介石即便是在抗日戰爭期間，都會反覆向國民訴說中日兩國原本同文同種，本應互相提攜成為友好鄰邦；中國共產黨的評論家，也在1937年抗日戰爭開始以後，依然強調中日兩國原是同文同種。[21] 人民共和國成立以後，「徐福傳說」越傳越廣，甚至還在「下海」之處建起了徐福廟，包括許多對日本抱有成見的國民也樂此不疲地通過「徐福傳說」，對「日本人本是中國人的後裔」一說進行反覆求證。

　　對於中國人來說，「同文同種」的思想就像是一種自我陶醉、自我麻醉的鴉片。然而可怕的是，這種鴉片會帶來劇烈的副作用：越要說明自己在民族上和文化上的優越性，就越想證明日本與中國為「同文同種」；但是由於日本拒絕這一包含中國是日本人和日本文化祖國意味的思想，中國國民想證明「同文同種」的願望越強烈而換來的失望感也就越強。於是，在這樣一種「同文同種」的語境中，能夠出現的因素就只有中國的強烈「期待」和日本的極大「背叛」，而結果也只能是激起中國國民極大的憤怒。不得不承認，「同文同種」這個鴉片製造出來的幻覺，在以對抗日益膨脹的日本侵略主義的民族主義為背景之近代中國的民族主義形成和發展過程中，一直發揮了迷惑中國人的興奮劑作用。

　　然而戰爭，包括戰後對待戰爭遺產的經驗，也讓愈來愈多的中國人從「同文同種」的幻覺中驚醒。從1884年到1914年之間，日本一共參與了三次戰爭：甲午戰爭、日俄戰爭和第一次世界大戰。而對日本來說，這三次戰爭不是以中國為敵就是以中國為戰場，並且借機從中國獲取了大量的權益。日本對中國的侵略，以在1915年時借第一次世界大戰之機提出對華〈二十一條〉為標誌，而達到新的地步。以此為背景，中國人民反對日本帝國主義的民族意識也一舉高

漲。〈二十一條〉簽訂的 5 月 9 日，甚至被當時的中國政府定為「國恥紀念日」，從 1915 年一直持續到 1921 年的抵制日貨運動成為進入民國時期以來首次全國性的民族運動，也是中國歷史上歷時最久的抵制外貨運動。1915 年 9 月以《新青年》雜誌的創刊為標誌而開始的新文化運動，開始對傳統文化進行再評價，在因中華民國的建國而完成體制革命的基礎上，開始了近代中國和中國人自我認識的第三個階段。

中國國民對〈二十一條〉強烈的民族主義反感，遠遠超出了中國北京政府和日本政府的預料。1919 年，由於〈二十一條〉在巴黎和會上得到承認，爆發了甚至被定位為中國現代史開端的「五四運動」。當時一位原住在北京的日本記者就認為，從性質上來說，「五四運動」不過是一場純粹的反日運動。[22] 實際上，「由於日本的〈二十一條〉在 1915 年時所受到的國家性恥辱，也使中國增加了不得不通過實行基本變革來達到一定程度的再生和重組的必要性」。[23] 毫無疑問，認識「體制不足」和「文化不足」的過程，也就是中國近代民族主義逐漸覺醒的過程。

1921 年中國共產黨的建黨，也是以近代中國和中國國民的民族主義覺醒為基礎的。關於這一點，可以參考美國學者葉嘉熾所做的分析：

> 由於向西方國家爭回國家主權的奮鬥屢遭挫敗而產生的一種痛苦的覺醒，不時的咬囓這知識分子的心靈，他們對科學精神雖樹起了信念，然而對產生科學精神的西方國家喪失了信心。同時，他們又不願再回到東方的傳統中來，於是有些人竟投向所謂現代的、科學的、包容一切的、反西方的馬克思主義。[24]

就這樣，隨著日本對中國侵略的加劇，中國國民尤其是知識階層對國土分割和民族滅亡的危機感、對內建設近代國家和對外維持國家獨立的緊迫感不斷被強化，近代中國的對外民族主義也就隨著

元帥陸軍大將閑院宮載仁親王　　　　　　　　杉山元

中日之間的甲午戰爭而問世，又因肆無忌憚地踐踏中國主權的對華〈二十一條〉，而發展到新的階段。

　　戰爭經驗所帶來的結果，並不僅僅只反映在國家的層面。「一個民族通過與其他各民族的接觸，獲得了自我。民族對自己獨自性強烈認識的程度就是由這些接觸的緊密程度、豐富程度及多樣性所決定的。而通過戰爭來接觸要比和平接觸對於促進民族聯繫的效果要更上一層」。[25] 直到1920年代，中國的民族主義主要停留在知識階層，而九一八事變以後日本對中國不斷升級的軍事侵略，由於其受害者範圍之廣，則成為了對中國社會的廣大國民進行民族主義思想和體驗之教育的最好教員。

　　我們常常以為中日戰爭也就是「八年抗戰」，這是從中國軍隊開始正式抵抗的時間點（1937年7月7日盧溝橋事變）進行計算。但是在日本，對當年日本侵華具有反省意識的學者中，有不少人認同「中日十五年戰爭」之說，就是說日本對中國的軍事侵略應該從1931年的九一八事變算起，這個「中日十五年戰爭」就是「以中華民族本身為敵」的戰爭。[26] 例如731部隊將中國人作為細菌武器試驗工具，就是視中國人生命如草芥的證明。有日本學者揭露，由天皇直屬的最

清水安三、郁子夫妻在北京創立的崇貞學園

高統帥部大本營的參謀總長載仁親王(皇族)曾親自對北支那方面軍司令官杉山元下達使用化學武器的命令：「根據大陸命令第二四一號做出如下指示：一，北支那方面軍司令官在其佔領地區內的作戰中使用芥子氣(黃劑等特種資材)並研究其作戰上的價值」，但載仁親王同時又指示：「採取萬般措施以隱匿事實，尤其是對第三國人絕不能傷害，同時要絕對對他們隱匿事實。」[27] 這也說明，上至皇族、下至「皇軍」，都對中國國民普遍具有民族歧視和民族屠殺的思想，而這種民族屠殺又自然刺激和強化了中國國民的仇日反日民族主義思想。

　　1937年1月2日，在北京創辦崇貞學園的清水安三帶著夫人等六名日本人，一起拜訪了當時的北京大學教授胡適。因為無法拒絕日本來客的盛情，胡適在名片上寫下「尊王攘夷」四個字相贈，而這讓日本來客們感到非常不安。[28] 盧溝橋事變前的中國社會，可以說與「尊王攘夷」運動時的日本社會形勢十分相似，一方面是國內各個政治勢力之間分裂對抗，而另一方面又面對著外國、主要是日本的侵略勢力。然而，胡適之所以給來訪的日本客人贈送「尊王攘夷」四字，應該還有一番深意：儘管中國國內各個政治勢力、軍事勢力之間明爭暗鬥，各個地域、社會階層之間分裂對立，但是中國人在對

內處理「尊王」問題的同時，也不會忘記
還有一個要對外一致「攘夷」的重大問題。

日本軍部七七事變三週年宣傳畫

　　1931年九一八事變幫助中國國民認
清了日本的侵略目的。但是圍繞「攘」的
方法和「尊」的對象，國內各政黨、階
層、集團依然存在深刻的對立。以胡適
為代表的自由派知識分子曾經認為，因
為中國軍隊武器裝備落後，中國的軍力
難以與日本相比。所以輕言抗戰的豪言
壯語將招致亡國，故而他們反對輕易對
日宣戰。但是隨著日本對中國侵略規模
的不斷擴大，從1932年的淞滬抗戰到1936年的西安事變，一連串的
抗日呼聲，證明中國國民在面臨民族存亡之時，仍然會出現「中華民
族空前的覺醒」。1937年七七事變爆發時，陸軍大臣杉山元在給天皇
的上奏中曾經狂言：「一個月之內解決支那事變」，但是這一短時間內
就能征服中國的美夢很快落空。面對日本的侵略戰爭行為，「中國國
內形成了新的團結，中華民族出現了前所未有的覺醒」，表現出「必死
的民族抵抗」。[29]「八年抗戰」因此也變成胡適所說的中國近代的「尊
王攘夷」、強化國民的民族主義意識，從而造就具有近代國家意識之
國民的運動。

第四節　民族主義的悲情記憶
——中日關係中的邊緣意識與文化視點

　　毫無疑問，日本對中國的侵略是造就中國人近代國民意識的一
個重要契機，但是因為其途徑就是強化民族主義，所以在對日問題
上所表現出來的中國人的民族主義，事實上一直伴隨著一種受害者

的悲情意識。例如，中國國民認為日本國家為「軍國主義」的比例一直居高不下，根據一項調查：2006年為57.7%，2008年為46.4%，2010年為33.9%，2012年為46.2%。[30] 同一般市民相比，也許是因為對戰爭的記憶比較薄弱，認為日本是軍國主義的大學生和大專生的比例逐年減少：2006年是52.5%，2008年是43.5%，2010年變成了38.9%。但是需要注意的是，大專生中認為日本社會是民族主義的比例卻遠遠高於一般市民：2006年為74.7%對54.4%，2008年為66.2%對33.6%，2010年則為64.5%對29.3%，中國青年所理解的「民族主義」，其實就是排外主義。也就是説，與一般市民更多地因為當年軍國主義日本的侵略歷史而批判日本不同，青年學生則將批判的矛頭直接指向當今的日本社會。另外，特別需要注意的是，認為中國是「軍國主義」國家的日本人也呈現年年增加之勢：2010年為32.2%，2011年為34.4%，2012年增長到37.2%。

　　從這些數字可以看出，在中日兩國國民觀察對方的意識中，依然具有強烈的民族主義成分，依然沒有擺脫戰爭的陰影，而中國人的對日意識更是鮮明地存在著一種民族主義的悲情記憶。之所以出現這種情況，其原因説到底還是自十九世紀後半期以來，中日兩國之間圍繞著誰是東亞的「中心」、誰是東亞的「邊緣」而進行的民族主義競爭和對立，至今仍然沒有得出最終的結論。近代日本民族主義的基礎，是從中華文明圈中掙脱出來的強烈願望。日本著名的國際政治學者衛藤瀋吉曾經指出：

> 日本長期處於漢文明圈的邊緣，因此對地處中心的國家就總有邊遠少數民族的劣等感，二者交織，所以愛憎之間的振幅非常劇烈。如果喜歡就對之俯首貼耳，一旦反感就徹底厭棄；如果屈服就對之一味迎合，一旦小看就冷酷輕蔑。對於日本人來説，冷靜客觀地分析中國問題是非常困難的。[31]

　　為了説明這種情況，衛藤還以岸田吟香為例：「在幕藩體制下接

受了儒教教育的日本知識分子，對中國文化抱有強烈的憧憬。但是現實中的中國與他們在夢中描繪的中國之間有著顯著的差異。岸田吟香曾經忠實地記錄了這種幻滅感。」岸田吟香於1866年赴上海並在此生活了八個月，他「懷著對清國的嚮往來到清國，但在看到現實的清國之後，開始對清國產生強烈的厭惡感。」「岸田這種由憧憬到厭惡的搖擺或多或少為所有日本人所共有。這種心理就類似一種近親相惡，作為命運共同體的親近感，一旦發現對方不同於自己的想像時就會變成激烈的憎惡感和輕蔑感。」[32]

在強烈的民族主義意識影響之下，中國人同樣具備這種愛憎之間瞬間轉換的心理構造。但是應該注意到的是，與當年的對外民族主義不同，今天中日兩國的民族主義，還成為兩國釋放社會抵抗情緒的發洩口和撈取政治資源的工具。首先就中國來說，對於在社會貧富差距拉大中被邊緣化的人們來說，民族主義事實上給他們提供了接近社會中心的機會。例如，進入二十一世紀以後中國所發生的歷次反日遊行中，能夠作出非理性的「愛國主義行動」的人，大多是地方出身的大學生和進城打工的農民工。面對著23倍的經濟收入差距，[33] 正如「農民工」一詞所隱含的歧視一樣，並不甘心這種被邊緣化和擔心將來被邊緣化的人們，面對中國社會上大聲疾呼著：「真正的愛國者是我們。」在經濟地位受到重視的今天，哪怕只是一個瞬間，民族主義的行動向他們提供了在精神上嘗受身居社會中心地位的幸福感的機會。由於這一社會現實，今天的中國比起日本來，其實更加具有興起或挑起並激化民族主義思想的風險。

當然，因擔心被邊緣化而走向民族主義的絕不僅是中國青年。石原慎太郎不惜激化中國民族主義情緒而撒出購買釣魚島的謊言，說明在實行議會制民主政治制度的國家中，一部分的政治家仍然可以民族主義作為他的政治資源。一部分的日本政治家就是妄圖通過煽動國內民族主義，而進入政治的中樞和佔據制高點。其實，將與中國的外交問題轉化為日本國內政治權利鬥爭材料的事件，過去也曾多次

出現。在簽訂《中日和平友好條約》之前的1978年8月6日，福田赳夫首相在筆記上記下了這樣一段話：「在箱根召集園田外務大臣等訪中幹部開會，由外務大臣作以下說明：一，與本件相關的七成工作為考慮國內影響，屬於國內政治問題。」[34] 當年直接參加締約工作，後擔任過駐華大使的谷野作太郎在回顧當年的狀況時也說道：「說是日中關係，不如說是日日關係。」

　　人類實際上都有成為及進入社會中心的渴望，因為當一個社會的中心具有政治或宗教性質時，這個中心不僅具有可能左右社會的能量，而且本身就常常成為或被視為代表整個社會或主流社會的價值觀取向。毫無疑問，中日兩國的民族主義之所以具有生命力，就是因為兩國國民在建設近代國家和近代國民的過程中，被培養成為一種將自己等同於國家，甚至是等同於一個政權的存在。費正清曾經指出：中國人是一個「非常看重歷史的民族」。[35] 然而，如果一個政權一直將沉澱在被害者歷史意識中的民族主義悲情記憶作為社會控制的工具，這個國家就無法擺脫歷史的陰影，換言之，就等於自己選擇停留在前近代的世界中。因此，如何盡快走出被害者的悲情記憶，是中國人不能不理性考慮的問題。

　　促使中國國民與這種民族主義的悲情意識訣別，也是日本國民自己擺脫民族主義思維束縛的途徑和責任，其方法自然就是稀釋國民與政權之間的政治關係，而在中日關係的問題上建立一種「民際」（並非「國際」）、文化（並非「政治」）的思維模式。1971年末，正值是否應該與中華人民共和國建立外交關係的話題在日本國內一浪超過一浪之時，當時已經非常著名的作家司馬遼太郎和版畫家須田剋太兩人一起來到青森縣八戶市。此行雖是《街頭漫步》的作者和插圖畫家一起進行的取材旅行，但在此遠離政治中心東京之地，兩人早餐時仍然沒有離開「中國」這個話題。挑起話頭的是須田剋太，他回憶起自己在中日戰爭時期訪問上海時的一段經歷。當時為須田充當導遊的是一位日本佔領軍的陸軍中尉。有一次，須田在飯店裏丟失

了錢包，那位陸軍中尉一口斷定錢包就是被飯店的中國服務生偷走
的，「當著須田的面就將那個中國服務生又打又踢，大鬧一場」，「須
田實在是看不下去，勸阻了中尉。但是這件事讓他〔須田〕感到，如
此的日本根本無法長久下去。」

就在司馬遼太郎和須田剋太談話之時，在與他們相隔五個餐桌
左右，還有一家人坐在那裏安靜地用餐。在司馬遼太郎他們用餐結
束時，這家的男主人主動上前向二人致意，遞上了一張「弘前大學醫
學部放射科吳忠雄」的名片。因為日本人的姓氏中也有「吳」（發音為
「Kure」），司馬將對方當成了日本人，男主人隨即說明自己是中國
人，吳讀作「Wu」，自己過來向司馬遼太郎致意是因為他感到司馬是
一位「比較能夠理解中國的日本人」。司馬遼太郎還注意到，在他們
談話時吳的妻兒們沒有插過一句話，而等到司馬他們話別後、走出
飯店時，吳一家人卻一起齊刷刷地站起來向他們鞠躬道別。看到這
禮數周到的一家，司馬遼太郎非常感動，他感慨道：「這就是中國的
『文』。而與此相比，我們的身上卻有著和上海飯店裏的那位陸軍中
尉一樣不好的品性。」[36]

司馬遼太郎之所以對與吳一家相會的舊事如此重筆濃墨，其理
由就是他通過這短暫的相會，深刻地感受到中國文化的本質以及中
國人的民族性：「讓我在八戶市深受感動的吳先生一家的『禮』，那應
該就是儒教的思想。」固然，對儒教的認識多種多樣，而司馬遼太郎
在文中透露出的「儒教觀」，是從文化和政治、文化和社會、文化和
人間生活、文化和人性關係的層次上重新捕捉和進行把握的。他很
直率地說到：儒教「是一種社會體制，是一種生活規範，說得極端一
點就是馴化人的一種真理、一個系統體系」。「世界上任何一個民族
都會擁有一種絕對真理，並運用這個絕對真理來塑造人類。如果不
是這樣，人就會變為無法控制的猛獸。」[37]

司馬遼太郎實際上已經意識到，這位「吳先生」可能是一位「從
台灣來到（日本的）津輕地方為沒有醫生的村子提供服務的醫生」。

然而值得注意的是，他始終把吳先生當作「中國」的代表，其原因是他很清楚從吳先生一家的行動中感受到的「禮」，其實就是中國的「文」。司馬遼太郎接著嚴厲批評部分日本人將文化同當時的政治體制連繫在一起的做法：「儘管（日中兩國國民）臉長得很像，但我們日本人總好像有點兒不一樣。……作為如此民族的日本人，到了新中國就會發出這樣的感歎。把它看作為一種文明，而且深深為之感動，這種感動當然是一種正確的感動。然而，將這種現象解釋為因為成立了新中國卻是大錯特錯的。中國兩千年來歷來都是如此。漢民族之優秀，並不是由現在的政治體制造成。」也就是說，在司馬遼太郎看來，「文」原本就應該是一種完全超越政治體制的存在。[38]

作為一個文人，司馬遼太郎理所當然地具有從文化本質的層次上解讀各種社會現象的習慣。但是值得注意的是，應該在深厚的歷史積澱中理解中國文化的本質、從歷史傳統的視角檢視中國文化的優點，當時這樣做的絕不僅僅只有司馬遼太郎一人。在中日建交時期，還有許多日本人也強調以悠久的歷史和文化傳承為背景理解中國和中國人的重要性。例如，小林多加士說道：

> 正如中國人常常被形容為經驗主義一樣，中國人原本就絕對不會脫離經驗而實現飛躍，即使在確立新的理論、新的方針、新的構想之時。不，說得更正確一點兒，他們認為這種時候才更需要總結經驗、從歷史中學習智慧。因此，中國民族的歷史從來就沒有斷裂過。中國即使是出現了革命，那也是通過學習傳統才實現的一種飛躍。他們是從民族、階級積累下來的經驗中學習新的法則，追求新的原理。[39]

換言之，他認為中國即使是經過無產階級革命變成了「共產主義國家」——即以共產主義為意識形態的國家，也並沒有拋棄民族的文化傳統。這些事實都說明，在日中建交之際，正是這種對中國歷史和中國文化的理解和憧憬，奠定了日本國民渴望恢復兩國外交關係的感

情基礎。對於中國文化的重視，是當年推動日中建交最大的原動力。

　　在大量日本人的心目中，中國大陸就是一個文化的中心。我們還可以從很多對於中國文化的具體要素的感覺上，看到這種日本人的對中國認識。當年，當聽到剛剛當選自民黨總裁後的田中角榮在記者會上表示決心與中華人民共和國建立外交關係時，當時任日中備忘錄貿易事務所代表的岡崎嘉平太感慨萬千。將自己後半生貢獻給日中交流的岡崎嘉平太，在其《賭注押在中國的半生記》中回憶起，令他對中國開始產生關心的，其實是60年前就讀於舊制岡山中學時，在學校宿舍中遇到的一位中國留學生 ──「胖乎乎的，總是笑呵呵的同學」陳洪生。而岡崎對這位中國留學生感到「又親切又敬重」的重要理由，就是這位留學生「能寫一首漂亮的毛筆字，也曾為我研墨揮毫」。顯然，這與其說是對一個人的尊敬，還不如說是對在「陳洪生」一舉一動中所感受到的中國文化的尊敬。[40]

　　岡崎嘉平太於大正五年（1916）進入「一高」（東京大學教養學部的前身）。「當時正是第一次世界大戰初期，日本佔領青島、向中國提出了臭名昭著的〈二十一條〉的時期」，「日本學生與中國留學生之間大家好像都很少願意說話，而留學生們對我卻比較願意交談，因此我同中國留學生之間的關係相當不錯」，他還記載自己曾經保護參加反日活動的中國留學生。[41] 岡崎嘉平太頭腦中的「中國人」其實是一個非常有意思的概念，包括了抗日戰爭結束時他在上海見到的中華民國的接收大員湯恩伯、蔣介石的特使王大楨，以及中華人民共和國政府總理周恩來。因為這些人也曾同樣對岡崎說起：同中日兩千年來的友好歷史相比，中日戰爭的歷史只是短暫的一瞬，因此由衷希望兩國忘卻仇恨，共同締結友好關係，「在此基礎上一起攜手應對亞洲外部的挑戰」。這些「中國人」的話語，深深地打動了岡崎：「中國所體驗的苦痛時間更長，苦難更深。然而卻能夠從更高的層次上考慮，這一點真與日本不同。」可以看出，岡崎嘉平太頭腦中的「中國」，絕對不是政治意義上的中國，而是文化意義上的中國。[42]

中日戰爭中的日本兵

　　正是因為有了這種對於中國文化的認識，很多日本人在戰爭期間也能夠與中國人保持友好的關係。關於這一點，日本著名的國語學者金田一春彥也有著同樣的經驗。戰爭時期，他在中野日華學院執教，工作內容之一就是向中國留學生們授課，以為他們之後能夠進入東京大學等官立學校做準備。「學校當局努力向他們灌輸日本精神，以培養支撐大東亞戰爭的人才」，但是金田「連大東亞共榮圈的大字都不曾提起，相處時一直不斷告訴大家日本人對中國的尊敬和熱愛」。這些留學生們因此沒有忘記金田，一直與他保持著聯繫。中日建交之後，這些30年前的學生們很快邀請他到北京大學講學，後來又到南京和上海各地演講。中國大學的日語專業學生對金田的到來致以熱烈歡迎，更讓金田吃驚的是，中國有很多人非常熱心於日語教育，他的一場演講曾經引來300人以上的聽眾。[43] 從金田一春彥敘述的事例中可以看出，無論是哪個時代，只要願意從文化的角度認識對方，雙方就能夠放低心靈上的國境，超越國籍的不同而建立和保持友好的關係。

　　遺憾的是，由於眾所周知的原因，當時中國大陸的國民並沒有可以自由表達並記錄自己內心真實想法的手段，因此我們也無法看到40年前他們對於中日之間建立外交關係的看法。但即使如此，通過

當時一些政府人員的談話，我們依然可以強烈地感受到在整個過程中所瀰漫的濃厚文化氛圍。當時中國國民之所以能夠評價兩國之間建交和建立「睦鄰友好關係」的意義，其中一個很重要的說法就是：「一衣帶水」的中日兩國，在悠久的歷史長河中一直有著密切的文化聯繫。

結　語

2020 年，是中日甲午戰爭結束 125 週年和抗日戰爭勝利 75 週年的年份；不得不承認，過去 125 年間的中日關係，始終伴隨著民族主義，前 50 年是以侵略與反侵略為主題，後 75 年則是圍繞著應該如何進行歷史記憶。中國的反日民族主義很大程度上是在日本的教育和刺激下成長起來的，這是一個在評論兩國近代民族主義的性質時不可忽視的時間順序。

然而，正如上述作家司馬遼太郎等人在看待中日關係時所表現出來的思想那樣，今天大多數的日本人之所以不願意直接聚焦於那段侵略中國的歷史，並不是想要否定日本的戰爭犯罪，而是希望能夠在更廣闊的歷史視野中審視中日關係，以便從中發現兩國之間除了政治上的對抗之外，更多的還是日本在文化上大量學習中國的歷史。這種做法其實更有助於深刻理解中日關係的意義，更有助於意識和反省侵略中國是一段多麼愚蠢的歷史。但是遺憾的是，今天許多的政治家卻並不具備這種胸懷。然而無論任何一個政府，如果它仍然將民族主義作為一種社會控制的工具，最終都會造成對社會、對國民利益的傷害。因為在一個和平的國際社會環境中，對外的民族主義很容易被內化為一個社會邊緣群體發洩不滿的排泄口和政治家們煽動國民的政治資源。民族主義煙幕下的「民族的英雄」可以在「愛國無罪」的口號下，肆無忌憚地綁架政治和破壞社會安定，內化的民族主義惡性循環的最終結果，就是將國民拖進戰爭的深淵。

　　雖然當年日本的民族主義比中國先行一步，並且因此逐漸激發起中國的民族主義，然而激烈的民族主義最終必然導致軍國主義，這條規律對於中日兩國同樣都是適用的。但「武」的囂張最終必然要敗於「文」的力量，作為一個具有悠久文明傳統的大國，中國的國民一定能夠更加明白這個道理。筆者以為，中日兩國都應該擺脫民族主義歷史觀的束縛，而放棄當年從近代日本所學到的、在「國家」的層次上理解「民族」的思維模式，盡快走出民族主義的悲情記憶，才是今天中國國民防止被民族主義所綁架的有效手段。

　　歷史不能被忘卻，但是歷史最終都是要被原諒的。更加重要的是，徹底謝絕民族主義的思維，只有這樣，我們才能不再重覆那段侵略與被侵略的歷史。

註　釋

1　參酒井直樹：〈ひきこもりの國民主義と恥の情について〉，神戶大學國際交流推進機構亞洲綜合學術中心編：《孫文「大アジア主義」講演90週年記念國際シンポジウム・講演會報告集》(神戶，2014) 中提到的「賴肖爾備忘錄」(Edwin O. Reischauer, "Memorandum on Policy Towards Japan")，第14–15頁。
2　井上清：〈近代日本史における中日戰爭〉，《日中戰爭と中日關係》(東京：原書房，1988)，第11頁。
3　魏源：《海國圖志》，卷一、卷二，籌海篇。
4　池田誠：〈アジアのなかの日本〉，田村悦一等編：《岐路にたつ國際秩序》(京都：法律文化社，1989)，299頁。
5　唐文權：《覺醒與迷誤》(上海：上海人民出版社，1993)，第51頁。
6　〈成城學校在學清國留學生に關する新聞記事の件〉，陸軍省－壹大日記-M36-7-15，防衛省防衛研究所藏，JACAR (アジア歷史資料センター)，C04013904500，明治36年7月。
7　戈公振：《中國報學史》(上海：上海商務印書館，1927；中國新聞出版社，1985)，第126–128頁。
8　在日本的官僚體系中，大臣為政務官，由首相任命，隨政權更替；而

事務官、即公務員要通過考試進入機關，根據實力官階晉級，次官為事務官中最高職位，相當於「常務副部長」。

9　〈外務省　佐藤大尉對清國留學生盧金山の件〉，陸軍省－密大日記-M36-3-5，防衛省防衛研究所藏，JACAR，C03022813100，明治36年。

10　〈臨時清國學生養成費支出金外三件ノ國庫剩餘金ヨリ支出ス〉，類00991100（國立公文書館藏），JACAR，A01200228800，公文類聚・第二十九編・明治38年・第十卷下・財政三下・會計三下・臨時補給一下。

11　《在本邦清國留學生關係雜纂》（陸軍學生ノ部，第一卷），外務省記錄3門10類5項3-1號，JACAR B12081616900。

12　如《讀賣新聞》，1906年2月22日，第1版的〈清國の排外思想〉攻擊中國人「狂妄地以自國文化為自豪」等。

13　如果按照字義，「約束」可以譯為「制限」（即限制）、「制約」和「取締」，而日語中作為動詞的「取締」除了可以譯為「約束」外，還可以譯為「管理」、「管束」、「管制」，並沒有類似「取消」、「限制」那樣的強制性。因此可以說清朝政府制定的《約束遊學生規則》的「約束」譯為「取締」實際上沒有錯誤。

14　程家檉：〈留學生取締規程に反對の理由〉，《朝日新聞》，明治38年12月10、11日。

15　黃尊三：《清國人日本留學日記，一九〇五－一九一二》（東京：東方書店，1986），第70–73頁。

16　〈清國人同盟休校〉其中寫道：「該省令は広狭何れにも解釈し得るより、清國学生は該省令を余り狭義に解釈したる結果の不満と清國人の特有性なる放縦卑劣の意志より出で団結も亦頗る薄弱のものなる。」

17　山口一郎：《近代中國對日觀の研究》（千葉：亞洲經濟研究所，1970），第60頁。

18　初瀨龍平：〈「脱亞論」再考〉，平野健一郎編：《近代日本とアジア：文化の交流と摩擦》（東京：東京大學出版社，1984），第19頁。

19　藤井升三：〈二一カ條交涉時期の孫文と《中日盟約》〉，市古宙三教授退官紀念論叢：《論集，近代中國研究》（東京：山川出版社，1981），第336–341頁。

20　安藤彥太郎：《日本人の中國觀》（東京：勁草書房，1971），48頁。

21　《近代中國對日觀の研究》，第94、100頁。

22　燕京雁信：〈日本政府，五・四排日運動に抗議〉，《新支那》，1919年12月19日。

23　J. K. フェアバンク：《中國》下，市古宙三譯（東京：東京大學出版社，
　　1972），第256頁。

24　葉嘉熾：〈宗教與民族主義：民初知識分子反教思想的學理基礎〉，《中
　　國現代史論集》（六）（台北：聯經出版事業，1981），第121頁。

25　F. L. シェーマン：《國際政治》（上），長井信一譯（東京：東京大學出版
　　社，1973），第319頁。

26　〈近代日本史における中日戰爭〉，第3頁。

27　〈大陸指第452號〉，粟屋憲太郎、吉見義明編：《毒ガス戰關係資料》，
　　第2卷（東京：不二出版，1989），第258頁。

28　《胡適日記全集》（第7冊，1934–1939）（台北：聯經出版事業，2004），
　　第365頁。

29　劉大年：〈抗日戰爭と中國の歷史〉，《日中戰爭と中日關係》，第23、
　　24、29頁。

30　本章所用輿論調查數目，除文中特別註明之處外，均為民間非營利組
　　織「言論NPO」的「日中輿論調查」結果。http://www.tokyo-beijingforum.
　　net/index.php/survey，此處特別致謝。

31　衛藤瀋吉：〈大國におもねらず小國を侮らず〉，《中央公論》，1972年
　　10月號，第120頁。

32　同上註，第119頁。

33　〈內地居民邊入差距達23倍〉，香港《文匯報》，2012年10月24日，
　　http://paper.wenweipo.com/2012/10/24/YO1210240010.htm。

34　福田糾夫：〈回顧九十年〉，王柯主編：《日本首相回憶錄叢書》（北京：
　　東方出版社，2008），第197頁。

35　J. K. フェアバンク：《人民中國論》，衛藤瀋吉譯（東京：讀賣新聞社，
　　1970），第27頁。

36　司馬遼太郎：〈競爭原理をもちこむな〉，《文言春秋》，1972年新春特
　　別號，第93頁。

37　同上註，第94頁。

38　同上註。

39　小林多加士：〈中國の計算と挑戰：その革命經驗から〉，《中央公論》，
　　1972年10月號，第134頁。

40　岡崎嘉平太：〈中國に賭けたわが半生の記〉，《中央公論》，1972年10
　　月號，第92頁。

41　同上註，第93頁。

42　同上註，第98頁。

43　金田一春彥：〈中國の日本語教室見聞記〉，《中央公論》，1976年8月號，第256–260頁。

索 引

(3) 歷史文獻

作者簡介及著作列表

王柯，日本東京大學學術博士，神戶大學研究生院教授。

專 著

1. 《亦師亦友亦敵：民族主義與近代中日關係》，香港：香港中文大學出版社，2019。

2. *The East Turkestan Independence Movement: 1930s–1940s*, Hong Kong: The Chinese University of Hong Kong Press, 2018.

3. 《中國，從「天下」到民族國家》(增訂版)，台北：政大出版社，2017，二刷。

4. 《消失的「國民」：近代中國的「民族」話語與少數民族的國家認同》，香港：香港中文大學出版社，2016，二刷。

5. 《近代日中関係の旋回：「民族国家」の軛を超えて》，東京：藤原書店，2015。

6. 《民族主義與近代中日關係：「民族國家」、「邊疆」與歷史認識》，香港：香港中文大學出版社，2015。

7. 《中國，從天下到民族國家》，台北：政大出版社，2014，二刷。

8. 《東突厥斯坦獨立運動：1930年代至1940年代》，香港：香港中文大學出版社，2013，四刷。

9. 《「天下」を目指して：中国多民族国家の歩み》，東京：農山漁村文化協會，2007。

10. 《민족과국가》(民族與國家)，韓國東北亞歷史財團，2007。

11. 《20世紀中国の国家建設と「民族」》，東京：東京大學出版社，2006。

12. 《多民族国家：中国》，東京：岩波書店，2005，七刷。

13. 《民族與國家：中國多民族統一國家思想的系譜》，北京：中國社會科學出版社，2001。

14. 《東トルキスタン共和国研究：中国のイスラムと民族問題》，東京：東京大學出版社，1995，三刷。獲日本第十八屆三得利學術獎。

主編

1. 《辛亥革命と日本》，東京：藤原書店，2011。

2. 《「阪神大震災」的教訓與「創造性復興」》，北京：中國民主法制出版社，2009。

3. 《東亞共同體與文化認知：中日韓三國學者對話》，北京：人民出版社，2007。

另有多篇論文、多本合著等，在香港、中國大陸、台灣、日本、南韓等地出版。